ལྷ་སའི་ལོ་དེབ་མེ་ལོང་།

拉萨年鉴

2014

拉 萨 市 人 民 政 府 主办
拉萨市地方志编纂委员会办公室 编

图书在版编目（C I P）数据

拉萨年鉴.2014/拉萨市地方志编纂委员会办公室编. --北京 ：方志出版社，2014.9
ISBN 978-7-5144-1365-6

Ⅰ. ①拉…Ⅱ. ①拉…Ⅲ.①拉萨市— 2014—年鉴
Ⅳ.①Z527.51

中国版本图书馆 CIP数据核字（2014）第211101号

拉萨年鉴（2014）

编　　者：拉萨市地方志编纂委员会办公室
责任编辑：刘方圆

出 版 人：冀祥德
出 版 者：方志出版社
地址　北京市朝阳区潘家园东里9号（国家方志馆四层）
邮编　100021
网址　http://www.fzph.org

发　　行：方志出版社发行中心
（010）67110500
经　　销：各地新华书店
印　　刷：郑州中方印刷有限公司

开　　本：889×1194　　1/16
印　　张：40
字　　数：1028千字
版　　次：2014年9月第1版　　2014年9月第1次印刷
印　　数：0001～1000册

ISBN 978—7—5144—1365—6/K·1112　　定价：480.00元

《拉萨年鉴》特邀委员

（按姓氏笔画排名）

《拉萨年鉴》特邀编辑

（按姓氏笔画排名）

拉萨市地方志编纂委员会

《拉萨年鉴》编辑部

编辑说明

一、《拉萨年鉴》由拉萨市人民政府主办，拉萨市地方志编纂委员会办公室承办。《拉萨年鉴》自 2012 年创刊，每年出版 1 卷，2014 年卷为第 3 卷。

二、《拉萨年鉴》以马列主义、毛泽东思想、邓小平理论、“三个代表”重要思想、科学发展观为指导，始终坚持“质量第一，常编常新”的办鉴宗旨，全面、系统、翔实地记述拉萨上一年度政治、经济、文化、社会等各项事业的基本情况，为领导决策提供参考依据，为各行各业提供有价值的资料，为国内外各方人士了解拉萨提供最新信息。

三、《拉萨年鉴》采用文章和条目两种体裁，以条目体为主，用规范的语体文、记述体、计量单位直陈其事，文字力求言简意赅。

四、选进《拉萨年鉴》的文章和条目，均通过各级行政系统确定专人（部门）负责撰写和提供，并经主要负责人审核。本市社会经济统计资料统一由市统计局提供，业务部门的统计数据由各主管部门提供。使用时应以统计部门提供的统计数据为准。

五、《拉萨年鉴》2014 年卷的文字内容，设有特载、专文、大事记、政治经济文化和社会各行业情况、区情县情、人物、附录等 7 个基本栏目。

六、本年鉴所载的政治、经济、文化和社会各行业情况栏目采用分类编纂法。《拉萨年鉴》2014 年卷分为中国共产党拉萨市委员会、拉萨市人民代表大会常务委员会、拉萨市人民政府、中国人民政治协商会议拉萨市委员会、纪检·监察、群众团体、政法、档案·党史·地方志、民族·宗教、外事、军事、经济综合管理、国有企业、开发区·工业园区、农业·水利、交通邮电、金融·保险、旅游、科技·教育·体育、文化·新闻、医药·卫生、城市建设·管理、人力资源与社会保障、社会生活、区情县情共 25 个类目。

七、《拉萨年鉴》2014 年卷反映 2013 年 1 月 1 日至 12 月 31 日期间情况（部分内容依据实际情况时限略有前后延伸），凡 2013 年事项，均直书月、日，不再写年份。

目　录

特　载

专　文

大　事　记

中国共产党拉萨市委员会

创先争优强基础惠民生活动

实施“四业工程”

拉萨河(城区段)综合整治工程

组织工作

宣传工作

统战工作

党校教育

中共拉萨市委直属机关工作委员会

拉萨市人民政府驻北京联络处

拉萨市人民政府驻成都办事处

政府法制

八廓古城管理

信访工作

藏语文工作(编译局)

市民服务中心

布达拉宫广场管理处

中国人民政治协商会议拉萨市委员会

综　述

重要会议

专门委员会工作

重要活动

纪检·监察

纪检工作

监察工作

对口援藏

北京援藏

江苏援藏

群众团体

拉萨市总工会

共青团拉萨市委员会

拉萨市妇女联合会

拉萨市工商业联合会

政　法

公　安

检　察

审　判

司法行政

档案·党史·地方志

档 案

党史研究

地方志

民族·宗教

综 述

外　事

综　述

外事接待

涉外管理与服务

因公出国(境)管理与服务

友城友协工作

侨务工作

军　事

拉萨警备区

工业和信息化局(国资委)

工商行政管理

税　务

统　计

质量技术监督

审　计

商　务

林　业

水利管理

扶贫开发和农业综合开发

气　象

交通·邮电

交通运输

科技·教育·体育

科 技

教 育

体　育

文化·新闻

文化新闻出版文物

广播·影视

拉萨晚报

医药·卫生

城市建设·管理

社会生活

区情县情

特 载

深入贯彻落实习近平总书记重要讲话精神
奋力推进拉萨跨越式发展和长治久安

在中共拉萨市第八届委员会第四次全体会议上的报告(摘要)

(2013年7月25日)

市委书记 齐扎拉

各位委员、同志们:

这次全委会的主要任务是:深入贯彻落实习近平总书记参加十二届全国人大一次会议西藏代表团审议时的重要讲话、俞正声主席在中央西藏工作协调小组会议上的重要讲话以及区党委八届四次全委会精神,总结全市上半年工作,安排部署下半年工作,动员组织全市党员干部和各族群众,坚定信心、锐意进取,奋力推进拉萨跨越式发展和长治久安,为建设美丽家园幸福拉萨而努力奋斗。

现在,我代表市委常委会向全委会作报告,请审议。

一、2013年上半年全市经济社会发展成效显著

今年以来,在党中央、国务院的亲切关怀下,在区党委、政府的坚强领导下,市委常委会团结带领全市广大干部群众,紧紧围绕陈全国书记对拉萨提出的"充分发挥首府城市首位度作用"和"七个方面"的工作要求,坚持实事求是、解放思想、转变作风、勤政为民,全力推进"五大战略",各项工作取得了新成绩。

(一)坚决贯彻落实中央精神和区党委决策部署。市委常委会始终高举中国特色社会主义伟大旗帜,以邓小平理论、"三个代表"重要思想、科学发展观为指导,认真贯彻落实党的十八大和十八届一中、二中全会精神,贯彻落实习近平总书记参加十二届全国人大一次会议西藏代表团审议时的重要讲话等一系列重要讲话精神,贯彻落实俞正声主席等中央领导同志的指示精神,贯彻落实区市党委八届三次全委会精神,坚决维护中央和区党委的权威,坚定不移地在思想上政治上行动上与以习近平同志为总书记的党中央保持高度一致。

(二)经济发展持续提速。牢牢把握稳中求快的总基调,推动有质量有效益的发展,特色优势产业不断壮大,"一区四园"建设不断加快,经济发展呈现出持续增长的良好态势。上半年全市生产总值完成125亿元,按可比价格计算,同比增长12.2%,占全区总量的37.9%。全社会固定资产投资完成131.9亿元,同比增长44.7%,占全区的41.6%。公共财政预算收入完成18.5亿元,同比增长45.5%。社会消费品零售总额实现68.9亿元,同比增长15.5%,占全区的52.6%。城镇登记失业率控制在2.2%以内。农牧民期内现金收入达到2742.9元,同比增长20%。城镇

居民人均可支配收入完成9921.5元,同比增长10.7%。共接待国内外游客201.7万人次,同比增长28.7%;实现旅游收入19.3亿元,同比增长27.1%。招商引资工作成效显著,实际到位资金同比增长117%。非公经济发展势头良好,市场主体达到4.2万户,注册资金90亿元,解决了14余万人的就业问题。

(三)民生改善卓有成效。教育改革发展步伐不断加快,中小学布局调整稳步推进,总投资7.5亿元43个教改项目开工建设,教育城一期项目进展顺利,15年教育"三包"补助标准进一步提高,城乡办学条件不断改善。职教资源加快整合,拉萨市职业技术学校挂牌成立,职业教育迈出坚实步伐。以业育人、以业安人、以业管人、以业富人"四业工程"全力推进,培训1.6万人,转移就业8931人,实现劳务输出2.5万人、劳务收入2亿元。认真做好45岁以上城乡居民的免费体检工作,下发《关于依法清理规范民办孤儿院工作的意见》,注销1所保育院,取缔5所孤儿院,妥善安置185名孤儿,孤残儿童集中供养工作扎实推进。在全区率先提高高龄老人健康补贴,五保老人集中供养率达到76%以上,供养标准年人均达到4320元,高出全区平均水平1720元。社会救助体系进一步完善,各项社会保险参保人数达到38万人。在全区率先开展"先诊疗、后结算"和"一卡通"试点工作,全面启动先心病患儿救治工作,基层医疗卫生服务人员培养工程启动实施。城市供暖工程在实现40%供暖目标的基础上,管网铺设全面完成,入户工程加快推进。拉萨市干部职工周转房分配改革试点工作有力推进。

(四)文化事业亮点纷呈。"八看、一算账、一揭批、四增强"感党恩主题教育活动持续深入开展,反对分裂、维护稳定、共同团结奋斗、共同繁荣发展的思想基础更加坚实。着力塑造文成公主主题文化品牌,《文成公主》实景剧编排进展顺利,8月1日正式演出。首届文成公主主题论坛成功举办。中国西藏文化旅游创意园等重点文化产业项目加快推进。拉萨综合展馆如期完工。"幸福拉萨"规范舞全面推广普及并形成常态,全民阅读活动全面启动,群众性文化活动蔚然成风。拉萨市电视台藏语综合、文化旅游两个频道正式开播,"拉萨发布"政务微博在人民网上线开通。投资15亿元对以八廓街为中心的老城区进行综合整治,电力、通讯、给排水等基础设施全面改造,古城特色风貌保护修旧如旧,极大改善了老城区居民生活条件、有效保护了世界文化遗产、提升了城市品质。工程于6月30日顺利竣工,群众满意率达100%。

(五)民族团结基石牢固。以建设民族团结典范城市为引领,《拉萨市民族团结进步条例》全面贯彻落实,共产党员民族团结先锋活动、共青团员民族团结闪光行动和少先队员民族团结牵手行动深入开展,全市结成对子1.8万个,投入资金1400余万元,解决群众实际困难4000余件。清政府驻藏大臣衙门旧址陈列馆修缮完成,为加强爱国主义教育、创建民族团结典范城市增加了新的载体和平台。根敦群培纪念馆筹建工作进展顺利。优抚双拥工作深入开展,全国双拥办中期考评迎检准备工作有序展开,投资1640万元开工建设拉萨烈士陵园红色旅游景区工程。

(六)社会大局和谐稳定。认真落实自治区十项维稳措施,及时出台《关于深入推进"法治稳市"战略建设平安拉萨法治拉萨的意见》,与自治区社科院联合开展"法治稳市"战略课题研究,选派人员赴江苏、湖南等地学习内地先进经验和成熟做法,平安拉萨、法治拉萨建设扎实推进。在全市寺庙实现"六建"全覆盖的基础上,"六个一"活动常态开展,"9+5"工程基本完成,全市寺庙率先在全区实现了有国旗、领袖像、报纸、电影、文化书屋和广播电视全覆盖,水、电、路基本保通的目标,极大改善了寺庙基础设施条件和公共服务水平。加强和创新社会管理工作深入推进,以"联户平安、联户增收"为主要内容的"双联户"工作深入开展并推广至全区。

(七)党的建设扎实推进。全面落实基层党建工作责任制,进一步完善市县乡三级"联述联考联评"制度。在全区率先实现村(居)党支部第一书记(从市、县、乡三级党政机关中选派)全覆盖。进一步加强各级领导班子建设,共提拔调整县级干部171人。圆满完成市工会、妇联换届选举工作。进一步提高村(居)干部误工补贴标准,发展农牧民党员1937名。扎实推进"两新组织"党的建设,为全市67家非公有制经济组织选派党建工作指导员。与清华大学签订人才全面合作协议,拉萨党建手机报正式启动,"每月一课"学习教育活动常态开展,培训各级干部近两万人次,不断提高广大干部的政治业务素质。北京、江苏第六批、第七批援藏干部轮换工作顺利完成。制定《市委常委会班子关于改进工作作风密切联系群众的八项要求》,以市委1号文件下发《关于进一步做好新形势下群众工作的意见》,成立群众工作部,认真组织开展“三进四同三一”活动，把群众观点、群众立场、群众路线、群众工作贯穿于一切工作始终，党同人民群众的血肉联系日益紧密。以反对形式主义、官僚主义、享乐主义和奢靡之风为突破口，推动形成祛歪风、树良风的正能量。2013 年拉萨市部门预算公用经费人均较 2012 年减少 9.3%。全市 1000 多名驻村干部扎根基层，围绕“五项任务”扎实开展工作，取得显著成效。积极构建惩治和预防腐败体系，党风廉政建设和反腐败工作取得新成效。

这些成绩的取得，是以习近平同志为总书记的党中央亲切关怀和区党委、政府坚强领导，北京、江苏两省市无私援助，全市广大干部群众齐心协力、艰苦奋斗的结果。在肯定成绩的同时，我们也清醒看到，发展改革稳定工作中还存在着不少的问题和困难。一是我市经济发展速度高于全区的平均水平，但从全国来看，总量少、规模小、发展质量和效益不高，受国内经济增长放缓影响，完成年初既定目标任务的压力很大。二是推进改革的体制机制障碍较多，生产要素瓶颈制约逐步显现，储备土地成本高，融资平台的打造十分迫切。三是在稳定方面，社会局势进入持续稳定的新时期，但仍然面临着达赖集团的干扰破坏。

当然，在充分认识严峻形势的同时，我们更要看到面临的大好机遇。一是中央正全力打造中国经济升级版，全国经济进入重大转型期，经济结构调整力度进一步加大，一些企业为降低劳动力成本，将向西部地区转移产能，再加上近年来西藏着力打造软硬件环境，招商引资金“洼地”效应显现，这为我市“一区四园”承接产业转移带来了新的发展机遇。二是今年自治区要落实中央财政基本建设投资 30 亿元，中央预算内投资 165 亿元，国家铁路建设基金投资 9.5 亿元，同时，下半年自治区将全面推进营业税改增值税，服务业投资将会大幅增加。大规模的投资增量，将为我市加快实施“五大战略”、建设美丽家园幸福拉萨提供强有力的支撑。三是今年是“十二五”规划中期评估之年，我市已申请将总投资 909.6 亿元的 15 个项目列入自治区“十二五”规划方案中期评估调整盘子。同时，北京、江苏两省市援藏“十二五”规划评估小组业已完成援藏规划执行情况评估工作，下一步将调整援藏项目规划。这将为推动我市跨越式发展和长治久安继续注入强大动力。四是全市持续和谐稳定的社会环境，为经济发展提供了坚实保障，国内外企业家对拉萨的投资信心更足，广大干部群众谋发展的愿望更加强烈。配合“中国光彩事业西藏行”活动的举办，目前拉萨市已储备了 2000 亿元的项目盘子，必将带动拉萨新一轮的投资热潮。五是习近平总书记“治国必治边、治边先稳藏”的战略思想、俞正声主席“依法治藏、长期建藏”指示要求的提出，为西藏为拉萨各项工作进一步指明了方向。同时，全区正在开展党的群众路线教育实践活动，各级各部门将进一步转变作风，进一步下放权力，进一步推动工作，必将形成推动发展的强大动力。

二、自我加压，强力推进，确保今年各项目标任务顺利完成

要力争完成全年发展的内部主要预期目标（地区生产总值增长 20% 以上、地方财政一般预算收入增长 45% 以上、全社会固定资产投资增长 32% 以上、社会消费品零售总额增长 20% 以上、农村居民人均纯收入增长 18% 以上、城镇居民人均可支配收入增长 9% 以上），时间紧、任务重、压力大，要牢牢把握稳中求快的总基调，紧紧围绕充分发挥首府城市首位度作用的总要求，坚持维护社会稳定和保护生态环境两条底线，大力推进“五大战略”，确保经济持续快速发展，确保社会大局持续和谐稳定。

（一）坚持步调一致，坚决贯彻中央和区党委的决策部署。习近平总书记参加十二届全国人大一次会议西藏代表团审议时的重要讲话，站在党和国家工作全局的战略高度，充分肯定了我区经济社会发展取得的显著成绩，对新形势下的西藏工作提出了明确要求和殷切希望，是我们党治藏理念的深化和创新，是对中央治藏方略的丰富和发展，是指导我们工作的纲领和指南；俞正声主席在中央西藏工作协调小组会议上的重要讲话，具有很强的针对性、指导性和可操作性，是我们工作的重要遵循，对推进拉萨跨越式发展和长治久安具有重大而深远的意义。我们要深刻领会习近平总书记“治国必治边、治边先稳藏”的重要战略思想，深入领会俞正声主席“依法治藏、长期建藏”的重要指示精神，深刻把握陈全国书记对拉萨提出的“充分发挥首府城市首位度作用”工作要求，讲政治、讲党性、讲大局、讲纪律，坚定不移地在思想上政治上行动上与以习近平同志为总书记的党中央保持高度一致，不折不扣地执行党的路线方针政策、贯彻党中央和区党委各项决策部署，坚决维护党中央和区党委的权威，始终做到令行禁止、政令畅通。

（二）坚持稳中求快，扎实有力推进跨越式发展。

发展是解决拉萨所有问题的关键。实现跨越式发展不仅具有重大经济意义,而且具有深远政治意义。要始终把握好主要矛盾和特殊矛盾,正确处理经济发展、社会稳定、民生改善、生态保护的关系,坚定不移走有中国特色、西藏特点、符合拉萨实际的发展路子,加快推进跨越式发展。

优化发展环境。切实把生态环境保护摆在更加突出的战略位置,严守生态环境底线,严格环境保护准入条件,构建稳固的生态安全屏障。强力推进国家环保模范城市创建工作,力争年内完成技术评估。继续实施"树上山",加快推进"河变湖",提升城市生态环境质量。继续做好"暖入户",加快工作进度,确保年底实现城区全覆盖。尽快出台《关于促进总部经济发展的若干意见》等产业发展政策,深入开展环境综合整治专项行动,不断优化发展软环境。抓好重点项目。要深化项目前期工作,谋划储备一批项目,确保用时拿得出、能立项。要紧抓"十二五"规划中期评估调整机遇,力争一批重大项目纳入国家支持的建设盘子中。要抓好在建项目推进,落实任务、明确责任,倒排工期、挂图作战,抢抓进度,确保项目质量和安全。

加快产业发展。大力实施"一产上水平、二产抓重点、三产大发展"经济发展战略,推进曲水农村综合改革试验区、才纳国家级现代农业示范区和林周现代农业示范区建设,进一步扶持和壮大农牧民专业合作组织和农牧业龙头企业,促进农牧业经营专业化、规模化、集约化、合作化。坚持走产业入园、要素集聚、集约发展的路子,牢固树立"一盘棋"思想,坚持科学发展、差异化发展,增加产业有效投入,培育壮大"六大产业",把"一区四园"建成高原特色工业发展的示范区、全市经济增长的带动区、转变经济发展方式的先行区。

壮大民营经济。要不折不扣地落实好国家、自治区关于发展民营经济的优惠政策,推动民营经济快速发展。要着力配合开展好"中国光彩事业西藏行"活动。按照"洽谈一批、签约一批、开工一批"的要求,明确责任分工,形成工作合力,努力实现在"中国光彩事业西藏行"活动中落户拉萨的投资项目占全区50%以上的目标。

建好新型城镇。筹备召开拉萨市城镇化发展会议,研究制定《关于加快推进城镇化发展的意见》。加快《拉萨市城市总体规划(2013—2030)》《拉萨市东嘎分区规划》《中国西藏文化旅游创意园规划》的修编工作。着力推动东城区的开发建设。要坚持走"产城互动"的路子,把产业园区建设与城镇规划相结合,实现以产兴城、以城促产、产城互动,促进产城一体化发展。

(三)坚持成果共享,坚持不懈保障和改善民生。改善民生关乎强基固本。要始终把保障和改善民生作为一切工作的出发点和落脚点,着力解决好人民群众最关心最直接最现实的利益问题,让全市各族人民群众共享改革发展成果。

优先发展教育。继续落实《中共拉萨市委员会拉萨市人民政府关于加快推进教育改革和发展的意见》(拉党发〔2012〕1号)精神,全面推进教改工作。继续推进43个教改项目建设,年内基本完成教育城一期项目建设,努力把北京、江苏援建的完全中学建成一流的示范学校。继续推进中小学布局调整,加快集中办学步伐,坚持教育用地性质不变,着力做好老城区学校布局调整,切实改善基础教育办学条件。要把职业教育作为一项重要工作来抓,加快职业教育发展步伐,以就业为导向,科学规划职业技术学校专业、师资设置,提高职教水平,促进职业教育规模化优势化发展。

扩大城乡就业。继续深入推进"四业工程",创新培训方式,做好市场对接,确保培训就业率达到90%以上。鼓励多渠道多形式就业,促进创业带动就业,动态消除零就业家庭,确保新增城镇就业1万人以上。

健全社保体系。坚持全覆盖、保基本、多层次、可持续方针,健全覆盖城乡居民的社会保障体系,努力推进孤寡老人集中供养,实现孤、残、弃儿童集中供养并开展义务教育。

改善医疗条件。巩固农牧区基本医疗制度全覆盖,加快县、乡、村三级医疗卫生机构建设,加强农牧区基层卫生人才队伍建设,确保年底实现每千人拥有医技人员4人和农牧区方圆5公里以内有1名医疗卫生人员实施巡诊服务的目标。

提高住房保障。继续实施农村人居环境建设和环境综合整治工程,大力推进"八到农家"工程。加快建设廉租房和公共租赁住房,加快推进棚户区改造。拉萨市干部职工周转房分配改革试点工作在年内完成的基础上,明年全面推开。

促进文化惠民。继续深入开展"八看、一算账、一揭批、四增强"感党恩主题教育活动,深入推进文化、科技、卫生"三下乡"和科教、文体、法律、卫生"四进社区”活动。以《文成公主》实景剧演出成功为契机，加大宣传力度，营造浓厚氛围，将文化旅游创意园区的综合开发推向新的高潮。加大传统文化保护力度，建立健全文化遗产保护和传承机制，认真落实好《拉萨市老城区保护条例》，依法推进以八廓街为中心的老城区管理工作。

（四）坚持筑牢基石，坚定不移巩固和发展民族团结。要牢牢把握各民族共同团结奋斗、共同繁荣发展的主题，围绕创建民族团结典范城市，不断推动民族团结进步事业繁荣发展，促进各民族和睦相处、和衷共济、和谐发展。

加大民族团结进步立法力度。继续落实好《拉萨市民族团结进步条例》，加快制定出台《拉萨市城市民族工作条例》《拉萨市民族团结进步模范评选表彰实施办法》《拉萨市创建民族团结典范城市实施办法》等地方性法规，为拉萨民族团结进步事业走上法制化、规范化、制度化轨道奠定更加坚实的基础。

深入开展民族团结宣传教育。充分利用“民族团结进步月”、拉萨市第二个民族团结进步节等有利时机，充分发挥好关帝拉康、清政府驻藏大臣衙门旧址陈列馆等民族团结教育基地的作用，继续深入开展民族团结主题教育进机关、进乡村、进社区、进学校、进企业、进部队、进寺庙活动，使各族干部群众牢固树立“三个离不开”的思想。

继续开展好民族团结进步创建活动。继续深入推进共产党员民族团结先锋活动、共青团员民族团结闪光行动和少先队员民族团结牵手行动，总结工作经验，丰富创建内容，创新活动形式，确保取得实实在在的成效。认真做好民族团结进步表彰工作，努力营造促进民族团结的浓厚氛围。全力做好全国双拥办迎检工作，巩固好双拥工作成果。

（五）坚持依法治市，毫不动摇做好长治久安的基础工作。社会稳定是拉萨发展的前提和保障。拉萨是藏传佛教的“圣城”、藏区稳定的“要城”、国际涉藏舆论的“窗口”，地处反分裂斗争的前沿阵地。因此，必须贯彻落实区党委、政府维护稳定的十项措施，时刻保持清醒头脑，牢固树立稳定压倒一切的思想，全力以赴做好维稳工作，努力实现拉萨社会大局持续稳定、长期稳定、全面稳定。

大力推进平安拉萨、法治拉萨建设。坚持依法治市，认真贯彻落实《关于深入推进“法治稳市”战略建设平安拉萨法治拉萨的意见》，进一步加大城市立法力度，重点推进《拉萨市建设生态文明城市条例》《拉萨市物业管理条例》等社会高度关注、实践急需、条件相对成熟的地方性法规制定工作。扎实开展“法律七进”活动，大力推进“法治县（区）”“法治乡（镇）”“法治村（居）”等法治创建活动。

深化社会管理创新。坚持和完善关口前移、源头治理、网格化管理、群防群治等措施，不断提升社会服务管理水平。驻村工作要围绕“五项任务”，强化责任、细化措施、做实工作，在艰苦环境中提升意志品质，在为群众改善生活水平出实招、干实事中转变工作作风，确保驻村工作取得实效。努力探索和正确把握新时期人民内部矛盾的特点和规律，不断完善人民群众诉求表达机制和社会矛盾调处机制，妥善协调各方面利益关系，提高从源头上化解矛盾的能力，最大限度增加和谐因素。

扎实开展“双联户”工作。以“先进双联户”创建评选活动为契机，最大限度激发联户单位主体作用，切实提高群众参与积极性。进一步加大联户代表的培训力度，着力提高其开展工作的能力。各级各部门要按照陈全国书记提出的“十联”要求，因地制宜，分类施策，一方面要在实践中不断把经验、方法固化为体制机制，另一方面要针对工作开展过程中需要协调解决的政策支持加快研究，确保此项工作全面扎实推进，继续引领全区“双联户”工作。

加强和创新寺庙管理。要不断深化寺庙“六建”“六个一”活动和“9 + 5”工程，继续落实好利寺惠僧政策，深入推进法制宣传主题教育活动，积极引导藏传佛教与社会主义社会相适应。

（六）坚持夯实基础，不断加强党的建设。做好拉萨的事情，关键在党。要坚持党要管党、从严治党，牢牢把握加强党的执政能力建设、先进性和纯洁性建设这条主线，以改革创新精神全面推进党的建设，不断提高党的建设科学化水平。

强化理想信念教育。深入开展中国梦宣传教育活动，引导广大党员干部坚定中国特色社会主义道路自信、理论自信、制度自信。适时开展“为了谁、依靠谁、我是谁”的大讨论。

加强干部队伍建设。继续深化干部人事制度改革，坚持和完善从基层一线、从实践中选拔干部制度，着力建设一支堪当重任的高素质干部队伍。继续加强干部教育培训，不断提高党员干部推动科学发展和维护社会稳定的能力。

加强基层组织建设。继续做好在农牧民中发展党员工作，实现农牧民党员占农牧民人口总数6%的目标。加快“两新组织”党的建设,不断扩大党组织覆盖面。制定村(居)党支部第一书记考核培养机制,加强第一书记队伍建设,进一步发挥好基层党组织推动发展、服务群众、凝聚人心、促进和谐的作用。

着力改进工作作风。继续贯彻落实中央“八项规定”、自治区“约法十章”“九项要求”以及市委常委会“八项要求”,切实转变作风。认真贯彻落实市委1号文件精神,牢固树立群众观点,坚持思想上尊重群众、感情上贴近群众、工作上依靠群众,时刻保持党同人民群众的血肉联系。继续推进“三进四同三一”活动,深入基层了解情况,深入群众倾听呼声,着力解决人民群众反映强烈的突出问题。要以三个争先进位考核办法为标杆,努力形成比、学、赶、超的良好风气。

深入推进党风廉政建设。坚持标本兼治、综合治理、惩防并举、注重预防,认真落实党风廉政建设责任制,加强反腐倡廉教育,深入开展纠风和专项治理,建立健全督查机制和考核结果运用机制,以反腐倡廉的实际成效赢得广大人民群众的信任。

谋划好主题教育实践活动。遵照中央第七督导组在拉萨调研时提出的“做到长效化、不反弹;密切联系群众、解决突出问题;先行一步,提前介入;努力实现两促进、两不误”的工作要求,按照区党委的统一部署,提前谋划、早作准备,准确把握活动的重点和要求,切实把党的群众路线教育实践活动安排部署落到实处。

三、踏石留印,抓铁有痕,奋力推动拉萨跨越式发展和长治久安

“空谈误国、实干兴邦”。要完成既定的工作任务,关键在于良好的精神状态、扎实的工作作风。全市党员干部要以踏石留印、抓铁有痕的劲头,善始善终、善做善成,奋力推进拉萨跨越式发展和长治久安。

(一)坚持群众路线。群众路线是我们党的生命线和根本工作路线。群众是真正的英雄。要坚持一切为了群众、一切依靠群众,坚持从群众中来、到群众中去,把群众观点、群众立场、群众路线、群众工作贯穿一切工作始终。要坚决摒弃形式主义、官僚主义、享乐主义和奢靡之风,深入到群众中,俯下身、沉下去,与群众心相连、语相通,同劳动、同提高,在感情上亲近群众,行动上走近群众,服务上贴近群众,一起干发动群众。党员干部只有在群众中接了地气,才能更好地集中群众智慧,更好地团结群众奋斗。

(二)敢于担当。党员干部,必须敢于担当、勇于负责。要以先行先试、敢于担当的事业心和责任心,以坚持原则、不怕碰硬的“勇气”,以求真务实、开拓进取的“锐气”,大胆地试、大胆地闯、大胆地干。在难题面前敢于开拓,在矛盾面前敢抓敢管,在风险面前敢担责任,才能在机遇初显时紧紧抓住,在问题露头处化解矛盾,为改革发展赢得战略空间,把远大理想和坚定信念融入到建设美丽家园幸福拉萨的实践中。

(三)坚持苦干实干。要紧紧围绕重点问题深入调研、提出对策,坚持不懈地解决制约科学发展的深层次矛盾和问题。要积极回应人民群众的普遍关切,想方设法帮助他们解决实际困难,扎实做好群众广泛关注、普遍受益的民生大事。要围绕年初既定目标,找准坐标,自我加压、主动作为,有目标、有计划地大踏步向前赶。要对照工作任务,切实履行职责,建立倒逼机制,一项一项推进,一环一环督查,一件一件落实,确保年初确定的各项目标任务顺利完成。

同志们,有梦想才有目标,有希冀才会奋斗。让我们紧密团结在以习近平同志为总书记的党中央周围,高举中国特色社会主义伟大旗帜,以邓小平理论、“三个代表”重要思想、科学发展观为指导,以落实习近平总书记和俞正声主席的重要讲话精神为动力,坚定信心、攻坚克难、锐意进取、扎实工作,圆满完成全年的目标任务,为推进拉萨跨越式发展和长治久安,建设美丽家园幸福拉萨而努力奋斗!

政府工作报告

在拉萨市第十届人民代表大会第四次会议上

（2014 年 2 月 23 日）

市长 张延清

各位代表：

现在，我代表市人民政府向大会作报告，请予审议，并请市政协委员和其他列席人员提出意见。

2013 年工作回顾

2013 年，在自治区党委、政府和市委的坚强领导下，我们团结带领和紧紧依靠全市各族干部群众，深入贯彻落实党的十八大和十八届二中、三中全会精神，按照区市党委八届三次、四次全会精神，坚持“三提速”的工作要求，以科学发展为主题，以加快转变经济发展方式为主线，坚持稳中求进的工作总基调，全力实施“五大战略”，努力建设美丽家园幸福拉萨，全市经济提速发展、人民生活安居乐业、社会局势和谐稳定，各项工作取得重大进展。预计实现地区生产总值 312 亿元、增长 20%，公共财政预算收入 50.16 亿元、增长 46%，税收首次突破 30 亿元大关，全社会固定资产投资 376 亿元、增长 32%，社会消费品零售总额 150 亿元、增长 20%，城镇居民人均可支配收入达到 21421 元、增长 9.6%，农村居民人均纯收入达到 8537 元、增长 20.45%，圆满完成市人大十届三次会议确定的各项目标任务。

（一）调结构、增活力，经济发展蒸蒸日上。夯实农业农村经济基础。有序推进曲水国家农村改革试验区和林周现代农业示范区建设，深入实施科技富民强县、农牧业先进实用技术推广应用等项目，加快建设优质农畜产品生产基地，玛咖、烤烟、雪桃等新产品试种获得阶段性成果，高原葡萄酒、郁金香种球、“藏之梦”地毯等新产品成为新的经济增长点。落实农业综合开发项目 19 个，建成日光温室 1500 栋，农牧民专合组织发展到 233 家，农田水利、农机装备、农机服务等基础支撑更加有力，农牧业结构调整迈出新步伐。粮食、蔬菜总产分别达到 17.75 万吨、26.1 万吨，肉、奶、蛋产量分别为 3.95 万吨、4.52 万吨、806.4 吨，牲畜出栏率达到 41.92%。强化工业支撑。着力推动工业化和信息化融合发展，工业经济综合实力进一步壮大，完成规模以上工业增加值 32 亿元、工业销售产值 79 亿元、工业税收 5.9 亿元，分别增长 20%、25% 和 30%。完善园区发展政策措施和基础设施，拉萨经济技术开发区和达孜、曲水、堆龙工业园不断发展壮大，园区经济大幅增长，完成工业增加值 8 亿元、工业销售产值 22 亿元、税收总额 54 亿元，分别增长 40%、40%、80%。着力发展第三产业。旅游业保持快速发展，游客服务中心、曲水俊巴渔村旅游示范等项目竣工验收，新增星级宾馆 17 家，开通直飞南京航班。接待游客 798.94 万人次，实现收入 82.16 亿元，分别增长 22.76%、25.47%。启动城市商业副中心规划建设，木材交易市场、东嘎农产品批发市场、旧货交易市场、活禽屠宰场等专业市场建设有序推进，物流园区前期工作如期启动，西藏会展中心建设进展顺利，现代服务业稳步发展。加大招商引资力度。落实招商引资项目 269 个，到位资金 143 亿元，增长 82.8%。“光彩事业西藏行”谋划推介项目 255 个，总投资 2065 亿元；正式签约项目 88 个，总投资 324 亿元；已开工项目 53 个，总投资 181 亿元，实际到位资金 52.83 亿元。非公经济发展势头良好，市场主体达到 42756 户，注册资金 81.7 亿元，解决 15 万人就业问题。

（二）抓项目、重统筹，城乡面貌日新月异。构建协调发展的城镇体系。全面推进东嘎、柳梧、东城新区以及各县城、重点乡镇、城中村的规划修编，积极完善交通、供水、供气、医疗、教育等专项规划，编制控制性详规，引领基础设施和公共服务设施建设，完善城市功能。基础设施建设加快推进。项目建设进展顺利，664 个居民小区及共建单位、10.7 万户居民完成供暖工程建设，铺设燃气主干管网 58 公里、次干管网 196 公里，供暖面积达到 1987 万平方米。投资 15 亿元对老城区进行保护，3031 户商户陆续入驻八廓商城,德吉罗布儿童乐园建成营业,民兵训练基地、综合展馆建成使用,纳金大桥建成通车,次角林大桥加紧建设,教育城和西藏文化旅游创意园基础设施项目、拉萨河堤防二期工程、城区段综合整治工程扎实推进。城乡交通条件进一步改善。投资7.67亿元,建成农村公路243.7公里,行政村通畅率达到75.7%,新增受益群众36492人。8座便民人行天桥全部投入使用,出租汽车行业集中治理基本完成,自行车租赁服务试点顺利启动,实现城市公交车、出租车、自行车的有效衔接。项目争取工作成绩显著。完成93个项目前期工作,并积极申请将城市供暖、拉萨河城区段综合整治等15个重大项目列入自治区"十二五"规划项目方案中期评估调整盘子。创城工作进展顺利。全面推进文明社区、文明村镇、文明单位创建工作,加强市民思想道德建设,全国文明城市创建成果进一步巩固。国家园林城市创建成功,国家卫生城市、国家环保模范城市创建工作顺利通过国家部委技术评审与评估。

(三)办实事、惠民生,群众共享发展成果。加大财政支持力度。继续为各族群众办好自治区利民惠民"十件实事",解决好人民群众最关心最直接最现实的利益问题,全年民生支出45.83亿元,达到新增财力一半以上。深入实施"四业工程"。投入专项培训经费1696.2万元,完成实用技术培训18455人、转移就业培训5875人、创业培训513人,转移就业1万多人、劳务输出3.4万人、创收4.1亿元,城镇登记失业率控制在2%以内。加快发展教育事业。实施教育项目123个,总投资11.8亿元;教育城一期进驻项目17个,完成投资19.76亿元。职业教育加快发展,成立第一、第二中等职业技术学校,招收学生1417名。加快推进医药卫生体制改革。率先在全区开展"先诊疗、后结算"和家庭账户"一卡通"试点,推进妇女疾病普查普治。加强卫生事业基础设施建设,基本实现县、乡、村、社区均有医疗卫生服务机构的目标,市医院顺利通过三级乙等医院评审并挂牌。卫生惠民工程扎实推进,城乡居民免费健康体检率达到99.9%。完善社会保障体系。社会保险参保人数39.37万人,社保资金达到5.92亿元,养老保险、医疗保险、失业保险、工伤保险覆盖率均达到95%以上。城乡低保标准分别提高到440元和1750元,发放低保金8234万元;五保供养标准年人均达到4320元,发放供养资金235.42万元;发放城乡医疗救助资金3548万元。文化事业空前繁荣。传统藏戏《卓瓦桑姆》荣获全国群众文化政府最高奖——"群星奖",《阿谐》荣获第七届全国电视舞蹈大赛金奖。《文成公主》大型实景剧常态演出82场次,观演群众达9.7万人次。拉萨广播电视台藏语综合频道和文化旅游频道正式开播,广播电视综合人口覆盖率分别达到97.97%和98.01%。48个乡镇文化站基本建成,各类业余文艺演出团队达83支,幸福拉萨规范舞学跳活动参与人数超350万人次。扶贫开发整体推进。落实扶贫开发项目198个,总投资1.86亿元,1.1万户贫困户受益,2.9万贫困人口越过帮扶线。人居环境进一步改善。投资2.36亿元,新建廉租房964套、公共租赁房4324套,维修改造周转房400套。投资8317.77万元,完成40个行政村村容村貌综合整治任务。物价稳控卓有成效。制定实施《关于建立拉萨市主要生活副食品价格临时补贴实施意见》,异地组织调运牦牛肉投放市场,严厉查处价格违法行为,充足储备生活必需品,物价水平基本平稳。

(四)重基础、严防范,社会局势持续稳定。坚决捍卫国家安全。深入推进反分裂斗争,圆满完成敏感时期和重要节点维稳防控任务,实现"三不出"目标。着力创新社会治理。深入实施《拉萨市加强群众工作机制》等58项长效工作机制,巩固推进创先争优强基础惠民生活动,健全四省藏区流动人口服务管理机制,初步形成具有拉萨特色的城镇、寺庙和农牧区服务管理模式,"双联户"模式全面铺开,基本实现城乡全覆盖。依法管理宗教事务。全面推广联创联帮模式,着力创建和谐模范寺庙。稳妥开展社会流动宗教活动人员清理整顿和在编僧尼自然减员补充学经新僧尼工作,制定启用爱国守法僧尼卡,不断巩固"六建"工作,广泛开展"六个一"活动,深入推进"9+5"工程建设,僧尼社会保险实现全覆盖,西藏佛学院色拉寺、哲蚌寺、甘丹寺、楚布寺分院挂牌成立。大力加强民族团结。扎实开展第二个"民族团结进步节"宣传教育活动,我市被列为全国13个民族团结进步示范市试点单位之一。积极调处矛盾纠纷。领导干部接访、信访干部下访,排查矛盾纠纷831起,调处化解820起,调处率98.6%;排查梳理疑难信访案件69件,化解率100%;加强群众工作与信访工作的有机结合,受理群众来信来访来电1278件4221人次,办结1243件,办结率97.3%。切实加强安全生产。进一步强化安全生产和食品药品安全执法监管,不断完善应急体系建设,"3·29"山体滑坡自然灾害得到及时妥善处置。

(五)转职能、提效率,环境建设不断加强。全面推进依法行政,坚决落实市委决策部署,自觉接受人大法律监督和政协民主监督,认真听取工商联和无党派人士意见,办理代表建议86件、议案4件,办理政协提案93件,向人大报送2件地方性法规草案,办理4件行政复议案件,出台4件政府规章和3件规范性文件。修订政府工作规则,召开廉政作风效能建设工作会议和经济发展环境整治大会,着力整治政务环境、旅游环境、建设环境、交通环境、市场环境、城市环境,发展软环境得到进一步优化。大力推进行政审批制度改革,全面清理行政审批项目,行政审批权限精简调整率达64.48%。全区首家县级水务局在尼木县挂牌成立,全市城乡水务一体化改革工作迈出实质性步伐。严格贯彻落实中央"八项规定"、自治区"约法十章"、市委"八项要求"和"八个力戒","三公"经费支出下降18.7%。"六五"普法有序推进,办理法律援助案件685件。加快电子政务建设步伐,开发建设并试运行协同办公系统,"拉萨发布"政务微博在人民网上线开通。逐步完善金融服务体系,民生银行在我市设立分行,拉萨城投公司、旅游文化公司、置地公司、暖心热力公司等融资平台不断发展壮大。

各位代表!

2013年,面对严峻的发展与稳定形势,全市各族人民以无畏的勇气、无言的担当、无悔的付出,倾心尽力、真抓实干,书写了拉萨跨越发展与和谐稳定的新篇章。在中国社科院发布的2013年《公共服务蓝皮书》中,拉萨蝉联全国38个主要城市基本公共服务满意度排行榜第一名,公共交通、公共安全、城市环境、文化体育、社保就业、GDP杠杆指数6项指标高居榜首,基础教育排名第二。这些成绩的取得,是党中央国务院亲切关怀、自治区党委政府正确领导的结果,是北京、江苏两省市无私援助的结果,是市委坚强领导、强力推进的结果,是市人大、市政协和社会各界监督支持的结果,是全市人民凝心聚力、砥砺奋进的结果。在此,我代表市人民政府,向人大代表、政协委员,向奋战在全市各条战线的广大群众、干部职工、公安民警、解放军指战员、武警消防官兵,向离退休老同志以及所有关心、支持拉萨跨越式发展和长治久安的各界人士,表示衷心的感谢,并致以崇高的敬意!

在肯定成绩的同时,我们也清醒地认识到,我市经济社会发展仍然面临不少困难和问题:一是经济总量偏小,产业发展滞后,基础设施需要进一步加强。二是反分裂斗争形势依然严峻,维稳任务艰巨繁重。三是城镇化水平较低,辐射带动能力不强,群众持续增收压力很大。四是改革开放水平不高,要素制约问题有待破解,发展环境仍需优化。五是政府部分工作人员思想解放程度不够、领导科学发展的能力不强,行政审批效率、办事效率不高,群众观念淡薄,工作作风需进一步改进。对此,我们将高度重视,认真解决。

2014年主要工作

2014年是全面贯彻落实党的十八届三中全会、区市党委八届五次全会精神、全面深化改革扩大开放的开局之年,也是"五年目标三年完成"的攻坚之年。做好今年的工作,意义重大。

政府工作总体要求是:全面贯彻落实党的十八大、十八届二中三中、区市党委八届五次全会和区市经济工作会议精神,以邓小平理论、"三个代表"重要思想、科学发展观为指导,贯彻落实习近平总书记系列重要讲话精神特别是"治国必治边、治边先稳藏"重要战略思想,贯彻落实俞正声常委"依法治藏、长期建藏"的指示精神,紧紧围绕率先全面建成小康社会目标,坚持稳中求进、好中求快的工作总基调,坚持维护社会稳定和保护生态环境两条底线,充分发挥首府城市首位度作用,全力推进"五大战略",确保经济持续快速健康发展,确保社会大局持续和谐稳定,奋力抒写中华民族伟大复兴中国梦的拉萨篇章。

主要预期目标:地区生产总值增长15%以上,全社会固定资产投资增长25%以上,社会消费品零售总额增长18%以上,规模以上工业增加值增长25%以上,公共财政预算收入增长30%以上,农村居民人均纯收入增长18%以上,城镇居民人均可支配收入增长8%以上,居民消费价格涨幅控制在4%以内,城镇登记失业率控制在2.2%以内,经济社会发展水平再上一个新台阶。

今年,我们将重点抓好以下六项工作:

(一)大力实施环境立市战略,奋力在优化发展环境上取得新突破

打造优美舒适的人居环境。突出地域特色、民族特色、文化特色、时代特点和群众需求,先行先试,协调推进小城镇、新农村和产业园区建设,积极稳妥推进以人为核心的城镇化,着力形成"中心城市辐射、多点联动发展""城关一马当先、梯次竞相跨越"的格局,为全区城镇化发展积累成功经验。加快调整行政区划,积极推进县改区。修编完成城市总体规划、东

嘎分区规划,编制中国西藏文化旅游创意园规划,突出抓好县城规划、乡镇规划、特色村庄规划,促进产城一体化发展。加大东嘎新区、柳梧新区、东城新区开发建设力度,扩大规模、完善功能、提升品位。加快推进北环路、柳东大桥、东城医院和城市储备水厂等项目建设,继续加快教育、文化、卫生、体育等城镇公共服务基础设施建设。推进棚户区改造,加快保障房建设,实施45个村容村貌整治项目。新建农村公路695.02公里,力争行政村通畅率达到86.7%以上,新增受益群众4.7万人。成功创建国家卫生城市,做好国家智慧城市试点工作。

打造绿色环保的生态环境。深化生态文明体制改革,健全资源节约集约利用、生态资源环境保护的体制机制,实行最严格的源头保护制度、损害赔偿制度、责任追究制度,完善环境治理和生态修复制度,推动形成人与自然和谐发展的现代化建设新格局。继续实施"树上山",加快重点区域植树造林,力争造林绿化10万亩;加快推进"河变湖",加快拉萨河城区段综合整治,推进农田水利基本建设,健全完善中小河流域治理、水土流失治理和山洪灾害防治制度,大力提升城市生态环境质量;继续做好"暖入户"配套工程,扩大覆盖面,建立健全供暖后期管理长效机制。推动拉萨河源头重要生态功能保护区和拉萨周边湿地生态功能保护区建设,加快柳梧湿地公园建设,保质保量完成拉鲁湿地三期工程,保护野生动植物,促进珍稀濒危野生动植物数量恢复性增长。加大环境污染防治力度,严格落实节能减排降耗措施,试点应用新能源汽车,加强PM2.5空气质量监测,建立规模以上工业企业污染源核心数据库,坚持环评和"三同时"制度,抓好工业污染、尾气污染、生活污染等综合治理;严格水资源开发利用管理,强化河道采石采砂监管,确保人畜饮用水源地零污染;推进城乡环境综合整治,加大环保宣传力度,创建区市两级生态县(区)、生态乡(镇)、生态村(居);建成垃圾填埋场二期、垃圾渗滤液处理站、危废处置中心、在线监控系统企业端二期等项目,开工建设垃圾焚烧发电项目和市区二期、曲水工业园、教育城3个污水处理项目,全面完成创建国家环保模范城市各项工作任务,积极创建国家生态文明先行示范区,使拉萨成为十八届三中全会后第一个命名的国家环保模范城市,为环境立市奠定扎实基础。

打造贴心舒心的服务环境。加强市、县(区)、乡(镇)政务服务体系建设,大力推进市民服务中心规范运行,继续清理、调整精简审批事项,积极推行网上审批,努力推进政务服务"两集中""两到位"。进一步加快事业单位分类改革,逐步将行政职能划归行政机构,确保实现政事分开、事企分开、政企分开,逐步取消公益服务事业单位的行政级别。支持非公有制经济健康发展,建立健全重大项目和企业跟踪服务、限时办结制度。巩固出租汽车行业治理成果,调整优化城乡客运线路,新增300辆出租汽车和76辆公交车,启动轻轨项目建设,为市民和游客营造舒适便捷优质的出行环境。强化行政执法监督,严厉惩治欺行霸市、制假售假、商业欺诈、扰乱市场经营等不法行为,规范市场秩序,营造公平公正的市场环境。

(二)大力实施文化兴市战略,奋力在促进文化繁荣上取得新突破

文化育民。深入开展社会主义核心价值体系学习教育,不断加强信念教育,大力弘扬民族精神、时代精神和"老西藏精神"。继续开展感党恩主题教育活动,深入推进"五下乡"和"四进社区"活动,促进群众体育和竞技体育协调发展,全面提升群众的文化、科技、健康和法律素质。健全文化基础管理、内容管理、行业管理以及网络违法犯罪防范和打击等工作联动机制,推动新闻发布制度化,健全网络突发事件处置机制。深入开展拥军优属、拥政爱民和军民共建活动,加强国防教育宣传,继续做好人防工作,支持国防部队建设。着力巩固提升全国文明城市创建成果,大力加强职业道德、社会公德和家庭美德教育,深入开展群众性精神文明创建活动,培育自尊自信、自强自立、理性平和、积极向上的社会心态。

文化惠民。建立公共文化服务体系建设协调机制,促进基本公共文化服务标准化、均等化,推动文化惠民项目与群众文化需求有效对接。加快构建覆盖村(居)的便利性公共文化服务体系,推进民间艺术团建设,普及城乡阅报栏,开展文化资源信息共享工程,全面提升服务水平。扎实开展民间艺术团文艺交流汇演等群众性文化活动,推进广播影视公共服务体系建设,加快有线电视数字化进程,加快"户户通""舍舍通"工程和农牧区电影放映工程实施进度,继续提升广播电视台的办台水平和质量,进一步扩大综合人口覆盖率。推动市群艺馆新馆、文化产业大厦、图书馆等重点文化场馆建设,建成市牦牛博物馆、文体中心。

文化富民。出台文化产业发展规划,制定实施扶持政策,完善市场准入和退出机制,降低社会资本进

入门槛,引领资本、人才、技术向文化产业集聚,鼓励非公有制文化企业发展,注重谋划一批重大文化项目,着力扶持中小企业文化骨干和文化品牌,力争把文化产业打造成支柱优势产业。健全文化产品评价体系,建立涉藏文化产品审查鉴定机制,推出更多文化精品。拓展文成公主主题研究领域,塑造文成公主主题品牌,形成标志性特色文化品牌。加大传统文化保护力度,开展第一次可移动文物普查,健全文化遗产保护和传承机制,加快文化旅游创意园建设,推进蔡公堂艺术观赏村、吞弥岭藏艺文博园、尼木三绝技艺展示区等"一县一特"建设。

(三)大力实施产业强市战略,奋力在提升综合实力上取得新突破

注重增效提升一产。建立良种繁育基地2.17万亩,力争良种覆盖率、统供率分别达到95%和75%。推广标准化生产和高产创建示范田18万亩,力保粮食产量在17.5万吨以上。加快曲水农村综合改革试验区和林周现代农业示范区建设。依法维护农民土地承包经营权,鼓励土地承包经营权在公开市场上向专业大户、家庭农场、农牧民合作组织、农牧业企业流转。大力发展食品、饮品、药品、饰品,着力打造净土健康产业,进一步扶持和壮大农牧民专业合作组织、农牧业龙头企业。鼓励和引导工商资本到农牧区发展适合企业化经营的现代种养业,积极探索适合我市的奶牛养殖新模式,重点打造高端乳制品等优势产业,推出具有高原特色的净土系列产品。积极发展生态循环农牧业,坚持走健康、绿色、环保、无公害的发展路子,大力提倡"四种养殖",不断完善配套项目,延伸产业链,提高产业附加值,拓展产品市场,打响高原特色农牧业品牌。

突出规模壮大二产。继续实施规模以上工业企业培育、工业增加值三年双倍增计划,新增5家规模以上工业企业。加大企业扶持力度,不断强化对企业的信用担保服务,缓解企业融资难问题,带着企业闯市场,帮着企业创品牌。开展"企业服务月"活动,帮助企业解决困难、开拓市场、扩大销售、增加产值。坚持走产业入园、要素集聚、集约发展的路子,完成园区发展规划评审,推行错位竞争;增加有效投入,完善曲水、堆龙园区基础设施;优化发展环境,培育壮大优势矿产业、新型建材业、高原绿色食(饮)品加工业、民族特色手工业、藏药业以及新能源等六大支柱产业,力争园区工业增加值、销售产值、税收分别增长30%、30%和80%以上。强化科技创新引领,重点在净土健康产业、地域特色产业、新能源产业等方面强化科技支撑作用。

增强活力做强三产。全面推进以"优化结构、转型升级、提质增效"为主线的旅游改革发展,推进纳木错等景区提档升级,加快完善旅游景区(点)配套基础设施。继续办好雪顿节,精心筹备纳木错徒步大会,有序推进拉萨河谷乡村旅游,大力发展以高原生态、藏文化旅游为主题的旅游产品。大力推动旅游安全标准化建设,推进诚信旅游,规范市场秩序,严厉打击削价竞争、"黑社、黑车、黑导、黑店"等违法违规行为,力争接待游客人数、旅游收入分别增长15%以上。加快市场建设与拓展,制定新型服务业发展方案,重点发展社区服务、信息咨询、物流集散、电子商务等新型服务业,规范提升餐饮、住宿、娱乐等传统服务业,激发房地产市场活力。统筹规划建设各类专业市场,确保木材交易市场二期、旧货、钢材、五金、废品收购、花鸟、虫草等市场年内建成并投入使用。

着力增强发展后劲。坚定不移贯彻落实市委八届五次全会通过的《中共拉萨市委员会关于贯彻落实〈中共中央关于全面深化改革若干重大问题的决定〉的实施意见》,勇于破除惯性思维、懈怠意识和消极心态,蹄疾步稳,锐意改革,努力以改革推动开放,以开放促进发展,以发展提升实力,以实力改善民生。提早启动"十三五"规划编制工作,统筹谋划一批重大项目。召开促进民营经济加快发展动员会,完善扶持政策,设立500万元非公有制经济发展资金,支持民营经济发展,力争民营经济上缴税收占税收总额的80%以上。认真落实促进招商的各项激励措施,重点围绕文化旅游、净土健康等"六大产业"开展专题招商,提升招商引资水平,确保招商引资实际到位资金增长25%以上。推进"四个一"工作机制,完善招商引资目标管理考核办法,狠抓签约项目跟踪服务,进一步促进落地开工、投产达标。开工建设曲水茶巴拉并网光伏电站,保障企业用电需求。建立健全创新成果转化奖励机制,加强科普宣传教育,着力提升先进实用技术研发应用水平。培养使用好现有人才,引进补充急需紧缺人才。深化税收制度改革,健全征管机制,建立护税协税体系,切实做到应收尽收。扩大金融业开放力度,筹建拉萨银行,提高直接融资比重。组建公共交通集团、净土产业投资开发有限公司等十大国有企业集团,更好发挥国有经济主导作用。完善援藏工作成效考核评估和动态调整机制,规范资金项目管理,充分发挥好受援双方的积极性。

(四)大力实施民生安市战略,奋力在发展社会事业上取得新突破

提高富民水平。以“四业工程”促进技能增收,健全“四业工程”工作机制,制定出台扶持企业发展、吸纳劳动力就业、农牧民自主创业、带领群众致富等方面的优惠政策,确保培训就业率达到95%以上,新增城镇就业1.5万人以上,动态消除零就业家庭。以重点项目建设引导就业增收,全面推进拉萨河流域造林绿化等重点项目,配合做好旁多水利枢纽工程、拉日铁路、拉林高速公路等重点项目建设,努力增加项目建设用工量。以产业发展推动经营性增收,做大做强特色产业,挖掘增收潜力,加大扶贫开发力度,加快实施病险水库除险加固、水毁工程修复建设进度,大力拓展农牧业外部增收空间,完善草原生态保护补助奖励机制,引导农村剩余劳动力从事二、三产业,增加农牧民经营性收入。以政策制度保障群众增收,推进农业转移人口市民化,逐步把符合条件的农业转移人口吸纳为城镇居民,拓宽社区服务和创业领域,通过充分就业和投资创业增加收入。加强劳动力市场清理整顿,严肃查处损害劳动者合法权益行为;开展专项咨询,为农民工提供法律援助和法律服务,提高农民工依法理性维权意识。

发展社会事业。坚持优先发展教育,全面推进教育发展改革,加快实施教改项目,争取年内基本完成;力争教育城一期项目尽早投入使用,确保市属入驻学校8月顺利开学开课;实施振兴教育教学质量三年行动计划,促进教育教学内涵式发展;加快职业教育步伐,加快推进两所职业学校软硬件建设,促进职业教育向规范化、优势化方向发展。加快改善医疗条件,巩固农牧区基本医疗制度“先诊疗、后结算”成果,全面推广家庭账户“一卡通”工作;以创建等级医院为载体,强化四级医疗机构内涵建设,加快东城医院建设步伐,推进西城医院前期工作;加强卫生人才队伍建设,每个行政村培养1名卫生员、1名接生员,普及基层藏医药服务,提升医疗服务水平。健全完善社保体系,整合推行城乡居民社会养老保险制度,加快推进五保供养机构、儿童福利院和未成年人保护中心建设,建立健全管理体制,力争有意愿集中供养的五保户集中供养率和孤儿集中收养率均达到100%;以建立申请救助低收入家庭经济状况核对中心为重点,进一步完善城乡低保体制机制,提高保障标准;率先在全区建立城乡医疗救助“一站式”即时结算服务平台,实现与医疗保险、农村合作医疗制度的衔接配套。完善防灾减灾体系,加强灾害性天气监测预报预警,抓好农业防霜冻、牧业防雪灾工作,每个行政村培养1~2名兽医,建设维修牲畜暖棚圈等防抗灾设施,备足饲草料、粮食等物资,提高抵御自然灾害能力。

促消费稳物价。认真落实扩大消费的各项政策,尽快实施物流发展规划和物流园区规划,完善商贸服务基础设施,培育商贸流通重点企业,大力提高商贸服务现代化水平。大力实施社区“双进工程”,积极推进“农超对接”“农校对接”“农企对接”,推行商旅结合、商节结合等多种消费模式,继续举办消费促进月活动和以主要节假日、传统节日为平台的消费节活动,大力培育消费市场热点,不断扩大消费需求,加大市场监管调控力度,建立市级物价调控基金,完善社会保障标准与物价上涨挂钩联动机制,建全生活副食品临时价格补贴机制;建立重要生活必需品储备制度,壮大本地特色产品种养加规模,建设现代化的清真牛羊屠宰场、活禽集中屠宰场、蔬菜肉蛋冷链储藏库;加强物价监测,强化价格执法,保障主要农副产品、基本生活用品、重要生产资料的市场供应,确保物价不出现异常波动,确保肉蛋菜油等生活必需品不涨价。

(五)大力实施法治稳市战略,奋力在促进社会和谐上取得新突破

建设法治拉萨。牢固树立依法治市理念,深入实施“六五”普法规划,大力加强法治宣传教育,提高全社会法治意识,进一步营造良好法治环境。加强政府立法工作,重点推进《拉萨市城市绿化条例》《拉萨市物业管理条例》等地方性法规制定工作。组织召开《拉萨法治发展报告》蓝皮书出版暨法治建设座谈会,提高依法治市工作整体水平。认真贯彻落实《关于深化推进“法治稳市”战略建设平安法治拉萨的意见》,加快制定平安法治拉萨建设三年、五年、八年规划。深入开展“法律七进”活动,大力推进“法治县(区)”“法治村居”等法治创建活动。深化行政执法体制改革,完善行政联合执法机制,加强执法监督,规范执法行为,着力解决权责交叉、多头执法、多层执法问题。加强食品药品、安全生产、环境保护、劳动保障等重点领域的基层执法力量,提高执法和服务水平。

创新社会治理。树立系统治理、依法治理、综合治理、源头治理理念,健全完善联勤联防联控机制,确保社会大局和谐稳定、各族人民安居乐业。深入开展反自焚斗争,严厉打击各种违法犯罪,严密防范境内外敌对势力渗透破坏活动,坚决维护国家安全和社会

安宁，确保实现“三无”“三不出”。继续转变维稳防控方式，做好“显”转“隐”工作，切实加强维稳处突力量，落实好重点部位重点领域的防控措施。扎实推进创先争优强基惠民活动，紧紧围绕驻村工作“五项任务”，切实改善群众生产生活条件，确保驻村工作取得新成效。做好村居“两委”换届工作，抓好“两新”组织服务管理。大力推进城乡网格化管理，巩固“双联户”工作成果，深入开展和谐社区和平安创建活动，细化完善流动人口服务管理措施，认真做好“两证变一证”管理工作。完善人民群众诉求表达机制、社会矛盾源头预防调处机制，健全社会舆情汇集分析机制、社会稳定风险评估机制。推进诉访分离，依托法治轨道解决涉法涉诉信访问题，杜绝发生越级访、进京访。严格落实安全生产责任制和事故责任追究制，健全完善突发事件应急体系，完善防灾救灾减灾基础设施，切实加强交通运输、建筑施工、非煤矿山、烟花爆竹、危险化学品、消防等行业及领域的隐患排查和安全监管，坚决遏制重特大安全事故，确保安全生产形势总体平稳。加快推进食品药品监管机构改革，加强食品药品监管，保障农产品质量安全，确保群众“舌尖上的安全”。

加强民族团结。加快实施《拉萨市民族工作实施办法》，扎实开展民族团结进步创建活动。继续开展民族团结“七进”活动，丰富民族团结进步活动载体和内容，深入推进民族团结示范市创建工作，使各族干部群众牢固树立“三个离不开”的思想。进一步加强和创新寺庙治理，不断深化“六建”“六个一”和“9+5”等工作，继续落实好利寺惠僧政策，建设修缮僧尼宿舍，力争所有寺庙实现“四通”。严格宗教活动审批，加大寺庙日常管理，强化流散僧尼管控。继续深入开展和谐模范寺庙暨爱国守法先进僧尼创建评比活动，进一步增强广大僧尼的荣誉感。深入推进法制宣传、爱国爱教主题教育，积极引导宗教与社会主义社会相适应。

（六）大力加强政府自身建设，奋力在建设为民政府上取得新突破

自觉坚持群众路线。深入开展党的群众路线教育实践活动，针对“四风”“两问题”“一薄弱”“三不够”等方面存在的不足，认真查摆分析、着力整改提高，确保规定动作做到位、自选动作过得硬、活动开展见实效、人民群众得实惠。巩固“三进四同三一”成果，完善直接联系服务群众制度，办实事、解难事、做好事，戒空谈、重实干、敢担当。

全面推进依法行政。坚决维护市委权威，与市委始终保持一个声音、一个步调。强化权力运行制约和监督体系，自觉接受人大及其常委会的法律监督、工作监督，自觉接受政协的民主监督，主动接受公众监督和舆论监督。完善规范性文件和重大决策合法性审查机制，建立政府规章和规范性文件备案审查制度。健全政务公开机制，推行网络政务，切实保障人民群众知情权、参与权、表达权、监督权。

切实树立实干之风。群众要过好日子，政府必过紧日子。进一步规范公务接待，厉行勤俭节约，反对奢侈浪费，严肃财经纪律，强化预算约束，严格控制“三公”支出。加大政府购买基本公共服务力度，只养事不养人。改进工作作风，精简会议文件，把更多精力放在研究问题、推动工作上，把有限财力用在发展经济、改善民生上，确保政令畅通、令行禁止。

深入抓好廉政建设。全面落实党风廉政建设责任制，认真贯彻廉洁自律各项规定，建立健全教育、制度、监督并重的惩防体系。坚持用制度管人、管权、管事，加强对工程建设、土地出让、政府采购和资源开发等领域的监管，组建公共资源交易中心并规范运行，从源头上预防和治理腐败。大力开展反腐败斗争，坚决查处违纪违法案件，健全监督和责任追究机制，维护清正廉洁的政府形象。

各位代表！

梦想鼓舞人心，奋斗铸就辉煌。让我们紧密团结在以习近平同志为总书记的党中央周围，在自治区党委、政府和市委的坚强领导下，团结和依靠全市各族干部群众，振奋精神、凝心聚力，不负重托、奋发有为，开拓创新、扎实工作，奋力推进拉萨跨越式发展和长治久安，加快建设美丽家园幸福拉萨，共同创造全市各族人民更加和谐安宁、更加富足美好的新生活！

名词解释

1. 三提速：实现目标提速、任务提速、效能提速。

2. 五大战略：环境立市战略、文化兴市战略、产业强市战略、民生安市战略、法治稳市战略。

3. 自治区利民惠民十件实事：加快实施安居工程、着力改善农牧区条件、千方百计扩大就业、努力稳控物价、健全社会保障体系、优先发展教育、强化医疗卫生保障、推进文化惠民、加强扶贫开发、抓好防灾减灾和安全生产。

4. 四业工程：以业育人、以业管人、以业富人、以业安人工程。

5. 先诊疗、后结算:患者在急诊诊疗时,可先预缴押金,不必在接受每项诊疗服务时单独缴费,待本次诊疗过程结束后统一结算。对于危重患者"先救治、后付费"。

6."双联户"模式:以加强基层社会治理和服务体系建设为目标,全面实施"联户平安、联户增收"工作模式。

7. 寺庙六建:寺庙建管理机构、建党组织、建班子、建队伍、建职能、建机制。

8. 寺庙"六个一"活动:在寺庙管理机构中,开展"交一个朋友、进行一次家访、办一件实事、建一套档案、畅通一条渠道、形成一条机制"为内容的"六个一"活动。

9. 寺庙"9+5"建设:有四位领袖像、有国旗、有道路、有水、有电、有广播电视、有电影、有书屋、有报纸(人民日报、西藏日报),修建一个食堂、一个澡堂、一个垃圾池、一栋温室、培养培训一名卫生员。

10. 全市协同办公系统:包括公文无纸化传输、通知管理、信息上报、部门简报、辅助办公等系统,该系统投入运行对加快我市电子政务建设,加强上下级的沟通协作,降低行政成本,提高机关办公效率具有重要意义,也是对传统办公方式的一次重大变革。试运行期间,公文处理采用网络、纸质双轨方式运行。

11. 中央"八项规定":要改进调查研究,要轻车简从,要精简会议活动、切实改进会风,要精简文件简报、切实改进文风,要规范出访活动,要改进警卫工作,要严格文稿发表,要厉行勤俭节约。

12. 自治区"约法十章":要改进调查研究,要精简各类会议,要精简文件材料,要严控事务活动,要规范出区出访,要改进警卫工作,要改进新闻报道,要严格文稿发表,要厉行勤俭节约,要坚持廉洁自律。

13. 八个力戒:力戒保守、勇于创新,力戒空谈、敢于真抓,力戒虚假、敢求实效,力戒浮夸、敢于碰硬,力戒推诿、敢于担当,力戒慵懒、敢于奉献,力戒松散、勤于合作,力戒奢侈、乐于清廉。

14."三公"经费:政府部门人员因公出国(境)经费、公务车购置及运行费、公务招待费。

15. 智慧城市:也称智能城市。智能城市建设是一个系统工程,在智能城市体系中,首先是城市管理智能化,由智能城市管理系统辅助管理城市,其次是包括智能交通、智能电力、智能建筑、智能安全等基础设施智能化,也包括智能医疗、智能家庭、智能教育等社会智能化和智能企业、智能银行、智能商店等生产智能化,从而全面提升城市生产、管理、运行的现代化水平。

16. 树上山:实施以南山绿化为重点的植树造林工程。

17. 河变湖:实施拉萨河综合整治工程,提高拉萨河城区段蓄水能力、扩大水域面积,提升城市水生态质量。

18. 暖入户:实施城市供暖工程。

19. PM2.5:指大气中直径小于或等于2.5微米的颗粒物,也称可入肺颗粒物。这个值越高,就代表空气污染越严重。这种颗粒物富含大量有毒、有害物质,被吸入人体后会直接进入支气管,干扰肺部的气体交换,引发包括哮喘、支气管炎和心血管病等方面的疾病。

20. 环评和"三同时"制度:环评指在进行可能影响环境的工程建设,在规划或其他活动之前,对其活动可能造成的环境影响进行调查、预测和评价,并提出防治环境污染和破坏的对策,以及制定相应方案。"三同时"制度指一切新建、改建和扩建的基本建设项目(包括小型建设项目)、技术改造项目、自然开发项目,以及可能对环境造成损害的其他工程项目,其中防治污染和其他公害的设施和其他环境保护设施,必须与主体工程同时设计、同时施工、同时投产。

21."两集中""两到位":在市级行政机关部门实施行政许可职能向一个科室集中,部门行政许可科室向市民服务中心集中;部门行政许可项目进市民服务中心落实到位,部门对窗口工作人员授权到位。

22. 五下乡:文化、科技、卫生、法律、爱国爱教下乡。

23. 四进社区:科教、文体、法律、卫生进社区。

24. 净土健康产业:以青藏高原纯天然环境和无污染草原、耕地、水土为条件,以提高高原生态环境服务生命的效能和价值为核心,以推进高原有机农牧业生产为基础,以开发高原有机健康食品、高原有机生命产品、高原地道保健药材、乐活旅游和清洁能源为主体,以先进技术改造和提升传统产业为重点,以聚合多种独特资源,实现产业升级和效益倍增为目标的地域型、复合型产业。

25. 四种养殖:科学养殖、生态养殖、有机养殖、净土养殖。

26."四个一"工作机制:对引进、签约的重大项目,实行"一个项目、一套班子、一支队伍、一抓到底",确保重大项目落地建设。

27. 城乡居民社会养老保险制度:在广大农村建立与城镇一样的基本养老保险制度,消除城乡差别、地区差别,使得大多数的农民都能享受养老保险。

28. 双进工程:便民服务进家庭、便利消费进社区。双进工程是商务部重点工程之一,主要是以超市、便利店、专卖店、专业店等先进业态为主,辅之以洗衣、理发、家政服务、代收各种费用、网上购物等服务功能。

29. 法律七进:法律进机关、进乡村、进社区、进学校、进企业、进单位、进宗教场所。

30. 驻村工作"五项任务":建成基层组织、做好维稳工作、寻找致富门路、进行感恩教育、办实事解难事。

31. "三无""三不出":重点区域无自焚、在编僧尼无自焚、各族群众无自焚,大事不出、中事不出、小事也不出。

32. "两新"组织:新经济组织和新社会组织。

33. "两证变一证":身份证、当地公安机关证明两证改为"一卡通"。

34. 民族团结"七进"活动:民族团结进机关、进农村、进社区、进学校、进企业、进寺庙、进部队。

35. 三个离不开:汉族离不开少数民族、少数民族离不开汉族、各少数民族之间也相互离不开。

36. 所有寺庙实现四通:通路、通水、通电、通讯。

37. "四风":形式主义、官僚主义、享乐主义和奢靡之风。

38. "两问题":政治立场不坚定、作风飘浮懒散问题。

39. 一薄弱:基层组织薄弱。

40. 三不够:心浮气躁、沉事不够,但求无过、担当不够,按部就班、落实不够。

41. "三进四同三一":进基层、进村居、进农户,同吃、同住、同学习、同提高,交一户农民朋友、做一件好事、写一篇民情日记。

拉萨市人民代表大会常务委员会工作报告

在拉萨市第十届人民代表大会第四次会议上

(2014年2月24日)

市人大常委会主任　洛桑旦巴

各位代表:

下面,我受拉萨市第十届人民代表大会常务委员会的委托,向大会报告常委会工作,请予审议。

2013年主要工作

2013年,是深入贯彻落实党的十八大精神开局之年,是全面实施“十二五”规划承上启下关键一年。一年来,拉萨市人大常委会在中共拉萨市委的正确领导下,在自治区人大常委会的监督指导下,以邓小平理论、“三个代表”重要思想、科学发展观为指导,全面贯彻落实党的十八大和十八届二中、三中全会精神,深入贯彻落实习近平总书记系列重要讲话,特别是“治国必治边、治边先稳藏”的重要战略思想,贯彻落实俞正声主席“依法治藏、长期建藏”的指示要求,以及区、市党委八届四次、五次全委会和经济工作会议精神,坚持人民代表大会制度不动摇,坚持党的领导、人民当家做主和依法治国的有机统一,不断加强和改进人大工作,推动人大工作再上新台阶。在具体工作中,牢牢把握全市工作大局,按照陈全国书记对拉萨提出的充分发挥首府城市首位度作用和“七个方面”的要求,紧密结合市委提出的“环境立市、文化兴市、产业强市、民生安市、法治稳市”五大战略的实施,认真履行宪法和法律赋予的职责,认真开展立法、监督等各项工作,为推动我市跨越式发展和长治久安,建设美丽家园幸福拉萨做出了应有的贡献。

(一)强化立法工作,积极推进“法治稳市”战略

“法治稳市”是落实依法治国的必然要求,是认真贯彻落实党的十八大精神、贯彻落实习近平总书记“治国必治边,治边先稳藏”系列重要指示精神的重大举措。常委会领导班子高度重视、深入贯彻、认真开展立法工作,积极推进民主法制建设,全力推进“法治稳市”战略。

及时制定五年立法规划。按照“围绕中心、服务大局、突出重点、体现特色、注重质量”的立法总体要求,围绕全市经济社会发展全局,确保拉萨长期稳定、持续稳定、全面稳定,进行深入调查研究,广泛征求社会各界的意见建议,及时研究制定了拉萨市十届人大常委会五年(2013—2017年)立法规划,内容涉及民生、经济、城市管理、环境保护、古镇保护等方面,共17件,其中:新立4件,修订或立新废旧3件,立法调研储备10件。为确保五年立法规划顺利实施,成立了由自治区人大法制委员会、自治区社会科学院和西藏大学的法律专家、学者、律师以及市人大各专门委员会、市直有关单位从事法律工作的人员共45人组成的拉萨市人大常委会法律专家咨询委员会,专门对常委会制定法规的必要性、可行性、可操作性、合法性、规范性、统一性进行咨询论证,确保制定的法规与上位法不抵触,质量更高、地方特色更明显,适用性更强。

层层分解任务,有计划地把立法任务、立法责任分解落实到相关单位,并提出了立法时间、立法标准等具体要求。督促有关各单位,切实加强对立法工作的组织领导,提高立法效率,严把立法质量关,齐心协力高质量地完成五年立法规划任务。为进一步推动拉萨改革开放,真正适应拉萨大建设、大发展、大跨越的新形势,常委会坚持科学立法、民主立法,积极引导广大人民群众参与立法,广泛采纳社会各界和人民群众的立法意见和建议,民主立法迈出新步伐。同时,坚持急需先立原则,适时调整年度立法项目,及时补充完善地方急需法规,做到有法可依。

一年来,先后制定了《老城区保护条例》《拉萨市城市绿化条例》,开展了拉萨市法制稳市战略课题调研和《西藏自治区道路交通安全条例》立法后评估工作。特别是《老城区保护条例》的制定,是对千年八廓古城用法律形式加以保护、传承的最有效形式。为了使该条例家喻户晓,还专门召开新闻发布会、发放宣传册,大力宣传了制定条例的目的、意义,从而使八

廓古城保护、利用、管理工作走上了常态化、法制化轨道,这对落实好中华民族特色文化保护地的战略要求、守护好人类共同的历史文化遗产,提升拉萨旅游城市形象,提高社会管理工作水平,起到了十分重要的作用。

严把行政许可和法律责任关,依法做好政府规章的备案审查工作。2013 年对《拉萨城市排水管理办法》《拉萨市机动车洗车场管理办法》《拉萨市旅游管理办法》3 件政府规章和规范性文件进行了备案审查。

一年来,我们还配合自治区人大常委会对《中华人民共和国保守国家秘密法》《中华人民共和国文物保护法》《西藏自治区文物保护条例》《中华人民共和国义务教育法》《西藏自治区实施〈中华人民共和国义务教育法〉办法》《中华人民共和国气象法》《西藏自治区旅游条例》等 10 部法律法规开展执法检查或调研工作。各专门委员会还配合自治区人大有关专门委员会进行了十余次相关法规的立法调研。

(二)强化监督工作,积极推动市委重大决策部署的贯彻落实

常委会紧紧围绕市委重大决策部署,把市委关心的、政府必须落实的、人民群众迫切需要解决的事项列入监督议题进行监督,监督工作取得明显成效,得到了市委的肯定、政府的支持,群众的满意。

围绕发展监督助力。常委会聚焦发展第一要务,认真贯彻主题主线,积极推动全市经济又好又快发展。听取和审议了拉萨市人民政府关于拉萨市 2013 年上半年国民经济和社会发展计划执行情况、2012 年财政决算及 2013 年上半年财政预算执行情况的报告;2012 年度拉萨市本级预算执行和其他财政收支的审计工作报告;审议了 2013 年财政预算收支变化情况的报告,做出了 2013 年财政预算收支部分变更的决议。在审议中,深入分析影响经济增长的深层次原因,提出了加快经济结构调整,推进重点项目建设、扶持发展支柱产业等意见和建议;要求和督促政府及相关部门坚持一手抓社会局势稳定,一手抓经济社会发展,妥善处理好涉及群众切身利益的突出问题,进一步加强计划工作,严格预算管理,压缩“三公经费”,认真落实会议作出的各项决议,切实保证国民经济和社会发展计划、财政预算得到很好的执行,促进了我市经济的又好又快发展。

围绕民生积极作为。常委会视民生改善为出发点和落脚点,重点监督。一年来,先后对城乡最低生活保障、食品安全、全市广播电视工程建设、义务教育法、教师法实施等情况进行了专题监督检查。通过监督检查,一是对政府及相关部门在落实党的惠民政策、法规等方面取得的成效、经验进行了总结,对存在问题提出了具有建设性的意见和建议;二是对加强教育、提高教育质量,保证教师权益、保障“三包”经费落实,加快广播电视基础设施建设、确保广大农牧民群众及时、快捷听到党的声音、看到健康向上的娱乐节目起到了督促促进作用;三是就深入贯彻落实《中华人民共和国食品安全法》与相关部门进行深入探讨,提出了相应的意见和建议。

围绕依法治市主动监督。常委会把维护司法公正作为长期任务,常抓不懈。为促进办案质量进一步提高,对拉萨市中级人民法院的审判工作进行专题监督检查,听取和审议了拉萨市中级人民法院关于提高审判质量和效率的专项工作报告;为有效预防职务犯罪,听取和审议了拉萨市人民检察院关于惩治和预防职务犯罪的专项工作报告。常委会充分肯定了“两院”一年来的工作,对工作中存在的问题提出了意见建议。

(三)强化宣传和人事任免工作

常委会强化人大宣传工作力度,以《拉萨人大》杂志、人大制度宣传专栏、《人大信息》专刊、《拉萨市人大常委会公报》为平台,大力宣传人民代表大会制度、宣传《拉萨市民族团结进步条例》,同时做好主任会、常委会、人代会、其他会议及日常工作的宣传工作,使广大人民群众深化对人民代表大会制度的认识,了解人大工作进展,强化对人大工作的监督,增强人民群众的法律意识和参与管理国家事务、行使当家做主权力的自觉性和积极性。

加强对外交流。强化与兄弟省市人大的联系,学习借鉴兄弟省市人大的好做法、好经验。去年,我们参加了在乌鲁木齐举行的全国五民族自治区首府市人大工作经验交流会。接待了 18 个内地省市的人大考察代表团,共计 163 人次,进一步强化了对外联系和交流,大家相互学习,相互借鉴,促进了工作,宣传了西藏和拉萨。始终坚持党管干部的原则,依照法律规定行使人大人事任免权。今年市人大常委会共任免国家机关工作人员 42 人,其中免职 13 人,任命 27 人,接受常委会组成人员辞职 2 人。在任免中充分发扬民主,严格依法办事,使党委的意图通过法定程序得以实现。

(四)强化代表工作,积极创造代表履职的良好

条件

人大代表是人大工作的主体,做好人大工作,离不开代表作用的充分发挥。常委会高度重视,不断加强和改进代表工作,提高代表履职能力,调动代表履职积极性,为代表履职创造良好条件。

注重素质培养。十届人大一次会议后,为了提高代表的履职能力,对111名新任市人大代表进行了系统的培训,使新任代表对代表的职能、责任和作用有了初步的了解和认识。通过向代表发放《人大代表工作手册》,使代表更好的掌握依法履职的程序。

注重畅通渠道。坚持邀请市人大代表、不是常委会委员的县(区)人大常委会主任列席市人大常委会会议;邀请基层代表参加专题调研、视察以及执法检查活动,让他们有机会了解社情民意。向代表印送《拉萨人大》杂志、人大信息、学习资料,帮助他们及时了解全市经济社会发展情况、维稳工作和人大常委会开展的各项工作。

注重议案、建议办理。市人大十届三次会议通过议案4件,建议、批评和意见86件。常委会高度重视,认真进行了交办、督办。目前,这些议案和批评、建议、意见,在市政府的高度重视和有关部门的认真负责下,全部在规定期限内办复,答复率达100%。

注重信访办理。认真办理人民群众来信来访,妥善处理群众反映突出的问题。常委会共收到并转交有关部门妥善处理的群众来信来访19件。

(五)强化自身建设,积极适应新形势

常委会结合新形势新任务的要求,坚持不懈地加强自身建设,努力提高做好人大工作的能力和水平。

切实加强思想教育。常委会高度重视理论学习,认真学习贯彻党的十八大、十八届二中、三中全会、习近平总书记系列重要讲话、俞正声主席在西藏考察时的重要讲话以及区、市党委八届四、五次全委会精神,开展全民阅读活动、“道德领域突出问题专项教育和治理”“新旧西藏两重天”、民族团结等主题活动。坚持用党的最新理论成果武装头脑,指导实践,切实把思想和行动统一到中央和区、市党委的决策部署上来,进一步增强了常委会组成人员和机关干部的政治意识、大局意识和责任意识。

切实加强干部队伍建设。选派地、县级领导赴内地接受高级别培训,不断提高领导干部驾驭全局的能力和水平。在市委关心、市政府的大力支持下,组织常委会组成人员赴内地学习考察,积极借鉴内地人大工作的先进经验和做法。同时,注重通过履职实践,探索工作规律,规范履职行为,提高履职能力。

切实转变机关作风,大兴调查研究之风。今年以来县级以上领导干部下基层次数达400余次,住农户达100余天,办实事83件,写民情日记78篇,撰写调研报告10余篇。深入开展“创先争优、强基惠民”活动。以强基固本为目标,积极践行群众路线,扎实开展惠民工作,落实项目,扶贫济困。第二批驻村工作队驻村以来争取落实项目7个,落实资金达450余万元,帮扶贫困家庭30户,得到当地党委政府的充分肯定、受到人民群众的热烈欢迎,锻炼了人大干部。

服从全市工作大局,积极投身于全市的经济发展和社会稳定工作之中。一是坚决服从市委作出的全力维护社会稳定决策部署,抽调得力干部开展反对分裂、维护稳定工作,全力以赴做好各大节日、敏感日、重大活动期间的维稳安保工作。2013年以来,在各大节日、敏感日、重大活动期间,安排3名地级领导分别到林周、曲水、尼木三县驻点开展维稳工作;抽调8名同志,下沉到城关区鲁固社区配合维稳;安排常委会领导长期轮流在拉萨市一线指挥部带班;安排1名常委会领导在当雄县开展一个月的“三进四同三一”试点工作;墨竹工卡县“3·29”山体滑坡自然灾害发生后,抽调4名地级领导、2名县级干部和8名工作人员参与善后安抚工作。二是按照市委的统一安排部署,抽调2名地级领导和1名县级干部长期分管市“强基办”和“四业工程办”具体工作;抽调1名地级领导和1名县级领导长期从事全市供暖工作;抽调3名地级领导和2名县级领导参与出租车专项整治工作,为我市维护社会局势稳定和社会经济发展做出了应有的贡献,得到了市委的充分肯定、代表的认可、群众的好评。

各位代表!市人大常委会各项工作的成绩,是中共拉萨市委坚强领导的结果,是全体市人大代表、市人大各专委会、常委会组成人员和机关工作人员辛勤工作的结果,是市政府、市中级人民法院、市检察院以及有关部门和各县(区)人大常委会密切配合的结果,是全市人民、社会各界关心支持的结果,在此,我代表市人大常委会向大家表示衷心的感谢!

在肯定成绩的同时,我们也清醒地认识到存在的差距和不足。主要是立法质量有待于进一步提高;监督工作力度有待于进一步增强;代表作用有待于进一步发挥,履职能力有待于进一步提升;机关公职人员的工作能力和水平有待于进一步提高,执行市委重大决策部署的力度还需要进一步加大。

2014 年主要工作任务

2014 年，市人大常委会要坚持以邓小平理论和“三个代表”重要思想为指导，深入贯彻落实科学发展观，全面贯彻落实党的十八大、十八届三中全会和习近平总书记的系列讲话以及区、市党委八届五次全委会精神，坚持新时期西藏工作指导思想不动摇，坚持党的领导、人民当家做主和依法治国的有机统一，紧紧围绕全市工作大局，认真履行职责，为建设美丽家园幸福拉萨做出新的贡献。

（一）要深入贯彻落实党的十八大、十八届三中全会精神，全面加强和改进人大工作

党的十八大是在我国全面建设小康社会关键时期和深化改革开放、加快转变经济发展方式攻坚时期召开的一次具有重大历史意义的大会。会议确定了科学发展观的历史地位，提出了全面建设小康社会的宏伟目标，对进一步完善和发展中国特色社会主义制度，推进国家治理体系和治理能力现代化建设具有非常重要的意义。所提出的一系列新思想、新观点、新论断、新政策，将成为全党全国人民关注的重点和焦点，对于我们来说，有的是全新的、有的是需要继续深化的，有的是需要我们认真学习的，学习好了才能深刻领会，才能付诸行动。要认真学习习近平总书记系列讲话精神，按照总书记提出的要求，增强推进改革的信心和勇气；坚持解放思想、实事求是；坚持从大局出发考虑问题；坚持党的领导、人民当家做主、依法治国的有机统一；坚持人民主体地位、扩大人民民主，推进依法治国；坚持和完善人民代表大会制度这一根本政治制度，紧紧围绕全市工作大局，牢固树立三个自信，履行好人大工作的职能，依法行使职权，努力开创我市人大工作新局面。

（二）提高立法质量，为法制稳市立好法

立法工作既要坚持急需先立，更要注意提高质量。在立法过程中，要认真贯彻落实张德江委员长在全国人大立法工作会议上的重要讲话精神，充分调动政府及其职能部门的立法积极性，发挥县（区）人大在立法中的作用，广泛听取广大人民群众对立法的意见建议，同时要充分发挥专门委员会、拉萨市人大常委会法律专家咨询委员会和常委会组成人员的优势和作用，加强立法调研和论证，确保法规起草、审议质量，不断提高立法水平。在具体工作中，要认真学习宪法和法律，严格依法办事；要认真落实人大五年立法规划，科学合理地确定年度立法计划，尽可能加快一些上位法规定不具体、具有拉萨特点和特色的法规的创值性立法步伐，为我市改革开放创造良好的法治环境。

（三）突出监督重点，增强监督实效

人大及其常委会对“一府两院”的工作监督是法律赋予人大的一项权力。“一府两院”应主动向人大及其常委会报告工作，自觉接受人大监督；人大及其常委会也要主动履行好自己的职责，依法加强对“一府两院”的监督，促进“一府两院”依法行政、公正司法。在监督中，要根据《监督法》和我市的实际情况，把握监督重点，强化监督力度，突出监督实效，综合运用监督手段，进一步提高听取和审议专项工作报告的计划性和执法检查的针对性，不断强化跟踪，提高监督实效。

（四）加大力度，不断深化代表工作

常委会要为代表履行职责创造条件、搭建平台、提供保障。要建立健全代表工作各项制度，畅通代表知情知政渠道，广泛听取代表意见建议。要认真落实代表联系制度，今年常委会主任要联系 2 ~ 3 名人大代表，副主任联系 3 ~ 5 名人大代表，常委会委员联系 5 ~ 、6 名人大代表，及时听取民声、反映民意。要利用好代表之家，真正把代表之家办成听取代表意愿、汇聚代表智慧、凝聚代表力量的温暖之家，使代表之家真正发挥出应有的作用。积极组织代表参加执法检查、专题视察、督办代表建议、列席常委会议等活动，扩大代表参与面，提高活动针对性，切实发挥代表闭会期间的作用。加大代表的培训力度，组织代表赴区内外学习考察，不断开阔代表视野，借鉴先进经验，提高履职能力。不断增进代表与人民群众的联系，认真倾听群众心声，增强责任意识，激发履职热情，让代表真正成为受群众信赖、在基层发挥作用和生产生活中的带头人，成为建设美丽家园幸福拉萨的引领者。

（五）打牢基础，提高履行职责能力

常委会要全面加强思想、组织、制度和作风建设，努力适应新形势、新任务对人大工作提出的新要求。常委会组成人员要树立全局观念，从“环境立市、文化兴市、产业强市、民生安市、法治稳市”五大战略的高度，从人民群众根本利益出发，找准人大工作切入点、结合点，推动中央和区、市党委重大决策部署贯彻落实。要注重学习，切实提高常委会组成人员及机关工作人员的理论素质和工作水平；要与时俱进，锐意创新，认真履行宪法和法律赋予的各项职责。要按照市

委统一部署，认真开展好群众路线教育实践活动。今年，全国五民族自治区首府市人大工作经验交流会将在拉萨举行，要切实做好会议的前期准备工作。要坚持解放思想、创新制度，创新思路、创新方法，努力开创人大工作新局面。

各位代表！

2014 年充满着各种挑战，也充满着无限希望，让我们在市委的坚强领导下，牢记总书记的要求，严格要求自己，真正做到思想统一到中央精神上来，总结深刻到自我内心上来，影响播撒到周围群众上来，按照市委八届五次会议决策部署和全市经济工作会议要求，脚踏实地、勤勤恳恳，共同努力，团结进取，为实现全面建设小康社会、建设美丽家园幸福拉萨、谱写中华民族伟大复兴拉萨篇章而努力奋斗！

政协第十届拉萨市委员会常务委员会工作报告

在政协第十届拉萨市委员会第三次会议上

（2014 年 2 月 22 日）

市政协副主席 刘长富

各位委员：

我受政协第十届拉萨市委员会常务委员会的委托，向大会报告工作，请予审议。

2013 年工作回顾

2013 年是全面贯彻落实党的十八大精神的开局之年。一年来，在以齐扎拉同志为班长的市委坚强领导下，全市人民认真贯彻落实自治区党委书记陈全国同志对我市提出的“充分发挥首府城市首位度作用”和“七个方面”的工作要求，万众一心、攻坚克难，全力推进“五大战略”的实施，我市经济建设、政治建设、文化建设、社会建设、生态文明建设和党的建设取得了新的显著成就，全市工作呈现出经济提速发展、社会和谐稳定、民生显著改善、民族团结进步，在全面建成惠及全市人民的小康社会的征程中迈出了坚实步伐。

2013 年是十届拉萨政协工作承前启后、不断完善工作机制和规范工作制度，进一步按照政协章程依法履职尽责的一年。在市委的坚强领导下，在自治区政协的关心指导下，市政协团结带领广大政协委员高举社会主义、爱国主义伟大旗帜，牢牢把握团结和民主两大主题，认真贯彻落实党的十八大、十八届二中、三中全会精神，认真贯彻落实习近平总书记“治国必治边、治边先稳藏”重要战略思想，认真贯彻落实俞正声主席“依法治藏、长期建藏”指示要求，全面贯彻落实区市党委八届三次、四次全委会精神，深入贯彻落实齐扎拉同志对市政协工作提出的要“在推动落实、加快发展上有新贡献，在维护稳定、促进和谐上有新成效，在提高水平、履职责任上有新进步”的指示精神，充分发挥协调关系、汇聚力量、建言献策、服务大局的重要作用，紧紧围绕市委中心工作，积极服务“五大战略”，与全市人民同呼吸、共命运，众志成城、共克时艰，一心一意谋发展，尽心竭力惠民生，齐心协力促团结，凝心聚力创和谐，为推动我市经济社会跨越式发展和长治久安做出了应有的积极贡献，实现了本届政协工作的良好开局。

一、深入学习贯彻党的十八大和习近平总书记系列重要讲话精神，夯实团结合作的共同思想政治基础

党的十八大以来，习近平总书记就改革发展稳定、内政外交国防、治党治国治军发表了一系列重要讲话，提出了许多新思想、新观点、新论断、新要求。学习贯彻党的十八大和习近平总书记系列重要讲话精神，是本届政协的首要政治任务，也是贯穿政协各项工作的一条主线。按照市委的部署，市政协常委会高度重视，切实加强组织领导，精心谋划安排，广泛动员部署，迅速组织开展形式多样的学习贯彻活动，先后召开主席会议、常委会议、理论中心组学习会、全体干部职工大会、专题辅导会等进行传达学习，组织市政协领导班子成员深入政协委员中宣讲十八大精神，分期分批安排政协领导和机关干部参加全国政协、区市党校举办的党的十八大和习近平总书记系列重要讲话精神研讨班、培训班。通过学习，广大委员和政协机关干部深化了对当前我国形势任务的认识，加深了对党和国家重大理论和实践问题的理解，更加明确了前进方向、目标任务和工作要求，更加坚定了走中国特色社会主义政治发展道路的信念和决心，更加增强了做好新时期人民政协工作的主动性和自觉性。

市政协把学习贯彻党的十八大和习近平总书记系列重要讲话精神同加强人民政协的理论武装结合起来，重视和加强对政协委员尤其是新委员的学习培训，举办了 2 期委员培训班，重点学习《中共中央关于加强人民政协工作的意见》和《政协章程》，120 名委员参加学习培训，为本届政协加大委员培训工作打下了坚实基础。此外，我们还邀请市政府相关负责同志为委员们举办了 1 次深入实施“五大战略”、扎实推进美丽家园幸福拉萨建设专题辅导，使广大委员准确掌握、深刻理解区市党委全委会精神，始终将政协工作和委员履职自觉放在党委、政府中心工作中去思考、谋划和部署，确保政协工作始终与市委、市政府在方向上一致、目标上一致、工作上一致。

二、围绕中心，服务大局，为全面实施“五大战略”、建设美丽家园幸福拉萨议政建言

市政协密切关注和追踪我市“五大战略”的实施，充分发挥人民政协智力密集的优势，积极开展各种形式的协商议政、视察调研活动，为推进市委、市政府科学民主决策发挥了积极作用。

坚持把搞好调研视察作为政协履行职能的基础性工作。一年来，按照政协十届二次会议的部署，由副主席带队，组织部分政协委员，围绕国有企业及国有改制企业运行情况、拉萨“一区四园”建设情况、全市儿童福利及孤儿救助情况、出租车及公交车运行管理情况进行了专题调研，形成调研报告呈送市委、市政府主要领导参阅。其中，关于支持“一区四园”企业发展的建议，关于妥善化解国有改制企业遗留问题、理顺国有企业管理体制，最大限度管理好、经营好、发展好国有企业的建议，关于加紧治理出租车运营秩序的建议得到市委、市政府主要领导的重视，并责成相关部门专门研究解决。我们还积极参加自治区政协牵头组织的调研视察活动，就推动现代农牧业发展、政协文史工作、加强和创新寺庙管理等课题进行了深度调研，丰富了调研内容，拓展了工作视野。

针对拉萨供暖供气、拉鲁湿地保护、老城区保护、创建文明城市、清政府驻藏大臣衙门旧址陈列馆、拉萨市规划展馆、教育城建设、中国西藏文化旅游创意园区等市委、市政府确定的重大建设项目，由市政协领导牵头组成专题调研组，采取实地视察、走访了解、座谈研讨等形式，对工程的科学规划和实施等进行了深入调研，提出了一些合理化建议。同时我们还组织市政协委员与市党代表、人大代表共同审议、修改了《拉萨市八廓古城保护条例》，提出意见建议57条，被采纳29条。这些工作得到了有关方面的高度评价，为提升拉萨城市整体形象、建设美丽家园幸福拉萨做出了积极贡献。

关注非公经济的健康发展，重点围绕解决中小企业融资难、优化投资环境等重大决策部署积极建言献策，工商经济界委员就区党委、政府“五个放”非公经济发展政策落实情况提出建议4条。在充分调研论证的基础上，还提出的创新财政投入机制、整合市场资源、加大对民营企业管理人员培训、改善投资环境做强西藏草根企业工作、规范发展农牧民专业合作组织的意见建议，得到了有关部门的重视和采纳。

三、高度关注民生改善，为提高人民群众幸福指数献计出力

厚民生才能聚民心，顺民意才能保民安，积极协助市委、市政府做好保障和改善民生的工作。重点围绕大学毕业生全就业、农村低保、市场物价等问题深入调研，提出了着力转变就业观念、增强非公经济就业容量、适当调控农畜产品市场价格等建议。积极引导政协委员中的非公有制经济人士不裁员、不减薪、不欠薪，为稳定就业做出贡献。我们把做好委员提案工作作为履行职能、保障和改善民生的重要载体，不断加大提案的办理力度，十届二次会议以来，收到委员提案101件，其中立案38件，作为意见建议的63件，筛选出重点提案11件，目前，提案办理满意率达到98%以上。同时，我们还把收集和反映社情民意信息作为参政议政、履职为民的重要形式，积极鼓励委员通过全体会议、常委会议、专题调研、工作视察等途径，收集和反映社情民意信息。一年来，共收到反映社情民意信息52条，整理报送市委、市政府的社情民意信息26条，受到了市委、市政府领导的高度重视，反映的很多问题都得到了较好落实。

四、坚决贯彻“维护稳定没有局外人”的要求，团结一致反分裂、保稳定、促和谐

坚持把反对分裂、维护稳定、促进社会和谐作为履行政协职能的第一政治责任，紧密结合政协工作实际，始终做到认识不模糊、态度不暧昧、行动不动摇。着力关注寺庙管理规范化、法制化建设，积极协助市委、市政府和有关方面认真开展和谐模范寺庙暨爱国守法先进僧尼创建评选活动，全面跟踪监督寺庙公共服务和管理，积极推动驻寺工作，切实维护宗教领域的和谐稳定。紧紧围绕“先进双联户”创建和城市网格化管理，充分发挥协调关系、化解矛盾、凝聚人心、汇聚力量和桥梁纽带作用，当好市委、市政府加强和创新社会管理的“参谋部”“工作部”“联络部”，助力社会大局稳定。特别是在维稳敏感时段，市政协领导带头深入委员中间，及时指导维稳工作。广大委员在本界别群众中充分发挥带头引领作用，认真贯彻落实市委、市政府的维稳部署，宣传党的方针政策，切实做好释疑解惑工作；工商经济界委员，教育引导企业员工，模范践行“两个”共同思想，严格按照“看好自己的门，管好自己的人，办好自己的事”的综治工作要求，成功消除维稳严峻复杂形势的影响，在各自企业中实现了“三无”“三不出”；民族宗教界委员模范宣传、贯彻落实党的民族宗教政策，时刻听从党的号召，落实各项利寺惠僧政策，带头参加和谐模范寺庙暨爱国守法先进僧尼创建评选活动，积极开展爱国爱教宣传服务下乡活动，用实际行动表明在反对分裂、维护稳定这一重大原则立场上始终与党和人民同心、同向、同行；市政协机关及时传达各级维稳会议精神，查找薄弱环节，建立维稳制度，完善责任措施，增强了维稳能力，确保了机关大院绝对安全。一年来，我们抽调2/3以上的干部参加维稳值班、督促检查及墨竹工卡县“3·29”山体滑坡自然灾害善后安抚工作、城关区冲赛康居委会“先进双联户”创建工作、强基惠民工作、出租车运营秩序整治工作、供暖供气工程建设工作等，促进了全市社会局势和谐稳定。

五、切实加强政协自身建设，提升履职能力和水平

提高履职能力和水平，是人民政协强基固本、发挥作用的关键所在。我们高度重视政协工作制度建设，组织专门力量，研究制定了《拉萨市人民政府工作部门与政协拉萨市委员会工作部门对口联系制度》《“一府两院”领导向政协委员定期进行工作通报制度》《拉萨市关于进一步加强和改进提案办理工作的实施意见》《政协拉萨市委员会领导和专委会联系界别制度》《政协拉萨市委员会界别活动暂行办法》《政协第十届拉萨市委员会委员培训实施意见》《政协拉萨市委员会委员履职考核暂行办法》等制度、办法和意见，有效推进了政协工作的制度化、规范化和程序化。以服务发展、改进作风、提升效能为核心，强化机关建设，安排党员干部参加“每周一课”，建立政协学习书屋，给予机关干部公费自购书籍权限，极大地激发了机关干部的学习积极性。加大干部学习培训力度，先后组织3批8人参加了全国政协的学习培训、12人赴内地政协考察学习，全体干部参加新任委员培训班，学习培训率达100%；提倡勤俭节约，反对铺张浪费，认真执行中央“八项规定”和区党委“约法十章”以及市委“八项要求”，在作风效能建设方案中设定“四增、四减”刚性目标，“三公”经费得到了控制。

此外，我们还进一步加强古籍经典和文史资料保护工作，设立了文史资料展示厅，重新审查、补充、校对了《老城史话》文稿，争取该书早日正式出版。藏民族《民风民俗》一书稿件收集、编撰、翻译工作已基本完成；我们还积极做好对县(区)政协工作的指导，召开2次市县(区)两级政协工作经验交流座谈会，丰富和改进了县(区)政协工作方式和水平。加强对驻村工作的支持和管理，政协驻村工作得到各级党委、政府和广大人民群众的认可和好评。2名工作队长均被评选为自治区级驻村工作先进个人，政协机关被评为市级优秀组织单位。

各位委员，过去一年我们所取得的成绩，是市委正确领导和高度重视的结果，是市人大、市政府及各部门大力支持的结果，是全体政协委员和各参加单位共同努力的结果，也是市政协历届老领导、老同志和老委员热情关心和全力支持的结果。在此，我谨代表市政协常委会，向所有关心、支持政协工作的各级领导和同志们、朋友们表示崇高的敬意和衷心的感谢！

总结一年来政协工作的生动实践，我们深切体会到，推进拉萨政协事业发展，必须始终不渝地坚持中国共产党的领导；必须积极引导各族各界政协委员始终高举中国特色社会主义伟大旗帜，心往一块想，智往一起聚，力往一处使，共同致力于实现全面建成小康社会的宏伟目标；必须牢牢把握团结和民主两大主题，巩固发展融洽和谐、生动活泼的良好局面；必须围绕中心、服务大局，自觉把人民政协工作放到市委、市政府全局工作中谋划和推进；必须高举爱国主义伟大旗帜，坚决维护祖国统一和国家安全，自觉与分裂势力划清界限，坚决与十四世达赖集团的分裂活动作斗争；必须把广泛团结作为攻坚克难的不竭动力，充分发挥人民政协代表性广和包容性强的优势，促进共同发展、共同繁荣；必须坚持以人为本、履职为民，始终把维护和实现人民群众的根本利益作为出发点和落脚点。

同时，我们也清醒地认识到，与新形势新任务和市委要求相比，与广大委员和人民群众的期望相比，政协工作中还存在不少差距和不足，主要表现在：专委会的基础作用发挥还不够、民主监督力度还不明显、反映社情民意工作还需加强、界别和委员作用有待进一步提升、对界别和委员的组织服务工作还需深化，等等。这些都需要我们高度重视、认真研究，并在今后工作中切实加以解决。真诚希望广大委员对常委会工作提出意见和建议，帮助我们把工作做得更好。

2014年工作部署

2014年，是全面深化改革的开局之年，是实施“十二五”规划的攻坚之年，改革发展稳定的任务异常艰巨繁重。新形势下，如何凝聚改革共识，进一步调动人民政协各个方面投身改革的积极性和创造性；如何发挥政协优势，围绕市委的决策部署积极建言献策;如何协调利益关系,帮助市委、市政府化解矛盾,进一步维护社会和谐稳定,等等,这些都为政协工作提出了新的更高要求。只有坚持胸怀大局、把握大势、着眼大事,做到因势而谋、因势而动、顺势而为,才能有所作为。我们一定要全面贯彻落实党的十八大和十八届三中全会精神,贯彻落实习近平总书记一系列重要讲话精神,贯彻落实区市党委八届五次全委会精神,坚持以邓小平理论、“三个代表”重要思想、科学发展观为指导,牢牢把握团结和民主两大主题,牢牢把握发展和稳定两件大事,紧紧围绕市委、市政府提出的“五大战略”,认真履行政治协商、民主监督、参政议政职能,坚定信心、迎难克艰,为书写中国梦的拉萨篇章凝聚强大力量,作出积极贡献。

一、深入学习贯彻党的十八届三中全会精神

我们要把学习贯彻党的十八届三中全会精神作为一项长期的重要政治任务,同深入学习贯彻党的十八大和习近平总书记系列重要讲话精神结合起来,同贯彻落实中央第五次西藏工作座谈会精神结合起来,同贯彻落实区市党委八届五次全委会精神结合起来,深刻把握全面深化改革的重大意义、进一步增强改革的信心与决心;深刻把握全面深化改革的总目标,明确在新的历史起点上推进改革的总方向;深刻把握全面深化改革的总开关,进一步解放思想、解放和发展生产力、解放和增强社会活力;深刻把握五位一体改革的战略部署,更加注重改革的系统性、整体性、协同性;深刻把握全面深化改革的出发点和落脚点,努力使改革发展成果更多更公平惠及全体人民。要着眼于人民政协事业的科学发展,真正把思想认识从那些不符合改革的观念和做法中解放出来,着力研究解决履行职能中的实践问题,构建有利于改革的体制机制,在推进改革中实现政协工作的新发展。

二、全力维护社会大局持续稳定、长期稳定、全面稳定

实现西藏社会大局持续稳定、长期稳定、全面稳定,为全面深化改革,助力中国梦,实现“两个一百年”奋斗目标营造和谐稳定的发展环境,是中央赋予西藏各族人民的光荣使命,寄托着全国人民的深情期待。全体政协委员和政协工作者要把反对分裂、维护稳定、促进和谐作为重点工作和首要政治任务,以强烈的政治意识、阵地意识、责任意识,高举爱国主义和社会主义伟大旗帜,立场坚定,旗帜鲜明,坚决维护祖国统一和民族团结。政协委员要发挥联系群众广泛的优势,在全面深化改革的历史进程中,更加关注经济社会发展,更加关注民生,更加关注人与人之间关系,更加关注人与自然和谐,抓住找准人民群众普遍关切、影响社会稳定和谐的突出问题,深入调查研究,积极建言立论,推动和谐社会建设。要充分发挥政协界别优势,注重通过界别渠道,为各界群众有序参与政治生活创造条件,反映群众愿望和要求,帮助群众排忧解难,促进群众之间相互理解和沟通,化解矛盾,维护社会和谐稳定。民族界、宗教界委员要发挥自身特殊优势,积极配合市委、市政府和相关工作部门,巩固和发展平等、团结、互助、和谐的社会主义民族关系,积极参与宗教领域的相关工作,围绕宗教工作中的重点、难点问题深入调查研究,提出真知灼见,努力为维护宗教领域正常秩序,促进宗教事务和顺发展做出贡献。要深层次地认识和把握反分裂斗争的长期性、尖锐性、复杂性,从彻底消除十四世达赖集团影响上研究探索、建言献策。要主动教育引导广大信教群众自觉抵御十四世达赖集团的渗透破坏活动,积极引导宗教与社会主义社会相适应。要充分发挥人民政协是最广泛的爱国统一战线组织的作用,调动一切积极因素,最大限度地争取人心、凝聚力量,最大范围内取得人民群众的赞成和拥护,统筹兼顾社会各方利益和诉求,协助市委、市政府妥善协调和处理各方关系,通过及时反映社会各界的意见建议,维护社会和谐稳定。

三、围绕“五大战略”,为建设美丽家园幸福拉萨献计出力

议政建言是政协重要的履职方式,只有坚持以经济建设为中心,紧紧围绕全市发展大目标、建设大格局议政建言,才能体现政协应有的价值。要更加紧扣“五大战略”、建设美丽家园幸福拉萨的伟大实践,突出综合性、全局性、前瞻性,选择市委、市政府关注、人民群众关心、政协有条件做好的课题,以专委会为依托、政协委员为主体、多层次地开展调研视察活动,努力为市委、市政府科学决策提供有价值的参考。

在环境立市方面,重点围绕重大项目建设及矿山开发环评方案、水土流失治理方案落实情况及节能环保开展调研视察,推动生态保护红线要求得以贯彻落实。变被动监督为主动监督,选派政协委员进驻部分市直行政审批部门、窗口服务部门、执法机关开展经常性民主监督工作,对发现的问题以政协监督建议、专题协商等方式及时给予协商解决,对不作为、慢作为、乱作为的典型个例,及时协调市作风效能办即查即处,协同开展作风效能评议,力促作风转变,优化发展环境。在文化兴市方面,通过委员视察大力推进重点文化项目和文化惠民工程的实施，重点对文化产业培育及开发景点的运营情况、管理办法开展视察调研，努力为完善经营管理办法，提高实际效益建诤言；积极开展学校德育教育、反分裂教育、社会主义核心价值观教育的调研视察工作，努力为培养社会主义合格接班人作贡献。在产业强市方面，重点围绕曲水农村综合改革实验区推进情况、拉萨净土健康生物农业产业发展状况、农牧民专业合作组织运行情况、高原生态及藏文化旅游产品开发、建立和完善拉萨物流配送市场等开展调研视察，力争提出更有参考价值的意见建议。在民生安市方面，为政之要首在利民，为治之道重在安民。始终重视民生、时刻关注民生，紧紧围绕教育综合改革、增加农牧民收入、社会救助体系建设运行情况、最低生活保障制度落实情况、城镇失地农民社会保障问题等加强调研视察、资政建言，积极推动民生保障，力促改革发展成果更多更好地惠及广大人民群众。要运用提案督办、评议监督等形式，加强对重点民生工程和重要民生政策落实的民主监督，促使党委、政府改善保障民生的各项举措落到实处。要鼓励政协委员中的非公有制经济人士积极承担社会责任，努力做到企业不裁员、不减薪、不欠薪，构建和谐劳动关系。在法治稳市方面，重点围绕深化寺庙“六建”“六个一”和“9＋5”等利寺惠僧政策及党的民族宗教政策落实情况收集意见建议，坚持不懈地推进落实市委、市政府加强和创新寺庙管理的各项政策措施。充分发挥政协委员主体作用，大力促进网格化管理和“先进双联户”活动深入开展，利用委员在本界群众中的特殊影响和优势，经常性深入各族各界群众、社会团体、行业协会中，交流沟通思想、收集社情民意、妥善化解矛盾、解决实际问题、宣传方针政策，团结和引导人民群众和社会各界有序参与政治生活，积极为建设团结、民主、富裕、文明、和谐、生态的社会主义新拉萨作贡献。同时，大力推动提案、反映社情民意、文史资料、学习、团结联谊、对外交往等其他政协经常性工作实现新发展，拓宽委员履职渠道，有效发挥委员积极作用，为建设美丽家园幸福拉萨献计出力。

四、积极探索推进协商民主广泛多层制度化发展

协商民主是党的群众路线在政治领域的重要体现，是加强社会主义民主政治制度建设的重要内容，是推进国家治理体系和治理能力现代化的必然要求。党的十八大和十八届三中全会明确指出，要以经济社会发展重大问题和涉及群众切身利益的实际问题为内容，在全社会开展广泛协商，这为推动政协事业新发展指明了方向。我们一定要站在全局的高度，组织精干力量，深入调查研究，加快研究制定推进协商民主的制度办法，努力从协商主体、内容、程序、方式和组织保障等各方面作出清晰、简便的要求，力争形成符合拉萨市情、方便各方参与、发展民主政治、具有较强针对性、操作性的好制度、好办法。要通过协商民主制度在拉萨的积极实践，大力促进市委、市政府重大决策和重要工作部署的民主化、科学化，大力推动各族各界和各阶层群众有序参与政治，最大程度地增进人民群众对市委、市政府工作的理解和支持，真正凝聚起全力实施“五大战略”、建设美丽家园幸福拉萨的社会正能量，不断提升推进跨越式发展和长治久安的政治智慧、领导水平和执政能力。

五、着力加强人民政协自身建设

加强自身建设是人民政协适应新形势、完成新使命的重要保证。我们要以开展党的群众路线教育实践活动为契机，全面加强政协组织自身建设，以教育实践活动的实际成效促进政协自身建设，为新形势下人民政协更好履行职能奠定更加坚实的基础。要进一步加强委员队伍建设，创新委员活动方式，落实和完善委员考核办法，充分激发委员履职的积极性、主动性和创造性，切实发挥政协委员的主体作用；要进一步加强政协机关建设，认真执行中央“八项规定”和区党委“约法十章”、市委“八项要求”，巩固好已经取得的“四增、四减”成果，倡导艰苦奋斗、厉行节约，改进文风会风，提高工作效能，大力弘扬忘我工作、无私奉献的精神，大力弘扬勤政廉洁、务实高效的作风，不断增强机关干部的责任意识、效率意识和创新意识，积极营造认真工作、相互尊重、团结和谐、健康快乐的良好氛围，不断提高机关的服务水平和服务质量；要进一步解放思想，善于创造性地开展工作，在完善现有履职形式的基础上，不断丰富工作内容，拓展工作领域，创新工作方式，使我市政协工作继而有创、承而有新。

各位委员！

发展稳定的责任和使命，激发我们的智慧和力量；前进征途的风险和挑战，考验我们的信心和勇气。让我们更加紧密地团结在以习近平同志为总书记的党中央周围，在市委的坚强领导下，携手同心、开拓奋进，凝心聚力、攻坚克难，为建设美丽家园幸福拉萨而不懈奋斗，共同谱写我市改革发展稳定的崭新篇章！

抓好主业 勇于担当
推动反腐倡廉建设取得新成效

在中国共产党第八届拉萨市纪律检查委员会第四次全体会议上的工作报告

(2014年3月25日)

中共拉萨市纪律检查委员会书记 诸伟敏

各位委员、同志们:

我代表市纪委常委会向第四次全体会议报告工作,请予审议。

这次会议的主要任务是:深入贯彻党的十八大、十八届二中、三中全会精神和习近平总书记系列重要讲话精神,认真落实中纪委三次全会、区党委八届五次全会、区纪委八届四次全会以及市委八届五次全会各项决策部署,回顾总结2013年全市党风廉政建设和反腐败工作,部署2014年工作任务。市委对这次会议非常重视,专门召开常委会议进行了研究。一会儿,区党委常委、市委书记齐扎拉同志将作重要讲话,我们一定要认真学习,深刻领会,抓好落实。

一、2013年工作回顾

过去的一年,在市委和区纪委的正确领导下,全市各级纪检监察机关认真贯彻中央和区、市党委各项决策部署,紧紧围绕市委市政府中心工作,坚决维护党的纪律,不断深化作风建设,严厉惩治贪腐行为,推动全市党风廉政建设和反腐败工作取得新进展。

(一)加强监督检查,确保政令畅通。始终把维护和执行党的政治纪律作为首要任务,加强对党员领导干部遵守和执行政治纪律情况的监督检查,在重大节日和敏感时段,在各县(区)、市直各单位、寺庙管委会、驻村(居)工作队、便民警务站等重要部门、重点部位深入开展专项督查,及时发现问题并进行整改落实,切实维护了政治纪律的严肃性。对各级各部门学习宣传党的十八大、十八届二中、三中全会精神、中央第五次西藏工作座谈会精神以及中央关于西藏工作各项重大决策部署贯彻落实情况开展监督检查,加强对“十二五”规划和市委“五大战略”实施情况的监督检查,确保政令畅通。

(二)深化作风建设,密切联系群众。围绕落实中央八项规定、区党委“约法十章”和市委“八项要求”,在重大节假日前及时下发通知、发布公告,重申廉洁自律要求。在全市范围深入开展会员卡专项清退活动,22287名机关干部全部做到“零持有、零报告”。以开展专项检查、整治突出问题为重点,联合市财政局、审计局对全市党政机关“三公”经费使用情况进行抽查,深入林卡茶园、高档酒店、娱乐场所进行明察暗访,有效遏制了党员干部参与赌博、公款大吃大喝、公车私用等不正之风。全年共开展专项检查20次、检查公务车辆200余辆、核实违规用车18起,对18名相关责任人进行了廉政谈话;2013年全市“三公”经费同比下降18.7%。

扎实推进创先争优强基础惠民生活动,切实履行牵头抓总职责,加强组织协调、监督指导,督促驻村(居)工作队全面落实“五项任务”,帮助基层进一步理清发展思路,增强自我发展能力。按照区、市党委关于在驻村工作队中先行开展党的群众路线教育实践活动要求,着力解决驻村工作队中存在的漂浮懒散、包办代替等突出问题,以驻村干部作风转变促进党风政风和社会风气持续好转。认真做好党的群众工作,充分发挥市委群众工作部综合协调作用,制定下发一系列指导性文件,统筹推进全市群众工作。

(三)推进制度建设,有效预防腐败。认真落实党风廉政建设责任制,制定下发《2013年拉萨市党风廉政建设和反腐败工作方案》,对5个县(区)和8个市直单位的责任制落实情况进行抽查,督促各级党政主要领导履行好“第一责任人”的责任。牵头成立全市政务环境综合整治工作组,完成18项专项整治工作任务,各级各部门修改完善规章制度595项。深化行政审批制度改革,将全市471项行政审批项目精简调整为282项,精简调整率64.68%。深化公务用车专项治理,制定完善《拉萨市行政事业单位公务车辆管理办法》,加大公车私用整治力度,推进公务车辆管理制度化、规范化。加强窗口单位运行和管理，探索建立拉萨公共资源交易中心，督促完善内控制度30多项，不断强化了权力的监督约束，进一步方便了群众办事。

加强党员干部廉政教育，大力宣传普及廉政文化，全年共开展各类反腐倡廉警示教育217场次，党员领导干部主动上缴各类违规礼金18万元。创新廉政教育载体，借鉴兄弟省市先进经验，积极开展拉萨廉政警示教育基地前期准备工作。认真落实党员领导干部廉洁从政若干准则，严格执行“三谈两述”、领导干部述责等制度，加强对党员领导干部的监督管理，新建和完善县级领导干部廉政档案1100份，纪委主要领导与216名新提拔副县级以上领导干部进行任前廉政谈话，8个县(区)和市直56家单位“一把手”就党风廉政建设工作向市委进行了书面述责。

加强农牧区基层党风廉政建设，在全市267个村(居)设立村务监督机构，健全农牧区(社区)基层党风廉政建设联席会议工作机制，深入开展农牧区(社区)集体“三资”清理登记工作，全面摸清村(居)集体“三资”底数。加大对基层干部落实《农村基层干部廉洁履行职责若干规定(试行)》情况的监督检查力度，切实维护了基层广大群众的根本利益。

(四)强化行政监察，坚决惩治腐败。坚决纠正教育、医疗、食品药品质量、安全生产、保障性住房、社会保障、涉农、征地拆迁等领域损害群众利益的不正之风，组织7家单位录制播出14期藏汉双语“政风行风”热线栏目，全程监督年度征兵、专业技术职称和大、中、小考，整治“高考移民”问题，严肃查处违规考生10人。继续深化工程建设领域突出问题专项治理，参与市政、农发、水利、交通等领域招投标工程项目378个、涉及资金61.2亿元、监督政府集中采购项目264个、节约资金1779万元。加大行政问责力度，全年共稽查重点项目25个，责成4个存在问题的工程项目停工整改，坚决查处4起违规招投标活动，取消不符合规定招投标22次。严肃查处违纪违法行为，各级纪检监察机关全年共受理群众信访举报83件次，其中初核了结55件、转立案10件(上年度遗留案件1件)、正在核实18件，给予党纪政纪处分16人，其中县处级干部8人、科级干部7人、一般干部1人，收缴各类违纪资金300余万元。

(五)狠抓自身建设，树立良好形象。加强政治理论学习和业务培训，全年共选派54名干部参加中纪委和区、市党委组织的业务培训，组织所有乡镇(社区)纪委书记举办业务知识培训班，切实增强了各级纪检监察干部的履职能力。加强纪检监察干部队伍建设，选拔任用27名县科级干部，进一步激发了广大干部职工的工作活力。带头执行中央八项规定，切实改进作风，强化纪律约束，做到严于律己、秉公执纪，树立了纪检监察干部的良好形象。

在肯定成绩的同时，我们也要清醒地认识到存在的问题和不足。当前，个别党组织党风廉政建设主体责任的担当意识不强；一些党组织软弱涣散、纪律松弛，个别党员干部违反政治纪律、损害群众利益现象时有发生；市县两级纪委转变职能还没有完全到位，执纪监督的主业还不够突出；市纪委派驻机构力量不强、监督覆盖面不全，基层纪委工作精力还不够集中；纪检监察机关人少事多、忙闲不均的矛盾依然存在。对此我们要高度重视，切实加以解决。

二、2014年主要任务

2014年全市党风廉政建设和反腐败工作的总体要求是：深入贯彻党的十八大和十八届二中、三中全会精神，认真落实中央纪委三次全会、区纪委八届四次全会精神，坚持党要管党、从严治党，坚持标本兼治、综合治理、惩防并举、注重预防，按照区、市党委和区纪委的总体部署，聚焦中心任务，加强反腐败体制机制创新和制度保障；加强纪律建设，坚决克服组织涣散、纪律松弛现象；强化执纪监督，严格执行中央八项规定和区党委“约法十章”、市委“八项要求”；深化作风建设，持之以恒纠正“四风”“两问题”“一薄弱”“三不够”等问题；坚决惩治腐败，加大对违纪违法案件的查办力度；加快“三转”步伐，推动全市党风廉政建设和反腐败工作取得新成效。重点抓好以下几方面工作：

(一)深入贯彻党的十八大、十八届二中、三中全会精神，加强反腐败体制机制创新和制度保障。各级纪检监察机关要认真学习贯彻党的十八大、十八届二中、三中全会及区、市党委八届五次全会精神，深刻认识全面深化改革与推进党风廉政建设和反腐败工作的关系，按照中纪委、区纪委和市委的统一部署，不折不扣地落实反腐败各项改革措施。紧紧围绕我市全面深化改革的主要任务和工作重点，加强监督检查，既要保证各项改革措施的贯彻实施，又要保证各项改革任务与反腐败工作的协同推进。

严格执行党风廉政建设责任制。各级党委(党组)要切实担负起党风廉政建设主体责任,每年要向上级纪委报告党风廉政建设责任制的落实情况,主要领导要切实履行第一责任人的职责,班子成员对职责范围内的党风廉政建设要负领导责任。市、县(区)党的组织、宣传、统战、政法等部门要把党风廉政建设要求融入各自工作。人大、政府、政协和法院、检察院的党组织都要履行好党风廉政建设主体责任。各级纪委要承担起监督责任,积极履行协助党委加强党风建设和组织协调反腐败工作的职责,全面落实"一案双查"制度,对发生重大腐败案件和严重违纪违法行为的地方、部门和单位,既要追究当事人的责任,又要追究相关领导的责任。

认真落实纪律检查体制机制改革措施。贯彻落实纪律检查工作双重领导体制的具体意见,严格执行下级纪委向上级纪委报告工作、定期述职、约谈汇报等制度。建立并强化对县(区)纪委查办案件工作领导的有效机制,查办腐败案件以上级纪委领导为主,线索处置和案件查办在向同级党委报告的同时必须向上级纪委报告。认真做好县(区)纪委书记、副书记、纪委常委、委员的提名和考察工作。结合拉萨实际,进一步加强和改进市纪委(监察局)派驻机构的运行管理,整合现有资源,切实发挥派驻机构的职能作用,逐步实现派驻机构监督和巡查两个方面的"全覆盖"。

(二)加强党的纪律建设,持之以恒纠正"四风""两问题""一薄弱""三不够"问题。严明党的政治纪律。各级党组织要自觉担负起维护和执行政治纪律的责任,加强对党员干部遵守政治纪律情况的监督和管理。各级纪检监察机关要加强对执行党的路线方针政策情况的监督检查,加强对党员干部遵守政治纪律特别是反分裂斗争纪律情况的监督检查,严肃查处党员干部在维稳工作中的失职渎职行为,对有令不行、有禁不止的行为,要坚决纠正,严肃处理。

严明党的组织纪律。各级党组织要加强组织管理,坚决纠正无组织无纪律、自由主义、好人主义等现象,以坚决的态度和有力的措施,自觉维护党的团结统一。党员领导干部要切实增强党性,正确处理个人与组织的关系,做到党员个人坚决服从党的组织,严格执行请示报告制度。各级纪检监察机关要带头执行党的组织纪律,市县(区)纪委、各派驻机构每半年要向同级党委和上级纪委汇报一次党风廉政建设和反腐败工作开展情况。要加强对党的组织纪律特别是请示报告制度执行情况的监督检查,严肃查处违反党纪的行为,坚决纠正组织涣散、纪律松弛现象,确保纪律刚性约束。

深化作风建设。以开展第二批党的群众路线教育实践活动为契机,继续深化创先争优强基础惠民生活动,扭住落实中央八项规定和区党委"约法十章"、市委"八项要求"不放,持之以恒纠正"四风""两问题""一薄弱""三不够"等方面存在的突出问题。修改完善市(中)直机关效能建设争先进位考核办法,与县(区)域经济发展争先进位和维护社会稳定争先进位考核工作统筹安排、一并考核。严格落实《党政机关厉行节约反对浪费条例》《党政机关国内公务接待管理规定》和自治区有关规定,严肃查处党员领导干部到私人会所活动、公款吃喝、变相旅游、大操大办收敛钱财、参与赌博、公车私用、收受礼金等问题。充分发挥民主评议政风行风代表的监督作用,坚决纠正损害群众利益的不正之风,继续办好政风行风热线。加大监督执纪力度,坚决纠正窗口单位中办事效率低、服务态度差等问题,严肃查处基层党员干部中存在的以权谋私、办事不公、优亲厚友等问题,对查处的违纪违规行为要通报曝光。

(三)加大违纪违法案件查办力度,保持惩治腐败高压态势。坚持"老虎""苍蝇"一起打,充实和合理调配办案力量,加大对党员干部违反党纪政纪、涉嫌违法行为的审查和处置力度。严肃查办发生在重点领域、关键环节和群众身边的腐败案件,严肃查办领导机关、领导干部追随十四世达赖集团从事分裂祖国、破坏拉萨稳定的政治案件,严肃查办发生在领导机关和领导干部中贪污贿赂、买官卖官、徇私枉法、腐化堕落、失职渎职的腐败案件。坚持抓早抓小,对苗头性问题早发现、早提醒、早纠正、早查处,防止小问题变成大问题。

加强群众信访举报受理工作,建立健全线索集体排查制度,规范反映干部问题线索的管理和处置,坚决查处信访工作中失职渎职、不作为、乱作为、慢作为的违纪行为。规范办案程序,加强对县(区)办案工作的指导,落实办案安全责任制。切实发挥反腐败协调小组的作用,建立并严格执行执纪执法机关在查办案件工作中协作配合制度,增强合力。加强案件审理工作,加大对基层案件审理工作的业务指导和培训力度,认真履行审核把关和监督制约职责,提高办案质量和效率。

(四)加强制度建设,推进源头预防腐败各项工作。深化廉政宣传教育。加强对党员干部特别是领导干部的理想信念、党风党纪、廉洁从政和艰苦奋斗教育。要加快拉萨市廉政警示教育基地建设进度，力争今年10月正式启用。继续深化廉政文化创建，大力开展内容丰富、形式多样、群众喜闻乐见的廉政文化活动，积极营造崇廉尚廉的良好社会氛围。

健全完善党风廉政建设责任制考评机制，制定工作方案和考评细则，认真开展自查自纠，做好迎接自治区考核验收的各项准备工作。根据中央《建立健全惩治和预防腐败体系2013—2017工作规划》和自治区《实施办法》，结合拉萨实际进一步细化措施，对任务进行分解抓落实。推进农牧区基层党风廉政建设，完善村级民主管理和监督机制，在实现村务监督机构人员和职责"两个全覆盖"的基础上，加大培训力度，提高村务监督机构人员的履职意识和能力。进一步巩固"三资"清理成果，开展"三资"管理示范点建设，健全完善相关制度，促进"三资"规范管理。

认真落实党内监督条例和领导干部述职、述廉、诫勉谈话、任前谈话、警示谈话、函询等制度，坚持和完善民主集中制，落实"三重一大"决策机制，加强对领导干部特别是主要领导干部的监督，反对特权思想和作风。严格执行《关于实行党政领导干部问责的暂行规定》，对领导干部失职渎职行为严格问责，逐步推行领导干部报告个人有关事项抽查核实制度，注重核查结果运用，加大违规惩戒力度。

（五）加快"三转"步伐，提高纪检监察机关监督执纪问责能力。各级纪检监察机关和广大纪检监察干部要适应新形势、新任务，把思想和行动统一到中央和区、市党委的部署要求上来，忠实履行党章和行政监察法赋予的职责，聚焦党风廉政建设和反腐败中心任务，坚守责任担当，严格监督执纪问责，树立忠诚可靠、服务人民、刚正不阿、秉公执纪的良好形象。

加快转职能、转方式、转作风。明确职责定位，改进监督执纪方式，突出主业，做到不越位、不缺位、不错位。加强组织建设，选好配强纪检监察机关领导班子，加大干部培训、轮岗、交流力度。加强制度建设，建立并严格执行干部考评制度，实行上级纪委书记与下级纪委书记、纪检组长定期约谈制度，完善内部监督机制。加强干部队伍建设，严格要求、严格监督、严格管理，强化纪律约束，决不允许发表与党的路线方针政策和决策相违背的言论，决不允许越权批办、催办或者干预有关单位的案件处理等事项，决不允许以案谋私、办人情案，决不允许跑风漏气、泄露工作中的秘密，对违纪违法行为，坚决予以处理，决不姑息，彻底杜绝"灯下黑"现象，用铁的纪律打造过硬队伍。

同志们，党风廉政建设和反腐败工作责任重大、使命光荣。让我们在市委和区纪委的坚强领导下，以开展党的群众路线教育实践活动为契机，锐意进取，扎实工作，不断开创我市党风廉政建设和反腐败工作新局面，为实现拉萨跨越式发展和长治久安、全面建成小康社会做出新的更大的贡献！

【注释】

1."三公"经费：指公款接待费用，公车购置及维修、油料等费用，公款出国（境）费用。

2."五项任务"：指创先争优强基础惠民生活动中各驻村（居）工作队要"建强基层组织、维护社会稳定、寻找致富门路、开展感恩教育、办实事解难事"。

3."三谈两述制度"：指廉政责任谈话、任前廉政谈话、信访监督谈话和述职述廉。

4."三资"：指农村集体经济中的资金、资产、资源。

5."一案双查"：指纪检监察机关在查处案件时，既要查清当事人的违纪问题，又要查清主管领导或分管领导的责任范围及责任。

6."三重一大"：指重大决策、重要干部任免、重大项目安排和大额度资金使用。

7."三转"：指中央纪委提出的纪检监察机关要"转职能、转作风、转方式"要求。

拉萨市中级人民法院工作报告

在拉萨市第十届人民代表大会第四次会议上

(2014 年 2 月 24 日)

拉萨市中级人民法院院长　边巴拉姆

各位代表:

现在,我代表拉萨市中级人民法院向大会报告工作,请予审议,并请各位政协委员和列席人员提出意见。

2013 年全市法院工作

2013 年,全市法院在市委正确领导、人大及其常委会有力监督、政府大力支持、政协民主监督和上级法院的监督指导下,深入学习贯彻党的十八大、十八届二中、三中全会精神,学习贯彻习近平总书记系列重要讲话精神,特别是“治国必治边、治边先稳藏”重要战略思想和俞正声主席“依法治藏、长期建藏”指示要求以及市委八届四次全委会决策部署,紧紧围绕“努力让人民群众在每一个司法案件中都感受到公平正义”目标,牢牢把握司法为民公正司法主线,创造性地开展各项司法审判工作,为建设美丽家园幸福拉萨提供了有力的司法保障。全市法院共受理各类案件 6846 件,审执结 6371 件,结案率 93%,收结案同比基本持平;市中院共受理各类案件 1879 件,审执结 1836 件,结案率 97.7%。

一、坚持执法办案第一要务,主动服务发展稳定大局

自觉把打击犯罪职能置于反对分裂、维护稳定的大局中,共受理刑事案件 515 件,审结 494 件,结案率 96%,判处罪犯 536 人,其中被判处 5 年有期徒刑以上刑罚的 57 人。重拳打击危害国家安全犯罪,突出打击“两抢一盗”、杀人伤害、合同诈骗、涉黑涉毒等严重危害社会秩序和群众生命财产安全的犯罪,依法审理涉案标的 1047 万元的方军、李广同受贿案和 1350 余万元的罗桑土多合同诈骗案等一批重大敏感案件。落实宽严相济刑事政策,对 75 名被告人处以管制、缓刑、单处罚金等非监禁刑,对 1156 名罪犯予以减刑。认真学习贯彻新修改的刑事诉讼法,严格执行庭前会议制度和量刑规范化要求。市中院被最高法院评为刑事审判工作先进集体,“少年审判庭”挂牌并开展工作。

自觉把定分止争职能置于服务经济发展的大局中,共受理民商事案件 3310 件,审结 3195 件,结案率 96.5%,结案诉讼标的 7.3 亿余元,其中调撤 1908 件,调撤率 59%。注重用司法裁判引导公众构建和谐有序的经济关系、劳动关系、家庭关系和债权债务关系,依法审理全区首例飞行员诉航空公司案等新类型案件和本市多发的民间借贷、房屋租赁、拖欠民工工资等民事纠纷。认真学习贯彻新修改的民事诉讼法,全面推行小额速裁诉讼制度,共速裁 105 件。部署推进诉调对接试点工作,达孜、尼木法院率先设立诉调对接中心,两院 2013 年民事案件收案同比分别下降 19% 和 41%。不断加强民间调解指导工作,共诉前调解 470 件,指导民间调解 305 件次。

自觉把着力解决“执行难”问题置于保障民生的大局中,认真开展“集中执行专项行动”。在市委政法委的组织协调下,全市法院协同有关部门,进一步完善执行联动、涉执信访案件质询、执行成效排名通报等机制,并把加大涉民生案件的执行力度做为践行党的群众路线的抓手之一,在全市范围内建立执行信息查询系统,促使执行工作更加透明、规范、高效,涌现出与机场公安协作限制被执行人出藏等联动执行的典型案例。一年来,全市法院共新收执行案件 1535 件,执结 1313 件,执结率 85.5%,新收执行案件执结率同比上升 2%,执结标的 3.9 亿元,为生活困难的 32 名案件当事人发放执行救助金 126.1 万元;清理出执行积案 252 件,执结 176 件,执结率 70%。市中院受理执行案件 173 件,执结 157 件,执结率 90.7%,执结标的 2.7 亿余元,收结案同比上升 32% 和 37.7%。同时加强执行舆论引导,积极利用案款集中兑现、新闻跟踪报道等方式宣传集中执行专项行动,共召开案款兑现大会 14 次,发放执行案款 5078.4 万余元,邀

请电视媒体报道10次，将38名失信被执行人名单报最高法院进行曝光前审核。市中院及达孜、曲水法院被评为全区无执行积案先进法院。

自觉把各项审判工作置于法治稳市的大局中，积极探索行政案件协调处理机制，妥善化解行政争议，共受理行政案件18件，审结18件，结案率100%，其中协调撤诉结案8件，同比上升6.9%，行政首长出庭应诉率达61%。为促进法治政府建设，就审判工作中发现的问题向有关部门提出司法建议3条。

二、坚持延伸审判职能作用，积极参与社会管理创新

认真履行审判职责的同时，努力完成维稳综治工作任务。在三大节日、全国两会、十八届三中全会等重大、敏感时段，整合力量全力做好维稳安保工作，特别是3月抽调三分之二警力下沉维稳。全年共派出干警9750人次，车辆4350台次，投入经费27.6万余元。主动参与"七城同创"和"六五"普法工作，共开展"法律七进"活动399次，发放宣传材料3.5万余份，受教育人数达3.3万余人，通过新闻媒体宣传报道437次。墨竹工卡法院审务进矿区活动成效明显。市中院被市委、市政府评为2013年度维护社会稳定争先进位先进单位。

积极开展涉法涉诉信访工作，坚持判后答疑、领导接访、法官下访，消除信访隐患，避免矛盾激化，共接待群众来信来访1650余人次。深入开展案件社会稳定风险评估工作，及时预判、预警涉法涉诉信访苗头，努力把涉法涉诉信访解决在萌芽状态。在党的十八届三中全会前组织召开全市法院涉法涉诉信访工作会议，分析问题、研究对策、部署工作、落实责任。在市委政法委的领导、支持、协调下，28件涉法涉诉信访案件化解26件，化解率92.8%。张乐朝合同诈骗案、芦咏声买卖合同纠纷案、民康公司等信访案件得到妥善解决。市中院被市委、市政府评为"信访工作先进集体"。

深化"创先争优强基惠民"活动，改进驻村工作，帮助困难群众解决实际问题，为所驻乡村争取惠民项目14个，涉及资金360余万元。市中院帮助发展党员35名，开展"送法、送医、送文艺"宣传活动，为结对帮扶群众捐赠款物共计15万余元，协调落实环保路灯项目资金18万元。

三、坚持提高审判质量效率，全力推进司法公信建设

全市法院建立"三评查"长效机制，坚持"一案一评一反馈"、与业务庭双向协调、评查结果与工作业绩挂钩，促使评查出的问题得到及时反馈、讲评、整改，共评查庭审402次，裁判文书1068份，案件172件，实现了一线法官评查全覆盖。市中院巡回评查基层法院案件、举办藏汉双语裁判文书制作培训班2次，全市法院裁判文书、送达回证、案件呈批表格式以及卷宗装订标准得到统一，法官驾驭庭审的能力得到提升，藏文法律用语得到进一步规范。2013年全市法院审结申诉、再审案件19件，同比下降34%；上诉案件量同比下降10.1%；改判和发回重审案件量同比下降25.2%。

根据市委《关于进一步做好新形势下群众工作的意见》，结合司法为民工作实际，落实司法便民利民措施，加大巡回审判力度，市中院组织在堆龙德庆县古荣乡南巴村召开"车载流动法庭"五年工作经验交流会，总结经验、鼓舞干劲，探索司法便民利民新举措。今年全市法院共巡回办案1178件，巡回开庭2072次，行程6.2万余公里，经费开支26.7万余元。强化立案服务功能，落实司法救助制度，为追索抚养费、赡养费、劳动报酬等案件当事人开辟维权绿色通道，为经济确有困难的当事人缓减免缴诉讼费95.59万元。

加大司法公开和民主，坚持"法院开放日"长效机制，邀请武警官兵、学生、乡村党员干部等80余人开展观摩庭审、模拟法庭、座谈交流等活动。积极推进鉴定、评估、拍卖公开，司法辅助办共受理委托鉴定、评估、拍卖54件，办结40件。大力实施人民陪审员"倍增计划"，共增选人民陪审员98名，邀请参加审理案件114件；加强人民陪审员的业务培训，曲水法院与国家法官学院西藏分院合作举办首期人民陪审员培训班。

四、坚持加强作风效能建设，不断提升队伍整体素质

将深入学习领会党的十八大及十八届三中全会、习近平总书记的重要讲话及关于法治建设的重要论述和区市党委八届四次、五次全委会等会议精神作为首要政治任务，通过理论中心组学习、心得交流、邀请党校教师授课等有效方式，广大干警对中国特色社会主义的理论认同、感情认同、实践认同不断增强，反分裂斗争的自觉性和主动性进一步提高。注重以文化建设凝心聚力，建设法院文化长廊，举办"中国梦·我的梦"法官演讲比赛等活动。

根据市委提前介入、先行一步的要求，全市法院认真开展党的群众路线教育实践活动，市中院组织"司法为民大调查"，发放调查问卷240余份，满意率达98%；召开专题民主生活会，广泛开展批评与自我批评,共征求到意见建议38条。市中院领导积极参加“每月一课”,带头开展“三进四同三一”活动,撰写民情日记48篇,办实事31件,涉及资金12万余元。市中院分别被市委和自治区高院评为“基层组织建设年先进单位”“民族团结示范单位”。结合政法队伍素质建设年活动,加强政务人才和办案能手的培养,共组织、参加法律实务、藏汉双语等各类培训46班次,参训651人次。鼓励干警攻读法律硕士,目前已取得学历、学位19人,在读7人。在市委组织部、政法委的重视、支持下,坚持正确用人导向,优化干部结构,提拔、任用干警39人,选派4名年轻干部横向纵向挂职锻炼。

严格执行中央“八项规定”、最高法院“六项措施”、自治区“约法十章”、市委“八项要求”,规范公务接待,加强公车管理,推广无纸化办公和“文明餐桌”行动,压缩“三公”开支38.6%。开展全市政法机关纪律作风集中教育整顿活动,建立完善廉政监督员和审务督查制度。组织法官廉政宣誓和违规配备公务(警务)用车、经商、修建“楼堂馆所”问题清查及会员卡清退等活动,保持了干警零违纪。

五、坚持注重法院科学发展,着力增强基层保障能力

在当地党委政府的重视、支持下,各基层法院基建项目进展顺利,堆龙德庆法院新审判综合楼投入使用,城关法院、林周法院审判法庭项目主体已经竣工。市中院主动加强与援助法院的沟通联系,前往北京江苏对接援藏工作,邀请对口法院主要领导赴藏考察指导。2013年全市法院“温馨工程”援助资金全部到位,市中院与北京高院签订2014—2016年援助协议。

充分发挥二审和再审监督指导功能,规范请示案件办理程序,出台重大、疑难案件请示、汇报制度,办理二审案件368件,改判发回案件与基层法院交换意见64次,答复请示案件4件。

六、坚持党对司法工作领导,自觉接受人大及各方监督

在各级党委的正确领导下开展司法审判工作,重大司法措施、重大工作部署、重大案件及时向党委请示汇报,确保党的路线方针政策和决策部署在司法审判领域得到全面贯彻执行。加强与人大、政协的工作联系,认真办理并及时回复人大转办的杜云海信访案、天瑞公司信访案和人大代表、政协委员提出的11项意见建议;认真执行“一府两院”领导向政协委员定期通告工作制度,主动报送法院信息、专项工作汇报和工作总结。大力加强联络工作,邀请人大代表、政协委员等旁听庭审25人次。依法接受检察机关法律监督,坚持执行检察长列席审判委员会制度。

以上成绩的取得离不开市委坚强领导,人大有力监督,政府、政协及社会各界的大力支持,在此,我代表全市法院和全体干警向各位领导、人大代表、政协委员及社会各界表示衷心的感谢并致以崇高的敬意!同时,我们清醒地认识到,全面深化改革要求人民法院提供效率更高、质量更优、效果更好的司法保障;十四世达赖集团的破坏手法更加多样,社会转型时期的矛盾更加凸显,一些地方存在因矿产、虫草、草场纠纷引发的不稳定因素,反对分裂、维护稳定任务艰巨繁重;人民群众对审判工作质效、公信力、公开度提出了更新、更高的要求。面对新形势新任务,全市法院还存在一些不足和困难:少数干警大局意识、创新意识、群众观念不强,司法行为不规范,作风不严谨,沉事不够、担当不够、落实不够的问题不同程度地存在;全市法院信息化程度不高,人才短缺;“执行难”、基层法院案多人少等问题依然存在。对此,我们一定采取有效措施,努力加以解决。

2014年的工作思路

2014年是全面深化改革的开局之年。全市法院工作的总体思路是:高举中国特色社会主义伟大旗帜,在市委坚强领导、人大有力监督、政府大力支持、政协民主监督和自治区高院正确指导下,深入贯彻落实党的十八大、十八届三中全会和区、市党委八届五次全委会精神,紧紧围绕“一个中心、两件大事、四个确保”,以“努力让人民群众在每一个司法案件中都感受到公平正义”为目标,以司法为民、公正司法为主线,立足反分裂斗争主战场实际,充分发挥审判职能作用,参与司法改革,提升审判质效和公信力,提高队伍能力素质,转变司法作风,为拉萨深入推进“五大战略”,建设美丽家园幸福拉萨做出新的贡献。

一是旗帜鲜明坚持党对司法工作领导。把深入学习贯彻党的十八大、十八届三中全会、中央政法工作会和习近平总书记重要讲话精神,把深入学习贯彻区市党委八届五次全委会、区党委政法工作会议、全区法院院长会议精神作为首要政治任务,坚持党的领导、人民当家做主和依法治国的有机统一,牢固树立政法机关是党和人民的“刀把子”观念,切实增强做好法院工作的紧迫感、责任感和使命感,切实提升服务改革发展稳定的前瞻性、主动性和针对性，健全重大案件、重大事项向党委请示报告制度。正确处理党的政策和国家法律的关系，正确处理坚持党的领导和司法机关依法独立公正行使职权的关系，准确把握习近平总书记提出的政法机关“三项任务”，准确把握司法体制改革的重大意义和重要部署，按照中央及最高法院统一部署和自治区高院的统一安排，完成各项改革目标任务。

二是服务大局，法治保障做出新成绩。坚持在党委领导下，为实施“五大战略”提供司法保障和服务。既重拳打击各类分裂破坏活动和严重扰乱社会秩序的黑恶势力、有组织犯罪，又突出争取人心，积极应对劳教制度废止，探索建立轻微刑事案件快速办理机制，努力形成刑事制裁与行政处罚相衔接的违法行为预防惩治格局。牢牢把握稳中求进、好中求快总基调，紧紧围绕“充分发挥首府城市首位度作用”总要求，主动为非公有制经济主体提供法律服务，审慎、妥善处理经济转型、社会发展过程中出现的重大敏感案件，加强请示汇报、风险评估，防止因个案处理失当激化社会矛盾，影响社会稳定。加强对涉民生案件的执行力度，继续推动“执行难”问题的解决。认真执行中央《关于依法处理涉法涉诉信访问题的意见》，探索建立诉讼与信访分离、涉法涉诉信访终结等制度。继承和发扬“枫桥经验”的基本精神，推广诉调对接工作，发挥法院在多元纠纷解决机制中的主导作用。积极参与社会管理综合治理，深入开展民族团结进步创建活动，努力推进平安拉萨、法治拉萨建设。充分发挥司法审判保障作用，惩治破坏环境的违法犯罪行为，妥善审理自然资源确权行政案件，服务拉萨生态文明建设。

三是狠抓质效，司法公信得到新提升。以中央政法工作会议和习近平总书记的重要讲话精神为统领，更新司法理念，坚持公正司法、严格司法，牢记“四个决不允许”，牢固树立“100－1＝0”的理念，始终坚持法律面前人人平等。以司法改革为契机，进一步规范审判权运行，优化配置审判资源，做到权责统一，杜绝冤假错案。进一步加强审判管理工作，完善“三评查”长效机制，规范司法行为，不断创新司法便民利民工作措施，把立案大厅建成便民之窗、和谐之窗，确保有理无钱的群众打得起官司，有理有据的群众打得赢官司，打赢官司的群众权益得到实现。按照自治区高院统一部署，稳步推进审判流程、裁判文书、执行信息公开三大平台建设，力争三年内在全区率先实现依法能够公开的裁判文书全部上网公开，以公开促公正，以透明保廉洁，以阳光树公信。以“天平工程”信息化建设为载体，加强与上级法院的沟通，力争在全区范围内率先打好信息化办案的基础，向科技要质效。四是把握关键，队伍建设取得新进展。按照政治过硬、业务过硬、纪律过硬、作风过硬的要求，努力建设一支信念坚定、执法为民、敢于担当、清正廉洁的法院队伍。广泛开展坚定理想信念教育，不断增强广大干警对中国特色社会主义的道路自信、理论自信、制度自信，确保全体干警在思想上、认识上、行动上与以习近平同志为总书记的党中央保持高度一致。深入开展党的群众路线等教育活动，找准并整改全市法院在“四风”“两问题”“一薄弱”“三不够”方面存在的问题，转变司法作风，继续提高司法为民的意识、能力、水平。大力培养使用面对重任敢于担当、面对危险敢于冲锋、面对邪恶敢于斗争的优秀干警。继续坚持能力素质建设，加强干警教育培训。

五是强化教育，拒腐防变思想防线得到新巩固。广泛开展党性党风、职业操守和社会伦理教育，大力弘扬“忠诚、为民、公正、廉洁”的政法干警核心价值观，引导广大干警始终保持高尚的精神追求，自觉维护法律尊严和法官荣誉。严格落实党风廉政建设责任制，教育督促干警管好自己的“生活圈”“社交圈”“娱乐圈”，坚决守住做人、处事、用权、交友的底线，对队伍中的违法违纪行为保持“零容忍”，切实做到“有案必查”“有腐必惩”，以铁的纪律确保法官清正、法院清廉、司法清明。

六是接受监督，司法民主实现新推进。继续自觉主动接受人大监督、政协民主监督和检察机关诉讼监督，主动报告工作，积极配合人大开展的执法检查，认真对待人大代表、政协委员提出的意见建议，做好人大代表、政协委员联络工作，高度重视检察建议和抗诉案件。组织司法公开示范庭，邀请人大代表、政协委员、廉政监督员以及社会各界参加旁听，与新闻媒体合作互动，加大司法公开力度。大力实施两年内实现人民陪审员数量翻一番的“倍增计划”，加强人民陪审员的选任、培训，提高人民陪审员参审质效。

各位代表，面对新的形势，人民法院工作任务艰巨，使命光荣。我们决心紧密团结在以习近平同志为总书记的党中央周围，在市委领导、人大监督和自治区高院监督指导下，胸怀全局，砥砺奋进，发扬钉钉子精神，认真贯彻落实本次大会提出的各项任务，全力做好全市法院各项工作，为拉萨跨越式发展和长治久安提供坚强有力的司法保障！

拉萨市人民检察院工作报告

在拉萨市第十届人民代表大会第四次会议上

(2014年2月24日)

拉萨市人民检察院代理检察长　田建设

各位代表:

现在,我代表拉萨市人民检察院向大会报告工作,请予审议,并请市政协各位委员和列席人员提出意见。

2013年检察工作

2013年,全市检察机关在市委和区检院的正确领导、市人大有力监督、市政府大力支持、市政协民主监督和社会各界的关心帮助下,以邓小平理论、"三个代表"重要思想和科学发展观为指导,深入贯彻落实党的十八大、十八届三中全会精神和习近平总书记系列重要讲话精神,特别是习近平总书记"治国必治边、治边先稳藏"的重要战略思想和俞正声主席"依法治藏、长期建藏"的指示精神,围绕全市"五大战略"和区检院工作部署,扎实履行法律监督职责,为建设美丽家园幸福拉萨提供了有力法治保障。

一、牢记职责使命,坚决维护国家安全和社会稳定

坚定不移维护社会大局稳定。面对反分裂斗争严峻形势,始终与党中央、区市党委保持高度一致,严厉打击各类危害国家安全、严重影响社会稳定的犯罪活动,批捕危害国家安全犯罪8人,起诉11人(含积案),有力震慑了犯罪分子。在区内外有重大影响的涉稳专案办理中,检察机关勇挑重担,全部提前介入、引导侦查、准确定性,严把事实关、法律关、政策关,确保了案件快速、公正办理。牢固树立政治意识、责任意识,强化工作担当,抽派干警780余人次,投入经费170余万元,全面参与警力下沉、事故处理、重大专案办理、重点领域治理等工作,并出色完成任务,有力支持了全市维稳工作全局。

努力营造平安和谐的社会环境。依法履行批捕起诉职能,严厉打击各类刑事犯罪,共批捕各类犯罪案件452件598人,起诉453件644人(含积案)。特别是突出打击严重暴力犯罪,起诉75件92人;突出打击多发性侵财犯罪,起诉162件212人;突出打击黄赌毒犯罪,起诉67件153人;突出打击危害公共安全犯罪,起诉21件23人,有力维护了平安和谐的良好局面。在严厉打击犯罪的同时,全面贯彻宽严相济刑事政策,对犯罪情节轻微人员不批准逮捕42件77人,不起诉19件24人,减少了社会对抗,增加了社会和谐。扎实推进平安建设和"先进双联户"创建,建强"案件侦审队、应急处突队、巡逻保卫队"等常备力量,认真开展反自焚、应急处突军事训练,累计投入警力1.3万人次加强值班备勤和社会面巡逻,确保了责任区域"三不出"。

全力保障和服务发展。围绕经济体制改革和产业发展重点领域,积极参与整顿规范市场经济秩序,依法打击各类危害经济发展,破坏市场经济秩序犯罪,努力营造良好经济运行环境。审查批捕虚开增值税专用发票、非法经营、非法转让倒卖土地等破坏市场经济秩序犯罪19件22人,起诉16件26人。加强涉众型经济犯罪案件办理,依法查办了罗桑土多合同诈骗案。按照区检院领导指示,严厉打击近年来较为猖獗的危害税收征管犯罪,依法查办了涉及全区的"8·30"系列特大虚开增值税专用发票案,促进了经济又好又快发展。

二、强化法律监督,严守司法公平和社会正义生命线

加强审查批捕、立案监督和侦查活动监督。严把审查批捕关,提前介入重大案件12件,发出《逮捕案件继续侦查取证提纲》401份,有力引导了侦查活动;依法监督立案6件10人,纠正漏捕犯罪嫌疑人14人;依法纠正侦查活动违法行为,发出《纠正违法通知书》11件,检察建议8件,口头纠正348件次,确保了各类刑事案件依法公正办理。在中央政法委督办的"1·31"故意杀人案中,检察人员严把证据关,向公安部专家组提出侦查引导意见,引导完善瑕疵证据,确

保了案件依法公正办理。

加强审查起诉和刑事审判活动监督。严把审查起诉关,追加起诉犯罪嫌疑人4人;改变侦查机关移送起诉罪名起诉61人;对证据不足案件退回补充侦查223件次,并全部发出《提供法庭审判所需证据材料意见书》,提出补证意见1300余条;对证据瑕疵案件,组织召开案情协调会10次。加强刑事审判和量刑工作监督,参加重大疑难案件庭前会议4次,赴成都、西宁、林芝异地支持公诉5次,协同法院核定证据3次,提出量刑建议453件,量刑建议率达到了100%,促进了审判量刑公平公正。

加强刑罚执行和监管活动监督。加强监管场所安全检查和执行监督,开展监所检查405次,发出《纠正违法通知书》2件,口头纠正18次;审查减刑、暂予监外执行1063人次,建议调整减刑幅度47人次,纠正错误减刑裁定92人次。积极维护在押人员合法权益,受理被监管人申诉33件次,依法督促返还财物6万余元;受理检举、揭发他人犯罪线索11人次,核查立功表现3人次;办理羁押必要性审查案件2件2人;催办清理可能超期案件67件。在自治区领导督办的"9·10"案件中,市院专案组提前介入引导侦查,严格把关定性,得到了上级领导肯定。

加强民事行政诉讼监督。创新监督机制,规范监督行为,确保案件公正办理。共受理民事申诉案件16件,经审查提请抗诉1件,出庭支持抗诉1件,不支持监督申请11件,其他依法处理3件。对不支持监督申请的案件,认真做好释法说理、服判息诉和矛盾化解工作,维护了审判权威。探索创新民事执行案件监督机制,城关区检察院与同级法院制定了全区首个《民事行政监督工作协作规则》,开展执行案款发放现场监督5次,涉及执行款510余万元,得到了最高人民检察院肯定和推广。

三、坚持以民为本,努力服务和保障人民群众安居乐业

切实保障和维护群众切身利益。依法打击发生在群众身边、群众反映强烈、危害民生的犯罪案件,深入开展查办农牧区合作医疗、安居工程建设领域职务犯罪专项工作,依法查办案件2件。积极查办危害群众切身利益犯罪案件,批捕涉嫌销售假冒注册商标商品犯罪7人,批捕涉嫌非法行医犯罪2人。维护妇女儿童合法权益,批捕涉嫌拐卖妇女儿童犯罪3人。加强未成年人刑事检察工作,对未成年人、在校学生不批准逮捕5件5人,不起诉3件3人,开展未成年人犯罪社会调查6次,形成调查报告31份。

认真办理群众来信来访和举报申诉。引导群众通过合法途径表达诉求,依靠法律化解纠纷。加强信访案件办理,受理群众控告、举报、申诉案件10件,来信来访63件,两级院检察长接待来访20件次。抓好涉检信访案件办理,认真清查重点案件,逐案制定化解预案,扎实做好人员稳控,妥善处理了李兴奇、陈雪松等5起涉检信访案件。畅通群众诉求表达渠道,积极开展"接访、下访、寻访"活动,深入疏导群众情绪,解答疑惑,排查化解矛盾纠纷80余件,取得了一定成效。

努力夯实基层稳定发展根基。按照"党的群众路线教育实践活动"要求,围绕强基惠民"五项任务",扎实开展驻村工作。全市检察机关选派29名干警参加驻村工作,4名干警任村党支部第一书记。争取落实惠民项目29个,协调落实建设资金980余万元,为群众办实事140余件。扎实开展"三进四同三一"活动,两级院检察干警深入群众,蹲点入户开展工作170余人次,为困难群众、孤寡老人、孤儿院捐款捐物价值总计15.2万元。

强化法制宣传和社会舆论引导。教育引导各级干部和广大人民群众牢固树立法治文化理念,深入党政机关、驻军部队、企业事业单位、中小学校和建设工地,开展普法宣传97场次,提供法律咨询300余人次,发放资料2万余份,2.3万名干部群众受到教育。高度重视新媒体时代法制宣传引导,在《检察日报》、正义网、《西藏法制报》《拉萨晚报》等媒体发表宣传稿件120余篇,检察机关主办的"检察官说法""雪域论案""妇女儿童维权"等法制栏目知名度快速提高,产生了良好社会效果。

四、坚持有腐必惩,深入推进职务犯罪查办预防工作

充分发挥检察机关反腐倡廉排头兵作用。坚持"老虎""苍蝇"一起打,有案必查、有腐必惩,形成惩治威慑、预防堡垒,努力赢得干部群众衷心拥护。在市委、区检院的坚强领导和市人大有力监督下,我们深入研判反腐败斗争形势,完善侦查一体化办案机制,成立大要案特侦队,增强侦查突破能力,努力查办有影响有震动的职务犯罪案件,增强了惩治腐败直接效应。全年初查职务犯罪案件25件25人,立案侦查8件9人,其中大案2件2人,要案1件1人,追缴赃款赃物价值150余万元。

充分发挥检察机关预防职务犯罪主力军作用。

深化反腐败源头治理,努力将职务犯罪遏制在初始阶段,到138家机关单位、国有企业上门预防,与37家行政执法单位建立联系机制。围绕重点领域和行业开展预防调查,形成专项调查报告11份,发出检察建议3份,协助堵塞漏洞规范制度。做好国家重点项目专项预防,到自治区自然科学博物馆、林拉公路、纳金大桥等项目单位,开展预防调查和咨询服务30余次。严把建设领域廉洁准入关,为225家施工单位开展行贿犯罪档案查询,核定了廉洁资格。

充分发挥检察机关警示教育专业优势。扎实开展党员干部警示教育,检察干警深入公安、工商、重点项目单位,开展专题讲座11场次,2700多名干部职工受到教育。城关区检察院警示教育基地突出廉政文化做好参观服务,全年安排13家单位,933名干部职工参观学习,取得了突出成效,被最高人民检察院评为"全国百优预防职务犯罪教育基地"。积极推进预防工作社会化,坚持在市县电视台、市区重点路段LED显示屏播放预防职务犯罪公益广告、反腐倡廉警示片,产生了良好社会效果。

五、狠抓自身建设,努力提升队伍素质和工作水平

坚持政治建检。毫不动摇坚持党对检察工作的领导,始终把思想政治建设作为根本,始终保持政治清醒和政治自觉,自觉与十四世达赖集团划清界限,确保站稳脚跟、站对立场。深入学习贯彻中央"八项规定"、区党委"约法十章"和市委"八项要求",扎实开展"纪律作风教育整顿"专项活动,坚决查处干警违法违纪。依法接受人大及其常委会监督,主动报告工作,两级院全年向本级人大汇报工作9次,向市人大常委会专题汇报查办和预防职务犯罪工作2次。自觉接受政协民主监督、人民监督员监督和社会各界监督,深入开展"检察开放日"活动,邀请人大代表、政协委员、人民监督员和社会各界代表25人(次)视察工作,接受意见和建议50余条,并认真进行了整改。

坚持业务立检。深入开展"执法规范推进年"活动,业务规范化迈出了前所未有的步伐。成立案件管理办公室,强力推行全国检察机关统一业务应用系统,并选派39名业务骨干到成都等地接受应用培训,统一受案、动态监督、综合考评的检察业务管理机制初步完善。大力开展岗位练兵和技能培训,邀请江苏检察机关4名业务专家到市院任职,选派5名业骨干赴内地参加岗位锻炼;212名干警参加了司法考试、研究生教育和国家检察官学院业务培训;145名干警参加了各类"业务竞赛"活动,4名干警荣获全国"检察业务标兵"。检察机关担重任、办大案能力明显提升,出色办理了"5·27"故意杀人案、"8·30"虚开增值税专用发票案、康北宾馆案、觉旦家庭旅馆案等一列重大疑难案件。

坚持保障强检。扎实推进保障现代化、管理规范化和工作信息化,优化检察保障基础。努力做好技侦业务用房建设,3个院目前已经完成建设,2个院正在建设,其他4个院也完成了前期工作,基层基础进一步打牢。完善组织保障,在组织部门支持下,更正了部分内设机构称谓,增加了9名政法专项编制。制度基础更加完备,修改完善工作流程制度,强化队伍、业务、政务、事务管理。借外力、强内力,扎实做好检察援藏工作,协调推进资金项目、干部人才和工作智力各项受援工作,主动做好受援对接,达成了第二阶段《受援协议》,明确了下一步受援重点。

各位代表,一年来,全市检察干警忠于使命,扎实履职,取得了优异成绩,获得国家级荣誉9项,受到自治区表彰17项,受到市县表彰48项。取得这些成绩,是全市检察机关毫不动摇坚持党对检察工作领导的结果,是市委和区检院统一正确领导的结果,是市人大及其常委会有力监督的结果,是市政府、市政协大力支持的结果,是各位代表、社会各界和广大人民群众关心、帮助的结果。在此,我代表全市检察干警表示衷心感谢,并致以崇高敬意!

在看到成绩的同时,我们也清醒地认识到,检察工作与拉萨稳定发展的要求和广大人民群众的期待仍有不小差距,与西藏首府城市检察院的地位和职能还不完全适应;检察队伍担当重任、办理大案、服务大局的能力还不是很强,领军型、专家型、骨干型人才建设还需要加强;检察基础建设和规范化、科学化水平还有待提升。对于这些问题,我们将采取有力措施,认真加以解决。

2014年工作思路

新的一年里,全市检察机关将深入贯彻落实党的十八大、十八届三中全会精神和习近平总书记系列重要讲话精神,特别是深入贯彻落实习近平总书记在中央政法工作会议上的重要讲话精神,按照市委八届五次会议和全区检察长会议部署,紧紧围绕维护社会大局稳定这个基本任务,紧紧围绕促进社会公平正义这个核心价值追求，紧紧围绕保障人民安居乐业这个根本目标，强化法律监督，提升工作水平，扎实服务全市“五大战略”，奋力推进美丽家园幸福拉萨建设。

一是坚持党对检察工作的领导，全力推进“法治稳市”战略，切实维护社会大局和谐稳定。牢牢把握党中央、区市党委对检察工作提出的新要求，以正确处理五个方面重大关系为方向，扎实履行检察职能，打牢“法治稳市”战略根基。正确处理民主和专政的关系，牢固树立国家政权安全意识和人民民主专政意识，依法严惩各种敌对势力的渗透破坏分裂颠覆活动，确保社会大局持续稳定。正确处理坚持党的领导和依法独立公正行使检察权的关系，把执法办案作为维护和加强党的领导的重要途径，坚持“老虎”“苍蝇”一起打，形成反腐败威慑效应，回应人民群众期盼，维护党的执政地位。正确处理执行党的政策和执行国家法律的关系，把维护社会大局稳定、促进社会公平正义、保障人民安居乐业作为检察工作的切入点、着力点，自觉维护党的政策和国家法律的权威性。正确处理维稳和维权的关系，切实提升运用法治思维、法律手段处理涉稳问题的能力和水平，牢固树立维权就是维稳的理念，宽严并济、依法维权、坚守底线，筑牢和谐稳定社会根基。正确处理活力和秩序的关系，深化依法治理意识，创新和加强社会管理，积极整顿规范市场经济秩序，深入开展系统治理、依法治理、综合治理、源头治理，努力构建秩序井然富于活力的社会治理体系。

二是坚守公平正义的生命线，全力助推“环境立市”战略，努力营造良好社会环境。努力营造团结稳定的社会政治环境，依法严惩敌对势力策划的危害国家安全、分裂破坏活动，依法严惩以报复社会、制造影响为目的，严重冲击社会心理，危及群众安全的极端暴力犯罪，确保拉萨政治局势团结稳定，持续向好。努力营造和谐有序的社会治安环境，严厉打击严重暴力、多发频发、严重影响人民群众安全感、严重侵害群众切身利益的犯罪，积极推进社会治理体系创新，主动参与网格化治理、“先进双联户”创建，确保人民群众安居乐业。努力营造清正廉洁的政务环境，始终保持对职务犯罪的高压态势和零容忍态度，严厉打发生在群众身边的腐败犯罪，扎实推进职务犯罪预防、预测、预警工作，积极防控廉政风险，不断深化反腐败斗争。努力营造健康有序的发展环境，围绕深化改革的重点热点领域，严厉打击资金密集、监管薄弱、垄断行业和领域的犯罪，重点查办能源资源、生态环境、国有资产运营、财政金融、房地产开发、招商引资领域的职务犯罪，保障重大改革和产业发展有序推进。努力营造规范诚信的市场环境，严厉打击制假售假、非法经营、金融诈骗、商业欺诈等违法犯罪，平等保护小微企业、外来投资主体合法权益，着力营造法治化营商环境。努力营造公平正义的法治环境，坚持“四个决不允许”，突出查办人民群众反映强烈的执法司法腐败案件，重点查办行政人员违法审批、失职渎职、索贿受贿的案件，突出查办司法人员有案不立、违法插手经济纠纷、枉法裁判、违法减刑假释及暂予监外执行的案件，确保严格执法，公正司法，严守公平正义这条生命线。

三是坚定融入发展大局，全力助推“产业强市”战略，努力为我市工业化、城镇化和农业现代化保驾护航。全力服务农牧区新兴产业发展，积极查办涉农资金、农村生态保护、土地制度改革、农村金融、基层民主建设领域的职务犯罪，确保党的支农惠农政策顺利落实。强化涉农法律监督，重视“三农”领域申诉案件，维护农牧民切身利益，推进新农村法治建设。全面落实服务企业发展措施，做到“三个优先”：即对涉及企业发展的举报、控告、申诉案件优先立案；对行政执法人员危害企业发展、向企业索贿受贿的案件优先查处；对企业内部贪污挪用私分国有资产、挪用资金、商业贿赂等案件优先监督。加强企业法律服务，协助搞好法律培训，提高守法维权意识。积极建立打击经济领域犯罪协作机制，与公安、审判机关携手建立打击经济犯罪工作机制，与民间组织、会计审计、律师事务所等中介机构，工商、税务、金融等行政执法机关建立工作联系和案件移交制度，形成揭露、打击经济犯罪的合力，保护支柱产业、净土健康产业发展。全面保护重大基础设施建设，对国家重点建设项目，要做到预防全介入，服务全跟进，确保工程优质、干部优秀。对影响、干扰项目建设的违法犯罪，对危害项目建设的职务犯罪，要坚决依法查办，确保国家重点建设项目顺利推进。

四是以人民满意为最高检验标准，全力助推“民生安市”战略，切实保障人民群众安居乐业。努力创建人民满意的平安体系，密切关注社会治安和公共安全领域的新情况，依法打击黑恶势力、涉枪涉爆涉恐、危害食品药品安全、环境污染、拐卖妇女儿童等严重危害公共安全和人民群众生命健康的犯罪，切实提升人民群众安全感和满意度。切实保障和改善民生，坚决惩办医疗卫生、教育升学、务工就业、社会保险、扶贫救助等领域的职务犯罪，严厉打击制假售假、坑害群众、侵害弱势群体权益的违法犯罪,促进法律服务均等化,保障发展成果普遍惠及人民群众。创新社会矛盾化解机制,按照涉法涉诉信访与普通信访相分离的改革原则,完善检察机关信访案件受理机制、转送机制、终结机制,逐步建立来信、来访、电话、网络“四位一体”的诉求表达机制,依法化解群众合法合理诉求,坚守法律底线,维护正常信访秩序和法律权威。扎实推进党的群众路线教育实践活动,深化强基惠民活动,以重点乡镇“派驻检察室”建设为抓手,充分发挥维护基层和谐稳定、巩固基层政权、落实党的支农惠农政策、预防职务犯罪、维护群众利益、化解矛盾纠纷等作用,努力在维护群众利益上有新举措,在依靠群众执法办案上有新渠道,在接受群众监督上有新方法,在回应群众期盼上有新动作。

五是坚守意识形态高地,全力助推“文化兴市”战略,大力弘扬社会主义法治文化。坚守社会主义意识形态,扎实开展“扫黄打非”专项斗争,严厉打击制售传播反动、非法出版物犯罪,非法获取国家秘密、网络有组织传播谣言等违法犯罪,涉黄赌毒犯罪,坚决遏制反动落后和不健康思想文化渗透,净化文化市场,维护网络社会安全,推进信息化社会健康发展。深入推进法治文化建设,充分发挥检察机关反腐败先锋作用,扎实开展警示教育、法制宣传教育,加强检察宣传和舆论引导,大力弘扬社会主义法治文化、廉洁政治文化,努力让法治成为全社会的共同信仰。严厉打击侵犯知识产权犯罪,注重保护民族品牌,加强打击假冒注册商标、销售假冒注册商标商品犯罪,努力营造尊重、保护、鼓励科技和知识创新的良好氛围。全力保护民族文化遗产,围绕文物保护、非物质文化遗产保护,积极开展法治宣传,提供法律咨询服务,严厉打击走私、倒卖、损毁文物犯罪,有效保护西藏珍贵的民族文化遗产。切实保护文化产业发展,围绕文化事业改革和文化场馆、文化园区等重大建设项目,积极查办和预防职务犯罪,确保文化事业和文化产业健康发展。六是扎实推进自身建设,打造“五个过硬”检察队伍,奋力开创检察工作规范化、科学化、现代化新局面。强化队伍建设,以理想信念为政治灵魂,以法治信仰为精神内涵,按照习近平总书记“五个过硬”的总要求和陈全国书记“坚定理想信念之魂,弘扬敢于担当之气,高擎反对贪腐之剑,练就克敌制胜之能,打造纪律严明之师”的重要指示,强化政治思想教育、业务能力建设和纪律作风建设,用铁的纪律带出铁的队伍,不断打牢高举旗帜、听党指挥、忠诚使命的思想基础,永葆忠于党、忠于国家、忠于人民、忠于法律的政治本色。强化法律监督,坚决避免因执法不公引发涉法涉诉上访,出现冤假错案。加强刑事诉讼监督,健全立案、侦查、审判、执行各环节监督机制,实现静态监督向动态监督转变。建立办案信息共享知情机制,强化对违法立案、非法取证的监督纠正;强化对判处缓刑和免刑、二审书面审理、量刑畸轻畸重的监督;推进监所“派驻检察室”建设,加强刑罚执行和监管活动监督,重点监督有权人、有钱人减刑快,假释和暂予监外执行比例高的问题。加强民事诉讼监督,综合运用抗诉、检察建议、调查违法等手段,加强对生效判决、调解书和审判人员违法、执行活动违法的监督。推进业务规范化,完善检察一体化业务指导机制,案件质量动态跟踪机制,检察环节律师执业权利保障机制,全面推行统一业务应用系统,推进检察执法向精细化转变,推进检察工作水平快速提升,切实发挥首府城市检察院首位度作用。强化自身监督,依法接受人大监督,坚持重大事项、重大决策向人大报告制度。深化检务公开,坚持“能公开的一律公开”,自觉接受政协民主监督和社会各界监督,确保检察权在“阳光”下运行。加强领导班子和领导干部自身监督,规范党组会、检察委员会、检察长办公会议事制度,规范和细化决策程序。完善错案防止、发现、纠正和责任追究机制,做到内外监督并重,确保检察权依法公正行使。夯实基层基础,坚持在党委和上级检察院的统一领导下,稳妥推进检察改革,逐步形成符合检察工作规律的组织机构、责任体系和运行机制。加强基层院机构编制建设,大力引进新型专门人才,优化工作机构和队伍结构;用好政策,争取支持,扎实推进技侦业务用房建设;争取检察援藏支持,大力推进信息化建设,使检察工作突破基础瓶颈,插上科技翅膀,更加有力地执法办案服务大局。

各位代表,站在新的历史起点上,全市检察机关将紧密团结在以习近平同志为总书记的党中央周围,以邓小平理论、“三个代表”重要思想和科学发展观为指导,深入贯彻落实党的十八大、十八届三中全会精神和习近平总书记系列重要讲话精神,深入贯彻落实区党委八届五次、市委八届五次会议精神,毫不动摇地坚持党对检察工作的领导,不折不扣地贯彻落实市委和区检院决策部署,全力维护社会和谐稳定,促进科学发展,维护公平正义,增进人民福祉,奋力推进各项检察工作,为拉萨全面建成小康社会提供坚强有力的法治保障!

附件一：

拉萨市人民检察院工作报告有关用语说明

1. 提前介入：检察机关在公安机关提请批捕和移送起诉之前参与到刑事案件的侦查活动中，从而实施法律监督、规范侦查行为、指导取证、协助侦查的活动。

2. 引导侦查：检察机关以国家公诉人的身份，按照一定的规则和标准，引导侦查工作中的证据搜集、提取、固定及侦查取证的方向，提出意见和建议，并对侦查活动进行法律监督，以保证侦查活动的公正、效率和质量的活动。

3. 严重暴力犯罪：是犯罪学对行为人使用具有强烈杀伤力、破坏力的犯罪工具和危害性极大的强暴手段或危险方法，对公民人身、公私财产和公共安全构成严重威胁或造成严重后果的刑事犯罪的泛指。

4. 多发性侵财犯罪：是近年来司法机关普遍使用的一个集合概念，主要指犯罪人以非法占有公私财物为目的，实施的对社会治安构成严重影响的犯罪行为。主要包括抢劫、抢夺、盗窃、诈骗等侵财类案件。

5. 危害公共安全罪：是一个概括性罪名，其侵犯的客体是公共安全，包含着造成不特定的多数人伤亡或者使公私财产遭受重大损失的危险。

6. 立案监督：是人民检察院依法对公安机关的立案活动实行监督。包括对应当立案而不立案、不应当立案而立案的监督。

7. 侦查活动监督：是检察机关对侦查机关的侦查活动是否合法进行的法律监督，包括经审查作出不批捕或追加逮捕决定，经审查作出不起诉或追加起诉决定，以及对侦查活动中的违法情形提出纠正意见。

8. 刑事审判活动监督：是人民检察院依法对人民法院的刑事审判活动是否合法以及所作的刑事判决裁定是否正确进行的法律监督。主要手段：提出抗诉，对违法情况提出纠正意见。

9. 退回补充侦查：是人民检察院在审查刑事案件后，将案件退回侦查机关或自侦部门进一步侦查，以补充原侦查中未解决或解决不好的问题的一项诉讼监督程序。

10. 检察建议：是检察机关在办理案件或依法行使各项检察职权过程中，针对发现的问题，以书面形式提出建议，督促相关单位完善制度、强化管理、堵塞漏洞、消除隐患的行为。

11. 量刑建议：是检察机关在提起公诉后，就被告人的量刑种类和量刑幅度向法院提出的法律意见，属于公诉权的组成部分。

12. 刑罚执行和监管活动监督：是检察机关对刑罚执行机关执行已经发生法律效力的刑事判决、裁定的活动是否合法和对监管场所监管活动是否合法进行的监督。

13. 预防调查：是检察机关职务犯罪预防机构为了准确把握职务犯罪的成因、特点和规律，寻求有效地治理对策，针对一定领域、系统、单位及其权力运行中容易发生职务犯罪的危险环节实施的实证研究、综合分析等活动。

14. 行贿犯罪档案查询：是检察机关为预防贿赂犯罪，促进社会信用体系建设，录入并建立的行贿犯罪信息查询系统，目前已实现全国联网。

15. 案件管理办公室：具体职责是统一负责案件受理、流转；统一负责办案流程监控；统一负责扣押、冻结款物的监管；统一负责案件文书的监管；统一负责组织办案质量评查；统一负责业务统计、分析；负责案件管理工作宏观指导。

16. 派驻检察室：检察机关在监管场所、重点乡镇、社区、经济开发区设立的派出机构，主要职责是开展刑罚执行和监管活动监督；接收群众举报、控告、申诉，接待群众来访；发现、受理职务犯罪案件线索；开展职务犯罪预防；开展法制宣传，化解社会矛盾，参与平安创建；监督并开展社区矫正工作，参与促进社会管理创新。

17. 四个决不允许：决不允许对群众的报警求助置之不理，决不允许让普通求助打不起官司，决不允许滥用权力侵犯群众合法权益，决不允许执法犯法造成冤假错案。

18. 五个过硬：政治过硬、业务过硬、责任过硬、纪律过硬、作风过硬。

拉萨市2013年国民经济和社会发展计划执行情况与2014年国民经济和社会发展计划的报告

在拉萨市十届人大第四次会议上

(2014年2月23日)

拉萨市发展和改革委员会

各位代表:

受市人民政府委托,现将2013年国民经济和社会发展计划执行情况与2014年国民经济和社会发展计划草案提请市人大十届四次会议审议,并请政协各位委员和列席会议的同志提出意见。

一、2013年国民经济和社会发展计划执行情况

2013年,面对复杂多变的国内外发展形势,在市委的坚强领导下,在市人大的有力监督下,认真贯彻落实市委八届三次全会精神,按照自治区对拉萨提出的充分发挥首府城市首位度作用要求,坚持以稳中求快为总基调,以"五大战略"为主要路径,以"四化同步"为重要载体,着力破解发展中的矛盾和问题,全市经济社会发展呈现出增速较快、结构优化、效益提升、民生改善、社会稳定的良好态势,较好地完成了市十届人大三次会议审议确定的各项目标任务。

(一)经济发展呈现稳中快进

——经济增长持续领先。全市地区生产总值连续5年保持在12%以上,预计实现312亿元,增长20%(现价),占全区经济总量的39%。

——三大需求持续扩大。投资强劲增长。全社会固定资产投资在2012年高基数、区直中直单位投入大幅减少的情况下,实现了32%的增速,创下2005年以来新高,总量达到376亿元,占全区投资量的41.2%。前期工作扎实有效,安排经费3127万元,确保柳梧水厂等一批项目前期按期完成并具备报批条件。项目建设取得新进展,坚持"三个一批"项目工作机制,强化项目定期调度,重点项目加快建设,自治区"十二五"规划内拉萨市项目累计完成444个,总投资51.9亿元。旁多水利枢纽工程首台机组正式投产发电,德吉干渠加快建设,开复工水利基础设施项目21项,改善灌溉面积8.66万亩;拉萨至林芝高等级公路加紧建设,柳梧至才纳公路顺利完工,实施交通基础设施项目68项,全年改扩建公路243.7公里;纳金大桥建成通车,扎基东路扎实推进,城市功能不断完善,新增市政道路17条32公里、城市绿化面积19286平方米。建设资金到位较好,国家、自治区资金到位约40亿元,安排市级预算内投资0.8亿元,民生银行在拉落户。工程管理更加规范,制定出台"两个办法",建立政府性投资项目委托咨询评估机制,重点项目巡礼宣传报道工作成效显著,项目后评价工作稳步推进。消费拉动能力增强。八廓商城、城市百货、苏宁电器、神力时代建成运营,西藏会展中心工程顺利推进,"万村千乡市场工程"提质增效,城乡流通体系不断完善。建成配送中心2个、乡镇商贸中心6个,新建改造直营农家店32个,升级改造信息化农家店120个、"一网多用"示范农家店20个。拉萨百货特色产品购物网上线运营,新能源汽车推广应用前期有序开展。实现社会消费品零售总额150亿元,增长20%,占全区消费品零售总额的51.9%。进出口增幅明显。随着自治区对外贸易政策持续实施,对外贸易保持良好增长态势,进出口贸易总额突破40亿美元。

——发展效益持续提升。财政收入快速增长,公共财政预算收入达到50亿元,增长46%,占全区的52.6%。城乡居民收入稳步增长,城镇居民人均可支配收入达到21421元,增长9.6%,高出全区平均水平1229元;农牧民人均纯收入达到8537元,增长20.45%,高出全区人均收入2010元。

(二)环境立市战略成效明显

——环境保护与建设力度加大。加快推进"树上山"工程,实施拉萨河流域造林、拉萨市南山山体绿化工程,"绿色拉萨"建设迈出新步伐。造林绿化16.7万亩,建成区绿地率32.8%,人均公共绿地面积9.6平方米。"河变湖"稳步推进,拉萨河城区段综合整

治3号闸工程建设顺利。深入实施“暖入户”，继续建设好城市供暖工程，建成区供暖实现全覆盖。编制完成《拉萨拉鲁湿地自然保护区总体规划（2013—2025）》，推进贡嘎机场—拉萨—林芝区域生态修复，整治拉萨—林芝区域城镇周边环境，加强献多自来水厂等饮用水源地保护，开展完成拉鲁湿地和“三渠一河”综合治理，拉萨市顺利通过创建国家环境保护模范城市预评估。

——节能减排工作扎实推进。拉萨市节能监察中心正式成立，编制完成《拉萨市“十二五”节能减排工作方案》，坚持固定资产投资节能评估制度，稳步推进循环经济发展，万元GDP能耗实现下降12%目标。规范排污收费制度，组织实施排污申报登记与排污许可，征收337家单位排污费290万元。开展挂牌督办整改落实专项行动，强化机动车尾气监管，检测机动车辆28400台。

——发展环境不断创优。扎实开展政务环境、旅游环境、交通环境、建筑环境、市容环境专项整治，营造良好发展环境。加快清理行政审批项目，全面提高政府机关行政效能和服务水平。行政审批精简调整率64.68%。支持非公经济发展，实施市场主体孵化工程，新增非公有制经济组织4608户。

（三）文化兴市战略加快实施

——文化产业健康发展。蔡公堂艺术观赏村、吞弥岭藏艺文博园、尼木三绝技艺展示区等重点文化产业项目快速推进，中国西藏文化旅游创意园区顺利建设，城乡文化基础不断改善。大型实景剧《文成公主》成功演出，取得良好效果。文化娱乐业、音像制品业、工艺美术、书刊印刷业规模化发展，文化体制改革成效逐步显现。文化经营户1000余家。

——公共文化服务水平不断提升。顺利组建拉萨老年艺术团，当雄等5县民间艺术团排练场、48个乡镇文化站加快建设，拉萨市文体中心顺利建成，基本建立形成以公共文化设施为重点的城乡公共文化服务体系，并率先在全区免费开放群艺馆、文化馆。深入开展广场文化、节庆文化、社区文化等文艺演出，努力打造幸福拉萨规范舞群众性文化活动品牌，文化创作成果丰硕，群众文化活动丰富多彩。组织文艺演出活动250余场次，观众达到5万余人次。

——文化文物保护力度加大。老城区保护工程如期竣工，清政府驻藏大臣衙门和根敦群培纪念馆对外开放，关帝格萨尔拉康一期维修工程、市“数字文保”一期工程顺利完成，西藏牦牛博物馆三定方案已经确定，藏民族传统文化得到很好的保护与传承。

（四）产业强市战略协同推进

——农牧业基础地位持续巩固。农牧业投入加大。安排小型农田水利资金790万元，落实农机购置补贴资金1700万元，整合1500栋日光温室建设资金7945万元。农牧业效益提升。扎实推进曲水县农村改革实验区和林周县农业现代化示范区建设，打造蔬菜、奶牛、青稞、牦牛等高原特色农产品生产基地，引进种植玛咖、烟叶并示范推广藏青2000、玉米等新品种，现代农牧业发展迈出坚实步伐。累计发展农牧民合作组织233个，农牧业龙头企业23家，培育对象14家，涉农企业实现销售收入4.4亿元、增长29.4%。开展标准化生产及高产创建活动，深入推进测土配方施肥、良机作业、青稞育种，粮油产量稳中有升。粮食产量17.75万吨，油菜产量1.22万吨，蔬菜产量26.1万吨、增长8.3%。加强防疫体系和质量安全检测体系建设，推进牲畜改良，畜牧业健康发展。牲畜出栏率达到41.9%，肉、奶、蛋产量分别达到3.95万吨、4.52万吨、806.4吨，分别增长4.2%、11.6%、4.7%。

——特色工业经济稳步增长。优势产业快速发展。全面实施“三年倍增”“规上企业培育计划”行动，大力培育清洁能源等新兴产业，加快发展特色优势工业。规模以上工业增加值32亿元，增长20%；工业销售产值79亿元，增长25%；工业税收5.9亿元，增长30%。园区经济成效凸显。园区工业增加值达到8亿元，增长40%；园区税收54亿元，增长80%。对经济发展的引领和拉动作用逐步增强。研究支持园区发展政策措施，大力扶持发展中小企业和微型企业，6家企业申报产业与企业改革发展资金1.44亿元，落实中小企业专项资金1.04亿元，提供中小企业融资担保1.12亿元。

——旅游业蓬勃发展。唐古热振、霍尔康庄园、纳木错等景区景点基础设施项目顺利完工，游步道、停车场等配套条件不断改善，大昭寺升级为AAAAA景区，成功举办中国拉萨雪顿节、第八届纳木错徒步大会、首届户外高峰论坛及首届拉萨秋季登山大会，“冬游拉萨”效果明显。接待国内外游客780万人次，增长20%；旅游收入82亿元，增长25%。

（五）民生安市战略扎实开展

——持续改善居民生产生活条件。25个农村安全供水点和20人寺庙通水工程扎实进行，解决了4904名群众的饮水安全问题。农田水利建设有序推进,市财政计划安排790万元的面上小农水项目今冬明春实施。农业综合开发和扶贫开发进展良好,落实扶贫开发项目198项总投资1.86亿元。保障性住房建设有序推进,新建廉租房964套、公共租赁房4324套、周转房维修改造400套;2013年度城镇低收入住房困难家庭租赁补贴家庭1492户,补贴资金653.31万元。自行车租赁服务试点工程正式启动,全市民生支出达到32亿元,《中国公共服务蓝皮书》报告显示,拉萨市2013年基本公共服务满意度位列全国38个城市之首。

——教育优先发展。认真落实教育惠民政策,学前补助、义务至高中阶段农牧民子女“三包”及城镇困难家庭子女助学金标准均提高200元,年生标准达到2700元。实施教育项目123个总投资11.8亿元,市三高科技楼及食堂顺利完工,教育城工程有序推进,办学条件不断改善。积极建设《拉萨教育网》和市级资源平台,扎实开展市三中、市四中、堆龙德庆县丰台小学“三通两平台”项目以及市四高数字化校园试点工作,教育信息化加快发展。大力发展职业教育,成立拉萨市第一、第二中等职业技术学校,结束了我市没有中等职业技术学校的空白。

——科技水平逐步提升。全年投入资金2000余万元,实施区市重点科技计划、科技援藏、国家专项和基层科普行动计划等项目45项,取得科技成果10余项,科技对经济和农牧业发展贡献率分别达到39.6%和45.6%,科技特派员达到567人。

——卫生事业加快发展。农牧区医疗制度保障水平实现新提高,政府补助标准由2012年的年人均300元提高至2013年的340元,农牧民年累计报销封顶线不低于6万元。20种重特大疾病纳入保险范围,可实现年最高赔付额7万元。妇女儿童健康水平进一步提高,率先在全区提倡孕产妇和婴儿“零死亡”,成立了首个妇幼死亡评审专家组。加快推进医院等级评定工作,市人民医院基本通过自治区三级乙等医院评审。认真落实乡镇卫生院、社区卫生服务中心、村卫生室“零差率”销售政策,减轻了农牧民群众医药负担。

——社会保障面不断扩大。千方百计稳定就业,全年培训农牧民2.5万人,新增就业再就业10560人,继续保持城镇零就业家庭动态清零,城镇登记失业率控制在2%以内。城乡社会保险政策体系不断完善,社会保险参保人数39.37万人,提前完成“十二五”预期目标。社会救助力度加大,低保人员低保金、医疗救助金、五保集中供养金分别落实8234万元、3548万元、235.4万元。

(六)改革开放水平不断提升

——体制改革进一步深化。深入推进行政管理体制改革,以市民服务中心为平台,加快清理行政审批事项,进一步减政放权,开展完成网上审批准备工作。稳步推进医药卫生体制改革,以改革补偿机制和落实医院自主管理权为切入点,扎实推进城乡居民大病保险、大额医疗费用补助,巩固完善基本药物制度,解决患者看不起病或因病致贫问题。扎实推进国企体制改革,企工委正式挂牌,强化国企监管,国有资本实现增值保值。推进财税体制改革,加大财源税基培植力度,逐步推行营业税改增值税。

——开放步伐不断加快。以“中国光彩事业西藏行活动”为契机,创新招商引资机制,举办拉萨秋季婚博会、拉萨首届消费节等重大经贸赛会活动,组织参加西博会等区外知名展会,开放型经济发展水平进一步提升。招商引资实际到位143亿元,增长82.8%。交流合作取得新进展,拉萨市在中欧城市博览会人文历史馆专题展馆的布展上获得较高评价,对外吸引力逐步增强。非公经济发展势头良好,市场主体42756户,注册资金81.7亿元,解决就业15万人。

——对口援藏工作深入推进。第六、七批援藏干部顺利交接,北京、江苏两省市援藏“十二五”中期评估工作圆满结束,拉萨市综合展馆正式投入使用,德吉罗布儿童乐园建成营业,建立形成“以干部援藏为龙头,以项目援藏为主,以文化援藏、产业援藏、智力援藏为补充”的援藏工作新格局。落实援藏资金6.05亿元,增长6.7%。

二、2014年经济社会发展主要目标和措施

2014年是全面深化改革的第一年,是完成“十二五”规划目标任务的关键一年。做好2014年全市发展改革各项工作,对于实现经济平稳较快发展、建设美丽家园幸福拉萨具有十分重要意义。

2014年经济社会发展主要预期目标是:地区生产总值增长15%以上,公共财政收入增长30%以上,全社会固定资产投资增长25%以上,社会消费品零售总额增长18%以上,农村居民人均纯收入增长18%以上,城镇居民人均可支配收入增长8%以上,城镇登记失业率控制在2.2%以内,居民消费价格指数控制在4%以内。为实现这些目标,我们要全面贯彻

落实党的十八届三中全会以及区、市党委八届五次全委会精神，把握好国家的政策取向以及市委的重大部署，坚持稳中求进、好中求快的总基调，解放思想，改革创新，深入推进“五大战略”，适时启动“十三五”规划前期研究，确保经济快速发展、社会大局和谐稳定。

（一）坚持投资消费协同拉动

——全力抓好项目投资。充分发挥投资的关键作用，力争全社会固定资产投资达到470亿元。一是扎实做好项目前期。围绕水利等重大基础基础设施、棚户区改造和保障性住房配套基础设施、高标准农田和农村民生建设、社会事业和社会管理等领域，加大项目策划和筛选力度，突出解决项目生成、审批、用地、投资问题，力争城市现代有轨电车、滨河路、柳东大桥等项目前期取得阶段性成果。二是统筹安排建设投资。充分发挥政府投资“四两拨千斤”的杠杆作用，严格工作责任，主动对接，促使国家、自治区到位资金增长30%以上。认真落实鼓励引导民间投资健康发展相关政策，有效释放民间投资潜力，力争民间投资占固定资产比重提高2个百分点。抓住我区商业银行贷款余额增幅不低于30%的机遇，立足拉萨城投、拉萨置地等融资平台，加紧发行企业债券，最大限度满足发展需求。三是抓好重点项目建设。集中力量办大事，支持全局性、基础性、战略性的重大项目，通过召开项目推进现场会，指导服务好项目建设，确保已审批项目早开工、早建设，在建项目早竣工、早见效。四是进一步加强项目管理。认真贯彻落实《党政机关厉行节约反对浪费条例》，禁止建设楼堂馆所。严格落实基本建设程序以及项目问责制，强化重点项目工作目标机制，加强项目稽察，落实项目后评价机制。

——拓展新的消费需求。充分发挥消费的基础作用，支持和鼓励电子政务、远程教育、远程医疗，大力发展数字多媒体、宽带接入、移动互联网等融合性服务，鼓励大型商场、批发市场、连锁超市和专业市场建立电子商务平台，努力拓展新的消费需求。积极筹建拉萨综合物流园区、木材交易市场二期、东嘎农产品批发市场二期工程，推动建设东城区、柳梧新区、东嘎新区城市商业副中心，大力推进社区“双进工程”，继续实施“万村千乡市场工程”，着力优化消费环境。培育限上商贸流通服务企业10家。

（二）夯实经济社会发展基础

——水利基础设施。配合做好旁多水利枢纽工程，续建拉萨河城区段综合整治3#闸门工程，开工建设澎波灌区松盘北干渠子灌区、曲水县色达灌区永德子灌区，推进实施灌区配套和节水改造、病险水库除险加固。抓紧开工墨竹玛曲上游水土保持生态修复、蔡公堂乡协沟水土保持综合治理示范工程，逐步完善水生态安全保障体系。加快建设拉萨河堤防二期工程，提升城镇防洪减灾能力。

——交通基础设施。加强综合交通枢纽体系与城镇化布局、产业布局相衔接，进一步巩固首府城市重要交通枢纽地位。铁路方面，启动拉萨至墨竹工卡县铁路专用线前期，配合做好拉日铁路、拉林铁路建设，尽快建成曲水、尼木、协荣3个火车站公共配套设施项目。公路方面，协调做好拉林高等级公路建设，积极争取通寺道路和自然村通畅项目，加快推进农村公路建设。机场方面，有序开展拉萨新机场前期工作。

——能源基础设施。电网，建设曲水、尼木35千伏及以下工程，改造升级拉萨市城网以及堆龙德庆、达孜、林周三县农网工程，不断完善城乡电网体系。太阳能源，大力开拓分布式光伏发电市场，有序推进光伏电站、墨竹工卡县唐加乡20万兆瓦建设工程。天然气，筹建拉萨市LNG气化站二期工程。

——城镇基础设施。市政设施方面，做好城市供排水管网和东嘎水厂项目续建，开工拉萨市北环线、柳梧水厂，启动实施东嘎新区基础设施项目，建成迎亲大桥，不断完善城市功能。继续实施城市供暖工程，建设东、西城区输配应急抢险和调度中心以及智能燃气信息化系统项目，提高城市供暖运营管理水平。公交及场站方面，完善城市公共交通规划，优先发展城市公共交通，推动我市新能源汽车发展，建设东嘎新区和东城区（纳金）公交枢纽总站，提升城市公共交通进场率。

（三）加快产业结构调整

——坚持走农业产业化道路。按照稳定政策、改革创新、持续发展的总要求，贯彻落实强农惠农富农政策，强化对农牧业的支持保护，加强农田、水利建设和农牧区整治，保障粮食安全，确保农业基础地位不动摇。坚定不移走以净土健康产业发展、提升农牧业水平的路子，以规模化、标准化、专业化养殖为主攻方向，加快发展奶牛、藏香猪、藏鸡以及油用牡丹、食用玫瑰等种养业，延长产业链，提高农产品附加值和农牧业综合效益；坚持把发展净土健康产业的重大举措落实到项目建设上，支持建设才纳国家级现代农业示范区、林周现代农业示范区、达孜现代农业示范园，积极培育曲水县有机农作物、堆龙德庆县岗德林蔬菜、林周县澎波半细羊毛等具有竞争优势的特色种养殖基地,实现净土健康产业扩容增量;鼓励引导民营企业参与净土健康产业发展,引进成熟企业参与基地建设、深度加工、市场开拓和服务体系建设,推动加工、流通、储运设施向优势产区集中,建立形成政府引导、市场运作、社会参与的多元化投资渠道。切实保障粮食安全,优化调整农牧业结构,加强综合生产能力建设,使主要农牧产品生产稳定增长。坚持农村基本经营制度,大力推进“四业工程”,有序发展村级产业联户发展互助社,加大农牧民科技培训力度,扶持和壮大农牧民专业合作组织和农牧业龙头企业,构建新型农牧业经营体系,让农业经营有效益,让农业成为有奔头的产业。

——坚持走新型工业化道路。研究制定我市促进中小企业发展配套措施,完善促进企业创新的税收政策,大力发展节能环保产业,加快传统产业优化升级,促进信息化与工业化深度融合。突出抓好企业培扶,促进非公经济和中小企业快速发展,新增规模以上工业企业5家。加强对重点工业项目的全程跟踪、协调、调度和服务,培育多层次资本市场,保障生产要素供给,推进驱龙铜多金属矿采选工程建设,尽快建成华泰龙二期等20个项目并投产,培育形成新的增长点,构建多元发展、多极支持的现代工业体系。规模以上工业增加值增长25%以上。支持园区扩园建园、升级升位,积极打造净土健康产业研发生产基地,做大产业规模,延伸产业链条,提升产业层次,实现基地化发展。园区工业增加值、工业销售产值、园区税收分别增长30%、30%和80%。

——大力发展现代服务业。抓住我市列为全国服务业综合改革试点的有利契机,进一步发挥人才、物流、旅游、信息、资金等要素聚集的比较优势,推动服务业发展提质增效。充分发挥国家历史文化名城的品牌效应,深入开展第九届纳木错徒步大会、旅游户外高峰论坛和第二届旅游登山大会等“三大活动”,加快建设世界旅游目的地。接待国内外游客897万人次,实现旅游收入94.3亿元。充分发掘消费潜力,围绕城乡居民收入增长与经济增长基本同步,努力增加城乡居民特别是低收入群体收入。加快发展信息消费和养老、健康等服务消费,重点发展现代物流、商贸服务等生产性服务业,大力发展总部经济,建设区域性消费中心。积极发展会展经济,以西藏会展中心为依托,努力提升会展公共服务水平。

(四)深化改革增强开放水平

——统筹推进重点领域改革。按照“正确、准确、有序、协调”的要求,细化工作安排,明确路线图,确定时间表,加大推进力度,把该放的坚决放开放到位,该管的管出水平。深化行政体制改革,继续下放行政审批事项,除关系维护社会稳定和生态安全、涉及重大生产力布局、战略性资源开发和重大公共利益等项目外,一律由企业依法依规自主决策,政府不再审批。深化经济体制改革,建立健全国有资产监管机构,适时组建多个国有企业,不断完善国有资产管理体制机制。推进文化体制改革,建立完善文化管理体制,完善现代公共文化服务体系。深化公用事业改革,积极推进供排水、公共交通等公用事业市场化改革,提高公共服务的能力和水平。深入推进农牧区林权制度改革,加快推进户籍制度改革,增强农牧区发展活力。

——着力提高对外开放水平。树立开放开明的理念,建立完善招商引资体制机制,加紧完善建设项目库,实施专业招商战略,认真做好净土健康产业、旅游文化产业、城市建设等重点领域项目的筛选、包装、推介,促进“中国光彩事业西藏行活动”以及全国民营企业拉萨行活动签约项目落地建设。招商引资到位资金162.7亿元,增长25%。扩大区内外交流合作,探索建立与周边地区建立长期化、制度化的协作机制,向东融入成渝经济圈,并推进拉萨—林芝核心生态旅游区为重点的世界旅游目的地和藏民族特色文化产业发展基地建设,向北融入陕甘青宁经济带,向南融入南亚经济贸易圈,实现优势互补、互利共赢。完善援藏投资管理制度,建立援藏工作成效考核和动态调整机制,统筹管理使用援藏资金,总结展示二十年援藏工作成果,在力促“十二五”规划项目基础上,争取支援方扩大在拉投资规模,增强自我发展能力。确保援藏资金到位6.3亿元。

——积极稳妥推进新型城镇化。加快完善城乡总体规划,以《国家新型城镇化规划(2013—2020年)》为指导,抓紧修改完善拉萨市城市总体规划,编制修订县(区)规划、特色乡镇和村庄规划,切实发挥好规划龙头作用,优化城镇化布局和形态,提升城镇品质。不断完善城市功能,依据城市规划,文化旅游创意园区重点发展商务办公、观光旅游、文化创意等产业;柳梧新区依托客运枢纽的优势,重点发展商贸服务、旅游集散、总部经济等产业;东城新区、教育城片区重点发展文化、教育、会展及相应的商业服务配套设施等;东嘎片区将重点建成以城市对外交通为支撑的物流集散地、以完善的生活服务设施为配套的现代化城市新区;疏散老城区居住人口,强化老城区文化旅游功能;加大城市老旧片区、危旧房片区的改造和更新,提高人居环境质量。完善多元投资机制,充分发挥国有企业的基础引导性的投资作用,重点投资重大基础设施、引领城市开发及重大公共管理服务的重点项目。鼓励民营经济参与城乡建设,策划包装一批项目并分开招商引资,拓宽建设资金来源。

(五)始终坚守生态环保底线

——加大生态保护建设力度。突出建设重点区域造林、退耕还林、防沙治沙,实施拉萨河流域造林绿化、拉鲁湿地国家级自然保护区三期工程,努力构建生态安全屏障。完成人工造林34990亩,封山育林29000亩、封沙育草(防沙治沙)37667亩。完善和推进生态补偿机制,落实生态恢复保护金制度,继续做好草原生态保护补助奖励工作,加强生态补偿评价和考核。

——加快推进节能减排。建立健全节能管理体制和相关标准体系,突出抓好重点工业企业节能,继续关闭淘汰落后的产能、工艺和设备,大力推进新能源、新材料在新建建筑中的规模化应用试点工作,继续实施一批节能示范项目,开展已有建筑物节能改造,实施城市公共照明节能改造。抓好企业、园区循环经济发展,推进延伸资源性产业链条。

——切实加强环境保护。继续做好西藏危险废物中心建设,加快实施拉萨市污水处理厂二期、拉萨市垃圾填满场二期,建成百淀片区污水处理厂。扎实开展饮用水源一级保护区环境综合整治,进一步加强空气污染防治,强化重金属和风险企业管理,建设天蓝水净的美好家园。

(六)积极推进幸福拉萨建设

——着力提高社会保障水平。从完善制度、提高水平、增强能力入手,促进社会保障水平再上一个新的台阶。扩大城镇职工基本养老保险制度覆盖面,加强医疗保险基金监管,逐步提高五保供养标准,开工建设当雄、堆龙德庆、尼木三县五保老人集中供养以及拉萨市残疾人康复托养中心,努力推进孤寡老人集中供养,实现孤、残、弃儿童集中供养并开展义务教育,健全覆盖城乡居民的社会保障体系。同时,逐步建立统一规范的养老服务评估制度,实现基本养老服务均等化。

——努力稳定和扩大就业。继续开展以送政策、送岗位、送技能、送服务的"再就业援助月"、面向农牧民的"春风行动"以及民营企业招聘周和高校毕业生专场招聘会等活动,建成拉萨市人力资源市场,逐步建立公共就业服务体系和自主创业支持体系。加强职业技能培训,抓好"零就业家庭"和就业困难群体就业,持续保持零就业家庭"动态清零"。

——继续改善居民发展环境。按照"让农村成为安居乐业的美丽家园"的总体安排,加快推进"八到农家"工程,深入实施农牧民集中居住点及人居环境、农村饮水、广播电视等基础设施,稳步开展农村公路联网加密和提档升级,努力提高农村居民教育、医疗卫生、文化体育等设施条件和服务水平。进一步加大扶贫开发力度,贯彻落实《关于进一步推进扶贫贴息贷款工作的意见》,建立低收入农牧民群众持续稳定的增收渠道,提高贫困人口自我发展能力。实施面上扶贫开发项目37个。稳妥推进城中村和棚户区改造,重点实施加荣、古泽、刚堆、白荣4个棚户区,加快廉租房、公租房建设,努力解决城市低收入家庭和进城务工人员住房问题。

——全力促进社会事业发展。文化体育,加快制定《拉萨市文化产业发展规划》,推动《文成公主》实景剧等演艺娱乐业加快发展,创建拉萨市标志性文化品牌,培育和壮大重点文化企业,引导资本、人才、技术向文化产业聚集,推动现代文化产业发展。以中国西藏旅游创意文化园为依托,加快打造高端身心健康理疗基地。加强公共文化设施建设与管理,大力实施文化惠民工程,力争建成牦牛博物馆,巩固广播电视"户户通""舍舍通"成果,开展主题电影放映活动,加强优秀文化遗产保护,进一步提高广播电视综合人口覆盖率。改扩建人民体育场,加强拉萨市文体中心管理,广泛开展全民健身运动。教育科技,巩固提高"两基"成果,加强学前教育管理,提升初中教育水平,推进普通高中课程改革,关心重视特殊教育,推进职业教育加快发展。加快实施15所义务教育寄宿制学校、20所农牧区双语幼儿园项目,力争建成教育城,基本形成布点科学、配置合理的学校建设格局。全面推进科技进步,推进创建国家创新型城市试点、智慧城市试点工作,深入研究节能环保、新一代生物、新能源等领域的关键技术,为建设发展首府城市提供科技支撑。医疗卫生,完善各项配套政策,继续推进公立医院改革,重点抓好市妇幼保健院和县医院等级评定工作,巩固医疗卫生机构改革成果。开展创建国家卫生城市综合考评迎检工作,健全医疗卫生服务体系。实施妇幼两个死亡率控制干预措施,强化产科和待产室建设,落实孕产妇住院分娩和婴儿住院救治“绿色通道”和100%报销措施。加强疾病预防控制和卫生监督服务体系和能力建设,完善重大传染病预警和处置机制,严防各类食品、药品和医疗安全事件发生。提高独生子女相关待遇,研究启动实施一方是独生子女的夫妇可生育两孩政策。

——努力保持物价稳定。建立完善主要由市场决定价格机制,推进水、电、气等领域价格改革。进一步发挥市场价格调控联席会议制度作用,做好粮油及菜篮子商品市场保供稳价工作,保障粮食和重要副食品的有效供给。建立生活必需品储备机制和物价调控补贴机制,保障困难群体的生活水平不因物价上涨而降低。加强市场价格监测预警预报,加强价格异常管理,坚决整顿市场经营秩序,确保物价不出现大的波动。

各位代表,做好2014年经济社会发展工作,任务艰巨,责任重大。让我们在市委的坚强领导下,在市人大的有力监督下,认真贯彻落实党的十八届三中全会以及全市经济工作会议精神,大力实施“五大战略”,奋发有为,锐意进取,扎实工作,为全市经济跨越式发展和社会长治久安、全面建成小康社会做出更大的贡献。

关于拉萨市2013年财政预算执行情况和2014年财政收支预算(草案)的报告

在拉萨市第十届人民代表大会第四次会议上
(2014年2月23日)

拉萨市财政局

主任、各位副主任、秘书长、各位委员:

受拉萨市人民政府委托,现将拉萨市2013年财政预算执行情况和2014年财政收支预算(草案)的报告提请拉萨市十届人大四次会议审议,并请政协各位委员提出意见。

一、2013年财政收支预算执行情况

2013年,面对极为错综复杂的国内外经济形势,各级财政部门在市委的正确领导下,在市人大的监督指导以及上级业务部门的关心支持下,坚持以科学发展观为统领,深入贯彻落实中央第五次西藏工作座谈会以及十八届三中全会精神,坚决贯彻区、市党委、政府决策部署,紧紧围绕改革主线,牢固树立宏观意识、大局意识、可持续意识,充分发挥首府城市首位度作用,始终把握好"稳中求快"的工作总基调,继续实施积极的财政政策,按照目标、任务和效能提速的要求,积极改进工作方法,认真履行财政职能,进一步优化财政支出结构,深入推进财政改革,全力保障"五大战略"的实施,各项财政工作取得了新进展,有力地支持了全市经济和社会协调发展。

(一)全市2013年财政收支预算及变更情况

拉萨市十届人大三次会议批准的2013年度全市公共财政收支预算为:财政总财力915712.81万元(其中:上级财政补助收入604712.81万元,地方财政收入311000万元)。支出预算为915712.81万元。

在年度预算执行过程中,根据财力变化情况,经拉萨市十届人大常务委员会第14次会议批准,全市财政支出预算调整为1222237.29万元。

(二)全市2013年收支预算执行情况

2013年全市公共财政决算总财力突破130亿元,达到131.99亿元,比上年增加24.9亿元,增长23.26%。其中:上级财政补助收入81.63亿元,比上年增加9.12亿元,增长12.58%;公共财政预算收入突破50亿元,达到50.16亿元,比上年增加15.8亿元,增长46%。

全市公共财政预算支出预计突破130亿元,达到131.92亿元,为调整预算的107.94%,比上年增加25.02亿元,增长23.41%。收支相抵后结余725万元,其中净结余725万元,实现了收支平衡,略有结余。

全市财政基金预算收入预计完成8.79亿元,基金预算支出预计完成10.86亿元(含上年结余19916万元)。

以上预计执行数与最终决算数将会有一些变化,待全市财政收支决算正式编制完成并经区财政厅审核批复后,将专题向市人大常委会报告。

二、2013年全市财政主要工作

(一)紧扣目标抓收入,财政收支实现双突破。2013年,全市财政总财力达到131.99亿元,比2012年增加24.9亿元,增长23.26%。全市公共财政预算收入(即:一般预算收入)再创历史新高,突破50亿元大关,达到50.16亿元,比2012年增长46%,圆满完成了年初市委、市政府确定的收入奋斗目标。全市财政支出突破130亿元,达到131.92亿元,比2012年增23.41%。

(二)打造民生财政,发展成果惠泽于民。2013年,全市用于民生方面的支出预计达到45.83亿元,比2012年增长23.57%,达到新增财力50%以上。其中:全市教育支出预计达到19.36亿元,教育基础设施条件不断改善,支持和推进教育城开发建设步伐;支持拉萨市职业学校建设;特殊教育、"全纳教育"、职业教育稳步推进,农牧区教师交通补贴、工伤保险、非义务教育阶段贫困生补助得到全面落实;教

育“三包”经费再次调标人均增加200元,达到年人均2700元;加强农村义务教育薄弱学校改造、全面落实农村义务教育学校学生营养改善计划;按照人年均100元标准,核定了义务教育阶段寄宿生交通补助,确保学生交通安全。科技方面的投入预计达到0.28亿元,比2012年下降35.08%。新品种不断引进,特色产品稳步开发,科技研发、技术引进、成果转化等取得实质性进展;文化方面的投入预计达到1.32亿元,比2012年增长9.68%。《文成公主》实景剧演出实现常态化并形成标志性特色文化品牌;《拉萨晚报》免费赠送工作持续开展;拉萨电视台新增2个频道顺利开播;全市公共文化设施实现免费开放;县级民间艺术团繁荣发展;非物质文化遗产保护工作卓有成效;支持文化科技卫生“三下乡”、科技文体法律卫生“四进社区”、远方的家、拉萨河纪行、全市新闻发言人培训、援藏干部摄影作品展、拉萨发布上线仪式、全国全区舞蹈大赛等各项活动的开展,促进民间文艺蓬勃发展。卫生方面的投入预计达到3.8亿元,比2012年下降1.36%(主要是村级卫生室基本建成,自治区减少了村卫生室建设资金),村卫生室和社区卫生服务中心全面建成并投入使用,城镇职工医疗保险、居民医疗保险、生育保险、农牧民新型合作医疗实现城乡全覆盖,寺庙僧尼、45岁以上农牧民免费体检政策得到落实,干部职工体检经费得到足额兑现;社会保障和就业方面投入预计达到5.77亿元,比2012年增长43.98%,整合资金6000万元,支持“四业工程”稳步推进;低收入群体最低生活保障标准、村医报酬、优抚对象一次性生活补助全面提标,兑现了一揽子民生调标资金,从2013年1月1日起,城镇居民医疗保险财政补助标准由260元提高到300元、农牧民医疗制度财政补助标准由300元提高到340元,兑现医疗提标资金1225.75万元、新型农村养老保险财政补助标准由90元提高到105元,兑现了60岁以上老人基础养老金3562万元、兑现全市年满60周岁的城镇居民基础性养老金563万元、从2013年1月1日起,城镇居民最低生活保障标准由月人均400元调整为440元,农村居民最低生活保障由原来的年人均1600元的基础上提高到年人均1750元,城乡居民低保资金全额兑现;建立了低收入人群价格联动机制,下拨低收入人群节日购物券及补助资金1355.24万元,确保低收入人群过上祥和的藏历新年;兑现孤儿基本生活补助资金811.44万元,孤儿补助标准达到散养孤儿每人每月600元、集中供养每人每月1000元;五保户供养标准年人均达到4320元,高出自治区标准1720元。认真落实寺庙僧尼养老保险政策,并对全市在编僧尼进行了健康体检;配套全市干部职工住房公积金6800万元,落实保障性住房建设配套资金18129.18万元,拨付城镇低收入家庭租赁住房补贴资金609.25万元,解决干部职工以及低收入人群的安居问题;政府出资为全市35.87万农牧民和1567名城市环卫工人购买了意外伤害保险;进一步提高了村(居)干部误工补贴标准和优秀村(社区)“两委”班子奖励资金,村(居)干部误工补贴达到全区最高标准;按照每人每月300元的标准,落实了城关区992名居民小组长补助资金297.6万元;公交公司运营补贴达到6000万元,全市60岁以上老人均享受免费乘坐公交车补贴政策;关心、关爱残疾人,促进残疾人事业发展,兑现了2013年度全市0—16岁残疾儿童康复补贴、残疾人特殊生活补贴等资金469.26万元。投入资金1048.75万元专项用于残疾人康复事业发展,支持残疾儿童乐队建立,进一步丰富残疾儿童文化生活。“3·29”山体滑坡、林周洪涝等自然灾害得到及时妥善处置,拉萨市救灾物资储备仓库建成并投入运营,并安排救灾物资采购及设备购置资金581万元;口蹄疫疫情得到有效控制。涉农支出预计达9.49亿元,比2012年增长46.65%。人居环境综合整治、农村沼气、扶贫开发、农田水利设施等项目顺利实施,农牧区基础条件得到改善;筹集资金2.9亿元,首次争取自治区债券资金5000万元,支持农牧民集中居住点建设,推进城镇化进程;农村税费改革、退耕还林(草)、粮食直补、农资综合补贴、能繁母猪政策性补贴、牲畜出栏补贴等政策补贴措施全面落实;农牧业特色产业和农牧民专业经济合作组织在财政资金的大力扶持下不断壮大;落实市级财政扶贫资金1800万元,实施扶贫项目43个。村级组织运转、科技服务、疫病防治等基层公共服务资金得到充分保障;驻村工作、强基惠民工作等解决了广大农村、农牧民群众一大批实际困难和需求,人民群众的生产、生活条件切实得到改善,生活质量稳步提升。

(三)支持重点项目建设,改善首府软硬环境。2013年,全市用于建设方面的支出预计达到44.44亿元,比2012年增长130.62%。老城区保护工程如期竣工,纳金大桥建成通车,次角林大桥加紧建设,中国西藏文化旅游创意园区基础设施项目加快推进,拉萨河堤防二期工程、城区段综合整治等扎实推进,东嘎新区、柳梧新区、东城新区等加快建设,数据网络中心、驻藏大臣衙门修缮、市疾控中心突发事件应急值班楼、柳梧大桥守桥中心营区、寺庙僧尼宿舍维修改造、保障性住房、民兵训练基地建设、治安检查站等重点项目全面实施;拉萨市城市供暖工程实现基本全覆盖;文明城市创建成果得到巩固,创模工作顺利通过国家环保部、自治区环保厅的预评估,人文环境、生态环境、发展环境不断改善,城市品位不断提升。

(四)着力培植财源,扶持产业提质增效。2013年,全市用于扶持企业发展方面的支出预计达到30.59亿元,比2012年增长21.88%。一区三园基础设施条件进一步优化。在财政扶持资金的撬动下,一批中小企业逐步做大做强,特色优势向专业化集约化方向发展,企业资产规模不断扩大,盈利能力持续增强,综合实力不断提升,已成为我市纳税的主力军。招商引资成效显著,以全国民营企业家光彩事业西藏行和雪顿节活动为平台,引进了一批知名企业和重点项目,为拉萨的发展注入了新鲜血液和强劲动力。

(五)加大维稳投入,确保社会持续稳定。2013年,全市用于维稳方面的支出预计达到13.38亿元,比2012年增长20.38%。市财政在维稳资金保障方面始终坚持急事急办、特事特办的原则,优先保障维稳投入。2013年,重点保障了加强和创新社会管理、加强和创新寺庙管理、和谐模范寺庙创建、爱国守法先进僧尼表彰、铁路护路人员装备配备,落实了政法系统加班补助、便民警务站人员生活补贴、驻寺民警津贴,促进全市社会局势持续稳定。

(六)创新监督方式,推进依法理财进程。按照"收支并重、内外并举、监督结合"的总体思路,树立财政"大监督"的理念,不断创新监督方式,全面履行监督职能。一是以信息化网络为载体,对预算执行情况进行监督;二是对大型活动的开支,市财政直接派人监管,有效控制了不合规和不合理支出。三是将财政监督由检查纠错型向预算监督型转变,让预算监督部门全面参与到预算编制、预算执行、决算审核的全过程,拓展了财政监督的事前预警、全程纠偏等职能;四是严格执行中央八项规定、自治区约法十章和市委八项要求,控制和压缩"三公经费",2013年公务接待、公务用车购置、公务出国等"三公经费"下降18.7%;五是扩大采购范围,规范国有资产管理。现代办公设备、交通工具、环卫专用设备、城市公交、城市监控、拍卖服务等全部纳入政府采购范围。2013年共组织实施政府采购477批次,采购金额31840万元,资金节约率7.2%。六是财政改革扎实推进,监管水平进一步提升。"乡财县管"网络化管理全面推进,各乡镇财政所(室)全面建成并有效发挥作用。国有资产信息系统正式运行,行政事业单位国有资产收入管理走向规范化;国库集中支付制度进一步完善,财政票据电子化改革积极推进,发挥了财政票据"以票控费、以票促收"的作用,构建了规范、高效、科学的政府非税收入管理体系。

三、2014年财政收支预算(草案)

根据《中华人民共和国预算法》、《国务院关于编制2014年中央预算和地方预算的通知》和《西藏自治区预算管理办法》的规定,结合我市国民经济和社会发展目标以及全市财力情况,编制完成了2014年全市财政收支预算(草案)。

(一)预算编制的指导思想和基本原则

指导思想:高举中国特色社会主义伟大旗帜,以邓小平理论、"三个代表"重要思想、科学发展观为指导,深入贯彻落实党的十八大、十八届三中全会、中央城镇化工作会议、区、市八届五次全会、区、市经济工作会议精神及总体部署,以加快经济发展方式转变为主线,坚持稳中求进、好中求快的工作总基调,坚持财政宏观调控,循序推进财税改革。按照"保运转、保民生、保稳定"的工作要求,调整优化支出结构,加大"三农"、教育、社会保障和就业、医疗卫生、科技、节能环保、公共安全、强基惠民等重点工作和关键领域的投入,不断夯实农牧业发展基础,改善民生,提升基本公共服务能力,促进产业发展,维护社会稳定。坚持勤俭节约,从严从紧编制预算,严格控制和压缩"三公"经费,控制和降低行政运行成本。改进预算管理制度,健全政府预算体系,进一步明晰地方层级政府间财力与支出事权,促进预算公开透明,提高财政资金使用绩效。

基本原则:一是按照实事求是、积极主动、稳中有增、留有余地原则安排财政收入预算;二是按照统筹兼顾、守住底线、突出重点、厉行节约、有保有压原则安排财政支出预算;三是保证年度财政收支平衡原则;四是综合把握可持续发展原则。

(二)2014年全市公共财政财力安排

1、全市公共财政收支预算总财力

2014年全市公共财政总财力为1138765.32万元,比上年年初预算增加223052.51万元,增长24.36%。其中:公共财政收入420000万元,上级补助收入718765.32万元。总财力中:市本级340180.94万元,比上年年初预算增加47246.02万元,增长16.13%。八县(区)、经济技术开发区和柳梧新区安排798584.38万元,比上年年初预算增加175806.49万元,增长28.23%。八县(区)、经济技术开发区和柳梧新区财力占全市总财力的69.66%,由于部分年初安排在市本级的财力(如涉农、教育、科技等专项资金),预算执行中实际使用于各县(区),最终县(区)级财力占全市总财力的比例将达到75%以上。

2、总财力增加的主要因素

上级补助收入增加114052.51万元,增加的主要因素是:一是税收返还增加21000万元;二是体制补助比上年增加4万元,主要是增加2013年农牧半脱产人员补助调标资金;三是均衡性转移支付比上年增加21845万元,主要是均衡性转移支付进入2013年基数部分增加以及2014年均衡性转移支付增长10%部分;四是调整工资转移支付比上年增加24529.05万元,主要是增加干部职工住房补贴、高海拔地区工龄折算、西藏特殊津贴调标资金;五是农村税费改革转移支付比上年增加97.25万元,主要是增加村干部基本报酬调标、五保户供养调标、计划生育事业费;六是新增安排县级基本财力保障机制奖励资金3935万元;七是新增安排国家重点生态功能区转移支付资金4041万元;八是其他一般性转移支付补助比上年增加548.03万元,主要是三老人员调标和干部职工取暖调标资金;九是专项转移支付比上年增加38053.18万元,主要是自治区财政增加了政法部门业务经费、教育、社保、医疗、支农等专项资金。

全市公共财政收入预算增加109000万元。

3、新增财力的安排使用原则

2013年新增财力中,公共财政收入增量部分,主要考虑了对农牧业、基本建设、教育、科技、文化、社会保障、公共安全等重点项目的支持;自治区财政专项补助收入增量部分,将按照自治区确定的用途安排项目支出;税收返还和转移支付增量主要考虑兑现各项政策性增资和新增人员工资、支持社会事业发展等方面。

(三)2014年全市公共财政预算收支安排

1、全市公共财政收入预算安排

市政府向人大报告的2014年公共财政收入安排为:在上年决算收入基础上增长30%,完成65.2亿元。考虑到我市财政收入的不稳定性以及2014年全面深化财税体制改革对我市财政收支的影响等因素,按照积极稳妥安排收入预算的原则,2014年安排进入预算的全市公共财政收入为420000万元,比上年预算增加109000万元,增长35.05%。具体安排是:市本级安排110000万元,比上年预算增加20000万元,增长22.22%;八县(区)级安排135000万元,比上年预算增加35400万元,增长35.33%;经济开发区安排140000万元,比上年预算增加43600万元,增长45.23%;柳梧新区安排35000万元,比上年预算增加10000万元,增长40%。

2、全市公共财政支出预算安排

2014年全市公共财政支出预算安排1138765.32万元,比上年年初预算增加223052.51万元,同比增长24.36%。其中:市本级安排340180.94万元,比上年增加47246.02万元,同比增长16.13%;八县(区)安排458672.15万元,比上年增加101804.64万元,同比增长28.53%;经济技术开发区安排264715.83万元,比上年增加58253.07万元,同比增长28.21%;柳梧新区安排75196.4万元,比上年增加15748.78万元,同比增长26.49%。

3、全市公共财政支出预算分科目安排情况

(1)一般公共服务支出安排111698.6万元,比上年增加21626.6万元,增长24.01%。

(2)外交支出安排200万元,比上年增加50万元,增长33.33%。

(3)国防支出安排1212万元,比上年增加492万元,增长68.33%。

(4)公共安全支出安排120823.3万元,比上年增加43601.3万元,增长56.46%。

(5)教育支出安排178999万元(含自治区财政下达进入年初预算的教育事业费12.21亿元),比上年增加35883万元,增长25.07%。

(6)科技支出安排2930万元,比上年增加148万元,增长5.32%。

(7)文化体育与传媒支出安排12980万元,比上年增加3014万元,增长30.24%。

(8)社会保障和就业支出安排51717万元,比上年增加17395万元,增长50.68%。

(9)医疗卫生支出安排33539.8万元,比上年增加4688.8万元,增长16.25%。

(10)节能环保支出安排2967万元,比上年增加1439万元,增长94.18%。

(11)城乡社区事务支出安排61002.6万元,比上年增加29264.6万元,增长92.21%(主要是柳梧新区增加新区市政建设支出1.8亿元)。

(12)农林水事务支出安排89625.57万元,比上年增加7053.57万元,增长8.54%。

(13)交通运输支出安排8840万元,比上年增加1425万元,增长19.22%(主要是增加对公交公司运营补助)。

(14)资源勘探电力信息等事务支出安排260183万元,比上年增加39077万元,增长17.67%(主要增加对企业扶持资金)。

(15)商业服务业等事务支出安排2358万元,比上年增加80万元,增长3.51%。

(16)国土资源气象等事务支出安排2090万元,比上年增加467万元,增长28.77%。

(17)住房保障支出安排21967万元,比上年减少3003万元,下降12.03%(主要是由于2013年保障性住房建设规模较大,部分县区已完成建设任务,因此减少了2014年保障性住房配套资金)。

(18)粮油物资储备管理事务支出安排667万元,比上年增加212万元,增长46.59%。

(19)预备费安排41500万元,比上年增加4500万元,增长12.16%,占总财力的3.64%。

(20)其它支出安排133465.45万元,比上年增加15638.64万元,增长13.27%。(其他支出中主要含基本建设59230万元(市县两级基本建设支出)、"六城同创"资金3000万元、实施民生项目专项资金1000万元、实施强基惠民项目资金5000万元、加强和创新社会管理工作经费3000万元等项目资金)。

(四)2014年全市财政基金收支预算安排情况

2014年全市基金收入预算安排73110万元,基金支出预算安排73110万元,按照基金预算管理规定,基金预算将主要用于支持教育发展、征地拆迁补偿、土地储备、保障性住房等方面。

(五)市本级财政支出预算安排的具体情况

市本级安排的340180.94万元支出中,除优先保证人员工资发放和行政事业机构的正常运转外,重点支持全市各项中心工作有效开展,支持全市经济社会协调可持续发展,支持各项民生政策全面落实。2014年市本级财政支出主要向以下方面倾斜:

进一步支持农业发展。继续把支持"三农"发展作为2014年预算安排和财政保障的重中之重。2014年财政预算安排农林水事务支出89625.57万元,比上年增加7053.57万元,增长8.54%。其中:安排支农专项资金5400万元;整合支农、扶贫资金(扶贫资金2200万元)、农牧区改革、设施农业等专项资金,新增安排净土健康产业发展资金5000万元、安排安居工程、贷款贴息和农村人居环境综合整治资金10000万元、"四业工程"资金3000万元,安排村(居)委会干部补贴资金1000万元;全力支持净土健康产业发展、支持林业生产和农田水利基础设施建设,推进农牧业综合开发、扶贫开发,提高农业综合生产能力和农业综合效益;继续落实各项涉农惠农补贴政策,保持财政涉农惠农补贴持续增长;继续支持安居工程和人居环境综合整治工作,着力改善农牧民生产生活条件,推进城镇化建设步伐;大力推进"四业工程"建设;继续对村(居)干部实施补贴。

大力支持环境立市。2014年计划安排城乡社区建设及环境保护等支出63969.6万元,比上年同期增加30703.6万元,增长92.3%(主要是柳梧新区安排对新区市政基础设施建设资金增加1.8亿元以及市县财政对城市维护建设方面投入增加)。其中:安排城市维护经费8000万元;安排"六城同创"资金3000万元;安排绿化经费5000万元。大力支持城市绿化、美化、亮化,城市道路维护,城市交通标志标线维护,生活垃圾焚烧处理,推进新能源车改革;坚持走绿色拉萨之路,加快推进拉萨周边和南北山、主干交通道路绿化建设,支持生态园林城市创建;支持饮用水源地保护、空气污染防治等环境综合治理工作;大力支持民族团结等各项工作的开展;进一步加强环境保护,建立拉萨生态屏障。

大力支持文化兴市。2014年计划安排教育、科技、文化体育与传媒等支出194909万元,比上年同期增加39045万元,增长25.05%。其中:对教育事业投入22000万元,比上年增加3000万元,增长15.79%;安排科技专项资金1000万元;安排党建工作经费300万元;安排优秀人才引进资金1000万元;安排精神文明建设资金300万元;安排群众路线学习实践活动专项经费500万元;安排文化事业发展资金3000万元,比上年增加2000万元,增长200%,安排文化产业发展资金3000万元比上年增加1000万元,增长50%;大力支持教育城建设,继续改善城乡各类教学机构特别是农村中小学办学条件,加快职业教育发展。落实好教育"三包"、"两免一补"和非义务教育阶段贫困生救助政策,改善教职工生活待遇,关心江苏、北京援藏教师生活;进一步加大先进适用技术的引进、推广和创新,扶持西藏高原特色产品的开发,推动产学研有机结合,鼓励科研成果向现实生产力转化,强化对农村科技服务的支持和保障;支持文化事业、文化产业加快发展,打造特色旅游文化品牌,支持《文成公主》实景剧演出;继续支持广播电视、新闻出版、群众文化等事业健康发展,使广大农牧民群众及时收听收看到广播电视节目,及时了解党的方针政策;支持文物保护与重点档案抢救等工作;支持全市党建及精神文明建设工作,加强党的建设,提高全民素质;支持“拉萨人才管理改革试验区”建设,实施人才强市战略。

大力支持民生安市。2014 年计划安排社会保障和就业、医疗卫生等支出 85256.8 万元,比上年增加 22083.8 万元,增长 34.96%,其中:安排社会保障补助 11200 万元、城镇低保 1200 万元、农村低保 220 万元、城镇居民医疗救助 260 万元、城乡医疗救助 500 万元、新型农村合作医疗 100 万元、城镇居民养老保险 100 万元、新型农村养老保险 250 万元、政府购买公益性岗位资金 2000 万元;安排物价调剂基金 1000 万元;安排居民供暖补贴资金 1500 万元;安排干部职工意外伤害保险经费 270 万元。进一步完善养老保险、医疗保险、失业保险、生育保险、工伤保险制度、妥善解决自主择业军转干部医疗保险;落实城乡居民最低生活保障、城乡救助、孤儿生活补贴、寿星老人健康补贴、全民健康免费体检等政策,妥善解决困难群众的生产生活问题;落实城镇居民养老保险、继续安排资金购买公益性岗位,落实就业再就业政策;加大税费减免、技能培训等各项优惠政策的实施力度,重点支持农牧民转移就业,鼓励大中专毕业生自主择业;着力稳控物价,实施居民供暖补贴,保障群众基本生活稳定;继续把医疗卫生工作重点放在农村,提高农村公共医疗保障能力;关心干部职工生活待遇,提高防治意外事故风险能力。

大力支持产业强市。按照“提升一产、壮大二产、做强三产”的经济发展战略,不断加强和完善财政职能,进一步创新财政支持经济社会发展的机制,实现拉萨经济又好又快发展。2014 年计划安排企业发展方面的专项资金 2200 万元,其中:企业发展扶持资金 1400 万元、非公经济发展资金 500 万元、品牌创建资金 100 万元、工业企业奖励资金 100 万元、商贸流通业发展资金 100 万元、招商引资资金 400 万元、旅游发展资金 1000 万元、纳税大户奖励资金 220 万元。继续支持工业、商贸流通业加快发展,大力调整产业结构,加快特色优势产业发展;支持非公经济发展;支持企业品牌创建,提高企业自主创新能力和市场竞争能力;建立激励机制,鼓励企业加快发展。进一步加大招商引资力度,做好光彩事业西藏行活动,巩固和发展招商引资成果;培育旅游、文化市场,大力支持旅游业的发展,通过旅游业的发展,带动宾馆、餐饮、文化等相关产业的发展,促进经济持续快速增长。

大力支持法治稳市。2014 年计划安排公共安全专项支出 13430 万元。其中:社会治安综合治理专项经费 2200 万元(含社会治安综合治理、维护稳定、平安建设、群防群治、“217”工程等经费);突发公共事件应急处置资金 500 万元;消防部队专项经费 4000 万元,比上年增加 1500 万元,增长 60%;其他公共安全支出 630 万元;普法专项资金 100 万元;安排社会矛盾纠纷化解专项资金 2000 万元;安排加强和创新社会治理 3000 万元;安排加强和创新寺庙管理经费 1000 万元。支持突发公共安全事件应急处突工作;支持社会治安综合治理、平安拉萨建设、群防群治及流动人口服务与管理、加强和创新社会治理、加强和创新寺庙管理等各项工作,加大对社会面的管控力度;保障消防部队新增人员业务经费;加大解决社会热点、难点问题的资金投入,妥善处理和化解社会矛盾,维护社会正常秩序和社会局势的长期稳定。大力支持重点建设。2014 年,继续加大对各项重点建设的保障力度,安排预算内基本建设资金 6000 万元;安排实施民生项目资金 1000 万元;安排金融撬动发展资金 3000 万元;安排强基惠民项目资金 5000 万元,强基惠民工作及生活补助资金 1700 万元;安排公交公司运营补贴资金 8000 万元,加强公共设施建设,促进公共资源均等化,让全市人民共享改革成果。

四、2014 年债务偿还安排情况

经测算,2014 年需由政府承担还款责任的债务为 6.6 亿元,其中:拉萨河城区段综合治理项目需还款 2.1 亿元、老城区综合整治工程项目需还款 3.5 亿元,市发改委项目贷款需还款 1 亿元。对于以上市政府承担还款责任的债务,将通过积极争取国家项目资金、政府融资以及 2014 年财政超收收入予以安排。

五、深入贯彻落实党的十八届三中全会精神,确保 2014 年财政收支预算任务圆满完成

2014年，各级财政部门将全面贯彻落实党的十八大、十八届三中全会、中央城镇化工作会议和区、市党委八届五次全会及区市经济工作会议精神，坚持稳中求进、改革创新，继续实施积极的财政政策，进一步优化财政支出结构，稳步推进财政改革，推进财政科学化精细化管理，圆满完成年度财政收支预算任务。

（一）积极稳妥推进财政改革

按照十八届三中全会精神，积极稳妥地深化财税体制改革；推进预算管理制度改革，深入推进政府和部门预决算公开，改进年度预算控制方式，建立跨年度预算平衡机制和定位清晰、分工明确的政府预算体系；全面清理规范财税优惠政策；推进税收制度改革；推进财政体制改革，建立事权和支出责任相适应的制度，促进经济持续健康发展，社会和谐稳定。

（二）千方百计组织财政收入

继续通过大力支持园区发展、支持非公有经济发展、支持加大招商引资工作等方式，促进全市经济快速健康发展，为全市财政增收奠定坚实基础；加强与税务等执收部门的沟通协作，确保各项收入应收尽收；全面推进财政票据管理，建立高效非税收入管理体系。

（三）促进经济结构转型发展

加强和改善财政宏观调控，促进稳增长、调结构、转方式，进一步激发中小企业发展活力；调整优化消费需求结构，支持产业结构调整，支持落实创新驱动发展战略。进一步完善财政投入体制机制，有效保障改善民生，千方百计把民生资金管好用好；提高农业综合生产能力，加快转变农业发展方式，支持净土产业发展，完善农产品价格和市场调控机制，支持实施农业可持续发展战略；继续盘活财政存量，加大资金统筹使用力度；大力推进政府购买服务工作，促进政府职能转变；支持建立多元可持续的资金保障机制，促进城乡发展一体化。

（四）不断提高资金使用效益

健全覆盖所有财政资金和财政运行全过程的监督机制，确保财政资金安全、合规、高效运行；充分发挥基层财政就地和就近监管的优势，强化基层财政监管；全面加强国有资产管理和会计核算工作，防止国有资产流失；切实加强地方政府性债务管理，有效防控债务风险。

（五）厉行节约严肃财经纪律

坚持依法理财，健全财政监督体系，严格财经纪律，强化预算约束，落实部门预算执行的责任主体。牢固树立过紧日子思想，按照《中共中央、国务院党政机关厉行节约反对浪费条例》以及中央“八项规定”、自治区“约法十章”、市委八项要求，严格控制一般性支出，从严从紧安排会议、接待、公务用车购置、出国等费用，按5%的比例压缩“三公”经费，加大对财政资金管理使用的监督力度，强化资金使用效益，预算执行中原则上不增加一般性支出。

各位代表，新的一年，我们将深入学习贯彻党的十八大、十八届三中全会精神，在市委的坚强领导下，自觉接受人大对财政工作的指导和监督，认真听取政协委员的意见和建议，坚定信心，再鼓干劲，积极为全市经济跨越式发展、社会局势长治久安、全面建设美丽家园、幸福拉萨提供强有力的物质保障。

专　　文

实施五大战略　打造幸福拉萨

近年来,在党中央国务院的亲切关怀下,在全国人民特别是北京江苏两省市的无私援助下,在自治区党委政府的坚强领导下,紧紧围绕陈全国书记对拉萨提出的“充分发挥首府城市首位度作用”和“七个方面”的工作要求,着眼于建设美丽家园幸福拉萨,牢牢把握发展和稳定两件大事,始终坚持维护社会稳定和保护生态环境两条底线,扎实推进目标、任务、效能三大提速,继续抢抓政治、历史、政策、发展四大机遇,大力实施环境立市、文化兴市、产业强市、民生安市、法治稳市五大战略,着力抓好项目拉动、园区带动、产业推动、民营促动、人才培养、环境创优等六项重点,全面实现发展带头、稳定关键、团结模范、民生先行、文化示范、生态引领、党建先锋等七项突破,全市上下呈现出经济发展、民生改善、民族团结、社会和谐的良好局面。2013 年,全市地区生产总值 304.87 亿元、比上年增长 12.4%,公共财政预算收入 50.16 亿元、增长 46%,全社会固定资产投资 376.16 亿元、增长 32%,社会消费品零售总额 144.11 亿元、增长 15.7%,农村居民人均纯收入 8265 元、增长 16.7%,城镇居民人均可支配收入 21427 元、增长 9.6%。今年上半年,预计全市地区生产总值 137.83 亿元、比去年同期增长 10.3%,公共财政预算收入 23.5 亿元、增长 26.89%,全社会固定资产投资 163 亿元、增长 24%,社会消费品零售总额 77.81 亿元、增长 13%,城镇居民人均可支配收入 12680 元、增长 8.5%,农牧民期内现金收入 3225 元、增长 18.3%。

一、大力实施环境立市战略

(一)生态环境逐步美化。着力建设城市生态安全屏障,进一步加大生态环境保护与建设力度。拉萨南北山绿化、拉萨至贡嘎机场专用公路等重点区域造林绿化工程稳步推进,拉萨河城区段综合整治工程进展顺利,拉萨河流域造林绿化、城市生活垃圾焚烧发电工程前期工作有序开展,首府城市生态安全屏障建设迈出新步伐。

(二)政务环境持续优化。大力推进行政审批制度改革,制定《拉萨市行政审批制度改革实施方案》,全面清理精简下放行政审批项目,行政审批项目精简调整率达 64.68%。严格贯彻落实中央“八项规定”、自治区“约法十章”、市委“八项要求”和市政府“八个力戒”,“三公”经费支出下降 18.7%。公共资源交易中心于今年 6 月 20 日挂牌试运行。加快电子政务建设步伐,开发建设并试运行协同办公系统。

(三)市场环境全面改善。拉萨市流浪犬收养中心建成并投入使用,出租汽车行业治理改革全面完成,再生资源集散市场、钢材交易市场、综合农贸市场、虫草交易市场等 10 类专业市场专项整治工作正扎实推进,有力促进了我市各类专业市场健康有序发展。

二、大力实施文化兴市战略

大力发展文化事业和文化产业,推动文化大繁荣、大发展,文化硬件设施日渐完善,文化软实力得到进一步提升。

(一)文化事业全面繁荣。深入开展社会主义核心价值体系学习教育,大力弘扬民族精神、时代精神和“老西藏精神”。拉萨电视台藏语综合、文化旅游两个频道顺利开播,“拉萨发布”政务微博在人民网上线开通。在全区率先实现领袖像、国旗、报纸、广播电视、电影、书屋进寺庙全覆盖。

(二)文化产业蓬勃发展。投资 15 亿元的老城区保护工程如期完工,中国西藏文化旅游创意园区建设加快推进,以文成公主为主题的大型实景剧从 2013 年 8 月份开始实现常态化演出。

三、大力实施产业强市战略

三次产业比重由 2012 年的 4.1 ：34.9 ：61 调整为 2013 年的 3.8 ：35.3 ：61.9。

（一）农牧业基础愈加牢固。着眼于农牧民持续快速增收，有序推进曲水国家农村改革试验区和林周现代农业示范区建设，深入实施科技富民强县、农牧业先进实用技术推广应用等项目，加快建设优质农畜产品生产基地，以净土健康产业为龙头的农牧产业化发展势头良好，农牧民专合组织实现乡（镇）全覆盖，农田水利、农机装备、农机服务等基础支撑更加有力，农牧业结构调整迈出新步伐。

（二）工业经济支撑有力。立足本地资源和产业特色，紧紧围绕“六大支柱”产业，重点抓工业、关键抓项目，加快推进工业化进程，着力推动工业化和信息化融合发展，工业经济综合实力进一步壮大，规模以上工业增加值、工业销售产值、工业税收分别增长 20%、25% 和 30%。完善园区发展政策措施和基础设施，拉萨国家级经济技术开发区和达孜、曲水、堆龙工业园不断发展壮大，园区经济快速发展，工业增加值、工业销售产值、工业税收分别增长 40%、40% 和 80%。今年 1－6 月净土健康产业实现产值 11 亿元，占工业总产值的 48%。

（三）服务业总体向好。立足把拉萨打造成世界旅游目的地，通过完善旅游规划、加大旅游投入、提升旅游服务，共接待国内外游客 798.94 万人次，实现旅游收入 82.16 亿元，分别增长 22.76%、25.47%。今年 1－6 月接待国内外游客 241.71 万人次，实现旅游收入 27.78 亿元，分别增长 19.82%、43.64%。物流园区前期工作如期启动，西藏会展中心建设进展顺利，现代服务业稳步发展。

（四）房地产业快速发展。近几年存量房交易保持年均 20% 的增长速度，2013 年存量房交易量为 2600 套，建筑面积 36.4 万㎡，成交额接近 13 亿元。

（五）重点工作稳步推进。拉萨市城市总体规划修改工作全面完成，“十三五”规划编制工作正有序推进，拉林铁路、城市有轨电车等一大批重点项目前期工作深入开展，拉日铁路即将于今年 9 月份通车运行。

四、大力实施民生安市战略

继续为各族群众办好自治区利民惠民“十件实事”，全年民生支出达到新增财力一半以上，拉萨荣膺“全国首批民生改善典范市”和“全国首批生态文明建设典范基地”。

（一）就业培训深入实施。投入 1696.2 万元专项经费，进行“四业工程”，完成实用技术培训 18455 人、转移就业培训 5875 人、创业培训 513 人，转移就业 1 万多人、劳务输出 3.4 万人、创收 4.1 亿元，城镇登记失业率控制在 2% 以内。

（二）教育事业稳步发展。教育体制改革统筹推进，城乡教育资源均衡配置，实施教育项目 123 个，总投资 11.8 亿元，成立第一、第二中等职业技术学校，义务教育、职业教育、特殊教育、高中教育加快推进。

（三）医疗健康城乡普惠。率先在全区开展“先诊疗、后结算”和家庭账户“一卡通”试点，城乡居民免费健康体检率达到 99.9%，基本实现县、乡、村、社区均有医疗卫生服务机构的目标。

（四）社会保障日渐完善。各类保险覆盖率均达到 95% 以上，五保集中供养工作扎实推进，孤儿集中收养率达到 100%。

（五）扶贫帮困成效显现。2013 年落实扶贫开发项目 198 个，1.1 万户贫困户受益，2.9 万贫困人口越过帮扶线。6. 物价稳控卓有成效。制定实施《关于建立拉萨市主要生活副食品价格临时补贴实施意见》，异地组织牛羊肉投放市场，实施百辆直通车送菜进社区，严厉查处价格违法行为，充足储备生活必需品，物价水平基本平稳。

五、大力实施法治稳市战略

（一）健全完善维稳机制。坚决贯彻落实党中央“强基固本、争取人心”，“下好先手棋、打好主动仗”的精神，牢固树立稳定压倒一切的思想，超前谋划，精心部署，统筹全局，严管重点，顺势引导，实现了维稳责任从模糊型向属地管理转变、粗放型维稳向精细化维稳转变、被动应付型维稳向主动治理型转变、力量分散型维稳向资源整合型维稳转变、公安单打独斗传统型维稳向齐抓共管多元化维稳转变，全民维稳意识不断增强，圆满完成敏感时期和重要节点维稳防控任务，实现“三不出”目标，确保了各族人民安居乐业、社会持续和谐稳定。

（二）不断夯实基层基础。持续深入开展创先争优强基惠民活动，全市安排 260 个驻村（居）工作队，全身心融入当地群众，围绕“建强基层组织、维护社会稳定、理清发展思路、开展感恩教育、保障改善民生”五项工作任务，扎实开展工作，有力促进了基层经济的持续健康发展，维护了基层社会的和谐稳定。

（三）持续创新社会治理。深入推进反分裂斗争，健全完善党政军警民联防联控机制，打造“3 分钟警务服务圈”，健全四省藏区流动人口服务管理机制；派驻寺庙管理委员会，干部驻寺实现常态化，初步形成具有拉萨特色的城镇、寺庙和农牧区服务管理模式;全面推进城市网格化管理,深入开展“双联户”活动,实现一村一警、市区视频监控全覆盖目标,形成立体式防控网络,创造了安居乐业的良好环境。

(四)依法管理宗教事务。全面推广联创联帮模式,稳妥开展社会流动宗教活动人员清理整顿和在编僧尼自然减员补充学经新僧尼工作,制定启用爱国守法僧尼卡,不断巩固“六建”工作,广泛开展“六个一”活动,深入推进“9+5”工程建设,僧尼社会保险实现全覆盖,西藏佛学院色拉寺、哲蚌寺、甘丹寺、楚布寺分院挂牌成立,深入开展评选模范寺庙和爱国守法先进僧尼活动,大力弘扬藏传佛教爱国爱教、弃恶扬善、崇尚和谐、祈求和平的好传统,进一步推动藏传佛教与社会主义社会相适应。

(五)切实增进民族团结。在全国首府城市中率先制定《拉萨市民族团结进步条例》,设立民族团结进步节,深入开展共产党员民族团结先锋活动、56个民族团结形象代表“民族情·雪域行”活动。我市被列为全国13个民族团结进步示范市试点单位之一。

(六)积极调处矛盾纠纷。建立健全衔接紧密、无缝对接的《拉萨市加强群众工作机制》等58项长效工作机制,领导干部接访、信访干部下访,实现信访案件零积压、进京上访零发生。

(七)着力加强安全生产。进一步加强安全生产和食品药品安全执法监管,应急体系建设逐步完善。

在今后的工作中,我们将在中央的亲切关怀下,在自治区党委政府的坚强领导下,在北京江苏两省市的无私援助下,全面贯彻落实党的十八大、十八届二中三中、区市党委八届五次全会和区市经济工作会议精神,以邓小平理论、“三个代表”重要思想、科学发展观为指导,贯彻落实习近平总书记系列重要讲话精神特别是“治国必治边、治边先稳藏”重要战略思想,贯彻落实俞正声常委“依法治藏、长期建藏”的指示精神,紧紧围绕率先全面建成小康社会目标,坚持稳中求进、好中求快的工作总基调,坚持维护社会稳定和保护生态环境两条底线,充分发挥首府城市首位度作用,全力推进环境立市、文化兴市、产业强市、民生安市、法治稳市五大战略,确保经济持续快速健康发展,确保社会大局持续和谐稳定,奋力抒写中华民族伟大复兴中国梦的拉萨篇章。

奋力进取 成绩显著

拉萨市统计局

2013 年年初以来，在市委、市政府的坚强领导下，全市上下深入贯彻落实十八大精神，按照习近平总书记“治国先治边，治边先稳藏”和俞正声主席“依法治藏、长期建藏”的指示精神，及自治区党委提出的“充分发挥首府城市首位度作用”的工作总要求，紧紧围绕“一个中心”“两件大事”“四个确保”，大力实施环境立市、文化兴市、产业强市、民生安市、法治稳市的“五大战略”。全面推进改革开放和现代化建设。实现了经济社会的又好又快发展。

2013 年拉萨市主要经济指标完成情况

指标	数量	同比增长(%)
地区生产总值(亿元)	304.87	12.4
规上工业增加值(亿元)	24.64	1.3
固定资产投资完成额(亿元)	376.16	32
社会消费品零售总额(亿元)	144.11	15.7
农牧民人均纯收入(元)	8265	16.7
城市居民人均可支配收入(元)	21427	9.6

一、国民经济连上新台阶，社会生产力和综合实力显著提升

2013 年，全市实现地区生产总值(GDP)304.87 亿元，占全区地区生产总值的 37.7%，比 2012 年的占比提高了 0.6 个百分点，比 2012 年增加了 44.74 亿元，同比增长 12.4%，分产业来看，第一产业增加值为 11.72 亿元，同比增长 4.1%；第二产业增加值为 107.56 亿元，同比增长 17.5%；第三产业增加值为 185.59 亿元，同比增长 10.0%；第三产业分大类来看，批发零售业增加值同比增长 14.4%，住宿餐饮业增加值同比下降 8.3%，金融业增加值同比增长 21.3%，营利性服务业增加值同比增长 12.5%。

二、工业实力逐渐提升，经济结构不断优化

2013 年，全市实现规模以上工业增加值 24.64 亿元，占全区规模以上工业增加值的 53.7%，比 2012 年的比重下降了 9.3 个百分点，同比增长 1.3%。从轻重工业来看，轻工业规模以上增加值为 9.51 亿元，同比增长 0.9%，重工业规模以上增加值为 15.14 亿元，同比增长 1.6%；从经济类型来看，国有企业工业增加值为 7.57 亿元，同比增长 2.5%，集体企业规模以上工业增加值 0.66 亿元，同比增长 11.7%，股份制企业规模以上工业增加值为 13.26 亿元，同比增长 3.7%，其他经济类型的规模以上工业增加值为 0.86 亿元，同比下降 35.4%；分行业来看，黑色金属矿采选业规模以上增加值 0.42 亿元，同比下降 54.9%，有色金属矿采选业规模以上增加值 7.93 亿元，同比增长 6.5%，农副食品加工业规模以上增加值为 0.62 亿元，同比增长 29.5%；酒、饮料和精制茶叶加工业规模以上增加值为 4.87 亿元，同比增长 8.6%。医药制造业规模以上增加值为 2.55 亿元，同比下降 9.8%。

三、基础设施实现新飞跃，发展环境得到进一步改善

2013 年，全市完成全社会固定资产投资 376.16 亿元，占全区全社会固定资产投资的 41.3%，比 2012 年的比重提高了 0.1 个百分点，同比增长 32%。分地区来看，城镇固定资产投资为 330.23 亿元，同比增长 27.1%，农村固定资产 45.93 亿元，同比增长 82%；市属固定资产投资为 356.19 亿元，占总投资的 93.4%，同比增长 66.9%。

四、贸易经济实现新跨越，对外开放不断拓宽

2013 年，社会消费品零售总额为 144.11 亿元，占全区社会消费品零售总额的 50.3%，比 2012 年的比重提高了 1.1 个百分点，同比增长 15.7%。

2013 年实现进出口贸易总额 32.05 亿美元，同比下降 3.7%，实现出口 31.64 亿美元，同比下降 3.0%，实现进口 0.41 亿美元，同比下降 39.8%。

五、农牧民人均纯收入快速提高

2013 年我市农牧民人均纯收入为 8265 元，比全区平均水平高出 1687 元，同比增长 16.7%。

六、城镇居民人均可支配收入不断提高

2013 年，我市城镇居民人均可支配收入为 21427 元，高于全区平均水平 1404 元，同比增长 9.6%，增速

低于全区平均速度1.5个百分点。

综合来看,2013年的我市经济社会发展呈现出以下两个特点:一是首府城市的首位度作用更加凸显,地区生产总值、固定资产投资、社会消费品零售总额等指标占全区的比重进一步提高;二是我市城乡居民收入进一步提高,不仅农牧民人均纯收入的水平高于全区平均水平,而且农牧民人均纯收入与林芝地区的差距快速缩小(从2012年的156元缩小到47元)。这些成绩的取得,是党中央、自治区党委政府亲切关怀的结果,更是市委市政府高瞻远瞩、运筹帷幄,带领全市60万人民乘风破浪、埋头苦干、奋力进取、主动而为的结果。

机构和负责人

中共拉萨市委员会

书　记　齐扎拉(藏族)
副书记　洛桑旦巴(藏族)
张延清(藏族)
贾沫微(援藏,6月免)
陈　勇(援藏)
马新明(彝族,援藏,7月任)
达　娃(藏族)
常　委　王茂雄
土旦赤列(藏族,4月免)
张才刚(4月任)
龙志刚
诸伟敏
陈　文(援藏,6月免)
周广智(援藏,6月免)
斯朗尼玛(藏族)
普布顿珠(藏族,8月免)
袁训旺
马新明(援藏)
龚会才(5月免)
王　晖(援藏,6月任)
林　涛(援藏,4月任,6月免)
周普国(4月任)
次仁旺堆(藏族,5月任)
洪家志(援藏,7月任)
果　果(藏族,8月任)

市委办公厅

秘书长　袁训旺
常务副秘书长　张　慧
副秘书长　绕　登(藏族,2月任)
李振华(6月免)
任道波
央　金(女,藏族)
钟传彬
曹恩宏
罗宗兵
孙德康(援藏,8月任)

市人大常委会党组

书　记　洛桑旦巴(藏族)
副书记　达　瓦(藏族)
龚建彰
成　员　央金卓嘎(女,藏族)
谭树辉
平措朗杰(藏族)
觉　根(藏族)
许广林
梁小平

市人大常委会

主　任　洛桑旦巴(藏族)
副主任　桑颇·才旺桑配(藏族)
达　瓦(藏族)
龚建彰
央金卓嘎(女,藏族)
谭树辉
平措朗杰(藏族)
觉　根(藏族)
许广林

市人大办公厅党组

书　记　梁小平
成　员　张志文
次仁央宗(女,藏族)

市人大办公厅

秘书长　梁小平
副秘书长　张志文
次仁央宗(女,藏族)

法制委员会

主任委员　刘睿萍(女,藏族)
副主任委员　边巴扎西(藏族)

财经委员会

主任委员　皮泽洪
副主任委员　张克威

教科文卫委员会

主任委员　格　列(藏族)
副主任委员　巴　次(藏族)
侯　凌(女)

市人民政府党组

书　记　张延清(藏族)
副书记　斯朗尼玛(藏族)

成　员　陈　　勇(援藏)
陈　　文(援藏,6月免)
王　　晖(援藏)
洪 家 志(援藏,8月任)
周 普 国(援藏,5月任)
次仁旺堆(藏族,7月免)
次仁央宗(女,藏族)
郭 瑞 祥(7月免)
果　　果(藏族,8月免)
占　　堆(藏族)
陈 文 强(6月任)
刘 志 强
孙 晓 南(援藏)
徐 宗 军(援藏,7月任)
郑　　欣(援藏,1月免)
杨 安 文(8月任)
史 本 林(8月任)
琼　　达(3月免)
江　　华(4月任)

市人民政府

市　　长　多吉次珠(藏族,1月免)
代理市长　张 延 清(藏族,1月任)
市　　长　张 延 清(藏族,2月任)
常务副市长　陈　　勇(援藏)
斯朗尼玛(藏族)
陈　　文(援藏,6月免)
王　　晖(援藏)
洪 家 志(援藏,8月任)
副 市 长　周 普 国(援藏,5月任)
计明南加(藏族)
次仁旺堆(藏族,7月免)
次仁央宗(女,藏族)
郭 瑞 祥(7月免)
果　　果(藏族,8月免)
占　　堆(藏族)
陈 文 强(6月任)
刘 志 强
孙 晓 南(援藏)
徐 宗 军(援藏,7月任)
郑　　欣(援藏,1月免)
杨 安 文(8月任)
史 本 林(8月任)

市政府办公厅党组

书　记　琼　　达(藏族,3月免)
江　　华(藏族,4月任)
副书记　(缺职)
成　员　岳 国 红(女,藏族)
张 长 祥
虢 洪 志(1月任)
央金卓嘎(女,藏族)
米玛次仁(藏族,12月任)
彭 飞 跃(1月任)
贡扎曲旺(藏族,9月免)
扎西平措(藏族,1月任)
尼玛普芝(女,藏族,1月任)
索朗江村(藏族,1月任)
强巴江才(藏族,2月免)
万　　平(援藏,6月免)
何 寿 孙(援藏,6月任)
曹 志 明
卢 炜 升(女,1月任)
刘 小 斌(1月任)
廖 子 美(5月任)

市政府办公厅

秘 书 长　琼　　达(藏族,3月免)
江　　华(藏族,4月任)
常务副秘书长　江　　嘎(藏族,3月免)
江　　华(藏族,4月免)
副秘书长　岳 国 红(女,藏族)
张 长 祥
虢 洪 志(1月任)
央金卓嘎(女,藏族)
米玛次仁(藏族,12月任)
彭 飞 跃(1月任)
贡扎曲旺(藏族,9月免)
扎西平措(藏族,1月任)
尼玛普芝(女,藏族,1月任)
索朗江村(藏族,1月任)
强巴江才(藏族,2月免)
万　　平(援藏,6月免)
何 寿 孙(援藏,6月任)
曹 志 明
卢 炜 升(女,1月任)
刘 小 斌(1月任)
廖 子 美(5月任)

政协拉萨市委员会党组

副书记　王茂雄
副书记　刘长富
谢廷锡
次旦朗杰(藏族)
成　员　次仁平措(藏族)
安央金(女,藏族)

政协拉萨市委员会

主　席　王茂雄
副主席　拉宗卓嘎(女,藏族)
刘长福
亚　古(回族)
谢廷锡
次旦朗杰(藏族)
次仁平措(藏族)
刘惠兴
刘全保
安央金(女,藏族)
元旦罗布(藏族)
裘鹏霞(女)

市政协办公厅党组

书　记　王守强
成　员　旺　堆(藏族)
肖强伟

市政协办公厅

秘书长　王守强
副秘书长　旺　堆(藏族)
肖强伟

提案委员会

主任委员　王　巍(12月免)
副主任委员　尼玛次仁(藏族)
德　吉(女,藏族)
任恩祥

文史民族宗教法制委员会

主任委员　(缺职)
副主任委员　扎西江村(藏族,12月免)
王树华
达瓦次仁(藏族)

经济资源环境社教科文卫委员会

主任委员　旺　杰(藏族)
副主任委员　达　瓦(藏族)
调研员　张志武
唐登田(1月任)
任恩祥(4月任)
达　瓦(藏族,7月任)
德　军(藏族,7月任)

市警备区

司令员　张才刚
政　委　刘　旭

市纪律检查委员会

书　记　诸伟敏
副书记　周俊杰
顿珠多吉(藏族)
拉巴次仁(藏族)
刘汝鹏
龙惠华(女)
常　委　旺　堆(藏族)
李海云(8月任)
市监察局局长　周俊杰
副局长　旺　堆(藏族)
李海云(8月任)
调研员　王　玉(女)
第一纪检组组长　巴　珠(藏族)
第二纪检组副组长　王俊龙
第三纪检组组长　巴桑顿珠(藏族)
副组长　刘永芬(女)
第四纪检组组长　高红(女,藏族)
第五纪检组副组长　丹增塔杰(藏族)

市中级人民法院党组

书　记　边巴拉姆(女,藏族)
副书记　塔　青(藏族,1月免)
任卫东(1月任)
张　瑜(女,1月任)
成　员　蒋建平(1月任)
拉巴旺堆(藏族,1月任)
陈　杰(5月任)
胡欣宁(援藏,8月任)
旦增努布(藏族,1月任)
李　卫(1月免)
赵　军(1月任)
赵彩娥(女,1月任)

市中级人民法院

院　长　边巴拉姆(女,藏族,3月任)

副院长 塔　青(藏族,1月免)
任卫东(1月任)
张　瑜(女,1月任)
蒋建平(1月任)
拉巴旺堆(藏族,1月任)
陈　杰(5月任)
胡欣宁(援藏,8月任)
旦增努布(藏族,1月任)
政治部主任 李　卫(1月免)
赵彩娥(女,1月任)
纪检组组长 赵　军(1月任)
审判委员会专职委员 布　琼(藏族)
田红霞(女)

市人民检察院党组

书　记 田建设
副书记 塔　青(藏族,2月任)
次仁多吉(藏族,2月任)
成　员 桑　杰(藏族,2月任)
李　卫(2月任)
王红军(援藏)
德吉卓嘎(女,藏族)
格桑巴珠(援藏)
唐　凌(2月免)
晓　红(2月任)

市人民检察院

检察长 田建设
副检察长 塔　青(藏族,2月任)
次仁多吉(藏族,2月任)
王红军(援藏)
德吉卓嘎(女,藏族)
唐　凌(2月免)
晓　红(2月任)
调研员 桑　杰(藏族,2月任)
李　卫(2月任)
卓　越(2月任)
专职检委会委员 大尼玛次仁(藏族)
小尼玛次仁(藏族)
副调研员 杨立峰(2月任)
米吗次仁(藏族)
肖化平
强巴阿旺(藏族)
次仁多吉(藏族)
张　军
王建英
次旺欧珠(藏族)
刘玉梅(女)

市委组织部

部长 龙志刚
常务副部长 杨　昆
副部长 张义泉
冯毓强
达　瓦(藏族)
李连华(援藏)
张允永(援藏)
袁国军
部务委员 李艳红(女)
赵　亚
市委老干部局局长 达　瓦(藏族)
副局长 丁琼英(女)
普布旺堆(藏族)

市委宣传部

部长 马新明(彝族,援藏)
常务副部长 索朗次仁(藏族)
副部长 张碧芳(女)
王　巍(11月任)
李文华(援藏,8月任)
戴修军(援藏,7月任)
文化执法支队支队长 丁　剑
网信办副主任 李章辉
外宣局局长 拉　珍(女,藏族、11月任)
调研员 刘　斌
副调研员 格桑卓玛(女,藏)

市委统战部

部长 达　娃(藏族)
常务副部长 许兴成
副部长 次仁占堆(藏族)
公保太(藏族)
苏士勇
邹守忠
市宗教工作领导小组办公室副主任
沈宗志(7月任)

市委政法委

书　　记　张 延 清(藏族)
第一副书记　次仁旺堆(藏族)
常务副书记　和 平 志
副 书 记　边巴拉姆(女,藏族)
田 建 设
江安次仁(藏族)
赵 铁 岭
罗 明 安
马　俊
解 维 克
赵 春 林
综治办副主任　扎西多吉(藏族)
维稳办副主任　曾 四 红

市直属机关工作委员会

书　　记　袁 训 旺
副 书 记　王 浩 堂
格桑措姆(女,藏族)
刘 正 山
副调研员　方　凯

市委党校党组

书　记　许 广 林
成　员　杨 洪 荣
王 桂 胜(援藏,7月免)
德庆央吉(女,藏族)
顾 国 爱(援藏,7月任)

市委党校

校　长　陈　勇(援藏)
副校长　杨 洪 荣
王 桂 胜(援藏,7月免)
德庆央吉(女,藏族)
顾 国 爱(援藏,7月任)

市行政学院

院　长　陈　文(援藏,7月免)
洪 家 志(援藏,7月任)
副院长　杨 洪 荣

市档案馆(局)

局(馆)长　马 荣 清(女,回族)
副局(馆)长　刘 淑 娟(女)

市总工会党组

书　记　白 玉 福(哈尼族)
副书记　余　刚
成　员　格桑罗布(藏族)
刘 苓 霞(女)
措　姆(女,藏族)

市总工会

主　席　余　刚
副主席　白 玉 福(哈尼族)
格桑罗布(藏族)
刘 苓 霞(女)
措　姆(女,藏族)

团市委党组

书　记　张　正(5月免)
洛　色(藏族,7月任)
副书记　任 映 绮
格桑央宗(女,藏族,12月免)
次旦德吉(女,藏族,12月任)

市妇联党组

书　记　王 秀 美(女,藏族)
副书记　赵 金 花(女)
成　员　向巴彩喜(女,藏族)
和 继 香(女,纳西族,7月任)

市妇联

主　　席　赵 金 花(女)
副 主 席　王 秀 美(女,藏族)
向巴彩喜(女,藏族)
和 继 香(女,纳西族,)
副调研员　洛桑玉珍(女,藏族,7月任)

市工商联党组

书　记　次仁占堆(藏族)
副书记　李 崇 新(4月免)
格西哈姆(女,藏族,4月任)
成　员　杜 凤 斌
朱　军(援藏)
车 向 宇(援藏)
次仁顿珠(藏族)

市工商联

主　席　李 崇 新(4月免)
格西哈姆(女,藏族,4月任)

副主席 次仁占堆(藏族)
杜凤斌
朱 军(援藏)
车向宇(援藏)
次仁顿珠(藏族)

拉萨师范高等专科学校党委

党委书记 范春文
党委副书记 黄晓曦(援藏)
委 员 江 白(藏族)
拉巴旺堆(藏族)
舒宗荣

拉萨师范高等专科学校

校 长 黄晓曦(援藏)
副校长 范春文
江 白(藏族)
拉巴旺堆(藏族)
舒宗荣
纪委书记 江 白(藏族)

拉萨经济技术开发区管委会党工委

书 记 黄羽天
副书记 郭瑞祥(7月免)
郑丰才(藏族,7月任)
委 员 陆从福(8月免)
尼玛卓嘎(女,藏族)
边元松(7月免)
黄文军(7月免)
杨建林(2月任)
倪 夙(7月任)
华建男(7月任)
魏远丽(女)
旺 林(藏族)

拉萨经济技术开发区管委会

主 任 郭瑞祥(7月免)
郑丰才(藏族,7月任)
管委会副主任 陆从福(8月免)
尼玛卓嘎(女,藏族)
边元松(7月免)
黄文军(7月免)
杨建林(2月任)
倪 夙(7月任)
华建男(7月任)

规划建设局局长 于秀春(女)
经济发展局局长 达娃卓嘎(女,藏族)
财政所所长 陈晓英(女,藏族)
办公室主任 旺 林(藏族)
办公室副主任 谢永杰
副调研员 汤翠花(女)

柳梧新区管委会党工委

书 记 石文江
副书记 郑丰才(藏族,7月免)
委 员 张 涛(援藏,7月免)
陆从福(7月任)
陈小兵
张 丹(7月免,援藏)
平措次仁(藏族)
黄礼群(7月任,援藏)
杨新宇(7月任,援藏)

柳梧新区管委会

主 任 郑丰才(7月免)
常务副主任 张 涛(援藏,7月免)
陆从福(7月任)
副主任 陈小兵
张 丹(7月免,援藏)
平措次仁(藏族)
黄礼群(7月任,援藏)
杨新宇(7月任,援藏)

达孜工业园区管委会

主 任 王旭光
副主任 李 军
王斌忠

堆龙德庆县工业园区管委会

负责人 洛 旦

曲水县雅江工业园区管委会

主 任 王万卿
副主任 冯 林

市发展和改革委员会党组

书 记 赵亚萍(女)
副书记 达 娃(女,藏族)
成 员 武保林

侯廷远(援藏,7月免)
龚祖辉(援藏,7月免)
赵克风(援藏,7月任)
苟明平
德吉卓嘎(女,藏族)
侯成君

市发展和改革委员会

主　　任　刘志强
常务副主任　达　娃(女,藏族)
副　主　任　武保林
侯廷远(援藏,7月免)
龚祖辉(援藏,7月免)
赵克风(援藏,7月任)
苟明平
德吉卓嘎(女,藏族)
侯成君
副调研员　陈长军

市粮食局

局　长　宗金贤
副局长　边巴卓玛(女,藏族)

市法制办党组

书　记　郭龙贵(布依族)
成　员　邱秀兰(女)
洛桑多吉(藏族)

市法制办

主　任　郭龙贵(布依族)
副主任　邱秀兰(女)
洛桑多吉(藏族)

八廓古城管委会党工委

书　记　多　吉(藏族)
副书记　闫卫东
委　员　施裕忠(援藏,8月任)
巴桑卓嘎(女,藏族)
曹鹏程
拉巴次仁(藏族)

八廓古城管委会

主　任　闫卫东
副主任　施裕忠(援藏,8月任)
巴桑卓嘎(女,藏族)
曹鹏程
拉巴次仁(藏族)

市统计局　国家统计局拉萨调查队党组

书　记　仓　琼(女,藏族)
副书记　蔡　岷
成　员　黄树春
次　仁(藏族)
陈建琼(女)

市统计局　国家统计局拉萨调查队

局长、队长　蔡　岷
副局长　仓　琼(女,藏族)
黄树春
副队长　陈建琼(女)
调研员　次　仁(藏族)

市工信局(国资委)党组

书　记　江　嘎(藏族,1月任)
副书记　刘雨林
成　员　卢载贵(援藏,7月免)
刘洪涛(援藏,7月任)
成建华(援藏,7月任)
彭叶清
陈　强

市工信局(国资委)

局　长　刘雨林
副局长　江　嘎(藏族,1月任)
卢载贵(援藏7月免)
刘洪涛(援藏7月任)
成建华(援藏7月任)
彭叶清
陈　强

市教育局(体育局)党委

书　记　康娜美朵(女,藏族)
副书记　张　勤
委　员　中楚成
普布卓嘎(女,藏族)
郝　峰(援藏)
姬云鹏(援藏,7月任)
龚晓堂
向　宗(女,藏族)

市教育局(体育局)

局　长　张　勤

副局长 康娜美朵(女,藏族)
中楚成
普布卓嘎(女,藏族)
郝　峰(援藏)
姬云鹏(援藏,7月任)
龚晓堂
向　宗(女,藏族)

市科技局党组

书　记 何　镛(1月任)
副书记 黄前敏(女,藏族)
成　员 李汉中(7月免)
王铁山(援藏,7月任)
李信群(1月任)
李文军(援藏,7月任)

市科技局

局　长 黄前敏(女,藏族)
副局长 何　镛(1月任)
李汉中(7月免)
王铁山(援藏,7月任)
李信群(1月任)
李文军(援藏,7月任)

市民宗局党组

书　记 刘惠兴
副书记 春　新(藏族)
党组成员 次仁罗布(藏族)
陈　红

市民宗局

局　长 (缺职)
副局长 春　新(藏族)
陈　红
副调研员 次仁罗布(藏族)
次旺旺久(藏族)

市公安局党委

书　记 龚会才(5月免)
次仁旺堆(藏族,5月任)
副书记 郑玉成
成　员 唐　凌
高新军(援藏)
杨建林
尼玛次仁(藏族)
代利刚
拉　珠(藏族)
李　斌
尼　玛(藏族)
张文卫
邓　俊(援藏)
田献琴(女)
洛桑次仁(藏族)
付银昌
唐　兴(藏族)

市公安局

局　长 次仁旺堆(藏族,5月免)
陈文强(6月任)
副局长 郑玉成
高新军(援藏)
尼玛次仁(藏族)
代利刚
拉　珠(藏族)
李　斌(藏族)
尼　玛(藏族)
张文卫
邓　俊(援藏)
田献琴(女)
洛桑次仁(藏族)

市公安消防支队

支队长 扎西多吉(藏族)
政　委 刘庆永

武警拉萨市支队

支队长 孙明华
政　委 罗德礼

市森林大队

大队长 陈增宏
教导员 王　楠

市民政局党组

书　记 何春林
副书记 扎西白珍(女,藏族,1月免)
白玛玉珍(女,藏族,7月任)
成　员 央金卓嘎(女,藏族)
强巴德勒(藏族)

拉姆卓玛(女,藏族)
柴珠峰(援藏,7月任)
苏建设(7月任)

市民政局

局　长　扎西白珍(女藏族,1月免)
白玛玉珍(女,藏族,12月任)
副局长　何春林
强巴德勒
柴珠峰(援藏,7月任)
拉姆卓玛(女,藏族,1月任)
苏建设(8月任)
副调研员　钟　鸣(女)

市司法局党组

书　记　蔡严林
副书记　次　培(藏族)
党组成员　达　娃(藏族)
陈小同(援藏,7月任)
小边巴次仁(藏族)
大边巴次仁(藏族)
陈　莉(女,2月任)

市司法局

局　长　次　培(藏族)
副局长　蔡严林
陈小同(援藏,7月任)
小边巴次仁(藏族)
大边巴次仁(藏族)
陈　莉(女,藏族,2月任)
副调研员　王　晓(女)

阳光公证处

主　任　达　娃(藏族)
副主任　邸海青(女)
阿旺拉姆(女,藏族)

市财政局党组

书　记　刘全保(1月任)
副书记　扎西白珍(女,藏族,1月任)
成　员　任玉萍(女,汉族)
乔　俊(8月任)
杨　力(8月任)
列　桑(藏族,6月任)

市财政局

局　长　扎西白珍(女,藏族,2月任)
副局长　任玉萍(女)
乔　俊(8月任)
杨　力(8月任)
列　桑(6月任)
副调研员　尼玛桑珠(藏族)
王　君(女,8月任)

市国土局党组

书　记　强巴江才(藏族)
副书记　李　嵘
成　员　宋玉璋
朱万江(援藏)
徐安海(5月任)

市国土局

局　长　李　嵘
副局长　强巴江才(藏族)
宋玉璋
朱万江(援藏)
徐安海(5月任)

市城乡规划局党组

书　记　宋留柱(7月任)
副书记　李　嵘(7月任)
成　员　米玛次仁(藏族,7月任)
胡建平(7月任)
曹国华(11月任)

市城乡规划局

局　长　李　嵘(11月任)
副局长　米玛次仁(藏族,8月任)
胡建平(11月任)

市人力资源和社会保障局党组

书　记　彭丽华(女,藏族)
副书记　张义泉
成　员　马白胜
果　刚(满族,援藏)
仁乃旺堆(藏族)
贺能晟

市人力资源和社会保障局

局　长　张义泉
副局长　彭丽华(女,藏族)
马白胜
果　刚(满族,援藏)

仁乃旺堆(藏族)
贺能晟
副调研员 李春儒
德 央(女,藏族)
罗桂芳(女,藏族)

市住房和城乡建设局党组

书 记 张贵国
常务副书记 蒋 伟(援藏,7月免)
副书记 格桑平措(藏族)
成 员 樊锋旭
次 达(藏族)
郑 伟(援藏,7月免)
刘朝晖(援藏,7月任)
于新华(援藏,7月任)
刘 阳
刘英俊(1月任)
戴凤霞(女,1月任)

市住房和城乡建设局

局 长 格桑平措(藏族)
副局长 次 达(藏族)
蒋 伟(援藏,7月任)
郑 伟(援藏,7月免)
刘朝晖(援藏,7月任)
于新华(援藏,7月任)
刘 阳
刘英俊(1月任)
戴凤霞(女,1月任)
副调研员 金 永(女,藏族)
宜春玲(4月任)
刘小平(9月任)

市交通运输局党组

书 记 杨 林
成 员 何晓玲(女)
丁志群(援藏,8月任)
胡士权
杜志强

市交通运输局

局 长 贡扎曲旺(1~10月缺职,11月任))
副局长 杨 林(1月任)
何晓玲(女)
丁志群(援藏,8月任)
胡士权

市水利局党组

书 记 韩云拴
副书记 欧阳莉萍(女)
成 员 霍晓露
觉 旦(藏族)
腾宝亭
王 建

市水利局

局 长 欧阳莉萍(女,)
副局长 霍晓露
觉 旦(藏族)
腾宝亭(藏族)
王 建
副调研员 罗布次仁(藏族)

市农牧局党组

书 记 其美旺姆(女,藏族)
副书记 刘俊博
党组成员 达瓦顿珠(藏族,1月任)
白玛德吉(女,藏族)
王宝海(7月免)
白琼岩(7月免)
吴宏业
支建辉(1月任)
宋四海(1月任)
左春伟(7月任)

市农牧局

局 长 刘俊博
副局长 其美旺姆(女,藏族)
白玛德吉(女,藏族)
王宝海(7月免)
白琼岩(7月免)
吴宏业
支建辉(1月任)
宋四海(1月任)
左春伟(7月任)
副调研员 央 吉(女,藏族)
辜正强
晋 美(藏族,9月任)

市商务局党组

书　记　旺　　杰(藏族)
副书记　范红英(女)
成　员　申延福
何怀东(7月任,援藏)
谢玉梅(女,2月任)
纪伟师

市商务局

局　　长　范红英(女,)
副局长　旺　　杰(藏族)
申延福
何怀东(援藏,7月任)
谢玉梅(女,2月任)
副调研员　纪伟师

市文化(新闻出版、文物)局党组

书　记　王德隆
副书记　(1月~9月缺职)
多吉次仁(藏族,10月任)
平措旺堆(藏族)
成　员　曹　　兰(女)
于占平
格桑顿珠(藏族)

市文化(新闻出版、文物)局

局　　长　多吉次仁(藏族,10月任)
副局长　王德隆
平措旺堆(藏族)
曹　　兰(女)
于占平
格桑顿珠(藏族)
副调研员　劲永春(9月任)

市卫生局党组

书　记　杨如军
副书记　扎西德吉(女,藏族)
成　员　加永登巴(藏族)
潘　　睿(援藏)
吴珠旺姆(女,藏族)
申豫东
尹美玲(女)

市卫生局

局　　长　扎西德吉(女,藏族)
副局长　杨如军
加永登巴(藏族)
潘　　睿(援藏)
申豫东
尹美玲(女,9月任)
宋碧玉(女)
副调研员　宋碧玉(女)

市审计局党组

书　记　史　　勇
副书记　次　　旦(藏族)
成　员　彭　　多(女,藏族)
格桑平措(藏族)
黄益强(援藏,7月任)
扎西拉姆(女,藏族)

市审计局

局　　长　次　　旦(藏族)
副局长　史　　勇
彭　　多(女,藏族)
格桑平措(藏族)
黄益强(援藏,7月任)
扎西拉姆(女,藏族)
副调研员　曾令平(女)
经济责任审计处处长　曲松(藏族)

市外事办党组

书　记　张文生
副书记　朗杰卓玛(女,藏族)
成　员　朱亚林

市外事办

局　长　朗杰卓玛(女,藏族)
副局长　张文生
朱亚林

市广电局党组

书　记　索　　群(女,藏族)
副书记　朝　　阳
成　员　罗红卫(女,藏族)
李海云(8月免)

市广电局

局　长　朝　　阳
副局长　索　　群(女,藏族)
罗红卫(女,藏族)
李海云(8月免)

拉萨晚报

总编辑 刘　斌
副总编辑 格桑多吉(藏族)
仲　曦(援藏,8月任)
傅　力(援藏,8月任)
陈友珍(女,藏族)
马克尼
冯继红(女)
扎西平措(藏族,9月任)

市工商局党组

书记 王军义(藏族,8月任)
副书记 孙远国(7月免)
成员 王万新(援藏,12月任)
罗永宏(藏族,8月任)
惠秀娟(女,11月任)
拉巴次仁(藏族,8月任)

市工商局

局长 孙远国(7月免)
副局长 王军义(藏族,8月任)
王万新(援藏,12月任)
罗永宏(藏族,8月任)
惠秀娟(女,11月任)
副调研员 扎西朗杰(藏族,11月任)

市林业局绿化局党组

书记 占　堆(藏族)
副书记 宋留柱(7月免)
樊锋旭
张　旸(援藏,7月免)
成员 曹桂荣(女,满族)
陈卫中(援藏,7月任)
尼　玛(藏族)
徐宏强(援藏,7月免)
胡巧立(援藏)

市林业局绿化局

局长 宋刘柱(7月免)
樊锋旭(11月任)
副局长 占　堆(藏族)
张　旸(援藏,7月免)
曹桂荣(女,满族)
陈卫中(援藏,7月任)
尼　玛(藏族)
徐宏强(援藏,7月免)
胡巧立(援藏)

市旅游局党组

书记 董天林
副书记 旦增曲扎(藏族)
党组成员 姜　岭(援藏)
王　平
马　健(援藏)
扎西顿珠(藏族)

市旅游局

局长 丹增曲扎(藏族)
副局长 姜　岭(援藏)
王　平
马　健(援藏)
扎西顿珠(藏族

市环保局党组

书记 多布青(藏族)
副书记 李维生
成员 郭光亮
张战平(援藏,7月免)
谢志宽(援藏)
王军敏(援藏,8月任)
德吉央宗(女,藏族)
贺桂芹(女)
普布次仁(藏族)

市环保局

局长 李维生
副局长 郭光亮
张战平(援藏,7月免)
谢志宽(援藏)
王军敏(援藏,8月任)
德吉央宗(女,藏族)
贺桂芹(女,藏族)
拉鲁湿地管理局局长 普布次仁(藏族)

市质量技术监督局党组

书记 郑宏凯
成员 杨雪锋
西　绕(藏族)
陈振平
王步顺

市质量技术监督局

局　长　郑宏凯
副局长　杨雪锋
　　　　西　绕(藏族)
　　　　陈振平
　　　　王步顺

市安全生产监督管理局党组

书　记　白玉峰(回族)
副书记　孙文斌
成　员　拉巴次仁(藏族)
　　　　何虎啸
　　　　蔡卫旗(回族)

市安全生产监督管理局

局　长　孙文斌
副局长　白玉峰(回族)
　　　　拉巴次仁(藏族)
　　　　何虎啸
　　　　蔡卫旗(回族)

市信访局党组

书　记　彭朝晖
副书记　尼玛普芝(女,藏族)
成　员　李春梅(女)
　　　　扎西顿珠(藏族)
　　　　法德玛(女,回族)

市信访局

局　长　尼玛普芝(女,藏族)
副局长　彭朝晖
　　　　李春梅(女)
　　　　扎西顿珠(藏族)
　　　　法德玛(女,回族)
副调研员　李秀莲(女)

市政市容管理委员会党组

书　记　杨革峰
副书记　索朗江村(藏族,1月任)
成　员　李金雄(女)
　　　　肖明
　　　　舒瑞清(援藏,7月任)
　　　　陈　文(援藏,7月任)

市政市容管理委员会

主　任　索朗江村(藏族,1月任)
副主任　杨革峰
　　　　李金雄(女)
　　　　肖　明
调研员　李金雄
　　　　肖　明
副调研员　石大庆
　　　　洛桑扎西(藏族)
　　　　普布次仁(藏族,1月任)

市自来水公司

总经理　普布次仁(藏族)
副总经理　普　布(藏族)
　　　　吴　辉(藏族)

市扶贫开发领导小组办公室党组

书　记　孙伟华
副书记　拉巴顿珠(藏族)
成　员　徐宝琪(援藏)
　　　　庞　飞(援藏)
　　　　次　仁(藏族)
　　　　次仁德吉(女,藏族)

市扶贫开发领导小组办公室

主　任　拉巴顿珠(藏族)
副主任　庞　飞(援藏)
　　　　次　仁(藏族)
　　　　张晓林
　　　　次仁德吉(女,藏族)
　　　　徐宝琪(援藏)

市编译局党组

书　记　何春林
副书记　扎西白珍(女,藏族,11月免)
　　　　白玛玉珍(女,藏族,11月任)
成　员　央金卓嘎(女,藏族)
　　　　拉姆卓玛(女,藏族)
　　　　柴珠峰(援藏)
　　　　苏建设

市编译局

局　长　扎西白珍(女,11月免)
　　　　白玛玉珍(女,11月任)
副局长　何春林
　　　　柴珠峰(援藏)
　　　　拉姆卓玛(女,援藏)
　　　　苏建设
副调研员　钟　鸣

市地震局党组

书　记　边巴卓玛(女,藏族)
副书记　朱西瑞
成　员　穷　拉(女,藏族)

市地震局

局　长　边巴卓玛(女,藏族)
副局长　朱希瑞

市民服务中心党组

书　记　索朗多吉(藏族,10月免)
　　　　岳国红(女,藏族,12月任)
副书记　岳国红(女,藏族,12月免)
　　　　徐宗军(援藏,12月任)
　　　　苗咏霞(女,12月任)
成　员　徐　波
　　　　昌　拉(女,藏族)

市民服务中心

主　任　岳国红(女,藏族,12月免)
　　　　徐宗军(援藏,12月任)
副主任　索朗多吉(藏族)
　　　　苗咏霞(女,12月任)
　　　　徐　波
　　　　昌　拉(女,藏族)

布达拉宫广场管理处党组

书　记　王　奋
副书记　普　布(藏族)
成　员　吴　冰
　　　　向巴索朗(藏族)
　　　　旺　拉(藏族)

布达拉宫广场管理处

处　长　普　布(藏族)
副处长　王　奋

市八一农场党委

书　记　达瓦顿珠(藏族)
副书记　毛玉军
委　员　沈道国
　　　　多布杰(藏族)
　　　　明　玛(藏族)

市八一农场

场　长　毛玉军
副场长　达瓦顿珠(藏族)
　　　　沈道国
　　　　多布杰(藏族)
　　　　明　玛(藏族)

市人民防空党组

书　记　格　列(藏族)
成　员　宣利民
　　　　牛小平

市人民防空

主　任　格　列(藏族)
副主任　宣利民

市残联

理事长　央金卓嘎(女,藏族)
副理事长　格桑平措(藏族)
　　　　徐　峰

市城市建设投资经营有限公司党组

书　记　多吉旺久(藏族,12月任)
副书记　陈建平
成　员　格桑平措(藏族)
　　　　陈建平
　　　　丁素琼(女)

市城市建设投资经营有限公司

董事长　多吉旺久(藏族,12月任)
总经理　陈建平(1月任)
副总经理　丁素琼(女,7月任)
　　　　金祝明(11月任)
　　　　韦　勇(援藏,8月任)
　　　　强　久(藏族,9月任)

市暖心燃气热力有限责任公司

董事长　劳明伟
副总经理　泽　永
　　　　李新堂(蒙古族)
　　　　胡晓冬
　　　　荀志国
　　　　叶天震

拉萨布达拉旅游文化集团有限公司党委

副书记　扎西江村(藏族)

委　员　胡　　玺
邓增罗布(藏族)
德吉卓玛(女,藏族)

拉萨布达拉旅游文化集团有限公司

董事长、总经理　扎西江村(藏族)
副 总 经 理　胡　　玺
包 维 明(援藏)
郑　　盈(援藏)
邓增罗布(藏族)
德吉卓玛(女,藏族)

拉萨置地投资开发有限公司

董 事 长　包 庆 雨
总 经 理　索朗多吉(藏族)
副总经理　扎西顿旦(藏族)
王 吉 祥
潘　　睿
韩　　勇
普布卓嘎(女,藏族)

西藏圣城集团

总 经 理　陈伯顺
副总经理　雷　华

市公共交通集团总公司

总 经 理　泽　　兵
副总经理　达　　娃(藏族)
米　　玛(藏族)
次仁洛追(藏族)
徐 春 林
次　　珠(藏族)
拉巴次仁(藏族)

市国税局党组

书　记　其　　美(藏族,6月免)
珠　　加(藏族,6月任)
副书记　葛 程 蓉(女)
成　员　扎西旺堆(藏族)
栾 铁 栓
次仁曲珍(女,藏族,6月任)
谭 志 雄
扎西次仁(藏族)
刘　　奎

市国税局

局　　长　葛 程 蓉(女)
副 局 长　扎西旺堆(藏族)
栾 铁 栓
谭 志 雄
邱 韶 昆(藏族,6月免)
次仁曲珍(女,藏族,6月任)
纪检组长　扎西次仁(藏族)
总经济师　刘　　奎
调 研 员　蔡 贵 平(藏族)
冯 开 源(藏族)
贡觉加错(藏族)
洛桑克珠(藏族,12月任)

市气象局党组

书　记　杨 政 兴
成　员　陈 友 珍(女,藏族)
次仁达瓦(藏族)
毛 善 明(援藏,8月免)
胡　　军(女,藏族)
卓 连 根(援藏,8月任)

市气象局

局　长　杨 政 兴
副局长　陈 友 珍(女,藏族)
毛 善 明(援藏,8月免)
胡　　军(女、藏族)
卓 连 根(援藏,8月任)
调研员　格烈曲扎(藏族)
尼玛次仁(藏族)

市电业局党委

书　记　杜 金 水(11月免)
朗　　琼(女,藏族,11月任)
副书记　谭 志 红(11月免)
龚 东 昌(11月任)
委　员　旺堆次仁(藏族)
张 格 平
黄 丽 英(女)
刘　　超

市电业局

总 经 理　谭 志 红(11月免)
龚 东 昌(11月任)
副总经理　杜 金 水(11月免)
朗　　琼(女,藏族,11月任)

西藏邮政拉萨分公司党组

书　记　何　云
副书记　缺职
成　员　刘建设
　　　　普布扎西(藏族)

西藏邮政拉萨分公司

总经理　何　云
副总经理　刘建设
　　　　普布扎西(藏族)

中国电信拉萨分公司

党委书记　金丽萍(女)
总经理　土登穷穷(藏族)

中国移动拉萨分公司

党委书记、总经理　郭文权
副总经理　索朗日伍(藏族)
　　　　卞利辉
　　　　李晓亮

中国联通拉萨分公司

党支部书记、总经理　拉巴旺久(藏族)

市第一中等职业技术学校党委

书　记　吕贵声
副书记　耿进利
委　员　乡　琼(藏族)
　　　　李　林

市第一中等职业技术学校

校　长　耿进利
副校长　乡　琼(藏族)
　　　　李　林

市第二中等职业技术学校

党委书记　詹晓圣
校　长　穷　达(藏族)
副校长　次仁多吉(藏族)

城关区

书　记　果　果(藏族)
人大主任　马永青(藏族)
区　长　刘　亮
政协主席　李怀伟

堆龙德庆县

书　记　陈献森(援藏)
县　长　安央金(女,藏族)
人大主任　达娃次仁(藏族)
政协主席　郭志锋

墨竹工卡县

书　记　严应骏(援藏)
人大主任　洛　桑(藏族)
县　长　林　生(藏族)
政协主席　魏东飞

当雄县

书　记　张　正
人大主任　康加贵
县　长　旦增尼玛(藏族)
政协主席　周雅林

达孜县

书　记　徐申锋(援藏)
人大主任　达　娃(藏族)
县　长　阿努次仁(藏族)
政协主席　郝　静(女)

曲水县

书　记　彭祎涛
县　长　孙宝祥(藏族)
人大主任　罗　桑(藏族)
政协主席　王增升

林周县

书　记　钱文辉(援藏,5月免)
　　　　赵　涛(藏族,5月任)
人大主任　边　巴(藏族)
县　长　次仁顿珠(藏族)
政协主席　吕贵声(回族)

尼木县

书　记　范永红(援藏)
人大主任　洛桑赤列(藏族)
县　长　普　琼(藏族,8月任)
政协主席　余凤萍(女)

大 事 记

1 月

1 日 拉萨市十届人大常委会召开第五次会议。会议决定接受多吉次珠辞去拉萨市人民政府市长；听取和审议关于提请任命张延清的任职议案；听取和审议拉萨市人民检察院代理检察长田建设提请的人事任命事项。

4 日 拉萨市举行 2012 年度正县级领导干部考评大会，对各县(区)、市直各单位 100 名党政主要负责人的思想政治素质、组织领导能力、工作作风、工作实绩、廉洁自律情况、履行党风廉政建设责任制和反腐介廉工作推进情况进行考评。

5 日 多吉次珠主持召开市政府常务会议，与新任的代理市长张延清进行政府工作交接。

6 日 齐扎拉主持召开市委常委会，研究部署市委理论学习中心组学习会暨全市经济工作会议，以及市委八届三次会议召开的相关事项。

9 日 由西藏自治区党委宣传部主办，拉萨市委宣传部承办的中央电视台《远方的家》百集系列特别节目《北纬 30 度 · 中国行》西藏段开播仪式在拉萨市举行。

12 日 齐扎拉主持召开市委常委会，研究召开全市农村工作会议、市委八届三次全委会《报告》(征求意见稿)和《关于成立中共拉萨市委群众工作部的方案》等事项。

14 日 中共拉萨市委第八届委员会第三次全体会议召开。会议审议通过自治区党委常委、拉萨市委书记齐扎拉代表市委常委会向大会作的题为《凝心聚力攻坚克难 为建设美丽家园幸福拉萨而努力奋斗》的报告。市领导洛桑旦巴、张延清、土旦赤列、达娃、周广智、斯朗尼玛、普布顿珠、袁训旺、马新明、龚会才出席。

▲ 拉萨市召开优秀正县级领导干部和县(区)目标绩效考核暨工业经济(园区)发展考核表彰大会，对 2012 年度 20 名优秀正县级领导干部、8 个县(区)目标绩效考核单位和 5 个工业经济(园区)发展先进单位进行表彰奖励。

15 日 自治区党委常委、组织部部长梁田庚率领自治区慰问团到拉萨盲人学校、残疾人就业服务中心、拉萨特殊教育学校、残疾人康复服务中心，看望慰问残疾人及残疾人工作者。

16 日 齐扎拉主持召开拉萨八郭街历史文化街保护规划暨老城区保护工程市政项目规划设计汇报会。

17 日 拉萨市委常委会召开民主生活会。会议的主题是：深入学习贯彻中共十八大精神，以邓小平理论、“三个代表”重要思想、科学发展观为指导，按照“充分发挥首府城市首位度作用”和七个方面的工作要求，围绕全面实施“五大战略”，实事求是地查摆问题，深入开展批评与自我批评，切实做到在思想观念上有大转变，在境界标准上有大提升，在干劲作风上有大改进，不断提高市委常委会班子的整体工作能力和水平，推进全市经济社会跨越式发展和长治久安。

18 日 齐扎拉在八郭商城建设施工现场调研工程建设情况。

19 日 齐扎拉赴经济技术开发区和堆龙德庆县调研西城区规划用地情况。

21 日 拉萨市第一部综合性地方年鉴——《拉萨年鉴》(2012 卷)正式出版发行。

▲　市妇联第八届执行委员会召开第六次(扩大)会议。

20 日　齐扎拉主持召开市委常委会,传达学习《贯彻落实〈自治区党委常委会班子改进工作作风、密切联系群众约法十章〉实施细则》,听取相关工作情况汇报。

28 日　齐扎拉、自治区副主席丁业现检查老城区保护工程电力改造项目进展情况。

▲　拉萨市 2013 年春节藏历水蛇新年电视联欢会“美丽家园 幸福拉萨”圆满完成录制工作,将于 2 月 11 日藏历新年初一一早于广大观众见面。

30 日　拉萨市举行便民天桥及千佛崖栈道通行仪式。齐扎拉出席并宣布拉萨市便民天桥及千佛崖栈道正式通行。

▲　拉萨市引进急需紧缺专业人才交流座谈会暨安家补助费发放仪式举行。

31 日　市委常委、宣传部部长马新明对扎西白珍、何达成、甲日巴 · 洛桑朗杰、岗祖、宁桂兰和尼玛潘多 6 位国家级、自治区级和拉萨市级道德模范进行慰问。

▲　拉萨市召开城市试点工程总结表彰大会,齐扎拉出席并讲话。

▲　拉萨市区归国定居藏胞及境内亲属欢聚一堂,畅谈友情,共庆传统佳节。

2　月

1 日　《拉萨市党建手机报》发送启动仪式举行,齐扎拉出席仪式并宣布《拉萨市党建手机报》正式启动。

▲　市委副书记、代市长张延清到东郊客运站、拉萨百货百益超市、八一菜市场检查、了解节日市场供应情况。

▲　市委副书记、代市长张延清先后来到鲁固社区、宇拓路看望慰问低保户和 21 家商户,并送去慰问品和慰问金。

2 日　市委副书记、代市长张延清到色拉寺看望慰问寺管委会僧人成员、寺管委会干部、公安民警、驻寺武警、消防官兵。

5 日 ~6 日　市委常委、市纪委书记、市创先争优强基惠民活动领导小组副组长诸伟敏分别前往当雄县曲登居委会和城关区嘎玛贡桑居委会,看望慰问自治区派驻的市纪委、监察局驻村工作队、当地群众。

6 日　援助西藏发展基金会向西藏彩泉福利特殊学校,西藏 SOS 儿童村等 10 所福利院和孤儿院捐赠儿童营养品仪式举行。

7 日　市委副书记、代市长张延清到宗角禄康、布达拉宫广场、罗布林卡广场、大昭寺广场并沿江苏大道、纳金路、林郭北路、北京中路、北京西路等一路查看节日气氛的营造和市容市貌的整治情况。

8 日　拉萨市召开政法系统领导干部大会,宣布政法系统领导班子进行调整的决定。

▲　齐扎拉到城关区看望慰问热木其社区低保特困户和退休老干部及社区居委会干部职工,向他们致以节日的问候,并送去慰问品。

9 日　市副书记、市人大常委会主任洛桑旦巴先后看望慰问市政养护队、拉萨电视台、拉萨大桥便民警务站、吉日屯警点、市公交公司金珠场站、市妇幼保健院等单位正在值班的干部职工。

12 日　齐扎拉到拉萨市城关区河坝林社区,向广大社区干部群众致以新年的祝愿,并同大家共跳幸福拉萨规范舞,欢度春节、藏历新年。

▲　齐扎拉到“乃琼拉苏”佛事活动现场,检查解群众朝拜和现场秩序维持情况,看望慰问广大驻寺干部职工、僧人和一线工作人员。

13 日　齐扎拉赴达孜县看望慰问桑阿寺僧人、寺管会干部和自治区派驻的自治区审计厅驻村工作队。

▲　齐扎拉到拉萨市维稳一线指挥部、拉萨大桥便民警务站亲切慰问看望一线执勤人员。

20 日　市委副书记、代市长张延清主持召开城关区加强和创新社会管理工作专题会议。

24 日　拉萨市“四业工程”推进大会召开。

25 日　齐扎拉检查老城区保护工程进展情况。

26 日　政协第十届拉萨市委员会第二次会议开幕。

3　月

1 日　拉萨市第十届人民代表大会第三次会议举行。选举张延清为拉萨市市长,徐广林为拉萨市人大常委会副主任,边巴拉姆为拉萨市中级人民法院院长,田建设为拉萨市人民检察院检察长,和平志、赵金花当选为拉萨市人大常委会委员。

2 日　全市统战部部长会议召开。

▲　市政府邀请自治区有关单位领导、专家、学者及社会各界代表召开座谈会,就老城区特色风貌保护工程设计及城市家居设计、景观灯设计等方案征求

社会各方面的意见和建议。

4 日　全市科技工作会议召开。

5 日　全市文化新闻出版文物“扫黄打非”工作会议召开。会议对 2012 年全市文化新闻出版文物“扫黄打非”工作先进单位，先进个人进行表彰，与各县(区)文广局负责人签定 2013 年度全市文化新闻出版文物“扫黄打非”目标责任书。

6 日　全市广播影视工作会议召开。

7 日　江苏省 2013 年援藏卫生医疗队抵达拉萨市。医疗队有 16 名医生，分别由内科、外科、妇产科、儿科等专业的专家组成。

▲　《CCTV 经济生活大调查(2012—2013)》调查结果发布显示，拉萨市再次蝉联幸福城市前三甲。

▲　拉鲁湿地国家级自然保护区管理局与城关区藏热社区、加荣社区、拉鲁社区、仁钦蔡社区等启动对有“天然氧吧”之称的拉鲁湿地周围和“三渠一河”展开清理工作。

▲　2013 年全市农牧工作会议召开。

11 日　齐扎拉主持召开市委专题会，研究部署 2013 年拉萨市春季义务植树活动暨拉萨河谷造林绿化工程启动仪式。

12 日　张延清到林周县实地检查设施农业发展，督导维稳工作开展情况，看望慰问驻村工作队成员和一线执勤公安民警。

▲　自治区副主席坚参带领自治区调研组对拉萨市拉萨河城区段综合整治工程进展情况进行调研。

13 日　齐扎拉到拉萨民兵训练基地，考察项目建设情况。

▲　齐扎拉到各主要检查站、安检站看望慰问广大一线执勤人员。

15 日　齐扎拉主持召开市委常委会，研究部署 11 届市纪委第三次全体会议召开事项。

▲　拉萨市召开环保工作暨“创模”预评估动员大会。

18 日　武警西藏森林总队拉萨市大队召开会议，市委常委、常务副市长王晖兼任武警西藏森林总队拉萨市大队党委第一书记。

19 日　齐扎拉、自治区副主席多吉次珠到自治区残疾人托养中心、区市残疾人康复中心、就业服务中心等地进行实地调研。

20 日　中国共产党第八届拉萨市纪律检查委员会第三次全体会议召开。市委常委、市纪委书记诸伟敏代表市纪委常委会向大会作题为《以学习贯彻中共十八大精神为动力，做好党风廉政建设和反腐败斗争各项工作》的报告。

▲　市委副书记贾沫微赴尼木县吞巴乡吞达村调研，先后对尼木县吞巴乡吞达村委会、尼木县吞巴乡吞达村互助基金协会、吞弥非物质文化遗产博览园建设现场等地进行走访。

22 日　74 家自治区、拉萨市综治委成员单位在拉萨市北京东路，集中开展社会管理综合治理宣传活动。

▲　拉萨市召开国税系统“服务首府经济、推动提速跨越”表彰暨动员大会。

25 日　齐扎拉到城关区检查“双联户”工作开展情况。

26 日　拉萨广播电视台藏语综合频道和文化旅游频道开播仪式举行。

▲　拉萨市各族各界代表人士欢聚一堂，纪念西藏百万农奴解放 54 周年。

▲　市妇联举行“贫困母亲两癌救助金”发放仪式，为拉萨市 7 名贫困两癌母亲发放 7 万元救助金。

▲　首届拉萨广播电视合作发展论坛举行。

27 ~ 28 日　拉萨市各单位、各部门、各驻村工作队开展形式多样的活动，隆重纪念西藏百万农奴解放 54 周年。

28 日　拉萨市举行“升国旗 · 唱国歌”仪式，隆重纪念西藏百万农奴解放 54 周年。

29 日　凌晨 6 点左右，位于中国黄金集团华泰龙公司甲玛矿区内的墨竹工卡县扎西岗乡斯布村普朗沟泽日山发生山体自然滑坡，滑坡长 3 千米，滑坡量约 200 余万方。83 名工人被埋，拉萨市迅速反应，启动救援工作。

▲　江苏省援藏项目暨产业项目集中开工周汇报会在拉萨教育城召开，共涉及 451 个项目。

4　月

1 日　拉萨市“四业工程”企业用工协议与培训正式启动。来自拉萨市八县(区)50 名农牧民子女与西藏原创四川会馆饮食文化有限公司签订用工协议，并接受一个月的业务技能培训。

2 日　总投资 2.1 亿元的林周县 2013 年度 3 个江苏省援建重点项目暨国家投资的 28 个重点项目集中开工，涉及农牧、水利、交通、教育、文化、民生改善等多个领域。

4 日　自治区党委、政府和中国黄金集团公司在墨竹工卡县斯布村举行哀悼仪式,深切哀悼遇难工人。

8日　中国西藏国防教育网开通仪式在拉萨举行,标志着中国西藏国防教育网正式开通。

10日　西藏自治区卫生厅向全区28个县级医疗机构交付28辆救护医疗专用车和车载急救设备,这些车辆和设备将构筑起农牧区“120”急救体系,为农牧区群众提供便捷、及时的医疗急救服务。

11日　拉萨市举行2013年重点项目集中开工仪式。此次集中开工的项目共有55个,总投资15.5亿元,涵盖林周县青稞生产基地、重点寺庙维修保护、纳木错国家公园基础设施、江苏大道等农牧林水、社会发展、城乡基础设施和政法基础设施建设等多个领域。

12日　拉萨市委组织部和市非公党工委联合组织召开全市非公党建工作指导员座谈暨培训会,对拉萨市选派的67名非公党建指导员进行培训。

13日　2013年西藏高校毕业生第一批公开考录公务员笔试与全国其他18个省(区、市)同步启动。共有11815名考生报考,计划招录6500名。自治区考录办共设12个考区19个考点,其中区内考区有拉萨市等7个、区外考区有北京市等5个。

14日　拉萨城投公司和拉萨青达建设集团页岩砖、加气砖新型建材全自动生产线在堆龙德庆县马乡正式投产。

▲　大型歌舞剧《喜马拉雅》在拉萨市民族文化艺术宫上演。经过3次改编后的《喜马拉雅》融入藏戏、藏族舞蹈等元素,全面展现西藏历史、民族文化、传统风俗和生活习惯等。

▲　市政府新闻办就保护拉萨河鱼类召开新闻发布会。目的是为保护生态环境,促进拉萨市野生鱼类资源可持续发展,全力实施好“环境立市”战略。市委常委、宣传部部长马新明作为新闻发言人,向参会媒体介绍相关情况。

15日　齐扎拉主持召开市委常委会,听取拉萨国家经济技术开发区和柳梧新区工作进展情况汇报。

16日　市委党校举行市委党校、市行政学院2013年春季开学典礼。

17日　由拉萨市委和《西藏日报》牵头主办的“拉萨河纪行”大型系列采访活动正式启动。来自西藏日报社、西藏商报社、中国西藏新闻网、拉萨晚报社、拉萨电视台5家新闻媒体的30余名记者将采访拉萨河流域100个村落的历史文化、风土人情,向世界展示一个真实、和谐、发展的新拉萨。“拉萨河纪行”大型系列采访活动宣传报道会首先在各媒体刊播,并最终汇集成1本书《幸福,在这里——西藏全媒体记者拉萨河畔百村行》(暂定名)、1本画册《幸福河畔幸福歌》(暂定名)、1张光盘《寻找“幸福源”》(暂定名)和1个《调研报告》。

▲　齐扎拉主持召开市委常委会,听取拉萨市“六城同创”工作进展情况和全市群众工作进展情况暨创先争优强基惠民活动推进情况汇报。

18日　北京市免费救治拉萨市第二批先天性心脏病儿童启动仪式在市人民医院举行。此次复查确诊先天性心脏病患儿18人,其中尼木县5人、当雄县13人。

墨竹工卡县扎西岗乡斯布村多嘎组新农村建设工程开工建设。

19日　齐扎拉在拉萨师范高等专科学校检查指导学校基础设施建设、课程设置等情况。

21日　《文成公主》大型实景剧首演誓师大会在拉萨举行。

19～22日　自治区党委组织部副部长、区编办主任唐明英带领自治区党委组织部(编办)调研组一行在拉萨市曲水县、城关区、林周县、当雄县等地实地调配拉萨市乡镇机构改革、事业单位分类改革等情况。

23日　齐扎拉在拉萨老城区保护工程施工现场检查指导工作。

24日　齐扎拉主持召开市委常委会,听取拉萨市一季度经济运行情况汇报,研究《关于呈报〈2013年度拉萨市城市供暖试点工程建设与运营管理实施方案〉的请求》《关于深入推进“法治稳市”战略,建设平安拉萨、法治拉萨的意见》。

▲　市委宣传部、外宣局,市人民政府新闻办公室联合举办的新闻发言人培训班开班。

25日　拉萨市向中国志愿服务基金会募集资金仪式举行。中国黄金集团西藏华泰龙矿业公司、西藏天威·英利新能源有限公司、西藏昊泰气体设备科技有限公司等18家企业现场向中国志愿服务基金会募捐资金。

▲　西藏自治区“扫黄打非”办公室联合拉萨市“扫黄打非”办公室在拉萨举行2013年侵权盗版及非法出版物集中销毁活动。

27日　拉萨市城关区八大藏戏舞台剧光碟首发仪式在宗角禄康公园举行。城关区娘热民间艺术团成为西藏自治区第一个以创新手法一次性完成八大藏戏表演的艺术团体。

28 日　张延清实地检查老城区保护工程建设情况，了解存在的问题并主持召开现场会。

5　月

1 日　齐扎拉前往拉萨市老城区保护工程施工现场看望慰问一线工作人员。张延清陪同。

▲　"庆五一"文艺演出在宗角禄康公园举行。

▲　齐扎拉检查老城区照明工程。

2 日　城关区召开首批优秀基层聘用干部明确待遇座谈会，会议宣读《中共拉萨市城关区委员会拉萨市城关区人民政府关于城关区首批优秀基层聘用干部享受待遇相关问题的通知》和关于明确 10 名首批优秀基层聘用干部待遇的文件。

4 日　拉萨市召开庆祝"五四"青年节暨"中国梦·青春行"主题教育活动座谈会。

▲　拉萨市与迪庆州就设立云南藏区驻拉萨办事处事宜召开座谈会。

7 日　齐扎拉主持召开市委专题会议，研究东嘎分区概念性规划设计。

8 日　拉萨市人民政府新闻办公室召开新闻发布会，就老城区文物保护工作基本情况、老城区保护工程实施期间文物保护工作情况进行发布。

10 日　拉萨市企业党工委正式挂牌成立。

▲　自治区、拉萨市、城关区三级计生委在城关区夺底乡开展宣传活动，看望慰问贫困母亲。发放各种宣传资料和手册 1000 余份，各类常用药和计生用品、药品 20 多种，价值 1 万余元。

▲　拉萨市在众联网吧开展"以走路不闯红灯、吃饭不剩饭菜、上网不说脏话、旅游不扔垃圾"为主题的网络文明传播活动。

11 日　城关区召开干部任免职宣布大会，宣读干部任免职名单、干部调整期间各项纪律要求。

12 日　是我国第五个"防灾减灾日"。区市 60 家单位联合在北京东路开展宣传一条街活动。

13 日　拉萨市卫生、疾控、供水等部门在北京中路开展主题为"科学认识饮用水，健康惠及千万家"的全市饮用水卫生宣传活动。活动共发放 26 种宣传资料、手册 5000 余份，设立展板 20 个。

14 日　拉萨市召开农牧区（社区）党风廉政建设第一次联席会议，研究新形势下拉萨农牧区（社区）党风廉政建设，就农牧区（社区）集体"三资"（资金、资产、资源）管理工作进行讨论，部署全市集体"三资"清理统计工作。

▲　齐扎拉前往四川省阿坝州驻拉萨联络点、四川省甘孜州驻拉萨联系点、青海省驻拉萨联络点、甘肃省甘南州驻拉萨联系点检查指导四省藏区驻拉萨联络点工作开展情况。

15 日　齐扎拉主持召开市专题会议，听取老城区保护工程项目建设进展情况，研究进一步推进老城区保护工程项目建设工作。

▲　全市"四业工程"村医培训班开班。各县（区）乡（镇）100 余名初高中以上待业青年参加培训。

15 ~ 17 日　政协第十届拉萨市委员会委员培训班开班。

16 ~ 17 日　全市地方志和年鉴编修知识培训班开班。北京市地方志办公室三位专家应邀授课。

17 日　拉萨市举行残疾少儿康复对象救助补贴兑现仪式，为拉萨市 0 至 16 岁残疾少儿进行康复救助补贴兑现。

▲　齐扎拉督导检查老城区保护工程施工进展情况。

▲　齐扎拉主持召开市委专题会议，研究部署八郭古城保护立法工作，依法有效地推动八郭古城保护进程。

▲　齐扎拉会见江苏省南京市副市长陈刚一行。

18 日　西藏牦牛博物馆主体工程完工，并公开接受社会各界藏品捐赠。

▲　拉萨市 2013 年人力资源洽谈会暨高校毕业生专场招聘会在拉萨师范高等专科学校举行。

▲　自治区、市残联、民政、卫生医疗、统计等 20 多家单位在北京中路开展一系列助残日宣传、咨询、服务活动。

20 日　拉萨市 2013 年科技活动周暨科技进校园·小发明家竞赛活动正式启动。活动的主题是"科技创新·美好生活"，围绕主题组织开展"科技进校园"科技进社区"科技进农牧区"等一系列活动。

▲　墨竹工卡县在甲玛乡赤康村霍尔康庄园举行 22 个南京市第六批援藏项目竣工现场汇报会。

21 日　齐扎拉检查《文成公主》实景剧场施工建设情况并看望慰问演职人员。

22 日　由市人民政府主办，市委宣传部、市文化局、市广电局、市文联承办的拉萨市庆祝西藏和平解放 62 周年暨全市民间艺术团首届文艺会演在宗角禄康公园举行。

▲　总投资930万元的城关区娘热乡奶牛养殖小区在城关区娘热乡举行奠基仪式。养殖小区属北京援藏项目,总投资930万元。其中北京援藏投资800万元、地方配套130万元。总用地面积约66000平方米,总建筑面积3963.98平方米。

▲　拉萨市举行“一张纸献爱心”捐助活动。

23日　由市直机关工委、市委党校联合举办的2013年机关党务干部学习贯彻落实党的十八大精神培训班开班。

▲　由新华网、中国社科院城市发展与环境研究所等单位共同举办的“2012年度城市网络形象排行榜暨《城市网络形象报告白皮书(2012)》发布会”在北京举行。授予拉萨市“中国城市网络形象排行榜十佳城市奖”。

24日　齐扎拉主持召开市委常委会议,研究《拉萨市老城区保护条例》(草案)、《拉萨市“联户平安、联户增收”工作进位激励考核管理办法》(讨论稿)和《关于调整拉萨市村(居)干部误工补贴范围和标准的意见》,并就制定出台《条例》《办法》提出具体要求。

▲　张延清先后到四川省甘孜州驻拉萨联络点、青海省驻拉萨联络点、甘肃省甘南州驻拉萨联络点、四川省阿坝州驻拉萨联络点了解相关工作开展情况。

▲　拉萨市统计基础知识学习培训会举行。拉萨市7县和57个乡(镇)设立分会场,2000余名市县乡干部以视频形式同步在线进行学习培训。

25日　清代帝王生活侧影展在西藏博物馆开幕。

27日　齐扎拉到堆龙德庆县检查职业教育办学情况。

28日　齐扎拉主持召开市委常委会议,听取中国光彩事业西藏行招商项目准备工作情况汇报,研究加快推进拉萨市职业教育等相关事宜。

▲　张延清主持召开拉萨市旅游工作专题会议,听取相关职能部门对推进全市旅游业发展的意见和建议。

▲　拉萨市分别召开座谈会,就《拉萨市八郭古城保护条例》(草案)向党政代表、人大代表、政协委员和各族各界群众征求意见。

29日　张延清在市政府宴会厅会见以色列贝特谢梅什市市长莫西·阿布特布一行。

▲　国家级和自治区级餐饮服务食品安全示范县授牌仪式在堆龙德庆县政府举行,同时标志着拉萨市“国家级餐饮服务食品安全示范县”创建工作全面启动。

▲　齐扎拉会见以北京市副市长张延昆为团长的北京市代表团一行,双方就对口援藏、经济发展、社会和谐稳定等共同关心的一系列问题交换意见。

▲　拉萨市分别召开座谈会,就《拉萨市八郭古城保护条例》(草案)向老干部征求意见。

30日　齐扎拉到拉萨河南岸实地检查了解拉萨南山绿化项目建设情况。

▲　齐扎拉主持召开市专题会议,研究修缮驻藏大臣衙门项目工程相关事宜。

▲　以北京市副市长张延昆为团长的北京市代表团到柳梧新区考察近年来北京援藏重大工程项目建设情况。

31日　拉萨德吉罗布儿童乐园在柳梧新区正式开园。儿童乐园项目总投资7500万元,其中北京市政府专项援藏资金2500万元、拉萨市柳梧新区城投公司投资2500万元、北京首旅集团投资2500万元并参与项目的规划设计和建设管理。

6　月

1日　自治区党委书记陈全国前往拉萨市城关区藏热小学,与同学们一起参加“红领巾相约中国梦”主题队日活动,并向全区各族少年儿童祝贺节日。齐扎拉陪同。

▲　市残联组织拉萨盲校学生前往曲水县小学开展“残健”学生联谊活动。

4日　张延清会见以江苏省发改委副主任、省援藏援疆办公室常务副主任樊海宏为团长的江苏省对口援藏援疆工作领导小组办公室赴藏考察团一行。

▲　齐扎拉主持召开拉萨市城乡规划建设委员会第二次会议,研究东嘎分区规划设计方案。

▲　齐扎拉检查驻藏大臣衙门工程建设并听取老城区保护工程项目建设情况汇报。

▲　张延清到堆龙德庆县拉萨职业教育中心和圣香海螺公司,实地检查指导“四业”工作开展情况并现场办公。

5日　由区市环保、国土资源、卫生、林业等20多家单位在北京中路联合组织开展“6·5世界环境日”一条街宣传活动。共发放78种宣传资料2.5万余册,设立展板120多个,发放环保购物袋3000多个。

6日　齐扎拉会见江苏省委常委、组织部部长杨新力一行。

▲ 张延清主持召开专题会议，对拉萨市城市供暖试点工程工作进行安排部署。

7 日 以江苏省委常委、组织部部长杨新力为团长的江苏省组织部系统代表团一行赴曲水县才纳乡现代化农业示范园、南木乡江村考察现代农业示范园种植、农牧民安居工程、家庭民俗旅游开展情况，并与县委、县政府领导座谈。

▲ 齐扎拉主持召开拉萨市城乡建设规划委员会第三次会议，听取拉萨市城市总体规划修编方案汇报。

8 日 自治区第一次归侨侨眷代表大会在拉萨市召开。

▲ 齐扎拉主持召开拉萨市形象宣传片评审会。

8 日~9 日 拉萨市妇女第九次代表大会召开。会议通过《关于拉萨市妇联第八届执行委员会工作报告的决议》，选举产生市妇联第九届常务委员会委员 7 名、执行委员会委员 29 名。选举赵金花为市妇联第九届主席。

9 日 在第一个全国性“国际档案日”，区档案局联合市档案局（馆）在宇拓路开展主题为“档案在你身边”宣传活动。

▲ 张延清主持召开全市发展环境综合整治工作专题会议。

▲ 拉萨市举办推进县（区）机关软件正版化工作培训会。

10 日 由武警水电部队担负建设任务的西藏旁多水利枢纽灌溉输水洞工程，首次在高寒、高海拔地区采用的 TBM（全断面岩石隧道掘进机）成功始发。

12 日 齐扎拉赴堆龙德庆县检查拉萨市职业教育中心筹建工作开展情况。

13 日 首届珠峰高原医学论坛在拉萨举行，来自国内高原医学以及心血管病方面的专家和西藏各大医院的专家学者就国际国内高原医学研究进行交流。

▲ 齐扎拉主持召开市委常委会，研究 2013 中国·拉萨雪顿节筹备工作等相关事项。

14 日 北京出版集团向拉萨市少年宫捐赠价值 10 万余元的 6000 多册图书，内容涉及课内、外辅导和益智类等。

▲ 张延清主持召开拉萨市 2013 年防汛工作部署会议，听取《拉萨市 2013 年防汛形势分析报告》，并对下一步防汛工作进行部署。

▲ 齐扎拉主持召开拉萨市城乡建设规划委员会第四次会议，听取中国西藏文化旅游创意园区控制性详规设计方案汇报，会议原则通过《中国西藏文化旅游创意园区控制性详规》。

15 日 2013 年就业援藏——北京市面向西藏籍高校毕业生专场招聘会在拉萨举行。北京市 55 家用人单位共提供 218 个就业岗位，其中事业单位岗位 24 个、企业岗位 194 个。

▲ 藏泉酒业二期扩建暨西藏经销商联谊、新产品推介会在堆龙德庆县工业园区举行。

16 日 西藏自治区浙江商会在拉萨举行成立。

17 日 由拉萨市政府主办，深圳融通国际招商（中国）顾问公司协办的“2013 年拉萨招商引资项目推介会暨签约仪式”在深圳市举行。共签约拉萨城关区西藏（国家级）非物质文化遗产博览园 29 个项目，协议投资总额达 108.41 亿元。

▲ 自治区及拉萨市直各相关单位工作人员及 20 多家相关企业在北京中路开展以“践行节能低碳，建设美丽家园”、“建设美丽中国，享受健康生活”、“厉行节约”、“青山绿水，清洁空气，我们一起努力”四个主题宣传咨询活动。

▲ 拉萨市 2013 年食品安全宣传周活动启动，开展以“社会共治，同心携手维护食品安全”为主题的宣传活动。

18 日 拉萨市与清华大学全面合作签约仪式在市政府举行。

19 日 齐扎拉前往老城区检查老城区保护工程项目建设情况。

▲ 齐扎拉主持召开拉萨市城乡规划建设委员会第五次会议，听取拉萨东迁单位基础设施现状汇报，研究城市规划管理有关事项。

20 日 拉萨市举行 2013 年度综治委第一次全体会议暨平安单位授牌仪式。

▲ 全国政协常委、原北京市政协主席阳安江，自治区政协副主席参木群前往柳梧新区检查指导北京援建项目。

▲ 国家教育部赴藏调研组郭岩一行赴曲水县调研该县经济社会基本情况以及学前教育、义务教育、职业教育等教育事业发展情况。

21 日 由故宫博物院、中国藏学研究中心、中国社科院、云南民族大学、西藏大学等单位 11 名藏学、民族学、宗教学专家组成的“专家拉萨古城行”到拉萨市八廓古城实地考察拉萨市老城区保护工程。

▲ 齐扎拉会见北京市文联党组书记、常务副主

席陈启刚率领的北京市文联代表团一行。

22 日　西藏佛学院色拉寺分院挂牌成立。

▲　西藏佛学院色拉寺分院挂牌成立。

▲　首都艺术家们前往拉萨警备区慰问演出。

▲　市政府新闻办召开拉萨市新一轮全国双拥模范城(县)创建工作新闻发布会。

24 日　北京市第六批援藏干部工作总结大会召开。

▲　北京书画艺术家慰问援藏干部暨京藏书画家交流笔会活动在拉萨举行,以此增进两地书画家的友谊和交流。

▲　首都艺术家代表团在市政府会议中心进行慰问演出。

25 日　是第 23 个全国土地日。区、市国土部门在北京中路区国土厅段设立宣传点宣传相关知识。

▲　市教育(体育)局在市一小举行"中国梦"主题演讲比赛。拉萨市特殊教育学校教师谭倩荣获一等奖。

26 日　城关区海淀小学改扩建工程奠基仪式举行。改扩建项目共投入资金 2400 万元,分别由北京市海淀区援助 800 万元、北京市援藏指挥部协调解决 1600 万元。

29 日　拉萨市首届文成公主主题论坛在江苏生态园举行。市委副书记贾沫微出席论坛并致辞。故宫博物院、浙江农林大学美国威斯康辛——密尔沃基大学敦煌文献研究所的 5 位专家作主题演讲。

▲　拉萨市 2013 年上半年和谐模范寺庙暨爱国守法先进僧尼表彰大会召开。

▲　拉萨市人民政府与中国建设银行西藏分行战略合作协议签字仪式在拉萨举行。

30 日　老城区保护工程竣工仪式举行。齐扎拉等区市领导,老城区居民群众代表,施工企业代表近 400 人参加仪式。项目总投资约 15 亿元。

▲　首届援藏干部摄影大赛作品展在西藏博物馆开幕。

▲　清政府驻藏大臣衙门旧址陈列馆揭牌仪式举行。该项目是老城区 56 座古建大院重点修缮工程项目之一,总建筑面积达 6443.99 平方米,整体工程约投入 2.97 亿元。

7　月

1 日　齐扎拉在八廓商城建设施工现场检查工程建设情况。

▲　自治区领导陈全国、洛桑江村、邓小刚、金书波、齐扎拉等一同考察老城区保护工程和驻藏大臣衙门旧址陈列馆。

▲　拉萨市举行 2013 年新党员入党宣誓仪式,纪念中国共产党成立 92 周年。全市各行各业 200 名优秀同志光荣加入中国共产党。

2 日　在藏十二届全国人大代表调研拉萨市食品安全工作开展情况。

3 日　拉萨市残联在尼木县举行残疾人社区康复服务站启动暨 0 ~ 16 岁残疾少儿康复对象救助补贴发放仪式。为尼木县 16 名 0 ~ 16 岁残疾儿童的家长代发放康复救助补贴 3.84 万元及 6 辆轮椅。

4 日　由自治区文明委主办,区党委宣传部、区文明办、区旅游局、拉萨市文明委承办的"文明西藏·文明旅游"行动启动仪式在西藏自治区博物馆举行。

5 日　拉萨市召开第六批优秀援藏干部表彰大会。林涛、于波等 97 名援藏干部受到市委、市政府的表彰。

▲　总投资 5500 万元的柳梧新区医院建设项目开工奠基。项目资金全部由北京市解决,是 2013 年北京援藏项目。

5 日至 6 日　江苏省农委考察团前往城关区参观考察特色园艺产业化科技示范园和市农科所青稞育种实验基地,并召开江苏省农委对口支援市农牧局、林业绿化局座谈会。

6 日　齐扎拉前往东城区综合展馆、西藏文化旅游创意园区建设工地视察工程建设情况。要求,抓项目就是抓发展,在确保安全的前提下,大力推进重点项目建设进程。

7 日　齐扎拉前往教育城拉萨中等职业技术学校、堆龙德庆县拉萨市职业技术学校调研。

▲　西藏佛学院举行拉萨市学经新召收僧尼培训班结业典礼。

8 日　拉萨市残疾人联合会第六次代表大会召开。

▲　齐扎拉检查老城区保护工程项目建设后续工作开展情况。

9 日　北京市第七批援藏干部抵达拉萨市。

10 日　西藏自治区首个政务发布类微博"拉萨发布"在人民网正式开通上线。设有拉萨要闻、权威发布、惠民实事、幸福拉萨、圣地旅游等 10 个栏目。

▲　以"帮人才就业、促民企发展"为主题的 2013 年民营企业招聘周启动仪式暨拉萨地区第十一

期人力资源洽谈会举行。

▲ 全国双拥调研组赴拉萨市检查指导工作，并召开座谈会。张延清向调研组一行介绍我市双拥工作开展情况。

11日 北京永外街道和城关区扎细街道“手拉手”共建活动启动仪式举行，双方现场签订未来10年的交流共建协议书。

12日 齐扎拉会见以丽江市委书记罗杰为团长的丽江市党政代表团一行。

▲ 拉萨市荣获“2012 IFEA 国际节庆城市奖”奖牌。

▲ 区党委副书记、区人大常委会主任白玛赤林率部分全国人大代表、自治区人大代表视察拉萨市老城区保护工程和驻藏大臣衙门旧址陈列馆。

13日 拉萨市与丽江市文化合作座谈会暨拉萨大昭寺藏丽江版《甘珠尔》大藏经复制卷交接仪式在大昭寺内举行。

15日 张延清赴曲水县、堆龙德庆县，就拉萨市生活垃圾填埋场建设运行和社会福利院选址情况进行实地调研。

▲ 齐扎拉前往八廓商城建设施工现场检查工程建设情况。

15日~16日 全国妇联党组书记、副主席宋秀岩在自治区党委书记陈全国陪同下，前往拉萨市城关区、达孜县看望慰问各族各界妇女，考察指导妇女工作。

16日 江苏省第七批援藏干部抵达拉萨市。

▲ 中央统战部七局副局长韦刚一行在拉萨调研城市规划建设、文化教育等工作开展情况。

17日 齐扎拉会见香格里拉（亚洲）有限公司副董事长雷孟成率队的赴藏考察组一行。双方就推动拉萨旅游产业大发展交换意见。

▲ 市委副书记、市人大常委会主任洛桑旦巴，市委副书记、统战部部长达娃一行前往林周县热振活佛、夏仲活佛住处，看望慰问两位活佛。

18日 中国社会科学院副院长李捷率调研组一行与拉萨市进行座谈。齐扎拉、区政协副主席、社科院院长白玛朗杰出席，张延清作汇报。

▲ 市委副书记、市人大常委会主任洛桑旦巴，市委副书记、统战部部长达娃一行前往堆龙德庆县乃朗寺看望慰问第十一世巴吾活佛和驻寺干部。

19日 张延清前往西藏文化旅游创意园区检查指导工程建设情况。

20日 西藏自治区云南大理商会成立暨揭牌仪式在拉萨市举行。

22日 江苏省第六批援藏干部结束援藏工作，返回江苏。

23~29日 以团中央书记处书记汪鸿雁为组长的国务院第十五督察组一行抵拉萨市，在自治区开展安全生产督察工作。

23日 世界卫生组织西太区主任申秀英带领考察团一行到堆龙德庆县考察指导拉萨市医疗卫生开展情况。

▲ 拉萨市城市文明程度指数测评人员集中培训会开班。

▲ 拉萨市第四期企业经营管理人员培训班开班。

23~24日 清华大学党委书记胡和平、中组部组织二局副巡视员杨保平一行在拉萨市考察指导工作，看望慰问在拉萨工作的清华大学毕业生，并出席城关区清华大学研究生社会实践基地揭牌仪式。

24日 《文成公主》大型实景剧座谈会在拉萨召开，齐扎拉，区党委常委、宣传部部长董云虎出席。

▲ 张延清前往哲蚌寺、色拉寺实地检查指导雪顿节展佛活动筹备情况，并现场办公安排部署各项工作。

25日 中共拉萨市第八届委员会第四次全体会议召开。齐扎拉代表市委常委会作题为《深入贯彻落实习近平总书记重要讲话精神，奋力推进拉萨跨越式发展和长治久安》的报告。会议审议通过《中共拉萨市第八届委员会第四次全体会议关于常委会工作报告的决议》。

▲ 拉萨市房地产举行信息管理系统开通仪式。

26日 自治区党委书记陈全国前往拉萨城市规划建设展览馆和拉萨市职业技术学校，就拉萨城市规划建设和职业技术教育工作进行调研。

▲ 拉萨市房地产信息管理系统开通仪式举行。

▲ “文明西藏·文明交通行动”示范活动启动仪式在拉萨举行。

26日~7月3日 拉萨市七县一区30名中小学生参加2013年“中国梦—走进华夏古都南京”第二届拉萨市中小学生南京夏令营活动。参加此次活动的小营员大多数来自基层和偏远农牧区家庭。

27日 市委副书记、常务副市长陈勇会见香港利星行集团董事、总经理颜健生一行。

28日 张延清赴林周县检查指导防汛抗灾

工作。

29 日　拉萨彩泉福利特殊学校建校 20 周年庆典活动举行。

▲　以“藏文鼻祖之乡、水磨藏香之源、幸福和谐吞巴”为主题的第二届尼木县吞弥文化旅游节开幕式举行。

▲　齐扎拉主持召开市委常委会,听取“中国光彩事业西藏行”拉萨市活动筹备工作和重点项目衔接工作情况汇报。

30 日　“世界屋脊 · 神奇西藏”旅游宣传推介会在拉萨市举行。

31 日　张延清主持召开市政府专题会议,听取 2013 中国 · 雪顿节阶段性工作进展情况汇报。

8　月

1 日至 6 日　中共中央政治局常委、全国政协主席俞正声在拉萨市和那曲地区调研。

1 日　大型实景剧《文成公主》在中国西藏文化创意园区首演。

2 日　拉萨市达孜县德庆村举行百种藏汉文对照惠民图画书首发仪式暨赠送图书活动。

2 日　邀请清华大学环境学院副教授、博士生导师温宗国作关于经济发展过程中的环境资源保护问题、我国资源环境发展趋势预测专题讲座。

3 日　第三届西藏唐卡艺术博览会在罗布林卡开幕。

▲　拉萨市与甘南藏族自治州举行友好城市协议签订仪式,并召开社会管理创新工作经验交流座谈会。

▲　邀请江苏省昆山市乡镇企业协会会长、苏州招商中心秘书长孙建中教授作《招商引资策略与技巧》专题讲座;下午,邀请清华大学哲学系王晓朝教授作民族与宗教问题专题讲座。市直各机关单位 240 余名领导干部参加学习,各县(区)设分会场。

4 日　2013 年第五届“雪顿之星”全国歌手大奖赛决赛在拉萨电视台演播大厅举行。

5 日　中国光彩事业西藏行西藏特色产品展示会、项目对接活动在罗布林卡举行。中央统战部、全国工商联、中国光彩事业促进会及全国 30 多个省市的 600 多位企业家和来自自治区的 100 多家企业参加。

▲　西藏自治区四川商会在拉萨市举行成立庆典暨揭牌仪式。

▲　江苏省工商联赴藏考察团与拉萨市工商联举行友好对接座谈会,双方签订 2012 年至 2016 年《对口援助协议书》。

▲　2013 年—2014 年度恒爱行动全国启动仪式在拉萨市举行。是以关爱孤残儿童为核心的公益慈善项目。

▲　“第六届中国西藏珠穆朗玛摄影大展”暨“美丽拉萨摄影周”摄影大赛在拉萨布达拉宫广场开幕。大赛共收到 1.2 万余幅作品,精选出 300 幅作品展出。

▲　由江苏省教育工委副书记潘漫率领的江苏教育专家团一行 10 人赴拉萨市开展“送教进藏”活动。

▲　清华大学工业工程系向拉萨彩泉福利学校爱心捐赠价值 3 万多元的书包等学习用品。

6 日　2013 中国 · 拉萨雪顿节开幕式文艺演出暨焰火晚会在布达拉宫广场举行。

▲　北京市工商联赴藏考察团与拉萨市工商联举行友好对接座谈会,并签订光彩事业捐赠协议书。

▲　第二届全区藏戏大赛暨全国藏戏学术研讨会在罗布林卡举行。近 20 位知名藏戏研究专家 9 个方面的议题开展研讨。

▲　2013“中国光彩事业西藏行”拉萨市农牧业产业化项目招商会活动在拉萨泽当饭店举行项目签约仪式。

7 日　“中国光彩事业西藏行”拉萨市项目推介签约仪式举行。此次活动签约项目 148 个,总投资 1049.1 亿元;集中开工项目 45 个,总投资 109.7 亿元;现场颁发营业执照企业 10 家,注册资金 7.84 亿元。

▲　“中国光彩事业西藏行”拉萨市产业项目集中开工仪式在拉萨国家级经济技术开发区举行。共 9 个项目,总投资 37.5 亿元,涉及农畜产品精深加工等多个领域。

▲　北京市农牧局副局长王振邦带队的北京市农牧局赴藏考察团与市农牧局举行对接座谈会,援助拉萨市标准化肉鸡养殖技术示范推广项目 30 万元资金。

8 日　主题为“行走天之巅写意纳木错”的纳木错国际徒步大会举行。

▲　以“美丽家园 · 幸福拉萨”为主题的 2013 中国拉萨雪顿节书画艺术展在西藏博物馆开幕,并为藏文书法长卷创大世界基尼斯纪录颁奖。

10 日 2013 中国拉萨雪顿节音乐高峰论坛举行。

11 日 十二届全国人大常委会副委员长向巴平措在齐扎拉陪同下参观拉萨城市规划建设展览馆。

12 日 “雪顿之夜”音乐会暨 2013 中国拉萨雪顿节闭幕式举行。

▲ 齐扎拉在八廓商城建设施工现场检查工程建设情况。

▲ 拉萨市人民政府、西藏自治区旅游局、西藏自治区体育局主办,拉萨市旅游局、中国纺织品商业协会户外用品分会承办和西藏第三极文化传播有限公司协办的首届户外高峰论坛在拉萨举行。

▲ 河北省唐山市政协副主席杨方一行在市政协相关负责人陪同下,赴曲水县茶巴拉乡,对该乡 10 户贫困户进行集中慰问。

13 日 齐扎拉会见北京市怀柔区委书记齐静为团长的怀柔区党政代表团一行。

▲ 由拉萨市人民政府、中国乳制品工业协会和中国中央电视台广告经营管理中心联合举办的“2013 中国拉萨雪顿节乳制品产业发展高峰论坛”在拉萨举行。

▲ 雪顿节期间,第五届“雪顿之星”青年歌手大奖赛举办,共有 2000 余名选手参与。

13～16 日 全国爱卫办组织有关专家对拉萨市创建国家卫生城市工作进行技术评估。

14 日 北京市怀柔区党政代表团一行到当雄县考察调研,并向当雄县捐赠资金 100 万元。

▲ 曲水县为达嘎乡整乡推进扶贫项目和才纳乡农机具扶持购置项目的 120 户群众发放东方红小四轮 200 型农用拖拉机。每台 1.97 万元,其中政府补贴 1 万元。

▲ 北京市西城区与城关区夺底乡在洛欧村举行座谈会。并向城关区夺底乡捐赠项目资金 150 万元。

▲ 南京市江宁区代表团赴墨竹工卡县考察,并捐赠 100 万元。

▲ 齐扎拉检查根敦群培纪念馆建设项目。

15 日 政协第十届拉萨市委员会常务委员会第四次会议召开。

▲ 全国政协副主席、国家民委主任王正伟前往大昭寺、拉萨清真寺、布达拉宫考察。

16 日 水利部党组副书记、副部长、水利部援藏工作领导小组组长矫勇,水利部总工程师汪洪一行前往拉萨市林周县旁多水利枢纽工程输水洞项目施工现场,看望慰问参与工程建设水利工作者。

▲ 齐扎拉会见江苏省镇江市市长朱晓明为团长的党政代表团一行。

▲ 十届全国人大常委会副委员长热地在齐扎拉等陪同下,在拉萨市考察调研。

▲ 拉萨市十届人大常委会召开第十次、十一次常委会议。会议决定免去次仁旺堆的拉萨市副市长、市公安局局长职务,郑欣的拉萨市副市长职务。决定任命,洪家志为拉萨市副市长,周普国为拉萨市副市长;陈文强为拉萨市副市长、市公安局局长。决定任命,徐宗军为拉萨市副市长,杨安文为拉萨市副市长,史本林为拉萨市副市长。

▲ 市委副书记、统战部部长达瓦会见尼泊尔联邦民主共和国妇女友好交流代表团团长西露・马南达尔・巴扎查雅一行。

▲ 北京援藏指挥部一行赴尼木县调研援藏项目工作开展情况。

18 日 西藏雪域天使基金会启动仪式暨阜康(国际)健康体检中心、阜康医院心脑血管分院开业。

20 日 拉萨市人民政府与中国藏学研究中心合作意向协议签约仪式在市政府举行。

▲ 市残疾人联合会在墨竹工卡县举行残疾少儿康复服务对象救助补贴兑现仪式,42 名残疾少儿领到每人每年 2400 元康复救助补贴。

21 日 张延清主持召开市政府第 12 次常务会议。研究并原则通过《拉萨市人民政府工作规则(审议稿)》《拉萨市深入推进户籍管理制度改革意见的请示》《拉萨市旅游管理办法(草案)的请示》。

22 日 墨竹工卡县举行资助大学生座谈会暨助学金发放仪式。共为 699 名大学生发放 214.57 万元资助金。

24 日 拉萨市穆斯林群众在夺底沟回族林卡欢度穆斯林传统节日“开斋节”。

▲ 年处理能力 20 万吨的拉萨市再生资源回收集散市场投入使用。该市场位于堆龙德庆县羊达乡境内,累计投资 5000 余万元。

23 日 2013 年首届全市职工篮球锦标赛在市第二高级中学开赛。

▲ 拉萨市荣获 2013 年中国最美丽城市称号。

▲ 张延清与以江苏省高院党组书记、院长许前飞为团长的考察团一行进行座谈。

▲ 拉萨市人民检察院派驻柳梧新区检察室正

式挂牌成立。

26日 张延清会见中国电建集团党委书记、副董事长,水电水利规划设计院院长晏志勇一行。

▲ 国家统计局副局长李强一行到拉萨市检查指导第三次全国经济普查工作,并听取汇报。

▲ 由阿坝州政府副州长杨绍林率队的考察组一行,在拉萨市考察藏医药事业发展情况。

▲ 市政府相关部门负责同志与中国城市竞争力研究会会长桂强芳率领的考察团在市政府举行座谈。

▲ 由市政府主办、市体育局承办的2013年首届全市职工篮球锦标赛在市第二高级中学开赛。

27日 北京中日友好医院8位专家在市人民医院为拉萨市便民警务站民警开展免费体检服务活动。

▲ 拉萨市开展残疾人家庭无障碍改造项目,为60户残疾人家庭进行无障碍改造,在8个村(居)设立残疾人家庭无障碍改造示范村。

▲ 北京对口支援拉萨卫生医疗专家专题讲座在北京援藏指挥部举行。

29日 齐扎拉主持召开市委常委会。听取2013年拉萨市巩固全国文明城市创建成果工作情况汇报和创建国家卫生城市工作进展情况汇报。

30日 江苏省援藏卫生医疗队在林周县开展巡回义诊。为300余名患者进行义诊,发放30多种药品,价值达8000余元。

▲ 2013年度拉萨市城市供暖试点工程动员大会在市政府会议中心召开。

31日 齐扎拉会见由云南省迪庆州副州长杨正义率领的金融考察团一行。

9 月

2日 以"保护生态环境,建设美丽西藏"为主题的2013年中华环保世纪行——西藏行活动在拉萨市启动。

▲ 新旧西藏对比宣传教育出版物首发仪式暨向群众赠送图书活动在城关区俄杰塘社区举行。

▲ 中华儒商总会孔子圣像捐赠及揭幕仪式在拉萨师范高等专科学校举行。

3日 拉萨市与清华大学签订《拉萨市人民政府清华大学全面合作协议》。依托清华大学优势资源,开展战略决策咨询、科技成果转化和人才培养交流合作。

3日至5日 自治区副主席多吉次珠到尼木县扶贫联系点开展结对帮扶工作,并对党建、扶贫、党的群众路线教育实践活动开展等一系列工作进行调研。

4日 齐扎拉会见全国政协常委、全国工商联副主席、中国民生银行董事长董文标等企业家。

5日 曲水县兑现残疾儿童康复对象康复救助补贴。按照每人每年2400元的标准,为该县19名需要长期康复的0~16岁残疾少儿兑现康复救助补贴共计4.56万元。

▲ 齐扎拉主持召开市委常委会,听取拉萨市老城区保护工程总结汇报和"中国光彩事业西藏行"拉萨市活动工作汇报。

6日 拉萨市召开第十届人民政府第四次全体会议。

▲ 尼泊尔籍藏族企业家次仁扎西先生向西藏牦牛博物馆捐赠86件(套)藏品。

▲ 广州迪森家用锅炉制造有限公司向拉萨市儿童福利院捐赠价值30万元的物资。

7日 由中国曲艺家协会、自治区文化厅、自治区文联、拉萨市政府主办,西藏曲艺家协会、拉萨市文化局、拉萨市文学艺术界联合会协办的"甘露杯"曲艺大赛颁奖晚会在拉萨市举行。

8日 由区内外多名股东共同投资成立的西藏玉鼎实业投资有限公司在拉萨市成立。该公司注册资金3000万元,经营涉及投资、信息咨询中介服务、投资管理、人才输出等。

▲ 拉萨市召开庆祝第29个教师节表彰大会。会议宣读《中共拉萨市委员会拉萨市人民政府关于表彰拉萨市优秀教师、优秀班主任和师德标兵的决定》,并为获奖代表颁奖。

10日 拉萨市残联举行残疾人家庭无障碍改造项目挂牌仪式。该项目总投资21万元,每户改造资金3500元;在8个县(区)建立10个残疾人康复中心和服务站,达到残疾少儿康复无障碍的标准。

▲ 拉萨市召开西藏净土健康生物农业产业发展座谈会。

10~12日 中华环保世纪行-西藏行"调研组一行分别赴墨竹工卡县、林周县、拉萨经济技术开发区就环境与资源保护工作进行实地调研。

11日 城关区法制教育基地被最高人民检察院评选为全国检察机关"百优"预防职务犯罪警示教育基地。

13日 拉萨市举行《拉萨市民族团结进步条例》颁布实施一周年座谈会。

▲　拉萨市各族各县举行座谈庆祝第二十三个“民族团结宣传月”暨第二个“民族团结进步节”。

15 日　拉萨市庆祝第23个民族团结月专题文艺晚会《民族团结颂》举行。

16 日　第23个“民族团结月”暨“9・16”平安西藏宣传日活动举行。

▲　共青团拉萨市委员会组织开展2013年拉萨市“爱心传递、放飞梦想”希望工程助学活动。共筹集资金71.8万元,用来资助各县区的154名家庭贫困孩子上学。

17 日　《拉萨市小学生民族团结教育读本》《拉萨市初、高中民族团结教育读本》《拉萨市中小学生民族团结知识读本》发放仪式在拉萨市第一小学举行。

▲　西藏公安边防总队与拉萨市儿童福利院结成共建对子,建立长期稳定帮扶长效机制。

▲　泰成饭店联合区工商联、北京市残联、拉萨市残联开展“扶危济困、公益义演”活动,共捐赠价值10万元的物资,用于拉萨市残疾人士的生活补助。

18 日　南京・拉萨文化产业发展洽谈会在拉萨市政府召开。

▲　由西藏人民出版社与北京联合出版公司共同出版的《西藏百科全书・拉萨卷》发布。这是国内第一部介绍民族区域自治地方首府的百科全书,也是西藏地方系列百科全书中的首卷,全书共计220万字。

19 日　张延清检查拉萨市农副产品物价情况并召开座谈会。

20 日　拉萨晚报社编辑罗洪忠所著《峡谷风云》入选该“中国高校出版社书榜”榜单,这是反映西藏方面的人文社科图书首次入选该榜单的人文精品图书。

▲　由南京市委常委、宣传部部长徐宁率队的南京市文化企业家代表团前往墨竹工卡县检查指导工作,并举行座谈会暨捐赠签约仪式。

▲　《中国汉字听写大会》复赛第8场,来自拉萨市第四中学的西藏代表晋级第四轮。

21 日　市国防教育办公室在城关区吉日街道办事处河坝林社区居委会开展以“国家安全与国防义务”为主题的国防教育日宣传咨询活动和国防教育进社区活动。

23 日　位于拉萨市城西鲁堆林卡路的藏游・坛城创富计划正式开启,标志着藏游・坛城正式上市。

25 日　齐扎拉主持召开拉萨市城乡规划建设委员会第六次会议,研究城关区2013年公租房用地规划选址等12项相关事宜。

▲　堆龙德庆县召开全县民族团结进步表彰会,团县委等10个集体获2013年堆龙德庆县民族团结进步模范集体荣誉称号,罗布次仁、谷奇等50人获2013年堆龙德庆县民族团结进步模范个人荣誉称号。

26 日　曲水县才纳乡才纳村(朗杰岗青稞)被国家农业部认定为全国一村一品示范村。

▲　齐扎拉一行赴林周县创新设施农业园区、澎波半细毛羊养殖基地、甘曲镇玛咖种植示范基地、牦牛选育基地、边角林乡河滩地,堆龙德庆县有机藏红花种植基地调研农牧业发展情况。

▲　张延清前往拉萨市行政综合联动执法支队调研工作开展情况。

27 日　齐扎拉主持召开市委常委会,听取老城区摊位搬迁、拉萨市现代有轨电车规划等工作情况汇报。

▲　“中华环保世纪行—西藏行”检查团在拉萨市开展环保工作检查,对墨竹工卡县垃圾填埋场的整改情况进行实地了解。

28 日　齐扎拉赴达孜县唐嘎乡尼玛奶牛养殖合作社、唐嘎乡藏鸡养殖合作社、德庆镇赤列旦巴奶牛养殖合作社调研畜牧业发展情况。

29 日　齐扎拉赴尼木县塔荣镇林岗村村民洛追家中、西藏思源农牧发展有限公司、尚日村奶牛项目、吞巴乡吞达村等地调研尼木县藏鸡、奶牛养殖情况和旅游业发展情况。

▲　张延清赴拉萨市市民服务中心就拉萨市行政审批工作开展情况进行调研。

30 日　第十一届西藏登山大会暨首届拉萨秋季旅游登山大会启动仪式在羊八井高山训练基地举行。

10　月

1 日　拉萨市在布达拉宫广场举行“升国旗、唱国歌”仪式,庆祝中华人民共和国成立64周年。

▲　拉萨神力・时代广场开业。项目总投资4.8亿元,总建筑面积43000多平方米,集休闲、娱乐、餐饮、购物于一体的“一站式服务”全业态商业综合体。

3 日　张延清一行看望慰问节日期间坚守在工作岗位上的武警官兵、公安民警。

6 日　大昭寺被批准为国家5A级旅游景区,成为拉萨市第二个国家5A级旅游景区。

▲　齐扎拉赴当雄县调研旅游业发展。

7日　齐扎拉实地检查指导拉萨南山绿化工作。

9日　拉萨市行政综合执法联动支队成立。承担着全市所有行政领域的执法工作,包括市政市容、国土规划及资源、劳动监察等20多项行政执法职能。

10日　齐扎拉到布达拉宫广场执勤点,看望慰问武警拉萨支队布达拉宫广场执勤点的官兵。

▲　自治区副主席多吉次珠前往堆龙德庆县敬老院看望慰问孤寡老人。

▲　全国妇女发展基金会和中国农业银行一行到达孜县,看望慰问该县10户贫困母亲,并为每人发放价值200元的母亲邮包,共计2000元。

11日　旁多水利枢纽工程下闸蓄水。项目总投资45.69亿元,以灌溉、发电为主,兼顾防洪和供水。

▲　南京金陵文化保护发展基金会资助25万元,专项保护墨竹工卡县甲玛谐钦、直孔画派唐卡、宗雪藏戏、塔巴陶瓷4个文化遗产。

12日　全市第三次全国经济普查第一次工作会议召开。

▲　齐扎拉前往慈觉林调研古村落保护及配套开发片区规划方案。

▲　国际生态电影节考察团一行到拉萨市考察在拉萨举办国际生态电影节的可行性。

13日　2013年全国执业兽医资格考试西藏考区在拉萨市开考。全区七地(市)63名考生参加基础临床、预防综合两个科目的考试。

▲　2013年专项招聘西藏籍毕业生到湖北省事业单位就业考试在拉萨市举行。湖北省提供100个就业岗位安排西藏籍毕业生就业,其中国有大中型企业岗位60个、湖北知名民营企业岗位30个、事业单位岗位10个。

▲　拉萨达孜县塔杰乡巴嘎雪村党支部书记拉巴入选中央电视台“寻找最美村官”评选。

▲　中国人权发展基金会在西藏儿童福利院举行公益捐赠活动,为西藏中小学捐建500所数字图书馆,总价值约1000万元。

▲　拉萨市企业高层管理人员能力提升与管理创新研修(深圳)班动员大会召开。(此次培训共有25名学员,其中县(区)、市直单位机关干部6名,国有企业6名,非公有制企业13名。)

14日　由中国电信西藏公司和西藏大学联合研发的雪翼语音藏历软件面市。

14日~16日　国务委员、公安部部长郭声琨前往拉萨市城关区鲁固社区居委会、西藏自治区公安厅、布达拉宫广场安检站、便民警务站和派出所等地调研。

15日　拉萨市澎波灌区工程开工仪式在林周县江热夏村举行。工程总投资为7.26亿元,是公益性灌区工程,将实现耕地灌溉21.02万亩、林草地灌溉6.16万亩,新增灌溉面积8.65万亩,改善灌溉面积11.02万亩。

▲　林周县农牧民组成的“阿谐”队表演的作品《阿谐》在第七届CCTV电视舞蹈大赛决赛中,荣获群文·群舞组最佳作品奖/编导奖金奖,演员尼玛顿珠获得最佳演员奖。

▲　连日降雨导致河水骤升,造成位于达孜县与墨竹工卡县交界处的章多乡尊木采村中交一公司拉林高速公路一分部一施工工地5名工作人员被困,墨竹工卡县公安局指挥中心迅速启动应急预案,多部门联动成功将受困人员救出。

▲　拉萨市旅游客运驾驶员继续教育培训班开班。

▲　市教体局举行全市教育系统学校食堂食品安全卫生知识专题培训。各县(区)教育局、所辖各中小学及幼儿园、寄宿制中学负责学校食堂食品安全的负责人,市直学校、中职学校和彩泉福利特殊学校负责学校食堂食品安全卫生工作的校级领导和中层干部共计127人参加培训。

▲　当雄县2013农牧民技能培训班举行开班仪式。该县八个乡(镇)的农牧民40人参加培训。

16日　全市第一期非公经济组织入党积极分子培训班举行开班仪式。95名全市非公经济组织入党积极分子参加培训。

▲　拉萨市教育网开通,现代远程教育资源已覆盖全市所有学校。

▲　“一人一本爱心图书”捐赠仪式在拉萨市举行,首批5万册爱心图书在城关区当巴小学和北京小学发放。

▲　“有朋益读”课外读物西部项目赠书仪式在拉萨中学举行。共为拉萨中学、墨竹工卡中学、琼县中学捐赠7000余册课外读物,价值20万元。

▲　齐扎拉主持召开市委常委会,听取并研究各县(区)2012年度维稳争先进位考核工作、拉萨市供暖工程进展、拉萨市城区中小学布局调整、教育城建设进展以及共青团拉萨市第九次代表大会筹备工作

等相关事宜。

17日 达孜县城区防洪堤项目通过竣工验收。该项目总投资760.31万元。

▲ 拉萨海关联合西藏公安边防总队、自治区公安厅等14个单位、部门，在全区范围内开展打击走私专项斗争和联合行动。

▲ 市人民医院举行“三级乙等医院”揭牌仪式，这是拉萨市首家三级医院。

▲ 拉萨市开展全市爱国卫生城市清洁活动。驻市各单位和广大市民集中开展居民生活区、主次街道、集贸市场、城中村、城乡结合部、市区水系渠道、机关企事业单位等区域卫生清扫活动。

▲ 张延清主持召开市政府专题会议，听取拉萨市创建国家环境保护模范城市工作开展情况。

18日 市人民医院举行“三级乙等医院”揭牌仪式，标志着市人民医院正式跨进三级医院行列，实现拉萨市三级医院零的突破。

19日 西藏当代美术展在拉萨市开幕。共有20多位各民族画家的近百幅油画作品参展。

▲ 由自治区旅游局主办，西藏珠穆朗玛集团和西藏天康国际旅行社承办的“2013走进西藏－尊贵之旅”大型文化旅游推介会在拉萨举办。

20日 拉萨市公安消防支队特勤大队三中队揭牌进驻仪式举行。

21日 拉萨广播电视台与中国传媒大学正式签署台校战略合作协议。中国传媒大学将在拉萨广播电视台建立教学科研实习基地，为广播电视台开办新栏目和拍摄专题片、纪录片提供智力和人才支持。

▲ 北京援藏医生赴尼木县医院，完成尼木县首例儿童“肠梗阻”外科手术。

▲ 齐扎拉、张延清到迎亲大桥、拉萨圣地天堂洲际大饭店、拉萨香格里拉酒店调研在建工程项目。

23日 共青团拉萨市第九次代表大会召开。

▲ 齐扎拉一行赴城关区蔡公堂乡慈觉林村奶牛养殖合作组织、墨竹工卡县斑头雁养殖基地和墨竹工卡县巴罗藏鸡养殖专业合作社调研净土健康产业发展情况。

24日 共青团拉萨市第九届委员会第一次全体会议召开。选举产生新一届团市委常务委员会11人，洛色当选为九届团市委书记。

25日 义务教育均衡发展国家督导检查组前往曲水县小学、曲水县中学、才纳乡小学、茶巴拉乡小学等，就学校学生宿舍、餐厅、多媒体教学等办学状况以及融入性教育开展状况进行督导检查。

▲ 拉萨晚报社编辑罗洪忠的《人文雅鲁藏布大峡谷(3卷)》，获得第三届中国大学出版社图书奖优秀学术著作一等奖。

▲ 当雄县纳木湖乡连降大雪，积雪厚度达45公分，导致路面封堵。救援组在受灾现场疏导汽车9辆、疏散群众42人，转移牦牛100多头。

▲ 张延清主持召开抗雪防灾及保障农牧民冬季生产生活工作会议。

▲ 张延清主持召开信访工作第六次联席会议。

26日～27日 新疆维吾尔自治区党委常委、乌昌党委书记、乌鲁木齐市委书记朱海仑带领乌鲁木齐市党政代表团到拉萨市参观考察。

28日 由中国电信西藏公司、西藏大学、华为技术有限公司联合研发的天翼首款定制藏汉双语智能手机全球首发仪式在拉萨市举行。

29日 天津滨海国际机场联合西藏航空有限公司正式开通“天津—绵阳—拉萨”往返航班。

▲ 张延清主持召开创建国家环保模范城市技术评估调研整改工作推进动员大会。

▲ 市纪检委举办拉萨市乡(镇、街道)纪委书记业务知识培训班。

29日～11月2日 团市委联合拉萨市禁毒支队、城关区法院(少年法庭)在全市范围内开展以“青春与法同行、法律助我成长”为主题的法制宣传活动。

▲ 全区首个招标通——拉萨市招投标保证金缴纳保密系统正式开通运行。该系统的运行有效解决投标人信息在银行转账环节泄密的问题。

▲ 尼木县吞达村获得“发现·2013年中国最美村镇”传承奖。

30日 齐扎拉赴城关区八廓商城、冲赛康商场调研。

31日 齐扎拉前往根敦群培纪念馆检查展馆陈列布展情况。

▲ 张延清前往拉萨市卫校、拉萨市职业教育中心、藏之梦地毯厂等地调查了解农牧民子女培训情况和地毯厂解决当地农牧民子女就业情况。

11　月

1日 齐扎拉出席在北京市召开的拉萨市法治建设座谈会。

▲ 齐扎拉主持召开市委常委会，听取并研究关于成立拉萨市净土健康产业发展领导小组、拉萨市行

政审批制度改革工作、拉萨市优先发展城市公共交通意见等相关事宜。

3日　齐扎拉赴堆龙德庆县调研东嘎西城新区建设和职业教育发展。

▲　西藏原创四川会馆饮食文化有限公司与拉萨市八县(区)50名农牧民子女签订用工协议,并接受为期一个月的业务技能培训。

4日　拉萨市渗滤液处理厂建设工程开工。建成后可日处理100吨渗滤液,达到国家规定三级排放标准,实现污水的资源化再利用。

▲　由团市委牵头、城关区少年法庭和市禁毒支队协办的"青春与法同行"青少年法律知识大讲堂活动在曲水县中学举行。

▲　西藏首个污染源远程自动监控平台——拉萨市重点工业企业污染源在线监控系统平台投入使用。项目总投资2700余万元,平台一期与拉萨市6个重点水源地、1家机动车综合检测中心和8家国控重点污染源工业企业联网,实现对污染源24小时全天候实时监控。

5日　西藏罗布林卡管理处与上海博物馆签署《西藏罗布林卡管理处与上海博物馆合作意向书(2013—2015)》,双方将围绕合作办展、合作出版、文创产品开发和人才培养等方面展开深入合作。

▲　市交通运输管理分局向环卫工人发放500张出租车免费乘车卡,实施"把环卫工人请上车,送到家"的服务。

▲　拉萨市城关区老城区摊位搬迁抽签仪式在八廓商城举行。

6日　拉萨市城关区纳金小学等5所中小学入选2007—2012年全国亿万学生阳光体育冬季长跑活动优秀学校名单。

7日　市委副书记、常务副市长陈勇率拉萨市相关部门负责人及21家企业参加第十三届中国南京食品博览会暨采购交易会。

▲　曲水县启动聂当乡生态园区食用菌生产基地工程。

▲　齐扎拉前往城关区八廓商城,调研商户搬迁入驻情况。

▲　张延清前往四川省甘孜州驻拉萨联络点、大昭寺广场便民警务站、功德林加油站、天海天域宾馆检查指导安保、消防等工作开展情况。

8日　拉萨鼎业制粉有限公司、入选教育部办公厅和国家粮食局办公室公布的第二批"全国中小学爱粮节粮教育社会实践基地"名单。

▲　119消防宣传月暨格桑花消防宣传服务队出征仪式在西藏博物馆举行。

10日　拉萨河(城区段)综合整治工程3号闸处拉萨河段成功截流。

11日　根敦群培纪念馆正式开馆。

▲　《格萨尔》"神授"说唱在拉萨市举行首场公演,这也是超长篇史诗《格萨尔》第一次系统地面向公众进行推介、演出。

▲　拉萨市达孜县桑珠林完全小学学生仁增群宗荣获"全国优秀少先队员"称号,拉萨市第一小学少先大队辅导员次仁罗布荣获"全国优秀少先队辅导员"称号,拉萨市尼木县尼木乡中心小学少先队大队荣获"全国优秀少先队集体"称号。

▲　市旅游局对全市135个便民警务站300余名旅游服务督导员进行《拉萨市旅游管理办法》培训。

12日　齐扎拉赴拉萨市种鸡场调研畜禽业发展情况。

▲　张延清主持召开专题会议,听取市"四业工程"推进工作情况汇报。

▲　齐扎拉会见云南怒江州党政代表团一行。

13日　拉萨市新增1家放心粮油示范店,位于金珠西路柳梧立交大桥西北角,至此,拉萨市放心粮油示范店达到5家,均属国有粮食企业。

▲　齐扎拉主持召开市委常委会,听取并研究《拉萨市深入推进"文化兴市"战略的意见》、拉萨市与西藏大学合作建设东城医院等相关事宜。

▲　张延清前往位于堆龙德庆县羊达乡的拉萨市流浪狗收容站实地检查指导工程的进展情况。

14日　2013年度拉萨市民族团结进步模范表彰大会召开。共65个模范集体和73名模范个人获得表彰。

▲　八廓商城A区商场正式开业。总建设面积为4.05万平方米,其中商业经营面积2.93万平方米,安置老城区原3031个街面经营摊位,主要经营民族旅游产品、特色服饰、药材等特色产品。

▲　墨竹工卡县扎西岗乡扎西岗村举行扶贫奶牛发放仪式,为该村40户贫困户发放奶牛43头。

▲　清华大学—拉萨市县(处)级领导干部能力提升高级研修班出征动员会召开。

18日　市十届人大常委会第十二次会议召开。

▲　"中国梦·我的梦"拉萨市中小学经典朗读比赛暨绘画书信比赛颁奖仪式在拉萨市第一小学举

行。拉萨市32支中小学生代表队参加比赛。

▲　“蓝天春蕾女初中生”爱心助学金发放，拉萨市60名“蓝天春蕾女初中生”获得爱心助学金，共计7.2万元。

19日　“苏州工艺美术职业技术学院教师工作站”挂牌仪式在拉萨师专体育艺术系举行。

▲　西藏航空正式开通拉萨市至银川直飞航班。

▲　拉萨市区至贡嘎机场专用公路区域造林绿化工程完工。项目总投资1.4亿元，总设计绿化面积达34833余亩，一、二期项目完成造林32736亩。

20日　张延清主持召开第十届拉萨市人民政府第10次市长办公会议。会议研究并原则通过《关于解决拉萨市机关事业单位集体工待遇问题的建议》。

22日　齐扎拉与市科协第四届委员会委员座谈，听取拉萨市科协第四次代表大会召开情况汇报。

▲　齐扎拉主持召开拉萨市城乡规划建设委员会第七次会议，研究拉萨市城乡规划建设委员会议事规则和督察督办制度、藏医学院学生采药实践基地规划选址、自治区残疾人托养服务中心项目规划选址等事宜。

25日　齐扎拉主持召开市委常委会，听取拉萨市供暖工程进展情况汇报、研究《拉萨市2013年公共财政预算收支变化情况的报告》及成立拉萨市净土产业投资开发有限公司，进一步理顺拉萨市置地投资开发有限公司等五家市属国有独资企业管理体制等议题。

26日　拉萨市召开2013年下半年和谐模范寺庙暨爱国守法先进僧尼表彰大会。哲蚌寺等18座寺庙荣获“拉萨市2013年下半年和谐模范寺庙”荣誉称号，旦增格桑等1711名僧尼荣获“拉萨市2013年下半年爱国守法先进僧尼”荣誉称号，纳连扎寺管理委员会等11个寺庙管理委员会荣获“拉萨市2013年下半年先进寺庙管理委员会”称号，荣获“拉萨市2013年下半年优秀驻寺干部”荣誉称号。

27日　拉萨市纳金大桥正式开通。全长1.28千米，宽33米，是自治区“十一五”规划188重点项目之一。

28日　墨竹工卡县投资500万元的西藏自治区首家民间博物馆主题项目工程完工。该项目总占地面积18亩、建筑面积1500平方米，是2013年拉萨市55项重点项目工程之一。

▲　拉萨文明网上线启动仪式举行。拉萨文明网是全国161家文明网联盟网站之一。

▲　张延清在北京向环境保护部副部长翟青，汇报拉萨市创建国家环保模范城市工作进展情况。

30日　拉萨市首届“最美环卫工”评选活动揭晓，拉珍、阿米卓嘎等被评选为“最美环卫工”“爱岗敬业环卫工”荣誉称号。

12　月

1日　齐扎拉在大昭寺、清政府驻藏大臣衙门旧址、根敦群培纪念馆、小昭寺、下密院等地检查基础设施、消防安防等文物保护工程规划设计情况。

3日　齐扎拉前往哲蚌寺、当巴小区、堆龙德庆县柳东路跨河燃气管道建设点、拉萨市暖心燃气热力有限责任公司就工程建设进展、安全施工状况、管理运行情况进行实地调研。

▲　拉萨市举办创先争优强基惠民活动第三批驻村（居）工作队队长培训班。自治区、拉萨市（中）直单位派驻的131名驻村（居）工作队队长和各县（区）直单位派驻的136名驻村（居）工作队队长参加培训。

4日　在第十二个全国法制宣传日，拉萨市30余家市（中）直单位和城关区20家单位联合开展法制宣传日系列宣传活动。城关区在拉鲁小学举行全区首个综合性青少年法制教育基地揭牌仪式。

▲　拉萨市医疗救助“一站式”即时结算启动。持拉萨市低保证、五保供养证及民政部门认定的困难群众，可到拉萨市定点医疗机构享受“一站式”即时结算服务，每人每年人均累计或获得10万元的医疗救助资金。

5日　尼木县举行“关爱贫困母亲，邮寄一片爱心”为主题的“母亲邮包”发放仪式，共为278名贫困母亲发放价值5.56万元的“母亲邮包”。

▲　尼木县吞巴景区被第一财经广播发起并联合中央人民广播电台等近50家广播电台，宁夏卫视、第一财经电视等主办的“发现2013中国最美村镇”评选活动评选为“2013年中国最美村镇最佳传承奖”。

8日　四川省成都市大邑县流动党员拉萨委员会举行成立大会暨第一次代表大会。会议选举产生新一届党委书记、副书记等。

▲　齐扎拉前往南山实地调研山体绿化工程项目建设进展情况。

9日　共青团堆龙德庆县委、堆龙德庆县教育（体育）局联合主办，堆龙德庆县中学承办的拉萨市首届校园文化艺术节举行。

10 日　北京市援藏项目城关区娘热乡吉苏村奶牛养殖小区建设项目通过验收并投入使用。该项目总投资800余万元,总面积3963平方米,包括13栋综合牛舍、1栋加工车间、2栋草棚、1栋隔离牛舍等。

▲　旁多水利枢纽工程首台机组正式投产发电,标志着旁多水利枢纽工程开始发挥发电效益。首台机组年发电量可达1.5亿度。

11 日　当雄县举办首届“放飞希望,少年梦想结对营”活动。

▲　在2013年全国民族地区职业院校学生技艺比赛展演活动中,拉萨市林周县职教中心作品民族男女舞蹈串烧《啊嘎舞》获民族艺术比赛一等奖,拉萨市堆龙德庆县职教中心作品男女群舞《踏歌起舞》和舞蹈《牧人之韵》分别获得民族艺术比赛二等奖和三等奖;拉萨市达孜县职教中心的唐卡作品和墨竹工卡县职教中心的木雕作品分别获得民族技艺比赛一等奖和三等奖。

12 日　齐扎拉主持召开八届市委第66次常委会议。

▲　达孜县各中、小学校开展“今天我当家”主题教育实践活动,引导广大师生提高社会责任意识,厉行节约、反对铺张浪费。

13 日　西藏工会首届手工艺技能培训班结业典礼暨成果展在城关区古艺建筑美术公司举行。

▲　全市县(处)级以上领导干部法律知识考试举行。

16 日　10余位全国及自治区人大代表、全国政协委员在拉萨海关调研。

17 日　齐扎拉主持召开拉萨市城乡规划建设委员会第8次会议。听取中国西藏文化旅游创意园区土地相关事宜工作汇报、拉萨市国有土地收储方案事宜的工作汇报、拉萨河城区段综合整治工作3号闸沿岸景观设计方案事宜的工作汇报。

18 日　墨竹工卡县嘎则跨河大桥建成通车。项目总投资3900万元,全长276.86米。

▲　齐扎拉主持召开八届市委第67次常委会议。听取《市政府党组关于提请审议〈拉萨市加快推进各级政务服务中心建设的实施意见〉的请示》、《市环保局提交的〈关于深入推进“环境立市”战略意见〉的请示》。

▲　尼木县塔荣镇尚日村农牧民手工经幡制作专业合作社成立,合作社注册资金35万元,设立两个成品销售点,平均年利润可达12万元。

19 日　拉萨市首届残障儿童少儿乐器培训班开班,全市22名残障学生接受免费培训。

20 日　中共拉萨市社会组织工作委员会挂牌成立。

▲　尼木县水务局挂牌成立。

▲　张延清在色拉寺、第十安居园、北京援藏公寓实地检查供暖工程建设进展情况和使用情况,听取住户意见和建议。

21 日　城关区第五批廉租房发放仪式举行,共发放332户廉租房。

21 日～25 日　齐扎拉率代表团前往尼泊尔联邦民主共和国加德满都市进行友好访问。期间,向尼泊尔联邦民主共和国议会捐赠100台笔记本电脑和一台LED电视机,向加德满都市捐赠100套太阳能设备和一台LED电视机,向当地一所学校捐赠100万卢比。

23 日　张延清在大昭寺广场、八廓街,检查“色拉协曲”“丹登昂曲”宗教活动安保服务工作,查看信教群众转经情况。

24 日　拉萨市举行江苏省第七批援藏医疗队欢送仪式,向15名援藏医疗队队员颁发“2013年拉萨市优秀援藏医务工作者”荣誉证书。

26 日　拉萨市总工会举行2013年度“金秋助学”“医疗救助”资金发放仪式。对拉萨市40名患重病困难职工进行集中医疗救助,为700多名困难职工子弟提供助学资助。

▲　拉萨市2014年困难群众“三大节日”一次性慰问金发放仪式在市民政局举行。慰问金发放总额2239万元,惠及困难群众4.5万人,实现全市城乡低保户、五保户、优抚对象全覆盖。

▲　新华社西藏分社和西藏金凯新能源技术开发有限公司在拉萨市第一小学向拉萨市135所中小学赠阅《新华每日电讯》。

▲　总投资2.29亿元的扎基东路、西二路、学府路等14条道路,总长9.97公里。其中5条市政道路(学府路、东二路、西二路、江苏大道、加荣路)主体工程已完工。

27 日　全区和谐模范寺庙暨爱国守法先进僧尼表彰大会召开,拉萨市甘丹寺、哲蚌寺、色拉寺、大昭寺、楚布寺、小昭寺等25座寺庙荣获“2013年度西藏自治区和谐模范寺庙”荣誉称号,拉萨市2620名寺庙僧尼荣获“2013年度西藏自治区爱国守法先进僧尼”荣誉称号。

▲ 江苏省投资2000多万元的拉萨市少年儿童活动中心新建场馆启用。项目占地20余亩，建筑面积5300多平方米，有各种功能性教室40余间。

▲ 拉萨市第一次全国可移动文物普查工作培训班开班。

29日 全区“先进双联户”创建活动表彰大会召开。拉萨市和10个县区、乡镇、村荣获2013年度西藏自治区“先进双联户”创建活动先进集体荣誉称号，拉萨市16个联户单位191户荣获2013年度西藏自治区“先进双联户”荣誉称号。

▲ 齐扎拉主持召开市委常委会议。听取北京市和江苏省援藏工作开展情况汇报，研究中共拉萨市委第八届委员会第五次全体会议和全市经济工作会议筹备事宜。

30日 拉萨市正式启动流浪犬收养管理工作。

中国共产党拉萨市委员会

综　　述

2013年,在区党委的领导下,市委围绕区“充分发挥首府城市首位度作用”和“七个方面”的工作要求,狠抓发展和稳定两件大事,扎实推进目标、任务、效能三大提速,大力实施环境立市、文化兴市、产业强市、民生安市、法治稳市“五大战略”,形成全市上下奋力建设美丽家园幸福拉萨的大好局面,各项工作均取得新进展、新突破、新成绩。

一、坚持步调一致,贯彻中央和区党委决策部署

高举中国特色社会主义伟大旗帜,以邓小平理论、“三个代表”重要思想、科学发展观为指导,认真贯彻落实中共十八大和十八届一中、二中、三中全会精神,坚决贯彻落实习近平总书记参加十二届全国人大一次会议西藏代表团审议时的讲话等一系列讲话精神,坚决贯彻落实习近平总书记、全国政协主席俞正声等中央领导的一系列重要指示精神,坚定不移地在政治上、思想上、行动上与以习近平为总书记的党中央保持高度一致,不折不扣地执行党的路线方针政策、贯彻党中央和区党委各项决策部署。在反分裂斗争这个重大原则问题上,严格按照中央对达赖集团的定性表述、斗争方针和策略办事,始终做到旗帜鲜明、立场坚定、认识统一、表里如一,态度坚决、步调一致。

二、坚持稳中求快,经济发展势头良好

2013年,全市实现地区生产总值304.87亿元,同比增长12.4%;全社会固定资产投资完成376.16亿元,同比增长32%;公共财政预算收入完成50.16亿元,同比增长46%;社会消费品零售总额实现144.11亿元,同比增长15.7%;农牧民人均纯收入达到8265元,同比增长16.7%;城镇居民人均可支配收入达到21427元,同比增长9.6%。

(一)抓环境,强化发展保障线。坚持把生态环境保护放在突出位置,严守生态保护底线,以硬措施、强手腕强力推进创建国家环保模范城市工作,强化重点生态保护,提高环境监测能力,绝不搞高污染、高排放、高耗能产业项目,不断提升城市生态环境质量。全力推进“树上山”“河变湖”“暖入户”,实施市区南山绿化、拉萨河综合整治等重点工程,开展饮用水安全、大气污染源治理、白色污染整治等专项行动,城市供暖工程管网铺设全面完成,年底实现城区全覆盖。着力打造更优发展环境,大力开展以政务环境、旅游环境、建设环境、交通环境、市场环境、城市环境为重点内容的城乡环境综合整治活动。纳金大桥建成通车,“六城同创”互促共进、同步提升。

(二)抓产业,加快产业集群化。从抢占经济发展制高点的高度出发,坚持有所为、有所不为,在一产上水平的基础上,二产抓重点,三产大发展,重点打造旅游文化产业、净土健康产业。坚持走产业入园、要素集中、集约发展道路,加快拉萨经济技术开发区、中国西藏文化旅游创意园等“一区四园”建设,园区载体功能不断完善,优惠政策不断健全,投资环境不断优化,承接产业转移的能力增强,继续保持迅猛发展势头,园区工业增加值、税收分别完成8亿元、54亿元,同比分别增长40%、80%。

(三)抓民营,增强发展驱动力。严格落实自治区“五放”“六支持”要求，着力优化经济发展环境，放手发展非公有制经济，非公经济发展势头良好。全市各类市场主体达到4.2万户，注册资金90亿元，解决15万余人就业问题。坚持内培与外引并重，全年落实招商引资项目269个，实际到位资金143.13亿元，增长82.8%。旅游业快速发展，全年接待国内外游客780万人次，实现收入82亿元，同比分别增长20%、25%。举办“中国光彩事业西藏行”拉萨市活动，集中开工项目45个，总投资109.7亿元。

（四）抓文化，强化发展硬支撑。以高度的文化自觉和文化自信，推动社会主义文化大发展大繁荣，使文化软实力成为发展硬支撑。持续深入开展“八看、一算账、一揭批、四增强”感党恩主题教育活动，反对分裂、维护稳定、共同团结奋斗、共同繁荣发展的思想基础更加坚实牢固。着力塑造文成公主主题文化品牌，成功举办首届文成公主主题论坛，大型史诗音乐实景剧《文成公主》演出82场次，观演群众达9.7万人次。中国西藏文化旅游创意园等重点文化产业项目加快推进，拉萨综合展馆如期完工，“幸福拉萨”规范舞全面推广普及并形成常态，全民阅读活动全面启动，群众性文化活动蔚然成风。拉萨电视台藏语综合、文化旅游两个频道顺利开播，“拉萨发布”政务微博在人民网上线开通。研究制定《拉萨市老城区保护条例》，投资15亿元综合整治老城区，3000余户商户入驻八廓商城营业。

三、坚持依法治市，社会大局和谐稳定

全面落实依法治藏方略，贯彻落实区党委出台的维稳十项措施，在全区率先出台《关于深入推进“法治稳市”战略建设平安拉萨法治拉萨的意见》，以加强民族团结为基石，以确保寺庙稳定为重点，以创新社会管理为根本，实现全面稳定，确保“三无”“三不出”。

（一）抓基石，坚定不移巩固民族团结。以建设民族团结典范城市为引领，全面贯彻落实《拉萨市民族团结进步条例》。深入开展共产党员民族团结先锋活动、共青团员民族团结闪光行动和少先队员民族团结牵手行动，全市结成对子20044个，投入资金1400余万元，解决群众实际困难4000余件。同时，深入开展民族团结主题教育进机关、进学校、进社区、进企业、进寺庙、进农牧区活动，编印并发放《拉萨市中小学生民族团结知识读本》等三个民族团结进步读本，修缮建设清政府驻藏大臣衙门旧址陈列馆、根敦群培先生纪念馆，为加强爱国主义教育、创建民族团结典范城市增加新的载体和平台。双拥工作深入开展，投资1640万元开工建设拉萨烈士陵园红色旅游景区工程，民兵训练基地建成并投入使用。

（二）抓重点，全力以赴确保寺庙稳定。深入开展加强和创新寺庙管理工作，寺庙“六建”工作进一步巩固，“六个一”活动常态开展，“9+5”工程基本完成，寺庙社会基本公共服务体系更加健全，在全区率先实现有国旗、领袖像、报纸、电影、文化书屋、广播电视和僧尼养老、医疗、低保全覆盖以及水、电、路基本保通的目标。扎实开展和谐模范寺庙和爱国守法先进僧尼创建评选活动。

（三）抓根本，不断深化社会管理创新。扎实开展全国加强和创新社会管理试点工作，大力实施源头治理、关口前移、网格化管理、群防群治，建立健全58项社会管理长效机制，在京举办拉萨法治建设座谈会，探索切合藏区实际的社会管理新路子。以“联户平安、联户增收”为主要内容的“双联户”工作深入开展并推广至全区。将疑难信访事项化解工作列入市委常委会议事日程，对信访积案实行地级领导包案督办，投入政府救助金和信访疑难专项资金，历史信访积案全部得到妥善化解。全年共排查矛盾纠纷1128起，调处化解1076起，调处率达95.3%。

四、坚持成果共享，民生持续改善

围绕区党委确定的“十件实事”，扎实推进以保障和改善民生为重点的社会建设，在学有所教、劳有所得、病有所医、老有所养、住有所居上持续取得新进展，切实使改革发展成果更多、更公正地惠及每一个群众。

（一）抓就学促公正。加快教育资源整合和均衡发展，加快推进集中办学步伐，完成所有教学点和村级完小撤并，总投资11.8亿元的123个教育项目开工建设。教育城一期17个项目建设进展顺利，15年教育“三包”补助标准进一步提高。加快发展职业教育，进一步整合职教资源，拉萨市第一职业技术学校开始招生办学。

（二）抓就业促增收。贯彻劳动者自主就业、市场调节就业、政府促进就业和鼓励创业的方针，实施更加积极的就业政策，动态消除零就业家庭，实现拉萨籍应届大学生全部就业、往届大学毕业生基本就业，城镇登记失业率控制在2%以内。大力实施以业育人、以业安人、以业管人、以业富人“四业工程”。

（三）抓社保全覆盖。工伤、养老、医疗、失业、生育等保险参保单位、参保人数和资金征缴稳步上升，全市参加社会保险总人数达39.37万人。依法清理规范民办孤儿院工作,孤残儿童集中供养工作扎实推进。提高高龄老人健康补贴,五保老人集中供养率达到76%以上,供养标准年人均达到4320元。城乡居民实行免费体检并建立健康档案,开展“先诊疗、后结算”和“一卡通”试点工作,全面启动先心病患儿救治工作,启动实施基层医疗卫生服务人员培养工程,基本实现县、乡、村、社区均有医疗卫生服务机构的目标。

(四)抓安居促乐业。继续大力实施农牧民安居工程和安居工程配套提升工程,大力推进“八到农家”工程。加快建设廉租住房和公共租赁住房,棚户区改造各项工作进展顺利。积极筹资25亿元建设4949户农牧民集中居住点,启动实施拉萨市干部职工周转房分配改革试点工作。

五、坚持夯实基础,党的建设不断加强

坚持党要管党、从严治党,牢牢把握加强党的执政能力建设、先进性和纯洁性建设这条主线,以改革创新精神全面推进党的建设新的伟大工程,不断提高党的建设科学化水平。

(一)突出干部队伍建设,锻造可靠的中坚力量。以建设高素质执政骨干队伍为重点,不断加强领导班子和干部队伍建设。完成北京、江苏第六批、第七批援藏干部轮换工作,拉萨党建手机报正式启动,“每月一课”学习教育活动常态开展,推进拉萨市人才管理改革试验区工作,培训各级各类干部5.4万余人次。

(二)突出基层组织建设,构筑牢固的战斗堡垒。全面落实基层党建工作责任制,进一步完善市县乡三级“联述联考联评”制度,实现村(居)党支部第一书记(从市、县、乡三级党政机关中选派)全覆盖。进一步调整提高村(居)干部误工补贴范围和标准。扎实推进“两新组织”党的建设,为全市67家非公有制经济组织选派党建工作指导员,实现规模以上非公经济组织党组织全覆盖。

(三)突出作风建设,激发澎湃的工作热情。以加强作风建设为主题,认真贯彻落实中央和自治区关于改进工作作风、密切联系群众的各项规定,结合拉萨实际,出台“八项要求”,动真格,敢碰硬,以反对形式主义、官僚主义、享乐主义和奢靡之风为重要突破口,推动形成祛歪风、树良风的正能量。下发《关于进一步做好新形势下群众工作的意见》,提前谋划开展党的群众路线教育实践活动,提前开展抓调研、抓学习、解民忧、照镜子,认真组织开展“三进四同三一”(进基层、进村居、进农户,与群众同吃、同住、同劳动、同提高,交一户农民朋友、做一件好事、写一篇民情心得)活动,把群众观点、群众立场、群众路线、群众工作贯穿于一切工作的始终,始终保持党同人民群众的血肉联系。

重要会议和活动

【考评100名正县级领导干部】　1月4日,拉萨市举行2012年度正县级领导干部考评大会。对100名党政主要负责人思想政治素质、组织领导能力、工作作风、工作实绩、廉洁自律情况、履行党风廉政建设责任制和反腐倡廉工作情况进行考评。

(桑荣瑞)

【全市干部大会召开】　1月5日,拉萨市召开全市干部大会。宣布区党委关于拉萨市人民政府主要领导的任免职决定。区党委常委、市委书记齐扎拉出席并讲话。原市委副书记、市长多吉次珠,市委副书记、市长人选、市委政法委书记张延清分别作表态发言。

(桑荣瑞)

【领会中共十八大精神实质培训班开班】　1月5日,拉萨市领会中共十八大精神实质专题学习教育培训班开班。七县一区54个(乡、镇),3000余名干部参加学习。

(桑荣瑞)

【中共拉萨市委八届三次全体会议召开】　1月14日,中共拉萨市第八届委员会第三次全体会议召开。会议审议通过自治区党委常委、拉萨市委书记齐扎拉代表市委常委会向大会作的题为《凝心聚力 攻坚克难 为建设美丽家园幸福拉萨而努力奋斗》的报告。拉萨市委常委会主持会议。市领导洛桑旦巴、张延清、土旦赤列、达娃、周广智、斯朗尼玛、普布顿珠、袁训旺、马新明、龚会才出席。市委委员、候补委员出席会议。

(桑荣瑞)

【表彰优秀正县级领导干部及先进单位】　1月14

日，拉萨市召开优秀正县级领导干部和县（区）目标绩效考核暨工业经济（园区）发展考核表彰大会。对2012年度20名优秀正县级领导干部、8个县（区）目标绩效考核单位和5个工业经济（园区）发展先进单位进行表彰奖励。

（桑荣瑞）

【拉萨市委常委会召开民主生活会】　1月17日，拉萨市委常委会召开民主生活会。会议的主题是深入学习贯彻中共十八大精神，以邓小平理论、“三个代表”重要思想、科学发展观为指导，按照“充分发挥首府城市首位度作用”和七个方面的工作要求，围绕全面实施“五大战略”，实事求是地查摆问题，深入开展批评与自我批评，切实做到在思想观念上有大转变，在境界标准上有大提升，在干劲作风上有大改进，不断提高市委常委会班子的整体工作能力和水平。自治区党委常委、拉萨市委书记齐扎拉主持会议并作总结讲话。市领导洛桑旦巴、张延清、陈勇、龙志刚、达娃、周广智、斯朗尼玛、普布顿珠、袁训旺、马新明、龚会才、王晖出席会议并发言。区纪委、区党委组织部有关部门负责同志到会指导。

（桑荣瑞）

【拉萨市党建手机报开通】　2月1日，《拉萨市党建手机报》发送启动仪式举行，齐扎拉出席仪式并宣布《拉萨市党建手机报》正式启动。

（桑荣瑞）

【全市政法工作综合会召开】　2月4日，拉萨市召开全市政法工作综合会。会议总结2012年工作，分析部署今年全市政法综治工作。市委副书记、代理市长、市委政法委书记张延清，市委常委、政法委第一副书记、市公安局党委书记龚会才及市中级法院、市检察院负责人出席会议。张延清要求全市广大干警贯彻落实中共十八大精神，在区市党委、政府的领导下，着力把政法工作提升到一个新水平。

（桑荣瑞）

【“四业工程”推进大会召开】　2月24日，拉萨市“四业工程”推进大会召开。会议总结2012年“四业工程”工作开展情况，表彰先进，安排部署2013年工作。市委副书记、代理市长、市委政法委书记张延清出席并讲话。

（桑荣瑞）

【拉萨市纪律检查委员会第三次全体会议召开】　3月20日，中国共产党第八届拉萨市纪律检查委员会第三次全体会议召开。会议传达贯彻落实十八届中央纪委二次全会，八届自治区纪委三次全会特别是习近平总书记的重要讲话和陈全国的讲话精神，总结去年全市党风廉政建设和反腐败工作，并对今年工作进行安排部署。齐扎拉出席并讲话。

（桑荣瑞）

【江苏省援藏项目集中开工建设】　3月29日，江苏省援藏项目暨产业项目集中开工周汇报会在拉萨教育城召开。齐扎拉出席并宣布江苏省援藏项目集中开工周启动。

（桑荣瑞）

【墨竹工卡县普朗沟泽日山发生山体自然滑坡】　3月29日，墨竹工卡县扎西岗乡斯布村普朗沟泽日山发生山体自然滑坡，滑坡长3公里，滑坡量约200余万方。据初步统计，83名工人被埋。当天上午，拉萨市接到灾害报告后，迅速反应，启动救援工作。市委、市政府迅速成立以齐扎拉、张延清为组长的应急处置领导小组，下设九个工作小组，由贾沫微、陈勇、斯朗尼玛、袁训旺、马新明、龚会才、王晖、央金卓嘎、计明南加、次仁旺堆、次仁央宗等任组长，立即展开各项救援及善后工作。

（桑荣瑞）

【自治区研究“3·29”山体滑坡救援工作】　3月30日，自治区党委书记陈全国连夜召开专题会议，就“3·29”山体滑坡自然灾害情况，传达贯彻习近平总书记、李克强总理等中央领导的重要批示和指示精神，研究部署下一阶段救援和善后工作。国家安监总局局长杨栋梁，副部长王德学，民政部副部长姜力，国土资源部副部长徐德明等率工作组于30日凌晨赴现场指导救援工作。现场有3500名救援人员参加救援，300余台大型机械从4个方向同时作业，展开地毯式救援，已挖掘土石方近60万方。31日，自治区党委书记陈全国主持召开区党委常委会议，通报“3·29”地质灾害情况，安排部署相关工作。陈全国指出，全力做好人员搜救和善后工作。继续全力以赴开展救援，坚持把救人放在第一位。妥善做好各项善后工作，对被困和遇难职工家属采取一户一组的办法进行安抚。确保社会大局和谐稳定，各级干部要坚守岗位，履职尽责。截至3月31日24时，救援人员已发现21名遇难者遗体。

（桑荣瑞）

【北京市援藏项目推进会召开】　4月1日，拉萨市委、市政府和北京援藏指挥部共同召开2013年北京援藏项目推进会。市委常委、常务副市长、北京援藏指挥部副指挥陈文出席会议并讲话。北京援藏指挥部副指挥胡蕴刚主持会议。本年度,北京市安排援藏资金总额为24054.5万元,项目涵盖文化、教育、医疗、科技、安全等各个领域。会议要求,要形成各方协调联动的机制,提高审批效率,抓紧完成各项目的前期手续,完善项目设计方案,确保各项目在今年7月1日前全部开工建设。市发改委、市财政局、市商务局、市公安局、市文化局及援建项目的设计、施工、监理单位负责人和北京第六批援藏干部代表参加会议。

(桑荣瑞)

【区党委主要领导慰问"3·29"被困和遇难职工家属】 4月2日,区党委书记陈全国看望慰问"3·29"地质灾害被困和遇难职工家属,转达习近平总书记、李克强总理等中央领导同志对家属的慰问和遇难者的哀悼,并向家属代表通报灾情和救援工作情况。自治区领导齐扎拉、王瑞连、宫蒲光、多吉次珠和中国黄金集团负责人及市领导张延清、贾沫微一同看望慰问。

(桑荣瑞)

【市委召开"3·29"自然灾害善后协调会议】 4月3日,区党委常委、市委书记齐扎拉主持召开"3·29"山体滑坡自然灾害指挥部善后协调工作会议。齐扎拉就开展好善后工作提出要求:以最快的时间、最细的工作,尽早妥善完成善后事宜。自治区副主席宫蒲光就国家相关部门和自治区的专家对灾害的定性、救援进展善后抚恤补偿等具体事项作说明。自治区副主席多吉次珠,中国黄金集团总经理、党委书记孙兆学,市委副书记、市长张延清,市委副书记贾沫微,市委常委、市纪委书记诸伟敏,中国黄金集团、重庆市、陕西省、四川省、贵州省赴藏协助处理善后工作组成员出席会议4月7日,区党委常委、市委书记齐扎拉主持召开市委常委(扩大)会议,专题听取"3·29"山体滑坡自然灾害拉萨市工作情况汇报,进一步统一思想,认真总结,完善机制,全力做好当前各项工作。会议要求,下一步要继续扎实做好群众搬迁、群众教育引导等各项善后工作,巩固好已有的成果。4月9日,区党委常委、拉萨市委书记齐扎拉主持召开"3·29"山体滑坡自然灾害领导小组成员会议。就"3·29"救援和善后处理各项工作进行认真总结和再安排再部署。

(桑荣瑞)

【动员部署2013年度全国文明城市创建工作】 5月29日,拉萨市召开2012年度巩固全国文明城市创建成果工作总结表彰暨2013年度迎检测评动员部署大会。区党委常委、市委书记齐扎拉出席并讲话。

(桑荣瑞)

【表彰优秀援藏干部】 7月5日,拉萨市召开第六批优秀援藏干部表彰大会。林涛、于波等97名援藏干部受到市委、市政府表彰。齐扎拉出席并讲话。

(桑荣瑞)

【北京市第六批援藏工作结束,第七批援藏工作开始】 7月9日,以北京市委组织部副部长刘春锋为团长的北京市援藏干部接送团带领第七批援藏干部抵达拉萨,10日,拉萨市举行欢迎、欢送北京市援藏干部大会,11日,拉萨市举办北京市第七批援藏干部培训大会,13日,北京市第六批援藏干部结束援藏工作,返回北京。

(桑荣瑞)

【中央第七督导组在拉萨市督导检查工作】 7月12日,中央第七督导组组长陆浩督导检查拉萨市便民警务站工作、社区"双联户"工作和城镇网格化社会管理服务等工作开展情况,并召开座谈会听取拉萨市、城关区、堆龙德庆县、达孜县工作汇报。

(桑荣瑞)

【江苏省第六批援藏工作结束,第七批援藏工作开始】 7月16日,以江苏省委组织部部委委员陆永辉为团长的江苏省援藏干部接送团及第七批援藏干部成员抵达拉萨,17日,拉萨市举行欢迎、欢送江苏省援藏干部大会,及第七批援藏干部培训大会,22日,江苏省第六批援藏干部结束援藏工作,返回江苏。

(桑荣瑞)

【中央统战部领导在拉萨市考察调研】 7月16日,中央统战部调研拉萨市城市规划建设、文化教育等工作开展情况。

(桑荣瑞)

【武警部队领导在拉萨市考察调研】 7月17日,武警部队司令员王建平考察拉萨市"双联户"工作和网格化管理工作开展情况,并参观清政府驻藏大臣衙门旧址陈列馆。

(桑荣瑞)

【中共拉萨市八届四次全委会召开】 7月25日,中共拉萨市第八届委员会第四次全体会议召开。会议听取并通过《中共拉萨市第八届委员会第四次全体会议关于常委会工作报告的决议》。

(桑荣瑞)

【中央领导在拉萨市考察调研】 8月1日至6日,中共中央政治局常委、全国政协主席俞正声考察拉萨市企业生产经营情况、现代农牧业生产情况、城乡居民生活和社保情况及加强寺庙创新管理工作情况。

8月15日,全国政协副主席、国家民委主任王正伟在拉萨大昭寺、拉萨清真寺、布达拉宫考察。区党委书记陈全国,区党委副书记、自治区人大常委会主任白玛赤林,区党委副书记、自治区常务副主席、区党委政法委书记邓小刚,区党委常委、区政协党组书记、副主席、区党委统战部部长公保扎西,区党委常委、市委书记齐扎拉陪同。

(桑荣瑞)

【尼泊尔妇女友好交流代表团来访】 8月16日,市委副书记、统战部部长达娃会见尼泊尔联邦民主共和国妇女友好交流代表团团长西露·马南达尔·巴扎查雅一行。

(桑荣瑞)

【齐扎拉主持召开市委常委会】 8月29日,区党委常委、市委书记齐扎拉主持召开市委常委会。传达学习习近平同志《在中央政治局常委会议上关于当前经济形势和经济工作的讲话》和俞正声同志《在听取西藏自治区发展稳定工作情况汇报时的讲话》,听取2013年拉萨市巩固全国文明城市创建成果工作情况汇报和创建国家卫生城市工作进展情况汇报。

9月5日,区党委常委、市委书记齐扎拉主持召开市委常委会,传达学习《栗战书同志在全国党委秘书长会议上的讲话》和陈全国书记在《关于参加全国党委秘书长会议情况的报告、栗战书同志在全国党委秘书长会议上的讲话》上的批示精神,听取拉萨市老城区保护工程总结汇报和"中国光彩事业西藏行"拉萨市活动工作汇报。

(桑荣瑞)

【召开西藏净土健康生物农业产业发展座谈会】 9月10日,拉萨市召开西藏净土健康生物农业产业发展座谈会。区党委常委、市委书记齐扎拉要求,要结合西藏实际,着力培育发展符合拉萨实际、有良好市场前景的产业。市委副书记、市长张延清出席会议。

(桑荣瑞)

【召开拉萨市城乡规划建设委员会第六次会议】 9月25日,区党委常委、市委书记齐扎拉主持召开拉萨市城乡规划建设委员会第六次会议,研究城关区2013年公租房用地规划选址等12项相关事宜。

(桑荣瑞)

【庆祝中华人民共和国成立64周年】 10月1日,拉萨市在布达拉宫广场举行"升国旗、唱国歌"仪式,庆祝中华人民共和国成立64周年。全国政协副主席、自治区政协主席帕巴拉·格列朗杰,区市领导白玛赤林、洛桑江村、邓小刚、许勇、金书波、公保扎西、梁田庚,张延清、马新明、张才刚、刘旭、诸伟敏、斯朗尼玛、袁训旺、次仁旺堆、果果等,与拉萨市3000余名各族各界干部群众一道参加"升国旗、唱国歌"仪式。区党委常委、市委书记齐扎拉致辞。

(桑荣瑞)

【召开经济工作点评会议】 10月10日,拉萨市召开2013年前三季度经济工作点评会议,面总结前三季度经济工作,研究解决经济运行中存在的突出问题,安排部署第四季度各项工作。

(桑荣瑞)

【公安部领导到拉萨市调研】 10月14至16日,国务委员、公安部部长郭声琨前往拉萨市城关区鲁固社区居委会、布达拉宫广场安检站、便民警务站和派出所等地调研。自治区党委书记陈全国,公安部副部长陈智敏陪同调研。

(桑荣瑞)

【拉萨市法治建设座谈会在北京召开】 11月1日,拉萨市法治建设座谈会在北京召开。中央统战部副部长斯塔、中央政法委副秘书长姜伟等中央部委领导充分肯定拉萨市在法治建设方面所做的努力和取得的成绩。区党委常委、市委书记齐扎拉向与会领导学者介绍拉萨市实施"环境立市、文化兴市、产业强市、民生安市、法治稳市"五大战略的基本做法和取得的初步成效,并表示,拉萨市将深入推进"法治稳市"战略,积极探索,全面推进美丽家园幸福拉萨建设,确保到2020年与全国一道同步迈入小康社会。

(桑荣瑞)

【根敦群培纪念馆正式开馆】 11月11日,根敦群培纪念馆正式开馆。区党委常委、市委书记齐扎拉宣布开馆,市委副书记、市人大常委会主任洛桑旦巴主持开馆仪式。开馆仪式结束后,齐扎拉主持召开专题会议,就如何运行管理好纪念馆,并更好地服务于广大群众进行研究部署。

(桑荣瑞)

【召开拉萨市民族团结进步模范表彰大会】 11月14日,2013年度拉萨市民族团结进步模范表彰大会在市政府会议中心召开,会议宣读《中共拉萨市委员会拉萨市人民政府关于表彰2013年度全市民族团结进步模范集体和模范个人的决定》《中共拉萨市委员会拉萨市人民政府关于确定首批民族团结进步创建示范单位(试点)的决定》,共65个模范集体和73名模范个人获得表彰。区党委常委、市委书记齐扎拉出席并讲话。

(桑荣瑞)

【八廓商城A区商场正式开业】 11月14日,八廓商城A区商场正式开业。八廓商城A区商场总建设面积为4.05万平方米,其中,商业经营面积2.93万平方米、地下停车场面积1.02万平方米。安置老城区原3031个街面经营摊位,主要经营民族旅游产品、特色服饰、药材等特色产品。

(桑荣瑞)

【研究国有独资企业管理体制】 11月25日,区党委常委、市委书记齐扎拉主持召开市委常委会,听取拉萨市供暖工程进展情况汇报、研究成立拉萨市净土产业投资开发有限公司,进一步理顺拉萨市置地投资开发有限公司等五家市属国有独资企业管理体制等议题。

(桑荣瑞)

【召开和谐模范寺庙暨爱国守法先进僧尼表彰大会】 11月26日,拉萨市召开2013年下半年和谐模范寺庙暨爱国守法先进僧尼表彰大会,18座寺庙、11个寺庙管理委员会、1711名僧尼、68名驻寺干部受到表彰。

(桑荣瑞)

【表彰第二批驻村(居)工作先进集体及个人】 12月5日,拉萨市创先争优强基础惠民生活动第二批驻村(居)工作总结表彰暨第三批驻村(居)工作动员大会召开。表彰第二批先进驻村(居)工作队代表、先进驻村(居)工作队队员代表、优秀组织单位代表,对第三批驻村(居)工作进行动员部署。区党委常委、市委书记齐扎拉出席并讲话。

(桑荣瑞)

【拉萨市社会组织工作委员会成立】 12月20日,中共拉萨市社会组织工作委员会挂牌成立,挂靠市民政局,为市委派出机构。

(桑荣瑞)

【拉萨市代表团出访尼泊尔】 12月21至25日,区党委常委、市委书记齐扎拉率代表团前往尼泊尔联邦民主共和国加德满都市进行友好访问。

(桑荣瑞)

创先争优强基础惠民生活动

【概　况】 年内,全市各县(区)、各单位、各级强基惠民活动办认真贯彻区市党委、政府的决策部署,高度重视、迅速行动,支持保障、全力推动,确保驻村(居)工作顺利扎实开展。267个驻村(居)工作队、1000多名工作队员积极响应号召,服从组织安排,舍小家、顾大家,投身到创先争优强基惠民活动之中,带着感情与责任,走入基层、走进百姓,想方设法为群众办好事、解难事,深化驻村(居)工作,践行党的群众路线,保持基层跨越式发展与和谐稳定的良好态势。

(张玉虎)

【学习宣传贯彻落实中共十八大精神】 年内,各级强基惠民活动办、各驻村(居)工作队响应中央和区、市党委"学习好、宣传好、贯彻好、落实好中共十八大精神"的号召,以高度的政治责任感和历史使命感,开展中共十八大精神的学习宣传和贯彻落实。迅速部署,学习宣传中共十八大精神。市强基惠民活动办及时邀请专家学者开办驻村(居)工作队宣讲骨干学习贯彻中共十八大精神培训班,从每个驻村(居)工作队中各抽调1名共267名既精通藏汉双语又有一定理论功底的队员进行系统培训,并及时向各驻村(居)工作队编印下发学习宣传资料。各驻村(居)工作队结合驻在村(居)实际,通过制定宣讲方案、编写宣讲提纲、悬挂张贴横幅标语、开设专题宣传栏等方式,第一时间掀起学习宣传中共十八大精神的热潮。各驻村(居)工作队在集中宣讲、分散走访、发放宣传资料的基础上,将宣讲活动与"三下乡、四进社区"活动、为民办实事、入户调研等活动有效结合,深入群众家中,主动送讲上门,用生动鲜活的语言、用群众身边的事例对比宣讲大会精神,努力让群众听得懂、记得牢。中共十八大精神宣讲期间,全市各驻村(居)工作队共开展集中宣讲268场次,入户宣讲14499次,发放各类宣传材料23292份,开设专题宣传栏289个,组织文艺演出21场次;紧密结合,抓好中共十八大精神贯彻落实。各驻村

(居)工作队切实将贯彻落实中共十八大精神贯穿于驻村(居)工作的全过程,同村(居)“两委”共同商讨、合力谋划村(居)发展稳定等重大问题,努力使中共十八大精神成为推动基层科学发展、民生改善、民族团结的巨大动力。

(张玉虎)

【深化创先争优强基惠民活动】 年内,各驻村(居)工作队严格按照陈全国书记提出的“开创新局面、总结好经验、把握好重点”的要求,在继承第一批驻村(居)工作的好经验、好做法的基础上,积极发挥主观能动性,不断创新思路、深化举措,扎实推进“五项重点任务”。

(张玉虎)

【强基础、固本源,着力夯实基层组织】 年内,各驻村(居)工作队以为驻在村留下一支“永不走的工作队”为目标,通过建章立制、建强组织、壮大队伍等举措,不断提高基层党组织的战斗堡垒作用,全面提升基层党员的先锋模范作用。各驻村(居)工作队共协助村(居)“两委”班子建立完善相关制度2500余项,组织村(居)“两委”学习达6900多次,召开党员大会3729次;帮助村(居)党组织培养入党积极分子6653名,发展新党员4099名;把772名致富能手培养成党员,把472名党员培养成致富能手,把499名党员致富能手培养成村组干部;发展团员3138人,开展团建活动978次;开展妇建活动939次。截至年底,全市农牧民党员人数占农牧民人口总数比例已由活动开展前的3.04%提高到6.11%,如期实现市委提出的农牧民党员发展目标。

(张玉虎)

【维护社会稳定】 年内,各驻村(居)工作队按照市委“一个确保、两个突破、三个加强”工作思路,强化维稳意识,严肃维稳纪律,自觉把维护基层和谐稳定作为硬任务硬指标,通过建立应急处突预案,完善维稳值班制度,加强网格化服务管理及实施“双联户”工作模式等途径,推进“法治稳市”战略。各驻村(居)工作队共指导村(居)“两委”制定维稳制度2500余条,制定应急处突预案1500余份,组建联防队2029个,传达维稳精神5100多次;协助村(居)“两委”排查安全隐患7200多次,化解各种矛盾纠纷4116次,涉及金额达1630万元。

(张玉虎)

【助推群众增收致富】 年内,各驻村(居)工作队帮助驻在村(居)找准发展定位,理清发展思路,增强村(居)自我发展能力。通过实施“短平快”项目、协调开展技能技术培训、组织外出参观学习等方式,帮助村(居)充分发掘自身资源优势,形成致富产业,带动村域经济发展,促进群众增收致富。全市各驻村(居)工作队共落实50万元以下“短平快”项目151个,涉及资金达5400多万元;争取计划外项目704个,涉及资金达3.96亿元;组织举办农牧民培训400多次2.5万人次;组织外出参观学习达2000多人次。市财政在保证重大项目顺利实施的基础上,还专门投入资金4472万元对基层群众进行再培训、帮助再就业,进一步拓宽群众增收致富道路。

(张玉虎)

【深化感恩教育】 年内,各驻村(居)工作队以西藏和平解放以来人民群众在政治、经济、文化、社会、生活等各领域发生的巨大变化为参照,开展“八看、一算账、一揭批、四增强”感党恩主题教育活动,引导群众明白“团结稳定是福、分裂动乱是祸”的道理,自觉与达赖集团划清界限,旗帜鲜明反对分裂;结合“六五”普法规划,开展法制宣传教育,引导群众学法、懂法、守法,用法律维护自己的合法权益;结合民族团结进步节庆祝活动,将各类活动与感恩教育有效结合,引导广大群众在欢快祥和、寓教于乐的节日氛围中知恩、感恩、报恩;开展讲文明、树新风活动,引导群众反对封建迷信,崇尚科学文明的生活方式。全市各驻村(居)工作队共开展专题宣讲3200多场次,举办新旧图片展1840场次,举办以身说法专题讲座1100多场次,普法教育990场次,受教育群众达16.6万多人次;播放爱国主义电影1131场,举办各类文体活动1220次,观看人数达28.5万人次。

(张玉虎)

【解决民生问题】 年内,各驻村(居)工作队从大处着眼,从群众看得见、摸得着的实事好事入手,规范使用办实事经费,积极筹措资金,努力帮助驻在村(居)群众解决劳动就业、生产生活、看病就医、入学教育、社会保障、文化需求、生活环境等方面的民生问题。各驻村(居)工作队共慰问“三老”人员、孤寡老人和贫困群众等4.3万人次,涉及金额达1620万元;帮助群众就医9100多人次,帮助群众就学2300余人次,涉及金额达361.3万元;改善基层基础设施投入资金达1834万元;帮助群众实现就业3803人次,组织劳务输出3.89万人次;开展村容村貌整治2124次,累计投入资金达240多万元。

(张玉虎)

【实施“一帮一”结对帮扶活动】 年内,全市区(中)直单位30个驻村(居)工作队与所在县(区)派出的30个驻村(居)工作队结成“一帮一”帮扶对子,发挥各自优势、共谋发展之策、共解工作之困。通过建立召集人制度和对口帮扶机制,召开座谈会、联谊会等方式,共同讨论研究属地队所驻村(居)的经济社会发展稳定等重大问题。截至年底,共组织召开联席会议170多次,谈心谈话82次,建立健全相关联系制度49个。结对工作队共同制订学习计划,通过个人自学、集体学习、开办讲座、集中辅导等方式,卓有成效地开展理论学习活动。截至年底,共开展集体学习200多次,开展集中宣讲30次,发放宣传资料1000多份。区直队充分发挥在项目衔接、协调等方面的优势,同属地队及属地队所驻村(居)“两委”班子一道,探讨“短平快”项目的论证和申报工作,细化项目建设内容、精化项目概算、完善项目图纸,确保属地队拟报项目得以立项并发挥最大效益。区直队共帮助属地队解决各类问题30个,梳理申报项目22个,涉及金额达1126万元。

(张玉虎)

【推进党的群众路线教育实践活动深入开展】 年内,各级强基惠民活动办、各驻村(居)工作队把深入开展党的群众路线教育实践活动作为深化强基惠民活动、密切联系基层群众、改善党群干群关系的重要契机,大兴为民务实清廉之风,迅速行动、扎实起步,全力推进活动深入开展。市强基惠民活动办先后制发3份指导性文件,对教育实践活动进行安排部署,同时征订《论群众路线——重要论述摘编》等5本学习资料,编印《拉萨市驻村(居)工作队开展党的群众路线教育实践活动学习资料汇编》,提供给各县(区)强基惠民活动办和所有驻村(居)工作队员学习。各县(区)强基惠民活动办和各驻村(居)工作队组织召开动员部署会议276场次,制定活动方案350多个,设立意见箱263个,全面发动基层群众广泛参与,努力为教育实践活动顺利开展打下良好的群众基础;严格按照要求,扎实开展活动。各驻村(居)工作队把党的群众路线教育实践活动同强基惠民活动有机结合,创造性地推进活动迈向纵深。截至年底,各驻村(居)工作队共制定学习制度413个,组织集中学习1900多次,撰写学习笔记7790篇,撰写心得体会1548篇;走访调研群众5万多户,召开群众座谈会600多次;梳理问题2300多条,形成调研报告342篇;组织各类谈心活动3600多次,查摆问题1300多条,撰写对照检查材料971份。

(张玉虎)

【加大对驻村(居)工作的指导】 年内,各级强基惠民活动办不断强化服务意识,进一步明确工作职责,精心谋划第二批驻村(居)工作的推进措施,努力为市委市政府、驻村(居)工作队、工作队派出单位及相关部门服好务,做到“四个到位”。教育培训到位。通过发放相关学习资料,邀请相关领导、专家,对市、县两级第二批驻村(居)工作队队长进行入驻前培训,进一步增强第二批驻村(居)工作队的使命感和责任感。第二批驻村(居)工作队严格按照各级强基惠民活动办的轮换要求和部署,按时完成交接轮换工作,及时转换身份角色,投入到驻村(居)工作中。各级强基惠民活动办结合实际创造性地组织开展工作队民族团结进步宣传教育、驻村(居)工作图片展、演讲比赛及征文比赛等活动,召开创先争优强基惠民活动推进会,推广驻村(居)工作中涌现出的好经验好做法,推动各驻村(居)工作队相互交流和学习。市强基惠民活动办下发各类文件82份,专题简报91期2.9万多份,通过短信平台发送强基惠民活动各类信息79万多条次;督导检查到位。市、县(区)强基惠民活动办先后深入各驻村(居)工作队督导检查3700多次,督导覆盖面达到100%,及时梳理问题、分析原因、研究对策,全力指导第二批驻村(居)工作持续深入开展,有效保证区市党委、政府各项决策部署的贯彻落实。

(张玉虎)

实施“四业工程”

【概　况】 年内,拉萨市“四业工程”办公室坚持市委“民生安市”的重大战略,以保障和改善民生为根本出发点,以提高城乡劳动力职业技能和加快农牧区劳动力转移就业为切入点,以解决影响社会和谐稳定重点问题为突破口,以建立和完善劳动培训就业新机制,优化劳动创业新环境,增加劳动者收入和城乡居民安居乐业为目标,大力开发人力资源市场,创新社会管理,提升管理水平,强力推进“四业工程”建设,为建设“美丽家园、幸福拉萨”提供强有力地就业支持和创业保障。截至年底,共投入经费6000万元,完成城乡劳动力各类培训25000人,实现转移就业10201人,实现劳务输出34000人,农牧民人均纯收入增长20.45%。

(向　巴)

【组织领导】 市委、市政府把“四业工程”作为保障和改善农牧民生产、生活的民生工程,作为执政为民、造福一方的德政工程,作为强基惠民、联系群众的一号工程。市委副书记、市长、政法委书记张延清任四业工程领导小组组长,市委常委、副市长洪家志任副组长,市人大常务委员会副主任平措朗杰任“四业工程”办公室主任,2013年12月底,由市人大常务委员会副主任龚建彰任“四业工程”办公室主任。各县(区)成立“四业工程”领导小组,建立和完善党政“一把手”负总责,分管领导具体抓的工作机制。市直各责任单位党政“一把手”直接抓,其他领导配合抓。各县(区)选派综合素质高、工作能力强、善于实干的同志驻市“四业工程”办公室工作。全市上下形成有领导、有机构、有专人负责,一级抓一级,层层抓落实的工作新格局。

(向　巴)

【培训城乡劳动力2.5万人】 年内,投入培训经费1696.2万元,培训城乡劳动力25000人,颁发合格证书23940本,培训合格率95.7%。其中,开展实用技术培训112期,培训18612人。开展转移就业培训32期,培训5875人。开展面点制作、理发、手工艺品、农副产品加工等创业培训16期,培训513人,带动就业1000余人。林周县、曲水县通过钢筋工、泥瓦工、水电工等实用技术培训,提高劳动者技能,增加农牧民收入。堆龙德庆县依托羊达乡工业园区的优势资源,开展藏香制作培训,解决100名困难群众就业。

(向　巴)

【转移就业10201人】 年内,实现转移就业10201人,完成目标任务10000人的102%。实现劳务输出34000人,完成目标任务30000人的113.3%,创收4.1亿元,超额完成1亿元。尼木县将12家农牧民整合为“和谐建筑安装有限公司”,扩大经营规模,提升专业技术,提高市场竞争力,以创业带动就业308人。城关区组织5000名城乡劳动力在区市重点项目就业,人均实现收入1.5万元。

(向　巴)

【“四业工程”提高一产收入】 年内,全市20000名农牧民通过“四业工程”培训普遍提高一产收入。10000余名富余劳动力实现转移就业增收1.3亿元,劳务输出增收2.88亿元,农牧民人均纯收入增长20.45%。墨竹工卡县将军事化管理思路融入虫草采集工作,对参与虫草采集的城乡劳动力进行集中培训、集中服务管理,虫草采集一项增收1亿多元。

(向　巴)

【“四业工程”调研60余次】 年内,市、县(区)两级“四业工程”办公室深入实际、深入基层,开展城乡劳动力状况以及技能培训需求调研60余次,调查统计人数90000余人,了解技能需求30余项,建立和完善劳动力资源台账。积极培育人力资源市场,会同相关责任单位召开企业洽谈会26场次,对接就业岗位10696个,并将2013年内地西藏中职班582名毕业生纳入“四业工程”就业范畴,截至年底,实现就业200多名。

(向　巴)

拉萨河(城区段)综合整治工程

【工程概况】 拉萨河(城区段)综合整治工程是根据国务院批准的《拉萨市城市总体规划(2009—2020)》,拉萨市委、市政府《拉萨市国民经济和社会发展第十二个五年规划》及《拉萨市“十二五”水利发展规划》实施的重点建设项目之一。本工程通过拦河闸抬高河道水位,形成宽阔湖面,达到水景观和防洪要求。同时,在各级拦河闸之间的河道两岸、河滩较高处形成亲水景观平台,为沿河景观营造系水环境空间。新建拦河闸挡水工程均为Ⅰ等大(1)型工程,挡水建筑物100年一遇洪水设计,按200年一遇洪水校核,闸坝下游防冲消能100年一遇洪水设计,河道治导工程20年一遇洪水设计。永久和主要建筑物为1级,次要建筑物为3级,临时建筑物为4级。

【3#拦河闸工程建设情况】

1. 工程简介

拉萨市拉萨河城区段综合整治工程(3#闸)位于西藏自治区雅江流域拉萨市区境内的拉萨河干流,3#拦河闸闸址位于拉萨市太阳岛下游约1.04千米处,青藏川藏通车纪念碑处,柳梧大桥上游约1.4千米处。3#拦河闸由泄洪闸、非溢流土石坝及上、下游辅助建筑物组成。坝顶全长850.975米,闸顶高程3646.80米,闸顶交通桥高程3646.10米,最大闸高9.8米。3#拦河闸河道治导工程轴线布置为上起太阳岛卡口河段,下至3#拦河闸闸址,并向闸下游延伸400米,中间以圆滑曲线相连接,并配合河道清淤疏浚。上、下游治导工程,左岸总长度为2192.363米,右岸总长度为2011.963米,两岸合计轴线长度为4204.326米。河道中心线回水长度约2380米,平均水深2.5米。本工程计划总工期16个月,3月25日正式开工。工程可研总投资为5.56亿元。

2. 工程参建单位情况

工程名称:拉萨市拉萨河(城区段)综合整治工程(3#闸)

项目法人:拉萨市水利局

法人代表:欧阳莉萍

工程指挥部指挥长:次仁央宗(拉萨市人民政府副市长)

项目法人委托代表:多吉罗布(西藏天路建筑工业集团有限公司)

项目法人驻工地代表:达娃次仁

设计单位:成都市水利电力勘测设计院

监理单位:四川康立项目管理有限责任公司(A标)

中水东北勘测设计研究有限责任公司(B标)

施工单位:西藏天路股份有限公司(A标)

中铁十九局集团有限公司(B标)

3. 工程形象面貌综述

(1)3#闸工程截至5月14日完成区、市两级前置审批程序,于7月3日与西藏自治区水利工程质量与安全监督中心签订项目质量与安全监督管理协议,并于10月25日进行萨河城区段综合整治工程3#项目听证会。

(2)由西藏天路股份有限公司承担的A标段,主要工程内容包括:内河出口整治工程、左右岸治导工程、上下游河道疏浚工程等。截至12月完成工程量约90%。

(3)由中铁十九局集团公司承担的B标段,主要工程内容包括:①拦河闸铺盖工程、拦河闸护坦工程、非溢流坝工程(左、右岸)、拦河闸防渗墙工程、拦河闸闸室工程、拦河闸交通桥工程、拦河闸安全监测工程、配电房工程(左、右岸)、闸顶泵房工程;②机电设备安装工程:含电气设备、通信设备和其他公用设备安装工程;③金属结构安装工程:含闸门设备和启闭设备安装工程。截至12月完成工程量约49%。

【成立3#拦河闸工程领导小组】 年内,为确保该重点工程顺利建设,市政府成立拉萨河(城区段)综合整治领导小组和指挥部。市长张延清任领导小组组长,副市长次仁央宗任领导小组副组长,成员单位包括市水利局、发改委等11家相关单位。领导小组下设指挥部,次仁央宗兼指挥长,原市人大常委会副主任次仁旺久任副指挥长。

组织工作

【**加强干部队伍建设**】　1月,研究制定《关于贯彻落实〈中共拉萨市委员会关于加强干部队伍建设的决定〉实施细则》,从科级干部选拔任用、调动、休假(出差、事假、病假)、退休、档案管理等方面提出规范和加强干部管理工作的意见,制作《科级干部选拔任用工作流程》促进干部管理工作规范化和科学化。4月,联合市纪委对全市部分县区、市直单位干部管理权限下放以来的科级干部选拔任用工作开展情况进行督促检查,对存在的问题进行现场指导和责令整改。10月,组织各县(区)委组织部长、副部长,市直各单位党组书记、政工人事科长160余人开展干部任免工作专题培训。12月,组织开展全市正县级实职干部考评工作,对前20名正县级干部进行表彰。12月,组织开展2013年度干部选拔任用"一报告两评议"工作和领导干部个人有关事项报告工作。

(孙林华)

【**做好援藏干部工作**】　1月,在征求各单位以及北京、江苏意见的基础上,编制第七批援藏干部需求计划。3月,完成江苏援藏医生轮换工作。5月,配合北京、江苏援藏干部考察组完成对第六批援藏干部的期满考察工作。7月,完成第六、七批援藏干部轮换、任免职等相关工作。

(孙林华)

【**加大村(居)第一书记选派力度**】　2月,完成267名机关事业单位干部担任村(居)党支部第一书记的选派工作,率先在全区实现村(社区)党支部第一书记全覆盖,并于8月对全市村(居)党支部第一书记进行考核,结合考核结果,对部分村(居)第一书记进行调换和提拔。

(孙林华)

【**抽调干部援助墨竹山体滑坡事件**】　3月,墨竹"3·29"山体滑坡自然灾害发生后,从57个单位抽调166名县级干部和科级干部组成83个工作组,参与善后工作,保证救援搜寻、家属安抚等工作顺利开展。

(孙林华)

【**强化选派干部挂职锻炼**】　4月,选派4名县级干部参加"三部委"挂职锻炼,6月,选派5名县级以上干部参加中央党校培训。5月,组织市委办公厅、市政府办公厅10人分两期赴江苏省有关部门进行为期两个月的挂职锻炼培训。7月,同市信访局完成第三批9名选派到信访部门挂职干部的期满考核鉴定工作,并从相关单位选派9名干部到市信访局挂职锻炼。

(孙林华)

【**强化干部监督管理**】　4月至6月,开展干部"带病提拔"倒查工作,未发现带病提拔情况。5至6月,对第六批即将离任的7名援藏县委书记任期内履行干部选拔任用工作职责情况进行集中检查。8月,为进一步畅通干部群众监督举报渠道,公布"12380"干部监督举报录用电话。

(孙林华)

【**召开老干部校外德育辅导员总结表彰大会**】　8月,拉萨市召开第二批退休干部校外德育辅导员工作总结暨表彰大会,对第二批(2010—2013年)退休干部校外德育辅导员工作"先进集体"和"先进个人"进行表彰,为21所学校新聘续聘51名退休干部校外德育辅导员,投入近4万元;年内,退休干部校外德育辅导员深入各学校开展以"感党恩"为主题的专题教育活动14场,受教育学生达2500余人次。

(孙林华)

【**开展"三进四同三一"活动**】　从9月初,开始开展"三进四同三一"活动,组织全市党员领导干部深入基层为农牧民群众办好事解难事,589名县处级以上干部深入基层,累计在群众家中入住9740天,撰写民情日记1150篇,为群众办实事办好事1369件,涉及资金760余万元。

(孙林华)

【**尼木县尚日村贡如水塘举行揭牌仪式**】　10月9日,市委宣传部驻村工作队强基惠民项目——贡如水塘在尼木县塔荣镇尚日村举行揭牌仪式。市委副书记、宣传部部长马新明为水塘揭牌。贡如水塘是市委宣传部创先争优强基惠民活动为民办实事项目。总投资38万元,可蓄水8000立方,能满足尚日村173户群众、1419亩农田的灌溉需求。)

(孙林华)

【**提高村级干部补贴**】　年内,提高村居干部误工补贴标准,区市县三级财政累计补助村居"两委"正职达到每人每年2万元、副职达到每人每年1.6万元、委员达到每人每年1.2万元,补助社区"两委"正职每人每年2.2万元、副职每人每年1.8万元、委员每人每年1.4万元。从优秀村(居)党支部书记中选拔19名公务员。

(孙林华)

【培训村(居)干部】 年内,制定下发《2013年拉萨市村(居)党组织带头人教育培训计划》完成对全市267名第一书记集中轮训,选派29名村(居)党支部第一书记、党支部书记、大学生村官到北京、江苏参加学习培训,选派30名村(居)党支部书记参加全区村级组织负责人示范培训班。

(孙林华)

【狠抓城市社区党建工作】 年内,全市共建立网格党小组137个,在"联户单位"试点建立党小组43个,设置功能型党小组55个。在建立和加强社区"两委"班子基础上,注重下沉干部、网格员和联户代表、志愿者服务队伍培育,实现由"单一"的区干部服务主体向"多元"的网格服务团体转变,形成"一岗双责、一专多能、责任到人、服务到家"工作格局。选派40名机关事业单位干部到社区党支部担任第一书记,配备网格长137名、网格员685名、联户代表6087名,其中党员913名。

(孙林华)

【推进非公有制经济组织党建工作】 年内,从市县乡三级党政机关党员干部和部分离退休老干部党员中选派67名熟悉党务工作的同志到67家非公有制经济组织担任党建工作指导员,实现规模以上非公企业党建工作指导员全覆盖。通过单独建、联合建、挂靠建、依托行业组织建等多种途径,加大在非公有制经济组织和新社会组织中组建党组织力度,104家规模以上非公经济组织单独建立党组织的有76家,联合、挂靠建立党组织的有28家。在全市有党员的80家规模以下非公企业建立党组织14家。在全市40家社会组织中,建立党组织的25个。

(孙林华)

【发展农牧民党员3713名】 年内,结合"网格化"和"双联户"社会管理平台,注重把网格员和联户代表培养为党员,把党员培养为网格员或联户代表。全市发展农牧民党员3713名。截至年底,全市共有农牧民党员18688名,占全市农牧民人口总数的6.35%,完成市委提出的目标任务。

(孙林华)

【规范党徽佩戴】 制定下发《关于进一步规范全市共产党员党徽徽章佩戴的通知》,把统一定制的党徽发放到每一位党员手中,促进党员主动亮明身份、发挥作用。

(孙林华)

【选调新录用人员1466名】 年内,选调新录用人员1466名。完成1466名各类新录用人员分配调遣,其中公务员1267名(大学生村官95名、基层法院部门公务员14名、基层检察院部门公务员8名、机要部门公务员18名、乡镇公务员193名、公安部门公务员521名、非西藏生源定向生20名、拉萨市引进生104名、自治区引进生8名、部队中招录乡镇公务员170名、部队中招录公安60名、基层农牧部门专技人员18名、基层卫生部门专技人员130名、基层文化部门专技人员4名、基层其他事业单位人员62名。

(孙林华)

【慰问老干部】 "三大节日"(元旦、春节、藏历年)期间,为全市离退休干部发放慰问金246.7万元,寄送发放慰问信和贺年挂历3809余册;市领导和部领导看望慰问去世老干部家属及因病住院老干部以及离休干部遗孀12人,共发放慰问金和慰问品折合人民币7.4万元;全年先后组织5批240余人次的离退休干部在区内区外开展各类参观考察学习活动。

(孙林华)

【健全离退休干部管理制度】 年内,为完善离退休干部住院及丧事办理工作等各项制度,以市委名义下发《中共拉萨市委办公厅关于进一步加强和改进离退休干部职工工作的意见》和《中共拉萨市委办公厅 拉萨市人民政府办公厅关于印发〈拉萨市离退休干部住院探视及逝世丧事办理工作暂行规定〉的通知》;为妥善解决拉萨市144名夫妻双方籍贯在区外退休后却安置在拉萨的退休干部的探亲路费报销问题,向市政府报送《关于夫妻双方籍贯在区外退休后却安置在拉萨的能否享受探亲报销路费的请示》,经市政府批复,同意享受报销探亲路费。

(孙林华)

【开展民族团结先锋活动】 年内,根据市委下发的《关于进一步深化共产党员民族团结先锋活动的意见》要求,深化全市共产党员民族团结先锋活动。全市各级单位共举行民族团结主题宣讲1000余场次。利用报纸、电视等媒体平台推进示范单位创建、举办有奖征文,进行先锋人物寻访和开办民族团结"身边人身边事大家谈"栏目,协调中央、区、市新闻媒体专题报道共产党员民族团结先锋活动特色亮点工作70余次。全年新增结对1650对,截至年底,共结对20044对。各县(区)、各单位举办集体活动,说团结话、唱团结歌、吃团结饭，积极和各族群众“连心”。全年，各级党组织为群众办实事好事3000余件，涉及资金4000余万元，赢得群众拥护。召开共产党员民族团结先锋活动表彰大会。

（孙林华）

【开展各级各类干部教育培训】 年内，创新实施“3 + X”教育培训模式（专题培训、每月一课、读书活动 + 自学），实施学分制管理考核办法，实现干部教育全覆盖、让干部经常受教育的培训目标。举办各类培训班130期，培训各级各类干部14400人次，其中地级干部23人次，县级干部960人次，科级及以下干部8363人次，专业技术人员4255人次，企业经营管理人员129人次，其他干部670人次；区内培训12873人次，区外培训1520人次，出国（境）培训7人次；乡村基层干部1055人次；对口援藏培训323人次；挂职培训43人次。在市政府六楼视频会议室举办18期“每月一课”讲坛，市县乡干部共计54000余人次参加同步在线学习，邀请18名专家教授和领导干部上台主讲，其中中央党校教授1名、清华大学教授5名、中央财经大学教授1名、深圳大学教授1名和区内教授、领导10名。

（孙林华）

【与院校、对口支援省市开展合作】 年内，通过与北京市委组织部、江苏省委组织部、成都市委组织部、清华大学签订合作协议，采取委托培训、合作培训和援藏培训方式，在清华大学、北京大学、西南财经大学、深圳经理进修学院、北京市委党校等国内优秀教育培训基地重点举办20个专题培训班，培训各级各类干部470人次，举办北京大学—拉萨市党政领导干部行政管理高级研修班、西南财经大学—拉萨市县（处）级党政干部理论研修班、拉萨市企业高层管理人员深圳研修班、清华大学—拉萨市县处级领导干部能力提升高级研修班和拉萨市党政干部赴北京培训班。

（孙林华）

【健全干部培训制度】 年内，研究制定《拉萨市2013—2015年加强县级领导干部中级职称以上专业技术人员及国有企业经营管理人员教育培训实施方案》《2014年拉萨市干部教育培训工作实施方案》等，研究起草《2013—2017年拉萨市干部教育培训规划》征求意见稿。

（孙林华）

【推进编制工作】 年内，巩固乡镇机构改革成果；加强和创新社会管理，探索以群众工作统揽信访工作的新机制；加强政权力量建设，研究论证政法系统体制调整和机构编制事宜；明确市县寺庙管理机构编制。调整理顺国土资源和城乡规划管理体制；推进道路运输管理体制调整；加强工业农业园区发展，提出经开区管委会升格后机构编制调整意见，将堆龙德庆、曲水两县工业园区管委会由挂牌机构调整为单设机构，设立曲水县农村改革试验区办公室、曲水县才纳乡国家现代农业示范区管理委员会；加强民政救助，设立拉萨市救灾物资储备中心、拉萨市未成年人流浪救助保护中心；创新文化发展，研究提出《关于组建中国西藏文化旅游创意园区管理委员会（筹备）的方案》，设立西藏牦牛博物馆、清政府驻藏大臣衙门旧址陈列馆、关帝格桑拉康、根敦群培纪念馆管理机构；提出文明办、互联网信息办公室机构编制意见；增加电视台编制；加强城市、环境、卫生服务体系建设，对组建拉萨市城市公共服务总公司可行性的研究论证，增强节能监察、工业能源统计和环境影响评价评估机构编制力量，进一步明确职业卫生监管部门职责分工。建立机构编制协调约束管理机制，规范拉萨市机关事业单位用编程序，推进实名制管理。

（孙林华）

【出台人才工程建设方案】 年内，拉萨人才工作主要围绕统筹谋划、培养输送、机制创新、党管人才四个方面的11项工作进行。在统筹谋划方面，出台《拉萨市2013年度人才工作任务分解方案》，确定32项年度工作任务。出台《江苏省对口支援拉萨市人才和智力援助计划（2013—2015年）》及北京市、江苏省2013年人才和智力援助计划，并向北京市有关单位争取将“十二五”期间北京市人才和智力援助资金由2700万元增加到3500万元。

（孙林华）

【培养引进人才】 年内，举办赴北京、江苏培训班33期，培训773人次。选派2名青年人才作为“西部之光”访问学者，到内地大学研修一年，在尼木县开展藏香、雕版、藏纸“尼木三绝”技能人才竞赛活动，评选一、二、三等奖18名。从区外引进104名高校毕业生，向中组部争取1名“博士服务团”成员到暖心公司开展燃气技术指导服务工作是联系服务高层次人才。面向全市各行各业开展优秀人才摸底工作，对有研究创作成果、有发明创造、有开创性贡献或业绩突出的85名优秀人才建立信息库，主动为在拉萨挂职服务“博士服务团”成员等高层次人才提供工作支持和解决生活困难。

（孙林华）

【强化人才管理机制创新】 年内,在经开区筹建"人才管理改革试验区",在调研的基础上建立经开区入驻企业、人才信息库及人才需求信息库,形成调研报告。赴北京市中关村、江苏省南京市、镇江市实地学习"人才管理改革试验区"建设经验,形成考察报告,起草实施方案,开展2次意见征求会和1次专题审议会,进行11次修改;启动实施"星火计划",在教育、卫生、农牧、广电等领域积极开展以机制创新为重点的"星火计划",在育才、用才、留才等方面取得具有推广价值的经验,支持城关区开展教育人才"十、百、千"行动计划。开展人才智力合作。与清华大学签订协议,在战略咨询、科技成果转化、人才交流培训三个方面开展全面合作,在城关区挂牌成立清华大学研究生社会实践基地。与江苏省、重庆巴南区正在洽谈人才合作事宜。

(孙林华)

【开展群众观念教育】 年内,开展学习讨论,坚持领导带头与示范带动、集中学习与个人自学、影视教育与实地参观、调研实践与问计于民相结合,对党员干部普遍进行群众观念再教育,进一步引导全市党员干部提高思想认识,强化宗旨意识、增强群众观念和群众工作能力。截至年底,领导小组办公室统一组织全市党员领导干部集中学习、观看影视教育片、实地参观教育共8次,受教育党员干部1280余人;下发《关于在党的群众路线教育实践活动中学习贯彻习近平总书记系列重要讲话精神的通知》,指导全市党员干部深入学习贯彻习近平总书记系列重要讲话精神;组织全市各单位党组(党委)一把手亲自开展讲党课活动;为系统领会市委八次党代会以来的重大决策部署精神,做好群众工作,组织编写《拉萨市第八次党代会以来重大决策部署文件选编(上、下册)》学习资料,并印制1700套发放给全市县级以上干部学习。

(孙林华)

【开展党的群众路线教育前期调研】 市级层面组成4个专题调研组,各县(区)、市直各单位组成320个调研组,严格按照自治区党委常委、市委书记齐扎拉关于"轻车简从、减少部门、讲求实效"的重要批示精神,分别深入到各基层单位、窗口服务部门、重要工作系统扎实开展调研工作。历时近40天,累计召开座谈会634次,个别访谈3620人,发放调查问卷14379份,明察暗访590地,形成调研报告213篇。找出"四风""两问题"在拉萨的具体表现;找出拉萨的"地方病",拉萨市党员、干部普遍和突出存在"心浮气躁、沉事不够,但求无过、担当不够,按部就班、落实不够"等"三不够"问题;找出群众反映的有关拉萨改革、发展、稳定和各单位、各县(区)具体工作存在的问题237条。

(孙林华)

宣传工作

【概　况】 2013年,在区党委宣传部的指导和市委的领导下,全市宣传思想工作高举中国特色社会主义伟大旗帜,以邓小平理论、"三个代表"重要思想、科学发展观为指导,深入贯彻落实中共十八大、十八届三中全会和习近平总书记系列重要讲话精神,贯彻落实全国、全区、全市宣传思想工作会议精神,坚持围绕中心、服务大局,坚持团结稳定鼓劲、正面宣传为主,大力实施"文化兴市"战略,维护意识形态领域安全,为全市发展稳定提供坚实的思想基础、良好的舆论环境、强大的精神动力和先进的文化条件。

(杨　丽)

【全市宣传思想工作会召开】 10月22日,自治区党委常委、拉萨市委书记齐扎拉出席全市宣传思想工作会议并讲话。会议分析拉萨市意识形态工作面临的形势,论述做好意识形态工作的极端重要性,全面部署新形势下拉萨市宣传思想工作的各项任务。

(杨　丽)

【建立宣传思想工作领导体制】 年内,市委把宣传思想工作作为"一把手"工程,成立以齐扎拉为组长的拉萨市宣传思想工作领导小组,各县(区)也相应建立由党委书记任组长的宣传思想工作领导小组。市委制定出台《中共拉萨市委员会关于加强新时期宣传思想工作的实施意见》,提出7个方面25条要求,构建由党委统一领导、宣传部协调指导、各部门分工协作、全社会共同参与的宣传思想工作领导体制和工作机制。

(杨　丽)

【推进理论学习工作】 年内,结合拉萨市实际,制定下发《关于加强和改进党委(党组)中心组学习的实施意见》及《拉萨市2013年全市干部职工理论学习安排意见》,推进学习型党组织建设。市委理论学习中心组围绕习近平总书记系列重要讲话、全国两会、党的十八届三中全会等专题进行集中学习12次。全市各级党委(党组)全年集体学习平均不少于12次,并组织全市副县级以上干部撰写理论文章。

(杨　丽)

【巡回宣讲4900余场次】　年内,通过新闻媒体、网络媒体、社会面宣传和巡回宣讲等方式,宣讲习近平总书记系列重要讲话、中共十八大、十八届三中全会精神,区市党委八届三次、四次全委会精神。组建市、县(区)、乡、村四级1100余人组成的宣讲队伍,并对宣讲员进行培训,全年巡回宣讲4900余场次,听众50余万人次。

(杨　丽)

【发放理论学习书籍一万余册】　年内,为提高全市党员干部理论学习效果,共向全市各级理论学习中心组发放《中国梦》《理论热点面对面》《惠在何处 惠从何来——西藏理论热点面对面》《新旧西藏两重天宣讲提纲》等学习书籍一万余册。

(杨　丽)

【做好正面宣传】　年内,在继续做好“五大战略”“十二五”规划、创先争优强基惠民活动、加强和创新社会管理工作、民族团结、民生改善、生态建设等重点项目、重大活动宣传报道的基础上,加强对中央和区市党委、政府推动经济社会发展的系列决策部署、政策措施和取得成效的宣传,加强拉萨市在保障和改善民生方面的重大举措以及拉萨的新发展、新成就、新变化、新生活的宣传,突出做好中共十八大、十八届三中全会、中国梦、社会主义核心价值观、党的群众路线教育实践活动、新旧西藏对比的宣传报道。

(杨　丽)

【做好社会面宣传】　年内,围绕全市中心工作,开展社会面宣传,在各主要街道、城市社区、机场快速通道沿线、各单位、商户、便民警务站、出租车等电子显示屏悬挂、张贴、刊播宣传标语口号。

(杨　丽)

【加强新闻媒体宣传】　年内,发挥驻市中央、自治区、拉萨市各新闻媒体和网络媒体作用,中央新闻媒体、自治区主要新闻媒体全年宣传报道拉萨稿件数量达5477条。拉萨电视台藏语综合频道、文化旅游频道开播,结束拉萨市电视台只有一个频道的历史,借助两个频道,加大节目引进,全年共引进电影1600部、影视剧5840集、各类专题片3300部。“拉萨河纪行”大型系列采访活动历时31天,行程2万余公里,采访103个村。开展老城区保护工程宣传报道工作,各新闻单位刊播新闻稿件400余篇。继续在《西藏日报》推出“首府新闻专版”、在《拉萨晚报》推出“县区专版”。

(杨　丽)

【开展主题教育活动】　年内,把社会主义核心价值观贯穿思想道德建设全过程,推动社会主义核心价值观进机关、进校园、进军营、进企业、进社区、进农牧区、进寺庙,深化爱国主义、民族团结教育。开展中国梦、“3·28”百万农奴解放纪念日、新旧西藏对比、民族团结社会面宣传,深化“八看、一算账、一揭批、四增强”感党恩主题教育活动,增强各族群众的感恩意识、国家意识、民族团结意识和法制意识。

(杨　丽)

【深化全国文明城市创建工作】　年内,先后召开迎接全国城市文明程度指数测评动员部署和再动员再部署大会,依据《全国城市文明程度指数测评体系(2013年)》和《全国未成年人思想道德建设工作测评体系(2013年版)》测评标准,层层签订《责任书》,对重点工作部署到位,责任落实到位,开展文明城市自测,使布局谋划、宣传教育、督促落实、自测提升等工作实现规范化、科学化、系统化、常态化。在迎接中央测评组测评期间,成立由区党委常委、市委书记、市文明委第一主任齐扎拉担任总指挥的迎接测评指挥部,9个专业组和14个分片负责组完成中央测评组对拉萨市全国城市文明程度指数测评的各项任务。本年度城市文明程度指数测评成绩位列17个参评省会/副省级城市第15位,比2012年上升1位。

(杨　丽)

【加强未成年人思想道德建设】　年内,围绕立德树人这一根本任务,在全市未成年人中广泛组织开展认星争优、日行一善、优秀童谣传唱、中华经典诵读、我们的节日等15个类别的“做一个有道德的人”主题活动,参与未成年人达60余万人次。申报中央福利彩票公益金支持乡村学校少年宫项目,开工建设2011年申报的乡村学校少年宫项目,启动20所城市学校少年宫建设试点。在中小学校普及建设道德讲堂97个。加强未成年人心理健康辅导站(室)和家长学校建设。整治校园周边环境,取缔“黑网吧”,开展广播电视、书报刊和文化市场抵制低俗工作。组织全市未成年人积极参与中央文明办组织的“童心向党”歌咏会、未成年人网络春晚等全国性活动,3组“童心向党”歌咏活动节目在中国文明网、人民网展播,《飞旋的热巴》入选全国第四届未成年人网络春晚节目,小主持人白玛玉珍入选全国十强。本年度拉萨市未成年人思想道德建设工作测评成绩位列30个参评省会/副省级城市第14位,比2012年上升11位。

(杨　丽)

【开展群众性精神文明建设】　年内,组织开展“3·5”学雷锋志愿服务,文明交通劝导,关爱空巢老人、留守儿童、农民工、残疾人,保护山川河流,社区学雷锋等志愿服务活动,在中国志愿服务基金会设立拉萨市志愿服务基金100万元,全年共开展各类志愿服务活动15000余场次,20万余人次志愿者直接参与。组织驻市的34家全国文明单位111名网络文明传播志愿者完成信息管理系统注册和信息完善,发布各类网络文明传播信息15318条。中国文明网联盟网站——拉萨文明网(ls. wenming. cn)正式上线。培训指导在全市各县(区)、市级以上文明单位、各窗口单位开设道德讲堂178家,开展道德讲堂活动538场次,直接受教育群众3万余人次。组织开展9场次道德模范、身边好人基层巡讲(演)活动,受教育群众达3000余人。拉萨市推荐城关区环卫工人尼玛潘多被评选为第四届全国道德模范,另有11人被评为全区“中国梦·最佳爱岗敬业模范”。开展“我们的节日”主题活动5次,制作播出“中华长歌行·拉萨篇”5期。广泛开展道德领域突出问题专项教育和治理活动,组织246支驻村(寺)工作队在全市开展宣讲,受教育群众达40万余人次。“文明餐桌”行动普及率达到80%。组织开展“五下乡”“四进社区”、西部开发助学、“绿色电脑”等惠民利民活动。

(杨　丽)

【加强互联网机构和阵地建设】　年内,调整充实市互联网宣传管理工作领导小组,制定出台领导小组定期会议制度。组建市、县(区)互联网信息办公室,征集一支1000人左右、善用网言网语、熟悉网络评论的志愿者。成立覆盖全市各个部门的网络舆情监测体系,执行24小时值班制度。制定出台《拉萨市网络舆情突发事件应急处置预案》,成立拉萨市突发网络舆情应急处置领导小组。召开全市互联网宣传管理工作会议。举办拉萨市首届网络宣传评论员培训班,选派30余名网信干部参加自治区网络宣传管理专题培训班,选派2名骨干赴内地学习培训。建立拉萨、城关、堆龙德庆、达孜、墨竹工卡五个政府门户网站,其它县级网站建设也在积极筹划中。率先在全区地(市)一级开通“拉萨发布”政务微博,并在人民网、新华网、新浪网正式上线,半年时间共发布信息2000余条,日均10余条,拥有粉丝12万余人,日阅读量超10000人/次。妥善处理网民意见建议100多条,获人民网评选的“责任中国——十大政务微博”的殊荣,入选人民网发布“十大省市级政务微博排行榜”,荣获新华网评选的“中国城市网络形象排行榜十佳城市奖”,与中国西藏新闻网、人民网、新华网、新浪网等知名网络媒体建立良好的沟通协作机制。

(杨　丽)

【加强网络正面舆论引导】　年内,借助中央、自治区、拉萨市重点新闻网站,为网络媒体提供新闻信息资源,加强对市属网站建设的管理和业务指导,网上网下融合发声,主动宣传拉萨市经济社会发展的成就与亮点,营造正面舆论强势。

(杨　丽)

【做好对外宣传工作】　年内,贯彻落实市委关于“请进来”工作的指示精神,建立外媒接访工作机制。全年接待来自印度、尼泊尔、丹麦、比利时、荷兰、泰国、缅甸等国家的记者团共6批27人次,使其感受到西藏的传统文化得到有效保护、宗教信仰自由得到充分尊重、农牧民过上幸福安定的生活。拉萨市歌舞团组织10名优秀演员选排藏戏片段、堆谐等民族特色节目,赴台参加由北京市文联举办的“京味文化之旅”文化交流活动。拉萨市作为主宾城市参加2013年北京国际图书节,向国内外人士宣传西藏、宣传拉萨;完善新闻发布制度。年内,共完成11场新闻发布会,成立拉萨市委对外宣传工作领导小组,制定《拉萨市人民政府新闻发布制度》《拉萨市突发事件新闻发布工作制度》。组建新闻发言人队伍,在市直单位和各县(区)确定93名新闻发言人,举办培训班,并组织新闻发言人赴中国传媒大学学习。按照市委、市政府2013年重点工作和社会热点敏感问题及时召开新闻发布会;夯实外宣工作基础。进一步加强外宣点建设,在原有9大类119个采访点基础上,新增15个涉及民生改善、民族文化传承、教育发展、经济发展、特色产业等内容的外宣采访点。组织编写《拉萨市外宣采访点资料》供外宣工作人员使用。编制《拉萨市基本情况对外答问参考》(藏汉文版),为涉外工作者提供基本依据。制作完成《八大藏戏》《文成公主》(剧场版)《拉萨老城区保护记忆》外宣光碟。选派拉萨市广播电视台广播新闻部记者参加赴日交流访问。在《华盛顿邮报》刊发两期专版文章,扩大拉萨正面声音在海外的影响力。

（杨 丽）

【加强宣传队伍建设】 年内，市委宣传部5个正科级实职岗位和4个副科级实职岗位、市广播电视台1个正科级岗位和6个副科级岗位实行竞争上岗。调整充实拉萨市新闻序列职称评审委员会。组织干部职工分批分期赴驻村点开展工作，选派2名优秀干部到尼木县尚日村和林周县春堆村担任村党支部第一书记。按照市委要求，提前开展党的群众路线教育实践活动，组织机关党员干部与尼木县尚日村群众开展一对一结对帮扶活动；强化专业技术人才储备。在全区范围内选调9名藏汉翻译人员，充实到拉萨市广播电视台。3月，由市组织部、宣传部、人社局、编译局、广电局等部门领导及工作人员组成2个工作组分赴内地，为拉萨市广播电视台引进46名相关专业急需人才。此外，市委宣传部还与中国传媒大学建立教学科研实习基地。

（杨 丽）

统战工作

【概 况】 2013年，全市统战系统学习贯彻中共十八大、十八届二中、三中全会及习近平总书记一系列重要讲话精神，落实习近平总书记"治国必治边、治边先稳藏"的重要战略思想和俞正声主席"依法治藏、长期建藏"的指示要求，按照全国、全区统战部长会议安排部署，紧扣大团结、大联合主旨，着眼服务"五大战略"，以创新思维和务实作风，推进统一战线各领域工作。

（次仁央吉）

【全市统战部长暨宗教领域维稳工作会议召开】 3月2日，召开全市统战部长暨宗教领域维稳工作会议。市委副书记、统战部部长、市宗教工作领导小组常务副组长达娃讲话。市宗教工作领导小组成员、各县（区）委统战部长、民宗局长和全市副县级建制以上的寺管会主要负责人以及市委统战部、市民宗局、市宗教办干部职工共计100余人参加会议。

（次仁央吉）

【继续深化寺庙管理】 年内，进一步明确市、县、乡镇（街道）、村（居委会）"四级"责任，理顺寺庙管理体制。推进寺庙"9+5"工程，在全区率先实现国旗、领袖像、报纸、电影、文化书屋和广播电视全覆盖，水、电、路基本实现保通目标，寺管会综合业务用房建设项目工程量完成95%以上；"9+5"工程中的4个硬项目已基本完成，同时为寺庙培训45名卫生员。坚持主动治理，指导各县（区）和寺管会依法加强宗教事务管理，维护寺庙正常秩序。

（次仁央吉）

【全面深化"六个一"活动】 年内，全市各驻寺干部与僧尼结对交朋友，开展家访次数达858次3749人，为寺庙僧尼及僧尼家庭办实事1408件，投入资金353.35万元。全面推广"联创联帮"工作模式，结合实际丰富"联创"工作目标和"联帮"工作内涵，进一步健全结对帮教新机制。组织指导各寺庙管理委员会结合实际开办藏语、汉语、数学等各具特点的僧尼文化补习班，帮助僧尼提高文化知识水平。

（次仁央吉）

【形成统战民族宗教调研报告20篇】 年内，结合党的群众路线教育实践活动，按照市委"先行一步、提前介入""调研开局、调研开路"的工作要求，由统战部领导牵头深入基层，深入各寺庙，派干部下沉蹲点夏萨苏社区通过采取听汇报、问卷调查、座谈等方式进行深入调研，形成调研报告20余篇。

（次仁央吉）

【推进西藏佛学院分院建设】 年内，研究形成《拉萨市关于创办西藏佛学院色拉寺等四座分院的意见》，推进西藏佛学院分院的开办工作，在色拉寺、哲蚌寺、甘丹寺、楚布寺分别挂牌成立西藏佛学院分院。

（次仁央吉）

【开展在编僧尼自然减员补充学经新僧尼试点工作】 年内，研究制定《拉萨市在编僧尼自然减员补充办法（试行）》，稳妥开展在编僧尼自然减员补充学经新僧尼试点工作，分两批完成200名学经新僧尼考试招收、集中培训、入寺等工作。

（次仁央吉）

【推行"爱国守法僧尼卡"】 年内，坚持"管理为要、服务为先、利民便民、重在激励"的工作原则，制定出台《拉萨市爱国守法僧尼便民服务卡管理使用实施意见》，在全市推行"爱国守法僧尼卡"，为爱国爱教僧尼出行提供便利。

（次仁央吉）

【举行丽江版《甘珠儿》大藏经复制卷交接仪式】　7月13日,拉萨市与丽江市文化合作座谈会暨拉萨大昭寺藏丽江版《甘珠儿》大藏经复制卷交接仪式在大昭寺举行,市委相关领导出席仪式,市委副书记、统战部部长、市宗教工作领导小组常务副组长达娃在仪式上作重要讲话。

(次仁央吉)

【开展创建评选活动】　年内,开展和谐模范寺庙暨爱国守法先进僧尼创建评选表彰工作,县、市、区共表彰和谐模范寺庙147座次、爱国守法先进僧尼9936人次,先进寺庙管委会82个、优秀驻寺干部461人次,兑现奖金2313.7万元。进一步建立健全寺庙僧尼社会养老保险、基本医疗保险、人身意外伤害保险和最低生活保障制度,全市持证僧尼实现养老保险和医疗保险全覆盖,符合低保条件的持证僧尼全部纳入最低生活保障对象。关心僧尼及其家庭的生活,完成持证僧尼一年一次的免费体检等工作。

(次仁央吉)

【深化寺庙法治宣传主题教育】　年内,立足利教、利寺、利僧,继续深入开展"爱国爱教、遵规守法、弃恶扬善、崇尚和谐、祈求和平"法治宣传教育主题活动和"中共十八大精神""中国梦""民族团结""综治维稳"等宣传教育活动,全市各涉宗部门和寺管会开展共开展法制主题宣讲1587场次、巡回宣讲684场次,召开座谈会655场次,播放爱国影片294场次,发放宣传资料13412册和宣讲光碟2143张,张贴宣讲图片1303张,宣讲覆盖面和僧尼参学率达到98%。

(次仁央吉)

【开展爱国爱教宣传服务下乡活动】　年内,根据区市党委安排,引导在藏传佛教中有一定造诣,在信教群众中有一定威望,在维护稳定中有一定贡献的爱国爱教僧尼,以服务信教群众、履行公民义务、维护社会稳定为己任,深入开展爱国爱教宣传服务下乡活动。

(次仁央吉)

【加大驻寺干部培训力度】　年内,制定《拉萨市驻寺干部培训总体方案》,通过选派干部参加区市业务培训和会同市委组织部、市委党校等部门专门培训等方式,全市900余人次的驻寺干部参加25期培训,其中副县级以上驻寺干部共5期131人次,另选派32名驻寺干部赴北京、云南、山东等地学习培训。在加强培训的基础上,注重关心驻寺干部工作生活,年内共对81个寺管会(专职特派员)进行慰问,发放慰问金22.8万元。

(次仁央吉)

【加强与党外人士的联系交流】　年内,把学习宣传贯彻中共十八大和十八届三中全会精神摆到首要位置,结合统战工作实际,组织统战干部和广大统一战线成员,通过集中学习、集中宣讲、召开座谈会等形式,大力学习宣传中共十八大和十八届三中全会精神,学习宣传习近平总书记、全国政协主席俞正声重要讲话精神,专题学习宣传区市党委各项决策部署特别是"六个西藏"和"五大战略"内涵,进一步打牢同心同德、同心同向、同心同行的思想政治基础。以"三大节日"为契机,深入开展党外人士走访慰问活动,共慰问130余人,发放慰问金12.9万元。结合"藏历新年""3·28""5·23""9·17"和召开政治协商会议等时机,组织各族各界代表人士召开座谈会和征求意见会,广泛征集对拉萨发展稳定工作的意见建议,广泛汇聚促进发展稳定的智慧和力量。

(次仁央吉)

【深化非公党建工作】　年内,深入贯彻落实自治区加强工商联工作暨推进非公有制经济发展的会议精神,发挥非公党组织在企业职工群众中的政治核心作用和在企业发展中的政治引领作用,推动非公有制经济健康发展。组织召开全市非公经济组织党建工作会议,对全市非公企业党建工作做出安排部署。联合市委组织部集中选派68名党建指导员,加强对非公企业党建工作的指导。加大对非公经济组织运行状况和党建工作的基础调研力度,为有针对性地开展有关工作奠定基础。组织部分非公经济组织负责人和非公经济组织入党积极分子进行专门培训。扎实做好"中国光彩事业西藏行"活动有关工作。

(次仁央吉)

【进一步深化自身建设】　年内,按照"发挥首府城市首位度作用"和"目标任务效能三提速"要求,不断加强统战系统作风效能建设。健全部机关理论学习中心组和干部职工集体学习制度,干部职工的学习自觉性、坚定性和理论素养、业务能力得到提升。加强本部工作机制建设,先后建立健全《部务会议制度》《综治维稳制度》《保密制度》《督查制度》等多项制度,提高部机关工作效能。加大信息调研力度,结合党的群众路线教育实践活动,开展统战民宗理论调研和信息上报工作,全年形成调研报告20余篇,编报各类信息300余期。根据市委关于群众路线和创先争优强基础惠民生活动要求,开展扶贫、驻村、选派村第一党支部书记等工作,累计投入资金13.3万元,并协调相关部门解决10余万元,帮助基层群众解决实际困难。

(次仁央吉)

党校教育

【概　况】　年内，市委党校（行政学院）在市委、市政府的正确领导下，贯彻《中国共产党党校工作条例》和《行政学院工作条例》，以中共十八大、十八届三中全会精神为指导，以“力争把党校建设成为与首府城市相匹配的全区一流党校”为奋斗目标，始终“坚持一个方向、深化两个改革创新、加大三个力度”，即：坚持党校姓党办学方向，深化培训形式改革创新，深化办学模式改革创新，加大党校人才队伍建设力度，加大科研基础地位建设力度，加大建设发展经费保障力度。围绕中心、服务大局、立足职能、发挥优势，扎实推进“123456”工程，顺利完成年度12项任务。市委党校（院）获得“拉萨市创先争优强基惠民活动优秀组织单位”；下派曲水县色甫村工作队荣获“自治区级创先争优强基惠民活动优秀工作队”等荣誉称号。

（索朗丹增）

【启动校园整体搬迁工作】　1月15日，根据《市委、市政府关于老城区改造及城关区、市委党校搬迁的有关专题会议纪要》（第41期），市委党校正式启动校园整体搬迁工作，完成临时校址搬迁至自治区委党校廉政教育基地工作。新校址规划建设工作由拉萨市政府教育改革领导小组办公室承办，总概算投资11903.63万元。

（索朗丹增）

【春季开学典礼】　4月16日，中共拉萨市委党校、拉萨市行政学院举行2013年春季开学典礼。拉萨市委副书记贾沫微出席并作《切实加强作风建设 奋力开创拉萨科学发展和长治久安新局面》主题报告。151人参加开学典礼。

（索朗丹增）

【人才引进培养与对外交流】　年内，继续推动同中央党校和内地知名高校的合作培养人才工程。根据工作岗位需求和完善教师队伍结构的要求，引进5名紧缺型专业技术人才；先后选派领导干部及教职员工赴内地进修学习12人次。

（索朗丹增）

【培训各类干部2123人】　年内，立足拉萨市情，继续扩大办学规模、转变培训模式、创新培训方法，结合当前发展形势，在主体班次中增设32个新专题，增强培训的实效性和针对性。截至年底，围绕首府城市首位度作用、跨越式发展和产业强市战略、文化发展与文化兴市战略、生态文明建设与环境立市战略等主题，共举办各类班次24个，培训各级各类干部2123人。

（索朗丹增）

【举办宣传报告137场】　年内，围绕“中共十八大”“双联户”“中国梦”“道德讲堂”“新旧西藏两重天”等精神，市委党校（院）组织讲师团成员，开展宣讲教育进区、县、机关、学校、企业、社区、部队的“七进”活动。全年宣讲报告共137场，受教育人数达44000人次。

（索朗丹增）

【做好科研工作】　年内，围绕“科研工作为推动党的理论创新服务，为提高教学质量服务，为市委市政府中心工作服务，为社会主义物质文明、政治文明、精神文明服务”的要求，市委党校（院）围绕拉萨市经济、政治、文化、社会发展等重大课题进行研究，实施党校科研的本土化战略。依托援藏优势完成《西藏跨越式发展的人才支撑研究》《西藏文化产业的发展布局和路径研究》《保障和改善民生问题研究》《拉萨市人才资源开发》等4项国家级、区级、校级课题。出版《拉萨社会科学》4期，采编《理研信息》9期和《教学资料摘编》18期，干部职工发表省级以上论文15篇。

（索朗丹增）

【学历教育】　年内，市委党校依托首都经贸大学师资力量和办学经验的办学平台，结合拉萨社会人才需求，加强沟通协作，完成首都经贸大学继续教育学院拉萨函授站高起专、专升本3个专业的报名考试、招生录取、开班就读等工作，共招生新学员71人。

（索朗丹增）

【驻村工作】　年内，结合全区开展党的第一批群众路线教育实践活动先行在驻村（居）工作队中开展的通知要求，认真践行教育实践活动，扎实开展强基础惠民生活动。市委党校（院）驻村（居）两个工作队，共争取项目资金346万余元，完成城关区加错社区上下水管道改造项目、文化卫生活动站建设，曲水县色甫村藏青石采石加工厂、农村农田灌溉水渠等项目；着力为民办实事、解难事，切实改善民生。开展基层走访调研、入户宣讲、捐资助孤、志愿者服务活动等形式多样化的惠民活动。先后共完成基层党建、群众路线教育实践及强基础惠民生方面4篇调研报告。

（索朗丹增）

中共拉萨市委直属机关工作委员会

【概　况】 市直机关工委以机关党建走在基层组织建设前面为工作目标,完成各项工作任务。截至年底,市直机关工委辖55个直属机关,其中47个党组,6个基层机关党委,13个党总支;208个党支部(含24个企业党支部),4036名党员(不包括退休党员)。55个市(中)直单位中应建团组织10个,已建团组织10个,2个团总支,10个团支部,86名团员。

(葛同荣)

机关党建

【召开市机关党建工作会议】 4月25日,召开2013年拉萨市(中)直机关党建工作会议,总结回顾2012年机关党建工作,安排部署2013年度机关党建工作,对市委组织部、团市委等32家机关党建工作和党内统计工作先进单位进行表彰。

(葛同荣)

【共产党员民族团结示范单位创建活动】 6月,采取"单位申报、工委初评、上级评定"的程序,组成2个评比组对25家申报创建共产党员民族团结示范单位,对照《拉萨市民族团结示范单位创建标准》《拉萨市共产党员民族团结示范单位创建评比细则》进行初评,最终将评议得分达到90分以上且排名在前7位的单位作为示范创建单位,向市先锋活动办推荐。

(葛同荣)

【庆祝建党92周年演讲比赛活动】 6月27日,举办"知史爱党、共圆中国梦——纪念建党92周年"演讲比赛活动,市(中)直机关21家单位参加比赛,市电视台的次吉拉姆等9人分别获得比赛的一、二、三等奖,市司法局的沈晶晶等17名选手获得鼓励奖。发放新党章5000余册,发放共产党员党徽徽章5000余枚,做到党员人手1册(枚)。

(葛同荣)

【制定拉萨市直机关党建工作要点】 年内,根据《2013年全区机关党建工作要点》,明确以组织建设、队伍建设、制度建设、载体建设、自身建设为重点工作任务,并对重点任务进行逐条逐项分解。

(葛同荣)

【"中共十八大报告和党章知识"学习活动】 年内,把学习宣传贯彻中共十八大精神和新党章作为首要的政治任务来抓,组织市直机关各级党组织和广大党员干部学习贯彻中共十八大精神和新党章,提高广大党员干部的思想政治水平。采取专题辅导、上机演示等措施,组织市直机关党员干部职工600人参加中组部在"12371"网站开展的学习中共十八大报告和党章知识竞赛活动。

(葛同荣)

【举办二期培训班】 按照《市直机关工委2013年党建业务培训计划》,5月,举办为期3天的2013年机关党务干部学习贯彻落实中共十八大精神培训班;7月,举办2013年拉萨市(中)直党委、党组系统入党积极分子培训班。全年,共发展新党员57名,培养98名入党积极分子。

(葛同荣)

【科学设置基层党组织指导换届工作】 年内,指导机关党组织做好机构调整后名称变更、隶属关系调整、划转或撤销等工作,进一步理顺党组织关系。全年,新成立机关党委1个,党总支1个,党支部9个(退休党支部2个);撤销党总支1个。督导11家单位16个党支部开展基层党组织换届工作,确保党建工作不断档、不脱节。

(葛同荣)

【慰问老党员、困难党员】 年内,在"三大节日"期间,抽调专人组成节前慰问工作组,分赴31家市直机关、企事业单位,对166名老党员、困难党员进行走访慰问,送去8.3万元的慰问金。在"七一"期间,组织开展走访慰问困难党员活动,慰问困难党员15人,送去慰问金0.9万元。市(中)直机关党组织普遍开展走访慰问活动,共投入资金6万余元。

(葛同荣)

机关团建

【"三关爱"和学雷锋献爱心志愿服务活动】 2月,开展"邻里一家亲"慰问活动,慰问单亲母亲、残疾人、空巢老人10户,发放慰问金0.5万元;3月,开展"三八"妇女节送温暖慰问活动,慰问6户困难妇女,发放慰问金0.3万元。组织安排市直机关志愿者在拉萨市区主要路口、公交站点开展站点清洁卫生和宣传、引导文明乘车出行、自觉有序排队、劝阻不文明行为活动。组织市直机关志愿者开展"三关爱""红红火火过大年”“我们的节日”等青年志愿服务活动8次120余人次。

（葛同荣）

【召开市直机关团建工作会议】 3月，召开机关团组织工作会议。对2012年团建工作进行认真总结，通报2012年团组织建设、团内统计、团费收缴等情况，对市直机关团员青年中涌现出的先进团组织和优秀团员、团干部进行表彰。

（葛同荣）

【选举共青团拉萨市第九次代表大会代表】 10月，开展相关推荐选举工作，共推荐选举市直机关15名团员、团干部为共青团拉萨市第九次代表大会代表，推荐1名团干部为共青团拉萨市第九届委员会委员提名候选人预备人选，并组团参加共青团拉萨市第九次代表大会。

（葛同荣）

【先进团组织和优秀团员（团干部）推荐申报】 10月，推荐申报1个“全市五四红旗团支部”、1名“全市优秀共青团员”、2名“全市优秀共青团干部”。

（葛同荣）

其他工作

【创先争优强基础惠民生活动】 年内，集中宣讲中共十八大精神、区市相关会议精神7次，听讲群众870多人（次）；入户走访、宣讲、调研331户（次），入户率100%。协助色德村党支部培养发展10名预备党员。为民办实事解难事8件（次），投入为民办实事资金15万元；走访慰问困难群众、老（困难）党员113户（次），送去慰问金和慰问物品价值10.04万元。

（葛同荣）

【组织参加各类政务活动】 年内，组织市（中）直机关党员干部职工5000多人次参与“3·28”百万农奴翻身纪念日“升国旗、唱国歌”仪式、学雷锋活动、清明节祭扫革命烈士墓活动、雪顿节、民族团结月、“十一”升国旗、唱国歌、全国文明城市创建活动、全国卫生城市创建活动、机关道德讲堂活动、“实现中国梦从我做起”实践活动等各类大型活动。

（葛同荣）

【自身建设】 年内，市直机关工委开展调研共3次，中心组学习共12次，邀请市委讲师团开展专题讲座2次，机关党支部学习共29次，撰写调研报告共4篇、理论文章6篇、学习心得19篇。

（葛同荣）

拉萨市人民代表大会常务委员会

综　　述

【综述】　2013年,拉萨市人大常委会以贯彻中共十八大、十八届二、三中全会精神为主线,把握全市工作大局,履行宪法和法律赋予的职责,开展立法、监督、代表工作和自身建设等各项工作。年内,常委会审议地方性法规案3件;审查备案政府规章和规范性文件3件;配合全国人大常委会和自治区人大常委会开展执法检查或调研的法律法规10部;听取专项工作报告15个;协助自治区人大常委会开展各种执法检查、立法调研10余次;组织协调办理市十届人大三次会议提交的议案4件,建议、批评和意见86件;依法任免国家机关工作人员42人。

（罗　梅）

重要会议与决议、决定

【拉萨市十届人大常委会第五次会议】　1月5日,拉萨市十届人大常委会举行第五次会议。会议表决通过多吉次珠辞去拉萨市市长的报告和拉萨市十届人大常委会关于接受多吉次珠辞去拉萨市市长的决定;会议表决通过市政府关于提请任命张延清的任职议案,会议同意张延清任拉萨市副市长、代理市长;会议表决通过拉萨市中级人民法院关于提请任命边巴拉姆的任命议案,会议同意边巴拉姆任拉萨市中级人民法院副院长、代理院长;会议表决通过拉萨市人民检察院关于提请任命田建设的任命议案,会议同意田建设任拉萨市人民检察院副检察长、代理检察长,并为被任命人员颁发任命书。

（罗　梅）

【拉萨市十届人大常委会第六次会议】　2月23日,拉萨市十届人大常委会举行第六次会议。听取和审议拉萨市人大常委会工作报告(草案)、市人大法制委员会关于拉萨市十届人大常委会五年立法规划草案及说明;听取和审议市人大财经委员会关于2011年度拉萨本级预算执行情况和其他财政收支的审计工作报告的审议意见以及市人大常委会关于同意拉萨市人民政府向中国建设银行申请教育基础建设项目资金贷款的决议;听取和审议市十届人大常委会代表资格审查委员会关于代表资格的审查报告;审议通过市十届人大三次会议各类名单及会议议程等相关内容;听取和审议拉萨市审计局关于2011年度拉萨市本级预算执行情况和其他财政收支的审计工作报告;会议表决通过达娃的辞职报告和常委会关于接受达娃辞去拉萨市人大常委会委员职务的决定;会议表决通过拉萨市政府副市长郭瑞祥提请关于央金卓嘎等任免职的议案和拉萨市中级人民法院副院长任卫东提请关于刘林等任职的议案,并为被任命人员颁发任命书。

（罗　梅）

【拉萨市十届人民代表大会第三次会议】　2月27日上午，拉萨市第十届人民代表大会第三次会议举行。出席会议的代表217人。大会期间，听取并审议代市长张延清作的《政府工作报告》；书面审议拉萨市人民政府关于2012年国民经济和社会发展计划执行情况及2013年国民经济和社会发展计划草案、拉萨市人民政府关于2012年财政预算执行情况及2013年财政预算（草案）两个报告；听取并审议市人大常委会主任洛桑旦巴作的《拉萨市人民代表大会常务委员会工作报告》、拉萨市中级人民法院代理院长边巴拉姆作的《拉萨市中级人民法院工作报告》、拉萨市人民检察院代理检察长田建设作的《拉萨市人民检察院工作报告》，并表决通过上述报告的各项决议。会议补选拉萨市十届人大常委会副主任、常委会委员、拉萨市市长、拉萨市中级人民法院院长、拉萨市人民检察院检察长。张延清当选为拉萨市市长；许广林当选为拉萨市人大常委会副主任；边巴拉姆当选为拉萨市中级人民法院院长；田建设当选为拉萨市人民检察院检察长；和平志、赵金花当选为拉萨市人大常委会委员。

（罗　梅）

【拉萨市十届人大常委会第七次会议】　5月7日，拉萨市十届人大常委会举行第七次会议。会议听取和审议市政府《关于将拉萨市老城区保护工程项目还款资金列入市财政预算的议案的请示》《关于将次角林大桥建设工程还款资金列入市财政预算的议案的请示》和市人大财经委员会有关上述两个请示的审查意见，并表决通过有关上述两个请示的决议草案；听取和审议拉萨市人大法制委员会关于《拉萨市人大及其常委会五年立法规划调整的说明》，并同意“说明”调整内容；听取和审议拉萨市广电局关于《拉萨市广播电视“村村通”“户户通”“舍舍通”工程建设情况的专项报告》及市教科文卫委员会所作的关于此专项报告的审议意见；表决通过免去王生泽十届人大法制委员会副主任委员职务的议案、拉萨市政府副秘书长岳国红提请关于琼达免职和江华任职的议案、拉萨市中级人民法院副院长蒋建平提请拉萨市中级人民法院《关于提请干部任免职的议案》、市人民检察院党组成员晓红提请《关于免去卓越同志林周县人民检察院检察长和批准任命解树立为林周县人民检察院检察长的议案》和《提请任免塔青等13名同志的议案》，并为被任命人员颁发任命书。

（罗　梅）

【拉萨市十届人大常委会第八次会议】　6月4日，拉萨市十届人大常委会举行第八次会议。听取和审议《拉萨市人民政府关于提请审议〈拉萨市八廓古城保护条例（草案）〉的议案》、关于《拉萨市八廓古城保护条例（修改稿）》及市人大教科文卫委员会《关于对〈拉萨市八廓古城保护条例（草案）〉修改情况的报告》，表决通过市人大教科文卫委员会的修改报告；学习自治区人大常委会主任白玛赤林《在自治区十届人大常委会第四次会议闭幕会上的讲话》和《拉萨市人民代表大会常务委员会组成人员守则》。

（罗　梅）

【拉萨市十届人大常委会第九次会议】　6月17日，拉萨市十届人大常委会举行第九次会议。听取和审议市人大法制委员会关于《关于拉萨市老城区保护条例（草案）》、修改情况的说明及审议结果的报告，表决通过《拉萨市老城区保护条例（草案表决稿）》；听取和审议市人大常委会关于城市供暖项目进展情况的调研报告；听取和审议市人民政府关于将拉萨河（城区段）综合整治工程（3#闸）项目还款资金列入财政预算的议案及市人大财经委员会关于此议案的审查报告，并表决通过市人大常委会关于议案的决议草案。

（罗　梅）

【拉萨市十届人大常委会第十次会议】　8月16日，拉萨市十届人大常委会举行第十次会议。听取和审议市政府的《关于城乡最低生活保障工作落实情况的专项报告》《关于拉萨市2013年上半年国民经济和社会发展计划执行情况与下半年国民经济和社会发展计划安排情况的报告》《关于拉萨市2012年财政收支决算和2013年上半年财政预算执行情况的报告》及审议意见，会议表决通过上述报告的各项审议意见；听取和审议《拉萨市城市绿化条例》及市人大财经委员会关于条例的修改意见和建议报告；表决通过市政府关于次仁旺堆等任免职的议案、市中级人民法院关于胡欣宁等任职的议案，并为被任命人员颁发任命书。

（罗　梅）

【拉萨市十届人大常委会第十一次会议】　8月16日，拉萨市十届人大常委会举行第十一次会议。听取和审议拉萨市人民政府关于提请徐宗军等任职的议案，会议同意徐宗军、杨安文、史本林任拉萨市副市长,并为被任命人员颁发任命书。

（罗　梅）

【拉萨市十届人大常委会第十二次会议】 11月18日,拉萨市十届人大常委会举行第十二次会议。审议通过《拉萨市人民检察院关于三年来惩治与预防职务犯罪工作报告》《拉萨市中级人民法院关于提高审判质量和效率的工作报告》及市人大法制委员会对两个报告的审议意见。审议通过拉萨市人大常委会关于检查拉萨市贯彻落实《中华人民共和国教师法》和《西藏自治区实施〈中华人民共和国教师法〉办法》情况的报告、《中华人民共和国食品法》情况报告。审议通过拉萨市人民政府关于多吉次仁等任免职议案,并向新任命的人员颁发任命证书。

（罗　梅）

立法工作

【制定五年立法规划】 年内,市人大常委会成立5年立法规划要点编制工作协调小组,征求社会各界的意见建议,研究制定拉萨市十届人大常委会五年(2013—2017年)立法规划,内容涉及民生、经济、城市管理、环境保护、古镇保护等方面,共17件,其中新立4件,修订或立新废旧3件,立法调研储备10件。

（罗　梅）

【制定《拉萨市老城区保护条例》】 根据市委关于做好《拉萨市老城区保护条例(草案)》经市人民政府常务会议研究,于5月29日提请市人大常委会审议。收到条例草案后,组成由市人大教科文卫委员会牵头,市人大办公厅、市政府法制办、古城管委会协助的工作推进小组,制定专门的日程推进表。先后组织召开四级党代表、人大代表、政协委员,社会各界人士代表和退休老干部代表征求意见建议座谈会,广泛征求社会各级各界意见建议。在广泛征求意见建议的基础上,组织市政府法制办、古城管委会、市人大办公厅等有关部门会议,对条例草案进行修改,并报常委会进行审议。目前,该条例经拉萨市人大常委会第九次会议审议通过,并经西藏自治区第十届人大常委会第五次会议批准,10月1日起正式实施。

（罗　梅）

【调整年度立法计划】 年内,围绕维护稳定、古城文物保护、物业管理、城市绿化建设管理等重要问题和拉萨市的实际工作需要,拉萨市人大常委会适时调整2013年的年度立法计划,将安排在2016年的立新废旧的《拉萨市绿化管理条例(草案)》调整到2013年立法计划;安排在2015年新立的《拉萨市物业管理条例》调整到2013年的立法计划。

（罗　梅）

【修订《拉萨市城市绿化条例》】 年内,随着拉萨向“国家生态园林城市”目标不断迈进,原《拉萨市城市绿化条例》已难以适应拉萨市城市绿化事业发展的需要。常委会经过广泛征求意见、反复修改、论证,采取“立新废旧”的立法形式对老条例《拉萨市城市绿化条例》进行全面修订。

（罗　梅）

【制定《拉萨市地方立法评估办法》】 年内,为进一步推进科学立法、民主立法,提高立法质量,完善立法工作机制,常委会在经过多方论证、广泛征求意见、借鉴内地相关制度建设经验、召开座谈会等形式,审议《拉萨市地方立法评估工作办法(草案)》。

（罗　梅）

【做好规范性文件备案审查工作】 年内,市人大常委会按照规范性文件备案审查规定,严把行政许可和法律责任关,对制定的《拉萨城市排水管理办法》《拉萨市机动车洗车场管理办法》《拉萨市旅游管理办法》3部政府规章和规范性文件进行备案审查。

（罗　梅）

监督工作

【围绕经济发展开展监督工作】 年内，市人大常委会听取和审议拉萨市人民政府关于拉萨市2013年上半年国民经济和社会发展计划执行情况、2012年财政决算及2013年上半年财政预算执行情况的报告，2012年度拉萨市本级预算执行和其他财政收支的审计工作报告；审议2013年财政预算收支变化情况的报告，做出2013年财政预算收支部分变更的决议，并建议政府及相关部门坚持一手抓社会局势稳定，一手抓经济社会发展，妥善处理好涉及群众切身利益的突出问题，进一步加强计划工作，严格预算管理，压缩“三公经费”，落实会议作出的各项决议，切实保证国民经济和社会发展计划。

（罗 梅）

【围绕民生开展监督工作】 年内，先后对城乡最低生活保障、食品安全、全市广播电视工程建设、义务教育法、教师法实施等情况进行专题监督检查。通过监督检查，对政府及相关部门在落实党的惠民政策、法规等方面取得的成效、经验进行总结，对存在问题提出具有建设性的意见和建议；对加强教育、提高教育质量，保证教师权益、保障“三包”经费落实，加快广播电视基础设施建设、确保广大农牧民群众及时、快捷听到党的声音、看到健康向上的娱乐节目起到督促促进作用；就深入贯彻落实《中华人民共和国食品安全法》与相关部门进行探讨，提出相应的意见和建议。

（罗 梅）

【围绕依法治市开展监督工作】 年内，常委会把维护司法公正作为长期任务，为促进办案质量进一步提高，对拉萨市中级人民法院的审判工作进行专题监督检查，听取和审议拉萨市中级人民法院关于提高审判质量和效率的专项工作报告；为有效预防职务犯罪，听取和审议拉萨市人民检察院关于惩治和预防职务犯罪的专项工作报告。市人大常委会充分肯定“两院”一年来的工作，对工作中存在的一些问题提出意见建议。

（罗 梅）

代表工作

【举办代表培训班】 5月，市人大常委会举办111名新任市人大代表培训班。通过培训，使新任代表对代表的职能、责任和作用有了初步的了解和认识，培训班上还向代表发放《人大代表工作手册》，使代表更好的掌握依法履职的程序。

（罗 梅）

【扩大代表知政、知情渠道】 年内，邀请市人大代表、不是常委会委员的县（区）人大常委会主任列席市人大常委会会议；邀请基层代表参加专题调研、视察以及执法检查活动，让他们有机会了解社情民意。向代表印送人大信息、工作简报、常委会公报、学习资料，帮助他们及时了解全市经济社会发展情况。

（罗 梅）

【议案、建议办理答复率达100%】 年内，市人大十届三次会议通过的议案4件，建议、批评和意见86件。常委会进行交办、督办。这些议案和批评、建议、意见，在市政府和有关部门的负责下，全部在规定期限内办复，答复率达100%。

（罗 梅）

维稳和宣传工作

【加强对外交流】 8月，组织代表团参加在乌鲁木齐举行的全国五民族自治区首府市人大工作经验交流会，先后接待18个内地省市的人大考察代表团，共计163人次。

（罗 梅）

【扎实做好维稳工作】 年内，按照市委统一安排，市人大常委会抽调干部开展反对分裂、维护稳定工作，全力以赴做好各大节日、重点日、重大活动期间的维稳安保工作,安排3名地级领导分别到林周、曲水、尼木三县驻点开展维稳工作;抽调8名人员下沉到城关区鲁固社区配合维稳;安排常委会领导长期轮流在拉萨市一线指挥部带班;安排1名常委会领导在当雄县开展一个月的“三进四同三一”试点工作;墨竹工卡县“3·29”山体滑坡自然灾害发生后,抽调4名地级领导、2名县级干部和8名工作人员参与善后安抚工作。市人大常委会共收到并转交有关部门妥善处理的群众来信来访19件。

(罗　梅)

【加大人大宣传力度】　以《拉萨人大》杂志、人大制度宣传专栏、《人大信息》专刊、《拉萨市人大常委会公报》为平台,大力宣传人民代表大会制度、宣传《民族团结进步条例》,同时做好主任会、常委会、人代会、其他会议及日常工作的宣传工作,使广大人民群众深化对人民代表大会制度的认识,了解人大工作进展,强化对人大工作的监督,增强人民群众的法律意识,增强参与管理国家事务、行使当家做主权力的自觉性和积极性。

(罗　梅)

自身建设

【切实加强思想教育】　年内,市人大常委会重视理论学习,学习贯彻中共十八大、十八届二中、三中全会、习近平总书记系列重要讲话、俞正声在西藏考察时的重要讲话以及区、市党委八届四、五次全委会精神,开展全民阅读活动、“道德领域突出问题专项教育和治理”“新旧西藏两重天”、民族团结等主题活动。坚持用党的最新理论成果武装头脑,指导实践,把思想和行动统一到中央和区、市党委的决策部署上来,增强市人大常委会组成人员和广大机关干部的政治意识、大局意识和责任意识。

(罗　梅)

【参与重点工作】　年内,按照市委的统一安排部署,抽调2名地级领导和1名县级干部长期分管市“强基办”和“四业工程办”具体工作;抽调1名地级领导和1名县级领导长期从事全市供暖工作;抽调3名地级领导和2名县级领导参与出租车专项整治工作。

(罗　梅)

【干部队伍建设】　年内,选派地、县级领导赴内地接受高级别培训,提高领导干部驾驭全局的能力和水平。组织常委会组成人员赴内地学习考察,借鉴内地人大工作的先进经验和做法。同时,注重通过履职实践,探索工作规律,规范履职行为,提高履职能力。

(罗　梅)

【下基层办实事】　年内,县级以上领导干部下基层400余次,住农户达100余天,办实事83件,写民情日记78篇,撰写调研报告10余篇。11月,根据自治区党委统一部署,按照市委的安排,常委会选派8名优秀干部职工组成2个工作队赴林周县春堆村和当杰村,开展第二批“创先争优、强基惠民”活动,争取落实项目7个,落实资金达450余万元,帮扶贫困家庭30户。

(罗　梅)

拉萨市人民政府

综　　述

2013年，全市各族干部群众，深入贯彻落实中共十八大和十八届二中、三中全会精神，按照区市党委八届三次、四次全会精神，坚持“三提速”的工作要求，以科学发展为主题，以加快转变经济发展方式为主线，坚持稳中求进的工作总基调，全力实施“五大战略”，努力建设美丽家园幸福拉萨，全市经济提速发展、人民生活安居乐业、社会局势和谐稳定，各项工作取得重大进展。实现地区生产总值304.87亿元、同比增长12.4%，公共财政预算收入50.16亿元、同比增长46%，税收首次突破30亿元大关，全社会固定资产投资376.16亿元、同比增长32%，社会消费品零售总额144.11亿元、同比增长15.7%，城镇居民人均可支配收入达到21427元同比、同比增长9.6%，农村居民人均纯收入达到8265元、同比增长16.7%，完成市人大十届三次会议确定的各项目标任务。

夯实农业农村经济基础。有序推进曲水国家农村改革试验区和林周现代农业示范区建设，实施科技富民强县、农牧业先进实用技术推广应用等项目，加快建设优质农畜产品生产基地，玛咖、烤烟、雪桃等新产品试种获得阶段性成果，高原葡萄酒、郁金香种球、“藏之梦”地毯等新产品成为新的经济增长点。落实农业综合开发项目19个，建成日光温室1500栋，农牧民专合组织发展到233家，农田水利、农机装备、农机服务等基础支撑更加有力，农牧业结构调整迈出新步伐。粮食、蔬菜总产分别达到17.75万吨、26.1万吨，肉、奶、蛋产量分别为3.95万吨、4.52万吨、806.4吨，牲畜出栏率达到41.92%。强化工业支撑。推动工业化和信息化融合发展，完成规模以上工业增加值32亿元、工业销售产值79亿元、工业税收5.9亿元，分别同比增长20%、25%和30%。完善园区发展政策措施和基础设施，拉萨经济技术开发区和达孜、曲水、堆龙工业园不断发展壮大，园区经济大幅增长，完成工业增加值8亿元、工业销售产值22亿元、税收总额54亿元，分别同比增长40%、40%、80%。发展第三产业。旅游业保持快速发展，游客服务中心、曲水俊巴渔村旅游示范等项目竣工验收，新增星级宾馆17家，开通直飞南京航班。接待游客798.94万人次，实现收入82.16亿元，分别同比增长22.76%、25.47%。启动城市商业副中心规划建设，木材交易市场、东嘎农产品批发市场、旧货交易市场、活禽屠宰场等专业市场建设有序推进，物流园区前期工作如期启动，西藏会展中心建设进展顺利，现代服务业稳步发展。加大招商引资力度。落实招商引资项目269个，到位资金143亿元，同比增长82.8%。“光彩事业西藏行”谋划推介项目255个，总投资2065亿元；正式签约项目88个，总投资324亿元；已开工项目53个，总投资181亿元，实际到位资金52.83亿元。非公经济发展势头良好，市场主体达到42756户，注册资金81.7亿元，解决15万人就业问题。贸易总额突破40亿美元。

构建协调发展的城镇体系。全面推进东嘎、柳梧、东城新区以及各县城、重点乡镇、城中村的规划修编，完善交通、供水、供气、医疗、教育等专项规划，编制控制性详规,引领基础设施和公共服务设施建设,完善城市功能。基础设施建设加快推进。项目建设进展顺利,664个居民小区及共建单位、10.7万户居民完成供暖工程建设,铺设燃气主干管网58公里、次干管网196公里,供暖面积达到1987万平方米。投资15亿元对老城区进行保护,3031户商户入驻八廓商城,德吉罗布儿童乐园建成营业,民兵训练基地、综合展馆建成使用,纳金大桥建成通车,次角林大桥加紧建设,教育城和西藏文化旅游创意园基础设施项目、拉萨河堤防二期工程、城区段综合整治工程扎实推进。清政府驻藏大臣衙门、根敦群培纪念馆对外开放,关帝格萨尔拉康一期工程维修工程、市"数字文保"一期工程顺利完成;八廓商城、城市百货、苏宁电器、神力时代广场建成并运营;城乡交通条件进一步改善。投资7.67亿元,建成农村公路243.7公里,行政村通畅率达到75.7%,新增受益群众36492人。8座便民人行天桥全部投入使用,出租汽车行业集中治理基本完成,自行车租赁服务试点启动,实现城市公交车、出租车、自行车的有效衔接。项目争取工作成绩显著。完成93个项目前期工作,并申请将城市供暖、拉萨河城区段综合整治等15个重大项目列入自治区"十二五"规划项目方案中期评估调整盘子。唐古热振、霍尔康庄园、纳木错等景区基础设施建设完工;蔡公堂艺术观赏村、吞弥岭藏艺文博园、尼木三绝技艺展示区项目建设扎实推进;旁多水利枢纽工程首台机组投产产电,拉鲁湿地和"三渠一河"综合治理顺利完成。创城工作进展顺利。全面推进文明社区、文明村镇、文明单位创建工作,加强市民思想道德建设,全国文明城市创建成果进一步巩固。国家园林城市创建成功,国家卫生城市、国家环保模范城市创建工作顺利通过国家部委技术评审与评估。

全市共完成造林绿化面积17万亩,城市绿化面积达1.9万多平方米,南山绿化工程卓有成效,造林约1千亩;饮用水源地保护、空气污染防治、拉萨河综合整治项目深入推进;全年改扩建公路202.7公里,新增市政道路17条32公里。

加大财政支持力度。继续为各族群众办好自治区利民惠民"十件实事",解决好人民群众最关心最直接最现实的利益问题,全年民生支出45.83亿元,达到新增财力一半以上。深入实施"四业工程"。投入专项培训经费1696.2万元,完成实用技术培训18455人、转移就业培训5875人、创业培训513人,转移就业1万多人、劳务输出3.4万人、创收4.1亿元,城镇登记失业率控制在2%以内。加快发展教育事业。实施教育项目123个,总投资11.8亿元;教育城一期进驻项目17个,完成投资19.76亿元。职业教育加快发展,成立第一、第二中等职业技术学校,招收学生1417名。加快推进医药卫生体制改革。率先在全区开展"先诊疗、后结算"和家庭账户"一卡通"试点,推进妇女疾病普查普治。加强卫生事业基础设施建设,基本实现县、乡、村、社区均有医疗卫生服务机构的目标,市医院通过三级乙等医院评审并挂牌。卫生惠民工程扎实推进,城乡居民免费健康体检率达到99.9%。完善社会保障体系。社会保险参保人数39.37万人,社保资金达到5.92亿元,养老保险、医疗保险、失业保险、工伤保险覆盖率均达到95%以上。城乡低保标准分别提高到440元和1750元,发放低保金8234万元;五保供养标准年人均达到4320元,发放供养资金235.42万元;发放城乡医疗救助资金3548万元。文化事业繁荣。传统藏戏《卓瓦桑姆》荣获全国群众文化政府最高奖——"群星奖",《阿谐》荣获第七届全国电视舞蹈大赛金奖。《文成公主》大型实景剧常态演出82场次,观演群众达9.7万人次。拉萨广播电视台藏语综合频道和文化旅游频道正式开播,广播电视综合人口覆盖率分别达到97.97%和98.01%。48个乡镇文化站基本建成,各类业余文艺演出团队达83支,幸福拉萨规范舞学跳活动参与人数超350万人次。扶贫开发整体推进。落实扶贫开发项目198个,总投资1.86亿元,1.1万户贫困户受益,2.9万贫困人口越过帮扶线。人居环境进一步改善。投资2.36亿元,新建廉租房964套、公共租赁房4324套,维修改造周转房400套。累计完成保障性住房建设投资1.5亿元,补贴城镇低收入住房困难家庭租赁补贴家庭资金653.31万元。投资8317.77万元,完成40个行政村村容村貌综合整治任务。物价稳控有成效。制定实施《关于建立拉萨市主要生活副食品价格临时补贴实施意见》,异地组织调运牦牛肉投放市场,严厉查处价格违法行为,充足储备生活必需品,物价水平基本平稳。

环境建设不断加强。推进依法行政,坚决落实市委决策部署,自觉接受人大法律监督和政协民主监督,认真听取工商联和无党派人士意见,办理代表建议86件、议案4件,办理政协提案93件,向人大报送2件地方性法规草案,办理4件行政复议案件,出台4件政府规章和3件规范性文件。修订政府工作规则,召开廉政作风效能建设工作会议和经济发展环境整治大会，着力整治政务环境、旅游环境、建设环境、交通环境、市场环境、城市环境，发展软环境得到进一步优化。大力推进行政审批制度改革，全面清理行政审批项目，行政审批权限精简调整率达64.48%。全区首家县级水务局在尼木县挂牌成立，全市城乡水务一体化改革工作迈出实质性步伐。严格贯彻落实中央“八项规定”、自治区“约法十章”、市委“八项要求”和“八个力戒”，“三公”经费支出下降18.7%。“六五”普法有序推进，办理法律援助案件685件。加快电子政务建设步伐，开发建设并试运行协同办公系统，“拉萨发布”政务微博在人民网上线开通。逐步完善金融服务体系，民生银行在拉萨市设立分行，拉萨城投公司、旅游文化公司、置地公司、暖心热力公司等融资平台不断发展壮大。

新增就业再就业人员1万余人，实现农牧区劳动力转移收入4.1亿元。中国社会科学院发布的《中国公共服务蓝皮书》报告中，拉萨市2013年基本公共服务满意度位列全国38个主要城市之首，公共交通、公共安全、社保就业、城市环境、文化体育都高居榜首，其中公共安全连续3年第一，公共交通、社保就业、城市环境、GDP杠杆指数四项指标连续2年第一，基础教育指标连续3年进入前3名。

8个民生项目已全部完成，其余项目正在实施中。已完成8个项目包括：新购30辆公交车完善公交配套设施；最低工资标准由950元提高到1200元；为全市所有农牧名购买意外伤害保险；提高城乡最低生活保障标准；组织0—6岁儿童免费体检，同步建立健康档案；组织500名基层专业技术人员赴内地学习考察；为环卫工人办理养老保险、工伤保险、购买人身意外伤害保险；市县医院全部设立残疾人就医绿色通道。

（张玉虎）

政务工作

【实施“联户平安、联户增收”工作模式】 3月4日，全市“联户平安、联户增收”工作部署电视电话会议召开。安排部署开展加强和创新社会管理工作，安排部署“联户平安、联户增收”各项工作。市委副书记、市长张延清出席并讲话。

（张玉虎）

【“3·29”墨竹工卡县山体滑坡自然灾害】 3月29日凌晨6点左右，中国黄金集团华泰龙公司甲玛矿区内的墨竹工卡县扎西岗乡斯布村普朗沟泽日山发生山体滑坡，塌方面积3到4平方公里，塌方量约200余万立方米，83人被埋。习近平、李克强分别作出重要指示，要求全力展开救援，尽最大努力抢救被困人员，防止发生次生灾害，并抓紧核实被困人数，查明滑坡原因，做好各项善后工作。刘云山、张高丽、刘奇葆、郭声琨、王勇等中央领导同志也作出批示。

灾害发生后，西藏自治区、拉萨市、墨竹工卡县主要领导立即赶赴现场，同时启动应急预案，组织公安、消防、医务等救援人员4518名，调集各种车辆和大型装备286余台、搜救犬15条、雷达生命探测仪15台参与现场搜救。西藏自治区党委书记陈全国，自治区党委常委、市委书记齐扎拉、市长张延清等自治区、拉萨市领导深入到海拔4600米的塌方现场指挥救援，要求把救人放在第一位，不惜一切代价搜救被埋人员。

国家安全监管总局、国土资源部、国资委有关负责同志已率工作组赶赴现场指导救援工作。中国石油、国家电网、中国移动、中航集团等企业按照国资委领导同志的批示要求，积极提供救援物资和救援队伍，全力为救灾工作提供油料、电力供应、交通通信支持。截至4月3日17时，救援人员共搜寻到66具遇难者遗体。

滑坡灾害发生后，滑坡体后缘临空，出现多条拉张裂缝，最长达600余米，形成不稳定斜坡，体积约350万立方米。4月1日以来多次发生局部滑动，对下游施救人员的生命安全构成直接威胁。

4月4日上午，西藏自治区党政军主要领导、中国黄金集团员工和参加救援的武警消防官兵以及遇难者家属，在扎西岗乡斯布村举行哀悼仪式，深切哀悼在3·29山体滑坡自然灾害中遇难的工人。

（张玉虎）

【拉萨市年度重点项目集中开工建设】 4月11日，全市2013年重点项目集中开工仪式举行。市委副书记、市长张延清出席并宣布项目开工。

（张玉虎）

【召开集中执行专项活动动员大会】 4月29日，全市召开集中执行专项活动动员大会，会议宣读《关于开展集中执行专项活动实施方案》。市委常委、政法委第一副书记、市公安局党委书记龚会才在会上要求:要精心部署,统筹协调,切实打好集中执行活动攻坚战。

(张玉虎)

【“拉萨发布”开通上线】 7月10日,我区首个政务发布类微博“拉萨发布”在人民网正式开通上线。设有:拉萨要闻、权威发布、五大战略、便民提示、惠民实事、幸福拉萨、文明拉萨、藏乡风情、圣地旅游、天气预报等10个栏目。

(张玉虎)

【“中国光彩事业西藏行”拉萨市项目签约仪式举行】 8月7日,“中国光彩事业西藏行”拉萨市项目推介签约仪式举行。共签约项目148个,总投资1049.1元;集中开工项目45个,总投资109.7亿元;现场颁发营业执照企业10家,注册资金7.84亿元。

(张玉虎)

【完成大型材料及信息编写】 年内,围绕拉萨市经济社会发展中领导关注,群众关心的热点难点问题,完成政府工作报告、全市经济工作会议材料、《拉萨市政府工作规则》等大型材料的拟写,共撰写工作报告、领导讲话、情况汇报及其他重要材料483份,编辑发行《拉萨政报》5期,对外交流1500余份。

(张玉虎)

【做好后勤服务工作】 年内,拉萨市后勤服务中心在节假日和敏感日期间办理车辆通行证213张,与21名专职驾驶员签订责任书,共登记进出办事人员2783余人,安排正常值班1137人。在双联户工作中为52名流动人口进行户口登记及身份证登记工作。出资197600元对32家住户更换并安装太阳能热水器,维修下水管道等。服务专题会议127次,常务会议4次。市长办公会议2次、视频会议55次、组织培训(每日一课)11次,会议中心16次、以及接待服务305次。

(张玉虎)

【做好督查工作】 年内,市政府督查室在工作中采取重点项目实行跟踪督查机制、重大决策和重要工作部署实行定期督查通报机制,重要会议和文件及时督查落实,并编发《督查通报》将落实情况反馈有关领导。形成督查专报132期,督查简报60期,共办理人大建议90件(其中议案4件)办结、办复率达100%;共办理政协提案93件,办结、办复率达100%。

(张玉虎)

【加大门户网络宣传力度】 年内,拉萨市政府门户网站共发布各类信息14850余条,其中图片信息730余条。文字信息13670余条、视频信息390余条,政务公开143条。办理市民来信307条,信件答复率达95%以上。网站点击量达83万人次,总点击量413万人次,日均点击量5400人次。9月开通试行全市办公自动化(OA)系统。

(张玉虎)

【采用政务信息8986条】 年内,共采用信息8986条,其中自采信息3851条;收集、整理、校对、编辑《政务信息综合》《政务信息专报》526期,《政务信息特报》125期,《政务信息快报》61期,《内部情况通报》9期,被自治区政府信息处采用信息521条,累计得分702分,提前、超额完成全年达标分(300分),达标率100%,在全区信息考核中名列第一。

(张玉虎)

【办文办会】 年内,共办理公文5724件(其中各级来文4675件、各种发文1049件),办结率达99%。整理档案537卷8948件(其中:永久160卷1387件,长期273卷4199件,备用104卷3362件)。拟办各类来文 、来函、来电等文件1650余份。筹办各类大小会议110余次(同期相比增加30%),其中专题会35次、现场会议8次、各类协调会议12次、汇报会议9次,撰写各类批复、函、通知、请示等文件300余份。视察、检查 等相关活动方案18份,座谈会、协调会、专题会等40余人次,共催办相关专题会议和各类国土文件落实情况30余次。

(张玉虎)

【做好金融服务】 年内,市政府金融科与农开银行、农业银行合作基础上与中国建设银行西藏分行签订《战略合作协议》,组织召开全市金融工作座谈会,成立拉萨市融资领导小组,加强政府融资平台建设,为教育城、城市供暖、纳木错景区开发等一批项目实施提供金融支持与服务 。

(张玉虎)

【缩减“三公”经费24%】 年内,压缩接待经费24%,全面提升接待服务工作质量.办公厅“三公”经费支出同比上年减少24%,公款出国(境)或内地学习培训、考察、交流等费用同比上年下降42%,公车购置、运行费用支出同比上年下降21%。

(张玉虎)

【接待4053人次】 年内,市委、市政府接待室完成各级各类接待任务共计4053人次,同比上年的3978人次增加75人次，其中要客、地级及以上领导455人次，县级领导3323人次，协助干部体检就医275人次。安全行车里程达135625公里。组织148名在蓉居住离退休老干部开展春游踏青活动。

（张玉虎）

拉萨市人民政府驻北京联络处

【概　况】 年内，在市委、市政府的领导下，围绕拉萨市发展稳定的工作大局，搭建交流合作平台，发挥办事处的桥梁纽带作用。

（张玉虎）

【组织在京离退休人员开展红色之旅活动】 5月，市驻京联络处首次组织拉萨市在京离退休老干部开展春游暨红色之旅活动，并为老同志们聘请专业医生提供紧急医疗服务。

（张玉虎）

【拓展对外联络渠道】 年内，市驻京联络处巩固并扩展新的联络渠道，增强与国家相关部委以及北京市各委办局和各大医院的联系机制。

（张玉虎）

【报送综合信息13期】 年内，市驻京联络处围绕拉萨市经济发展工作重点，搜集最新的政策信息和项目信息，共报送综合信息13期，简报9期，给市委、市政府以及市属相关部门和单位。

（张玉虎）

【驻京联络处网站改版】 年内，对市驻京联络处网站进行全面的改版升级。改版后的网站采用全新的页面和图片介绍。增加“援藏工作”等新栏目，提高网民与网站的参与度和互动性。

（张玉虎）

【协助办好各类会议和活动】 1月29日，陪同常务副市长陈文常参加住建部召开的国家智慧城市试点评审会。3月1日，协助拉萨市参加中央电视台CCTV2012—2013经济生活大调查发布晚会。7月12日，协助组织中国拉萨雪顿节新闻发布会。10月28日，协助拉萨市政法委在京召开拉萨市法制建设座谈会。

（张玉虎）

【驻京办事处接待480人次】 年内，共接待拉萨市来京开会、学习人员约480人次，接待310天；机场接送218人次；火车站接送40人次，行程51497万千米；代购火车票60张、机票200张。联络处根据各个团队要求结合北京实际制定具体接待方案，完成国土规划局、住建局考察团等十多个较大的来京团队的接待任务。联络处安排好来京在中央党校、国家行政学院学习和在北京市各委办局挂职锻炼干部的吃、住、行、医等各个方面。为8位来京就医的患者提供就医服务。

（张玉虎）

拉萨市人民政府驻成都办事处

【概　况】 年内，拉萨驻成都办事处围绕市委、市政府中心工作，立足办事处实际，进一步解放思想，开拓创新，充分发挥办事处“窗口、桥梁、纽带”作用，全面完成2013年办事处各项工作任务。

（张玉虎）

【做好维稳工作】 6月26日，将来京上访人员潘晨霞从自治区驻京办接到联络处，了解其上访的原因以及家庭基本情况，同时安排好食宿后对其进行劝解和安抚，联络处将此事向市政府相关领导进行汇报。6月30日，城关区法院来人与当事人协调后将潘晨霞劝返。9月18日，派专人将在京流浪人员斯朗送到成都，交与前来成都领取的工作人员。

（张玉虎）

【开展招商引资工作】 年内，联络处将拉萨市的招商项目推荐给内地及有意在拉萨市投资发展的企业，已促成一家企业来拉萨投资发展。

（张玉虎）

【做好接待工作】 年内，办事处完成各级各类接待任务共计4053人次，其中要客、地级以上领导455人次，县级领导3323人次，协助干部体检就医275人次。全年安全行车里程135625千米。

(张玉虎)

【倡导节约反对浪费】 年内，办事处按照《党政机关国内公务接待管理规定》的要求，节约一切尽可能节约的开支，做到接待人数增加，接待费用减少，办事处全年接待费用与去年相比减少10%。办事处突出学习《关于改进工作作风，密切联系群众的八项规定》《党政机关厉行节约反对浪费条例》。

(张玉虎)

【做好老干部服务管理工作】 年内，办事处从拉萨调配2名人员到离退休干部职工服务管理中心工作，解决过去有机关无人员的情况。办事处随时了解离退休干部职工的困难，从政治上多关心、思想上多沟通、生活上多照顾、精神上多关怀。

(张玉虎)

【对在成都居住老干部情况进行摸底】 年内，办事处对在成都居住的老干部进行摸底调查统计，建立相应的资料档案，掌握联系方式、居住地址和身体状况。截至11月底，在成都居住离退休干部职工共计519人，其中：地级21人、县级96人、市级41人、科级95人、一般干部104人，专业技术人员162人。成都市区313人，占总居住人数的60.3%。

(张玉虎)

【组织离退休干部春游】 年内，首次组织148名在成都居住离退休干部开展春游踏青活动，包括"小平故里—华荣山红色游""乐山—峨眉山风光游""石象湖—周公山—蒙顶山休闲游"。配合市老干局组织13名在成都居住退休蓝干部赴福建参观考察。

(张玉虎)

【做好在成都居住老干部工作】 年内，开始在离退休干部居住集中的双流、华阳的支部建立工作；做好离退休干部职工健康教育宣传工作。继续做好成都安居苑工作。

(张玉虎)

政府法制

【概　况】 年内，市政府法制办公室以贯彻落实国务院《全面推进依法行政实施纲要》《国务院关于加强市县政府依法行政的决定》和《国务院关于加强法治政府建设的意见》为重点，着力抓好政府立法工作和化解行政争议、推进行政权力公开透明运行等重点工作，认真履行政府法制机构在推进依法行政方面的参谋、助手和法律顾问的职责。

(高子茗)

【做好立法工作】 年内，加强立法工作，不断提高立法质量。坚持统筹兼顾，科学制定立法计划，合理安排立法项目。通过广泛征求各县(区)、各部门意见，制定《拉萨市人民政府2013年立法计划》并经市政府常务会议审议通过。完成地方性法规项目2件：《拉萨市老城区保护条例》已于2013年10月1日颁布实施；《拉萨市城市绿化条例》已经市政府常务会议审议通过报市人大。完成并颁布实施政府规章4件为：《拉萨市公共租赁住房管理办法》《拉萨市城市排水管理办法》《拉萨市机动车洗车场管理办法》《拉萨市旅游管理办法》。完成并颁布实施政府规范性文件3件为：《拉萨市人民政府经济顾问聘请和管理办法》《拉萨市学校食品安全管理办法》《拉萨市科学技术奖励办法》。为推进"法治稳市"战略和法治政府建设，统筹规划五年立法工作，向各县(区)、市直各单位征集立法项目，起草下发《征集2013—2017年市政府立法项目的通知》，通过征集，收集到11个市直单位上报的25个立法项目。

(高子茗)

【办结行政复议案件5件】 加大政府法制监督力度，依法解决行政争议。法制办贯彻执行《行政复议法实施条例》，继续推进审理方式的改革，综合运用调解、和解等方式。年内，收到行政复议案件5件，均已办结。1件维持原决定；1件经与案件第三人联系，促成申请人与第三人进行和解，申请人撤回申请；2件申请人撤回申请，1件由于已超出复议期限，决定不予受理。

(高子茗)

【提供法律服务】 年内，对市政府交办的晋扎花园行政诉讼一案，协调各有关单位做好应诉准备工作。在"3·29"地质灾害的善后处理中，发挥业务优势，向市委、政府提供法律意见。参与小昭寺综合楼、西藏穆斯林生态园建设项目、拉萨河干流河道治理工程、青藏铁路公司拉萨地区保障性住房建设项目、拉萨市百淀片区污水处理厂建设项目、拉萨城投置业有限公司颐堤半岛建设项目、西藏国盛国有资产投资控股有限公司困难职工经济适用房建设项目的社会稳定风险评估工作,并提出具体建议。

（高子茗）

【受理仲裁案件32件】 截至年底,拉萨仲裁委共受理仲裁案件32件,已审结14件,其余18件正在审理中。要求仲裁庭负责审理每起案件,公正裁决。对群体案件加强协调,以维护裁决的统一性和严肃性。坚持重大疑难案件讨论制度,对于仲裁庭意见不一致、争议较大、案情复杂的案件,反复研究,必要时征询法律专家意见,以免错案发生。严把组庭关,强调职业与专业结构的合理搭配。进一步细化相关措施,在仲裁员的选定上,将其自身特点,办案策略和技巧,以及当事人、代理人、选定的仲裁员之间的回避、披露关系等情况纳入综合考虑因素,进一步完善和保证仲裁庭的组成结构和质量。

（高子茗）

【创先争优强基础惠民生工作】 年内,根据市委组织部统一安排,推荐选派一名同志到堆龙德庆县古荣乡古荣村任党支部第一书记,进一步加强基层党组织建设。在"两节"期间,驻村工作队筹集资金2.5万元,会同村"两委"对村里的贫困户、五保户共104人户进行慰问;驻村工作队筹集资金4.25万元,为村里培训驾驶员17人,着力推进"四业工程";投入1万元为一户贫困户的新建安居房购置基本家具、平整院子;投入5万元为村里修理农用机械;争取到堆龙德庆县水利资金45万元,修筑一条灌溉水渠。在"两节"期间、三月维稳月和"萨嘎达瓦"宗教活动期间,加强驻村力量,并要求驻村队全员全时在岗,确保社会局势持续稳定。

（高子茗）

【开展结"对子"活动】 9月5日,法制办开展"结对认亲交朋友"活动,每名党员干部与一名群众结成对子,在结对对象家中入住7天,帮助堆龙德庆县古荣乡古荣村村民收割青稞,与群众同吃同住同劳动,并按照要求支付群众每天150生活费;投入6万元为村里修理农机,为1户困难群众购置家具,领导干部撰写调研报告2篇。

（高子茗）

八廓古城管理

【概　况】 拉萨市八廓古城管理委员会位于拉萨市区中心区域,管辖面积1.33平方公里,区域内居住着藏、汉、回、门巴等20多个民族,常住人口35489人,流动人口21728人。党政机关14家,企事业单位180家(含学校14家、医院3家),寺庙23座,其中以藏传佛教文化驰名中外的大昭寺、小昭寺位于古城区域内。八廓古城区是拉萨优秀民族文化核心区、历史文化沉淀集中区、世界文化遗产保护区,八廓街被国家评为历史文化名街。区市党委、政府从服务群众生活、保护世界文化遗产和维护社会稳定出发,全面凸显古城功能,定位为居民生活地、信教群众朝佛地、高端旅游地。

（卓邦跃）

【老城区保护条例正式施行】 6月17日,拉萨市十届人大常委会第九次会议通过,7月25日西藏自治区第十届人大常委会第五次会议批准。2013年10月1日起正式施行。

（卓邦跃）

【维护社会稳定工作】 年内,管委会党工委按照自治区、拉萨市、城关区三级党委、政府的安排部署,坚持把做好各个重大节日、各个重点时段的维稳工作作为管委会的重心来抓,坚持不断在全体干部职工的思想认识上下功夫,先后组织管委会班子成员、老城区三个街道办事处书记、主任,管委会各科室局负责人,召开各种会议50余次,制定各重大节日、重点时段方案、预案10余个,按照区委关于划分36个片区长工作分工的要求,八廓古城管委会坚持落实片区长负责制,由县级干部承担5个片区长、3个责任片区,指定3名片区联络员。同时按照三分之二力量下沉到八朗学、策门林和河坝林3个社区居委会协助基层组织开展工作。管委会6个科、室、局组成6个维稳巡逻小组,每个小组包2~3个社区维稳工作制。每个科、室、局每天两次下沉到承包的社区开展巡逻、检查、督促工作。先后制定管委会党工委文件14份,管委会文件30份(包括函一期),上报管委会信息15期,上报重点时期维稳专刊13期,上报维稳督查专报9期。

（卓邦跃）

【老城区保护工程竣工】 6月30日,拉萨老城区保护工程竣工。项目总投资约15亿元。新建地下综合管线、管沟31.42千米,浇筑电力、通讯、给排水等检查井1654座(个)。新建老城区供电110千瓦变电站1座,敷设高低压电缆线135千米,安装箱变123个、环网箱50个、分支箱448个,安装进院入户表箱1477个、17072户。新建供水主管道1.2千米,改造修复供水管线7千米;排水管道清淤、疏通28.22千米,清运淤泥2608吨。新建供电系统,保证电采暖的用电负荷需求,新建燃气管道3.5千米。安装电取暖器24152组,燃气壁挂炉1031台。铺设电信、移动、联通、广电等通讯光缆线路820千米,安装桥架20.7千米,安装落地式光交箱80个,分路设备1143个。对老城区主干道沿线和八廓街沿街的建筑外立面进行维护、修复,清理拆除与古城风貌不协调的瓷砖、卷帘门、防盗窗等现代建筑部件,按照传统材料和工艺对墙面、门窗彩绘进行修复。安装锻桥铝窗户913扇,安装藏式木窗棂格1562扇、花架2100个、大红门122个。铺装青石板(磨石瓦板岩)11040平方米。设计安装特色路灯199个、壁灯903个、旅游导视标牌164个,以及规范各类标示标牌、环卫设施。安装消防水鹤2座,安装消防栓46座,拆除电力等各类架空线路2200多千米。排查消防安全隐患260处,清除消防通道障碍89处。专项安排3亿多元资金实施9项重点文物保护工程,即:大昭寺安消防工程、大昭寺千灯殿改建和唐蕃会盟碑保护工程、小昭寺壁画维修和"四大天王"重塑工程、小昭寺配套保护工程、清政府驻藏大臣衙门保护及展览工程、根敦群培先生纪念馆工程、朗孜夏维护工程、下密院壁画修复工程等。解决老城区15141户居民、3143间商户,共计8万人左右的供暖问题;通讯改造工程实施后,拆除现有的架空弱电线路,对新线路进行入地或隐蔽处理,老城区通讯设施得到完善,数字电视、互联网等现代通讯服务实现全覆盖。

(卓邦跃)

【完成老城区摊位搬迁工作】 年内,先后9次召开老城区摊位搬迁工作专题会议,围绕"一个不失业、一个不歇业、一个不减收、一个不上访、一个不聚集"的工作目标,组织区委、区政府、区政法委、区纪检委、区公安局、八廓古城管委会、八廓古城公安局、老城区3个街道办事处及12个社区居委会等相关单位的领导干部、骨干力量,成立老城区摊位搬迁工作指挥部,指挥部下设综合协调、宣传教育和协议签订、信息收集和应急处突、秩序管理、视频监控、信访接待、监督检查等7个专项工作小组和摊主搬迁委员会、情报信息收集办公室。从区直机关、事业单位、驻村工作队、老城区3个街道办事处抽调干部304人组成宣讲力量,下沉到涉及老城区摊位搬迁的12个社区居委会,协同摊主搬迁委员会,按现有"双联户"单元分配到宣讲片区,采取宣传、入户宣传的方式开展入户宣讲动员工作,同时开展协议书签订工作。在老城区摊位搬迁指挥部的统一指挥下,10月30日至11月2日,老城区摊位搬迁协议书签署率达99.3%。落实906.9万元奖金。老城区摊位搬迁协议书签订工作基本完成。11月7日,原老城区3031个摊位全部喜迁至新建成的八廓商城。

(卓邦跃)

【法制集中宣讲23次】 年内,根据上级党委、政府、公安、综治部门的工作部署和相关文件要求,管委会组织各相关部门以"创先争优强基础惠民生"的活动为契机,先后在市便民服务中心对面、鲁固过街天桥等处和深入居民大院、街道、巷口、寺庙等地,集中开展以"公正司法为人民""六五"普法、成品油收缴等为主题的一系列宣传活动。共进行集中宣讲23次,印发各类宣传资料5400余份,接受群众咨询800余次,受教育群众13000人次。

(卓邦跃)

【开展旅游市场整治】 年内,按照拉萨市、城关区相关部门的要求,八廓古城管委会组织人员积极会同市旅游局、物价局、工商局、税务局等部门开展老城区内旅游商品市场的专项整治,对辖区100多家家庭旅馆的摸底清查,登记老城区内旅游商品场所600余家,组织38名人员作为旅游义务监督员,时常开展对旅游场所的监督。工作中先后向游客免费发放旅游书籍188本、旅游手册152份。

(卓邦跃)

信访工作

【概　况】　年内,全市信访工作围绕“旧的不搁置,新的不积累”和“事要解决”工作目标,使全年信访工作呈现出“一下降,三提高”(信访总量下降,初信初访办结率提高、案结事了率提高、群众满意率提高)的态势,为社会和谐稳定发挥了作用。

(李秀莲　冯　林)

【召开全区信访工作会议】　5月,自治区召开信访工作网格化管理现场会议,信访局负责拉萨分会场的组织工作。拉萨市联合接访中心工作模式作为网格化管理试点工作,作交流发言,主要介绍信访工作实现一条龙服务、一站式接待、一揽子解决问题的目标。

(李秀莲　冯　林)

【开展民情巡查】　从6月开始,开展民情巡查2次,对全市落实《中共拉萨市委员会关于进一步做好新形势下群众工作的意见》和新形势下群众工作开展情况、落实中央“八项规定”和自治区“约法十章”进行民情巡查,探索新形势下开展群众工作好的做法和举措,形成巡查报告2份。

(李秀莲　冯　林)

【开展信访形势半月分析】　6月以来,每半月向市委市政府及两办督查上报信访情况半月报,为市委政府领导掌握全市信访整体形势提供依据。

(李秀莲　冯　林)

【举办全市信访稳定风险评估培训班】　8月,信访局组织举办为期3天的重大事项信访稳定风险评估培训班,市直相关部门、八县(区)信访局和相关部门工作人员共60人参加培训。

(李秀莲　冯　林)

【开展信访“大调研、大排查、大走访”活动】　9至10月,信访局党组成员深入各县(区)开展“大排查、大调研、大走访”活动。发挥市、县、乡、村四级矛盾纠纷排查调处中心和“双联户”作用,加大矛盾纠纷排查调处力度,把大量苗头性、倾向性问题化解在萌芽状态,化解在单位内部,化解在基层。对拉林公路、拉日铁路拖欠民工工资情况进行全面排查。全市共排查矛盾纠纷780起,同比上年上升29.1%,化解770起,化解率达98.7%。

(李秀莲　冯　林)

【成立群众工作部】　年内,根据《中共拉萨市委员会关于进一步做好新形势下群众工作的意见》文件,成立群众工作部,在全市范围内形成四级群众工作网络,全市成立市级群众工作部1个,县(区)级群众工作部8个,乡(镇)级群众工作室64个,村级群众工作站269个。制定群众工作方案6个。

(李秀莲　冯　林)

【开展结对认亲活动】　年内,信访局党组成员开展“三进四同三一”结对认亲活动,与农牧民群众同吃、同住、同劳动、同提高,为结对认亲户办实事9件,赠送慰问品和慰问金1万余元。

(李秀莲　冯　林)

【疑难案件化解力度进一步加大】　年内,市信访局通过采取地(县)级领导包案、召开联席会议和信访专题会议、实地下访协调督办等措施,在市委市政府的大力支持下,化解疑难案件66件,其中化解信访积案7件。

(李秀莲　冯　林)

【召开22次信访形势分析研讨会】　年内,市信访局每周一上午定期召开信访形势分析会,研究上周信访案件化解情况,分析复杂信访案件,对下一周信访工作进行安排部署,确保信访工作的持续性,共召开22次。

(李秀莲　冯　林)

【召开信访联席会议和市政府信访专题会议】　年内,由市信访局组织,市长张延清主持召开信访联席会议7次,信访专题会议29次。

(李秀莲　冯　林)

【争取计划外资金101万元】　年内,市信访局驻墨竹工卡县扎雪乡龙珠岗村工作队争取农林牧交通水利项目4个,资金101万元。改善当地农牧业生产条件。

(李秀莲　冯　林)

【安排“市长接待日”12次】　年内,安排“市长接待日”12次,市长张延清等9名地级领导对21件复杂疑难矛盾纠纷和信访事项亲自接待、研究方案,并跟踪结案。

(李秀莲　冯　林)

【对126个项目开展信访稳定风险评估】　年内,全市各级信访部门对126个项目开展信访稳定风险评估工作。其中,市信访局牵头组织对83个工程项目进行信访稳定风险评估,评估率达100%。

(李秀莲 冯 林)

【信访秩序逐年好转】 截至年底,全市信访部门受理群众来信来访来电1278批(件)4221人次,办结1243批(件),办结率97.3%;案件回访率100%,督办率90%。

(李秀莲 冯 林)

【市长热线受理356件】 年内,市长热线电话"12345"受理群众各类意见建议、咨询、求决等事项356件,办理反馈356件,办结率100%。

(李秀莲 冯 林)

【领导干部接访和信访干部下访工作】 截至12月底,地级领导干部对68件信访案件接访613人次;县级领导干部对198件信访案件接访798人次,信访干部针对574件信访案件下访698人次。

(李秀莲 冯 林)

藏语文工作(编译局)

【概 况】 年内,拉萨市藏语文工作委员会办公室(拉萨市编译局)编制18人,其中县级编制3人,科级编制8人;内设综合科、语管科、校审科、翻译科。全市藏语文工作按照《中华人民共和国民族区域自治法》《西藏自治区学习、使用和发展藏语文若干规定》《拉萨市社会用字管理办法(试行)》等法律法规要求,开展各项工作,加快推进拉萨市藏语文工作与经济增长协调发展,进一步促进社会用字的规范性。

(洛桑平措)

【规范社会用字】 年内,在拉萨市电视台和拉萨晚报连续宣传报道《拉萨市社会用字检查整改工作通知》,通过新闻媒体的宣传报道,做到拉萨的社会用字检查整改工作家喻户晓人人皆知。联合市工商局、市政市容管委会,在全市开展社会用字检查整改,共检查单位和商户共54586个,其中拉萨市区(包括城关区)49561个,各县5025个,其中存在问题的单位、商户共有7236个,其中错字漏字670户,比例严重失调2076户,无藏文1611户(均为门窗上的经营性广告),LED无藏文2879户。单位门牌藏汉错位54家、牌匾陈旧90户,更新广告牌86户,整改户数6915户,整改率达95%以上。对中国石油、中国石化、国家电网、中国电信、中国移动、中国银行、中国农业银行、工商银行等部分中直单位,百益等大型超市和圣康、圣洁等医药超市,市公安局及部分个体商户等共下达660多分整改通知书。积极协调拉萨市公安局,对市区派出所、警务站、警务室、流动人口管理服务站等150多个门牌进行重新翻译校对,全市警务站门牌全部得到规范化。在老城区改造之际,在市古城管委会的配合下,重新翻译和校审拉萨市老城区门牌800多户。提供现场无偿翻译服务。检查整改工作基本上做到整改彻底到位,检查不留死角,查漏补缺。

(洛桑平措)

【强基惠民驻村工作】 年内,选派4名驻村工作队员,累计为林周县甘曲镇觉布村争取项目资金75多万元,其中:协调相关部门解决一台价值8万多元的变压器、无塔供水等设备(投资2万多元),投入71400多元购买联割机1台,投入34400多元添置村民活动中心的办公设备,投入40000多元加强活动中心的续建工作。与水利部门协调解决投资近50多万元的色贡村水渠修建问题。

(洛桑平措)

【组织培训5期】 年内,组织翻译业务干部,开展藏语文翻译业务培训3期,参加人数达到90人次;藏语文计算机软件培训2期,参加人数达到60人次。

(洛桑平措)

【翻译各类文件材料90多万字】 年内,完成《八廓古城保护条例草案》《拉萨市基本情况对外问答参考》《甘丹群培纪念馆相关资料》和古城区商户门牌以及全市警务站门牌等一系列翻译任务和政府工作报告、财政工作报告、发改委工作报告等一系列翻译任务,翻译量达到90万多字。

(洛桑平措)

市民服务中心

【概 况】　年内,市民服务中心以“依法、公开、便民、高效”为服务宗旨,紧紧围绕年初制订的各项目标任务,从强化窗口建设、增强服务意识、提升服务水平、规范各项管理等方面入手,继续努力打造服务型、效能型机关新形象。截至年底,中心各窗口共受理项目208492件(其中行政审批项目48033件,占总办件量的23%,便民项目共160459件,占总办件量的77%),按时办结率99.99%。获得“2013年度全区巾帼文明岗”“2013年度拉萨市民族团结进步模范集体”称号,并被列为十家拉萨市民族团结进步创建示范单位之一。

(王梦杰)

【制定扶贫工作计划】　9月与公塘乡党委、政府领导进行座谈,新确定扶贫项目5个,基础项目4个,经过讨论研究形成中心扶贫工作计划。

(王梦杰)

【推进行政审批制度改革】　年内,市民副中心4名工作人员投入审改工作中,与市审改办、市直各部门积极配合,共清理出全市行政审批项目476项。其中,市级和市、县两级行政审批项目438项,县级行政审批项目38项。对438项市级和市、县两级行政审批项目提出如下处理意见:拟将95项合并为39项;拟保留项目164项;拟下放项目110项;尚未开展审批业务,拟实行动态管理项目66项;拟取消项目15项;拟改变管理方式,实行告知性备案27项。

(王梦杰)

【规范审批服务推进政务公开】　在大厅触摸屏查询系统及《服务告知单》中公示项目名称、设立依据、申报材料、办理程序、办理时限、收费依据及标准、咨询电话及投诉电话等,即方便办事群众又提高办事效率。

(王梦杰)

【做好第二批项目进驻准备工作】　年内,由市政府副市长徐宗军带队,前往成都、南京、北京、福州等地进行考察学习,借鉴兄弟省市的先进经验,并形成《拉萨市加快推进各级政务服务中心建设的实施意见》,同时,市民服务中心对第二批项目进驻单位的进驻意见、窗口设置、办公设备需求等进行梳理,根据市审改办对拉萨市项目清理结果最终确定进驻项目,为第二批项目进驻做好各项准备工作。

(王梦杰)

【服务大厅运行管理】　年内,市民服务中心与窗口工作人员及后方单位分管领导签订《进驻拉萨市市民服务中心窗口作风与效能建设责任书》,将责任落到实处、落到人头;同时以制度建设为基础,不断强化监督管理工作机制创新,实行日巡查、月通报制;并通过聘请社会监督员、设立意见簿、意见箱、公示栏、投诉电话、等方式主动、公开接受社会公众的评价和投诉,不断改进服务方式,提升服务质量,满足群众的服务需求;通过积极开展创先争优党员干部承诺活动和“党员先锋岗”“文明窗口”“优秀工作人员”等评选活动与全市“创建文明城市”“共产党员民族团结先锋活动”、“道德讲堂”等活动有机融合,不断激发窗口工作人员的工作积极性,形成人人争先、爱岗敬业的工作氛围。

(王梦杰)

【创建学习型机关】　年内,以加强服务大厅集体学习和培训为主,创建学习型机关。根据工作实际制定详实的学习计划,确定学习时间、学习内容,始终坚持每周集中学习制,举行服务礼仪、法律法规、电脑操作培训,开展业务交流等活动。以制度建设为抓手,狠抓机关队伍建设。进一步完善考核、考勤办法、违规违纪定期通报制度、定时、不定时巡查制度等规章制度,并印制成册,发放到窗口工作人员,做到人手一册、熟记于心。通过强化进取意识和敬业精神,不断开拓进取、锐意创新,强化责任意识,提升敬业精神。

(王梦杰)

【开展扶贫帮扶】　年内,中心将群众路线和强基惠民工作有机结合,深入开展扶贫帮扶工作,落实帮扶举措,取得较好的帮扶成效,共落实扶贫项目资金68.7万元。以“送爱心”慰问活动为基础,提高牧民群众生产生活水平。据统计“送爱心”慰问活动共计资金5.45万元。深入调研,科学立项。

(王梦杰)

布达拉宫广场管理处

【概　况】 年内,布宫广场管理处按照市委、市政府总体部署,在市政府办公厅的直接领导下,以"服务大局、服务群众、服务发展"为主线,不断完善各项管理措施,实现布宫广场管理秩序井然、环境优美的目标,促进旅游发展和社会局势稳定做出自身应有的贡献。

(冯晋瑾)

【提高服务水平】 从4月开始,每日都有近百人在广场开展"幸福拉萨规范舞"学跳活动,为给市民和游客提供舒适惬意的氛围,每日从7点半至9点半按时播放"规范舞"音乐。根据游客反映广场个别照相从业人员存在不文明行为的实际,联合广场警务站以及广场照相经营公司负责人对全体从业人员进行集中教育整顿,并制定相关规章制度,对照相收费进行明码标价。

(冯晋瑾)

【转变广场管理模式】 年内,为加强广场内部管理体系建设,强化广场管理服务组织网格,坚持一流工作标准,调动全处干部职工、聘用人员的积极性,形成人人有责任,责任有明细的工作体制,实现广场的科学化、集约化、精细化、长效化管理。管理处以网格为单位重新划分广场管理区域,按照广场区域地形设置东区管理网格、广场中心管理网格、广场西区管理网格、布宫南墙管理网格4个网格单位,明确直接责任人和连带责任人,设立工作标准,向社会公布监督电话,成立巡查组,每天对网格内的卫生环境、设施运行情况进行巡查;按照市政府主要领导的要求,为充分发挥布宫广场管理处管理职能,与市园林局、市政养护处等单位协调,接管原由市园林局承担的布宫南墙绿地22994.14平方米;与市政养护处协调,接管广场地下通道等公共设施。

(冯晋瑾)

【做好广场设施维护】 年内,组织技术人员对广场人工湖南湖干枯原因进行分析,并向市政府提交《南人工湖存在问题及进行防渗、排水渠道改造》报告,提出先挖底后用钢筋水泥铺底的处理建议,对广场人工湖南湖实施防渗漏处理,5月1日前全部完工。经过施工,人工湖蓄水能力明显提高;配合市政部门对广场内的103个果皮箱进行更换。修复损坏地埋灯、景观灯17处。同时,对广场中心公共卫生间下埋管道漏水进行修复。雪顿节前夕,组织全体干部职工对广场36根照明灯进行扫尘、打磨、喷漆,并对灯泡、灯罩进行补换。更换地下通道挡雨篷5处,更换所有通道内照明灯近百个,增加3个抽水泵,修复通道内排水沟篦子,将篦子更换为彩钢覆盖,便于清理垃圾。增加涌泉景观水泵4个。

(冯晋瑾)

【开展环境整治】 年内,对广场内干枯植被进行全面补栽。对广场东区主要通道的绿篱进行补栽。清除哈达路北侧苜蓿草500平方米,重新补栽草坪和隔离绿化带500平方米。重新补栽哈达路南侧和五彩花池330平方米红叶小苞,并对广场绿篱全部进行修剪。截至年底,广场内补栽植被生长良好。对广场内卫生环境进行全面的清理。对绿地杂草垃圾进行全面清除。加强公共卫生间清洁,缩短清洁时间间隔,确保无垃圾、无异味。组织全处干部职工对广场卫生死角和人工湖进行清理。维护和清理布宫南墙草坪景观带。

(冯晋瑾)

【强基惠民工作】 年内,布达拉宫广场管理处与拉鲁湿地管理局工作队继续进驻城关区两岛街道甲玛林卡社区,管理处派出4名主要干部,拿出经费,为社区办实事,解难事,在春节、藏历新年,工作队拿出2万元对城关区甲玛林卡社区生活困难人员和警务站值班干警进行慰问。

(冯晋瑾)

中国人民政治协商会议拉萨市委员会

综　　述

【综　述】　2013年,政协第十届拉萨委员会团结带领广大政协委员高举社会主义、爱国主义伟大旗帜,牢牢把握团结和民主两大主题,贯彻落实中共十八大、十八届二中、三中全会精神,认真贯彻落实习近平总书记"治国必治边、治边先稳藏"重要战略思想,贯彻落实全国政协主席俞正声"依法治藏、长期建藏"指示要求,全面贯彻落实区市党委八届三次、四次全委会精神,深入贯彻落实齐扎拉对市政协工作要"在推动落实、加快发展上有新贡献,在维护稳定、促进和谐上有新成效,在提高水平、履职责任上有新进步"的指示精神,充分发挥协调关系、汇聚力量、建言献策、服务大局的重要作用,围绕市委中心工作,服务"五大战略"实施,与全市人民同呼吸、共命运,众志成城、共克时艰,一心一意谋发展,尽心竭力惠民生,齐心协力促团结,凝心聚力创和谐。

（刘俊艳）

【学习贯彻中共十八大精神和习近平系列重要讲话】　年内,政协拉萨市委员会组织开展形式多样的学习贯彻活动,先后召开主席会议、常委会议、理论中心组学习会、全体干部职工大会、专题辅导会等进行传达学习,组织市政协领导班子成员和政协委员深入宣讲十八大精神,分期分批安排政协领导和机关干部参加全国政协、区市党校举办的中共十八大和习近平总书记系列重要讲话精神研讨班、培训班,引导广大干部和各族各界委员增强政治意识、大局意识、忧患意识、责任意识。把学习贯彻中共十八大和习近平总书记系列重要讲话精神同加强人民政协理论武装结合起来,重视和加强对政协委员尤其是新委员的学习培训,举办2期委员培训班,重点学习《中共中央关于加强人民政协工作的意见》《政协章程》,120名委员参加学习培训。还邀请市政府相关负责人为委员们举办1次深入实施"五大战略"、扎实推进美丽家园幸福拉萨建设专题辅导,使广大委员准确掌握、深刻理解区市党委全委会精神,始终将政协工作和委员履职自觉放在党委、政府中心工作中去思考、谋划和部署,努力使政协与市委、市政府在方向上一致、目标上一致、工作上一致。

（刘俊艳）

【为建设美丽家园幸福拉萨议政建言】　年内,坚持把搞好调研视察作为政协履行职能的基础性工作。按照政协十届二次会议的部署,由副主席带队,组织部分政协委员,围绕国有企业及国有改制企业运行情况、拉萨"一区三园"建设情况、全市儿童福利及孤儿救助情况、出租车及公交车运行管理情况进行专题调研,形成调研报告呈送市委、市政府主要领导参阅。其中,关于支持"一区三园"企业发展的建议、关于妥善化解国有改制企业遗留问题,理顺国有企业管理体制,最大限度管理好、经营好、发展好国有企业的建议、关于加紧治理出租车运营秩序的建议得到市委、市政府主要领导的重视,并责成相关部门专门研究解决。参加自治区政协牵头组织的调研视察活动,就推动现代农牧业发展、政协文史工作、加强和创新寺庙管理等课题进行调研,丰富调研内容,拓展工作视野。

围绕拉萨供暖供气、保护拉鲁湿地、老城区保护、创建文明城市、清政府驻藏大臣衙门旧址陈列馆、拉萨市规划展馆、教育城建设、中国西藏文化旅游创意园区等市委、市政府确定的重大建设项目,由市政协领导牵头组成专题调研组,采取实地视察、走访了解、座谈研讨等形式,对工程的科学规划和实施等进行调研,提出一些合理化建议。同时拉萨市政协还组织市政协委员与市党代表、人大代表共同审议、修改《拉萨市八廓古城保护条例》,提出意见建议57条,被采纳29条。围绕解决中小企业融资难、优化投资环境等重大决策部署积极建言献策,工商经济界委员就区党委、政府"五个放"非公经济发展政策落实情况提出建议4条。在充分调研论证的基础上,拉萨市政协还提出创新财政投入机制、整合市场资源、加大对民营企业管理人员培训、改善投资环境做强西藏草根企业工作、规范发展农牧民专业合作组织的意见建议,得到有关部门的重视和采纳。

(刘俊艳)

【为民生改善献计出力】 年内,重点围绕大学毕业生全就业、农村低保、市场物价等问题深入调研,提出着力转变就业观念、增强非公经济就业容量、适当调控农畜产品市场价格等建议。积极引导政协委员中的非公有制经济人士不裁员、不减薪、不欠薪。

(刘俊艳)

【完成101件提案办理】 年内,把做好委员提案工作作为履行职能、保障和改善民生的重要载体,不断加大提案的办理力度,十届二次会议以来,收到委员提案101件,其中立案38件,作为意见建议的63件,筛选出重点提案11件,截至9月底,101件提案全部办理完毕,回复率达100%。同时,还把收集和反映社情民意信息作为参政议政、履职为民的重要形式,积极鼓励委员通过全体会议、常委会议、专题调研、工作视察等途径,收集和反映社情民意信息。共收到反映社情民意信息52条,整理报送市委、市政府的社情民意信息26条,受到市委、市政府的重视,反映的很多问题都得到较好落实。

(刘俊艳)

【反分裂、保稳定、促和谐】 年内,把反对分裂、维护稳定、促进社会和谐作为履行职能的第一政治责任,结合政协工作实际,做到认识不模糊、态度不暧昧、行动不动摇。着力关注寺庙管理规范化、法制化建设,协助市委、市政府和有关方面开展和谐模范寺庙暨爱国守法先进僧尼创建评选活动,全面跟踪监督寺庙公共服务和管理,推动驻寺工作,维护宗教领域的和谐稳定。围绕"先进双联户"创建和城市网格化管理,充分发挥协调关系、化解矛盾、凝聚人心、汇聚力量和桥梁纽带作用,当好市委、市政府加强和创新社会管理的"参谋部""工作部"和"联络部",积极建言献策,助力社会大局稳定。特别是在维稳敏感时段,市政协领导带头深入委员中间,及时指导维稳工作。广大委员在本界别群众中充分发挥带头引领作用,认真贯彻落实市委、市政府的维稳部署,宣传党的方针政策,切实做好释疑解惑工作,为维护全市社会局势稳定做出积极贡献;工商经济界委员教育引导企业员工,模范践行"两个共同思想",严格按照"看好自己的门,管好自己的人,办好自己的事"的综治工作要求,在本企业中实现"三无""三不出";民族宗教界委员模范宣传、贯彻落实党的民族宗教政策,时刻听从党的号召,落实各项利寺惠僧政策,带头参加和谐模范寺庙暨爱国守法先进僧尼创建评选活动,开展爱国爱教宣传服务下乡活动,用实际行动表明在反对分裂、维护稳定这一重大原则立场上始终与党和人民同心、同向、同行;市政协机关及时传达各级维稳会议精神,查找薄弱环节,建立维稳制度,完善责任措施,增强维稳能力。抽调2/3以上的干部参加维稳值班、督促检查及墨竹工卡县"3·29"山体滑坡自然灾害善后安抚工作、城关区冲赛康居委会"先进双联户"创建工作、强基惠民工作、出租车运营秩序整治工作、供暖供气工程建设工作等。

(刘俊艳)

【加强政协自身建设】 年内,重视政协工作制度建设,组织专门力量,研究制定《拉萨市人民政府工作部门与政协拉萨市委员会工作部门对口联系制度》《"一府两院"领导向政协委员定期进行工作通报制度》《拉萨市关于进一步加强和改进提案办理工作的实施意见》《政协拉萨市委员会领导和专委会联系界别制度》《政协拉萨市委员会界别活动暂行办法》《政协第十届拉萨市委员会委员培训实施意见》《政协拉萨市委员会委员履职考核暂行办法》等制度、办法和意见,有效提升政协工作的制度化、规范化、程序化。以服务发展、改进作风、提升效能为核心,强化机关建设,安排党员干部参加"每周一课",建立政协学习书屋,给予机关干部公费自购书籍权限。加大干部学习培训力度,先后组织3批8人参加全国政协组织的学习培训、12人赴内地政协考察学习,全体干部参加新任委员培训班,学习培训率达100%。提倡勤俭节约，反对铺张浪费，认真执行中央“八项规定”和区党委“约法十章”以及市委“八项要求”，在作风效能建设方案中设定“四增、四减”刚性目标。进一步加强古籍经典和文史资料保护工作，设立文史资料展示厅，重新审查、补充、校对《老城史话》文稿。藏民族《民风民俗》一书稿件收集、编撰、翻译工作已基本完成；做好对县（区）政协工作的指导，召开市县（区）两级政协工作经验交流座谈会，丰富和改进县（区）政协工作方式和水平；切实加强对驻村工作的支持和管理。政协驻村工作得到各级党委、政府和广大人民群众的认可和好评。2 名工作队长均被评选为自治区级驻村工作先进个人，政协机关被评为市级优秀组织单位。

（刘俊艳）

重要会议

【十届二次会议】 2 月 26 至 28 日，中国人民政治协商会议第十届拉萨市委员会第二次会议在拉萨胜利召开。政协第十届拉萨市委员会共有委员 275 人，出席会议的有 244 人。市政协党组副书记、副主席次旦朗杰主持开幕会，市政协副主席次仁平措致开幕词，市委常委、市政协党组书记、主席王茂雄代表政协第十届拉萨市委员会常务委员会作《工作报告》。会议听取审议《政协第十届拉萨市委员会常务委员会工作报告》和《政协第十届拉萨市委员会关于第一次会议以来提案工作情况的报告》；列席拉萨市第十届人大三次会议第一次会议，听取讨论《拉萨市政府工作报告》；听取《政协第十届拉萨市委员会第二次会议提案审查情况报告》；审议通过《中国人民政治协商会议第十届拉萨市委员会第二次会议政治决议》《中国人民政治协商会议第十届拉萨市委员会第二次会议关于政协第十届拉萨市委员会常务委员会工作报告的决议》《中国人民政治协商会议第十届拉萨市委员会第二次会议关于第一次会议以来提案工作情况的报告的决议》；会议期间收到委员提案 101 件，经提案审查委员会审查立案 38 件。市委、市人大、市政府，拉萨警备区，市中法、市检察院，武警拉萨市支队、市公安消防支队、武警拉萨森林大队负责人应邀出席开幕式和闭幕式。王茂雄作闭幕讲话。

（刘俊艳）

【十届常务委员会第三次会议】 2 月 23 日，政协第十届拉萨市委员会常务委员会第三次会议召开。会议通报市政协十届二次会议筹备工作情况；审议通过关于召开市政协十届二次会议的决定、市政协十届二次会议议程、日程安排、《政协第十届拉萨市委员会常务委员会工作报告》和报告人、《政协第十届拉萨市委员会关于第一次会议以来提案工作情况的报告》和报告人；市政协副主席谢廷锡讲话。

（刘俊艳）

【十届常务委员会第四次会议】 8 月 15 日，政协第十届拉萨市委员会常务委员会第四次会议召开。政协第十届拉萨市委员会常务委员 41 人参加会议。市委常委、市政协主席王茂雄，市委常委、副市长周普国，市政协副主席拉宗卓嘎、亚古、谢廷锡、次仁平措、刘全保、安央金出席会议。市政协党组副书记、副主席刘长富主持会议。会议听取周普国代表市政府关于拉萨市上半年经济工作运行情况的通报；听取市政协 2013 年上半年工作开展情况的通报；审议通过《政协拉萨市委员会界别活动暂行办法》《政协第十届拉萨市委员会委员培训实施意见》《政协拉萨市委员会领导和专委会联系界别制度》等三项制度。王茂雄讲话。参会的市政协常委还分别视察拉萨市老城区保护工程、驻藏大臣衙门旧址陈列馆、拉萨市规划建设展览馆，并观看《文成公主》大型实景剧。

（刘俊艳）

专门委员会工作

【提案委员会】 市政协十届二次会议期间,共收到委员提案101件,经提案审查委员会审查立案39件,作为意见建议处理的62件,筛选11件为重点提案。于3月22日移交市委、市政府督查室。截至9月底,101件提案全部办理完毕,回复率达100%。

(刘俊艳)

【经济资源环境社教科文卫委员会】 年内,经济委围绕拉萨市经济社会发展,发挥优势和特点,开展调研、视察和咨政议政活动。先后对"一区三园"经济运行情况和园区企业生产经营状况、全市孤儿救助工作、市属国有及国有改制企业改革发展情况等进行调研。

(刘俊艳)

【文史民族宗教法制委员会】 年内,加强古籍经典和文史资料保护工作,设立文史资料展示厅,重新审查、补充、校对《老城史话》文稿。藏民族"民风民俗"和"委员三亲"稿件收集、编撰、翻译工作已基本完成。

(刘俊艳)

重要活动

【承办全市2013年春节、藏历新年团拜会】 2月5日,市政协承办全市2013年春节、藏历新年团拜会。区党委常委、市委书记齐扎拉出席团拜会并致辞,市委副书记、市人大常委会主任洛桑旦巴出席团拜会。拉萨市委、人大、政府、政协,解放军代表,市中级人民法院,武警拉萨支队,公安消防支队有关领导,市有关负责人,英模、劳模代表,离退休干部和援藏干部代表,宗教界代表,爱国统战人士代表、妇女代表以及便民警务站、驻村工作队、寺庙管委会干部代表等参加团拜会。

(刘俊艳)

【组织调研活动】 4月16~24日,由市政协党组副书记、副主席刘长富带队,组织部分政协委员对拉萨市出租车、公交车行业的运行管理工作进行调研,并形成《拉萨市政协关于拉萨市出租车、公交车运行管理情况的调研报告》。6月3~13日,由市政协副主席次仁平措带队,组织8名工商经济界委员对拉萨"一区三园"、全市国有及国有改制企业运行情况、全市孤儿救助情况开展调研,进一步掌握有关孤儿救助工作、企业经营生产、园区工业经济运行中存在的问题困难和需要给予的扶持等情况,形成《关于拉萨市孤儿救助工作情况的调研报告》《关于市属国有及国有改制企业改革发展情况的调研报告》《关于拉萨市"一区三园"经济运行情况和园区企业生产经营状况的调研报告》。参加自治区政协在拉萨开展的文史资料工作、现代农牧业发展问题等调研活动。按照《关于开展践行党的群众路线专题调研工作的通知》要求,市政协组成6个调研组,分别由主席、副主席带队,于8月12日至9月21日通过走访、座谈、书面征求意见等形式,在政协委员、退休职工、已故政协委员遗属、机关干部、县(区)政协及市政协驻村群众中广泛征求市政协党组、办公厅党组及班子成员在"四风""两问题"方面的意见、建议。同时还征求到对市委、市政府相关意见、建议7个方面,26条,报送市委、市政府。

(刘俊艳)

【组织工商经济界委员召开座谈会】 5月8日,组织20余名工商经济界委员围绕区党委、政府针对非公经济发展出台的"五个放"政策的落实情况、非公企业在发展过程中存在的困难和问题等召开座谈会,归纳梳理出4条意见建议,为市委、市政府决策提供参考依据。

(刘俊艳)

【召开八廓古城保护条例征求意见建议座谈会】 5月28日,市政协与市人大共同组织60名四级党代表、人大代表、政协委员在市政协召开《拉萨市八廓古城保护条例》征求意见建议座谈会,共提出意见建议57条,被采纳29条。

(刘俊艳)

【举办十届委员培训班】 5月15~17日,举办政协第十届拉萨市委员会委员培训班。邀请江苏、上海两省市政协专家和市政府副秘书长、市委党校讲师为委员授课。市政协副主席拉宗卓嘎、刘长富、亚古、谢廷锡、次仁平措出席开班或结业仪式，刘长富、谢廷锡分别在开班及结业仪式上作讲话，提出具体要求。部分市政协委员、各界别委员活动小组召集人、各县（区）政协领导、市政协各专委会主任、副主任、市政协机关干部共120人参加培训。

（刘俊艳）

【开展重点提案督办工作】　7月16～19日，由刘长富带队，市政协提案委、市委办公厅督查室、市政府办公厅督查室和提案人组成的政协重点提案督查督办组，先后赴曲水县、市工商联、市农牧局、市水利局，通过听汇报、查卷宗、看现场、提建议等形式，协商座谈、督查督办、综合评价承办单位对市政协十届二次会议提案，尤其是重点提案的答复落实情况和提案人的意见。

（刘俊艳）

【全国政协领导在拉萨市考察调研】　8月15日，全国政协副主席、国家民委主任王正伟就加强寺庙法制建设，依法管理宗教工作在拉萨考察调研。区党委书记陈全国，区党委常委、市委书记齐扎拉等陪同考察。

（刘俊艳）

【举办学习习近平系列重要讲话专题辅导班】　10月18日上午，市政协组织各县（区）政协主席、部分市政协常委、工商经济界委员、民族宗教界委员及机关干部职工集中学习习近平总书记系列重要讲话精神。邀请市委党校讲师王黎为大家作专题辅导。

（刘俊艳）

【召开市县（区）政协工作交流座谈会】　11月22日，市政协召开市县（区）政协工作交流座谈会。市政协副主席刘全保出席会议并讲话。8个县（区）政协主席或副主席从县（区）政协工作的不同角度在会上谈工作体会，并就加强县（区）政协自身建设、创新体制机制、调动委员积极性、搭建委员参政议政平台等问题进行交流。

（刘俊艳）

【开展创先争优强基础惠民生活动】　年内，市政协第二批驻墨竹工卡县日多乡怎村和拉龙村工作队以促进基层发展、维护基层稳定、加强基层建设为主题，以密切党群干群关系为核心，以为群众办实事做好事解难事为重点，在保证“五项重点任务”的“规定动作”不走样、不跑调的前提下，结合所在村实际，不断创新活动内容，丰富载体，将网格化管理工作、“双联户”争创活动、“四业工程”、中共十八大精神宣讲及弘扬“老西藏精神”“民族团结先锋行”“三进四同三一”“八看、一算账、一揭批、四增强”感党恩主题教育等系列活动有效融入强基惠民活动中，统筹推进。2名驻村工作队队长被评为自治区级先进，1名驻村工作队队员被评为县级先进，市政协被评为优秀组织单位。

（刘俊艳）

重要提案

编号	提案人姓名	提案人单位（地址）	案由（提案内容）
001	王颖	西藏曼杰拉实业有限公司	关于加大扶持自由品牌力度、以农村合作社形式带动农牧民增收致富、引导和丰富农牧民消费观念的提案
007	旦玉红、米玛	市农牧局	关于提高农产品质量安全工作的提案
020	董启宏	林周县人民医院	关于推行全科医师培训制度的提案
033	央金卓嘎	市残疾人联合会	关于进一步加强拉萨市残疾人康复服务中心机构建设的提案
063	胡士权	市交通运输局	关于进一步加快公交基础设施建设的提案
067	旦增	西藏吉荣建筑装饰有限公司	关于加大对出租车执法力度的提案
070	祝万华	拉萨吉祥啤酒有限公司	关于提高政府职能部门办事效率，切实为企业排忧解难的提案
072	卓玛丽华	西藏宇拓有限责任公司	关于希望政府加大对民营企业管理及人员培训力度的提案
075	王将	西藏腾王商贸有限公司	关于中小企业融资难问题的提案
090	旺杰	市政协经济资源环境社教科文卫委员会	关于加强农村水利设施建设的提案
096	唐昭华、郭志锋、余凤萍等6位委员	市科技局	关于加快规范拉萨市农牧民专业合作社建设的提案

（刘俊艳）

纪 检·监 察

综 述

2013 年,全市各级纪检监察机关按照中央和区市党委政府的安排部署,在区纪委的直接指导下,着力加强党的纪律建设、作风建设,坚决纠正损害群众利益的不正之风,依纪依法严厉惩治腐败,党风廉政建设和反腐败工作取得新进展,为充分发挥首府城市首位度作用、全力实施“五大战略”提供有力保障。

(何 平)

纪检工作

【严明政治纪律】 年内,加强对党员领导干部遵守和执行政治纪律情况的监督检查,围绕春节、藏历新年、萨嘎达瓦、中秋、国庆、十八届三中全会等重大节点,组织 6 个督查小组分区域、分时段、分重点开展专项督查。全年共上报督查专报 156 期,督导检查各级单位 5122 次,其中督查区(中)直机关 725 次,市直党政机关 656 次,县直党政机关(乡镇、街道)963 次,驻村(居)工作队 757 次,寺庙管委会 411 次,便民警务站(含各派出所、护城河卡点、检查站、安检站等)2490 次,加油站 163 次,公共娱乐场所 73 次,督查覆盖面达到 100%。

(何 平)

【落实中央八项规定】 年内,严格执行中央“八项规定”、自治区“约法十章”和市委“八项要求”,落实中央、国务院关于厉行勤俭节约反对铺张浪费重要指示精神和区、市党委政府的有关要求,印发《关于进一步落实“八项规定”“约法十章”厉行勤俭节约反对铺张浪费的通知》,对市直党政机关和干部职工落实规定情况提出明确要求,联合市财政局、市审计局对全市党政机关“三公”消费情况进行抽查,组织力量不定期深入林卡茶园、高档酒店、娱乐场所及部分单位进行明察暗访,狠刹形式主义、官僚主义、享乐主义和奢靡之风。共开展专项检查 20 次,检查公务用车 200 余辆、核实违规用车 18 起,对违规情况相关责任人进行廉政谈话 18 人次,全市三公经费与同期相比下降 18.7%。根据中央纪委的安排部署,在全市范围开展会员卡清理清退专项行动,按照领导干部带头、党员干部主动的要求,全市 22287 名机关干部如实向组织报告承诺,主动清退,做到“零持有、零报告”。

(何 平)

【强化宣传教育】 年内,深入开展党性党风党纪教育、法制教育、诚信教育,深化示范教育、警示教育和岗位廉政教育,全年开展各类反腐倡廉警示教育 217 场次,引导党员干部增强廉洁自律意识,筑牢拒腐防变的思想防线,党员领导干部主动上缴收受的各类礼金 18 万元。举办廉政专题讲座,组织市直部门负责人和纪检监察系统干部 185 人参加,邀请湖南大学法学院教授、湖南省人民检察院专家咨询委员会委员、湖南大学廉政研究中心国际反贪研究所所长聂资鲁进行授课,开展预防职务犯罪廉政教育专题讲座。制订党员领导干部廉洁从政教育计划，与市直相关部门协调，将廉政教育纳入领导干部“每月一课”内容，纪委书记与216名新提拔的副县级以上领导干部进行任前廉政谈话。加快全市党风廉政警示教育基地建设步伐，组织人员赴辽宁考察廉政警示教育基地建设情况。加大党风廉政建设宣传力度，加强廉政文化建设，不断扩大廉政文化活动的覆盖面，编辑出版《拉萨风纪》刊物，在报刊、广播、电视等传统媒体设立专刊、专版、专栏，大力宣传普及廉政文化，形成全市倡廉、助廉、崇廉的良好社会氛围。各县（区）积极创新廉政宣传教育方式，墨竹工卡县组织全县科级以上妇女干部开展家庭廉政倡议活动，共同签订《家庭廉政承诺书》；城关区将12个乡办、51个村居的经费开支、民生项目、惠民政策等情况定期公布在“四务公开栏”内；达孜县累计向党员领导干部发送廉政短信1.2万余条；当雄县向群众免费发放藏语版廉政刊物2000余份。

（何　平）

【加强基层党风廉政建设】 年内，加强对基层干部落实《农村基层干部廉洁履行职责若干规定（试行）》的监督检查，严格遵守乡（镇、街道）干部“19个不准”和村（居）干部“22个不准”，健全农牧区（社区）基层党风廉政建设联席会议工作机制，筹备召开第一次联席工作会议。深入开展农牧区（社区）集体“三资”清理统计工作，全面摸清267个村（居）的集体“三资”底数，建立完善相关制度，规范“三资”管理，经统计汇总，全市共清理核实农牧区集体银行贷款4.95亿元、库存现金1200万元，集体库存物资总价值300万元、固定资产总价值7.26亿元、经营性资产年收益4300万元，集体耕地7946亩、林地4349公顷、草地1700公顷、滩涂湿地240公顷、水面145公顷，集体已开发经营资源1.52万亩（年收益1600万元），集体债权总额5200万元、债务总额900万元，通过清理统计摸清家底，为强化农牧区（社区）集体“三资”监管奠定基础。扎实推进农牧区基层党风廉政建设，建立健全基层村（居）务监督机构，联合市委组织部、市民政局、市财政局印发《拉萨市关于建立完善村（居）民委员会民主监督工作的通知》，对设立村务监督机构提出明确要求，各县（区）根据工作要求在全市267个村（居）完成村务监督机构建设，切实增强基层群众民主管理、民主监督能力。

（何　平）

【坚决惩治腐败】 年内，进一步拓宽信访举报渠道，完善网络举报和受理机制，完善实名举报人保护制度，严厉惩处失泄密行为。完善“纪委书记信访接待日”工作机制，受理和解决群众合理诉求。实行信访工作定期分析制，及时了解群众关注和反映强烈的热点难点问题，准确掌握社会动向。始终保持惩治腐败高压态势，坚持老虎、苍蝇一起打，既严肃查处领导干部违纪违法案件，又切实解决发生在群众身边的不正之风和腐败问题。全年各级纪检监察机关共受理群众信访举报83件次，其中初核了结55件、转立案10件（上年度遗留案件1件），给予党纪政纪处分16人，其中县处级干部8人、科级干部7人、一般干部1人，收缴各类违纪资金300余万元。依纪依法、安全文明办案，采取有效措施加大“大案要案”的查办力度，严格按照实施“两规”措施的办案程序在区纪委办案点对市公安局车管所拉巴一案进行重点查处。

（何　平）

【落实党风廉政建设责任制】 年内，落实党风廉政建设责任制，督促各级党政主要领导履行好“第一责任人”的责任。组织力量对5个县（区）和8个市直单位责任制落实情况进行抽查，经检查县（区）和单位对党政廉政建设责任制落实情况高度重视，将责任书进行层层分解，进一步明确目标任务，围绕廉政文化建设、落实“八项规定”、厉行勤俭节约、创新体制机制、服务广大群众开展大量富有成效的工作，但同时也存在落实措施不够有力、落实力量不够强大、基层工作经验缺乏、“三公”消费现象突出、职能作用发挥不畅等突出问题，抽查结果及时报告市委，抽查工作得到区党委常委、市委书记齐扎拉的充分肯定，并批示在市委常委会上专门听取一次专题汇报。为学习贯彻党的十八届三中全会精神，领会全会关于“强化权力运行制约和监督体系”的改革要求，根据市委分工，组织力量研究起草《关于强化权力运行监督制约机制的意见》并报市委审定，该意见对反腐倡廉建设落实深化改革要求提出明确要求。

（何　平）

【抓好强基惠民活动】 年内，推进创先争优强基础惠民生活动，组织协调全市267个驻村（居）工作队坚持围绕中心抓任务、突出重点强部署、创新载体求实效、深化措施重落实，取得显著成效。第二批驻村工作队深入宣讲中共十八大精神，开展集中宣讲268场次，入户宣讲1.4万次，发放各类宣传资料2.3万份；建强基层组织方面帮助村党组培养入党积极分子6653名，发展新党员4099名，全市农牧民党员人数占农牧民总人数比例达到6.11%;维护基层社会稳定方面组建联防队2029个,协助村“两委”排查安全隐患7200余次,化解各类矛盾纠纷4116次;推动经济发展方面落实“短平快”项目151个、涉及资金5400多万元,争取计划外项目704个、涉及资金3.96亿元;开展感党恩教育方面开展专题宣讲3200余场次,举办新旧图片展1840场次,受教育群众16.6万多人次;扎实开展民生工作中慰问困难群众4.3万人次、涉及资金1620万元,组织劳务输出3.89万人次。在开展驻村工作当中,1000余名驻村干部严格遵守工作纪律。在对第二批驻村工作进行总结表彰基础上,对第三批驻村工作进行动员部署,全市强基惠民活动第三批驻村工作按照市委要求有序展开。

(何　平)

【密切联系群众】 年内,根据《中共拉萨市委员会关于进一步做好新形势下群众工作的意见》部署,抓好《关于做好新形势下群众工作的实施方案》的落实,由纪委主要领导牵头开展市委群众工作部具体工作。市委群众工作部发挥综合协调作用,加强与强基惠民、四业工程、社会管理创新等工作的衔接,制定下发6个指导性文件,统筹推进全市群众工作。结合新形势下群众工作特点,建立领导干部民情巡查制度,落实领导干部包案制,变群众上访为领导下访、变被动接访为主动出访,使许多事关民生的问题得到较好解决,对信访事项做到100%回访。推进“三进四同三一”活动,深入群众调查研究,倾听群众呼声,着力解决群众关注度高、反映强烈的突出问题。大力推广城关区丹杰林社区“双联户”(联户平安、联户增收)工作经验,加大矛盾纠纷排查调处力度,强化源头预防处置,创新社会服务管理,建立市、县、乡、村互联互动的排查、研判、预警、化解等一系列制度,努力实现零聚集和零上访。

(何　平)

【加强自身建设】 年内,加强干部职工反分裂斗争教育、民族团结教育、理想信念教育、宗旨意识教育、党纪法规教育,制订年初学习计划,传达学习中央和区、市各类会议文件主要精神。选派20名纪检监察干部参与三月维稳下沉工作。全力投入“3·29”事故处理,根据市委统一安排组织力量全力投入各项善后处理工作,整个工作中,所有抽调人员吃住在一线、工作在一线、战斗在一线,完成事故的各项后续处置任务。在城关区嘎玛贡桑和当雄县曲登村分别选派32名干部参加第二、三批强基惠民驻村工作,围绕“五项任务”在基层扎实服务群众。加强纪检监察干部队伍建设,选拔任用27名县科级干部,选调一批党性正、能力强的年轻干部充实到纪检监察队伍。加强纪检监察干部的教育监督和管理,强化业务培训和实践锻炼,共选派机关54名干部积极参加各类培训活动,全面提升干部的综合素质。进一步理顺纪检监察派驻机构统一管理体制机制,选优配强各派驻纪检组的工作力量,提高派驻机构有效发挥监督职能的能力。进一步加强对基层纪检监察机关的建设,组织举办65个乡镇(社区)纪委书记业务培训班,增强基层纪检监察干部的履职能力。执行中央“八项规定”、区党委“约法十章”及市委“八项要求”,严格三公经费管理。根据市委安排提前开展党的群众路线教育实践活动,成立领导小组、制定工作方案、认真组织学习、深入开展调研,委局机关15名县级领导干部下乡调研平均每人每月4次以上,个别领导干部每月下乡次数超过10次,解决群众合理诉求4件,为群众办实事15件,个人投入资金1.78万元。大力提升纪检监察干部的执纪形象,全市广大纪检监察干部带头模范执行廉洁自律各项规定,在开展的会员卡清退活动中,全市347名纪检监察干部做到“零持有、零报告”。

(何　平)

监察工作

【加强监督检查】 年内,加强对中共十八大、中央第五次西藏工作座谈会精神贯彻落实情况、市委“五大战略”实施情况、《拉萨市2013年经济社会发展目标任务分解表》落实情况的监督检查,加强对加快转变经济发展方式、环境保护、六城同创、安全生产等决策执行情况的监督检查,加强对干部考察和选拔任用工作的监督检查,对供气供暖工程、拉萨教育城、经济技术开发区、堆龙德庆工业园区、沿河景观改造等重点工程、重点项目进展情况进行专项督查,加强中央和区市各项惠农补贴资金、社保基金、住房公积金、扶贫救灾资金等专项资金管理使用情况的监督,确保市委各项政策措施落到实处、各项目标任务有序推进,共稽查重点项目25个,责成4个存在问题的工程项目停工整改。

（何　平）

【对效能建设争先进位工作进行考评】 年内，制定《拉萨市（中）直机关作风和行政效能建设争先进位考评办法（试行）》，完善考核细则，提升奖励金额，增设10个进位奖，引导参评单位争先进位、创先争优。组织6个考评小组对2013年度市（中）直单位机关效能建设争先进位工作进行综合考评。经市机关作风效能建设领导小组研究并报市委常委会审定，60家市（中）直单位机关作风效能建设综合考评得分均在90分以上，单位领导班子满意率测评满意、较满意票数均占总票数的2/3以上，"万人评议"的综合满意率为92.22%，全部达标。

（何　平）

【制约监督权力运行】 年内，按照《廉政准则》要求加强对领导干部特别是主要领导干部的监督管理，严格执行党政主要领导"三谈两述"、个人重大事项报告等制度，对制度执行情况进行抽查核实。完善领导干部述责制度，创新领导干部述责方式，先后印发《关于上报领导班子第一责任人"述责"报告的通知》和《关于认真做好2013年度党风廉政建设述责工作的通知》，全面安排部署2013年述责工作。加强领导干部廉政档案建设，对全市县级以上领导干部廉政档案进行全面清理，完善资料、查漏补缺，共新建和完善全市县级领导干部廉政档案1100份。抓好中央、区、市、县（区）四级党务公开试点工作，深化党务公开、政务公开工作，回应群众反映的热点难点问题，群众希望了解什么就公开什么，重点公开项目建设、招标投标、"三公"经费、财政收支、就业培训、征地补偿等群众关注度高的信息，丰富公开内容，完善公开程序。加强市市民服务中心各窗口单位的运行和管理，督促完善内控制度30多项，深入开展"文明窗口""党员先锋岗""先进工作者"等活动，强化权力监督和约束，进一步方便群众办事。

（何　平）

【推进纠风工作】 年内，围绕民生问题和群众反映强烈的热点问题，纠正教育、医疗、食品药品质量、安全生产、保障性住房、社会保障、涉农、征地拆迁等领域损害群众利益的不正之风和突出问题；全程监督全市各类考试，审查高考中97名考生的考试资格，查处违规考生10人，确保高考招生录取工作的公平公正；围绕群众反映的出租车领域存在的问题，对全市7家出租车公司管理的1160辆出租车和312辆公交车运营情况、行业现状、管理模式等进行专题调研。履行行政监察职能，加强对公共资源市场运行情况的监管，参与市政、农发、水利、交通等领域招投标工程项目378个、涉及资金61.2亿元、监督政府集中采购项目264个、节约资金1779万元，查处违规招投标活动3起，对涉及企业作出处理，对20项不满足条件的招投标做出流标处理。发挥民主评议政风行风社会监督员的职能作用，对职能部门政风行风情况进行监督检查和民主评议，组织城关区、曲水县、柳梧新区、市农开办、市暖心公司等7家单位录制播出藏汉双语"政风行风"热线栏目14期，通过热线平台介绍部门职责、行业优惠政策等，热线回答群众现场咨询、听取群众意见建议、受理现场举报投诉。组织力量对市区中小学就近入学、全市农牧民健康体检、市区中小学"三包"经费管理使用等情况开展调研，形成《关于拉萨市2013年全民健康体检工作开展情况的调查报告》上报市委，得到市委的肯定。巩固"小金库"专项治理和工程建设领域突出问题专项治理成果，深化公务用车专项治理，研究完善《拉萨市行政事业单位公务车辆管理办法》，加大公车私用整治力度，推进公务车辆制度化、规范化。

（何　平）

【开展政务环境综合整治】 年内，开展政务环境综合整治专项工作，以21家单位作为牵头或协作单位，牵头抓总、各负其责地切实抓好专项整治18项主要任务。成立拉萨市优化发展环境举报投诉中心，受理办结举报投诉33起；继续深化行政审批制度改革，将全市471项行政审批项目精简调整为282项，精简调整率达64.68%。全市各级各部门举办演讲比赛、知识竞赛等88次，发放宣传资料3万余份，修改完善规章制度335项，新建规章制度260项，严肃查处不作为、慢作为、乱作为及吃、拿、卡、要等影响政务环境的案件。探索建立拉萨公共资源交易中心，将市政建设、道路交通、水利项目、产权交易、国土资源、政府采购、医药采购等公共资源项目全部纳入交易中心，按照政府安排组织住建、交通、水利、工信等部门组成招投标监管考察团赴西安、济南、成都学习借鉴先进经验，为政府规范建筑市场秩序提供决策依据，在招投标管理中心设立举报电话，维护招投标活动公开公平公正的市场交易环境。

（何　平）

对口援藏

北京援藏

【加强援藏班子建设】　年内,坚持“三重一大”事项集体研究决定;建立定期例会制度。每周召开一次党委会或办公会研究部署援藏工作;建立双周中心组理论学习制度,共组织15次集中学习;建立分工负责制度。根据班子成员特点、专长和工作需要,明确分工,强化配合;严肃班子纪律,班子成员率先垂范,形成团结干事的风气;建立督查机制,加强督查并反馈落实情况。

(曹　军)

【健全援藏服务管理机制】　年内,指挥部党委根据工作性质和地域特点进行重新编组,设立10个党支部,把援藏干部、专职干部及服务团队共110名人员纳入支部管理,强化党支部的教育管理作用。成立学习、文体、生活、医疗、安全等5个自我服务小组,加强对援藏干部的服务工作。加强职能部门。选配20多名援藏干部充实到指挥部6个部室,调动和发挥援藏干部积极性,增强北京援藏团队的凝聚力。针对新的形势和要求,制定或完善《北京援藏项目管理办法》等50项,推动北京援藏工作更加科学规范化。

(曹　军)

【加强团队建设】　年内,每周组织开展“三学”(藏语、藏歌、藏舞),每月开展“两课”(西藏历史文化课、政治理论学习课)学习活动。同时动员援藏干部参加藏民族史研究生课程班学习,提高文化素质和工作能力。精心安排服务,改善生活条件。第六七批援藏干部完成交接工作。对援藏公寓进行装修改造,为援藏干部提供舒适的居住环境。改进日常饮食结构水平,提供医疗体检服务,慰问生病援藏干部,每季度组织集体生日会,看望援藏干部家属,使援藏干部感受家庭温暖。开展文体活动,丰富业余生活。开展集体过林卡、中秋联谊会、援藏干部健身季等活动,建立篮球、乒乓球、羽毛球、扑克牌、斯诺克等兴趣小组,每周开展活动,增进援藏干部之间的情谊。制定实施“八要八不”为内容的援藏干部行为规范,建立定期或不定期谈话谈心制度,增进互相了解,解决困难,纠正苗头性的问题,确保援藏干部政治、经济、生活、身体、交通等安全。保证财务、资金、公文、会议、车辆管理高效运转。加强《北京援藏工作简报》采编工作,全年编发88期;同时编撰出版《援藏岁月》一书,拍摄播出专题片《奉献高原,情满雪域》,组织举办第二届援藏干部摄影比赛,编印《媒体宣传援藏工作资料汇编》,形成社会各界支持援藏工作的良好氛围。

(曹　军)

【做好项目建设工作】　年内,北京援藏项目建设落实民生优先、全面支持、带动市场和体现特色的要求,统筹安排援藏项目和资金,集中精力抓好项目建设和管理。援藏项目共安排65个项目,其中基建类项目19个,人才培训及智力援藏类项目38个,规划编制及产业扶持类项目8个,投入援藏资金5亿多元。在推进北京援藏项目中,始终坚持质量第一,加强监理、现场管理。加快群众文体中心、牦牛博物馆、北京示范学校等重点项目建设,保证提前或如期完成工作。建立项目安全责任机制,强化现场全程安全管理,确保安全生产。

（曹　军）

【拓宽援藏领域】　年内，按照中央深化全面援藏的要求，围绕拉萨跨越式发展和长治久安两大任务，推进产业援藏、人才援藏、智力援藏、科技援藏、文化援藏、社会援藏工作。组织实施首都艺术家拉萨行、首都媒体拉萨行、首都企业家拉萨行、京藏青少年夏令营活动、免费救治先心病儿童、北京拉萨商品大集、京藏手拉手读书活动、北京拉萨商品大集、“双百工程”等援藏活动；制定《北京市支持拉萨市堆龙工业园区产业发展专项资金管理办法》等，从贷款贴息、补助和奖励等多种方式促进园区内生式发展，加强受援地“造血”机能。在北京援藏干部的协调下，多家国内著名企业落户拉萨，总投资超过100亿元；开展结对帮扶奉献爱心活动。根据指挥部党委的安排，开展捐资助学、扶贫济困、结对帮扶等活动，共结对帮扶困难群众100多户，捐款捐物20余万元，解决了群众困难。北京市市政管委、市旅游委及西城区、怀柔区、顺义区、门头沟区等20多个单位的领导到拉萨考察调研，慰问援藏干部，支援资金1000多万元。

（曹　军）

【加强作风建设】　年内，在北京市委督导组的精心指导下，贯彻中央精神和市委要求，结合北京援藏工作实际，结合拉萨市发展和稳定工作，围绕中央“照镜子、正衣冠、洗洗澡、治治病”的要求，做到思想统一快、制定方案快、动员部署快、进入状态快，确保教育实践活动取得实效，受到市委督导组的好评。成立教育实践活动领导小组，设立综合、学习、宣传、信息等4个工作小组，开展动员部署，全体援藏干部参与学习实践活动，保质保量完成各阶段工作。通过组织10次集中学习、8次参观考察，为做好援藏工作打好思想知识基础。通过深入开展“来藏为什么、在藏干什么、离藏留什么”大讨论，进一步端正援藏动机和态度，凝聚共识和力量。全面深入调研为帮助援藏干部迅速融入工作。带领援藏干部深入援藏项目工地及城关区、堆龙德庆县、尼木县、当雄县开展调研，征求到30多条意见。广泛开展谈心活动，召开高质量的民主生活会，开展批评和自我批评，明确努力方向。对援藏工作中存在的问题，从思想认识、工作纪律、工作态度、生活作风等方面重点进行整改，使北京援藏干部发挥“六个表率”（学习上进的表率，政治坚定的表率，维护社会稳定的表率，推动跨越发展的表率，促进民族团结的表率，勤政廉政的表率）作用。

（曹　军）

【全方位实施对口援藏】　年内，北京援藏干部视拉萨为第二故乡，全力以赴投入拉萨发展稳定建设，实现全方位援藏。北京援藏干部在急难险重工作中冲锋在前，为参与组织《文成公主》大型实景演出、投入“3·29”自然灾害抢险救援、《拉萨百科全书》出版、中国拉萨雪顿节、巩固全国文明城市、创建全国卫生城市、全市供暖工程、教育城建设、强基惠民驻村工作、敏感期维稳工作等重大工作做出贡献。北京援藏干部加大对城关区、堆龙德庆县、尼木县、当雄县的对口支援帮扶工作。城关区援藏干部深入走访调研；落实各项维稳工作，完成所包社区（村）、学校、寺庙在重要节点、敏感时段维稳工作；促进京藏两地交流，选派45名干部和教师到东城区挂职培训。堆龙德庆县援藏干部抓好工业实体经济和净土健康产业，妥善处置群众集体上访事件，募捐200余万元帮扶困难农牧民群众；完成全年地方财政收入3.5亿元、地区生产总值21.94亿元、固定资产投资46.79亿元、农牧民人均纯收入10007元，分别同比增长57%、33%、35%、32%。尼木县援藏干部突出解决制约尼木发展的瓶颈问题，提出发展农牧特色产业和精品旅游业相结合的思路；依托北京人才资源优势，先后选派3批40多人到北京挂职锻炼。当雄县援藏干部推进各项经济工作，引进15个招商引资项目，协议资金达33.13亿元。

（曹　军）

江苏援藏

【概　况】　年内，江苏省援藏前方指挥部围绕建设“平安拉萨、美丽拉萨、幸福拉萨”的战略目标，按照江苏省委、省政府关于“江苏援藏工作要走在全国前列”的总要求，以经济援藏、干部援藏、人才援藏、科技援藏为主要途径，大力支援拉萨经济社会建设，完成年度援藏目标任务。本年度江苏省共派遣71名援藏干部支援拉萨经济社会建设，同时安排落实援藏项目资金3.65亿元，重点组织实施包括拉萨江苏实验中学、东城区人民医院、江苏中学、江苏拉萨展销中心、墨竹工卡县南京实验小学和扎西岗乡南京希望小学、达孜县扬中路、焦山路、林周县太湖南路、曲水县雅江园区道路等在内的21个重大建设工程。

(王铁山)

【推动青少年文化交流】 8月16—21日,南京第二届亚青会期间,墨竹工卡县援藏干部组织青少年代表团赴南京开展为期7天的文化体育交流活动,在南京市委市政府、亚青会组委会及江宁区委、区政府等方面的精心安排下,加强两地青少年交流交往。

(王铁山)

【援藏干部人才轮换交接】 年内,围绕“选得优、管得严、干得好”,着力构建有利于激励和引导优秀干部援藏的良性循环机制,江苏省委省政府尊重拉萨市的需求计划,坚持好中选优、优中挑强,经过反复研究、层层筛选、精心挑选第七批援藏干部,确保将最优秀的人才输送赴藏工作。3月,15名援藏医生入藏工作;6月,达孜县、墨竹工卡县2名县委书记提前入藏工作;7月16日,44名援藏干部入藏工作,加上按照压茬管理2002年9月已先期入藏工作的第七批援藏干部总领队陈勇、副领队孙晓南等9位援藏干部,第七批共71名援藏干部人才全部进藏工作。

(王铁山)

【强化援藏干部队伍管理】 年内,江苏援藏前方指挥部加强援藏干部管理工作。成立党委,设置综合组、党群组、项目组、财务组等四个工作小组,在对口支援四县设置派出工作组,把每个援藏干部都作为指挥部兼职干部编入专门小组或派出工作组。研究制定《指挥部党委工作制度》《廉洁自律六条禁令》《指挥部会议制度及全体会议制度》《请销假制度》《重大事项报告制度》《学习制度》《参与指挥部日常工作管理制度》《财务管理制度》《公务接待规定》等21项制度,对指挥部运转及援藏干部行为进行规定。定期或不定期召开全体援藏干部大会、支部学习会、举办援藏干部高原讲堂、个别谈心谈话等方式,统一援藏干部思想,激励援藏干部更好地投身援藏工作。

(王铁山)

【制定三年援藏行动计划】 年内,江苏援藏前方指挥部围绕拉萨发展目标,结合援藏工作实际,研究制定《第七批援藏干部三年行动计划》(2013—2016年)。明确2013年至2015年,江苏省对口支援拉萨市的资金总额将达到11.33亿元,重点推进基础教育、社会保障、医疗卫生等社会事业建设,集中力量建成一批有较大影响力、能够体现江苏特点和拉萨特色的项目。发挥江苏科教大省优势,引导和支持更多的科研院所、大专院校和科教人才走进拉萨开展课题研究、科技培训和项目支持工作,支持和帮助拉萨提升科技发展水平,发挥科技对拉萨经济发展方式转变的引领作用。搭建产业合作平台,加大资金支持力度,突出工作重点,努力促进苏拉产业合作向产业转移、企业培育、产品创新、市场开拓等全方位发展,逐渐形成苏拉企业间“请进来、走出去”的良性合作格局。支持县域经济发展,重点推进达孜县、曲水县工业园区,曲水县国家农村农业改革试验区、林周县现代农业示范区和澎波健康产业园区,墨竹工卡县日多温泉小镇、达孜县“金色池塘”生态景区、林周县热振寺景区等园区产业项目建设。

(王铁山)

【人才和智力援藏】 年内,江苏援藏前方指挥部经过调查研究和论证,制定《江苏省对口支援拉萨市人才和智力援助计划(2013—2015年)》和《2013年度江苏省对口支援拉萨市第一期人才和智力援助计划》,明确到2015年底,投入援藏资金5564万元,培养拉萨各行业拔尖人才60名,将全市县处级以上领导干部、中高级专业技术人员、高层次企业经营管理人员、经济合作组织带头人轮训一遍,每年从江苏引进20名高校毕业生,实施苏拉两地科研合作项目15项。本年度共投入援藏资金861万元,实施人才和智力援助项目11个。全年由江苏援藏干部主导安排本单位或受援县当地干部、技术人员赴内地培训共39批次、450余人次;后方支援单位领导或专业技术人才、干部赴拉萨合作交流、指导培训共80批次,受训者达560余人次;针对拉萨市行政审批权力下放、受援县缺乏管理操作经验的实际困难,组织后方派员前来现场讲授、指导。

(王铁山)

【谋划县域发展目标】 年内,江苏援藏前方指挥部根据江苏发展经验,结合当地实际,为受援县制定县域经济和社会事业发展目标。墨竹工卡县确定“综合实力位列自治区前三强”的目标,重点实施产业强县、法治稳县、民生安县、文化兴县、生态立县“五大战略”,建设“富裕、和谐、幸福、文明、美丽墨竹”。达孜县确定“做特一产、做强二产、做大三产、做美城乡,建设拉萨‘东大门’,争创国家级工业园区”的目标。林周县确定“重点推进现代农业示范区、澎波净土健康产业园区、旅游产业经济、城镇化进程”的目标。曲水县确定“加快推进国家农村改革试验区、才纳现代农业科技示范区和雅江工业园区建设”的目标。

（王铁山）

【推进援藏项目进度】 年内，共安排江苏援藏项目资金3.65亿元，援建项目21个，开工项目18个，实际完成投资3.27亿元。第七批援藏干部指挥部领导深入了解问题根源，集体进行会诊，逐个提出解决预案，指定专人负责，落实时限要求。拉萨市少儿活动中心、市人民医院医技楼、职工活动中心已交付使用；拉萨师专大学生活动中心由受援方配套的消防水池已建成；妇儿活动中心、综合展馆已竣工；东二路、学府路项目现已完成路面铺设；西二路年底交付使用。3月29日，指挥部在江苏示范学校项目现场召开“2013年江苏省援藏项目暨产业项目集中开工周市本级项目集中开工汇报会”，拉萨市委市政府主要领导、分管领导及拉萨市干部群众代表共300余人参加会议；各受援县在指挥部的统一指导下，也相继举行建设项目集中开工仪式。达孜县扬中路、焦山路建成通车，江苏拉萨展销中心完工，达孜中心小学一、二期主体工程封顶；林周县太湖南路、曲水县雅江园区道路年底前交付使用；苏州中路和澎波路改扩建项目已完成主体施工。

（王铁山）

【支持拉萨旅游业文化产业发展】 年内，江苏省从资金、市场营销、宣传、人员培训等方面为拉萨布达拉旅游文化集团公司提供长期支持。苏州市帮助拉萨雪域明珠国旅进行经营场所建设和人才培训，并派出11家媒体对以西藏旅游资源为特色的公司进行为期10天的宣传报道。11月1—17日，组织冬季旅游促销团赴江苏南京、苏州开展冬季旅游促销，让江苏的旅行社和媒体更加真实的了解拉萨冬季旅游情况，通过组织旅行社编写切实可行的冬季旅游线路，让冬季到拉萨旅游成为现实。在国家旅游局网站、江苏省委新闻网、省委宣传部《中国江苏》、江苏旅游政务网和省委办公厅《政务信息》上刊登拉萨冬季旅游促销信息。

（王铁山）

【大力实施卫生援藏】 年内，长期援助拉萨市人民医院，将拉萨市人民医院创建为三级乙等医院并正式挂牌。支持拉萨卫生系统开展规范化预防接种门诊、标准化冷链系统、执业化接种人员等“三化”建设，7月中旬建成自治区首家规范化预防接种门诊。多次组织江苏援藏医疗队赴受援四县的乡镇开展巡回义诊，共为2000余名群众进行义务诊治，免费发放药品和计生用具3万多元。组织江苏医疗专家30余人次赴藏开展儿童先心病筛查和诊治工作，为270多名疑似先心病的患儿进行复查诊治，将32名符合手术条件的确诊患儿送至江苏实施免费治疗，直接免除医疗费用和患者家庭食宿费150余万元。组织江苏援藏医疗队15名医生进藏提供医疗服务、开展培训和技术指导，全年共接诊1.1万余例，开展手术350余台，开展专题培训会议68次，培训当地卫技人员2800余人次，创新开展新项目和新技术28项。

（王铁山）

【强化交流合作和对口支援】 年内，南京市委常委、宣传部长徐宁率文化企业家代表团进藏，向墨竹工卡县捐赠50余万元的图书、平板电脑等学习用品，签订6个、总计400余万元的文化合作协议，投入200万元实施县医院医技改造。墨竹工卡县选派53名副科级以上干部赴南京学习，5名党政干部、3名技术人才在南京挂职锻炼。镇江市市长朱晓明率党政代表团于8月中旬来拉萨对接援藏工作，并向达孜县捐赠100万元，镇江市规划设计院和城市管理、污水处理、人力资源管理等方面的多批专家赴藏，现场指导工作。苏州市于11月专门制定下发文件，进一步规范和完善乡镇对口帮扶工作，明确要求苏州市加大对结对乡镇的帮扶力度，每年帮扶林周县结对乡镇不低于30万元，并逐年增长。泰州市组织发改委、再担保公司等单位专家进藏指导曲水县农业开发及投融资改革工作。组织党政代表团互访，商讨进一步加强对口支援工作。

（王铁山）

群众团体

拉萨市总工会

【概　况】　年内,围绕市委、市政府中心工作,组织引导职工为实现"十二五"规划目标任务建功立业。推进"两个普遍"不断扩大工会工作覆盖面、增强工会组织凝聚力、创新工会工作方式。新建工会96家,发展会员6290人。加强维权机制建设,推动构建和谐劳动关系。关注职工群众生产生活,做好工会帮扶工作。共投入25万元培训经费全部用于驾校培训。完成区总工会女工部培训1期,拨付资金6万元。做好以"温暖进万家、真情促和谐"为主题的各项帮扶活动。"三大节日"期间,各级工会共为56户困难职工(农民工)送去慰问金6.44万元。为拉萨市困难职工发放大(重)病救助及生活救助金39.6万元,发放2013年助学金212.6万元。上半年,市总工会推荐优仓工贸有限公司达娃为"全国五一劳动奖章获得者",第三极羊绒制品有限公司羊绒分梳车间为"工人先锋号"。发放全国劳模"四金"、全国五一劳动奖章获得者、全区劳模慰问金27.0714万元。组织拉萨市6名全国劳模进企业开展"中国梦 劳动美"宣讲活动。向区总工会推荐8名劳模参加疗养。先后走访达孜县工业园区、曲水县远丰公司、拉萨市赛康集团公司及城关区3家企业,为80名困难职工送出慰问金,共计6.4万元;解决19名企业困难职工的生活救助、大病救助申请,共投入资金7.9万元。先后开展5次法律宣传活动,向职工群众发放《中华人民共和国工会法》《职工代表大会条例》《中华人民共和国社会保险法》《西藏自治区农民工务工实用手册》等法律法规宣传手册共1000余册,累计投入资金3000余元。为支持达孜县总工会举办的"达孜县第八届职工运动会",拨款3万元;为7个县区企业新建11家"职工之家"投入22万元。全市各基层工会积极开展"送文化"活动。市总工会和各县(区)总工会共送出文化演出7场次。开展(送医送药)活动4次。累计发放药品共计2万元。"三八"期间市总女工委看望慰问28名困难女职工。深入开展创先争优活动,为驻村群众办实事、办好事、解难事,落实项目3个,资金98万元。加大工会干部教育培训力度。先后选派60多名工会干部参加工会干部培训、企业工资集体协商培训以及非公企业工会干部培训等;邀请市委党校讲师开展庆祝中国共产党十八大精神、新党章宣讲活动,进一步统一干部职工的思想,明确奋斗目标。会同自治区总工会调研组深入圣城集团、地毯厂等10家企业进行劳务派遣工工资调研活动。对8个县(区)总工会"职工之家"建设情况开展深入调研,完善各县(区)总工会"职工之家"建设规划。做好"拉萨市职工活动中心"建设工作。

(范　昕)

【举行全国劳模五一劳动奖章获得者和区劳模荣誉金发放仪式】　1月25日,拉萨市总工会举行2012年度全国劳模、全国五一奖章获得者和自治区劳模荣誉金发放仪式。市总工会党组书记、副主席白玉福就拉萨市全国劳模、全国五一劳动奖章获得者和自治区劳模荣誉金发放情况做出详细说明。参会领导向参加发放仪式的劳模代表献哈达、发放荣誉金。本次仪式参会劳模中,全国劳模17个,共发放荣誉金17.8214万元;五一劳动奖章获得者和自治区劳模75人,共发放荣誉金13.5万元。发放仪式中,劳模代表拉萨市特殊学校校长李林、城关区纳金乡嘎巴村党支部书记索朗坚才进行发言。市总工会主席余刚要求各级工会做好劳模工作,维护好劳模各项权益。

（范　昕）

【驻村工作队开展走访慰问活动】 2月3日,市总工会驻工作队和会机关党员干部,到城关区纳金乡嘎巴村开展节前慰问活动,向该村生活困难的低保户、五保户和高龄困难老人每户发放1000元(其中给患有大病的边巴仓决家发放2000元)的慰问金,共计3万元。

（范　昕）

【举行全国百家示范乡镇(街道)工会挂牌仪式】 3月1日上午,中华全国总工会"2011年度全国百家示范乡镇(街道)工会"授牌仪式在功德林街道工会进行。市总工会及城关区总工会领导共同出席此次活动。

（范　昕）

【开展"三八"妇女节慰问活动】 3月8日,市总工会及城关区总工会深入城关区毛纺二厂开展"三八"国际妇女节走访慰问活动,并送去慰问金。市总工会为20户困难女职工家庭每户送上800元的慰问金。城关区总工会也在此次慰问活动中为8户困难女职工家庭每户送去800元慰问金。

（范　昕）

【对农民工会员开展送温暖活动】 4月17日,市总工会先后到城关区八朗雪社区及八廓街道社区卫生服务中心看望慰问11名拉萨市困难农民工会员,为困难农民工会员献上哈达并每人送去慰问金900元,慰问组到八廓街道社区卫生服务中心为另外11名困难农民工每人送去慰问金900元。

（范　昕）

【开展五一慰问活动】 4月23日,市总工会到圣城集团看望慰问该集团91名内退困难职工,给困难职工发放慰问金每人800元。4月24日,市总工会到甘丹寺看望慰问驻寺干部、派出所干警和安检站工作人员共60人,并每人送去慰问金800元。

（范　昕）

【开展第23次"全国助残日"宣传慰问活动】 5月19日,拉萨市总工会法律保障部工作人员参加第23次"全国助残日"宣传、咨询、服务一条街活动。此次宣传活动共计发放《中华人民共和国残疾人保障法》《中华人民共和国残疾证管理条例》《中华人民共和国社会保险法》《中华人民共和国劳动法》《中华人民共和国工会法》等宣传册共1500余册;并对达孜县工业园区优格仓工贸有限公司10名残疾职工带去每人900元,共计9000元的慰问金。

（范　昕）

【开展"温暖职工心贴心、工会服务在基层"活动】 6月5日,拉萨市总工会联合市人民医院、市司法局、城关区总工会、堆龙德庆县总工会、西藏雄巴拉曲神水藏药厂,在堆龙德庆县乃琼镇农牧民安居工程建设工地举办以"中国梦 劳动美"为主题的"温暖职工心贴心、工会服务在基层"活动。此次活动共计慰问50户困难职工,向他们发放每人900元,合计4.5万元的慰问金,并组织精彩的文艺慰问汇演。此次活动还邀请到市司法局法律援助中心专家和市人民医院、雄巴拉曲藏药厂专家及药剂师,向到场的260多名农民工开展法律咨询服务,进行面对面疑难解惑和医疗诊断;共计发放相关法律法规手册1万余册,并送去价值1.5万元的常用药品及宣传、普及医药知识。

（范　昕）

【拉萨市总工会第十次代表大会开幕】 6月14日,拉萨市工会第十次代表大会在江苏生态园大酒店开幕。自治区总工会党组书记、常务副主席祁维国、市委副书记、统战部部长达娃、市委常委、组织部部长龙志刚、市政协副主席拉宗卓嘎出席大会。市总工会党组副书记、主席余刚代表市工会第九届委员会作《深入学习贯彻中共十八大精神 团结动员各族职工群众为全面建成小康社会而努力奋斗》的工作报告,总结过去五年的工作,部署2013年全市工会工作的主要任务。来自全市各县(区)、市直各单位、各系统、各企业的138名代表出席大会。会议表彰2008至2013年全市县(区)工会工作先进集体、全市县级工会工作单位和全市先进工会工作者。达娃要求弘扬劳模精神,发挥各族职工的主力军作用;抓好工会组织建设,提升服务职工群众水平。

（范　昕）

【开展困难职工医疗救助活动】 10月12日,市总工会到拉萨市环卫局3名一线职工家中进行看望慰问。送去慰问金2.4万元。

（范　昕）

【开展困难妇女"两癌"免费体检活动】 11月20日至26日,市总工会组织公交公司、宗角禄康公园、远大建材有限公司、圣城集团(第一、第二、第三建筑公司)、市旅游公司、城关区非公企业、市园林局的120名一线女职工在拉萨阳光妇产医院开展“两癌”(乳腺、宫颈)免费体检关爱活动。体检费用从2013年自治区总工会“女职工关爱行动”资金中支出,体检标准为500元/人。

(范　昕)

共青团拉萨市委员会

【概　况】　年内,拉萨市现有14至28岁青年93787人,其中团员27926人,团员比例为29.78%;团干部855人,其中专职团干部33人、兼职团干部822人。全市共有各级团组织924个(团委124个、团总支67个、团支部732个、团工委1个);全市8个县(区)、65个乡(镇、街道)、267个村(居)团组织书记配备率和乡、村团支部书记进“两委”班子率均达100%。基层团组织实现“五有”目标:有工作人员、有办公场所、有工作制度、有工作经费、有活动阵地。

(栾　天)

【开展供暖知识宣传志愿服务活动】　1月9至17日,招募50名青年志愿者,建立7个志愿服务小组,在拉萨市暖心燃气热力有限责任公司就燃气壁挂炉供暖系统使用要点、如何安全使用天然气灶等进行培训后,分别深入7个路段82个小区共计32958户居民中,教授供暖设备的安全用方法和相应的应急自护知识。

(栾　天)

【慰问留校大学生和驻市大学生西部计划志愿者】
1月21日上午,团市委、市青年志愿者协会赴拉萨师范高等专科学校看望慰问拉萨师专假期留校勤工俭学的14名大学生和在拉萨市服务的50名大学生西部计划志愿者,赠送3.7万元慰问金和节日生活用品,致以节日的问候和新春、藏历新年的祝福。市人大常委会副主任平措朗杰代表市“三大节日”慰问团出席活动并讲话。

(栾　天)

【开展青少年寒假自护教育活动】　1月21日,团市委、市预防青少年违法犯罪办公室(以下简称预青办)针对拉萨市困难家庭子女、社会闲散青少年、外来务工人员子女为主的青少年群体寒假自护教育活动在城关区吉崩岗办事处举办。捐赠团务知识、青少年自护手册、心理辅导等相关书籍和宣传资料,并赠送学习用品。共有60余名社区中小学生参加活动。

(栾　天)

【开展节前社会环境专项整治工作】　1月15至22日,由市预青办(团市委)牵头,市公安局、文化局、工商局、质监局、电信局、广电局等单位协同,对主城区范围的10余家网吧开展净化网吧环境活动,针对拉萨市内现有的3家游乐场进行安全隐患排查,为青少年平安度过春节、藏历新年营造良好的环境。

(栾　天)

【启动春运志愿服务行动】　从1月26日开始,团市委、市青年志愿者协会每天派出50名青年志愿者,在整个春运的40天里,分别在拉萨火车站和各大汽车站为旅客提供出行咨询、问询向导、行李帮提、秩序维护、老弱帮扶等服务。

(栾　天)

【开展“12355”青少年维权热线宣传活动】　1月28日,市预青办在团市委少年宫启动节日期间主题为“为青春保驾护航 平平安安过大年”青少年自护教育暨“12355”青少年维权热线宣传活动。向130余名少年儿童赠送260余册《未成年人自我保护知识读本》和《青少年法律知识读本》,发放自护卡及“12355”青少年维权热线宣传资料。并在现场与少年儿童开展交通、消防、医疗、人身安全等知识问答竞赛游戏。

(栾　天)

【开展春风送暖主题实践活动】　2月3日,团市委协同团区委赴堆龙德庆县马乡开展“红红火火过大年”——春风送暖主题实践活动,为马乡嘎冲村10户贫困群众、5名农民工子女、5户空巢老人赠送酥油、糌粑、清油、大米、面粉、衣服等价值3万余元的节日生活用品。并向农牧民群众转达区市党委、政府的关怀和节日祝福。

(栾　天)

【开展迎新春走基层扶贫帮困主题活动】　2月5日,在春节藏历新年来临之际,团市委联合市自来水公司、西藏华图职业技能培训学校到对口扶贫点当雄县乌玛塘乡郭尼村开展“新春扶贫送幸福、红红火火过大年”主题活动，向该村18户贫困户、18名“两委”班子成员、9名老党员、36名优秀学生赠送糌粑、清油、大米、面粉、砖茶等价值6万余元的节日生活用品。向扶贫点农牧民群众转达市委、市政府对基层群众的关怀和节日的祝福。

（栾 天）

【开展学雷锋交通文明劝导志愿服务活动】 3月5日，团市委、市青年志愿者协会以“学雷锋日”为契机，联合城关区团委、拉萨师专团委、市交通运输局志愿服务队、市青年文明号单位志愿服务队等15支志愿服务队在拉萨市的20个主要路口，组织开展主题为“弘扬雷锋精神，建设幸福拉萨”学雷锋交通文明劝导志愿服务活动。现场注册志愿者48名，发放志愿者服务手册，未成年人保护手册等资料2000余份。

（栾 天）

【成立第一支生态文明建设志愿服务队】 3月16日，作为“弘扬生态文化、推进生态文明、建设美丽西藏”。让志愿服务走向生态文明建设系列活动的启动仪式暨拉萨市第一支生态文明建设志愿者服务队在武警西藏森林总队正式成立，300名武警森林官兵作为生态文明建设首批志愿者，进行志愿者现场注册和宣誓仪式。市青年志愿者协会向300名志愿者授予“生态文明建设志愿者服务队”队旗。

（栾 天）

【关爱农民工子女第二学期义务教学工作启动】 3月17日，主题为“心手相牵——绿叶支教”关爱农民工子女第二学期义务教学工作正式启动。团市委、市青年志愿者协会也将继续为这一活动提供教学组织和教学点活动场地。当日下午，13名大学生志愿者为20名农民工子女进行3个小时的学业辅导教学。按照计划，关爱农民工子女第二学期义务教学工作将有40余名大学生志愿者为拉萨市千余人次的农民工子女、贫困家庭青少年提供学习辅导和亲情陪护服务。

（栾 天）

【开展“综治宣传月”宣传活动】 3月22日，团市委组织各部（室）、少年宫干部职工12人在北京东路69号宣传点，有针对性地进行以“共同团结奋斗、共同繁荣发展”为主题的综治宣传活动。出动宣传车1辆，悬挂横幅3个，发放宣传资料1000余份，其中宣传单400余份、手册600余份，接受群众咨询12人次。

（栾 天）

【开展庆祝“3·28”百万农奴解放纪念日签名活动】 在“3·28”百万农奴解放纪念日到来之际，团市委动员驻市青年文明号单位，组织协调11家青年文明号单位近千名青年团员于3月27日下午3:30启动“共青团员民族团结闪光行动暨庆祝“3·28”百万农奴解放纪念日签名活动”。

（栾 天）

【开展清明节纪念活动】 4月4日，团市委联合市教体局组织拉萨市当巴小学、藏热小学、夺底小学、第二中学、第三中学、堆龙德庆县中学、达孜县中学等学校学生260余人参加“缅怀革命先烈 传承优良传统”为主题的烈士陵园清明祭扫活动。

（栾 天）

【开展“五下乡”之卫生下乡活动】 4月10日，团市委联合拉萨圣洁医药有限公司在郭尼村开展送医送药送健康活动。共发放2万余元的常用药品，各种宣传资料1000余册，参加活动的村民共计1000余人。

（栾 天）

【开展植树造林活动】 4月15日，团市委组织各县区团委，动员各族青少年开展植树造林活动，共有各族青少年300余人参加，栽植树苗800余株。

（栾 天）

【召开中国梦·青春行主题教育活动座谈会】 5月4日，拉萨市召开“你我共奋斗，人生共出彩——拉萨青年‘中国梦·青春行’”主题教育活动座谈会。各县（区）团委分管领导、团县（区）委书记、农牧民青年致富带头人、企业青年代表、少先队辅导员、在校大学生、军警代表、志愿者代表共70余人参加座谈会，自治区党委常委、拉萨市委书记齐扎拉出席活动并讲话。

（栾 天）

【开展“防灾减灾”宣传活动】 5月12日，团市委参与开展2013年拉萨市“防灾减灾日”宣传一条街活动。设立宣传点、咨询点、悬挂横幅、制作并布置展板，利用报纸、杂志等媒介进行形式多样、内容丰富、群众喜闻乐见的防灾减灾宣传活动，引导群众尤其是青少年注意防灾事项，共散发各类宣传资料1000余份。

（栾 天）

【开展“全国助残日”志愿服务活动】 5月19日，团市委组织工作人员和志愿者，在“助残一条街”宣传、咨询服务活动地点，摆放助残宣传资料，悬挂助残宣传横幅，对过往行人和前来的残疾人，进行关注残疾人、关爱残疾人的志愿服务活动。组织志愿者到公德林办事处雪二村残疾青年拉珍、巴桑一家,为他们送去糌粑、大米、清油、牛奶及600元的慰问资金。

(栾 天)

【开展“保护山川河流”志愿服务活动】 5月22日,团市委组织共济酒店志愿者和拉萨市社会志愿者共30人到拉萨河太阳岛河畔,开展保护母亲河志愿服务活动,志愿者们手持铁锹、铁钳、垃圾袋,对河畔游客遗留的垃圾进行大清理活动。

(栾 天)

【召开“闪光、牵手行动”推进会】 5月24日,团市委召开民族团结“闪光行动”“牵手行动”专项推进会。团市委领导、市教育局德育科、市直机关工委团委负责人、各县区团委书记参加此次会议。会上,总结拉萨市共青团员民族团结闪光行动和少先队员民族团结牵手行动的推进情况,就如何更好地开展民族团结“闪光行动”“牵手行动”进行深入的交流探讨,对下步工作进行部署安排。

(栾 天)

【“六一”少儿才艺大赛落幕】 5月25日,由团市委、拉萨百货公司联合举办的“红领巾相约中国梦”——2013年第十届“拉萨百货杯”“六一”少儿才艺大赛活动中,12个不同类型的节目进入决赛。6支队伍分获一、二、三等奖,3支队伍分获最佳组织奖、优秀奖、鼓励奖。活动中,团市委和拉萨百货公司向群增儿童福利院捐赠价值18000余元的生活、文具用品。

(栾 天)

【开展“安全生产日”宣传活动】 6月7日,团市委组织单位机关志愿者到“安全生产日”宣传、咨询服务活动地点,摆放安全生产宣传资料,悬挂安全生产宣传横幅,开展主题为“安全生产日”志愿服务活动,对过往行人、企事业单位职工、农民工进行安全生产宣传、咨询服务。

(栾 天)

【参与关爱山川河流,保护拉鲁湿地志愿服务活动】 6月27日,团市委组织30名青年志愿者参与由自治区文明委、市文明委主办的“关爱山川河流,保护拉鲁湿地”志愿服务活动启动仪式。志愿者们手持铁锹,环保垃圾袋,对分管区域的垃圾进行彻底清理。

(栾 天)

【召开庆祝建党92周年党员大会】 7月1日,团市委组织在职及退休党员干部职工召开庆祝建党92周年党员大会,重温入党誓词,表彰优秀党员,看望慰问老党员益西,并送去慰问金。

(栾 天)

【开展手拉手红领巾书屋活动】 7月9日,团市委联合西藏5100矿泉水有限公司,在乌玛塘一小开展纪念建党92周年活动之创建手拉手红领巾书屋活动,捐赠价值2万余元的少儿读物。

(栾 天)

【开展“保护山川河流”主题志愿服务活动】 7月11日,团市委牵头哲蚌寺管委会、派出所组织由西部计划志愿者、青年志愿者和社区志愿者组成的30人志愿者队伍到哲蚌寺风景区,开展5小时的保护美丽山川志愿服务活动。共清理垃圾2吨。

(栾 天)

【开展道德讲堂活动】 7月15日,团市委举办第一期道德讲堂,包括共唱一首《爱的奉献》、倾听先进人物的先进事迹、齐诵一段《道德经》片段,机关全体职工参加此次活动。

(栾 天)

【举办青年马克思主义者培养工程第九期培训班】 7月22日,拉萨市青年马克思主义者培训工程第九期培训班在拉萨市青年马克思主义者培养工程培训基地——拉萨高等师范专科学校开班。市委副书记、统战部部长达娃和团区委副书记王阳出席开班仪式并作讲话。八县(区)团委书记、副书记,部分市直单位团组织负责人,全市各乡(镇、街道)团委书记、部分团委委员,部分优秀“两新”组织团委书记,共计188人参加此次培训。

(栾 天)

【美丽家园幸福拉萨·我的梦主题教育实践活动启动】 7月23日,“美丽家园幸福拉萨·我的梦”主题教育实践活动正式启动。参加拉萨市青年马克思主义者培养工程第九期培训班的188名全体学员参加启动仪式。

(栾 天)

【组织少年军校暨暑期军事体验夏令营活动】 7月29日至8月1日,由团市委主办,拉萨森林大队、拉萨市少工委、拉萨市少儿栏目《格桑梅朵》共同承办的2013年拉萨市第四届少年军校——军事体验暑期夏令营活动在拉萨市森林大队举行,此次活动共计34名小学生参加。

(栾 天)

【开展2013年拉萨市雪顿节志愿者培训活动】 8月2日,由团市委、市青年志愿者协会组织的2013年中国拉萨雪顿节志愿者培训班正式开班。市政府副秘书长、2013年中国拉萨雪顿节组委会副主任岳国红出席开班仪式并讲话。自治区团委权益部部长王文魁向雪顿节志愿者授旗，志愿者代表马启智进行发言，西藏大学历史系教授、烹饪协会礼仪老师应邀授课，对组织招募的200名雪顿志愿者开展培训。

（栾 天）

【开展“爱心传递·放飞梦想”希望工程助学行动】 8月至9月，团市委组织开展2013年拉萨市“爱心传递 放飞梦想”希望工程助学行动。活动共集资71.8万元，资助来自拉萨市各县区的154名家庭贫困学子上学。

（栾 天）

【开展第23个“民族团结宣传月”宣传活动】 9月16日，在“9·16”平安西藏宣传日暨拉萨市第23个“民族团结宣传月”宣传活动中，团市委悬挂“加强民族团结，珍惜幸福生活”宣传横幅，摆放《青少年法律知识读本》《未成年人自我保护知识读本》等宣传资料，对过往群众尤其是青少年进行民族团结宣传、咨询服务，共发放各类宣传资料1000余份。

（栾 天）

【开展中秋节慰问志愿服务活动】 9月18日，团市委组织20名西部计划志愿者与当雄当地20名志愿者赴羊八井镇开展志愿者服务活动。为当地农牧民发放月饼、大米、青稞面、食用油等日用品。

（栾 天）

【开展“红领巾相约中国梦”建队纪念日活动】 10月11至13日，团市委、拉萨市少工委组织全市各级少先队开展“红领巾相约中国梦”建队纪念日主题队日活动。共有近4万名学生参与。

（栾 天）

【共青团拉萨市第九次代表大会召开】 10月22至24日，共青团拉萨市第九次代表大会召开，完成各项议程，选举产生新一届领导集体。

（栾 天）

【2013年青少年法律大课堂巡讲活动启动】 10月29日，拉萨市“青春与法同行、法律助我成长”法律大课堂巡讲活动正式启动，市第二高级中学900余名学生参与。重点讲解未成年人保护法等相关法律知识，同时以许多真实、贴近生活的案例为题材，引导大家要学法、懂法、守法、用法，明确自身的权利和义务，树立起遇事用法律途径解决问题的意识。

（栾 天）

【开展2014年“面对面”专题调研】 10月29日至11月2日，团市委深入各县区、学校对青少年法律维权、心理健康、教育、自我保护等方面内容开展专题调研活动。参与专题调研活动的青少年达到3000余人，家长和相关人士（教职工、关爱青少年成长的社会人士）达到100余人。

（栾 天）

【调研全市中、小学少先队组织工作现状】 10月，拉萨市少工委联合各县（区）少工委在全市范围内开展为期一个月的中小学少先队组织建设和活动开展情况调研。通过调研统计，拉萨市现共有15所中学，学生总数20704人，其中少先队员共7155人，少先队大队室15个，少先队辅导员15名，均为兼职；小学共有82所，学生总数47777人，其中少先队员35151人，少先队大队室82个，少先队辅导员82名，均为兼职。

（栾 天）

【第九期“青马工程”暨第三期少先队辅导员培训班开班】 11月17日，团市委、市少工委联合举办“拉萨市第九期‘青马工程’暨第三期全市少先队辅导员培训班”。团市委书记、市少工委主任洛色，拉萨市少工委副主任、市教体局德育科科长毛雅丽出席开班仪式。全市各级少工委负责人、少先队总辅导员，各中、小学校少先队大队辅导员等105人参加培训。

（栾 天）

【开展“12·4”法制宣传活动】 12月4日，团市委组织5名干部职工参与在宇拓路开展的“12.4”法制宣传活动。共发放宣传材料1000余份，解答群众咨询40余人次。

（栾 天）

【召开青少年寒假自护教育活动协调工作会议】 12月10日，市预青办组织市交警支队、禁毒支队、城关区人民法院、人民检察院等10家成员单位召开青少年寒假自护教育活动协调工作会议，进一步完善自护教育活动实施方案。

（栾 天）

【市青少年活动中心新建场馆正式启用】 12月28日，市青少年活动中心整体搬迁至新建的拉萨市青少年活动中心。

（栾 天）

【团市委获多种奖项】 年内，团市委被评为全国大学生志愿服务西部计划优秀项目办，全区“我与驻村工作”主题征文活动优秀组织奖、《西藏自治区志·

共青团志》编修工作先进集体,拉萨市创先争优强基础惠民生活动先进驻村(居)工作队、民族团结进步模范集体、巩固全国文明城市创建成果工作先进单位、党内统计全优报表单位、组织编制统计工作先进集体称号。

(栾　天)

【“四项举措”加强志愿者管理服务工作】　年内,拉萨市共有39名大学生西部计划志愿者在市直相关单位、各基层团组织开展志愿服务工作。团拉萨市委采取统一思想,提高对志愿者工作认识;强化责任,加强志愿者管理工作;落实制度,强化志愿者纪律意识;搭建平台,加强志愿者之间思想交流四项措施加强志愿者管理服务工作。

(栾　天)

拉萨市妇女联合会

【概　况】　年内,全市妇联组织576个,妇联干部886名,其中:市(县)妇联组织9个,专职妇联干部49名;市(县)直机关妇委会166个,妇联干部210名;乡(办)妇联65个,兼职妇联干部117名;村(居)妇代会267个,妇代会主任267名,100%进“两委”班子;“两新组织”妇委会43个,妇联干部142名;寺管会妇委会26个,妇联干部101名。

(洛桑玉珍)

【召开拉萨市妇女第九次代表大会】　6月,召开拉萨市妇女第九次代表大会,总结过去五年的工作,明确今后五年妇女儿童事业发展的目标和要求,选举产生29名执委、7名常委、1名主席、5名副主席(其中含3名不驻会副主席),5个县妇联进行班子换届。

(洛桑玉珍)

【搭建妇女创业就业平台】　年内,为66名农牧民妇女贷款254万元,解决农牧民妇女在运输、小商店经营、种养殖等方面创业发展的资金瓶颈问题。配合各级人社部门开展“春风行动”,发放宣传资料4万余份,为广大妇女送信息、送岗位,促进妇女就业。

(洛桑玉珍)

【强化妇女就业技能培训】　年内,依托“四业工程”,多种渠道争取项目资金152.88万元,开展转移就业培训、创业技能培训、引导性培训及实用技术培训19期,培训农牧民妇女1819名,农牧民妇女培训就业率达85%以上,人均月增收1200元。

(洛桑玉珍)

【争取项目带动妇女发展】　年内,为增强妇女群众“造血”式致富能力,各级妇联提供政策、资金、项目等服务,先后建立以妇女为主体的互助小组和创业基地27个,提高农牧产品的附加值和农牧区妇女进入市场的组织化程度,实现不出家门就可以增加经济收入。为曲水县南木乡江村瓜果蔬菜基地争取到全国巾帼现代农业科技示范基地项目资金5万元。

(洛桑玉珍)

【开展创建“五好文明家庭”活动】　年内,全市各级妇联系统深入开展创建“五好文明家庭”活动,创建县级“五好文明家庭”41户,“平安家庭”32户,在村(居)建立“妇女之家”267个,在“两新组织”中建立妇女组织18家,开展廉政文化进家庭活动10次。

(洛桑玉珍)

【促进维权与维稳有效结合】　年内,各级妇联组织坚持维权与维稳并重,开展多种形式的“平安家庭”创建活动,八县(区)共创建32户县级“平安家庭”;坚持开展矛盾纠纷排查调处,为妇女儿童提供信访、法律援助、人民调解、心理咨询“四位一体”的维权服务,2013年,拉萨市各级妇联接待来信来访121件,信访调解率100%,调解成功率98%。

(洛桑玉珍)

【推进维权工作社会化】　年内,区、市妇联联合在10个便民警务站建立全区首批“妇女儿童维权服务岗”,使妇女儿童维权工作延伸到群众最便利、最快捷的便民警务站。各县(区)设立妇女信访代理员16名,调动女性积极主动参与小信访工作,并在实际工作中发挥出大信访的作用。同时依托“妇女之家”、12338维权热线等重要载体,向妇女儿童和家庭提供便捷的服务和帮助,健全维权网络和社会化工作机制。

(洛桑玉珍)

【做好尼姑宣传教育服务工作】　年内,市妇联与民宗、统战部门协调,选派10名尼姑参加全区第八期尼姑培训班,组织赴山南参观学习;各级妇联集中培训尼姑11期527人次,开展送温暖活动11次。

(洛桑玉珍)

【提升维权工作影响力】 年内,各级妇联组织抓住"三八"维权月契机,开展法律大讲堂、在押女性心理疏导等多种形式的活动,为广大妇女提供法律宣传、法律咨询、法律服务,发放妇女权益保障法、新婚姻法等与妇女生产、生活密切相关的法律知识宣传资料5万余份。

(洛桑玉珍)

【开展妇女儿童公益活动】 年内,与现代妇产医院联合开展"关注女性健康、缔造幸福生活、创建和谐家庭"为主题的关爱女性健康公益活动,发放价值2万余元的免费体检卡,为1万余名妇女进行免费体检;配合卫生部门为1.06万名妇女进行妇女病普查,普查率达100%,开展"幸福工程"救助贫困母亲行动,投入资金52万元救助贫困母亲47人,推动农牧区妇女"两癌"免费检查项目,组织5575名妇女进行"两癌"免费检查,为42名贫困妇女"两癌"患者发放救助金42万元;为392名贫困母亲发放价值7.84万元的母亲邮包;为102名"蓝天春蕾女童"发放资助金13.95万元;联系5名爱心人士,资助9名贫困大学生,资助金达9.6万元;开展贫困儿童营养改善试点项目工作,确定5个县为营养改善项目县,共发放营养包13.2万袋,4415名婴幼儿受益;开展"庆六一·送温暖""亲子同乐·共享童年""恒爱行动"等形式多样的关爱儿童主题活动。

(洛桑玉珍)

【关注基层群众生活】 年内,结合创先争优强基惠民、"三同四进三个一"活动,为基层群众办实事、做好事,为驻在村群众办实事、解难事17件,涉及资金12.63万元;争取到总投资133万元的基础设施和产业发展项目4个;走访慰问老党员、贫困户和村干部、贫困群众共78人次,党员结对子28对;利用各大节日,各级妇联组织及妇委会,面向维稳一线妇女,基层寺庙尼姑,驻寺、驻村工作队妇女干部,弱势、困难妇女,开展送温暖、献爱心、送医送药等慰问服务活动,发放慰问金和慰问品24.5万元。

(洛桑玉珍)

【强化主题教育】 年内,各级妇联学习习近平总书记系列重要讲话,中国妇女十一大,自治区妇女九大,区市党委八届二次、三次、四次全委会,中国梦等会议和文件精神,通过召开座谈会,举办讲座、实地参观、主题征文、大讨论等形式多样的活动,全面加强妇联干部的理论素养、科学决策水平和工作创新能力。全市各级妇联共召开座谈会23次,举办讲座13场,撰写"中国梦"理论文章及心得体会99篇。

(洛桑玉珍)

【深化巾帼志愿服务】 年内,全市各级妇联组织突出巾帼志愿服务特色,拓展巾帼志愿服务内涵,创造性地组织开展各类巾帼志愿服务活动,开展法律咨询、宣传、关爱贫困妇女、环境大清洁、交通劝导等巾帼志愿服务活动20余场次。

(洛桑玉珍)

【推进未成年人思想道德建设】 年内,各级妇联把加强和改进未成年人思想道德建设纳入儿童发展规划中,以"保护未成年人身心健康"为主题,推进"双合格"家庭教育工作,全市共有家长学校108所,本年度新建立7所,共举办家长培训讲座160期,培训家长3.2万余人。

(洛桑玉珍)

【强化基层组织建设】 年内,各级妇联在实现100%的乡镇(街道)妇联组织、100%的村(社区)妇代会有班子、有队伍、有制度、有阵地、有活动的前提下,推进拉萨市"两新"组织、尼姑寺庙妇女组织建设,推进妇联组织进网格入双联户工作,拓展"妇女之家"阵地功能。全市有基层妇联组织575个,"妇女之家"334个,实现两个全覆盖(县乡村妇联组织实现全覆盖,村级妇女之家实现全覆盖)。

(洛桑玉珍)

拉萨市工商业联合会

【概　况】 2013年,拉萨市工商联围绕市委、市政府的中心工作,引导会员企业科学发展,截至年底,市工商联企业有会员1161个,其中直属企业会员125个,团体会员5个580人(拉萨市美容美发协会500人、拉萨市糖酒饮品协会80人、拉萨市信息技术商会123人、拉萨市土特产品协会190人、西藏自治区地毯出口企业协会120人),个人会员22人,原工商业者"三小"组织1个。

(张　雷)

【非公经济占全市市场主体的97%】 年内,全市各类市场经济主体达到44483户。占全市市场主体的33%,注册资金突破100亿大关,达112.58亿元。非公经济蓬勃发展,占全市市场主体的97%,达43229户。个体工商户39586户,注册资金19.36亿元,同比分别增长6%、12%。私营企业3349户,注册资金65.18亿元,同比分别增长14%、37%,农牧民专业合作社294户,注册资金3.48亿元,同比分别增长78%、39%。截至年底,全市共实现非公有制各项税收35.67亿元,比上年同期增收10.75亿元,同比增长43.12%,占全市税收总额的94.44%。

(张　雷)

【推进非公企业党建工作】 年内,在市非公党企业工委的领导下,非公党企业工委办公室按照年初非公党工委确定的工作目标和任务,明确工作职责,积极发挥职能作用,加强对建立县级非公党工委工作机构的督促和指导。结合全市非公党建工作实际,制定印发《拉萨市非公党工委2013年度工作要点》,明确工作目标,把工作重点放在党支部书记建设和党务工作者队伍建设上。并建立"党员、预备党员、入党积极分子、入党申请人、党务工作者、党支部书记"等六大数据库。制定下发《关于在全市非公有制企业开展调查摸底的通知》和八大类调查摸底统计表。采取全覆盖、零遗漏的工作方法,对市直和县区非公经济组织经营状况、人员情况、党组织情况等进行全面的摸底调查,做到底数清、情况明。订购两套400余本党建专业书籍和编印《拉萨市非公有制经济组织党组织工作手册》共500余本下发全市非公经济党组织,进一步明确党支部基础工作程序、工作制度、党支部书记职责等,进一步规范非公党建工作。先后2次召开全市非公党建工作推进会,专题研究解决非公有制组织党建工作面临的党组织覆盖面小、党务工作力量薄弱、党员先锋模范作用发挥不突出等问题;积极探索属地管理模式。按照有利于党组织开展工作、有利于推动企业发展的原则,建立以属地管理为主、行业管理为辅的管理机制。

(张　雷)

【参与"中国光彩事业西藏行"活动】 年内,市工商联参与"中国光彩事业西藏行"拉萨市活动。随团分赴12个省市开展招商引资推介活动,分别与北京市、江苏省工商联召开援助工作座谈会。在"中国光彩事业西藏行"拉萨市活动期间,共签约项目160个,项目总投资1107.89亿元,完成预期任务的109.69%,其中正式签约项目88个,总投资327.06亿元,意向签约项目72个,总投资780.83亿元。与市商务局联合组织45家企业参加"中国光彩事业西藏行活动"高原特色产品展示会,为拉萨市特色产品走出区门、市门提供平台;配合招商局,参加第十四届"西博会"。在四川成都成功举办招商引资项目推介座谈会,邀请客商30余家,发放招商引资项目资料100余份。

(张　雷)

【参与实施"四业工程"】 年内,在非公企业中开展用工需求调查统计,向社会提供7000多个工作岗位。4月17日至25日,市工商联积极协助"四业工程"办公室,组织20多家企业会员分赴7个县开展人力资源洽谈会,举办七场招聘会。参加人力资源洽谈会的企业会员提供就业岗位3708个,签订用工意向协议达2308人,签订录用协议达88人。帮助8家企业组织实施订单培训计划,共转移就业444人,培训资金88.8万元。截至年底,帮助百益集团组织实施290人的培训计划。

(张　雷)

【加强非公经济人士教育培训】 组织10名非公经济人士参加2012年黑龙江(西藏)·浙江大学民营企业家高级研修班、组织各县(区)非公企业代表和市直属会员企业共240余人,在市委党校举办中共十八大精神专题报告会等培训班10余次,培训人数达450人次。

(张　雷)

【申请区市扶持非公经济发展专项资金】 年内,拉萨市工商业联合会帮助指导全市非公企业申请区市扶持非公经济发展专项资金,全年共有33家非公企业申请扶持非公经济发展专项资金,涉及资金7956万元。

(张　雷)

【工商界代表参政议政】 年内,市工商联向十届市人大推荐非公经济工商界代表5名,向十届拉萨市政协推荐非公经济界委员19名。工商界代表和委员在"两会"期间积极提交议案、提案10余件。

(张　雷)

【编制市非公有制经济中长期发展规划纲要】 年内,根据市委副书记、统战部部长达娃的批示精神,市工商联组织组织实施《拉萨市非公有制经济中长期发展规划纲要》编制工作。成立编制领导小组,召开第一次领导小组协调会。并于8月专门邀请西藏民院和自治区党校4名专家学者深入各县区、柳梧区、经开区、达孜工业园区等开展前期调研，收集相关资料，截至年底，完成初审稿。

（张　雷）

【非公党建工作】 年内，在拉萨市登记注册的非公有制企业共2703家，从业人员有37724人。其中，建有党组织192家，党员1233人，入党积极分子129人，110名从业人员向党组织递交入党申请书。全市非公有制经济组织建立党组织40个，发展党员111名，分别比上年增加26.32%和9.89%。全市104家规模以上企业中，单独建立党组织的76家，联合和挂靠建立党组织的28家，实现规模以上企业党组织全覆盖。

（张　雷）

【强基惠民活动】 年内，市工商联驻村工作队向相关部门争取到50万余元项目资金，帮助群众脱贫致富，在“三大节日”期间，先后慰问困难群众、孤寡老人、“三老人员”、困难党员、两寺管委会共计100多人，并送去各类慰问物资和慰问金4万余元。

（张　雷）

【走访各县（区）工商联】 年内，到八县（区）工商联走访，了解各县（区）工商联工作开展情况，并赠送工商联业务方面的学习资料。

（张　雷）

【申请增加人员编制】 年内，向市委组织部、机构编制委员会申请并同意市工商联增加事业人员5名，分别安排在非公党工委办公室、培训中心和总商会秘书处。

（张　雷）

政 法

综 述

2013 年,拉萨市深入贯彻落实习近平总书记“治国必治边、治边先稳藏”“努力实现西藏持续稳定、长期稳定、全面稳定”的重要战略思想和俞正声主席“依法治藏、长期治藏、争取人心、夯实基础”的指示要求,围绕充分发挥首府城市首位度作用和维护稳定中的关键作用,团结带领全市各级政法机关、维稳综治部门和各族干部群众,深化区党委、政府十个方面的维稳措施,实施“法治稳市”战略,继续落实“关口前移、源头治理、网格化管理、群防群治”四方面措施,全力坚守“三无”“三不出”的目标底线,推进社会管理创新和法治拉萨建设进程。

以“维稳十策”为抓手,以“五个严防”为重点,强化对重点部门和要害部位的防控,开展“反自焚”专项斗争,严厉打击境内外敌对分子各种渗透破坏活动,确保全市持续稳定。

完善重大舆情分析制度、信息发布制度和快速反应机制,建立年终平安创建综合管理档案和平安创建“摘牌”制度,深化城镇网格化管理,加快信息化建设步伐,建成拉萨市网络数据中心,探索推广“双联户”服务管理模式,形成群防群治、反对分裂、维护稳定、共创和谐的工作格局。全市划分联户单位 1.7 万个,参与人群达 16 万户、60 万人,基本实现城乡全覆盖,联户平安、联户增收工作成绩显著,得到中央和区市党委的肯定。

始终保持高压态势,深入开展严打整治专项行动。公安机关破获各类刑事案件 896 起,查处治安案件 1245 起,打掉各类涉黑涉恶犯罪团伙 13 个 137 人。检察机关受理各类案件 6846 件,提起公诉 453 件 644 人。审判机关审执结 6371 件,综合结案率达 93% 。同时,制定出台《拉萨市重大事项社会稳定风险评估实施意见》,实施重大建设项目社会稳定风险评估事项 43 件。深入排查社会矛盾,加大涉法涉诉疑难信访案件化解力度,确保无一起越级访、进京访案件的发生。全市治安案件发案率同比下降 20. 7% ,刑事案件发案率下降 15. 9% ,广大人民群众安全感持续增强。在中国社科院发布的 2013 年《公共服务蓝皮书》中,拉萨位列全国 38 个主要城市基本公共服务满意度排行榜第一名,其中公共安全高居榜首,连续三年蝉联第一。

建成拉萨市民兵训练基地,调动和发挥 25000 余名群防群治力量作用,做到大街小巷有人看,大事小情有人管。严格落实“六级联控”“三位一体”和“五包一”管控措施,实现长效管理规范化。大力实施四业工程,全市具备劳动能力的重点人口 100% 完成技能培训。坚持“以我为主”原则,稳慎推进四省藏区进藏人员服务管理,积极协调四省藏区在拉设立 6 个联络点、办事处,选配 200 人的引导员队伍。

制定出台《关于深入推进“法治稳市”战略,建设平安拉萨法治拉萨的意见》,成功举办拉萨法治建设座谈会、出版《拉萨法治发展蓝皮书》,积极探索切合藏区实际的社会治理新路子。加快社会管理地方立法,《拉萨市老城区保护条例》等一批地方性法规规章颁布实施。开展依法行政、公正司法示范点等行业法治创建活动,强化全民法制宣传教育,形成以法治县(区)创建为主体、以行业法治示范点创建为支撑、以基层法治创建为基础的覆盖全市的法治创建活动体系。

开展以"练内功、强素质、树形象"为主题的政法队伍素质建设年活动,狠抓反腐倡廉建设和纪律作风建设。加大政法干警教育培训力度,举办各类培训班490期,培训干警23000人(次)。组织开展拉萨市"十大爱民模范政法干警"评选表彰活动、"大下访、走基层、转作风、抓落实"主题实践活动。全市政法队伍的思想政治、素质能力和作风建设得到全面提升,政法干警精气神得到提高。

(李晓强)

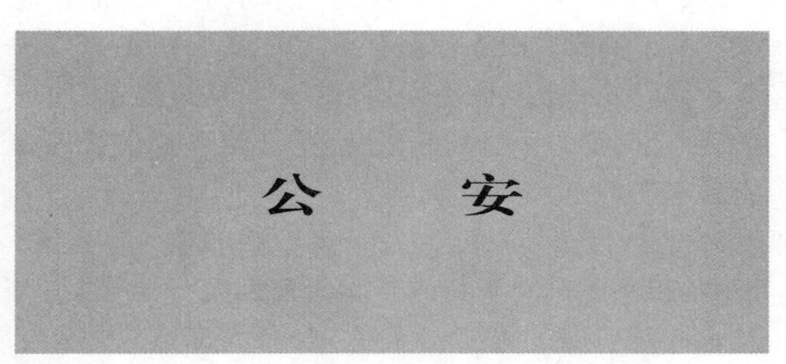

公 安

【概　况】 年内,拉萨市公安局完成墨竹"3·29"山体滑坡自然灾害救援、"萨嘎达瓦"宗教活动、中国拉萨雪顿节、中秋节暨十一黄金周等重大节庆活动、"8·23""10·11""10·30"等进藏以及重要宾客访藏团等657项活动期间安保安防工作。开展严打整治行动、经济犯罪"破案会战""清剿火患"专项行动,打击黑恶势力犯罪、多发性侵财犯罪、毒品犯罪、色情赌博吸毒违法犯罪、经济犯罪,提升"护城河"公安检查站查控水平,创新流动人口服务管理,加强城市静态交通管理,全面推行便民警务模式,推动"大情报""警用地理"两大信息系统应用,推进公安信息化建设,加强公安基层基础设施建设、基层政权组织建设,深入开展党的群众路线教育实践活动。共破获刑事案件1217起,与上年同期相比下降46.8%;破案896起,破案率达73.6%;共受理经济犯罪案件326起,立214起,涉案总金额8227万元,破案率达30.4%;共查处治安案件1289起,查结1245起,查结率96.6%。查处违法人员1002人,调解纠纷326起;共发生各类上报交通事故247起,死亡70人,伤297人,直接经济损失237万元;共发生火灾28起,死亡4人,直接财产损失92.7万元。

(关卫华　廖智灵)

【开展严打整治专项行动】 1月,市公安局刑侦部门发挥刑警在维护社会稳定中的拳头尖刀作用和打击违法犯罪上的专业职能作用。围绕元旦、自治区"两会"、春节安全防范工作,开展现案侦破、打黑除恶、清理违法场所等专项工作,共侦破各类刑事案件19起,抓获涉案犯罪嫌疑人17人;查处造谣传谣违法活动10起,涉案10人;打掉恶势力犯罪团伙1个,涉案7起5人;打掉赌博不法场所5个,涉案31人;打掉卖淫嫖娼不法场所3个,涉案15人。

(关卫华　廖智灵)

【开展"110宣传日"活动】 1月10日,市公安局各部门、各警种在全市范围内开展"亲民、爱民、为民、110在您身边"为主题的"110宣传日"活动。共出动宣传车125辆,制作宣传横幅84条,散发藏汉两种文字的彩色宣传卡片8万余张,现场播放藏、汉双语的资料片、警示片,接受群众咨询1.8万余人(次)。

(关卫华　廖智灵)

【考评互联网信息监控中心等级化达标】 1月20日,公安部互联网信息监控中心等级化考核组一行5人对拉萨市公安局网安部门互联网信息监控中心等级化达标工作进行考评验收,考核组一行对拉萨市公安局监控中心各项工作给予充分肯定。

(关卫华　廖智灵)

【完成自治区"两会"安全保卫工作】 1月22—29日,西藏自治区第十届人民代表大会第一次会议和政协西藏自治区第十届会议第一次会议全体在拉萨市隆重召开。拉萨市公安局各执勤单位按照既定方案部署,通过狠抓社会面防控、交通管理、会场、代表委员驻地安全保卫等各项措施,完成此次安保任务,共投入警力28479名。

(关卫华　廖智灵)

【区市相关领导慰问拉萨市公安局民警】 1月30日上午,区党委书记陈全国在齐扎拉、邓小刚、王瑞连、郭毅力、张延清、龚会才、次仁旺堆等区市党委、政府相关领导同志的陪同下,到宇拓路便民警务站,看望慰问奋斗在"两会""两节"安保一线的执勤民警和武警官兵,并就"两节"期间维稳防控工作作出指示。

(关卫华　廖智灵)

【召开全市公安工作会议】 2月3日,全市公安工作会议在市政府视频会议中心召开。会议学习贯彻落实各级党委、政府、政法、公安工作会议精神,总结2012年全市公安工作,表彰先进,分析形势,研究部署全年的公安工作。

(关卫华　廖智灵)

【完成“色拉崩坚”活动安防任务】　2月7日(藏历十二月二十七日),色拉寺举行一年一度的“色拉崩坚”宗教活动,信教群众72000余人次参加活动。拉萨市公安局以“三不出”“三无”为核心目标,以“反自焚、防自焚”为重中之重,精心组织,强化措施,严密防范,内紧外松,全面疏导,投入警力2330名,全方位地展开各项安防工作,并对城区各重点部位、重点区域加强安全防控工作力度。

(关卫华　廖智灵)

【完成藏历新年期间安防任务】　2月,市公安局坚持“以人为本”的原则,完成藏历二十九古突(驱鬼)活动、藏历三十暨初一信教群众朝拜、藏历新年幸福拉萨规范舞学跳表演活动、乃琼祭神、赛马场马术表演活动,以及拉萨大桥桥头烧香等各项大型宗教佛事、民俗活动期间的安全防范工作。

(关卫华　廖智灵)

【确保城区道路交通安全】　3月,交警支队与便民警务支队沟通协商,以警务改革创新理念为指导,以多警联动机制为依托,以保平安、保畅通为目标,通过加强协作、强化培训等措施,确保城区道路交通安全、畅通、有序。

(关卫华　廖智灵)

【完成2013年春运交通安全管理工作】　3月6日,2013年春运结束,拉萨市公安局在市委、政府、区公安厅的领导下,贯彻落实公安部、区市党委政府有关春运安全工作的会议文件精神,全警动员、全力以赴,狠抓春运各项安全措施的落实,履行公安机关道路交通管理职责,深化交通安全源头管理、突出交通安全宣传、强化路面监管力度,确保春运期间全市道路安全、有序、畅通。春运期间,拉萨市公安局累计投入交通警力9694人次,

(关卫华　廖智灵)

【开通《空中便民服务站》系列广播节目】　3月11日,市公安局与西藏人民广播电台共同开办《空中便民服务站》广播节目,在西藏都市广播频道(FM98.0)正式上线。《空中便民服务站》广播节目以公安工作为主要内容的广播节目。

(关卫华　廖智灵)

【完成“3·28”活动安防任务】　3月28日,市公安局完成布达拉宫广场举行庆祝“3·28”西藏百万农奴解放纪念日升国旗唱国歌活动、龙王潭公园文化广场举行庆祝“西藏百万农奴解放纪念日”群众文艺演出活动、布达拉宫广场规范舞表演活动等系列庆祝活动期间安全防范任务。自治区领导、区直、中直、市直单位干部职工、群众代表、解放军、武警代表2万余人次参加活动。

(关卫华　廖智灵)

【加强驾驶员和车辆窗口服务】　年内,市公安局交警支队车管所以开展“党性记心间,模范见行动”为主题的创建“共产党员先锋岗”活动为契机,加强驾驶员和车辆窗口服务管理工作,以公开、优质、高效的服务回应人民群众的新期待、新要求,通过强化“四项措施”全面推进车管所正规化建设,提高执法管理和服务水平。

(关卫华　廖智灵)

【启动拉萨市机动车特殊号牌无差别统一摇号】　4月8日,为加强和创新社会管理,全面推进拉萨市车辆管理窗口部门规范化建设,杜绝在发放车牌号方面可能出现的“人情号”“关系号”问题,做到“权为民所用、情为民所系、利为民所谋”,提高服务群众能力,市公安局推出特殊车牌号段无差别统一摇号政策,严格执行电脑选号制度。

(关卫华　廖智灵)

【完成“萨嘎达瓦”宗教活动安防任务】　6月1日至7月1日“萨嘎达瓦”宗教活动期间。市公安局以“祥和、安全、有序、不出事”为目标,坚持“以人为本”和“分散不聚集、流动不停止”的工作原则,会同军区、武警执勤部队、区警校增援力量和民族察教、统战和城关区,动员全市基层党政组织、治保、内保力量参与,确保全市社会政治稳定、治安大局平稳。

(关卫华　廖智灵)

【完成“6·25”骆家辉在拉萨期间安保工作】　6月26—28日,美国驻华大使骆家辉一行在拉萨进行参观访问活动。期间,拉萨市公安局组织相关警力完成美国驻华大使骆家辉一行在拉萨活动期间的安保工作。

(关卫华　廖智灵)

【推进夏秋社会治安整治行动】　年内,市公安局开展夏秋社会治安整顿行动,全警动员,结合辖区工作实际,扎实展开整治专项行动,全力维护辖区社会政治局势和治安秩序的持续平稳正常。

(关卫华　廖智灵)

【与北京市公安局西城分局签署警务交流合作协议】　8月3日上午,北京市公安局西城分局考察团赴拉萨市公安局签署警务交流合作协议会议在市公安局召开。市公安局主要领导及相关部门负责人与北京市公安局西城分局主要领导一行举行座谈。会议介

绍拉萨市公安机关教育培训工作基本情况,并就合作意向和要求与北京市公安局西城分局代表团进行交流,达成共识,签订合作协议。

(关卫华 廖智灵)

【完成全国城市文明程度指数测评相关迎检测评工作】 8 月 18—21 日,中央文明办组织测评组对拉萨市城市文明程度指数进行测评。根据拉萨市迎接 2013 年全国城市文明程度指数测评指挥部的统一部署,市公安局公共秩序整治组突出重点,细化措施,落实责任,按照“属地管理、行业监督、舆论跟踪、全民参与”的原则,分片包干、分工负责、各组成员单位密切协作,完成全国文明城市指数测评组在拉萨市测评期间的公共秩序整治工作。

(关卫华 廖智灵)

【开展禁毒打击专项整治行动】 年内,拉萨市公安局禁毒支队本着长期经营破大案和打击零星贩毒的原则,结合开展的“扫毒害保平安”禁毒专项打击行动,采取公开查缉和秘密侦查相结合的手段,加大对涉毒违法犯罪的打击力度。4 月,相继破获 4 起涉毒案件,抓获 4 名涉毒犯罪嫌疑人、8 名吸食毒品违法人员,缴获冰毒 11 克。

(关卫华 廖智灵)

【全力保障市区道路交通安全】 年内,拉萨市公安局交警支队结合市区道路交通安全管理工作实际,狠抓市区社会面防控和道路交通安全管理工作,保障市区道路交通安全、有序、畅通。4 月,查处各类交通违法行为 1938 起,暂扣机动车 125 台,暂扣机动车驾驶证及行驶证 667 本。

(关卫华 廖智灵)

【刑警支队全面推进规范化建设】 年内,市公安局刑警支队按照政治建警、素质强警、从严治警的方针,以不断加强队伍建设管理、规范执法建设为切入点,解决当前队伍建设和执法活动中存在的突出问题,打造一支忠诚、为民、公正、廉洁的过硬队伍。

(关卫华 廖智灵)

【开展娱乐复杂场所禁毒管理工作】 为进一步深化春季禁毒预防宣传教育工作,净化社会环境,4 月 23 日,禁毒支队组织警力在市区持续开展对娱乐复杂场所的清理清查行动,消除各类安全隐患。抽查场所内从业人员 32 名,经尿液检测,排除 31 名,其中 1 名涉嫌吸食毒品。

(关卫华 廖智灵)

【开展互联网上网场所集中清查整治行动】 年内,为贯彻落实市局全市行业场所清查整治专项行动部署会精神,做好 5 月各项维稳防控工作,市公安局网安支队组织警力对市区老城区周边互联网上网营业场所进行清理,整治网吧不落实实名上网制度、擅自停止安全技术措施及接纳未成年人上网的违法行为。

(关卫华 廖智灵)

【完成欧盟人权事务特别代表访藏期间各项安保工作】 9 月 11—15 日,欧盟人权事务特别代表兰普里尼季斯一行 8 人在拉萨活动。市公安局按照“接待好、安排好、保障好、服务好、展示好”的工作要求,确保欧盟人权事务特别代表兰普里尼季斯一行在拉萨市活动期间的安全。

(关卫华 廖智灵)

【与中国人保举行核心战略合作伙伴签约仪式】 9 月 13 日,市公安局与中国人民财产保险股份有限公司西藏分公司举行核心战略合作伙伴签约活动。根据协议,最大的实惠带给广大民(辅)警,以推动拉萨市公安机关从优待警工作不断进步。

(关卫华 廖智灵)

【完成“中秋节”小长假期间全市维稳防控工作】 9 月,为做好“中秋节”小长假期间全市维稳防控工作,市公安局按照区市党委、政府、区市维稳指挥部和区公安厅的工作部署要求,结合当前维稳工作形势,以“更严、更细、更实”和“和谐、宽松、自然”为工作要求,通过全市各级公安机关、各级维稳力量的共同努力,完成“中秋节”小长假期间全市社会面各项维稳防控工作,营造宽松、和谐的节日氛围。

(关卫华 廖智灵)

【公安部领导在拉萨市考察调研】 10 月 14—16 日,国务委员、公安部部长郭声琨在城关区鲁固社区居委会、布达拉宫广场安检站、便民警务站和派出所等地考察调研。区党委书记陈全国,区党委常委、市委书记齐扎拉陪同调研。

(关卫华 廖智灵)

【开展全市县(区)公安局长、业务支队长培训班】 10 月 27 日,为加强拉萨市维稳工作和公安力量建设,提升全市县(区)公安局局长、业务支队支队长的综合能力素质,着力实现基层公安工作和公安队伍建设新发展,拉萨市县(区)公安局局长、业务支队支队长培训班开班典礼在西藏高等专科学校举行,各县区公安局局长及各业务支队长参加培训活动。

(关卫华 廖智灵)

【全区第一家县级车管所墨竹工卡县分所揭牌成立】

12月6日,全区第一家县级车管所——拉萨市公安局交警支队墨竹工卡县分所正式揭牌成立。

(关卫华 廖智灵)

【拉萨市公安局召开首届特邀监督员聘任大会】 12月23日下午,市公安局召开特邀监督员聘任大会,聘任汪波等10位同志为拉萨市公安局第一届特邀监督员。

(关卫华 廖智灵)

【参加全国公安机关应急处突实战演练】 为贯彻落实国务委员、公安部部长郭声琨的指示精神和公安部党委的部署,不断提高公安机关驾驭复杂局势、维护社会稳定以及有效应对、妥善处置重大突发案事件能力,9月10日全国公安厅局长座谈会期间,公安部在山东省青岛市举行公安机关应对处置突发事件演练活动。由市公安局特警支队50名特战民警组成的演练组代表全区公安机关参演,完成"藏区自焚事件应对处置"演练任务,参演集体受到公安部通报表扬,被区公安厅授予集体三等功。

(关卫华 廖智灵)

【推进公安部"三项纪律"工作】 为贯彻落实公安部的决策部署,严格执行公安部"三项纪律"的要求,进一步加强公安队伍内部建设与管理。10月,全市各级公安机关按照《公安部关于印发三项纪律的通知》精神,结合工作实际、严明工作纪律、严格规章制度、规范民警行为,杜绝民警不作为、不勇为等问题的发生,提高民警自身的素质修养。

(关卫华 廖智灵)

【完成十八届三中全会期间维稳防控工作】 为确保党的十八届三中全会召开期间(11月9日、10日、11日)全市社会大局稳定,严防发生各类安全事故,全力营造"和谐、安定、祥和"的宽松环境。拉萨市公安局党委以"反自焚、防自焚"为核心,以"三无""三不出"为目标,以强化寺庙管理为重点,以社会面防控为依托,围绕"五个严防",按照当前戒备等级,统筹整合公安、武警、军队机动处置力量,分情报信息网络巡查处置组、重点部位民生目标现场处置组等9个工作小组扎实开展各项安全防范工作。共投入警力9520人,其中拉萨市全市社会面共投入警力6148人、全市社会面应急处突力量3372人,确保党的十八届三中全会召开期间全市社会面局势的稳定。

(关卫华 廖智灵)

【加强队伍建设】 年内,为提升拉萨市公安局队伍的整体素质,切实增强全市民警的敬业精神和责任意识,从根本上转变民警队伍的思想作风和工作作风,从源头上杜绝民警再次发生违法违纪案(事)件和防止事故(事件)的发生。按照区市党委、政府、区市维稳一线指挥部、区公安厅和市局党委的工作部署,拉萨市公安局结合工作实际,高度重视,精心组织,周密部署,严格措施,近期,全市各级公安机关全力开展狠抓队伍纪律作风教育整顿活动,并取得实实在在的效果。

(关卫华 廖智灵)

【开通民警违纪违法举报平台】 年内,为进一步拓宽群众举报投诉渠道,理顺公安民警违纪违法线索的受理、查处机制,局纪委组建"12389"举报中心,开通"12389"民警违纪违法专用举报电话,并启用新版《公安民警违法违纪案件线索受理查办系统》。

(关卫华 廖智灵)

案例举要

【破获一起特大贩卖毒品案件】 1月1日,市公安局破获一起特大贩卖毒品案,抓获犯罪嫌疑人1名,缴获冰毒306.26克。犯罪嫌疑人王光祥(男,汉族,1972年9月8日出生,系四川省都江堰市聚源镇人)对贩卖毒品的犯罪事实供认不讳。

(关卫华 廖智灵)

【打掉"小狗帮"恶势力团伙】 5月,市公安局成功铲除以边某、央某为首的"小狗帮"恶势力犯罪团伙,抓获团伙骨干成员8人,审查并处理团伙其他成员10余人,破获个案91起,其中拦路抢劫案73起,扒窃案2起,寻衅滋事案16起。

(关卫华 廖智灵)

【破获"7·30"杀人抛尸案】 7月30日22时许,拉萨市天路公司对面公园男公厕内发现一具男尸,经法医鉴定系机械性窒息死亡,确定为他杀。案发后,市公安局开展案件侦破工作,2013年8月8日将犯罪嫌疑人次某抓获。

(关卫华 廖智灵)

【打掉聋哑人扒窃犯罪团伙】 10月,拉萨各路公交车内相继发生多起扒窃案,被害人财产遭受损失。市公安局全力投入案件侦破工作,锁定嫌疑目标为一群外来聋哑人,并于11月14日打掉该聋哑人扒窃犯罪团伙,抓获犯罪嫌疑人9名,破获扒窃案件13起,挽回群众财产损失13000余元。

(关卫华 廖智灵)

【破获"8·10"特大跨省运输毒品案】 9月11日,市公安局破获“8·10”特大跨省运输毒品案，抓获犯罪嫌疑人4名。犯罪嫌疑人李桂华、曾宪彬、唐映明、陈芙蓉4人对贩卖毒品的犯罪事实供认不讳。

（关卫华 廖智灵）

【打掉跨省拐卖妇女犯罪团伙】 市公安局本着“打击犯罪，解救妇女，保障权益”的工作原则，深入挖掘线索，经过长达6个月的侦查工作，于7月打掉以米某为首的跨省拐卖妇女犯罪团伙，抓获5名涉案犯罪嫌疑人，解救8名被拐妇女。

（关卫华 廖智灵）

检 察

【概 况】 年内，全市检察机关扎实履行法律监督职责，为建设美丽家园幸福拉萨提供法治保障。全市检察干警忠于使命，扎实履职，获得国家级荣誉9项，受到自治区表彰17项，受到市县表彰48项。

（杨立峰 王永祥）

【开展罪犯交付执行与留所服刑清理纠正工作】 1月24日，按照高检院要求，正式启动罪犯交付执行与留所服刑专项检查活动。重点清理纠正余刑在1年以上的服刑人员，没有移送监狱服刑的问题。

（杨立峰 王永祥）

【《清水源》杂志创刊发行】 2月26日，拉萨市检察院机关刊物《清水源》杂志正式创刊发行。《清水源》杂志作为全市检察机关文化建设和工作交流的平台，以宣传贯彻党的各项方针政策、引导检察工作方向、聚焦检察工作重点、交流检察工作经验、促进检察工作实务、展现检察干警风貌、宣传检察机关形象为办刊宗旨，反映拉萨检察机关的工作情况，展示检察干警的精神风貌。

（杨立峰 王永祥）

【开展军事训练】 3月4日，为保质保量地完成3月重点期维稳处突工作任务，提高干警处置突发事件和履行职责的能力，市检察院邀请武警拉萨支队教官为全院干警开展一个月的军事训练，提高检察干警参与维稳处突的实战能力。

（杨立峰 王永祥）

【市委常委会专题听取检察工作汇报】 3月15日，区党委常委、拉萨市委书记齐扎拉主持召开八届市委第47次常委会议，听取市检察院工作汇报，并就下一步工作作出安排部署。

（杨立峰 王永祥）

【开展“三月综治宣传月”集中宣传活动】 3月22日，市检察院在北京东路商业区，沿街设点，开展以“遵守法律、依法办事、以人为本”为主题的社会管理综合治理宣传活动。活动中向群众及周边场所的务工人员发放检务公开手册、职务犯罪预防工作等各类宣传材料共计1000余份，答复过往群众提出的咨询问题10余次。

（杨立峰 王永祥）

【召开全市检察工作电视电话会议】 4月12日，全市检察工作电视电话会议在市检察院召开。会议总结全市检察机关2012年的主要工作，分析当前和今后一个时期面临的形势，对全市2013年和今后一个时期检察工作做出安排部署。会议还表彰2012年度全市检察机关先进集体、先进个人。市检察院检察长与各县区院检察长签定《党风廉政责任书》《综治责任书》《队伍建设责任书》。城关区院、达孜县院、林周县院、尼木县院检察长在会上作述职述廉报告。

（杨立峰 王永祥）

【城关区检察院荣获全国先进基层检察院称号】 年内，在最高人民检察院召开的“全国检察机关队伍建设工作会议暨第五届全国先进基层检察院表彰大会”上，城检院被最高人民检察院授予第五届“全国先进基层检察院”荣誉称号。

（杨立峰 王永祥）

【召开全市检察机关执法规范推进年活动动员大会】 4月26日，按照区检察院执法规范推进年活动整体部署，市检察院召开全市检察机关执法规范推进年活动动员大会，推进规范化检察院创建工作。

（杨立峰 王永祥）

【与西北政法大学教授专家举行座谈】 7月29日，市检察院与来访的西北政法大学教授、刑事法学院刑法研究室主任、刑事法律科学研究中心副主任杜发全一行专家举行修改后刑诉法实施有关问题和对策研讨会。

（杨立峰 王永祥）

【市检察院派驻柳梧新区检察室举行揭牌仪式】 8月24日，市检察院在柳梧新区管委会举行派驻检察室揭牌仪式。柳梧新区派驻检察室是拉萨市检察机关设立的首个派驻检察室,以派驻检察室为平台开展职务犯罪预防,延伸法律监督工作,促进检力下沉,强化法律监督、服务基层群众,服务基层建设。

(杨立峰　王永祥)

【市检察院案件管理办公室挂牌成立】　年内,按照最高人民检察院和自治区人民检察院要求,市检察院经党组会议集体研究决定,新增案件管理办公室,并正式挂牌成立。案件管理办公室专门负责案件集中管理,主要承担案件受理、流转,办案流程监控,涉案财物监管等十项基本工作,全面履行管理、监督、服务、参谋职能。

(杨立峰　王永祥)

【举办首届书记员技能竞赛活动】　9月6日,根据队伍素质建设年和执法规范推进年活动安排,市检察院组织开展全市检察机关首届书记员技能竞赛活动。竞赛包括基本知识和执法规范基本知识闭卷考试、根据同步录音进行讯问笔录制作和打字比赛三项内容。

(杨立峰　王永祥)

【市人大专题听取全市检察工作汇报】　10月15日,市人大常委会副主任龚建彰、央金卓嘎和人大代表一行7人到市检察院,专题听取全市检察机关惩治和预防职务犯罪工作汇报。

(杨立峰　王永祥)

【召开检察机关纪律作风集中教育整顿活动动员会】　10月23日,市检察院召开动员大会,对全市检察机关开展纪律作风集中教育整顿活动进行再动员、再部署,解决检察干警纪律作风方面的突出问题。

(杨立峰　王永祥)

【维护社会稳定】　年内,推进平安建设和“先进双联户”创建,建强“案件侦审队、应急处突队、巡逻保卫队”等常备力量,开展反自焚、应急处突军事训练,累计投入警力1.3万人次加强值班备勤和社会面巡逻,确保责任区域“三不出”。抽派干警780余人次,投入经费170余万元,全面参与警力下沉、事故处理、重大专案办理、重点领域治理等工作。

(杨立峰　王永祥)

【批捕各类犯罪案件452件】　年内,共批捕各类犯罪案件452件598人,起诉453件644人(含积案)。打击严重暴力犯罪,起诉75件92人;打击多发性侵财犯罪,起诉162件212人;打击黄赌毒犯罪,起诉67件153人;打击危害公共安全犯罪,起诉21件23人。全面贯彻宽严相济刑事政策,对犯罪情节轻微人员不批准逮捕42件77人,不起诉19件24人。审查批捕虚开增值税专用发票、非法经营、非法转让倒卖土地等破坏市场经济秩序犯罪19件22人,起诉16件26人。

(杨立峰　王永祥)

【职务犯罪立案侦查8件9人】　年内,初查职务犯罪案件25件25人,立案侦查8件9人,其中大案2件2人,要案1件1人,追缴赃款赃物价值150余万元。深化反腐败源头治理,到138家机关单位、国有企业上门预防,与37家行政执法单位建立联系机制。围绕重点领域和行业开展预防调查,形成专项调查报告11份,发出检察建议3份,协助堵塞漏洞规范制度。做好国家重点项目专项预防,到自治区自然科学博物馆、林拉公路、纳金大桥等项目单位,开展预防调查和咨询服务30余次。严把建设领域廉洁准入关,为225家施工单位开展行贿犯罪档案查询,核定廉洁资格。开展党员干部警示教育,检察干警深入公安、工商、重点项目单位,开展专题讲座11场次,2700多名干部职工受到教育。城关区检察院警示教育基地突出廉政文化做好参观服务,安排13家单位,933名干部职工参观学习。

(杨立峰　王永祥)

【做好审查批捕、立案监督和侦查活动监督工作】　年内,严把审查批捕关,提前介入重大案件12件,发出《逮捕案件继续侦查取证提纲》401份。依法监督立案6件10人,纠正漏捕犯罪嫌疑人14人。依法纠正侦查活动违法行为,发出《纠正违法通知书》11件,检察建议8件,口头纠正348件次,确保各类刑事案件依法公正办理。

(杨立峰　王永祥)

【审查起诉和刑事审判活动监督工作】　年内,严把审查起诉关,追加起诉犯罪嫌疑人4人。改变侦查机关移送起诉罪名起诉61人。对证据不足案件退回补充侦查223件次,并全部发出《提供法庭审判所需证据材料意见书》,提出补证意见1300余条。对证据瑕疵案件,组织召开案情协调会10次。加强刑事审判和量刑工作监督,参加重大疑难案件庭前会议4次,赴成都、西宁、林芝异地支持公诉5次,协同法院核定证据3次,提出量刑建议453件,量刑建议率达到100%。

(杨立峰　王永祥)

【刑罚执行和监管活动监督工作】　年内,开展监所检查405次,发出《纠正违法通知书》2件,口头纠正18次。审查减刑、暂予监外执行1063人次,建议调整减刑幅度47人次,纠正错误减刑裁定92人次。维护在押人员合法权益,受理被监管人申诉33件次,依法督促返还财物6万余元。受理检举、揭发他人犯罪线索11人次,核查立功表现3人次。办理羁押必要性审查案件2件2人。催办清理可能超期案件67件。

(杨立峰 王永祥)

【民事行政诉讼监督工作】 年内,共受理民事申诉案件16件,经审查提请抗诉1件,出庭支持抗诉1件,不支持监督申请11件,其他依法处理3件。探索创新民事执行案件监督机制,城关区检察院与同级法院制定全区首个《民事行政监督工作协作规则》,开展执行案款发放现场监督5次,涉及执行款510余万元。

(杨立峰 王永祥)

【打击危害民生犯罪案件】 年内,依法打击发生在群众身边、群众反映强烈、危害民生的犯罪案件,深入开展查办农牧区合作医疗、安居工程建设领域职务犯罪专项工作,依法查办案件2件。查办危害群众切身利益犯罪案件,批捕涉嫌销售假冒注册商标商品犯罪7人,批捕涉嫌非法行医犯罪2人。维护妇女儿童合法权益,批捕涉嫌拐卖妇女儿童犯罪3人。加强未成年人刑事检察工作,对未成年人、在校学生不批准逮捕5件5人,不起诉3件3人,开展未成年人犯罪社会调查6次,形成调查报告31份。

(杨立峰 王永祥)

【办理群众来信来访和举报申诉】 年内,加强信访案件办理,受理群众控告、举报、申诉案件10件,来信来访63件,两级院检察长接待来访20件次。畅通群众诉求表达渠道,开展"接访、下访、寻访"活动,深入疏导群众情绪,解答疑惑,排查化解矛盾纠纷80余件。

(杨立峰 王永祥)

【29名干警参加驻村工作】 年内,围绕强基惠民"五项任务",扎实开展驻村工作。全市检察机关选派29名干警参加驻村工作,4名干警任村党支部第一书记。争取落实惠民项目29个,协调落实建设资金980余万元,为群众办实事140余件。扎实开展"三进四同三一"活动,两级院检察干警深入群众,蹲点入户开展工作170余人次,为困难群众、孤寡老人、孤儿院捐款捐物价值总计15.2万元。

(杨立峰 王永祥)

【检察宣传工作】 年内,深入党政机关、驻军部队、企业事业单位、中小学校和建设工地,开展普法宣传97场次,提供法律咨询300余人次,发放资料2万余份,2.3万名干部群众受到教育。在《检察日报》、正义网、《西藏法制报》《拉萨晚报》等媒体发表宣传稿件120余篇。

(杨立峰 王永祥)

【城关区检察院法治教育基地获全国"百优"】 年内,城关区检察院法治教育基地被最高人民检察院评选为全国检察机关"百优"预防职务犯罪警示教育基地。

(杨立峰 王永祥)

案例举要

【区人民医院收费员次某涉嫌挪用公款一案】 犯罪嫌疑人次某,女、藏族、31岁、中共党员,大专文化,西藏拉萨市人,捕前系西藏自治区人民医院门诊收费室收费员(工人)。2013年1月8日至2月17日,犯罪嫌疑人次某利用职务上的便利,私自挪用其所收取的门诊费、挂号费416824元,并将其中38万元用于赌博等非法活动。其行为已触犯《中华人民共和国刑法》第三百八十四条之规定,涉嫌挪用公款罪。2013年3月1日,城关区人民检察院提请拉萨市人民检察院审查批准逮捕。3月8日,拉萨市人民检察院以涉嫌挪用公款罪依法对犯罪嫌疑人次某作出批准逮捕决定。5月14日,检察院依法对次某提起公诉,5月30日,城关区法院判处被告人次某有期徒刑8年。

(杨立峰 王永祥)

【通过骨龄鉴定成功追诉益某涉嫌抢劫一案】 被告人益某,男、藏族、24岁,西藏昌都地区昌都县人。2009年7月9日、10日、12日,益某伙同多某、旦某在拉萨市嘎玛贡桑附近先后持刀抢劫3辆出租车,共抢劫现金1530元、手机1部。案发后,侦查机关将多某、旦某抓捕归案(已被市中级人民法院法判处有期徒刑),益某潜逃。侦查机关经过3年追捕,在青海玉树县公安局的协助下,于2012年9月15日将其抓捕归案。在审查起诉阶段,承办人审查发现,益某的年龄无法确定,将直接影响到其定罪量刑。为依法确定被告人年龄,检察机关按照最高人民法院《关于办理死刑案件审查判断证据若干问题的规定》和《关于办理刑事案件排除非法证据若干问题的规定》,通过与拉萨市中级人民法院协调,决定由侦查机关对该案被告人益某做骨龄鉴定。2013年4月11日,侦查机关将骨龄鉴定移送本院,鉴定结论证明益某现年24岁,案发时已满18周岁。被告人益某伙同多某、旦某多次抢劫出租车的行为,触犯《中华人民共和国刑法》

第二百六十三条之规定,严重破坏人民群众正常的生产、生活秩序,严重损害人民群众的安全感,必须予以严厉打击。2013年1月23日,拉萨市中级人民法院依法对益某提起公诉。市中级人民法院经审理,判处被告人益某有期徒刑10年。

(杨立峰 王永祥)

审 判

【概 况】 年内,全市法院围绕"努力让人民群众在每一个司法案件中都感受到公平正义"目标,把握司法为民公正司法主线,为建设美丽家园幸福拉萨提供有力的司法保障。截至年底,共受理各类案件6846件,审执结6371件,结案率93%,收结案同比基本持平,其中市中院共受理各类案件1879件,审执结1836件,结案率97.7%。

(贡 曲)

【审结刑事案件494件】 年内,共受理刑事案件515件,审结494件,结案率96%,判处罪犯536人,其中被判处5年有期徒刑以上刑罚的57人。打击危害国家安全犯罪,突出打击"两抢一盗"、杀人伤害、合同诈骗、涉黑涉毒等严重危害社会秩序和群众生命财产安全的犯罪,依法审理涉案标的1047万元的方某、李某受贿案和1350余万元的罗某合同诈骗案等一批重大敏感案件。落实宽严相济刑事政策,对75名被告人处以管制、缓刑、单处罚金等非监禁刑,对1156名罪犯予以减刑。学习贯彻新修改的刑事诉讼法,严格执行庭前会议制度和量刑规范化要求。市中院被最高法院评为刑事审判工作先进集体,"少年审判庭"挂牌并开展工作。

(贡 曲)

【审结民商事行政案件3213件】 年内,共受理民商事案件3310件,审结3195件,结案率96.5%,结案诉讼标的7.3亿余元。注重用司法裁判引导公众构建和谐有序的经济关系、劳动关系、家庭关系和债权债务关系,依法审理全区首例飞行员诉航空公司案等新类型案件和本市多发的民间借贷、房屋租赁、拖欠民工工资等民事纠纷。学习贯彻新修改的民事诉讼法,推行小额速裁诉讼制度,共速裁105件。全年共受理行政案件18件,审结18件,结案率100%,其中协调撤诉结案8件,同比上升6.9%,行政首长出庭应诉率达61%。为促进法治政府建设,就审判工作中发现的问题向有关部门提出司法建议3条。

(贡 曲)

【案件调解】 年内,一审民商事案件调撤1908件,调撤率59%。加强民间调解指导工作,共诉前调解470件,指导民间调解305件次,部署推进诉调对接试点工作,达孜、尼木法院率先设立诉调对接中心,两院2013年民事案件收案同比分别下降19%和41%。

(贡 曲)

【执结案件494件】 年内,全市法院共新收执行案件1535件,执结1313件,执结率85.5%,新收执行案件执结率同比上升2%,执结标的3.9亿元,为生活困难的32名案件当事人发放执行救助金126.1万元;清理出执行积案252件,执结176件,执结率70%。市中院受理执行案件173件,执结157件,执结率90.7%,执结标的2.7亿余元,收结案同比上升32%和37.7%。加强执行舆论引导,利用案款集中兑现、新闻跟踪报道等方式宣传集中执行专项行动,共召开案款兑现大会14次,发放执行案款5078.4万余元,邀请电视媒体报道10次,将38名失信被执行人名单报最高法院进行曝光前审核。市中院及达孜、曲水法院被评为全区无执行积案先进法院。

(贡 曲)

【法制宣传】 年内,参与"七城同创"和"六五"普法工作,共开展"法律七进"活动399次,发放宣传材料3.5万余份,受教育人数达3.3万余人,通过新闻媒体宣传报道437次。

(贡 曲)

【涉诉信访】 年内,开展涉法涉诉信访工作,坚持判后答疑、领导接访、法官下访,消除信访隐患,避免矛盾激化,共接待群众来信来访1650余人次。开展案件社会稳定风险评估工作,预判、预警涉法涉诉信访苗头,把涉法涉诉信访解决在萌芽状态。在党的十八届三中全会前组织召开全市法院涉法涉诉信访工作会议,分析问题、研究对策、部署工作、落实责任。在市委政法委的领导、支持、协调下,28件涉法涉诉信访案件化解26件,化解率92.8%。张某合同诈骗案、芦某买卖合同纠纷案、民康公司等信访案件得到妥善解决。市中院被市委、市政府评为"信访工作先进集体”。

（贡 曲）

【创先争优强基惠民活动】 年内，全市法院改进驻村工作，帮助困难群众解决实际问题，为所驻乡村争取惠民项目14个，涉及资金360余万元。市中院帮助发展党员35名，开展“送法、送医、送文艺”宣传活动，为结对帮扶群众捐赠款物共计15万余元，协调落实环保路灯项目资金18万元。

（贡 曲）

【审判管理】 年内，全市法院建立“三评查”长效机制，坚持“一案一评一反馈”、与业务庭双向协调、评查结果与工作业绩挂钩，促使评查出的问题得到及时反馈、讲评、整改，共评查庭审402次，裁判文书1068份，案件172件，实现一线法官评查全覆盖。市中院巡回评查基层法院案件、举办藏汉双语裁判文书制作培训班2次，全市法院裁判文书、送达回证、案件呈批表格式以及卷宗装订标准得到统一，法官驾驭庭审的能力得到提升，藏文法律用语得到进一步规范。全市法院审结申诉、再审案件19件，同比下降34%；上诉案件量同比下降10.1%；改判和发回重审案件量同比下降25.2%。发挥二审和再审监督指导功能，规范请示案件办理程序，出台重大、疑难案件请示、汇报制度，办理二审案件368件，改判发回案件与基层法院交换意见64次，答复请示案件4件。

（贡 曲）

【巡回办案】 年内，根据市委《关于进一步做好新形势下群众工作的意见》，结合司法为民工作实际，落实司法便民利民措施，加大巡回审判力度，市中院组织在堆龙德庆县古荣乡南巴村召开“车载流动法庭”五年工作经验交流会，总结经验、鼓舞干劲，探索司法便民利民新举措。全市法院共巡回办案1178件，巡回开庭2072次，行程6.2万余千米，经费开支26.7万余元。强化立案服务功能，落实司法救助制度，为追索抚养费、赡养费、劳动报酬等案件当事人开辟维权绿色通道，为经济确有困难的当事人缓减免缴诉讼费95.59万元。

（贡 曲）

【服务司法】 年内，加大司法公开和民主，坚持“法院开放日”长效机制，邀请武警官兵、学生、乡村党员干部等80余人开展观摩庭审、模拟法庭、座谈交流等活动。推进鉴定、评估、拍卖公开，司法辅助办共受理委托鉴定、评估、拍卖54件，办结40件。大力实施人民陪审员“倍增计划”，共增选人民陪审员98名，邀请参加审理案件114件；加强人民陪审员的业务培训，曲水法院与国家法官学院西藏分院合作举办首期人民陪审员培训班。

（贡 曲）

【队伍建设】 年内，根据市委提前介入、先行一步的要求，全市法院开展党的群众路线教育实践活动，发放调查问卷240余份，满意率达98%；召开专题民主生活会，共征求到意见建议38条。市中院领导参加“每月一课”，带头开展“三进四同三一”活动，撰写民情日记48篇，办实事31件，涉及资金12万余元。市中院分别被市委和自治区高院评为“基层组织建设年先进单位”“民族团结示范单位”。结合政法队伍素质建设年活动，加强政务人才和办案能手的培养，共组织、参加法律实务、藏汉双语等各类培训46班次，参训651人次。鼓励干警攻读法律硕士，截至年底已取得学历、学位19人，在读7人。坚持正确用人导向，优化干部结构，提拔、任用干警39人，选派4名年轻干部横向纵向挂职锻炼。

（贡 曲）

【受援工作】 年内，在北京、江苏两省（市）大力支持下，各基层法院基建项目进展顺利，堆龙德庆法院新审判综合楼投入使用，城关法院、林周法院审判法庭项目主体已经竣工。市中院主动加强与援助法院的沟通联系，前往北京江苏对接援藏工作，邀请对口法院主要领导赴藏考察指导。全市法院“温馨工程”援助资金全部到位，市中院与北京高院签订2014—2016年援助协议。

（贡 曲）

【接受各界监督】 年内，加强与人大、政协的工作联系，办理并及时回复人大转办的杜云海信访案、天瑞公司信访案和人大代表、政协委员提出的11项意见建议；执行“一府两院”领导向政协委员定期通告工作制度，主动报送法院信息、专项工作汇报和工作总结。大力加强联络工作，邀请人大代表、政协委员等旁听庭审25人次。依法接受检察机关法律监督，坚持执行检察长列席审判委员会制度。

（贡 曲）

案例举要

【嘎某故意伤害案】 2010年12月9日21时许，被告人嘎某与旦某、洛某三人分乘两辆摩托车从本市当雄县冲嘎村到当雄县当曲卡镇（即当雄县城）。后嘎某与旦某到该镇“盛源超市”买烟。其间,嘎某因找零钱一事与店主袁聪发生争执,嘎某遂拿出随身携带的藏刀向袁聪的头面部、手臂及腹部连续砍、捅数刀后与旦某一起逃离现场。袁聪被邻居送往西藏自治区当雄县人民医院,经抢救无效死亡。经法医鉴定,袁聪系腹腔多脏器损伤而死。侦查人员于2010年12月24日凌晨0时许,在当雄县公塘乡冲嘎村4组德某(嘎某女朋友)家中将嘎某抓获。另查明,被害人袁聪与阿某系同居关系,育有一子袁赛龙,案发时6岁。附带民事诉讼原告人龚振兰(系袁聪之母)案发时73岁,农业户口,育有4名子女。被告人嘎某的行为给附带民事诉讼原告人造成的经济损失有:死亡赔偿金270880元、丧葬费25136元、被扶养人龚振兰生活费4289元、被扶养人袁赛龙生活费54204元、交通费1378元,共计人民币355887元。本院认为,被告人嘎某仅因认为被害人袁聪少找自己5元钱,就持刀连续砍、捅袁聪头面部、四肢部及腹部,其主观上具有剥夺他人生命的直接故意,客观上造成袁聪死亡的严重后果,其行为已构成故意杀人罪,且手段特别残忍,情节特别恶劣,后果特别严重,社会危害性极大,依法应予严惩。公诉机关指控嘎某犯罪的事实清楚,证据确实充分,但指控罪名不当,本院依法予以变更。被告人嘎某的行为给附带民事诉讼原告人造成的经济损失应予赔偿。本案因此作出如下判决。一、被告人嘎某犯故意杀人罪,判处死刑,缓期二年执行,剥夺政治权利终身;二、对被告人嘎某限制减刑;三、被告人嘎某赔偿附带民事诉讼原告人龚振兰、袁赛龙经济损失人民币355887元;在本判决生效之日起一个月内一次性付清;四、驳回附带民事诉讼原告人龚振兰、袁赛龙的其他诉讼请求;五、作案工具藏刀一把,予以没收。

(魏文瑞)

【劳动合同纠纷案】 年内,本院审结了全区首例飞行员与航空公司的劳动合同纠纷案件。被告西藏航空于2010年6月17日注册成立,企业类型为有限责任公司。在取得营业执照之前,被告以西藏航空有限公司筹备组的名义开展有关活动。2011年7月26日,被告首航,进行正式的航空运输活动。2008年1月20日,被告与原告凌某、阎某、陈某签订《劳动合同书》,约定原告在被告处从事飞行员工作。该合同对工作时间、劳动报酬及合同的解除、终止、违约责任等内容进行约定。其中关于培训的特别约定为:若原告被被告选派参加国内或者国外的特别培训(培训时间在30天以上、含路途,或培训费用在10000元以上的培训),则原告应在培训前同被告按照本协议所附《培训协议》样本中规定的内容签订《培训协议》以明确双方权利义务,原告应保证严格按照《培训协议》的具体规定履行义务;若原告未能按照《培训协议》的具体规定履行义务,则原告须无条件向被告支付相当于服务期尚未履行部分所应分摊费用的违约金,违约金的金额以被告支付的特别培训相关费用(包括但不限于培训费用、差旅费、出差补贴等)为限,如仍造成其他损失,原告仍然应承担赔偿责任;《培训协议》作为《劳动合同书》的必要补充协议,与《劳动合同书》具有同等法律效力。合同还明确被告在筹建的西藏航空有限公司获得批准并取得营业执照后,劳动合同、附件及其补充协议项下的权利义务自动由被告承担,在此情况下被告将取代西藏航空公司筹备组成为劳动合同及其附件和补充协议的一方。

原、被告签订《劳动合同书》的同时签订《附加协议》和《培训协议书》。《附加协议》的主要约定为:有关薪酬标准的约定、安家费约定、家属生活补贴约定、向原单位支付费用约定、服务期及违约责任约定。《培训协议书》约定为:被告委派原告参加国内或国外,经历时间(含路途)30天以上或培训费用在10000元以上的培训。约定:培训期满,原告应为被告服务5年;若原告在服务期结束前,由于个人原因向被告提出解除或终止劳动合同,原告同意按以下方式向被告支付违约金:赔偿金额=[(本次培训费用+差旅费+出差补贴)×(服务年限-已服务年限)]/服务年限,已服务年限是指本协议所涉及的培训项目结束之日至原告提出解除或者终止合同之日之间的年数,精确计算到月份,不足一月按一月计算。合同及协议签订后,原告从中国民航飞行学院到被告处工作,被告于2008年1月28日向中国民航飞行学院各支付650000元的招录费用。2007年8月21日,被告与上海吉祥航空有限公司(简称吉祥公司)签订一份《飞行员租用及培训协议书》,期限为2007年8月20日至2008年8月19日。签订协议的目的为:被告已经向民航总局递交筹建申请,按照要求购买飞机必须先有满足运行的专业人员,因此被告引进飞行员,但因筹建期至获得批准需要一年半左右时间,为保持飞行员技术水平和改装后的训练与吉祥公司达成租用和培训协议。协议主要约定,被告派遣符合吉祥公司要求的飞行员参与吉祥公司的飞行任务;吉祥公司代为安排飞行人员在吉祥公司飞行期间的相应训练;飞行员劳务费按月结算，吉祥公司每月8日前将上月飞行任务完成情况交被告确认并予以支付，再由被告向原告支付。2009年1月，被告与吉祥公司签订《关于延长飞行员租赁期的协议》，该协议约定延长陈某等三人（不包括本案原告凌晓华）的租期，并对劳务费和待遇进行调整补充：教员、机长、副驾驶的待遇按照上海吉祥航空有限公司的工资体系执行，并由吉祥公司直接发放给本人；合同期限改为无固定期限合同，如被告需要召回上述飞行员参加被告营运需要提前三个月通知。该协议签订时虽是针对租用合同到期的陈某等三人，但原告的租用期限届满时，其租用形式也依照该协议履行。2009年7月29日，被告与吉祥公司签订《关于本公司租借藏航飞行员劳务费相关事宜的确认函》，该函载明，原告的劳务费从2009年1月开始按照上海吉祥航空有限公司飞行员的薪资体系执行。劳务费发放方式为由吉祥公司负责每月核算被告的飞行员劳务费用，后支付给被告，再由被告向原告发放工资并代扣代缴个人所得税和社保。2010年1月28日，吉祥公司与被告签订《备忘录》，该备忘录载明从2010年1月1日起由吉祥公司直接向被告飞行员发放工资。

2010年9月19日，原告与被告签订《关于飞行员凌某、阎某、陈某安家费、补发工资、生活等问题的解决方案》，该方案内容为对原告等飞行员提出有关安家费、补发工资、生活费问题的处理，该方案是原告通过名为何军的人与被告签订。方案确定：向原告足额支付安家费及利息；自2009年5月起至原告被聘时止向原告补发工资；给予原告每月异地生活费补贴，从2009年5月起至原告转回被告处工作时止；确定筹建期间到被告处工作的飞行员，给予家属生活费补贴，期限为3年。方案签订后，被告向原告支付安家费及利息，补发从2009年5月至2010年8月的工资，支付从2009年5月至2010年6月的异地生活费。但被告并未向原告支付2009年5月至2011年1月期间的家属补贴。

原告于2010年8月24日被聘为吉祥公司A320系列机型机长。原告认可参与下列公司组织的培训：上海吉祥航空有限公司、中国国际航空股份有限公司西南分公司、天津华翼蓝天科技有限公司、珠海翔翼航空技术有限公司、上海东方飞行培训有限公司。对于培训费用，本院根据原告认可参与的培训，结合有关培训的证据材料认定如下培训费用：珠海翔翼航空技术有限公司组织的培训；上海东方飞行培训有限公司组织的培训；天津华翼蓝天科技有限公司组织的培训；中国国际航空股份有限公司西南分公司组织的培训；上海吉祥航空有限公司组织的培训费。

2011年6月23日，原告以“身体和技术及其他原因”为由，通过快递形式向被告发出《解除劳动协议（合同）通知书》，其主要内容为：“在藏航的筹备期间，我们（指原告等辞职飞行员）风雨同舟，同甘共苦，彼此之间相互信任，最终苦尽甘来，历经数载迎来公司成立并即将首航，在此我们感到欣慰并表示祝贺。但因为我们身体和技术及其他方面的因素，考虑再三恐难担西藏航空的重任，决定不到西藏航空任职。对于该通知书，被告于2011年8月8日向原告复函，不同意原告辞职。起诉及庭审中，原告始终坚持认为其在2011年6月23日已经与被告解除劳动关系。

针对2008年3月至2011年11月期间被告向原告支付的所有费用情况，被告出具一份《费用统计表》。该表包含：被告向原告发放工资（包括补发工资）、小时费、异地生活费、安家费和因录用原告、培训原告支付的费用。该表反映出，2010年9月至2011年11月期间，被告只向原告发放异地生活费。原告在核对费用统计表依据的证据材料后，针对此表出具反馈意见，认可被告向其本人发放的所有费用，但认为部分费用并非工资而是吉祥公司向其支付的小时费和生活费，仍认为被告拖欠其2009年5月至2011年7月的工资。从该表中被告向原告发放的费用情况可以看出，被告向原告发放的工资主要有两部分，被告与原告约定的未飞行状态的工资，原告执行飞行任务期间的小时费、生活费。另查明，2012年7月31日被告与中国东方航空股份有限公司（以下简称东方公司）签订《飞行员有序流动协议书》，约定被告从东方公司处引进飞行员刘某；2012年8月31日，被告与飞行员刘某签订《劳动合同补充协议》，约定刘某在被告处从事飞行员工作。被告因此向东方公司支付引进费274.3万元，向刘某支付安家费150万元。

依据上述事实，本院认为被告存在未足额支付工资的违约行为，原告享有解除劳动合同的权利。但是，双方的工资争议可以通过双方协商的方式予以解决。原告在未以任何形式主张其工资的情况下，不顾被告首航在即且为其投入大量资金进行培训的事实，电告解除与被告间的劳动合同的行为违反《中华人民共和国劳动合同法》的规定，即未履行提前通知义务，有违诚实信用原则。同时，根据双方的违约情形，做出如下判决:一、确认原告凌某、阎某、陈某与被告西藏航空有限公司之间的劳动关系于2011年6月23日解除;被告西藏航空有限公司在本判决生效之日向原告出具解除劳动关系的证明,并在十五日内为原告办理档案转移手续;二、被告西藏航空有限公司向原告支付工资、未安排年休假的劳动报酬、家属生活补贴;三、原告凌某、阎某、陈某向被告西藏航空有限公司支付安家费,培训费,招录费、赔偿金;四、驳回原告凌某的其他诉讼请求;五、驳回被告西藏航空有限公司的其他反诉请求的民事判决。

(魏文瑞)

司法行政

【概　况】 年内,拉萨市司法局贯彻落实中共十八大精神,围绕"法治稳市"战略,以维护社会稳定为己任,以创建"美丽家园、幸福拉萨"为抓手,严格按照"一个确保、两个突破、四个加强"工作目标,结合实际,扎实开展法律宣传教育、法律服务、法制保障工作。

(伍玉梅)

【法制宣传】 年内,拉萨市各级司法行政部门投入普法经费119万元,开展、参与综治宣传月、"五下乡""12·4"全国法制宣传日等集中法制宣传教育活动465场次,发放宣传书籍、挂历、台历、雨伞等宣传品47万份(册、个)。受教育人数达16.7万人次。举办各类专题法制讲座1107场(次)。针对重点普法对象,印制教材75种8万余册,发放至驻村工作队、寺管会教育工作组。按照"法治稳市"战略部署,以制定民主法治示范县(区)、乡(镇、街道办事处)、村(居委会)创建标准;开展培训等方式,认真抓好各项法治创建工作,并争取到市委政法委30万元资金支持,用于改善10个民主法治示范村(居)创建试点单位硬件条件。截至年底,城关区八一社区和堆龙德庆县东嘎村已达创建标准。根据自治区普法办要求,12月13日,设立17个考场,组织全市县级以上领导干部983人,进行学法用法考试,及格率达100%。

(伍玉梅)

【人民调解】 年内,在全市三级调解组织健全的基础上,进一步加快企业调解委员会建设,重点在"一区三园"大中型企业建立调解组织。截至年底,全市共建立基层人民调解委员会424个,调解员2600人,司法助理员65人;企事业单位调解组织85个,并成立拉萨市"特邀律师调解员"工作指导协调小组,推动人民调解队伍建设。各级人民调解组织共排查矛盾纠纷619次,预防纠纷40件。共受理各类纠纷730件,调解率为100%,调解成功率为96%。协调市信访局,以调解方式,化解多起信访纠纷。积极推行藏汉双文《人民调解工作卷宗》,开展人民调解案件评查。采取以会代训、互相交流等方式,提高人民调解办案质量。年内,共投入培训经费9万余元,培训26次3613人次;出资3万余元,对9个调解先进集体和9名先进个人进行表彰。

(伍玉梅)

【安置帮教】 截至年底,拉萨市共衔接刑释解教人员666人,建档率、帮教率100%,安置率达93%。印发《关于调整刑释解教人员接送办法的通知》《刑释解教人员工作卷宗》等,从人员衔接、帮扶协议等,对安置帮教工作进行规范,并采取定期排查、走访慰问、送就业信息、组织参加就业技术培训等多种形式分类帮扶,促使刑释解教人员顺利回归社会。协调市"四业办"、市就业局,组织196名刑释解教人员参加驾驶技能、缝纫、烹饪等8门类的技能培训。提出《关于建立企业过渡性临时安置基地的实施意见》,各县(区)企业临时安置基地陆续开始建立。借助全市"双联户"活动契机,研究印发《关于将安置帮教和社区矫正工作纳入"双联户"活动的实施意见》,拉萨市刑释解教人员联户帮教体系基本建立。

(伍玉梅)

【社区矫正】 2010年起,拉萨市累计接收社区矫正人员139人,现在册89人。拉萨司法局研究起草拉萨市社区矫正一整套工作制度,将20种文书格式落实到社区矫正工作流程,规范社区矫正人员衔接、担保、教育、解矫等工作程序。共接到685次社区矫正人员电话报到,120篇思想汇报,为14名社区矫正人员办理请销假手续,并办理首个社区矫正人员死亡手续,对8名不服从矫正管理的人员实施警告处分。年内,无一名社区矫正人员脱管漏管。一名社区矫正人员为感恩社会,自愿出资,为达孜县章多乡章多村25

名小学生捐助学习用品，并出资4000元，解决该村一户经济困难家庭大学生当年学费，与其建立帮扶助学关系。

（伍玉梅）

【法律服务】 年内，拉萨市建立12个法律援助示范站点，培养8名基层法律援助工作者，配备5名"1+1"法律援助志愿者律师。各级法律援助中心共办理援助案件685件；拉萨市阳光公证处共办理公证7192件；全额上缴公证费用457.17万元；新申请设立律师事务所4家。截至年底，全市共11家律师事务所，53名律师，担任71家机关及企事业单位法律顾问。各律师事务所共代理案件1951件。积极参加社会公益活动，并捐赠16200元，资助贫困大学生6名。

（伍玉梅）

【队伍建设】 年内，通过召开理论中心组学习会议、邀请市委讲师团授课、组织干部职工集体学习、开展"每月一课"活动、参观考察等多种形式，分别对中共十八大精神、习近平总书记的一系列重要讲话精神、保密知识、党的群众路线教育实践活动等内容，进行深入细致学习。干部职工共撰写理论文章33篇，学习心得体会189篇，读书笔记80万字，党组理论中心组学习15次，开展"每月一课"干部职工授课9次，组织6名司法行政专业人员赴北京进行为期半个月的交流学习。通过知识竞赛、体育竞赛、结对认亲等形式，认真开展政法队伍素质建设年、队伍纪律作风集中教育整顿、党的群众路线教育实践前期介入等活动，全局干部职工撰写剖析材料86篇。党组班子成员深入基层23次，结亲10户，为群众解决难事10件，资助帮扶资金1.5万余元。印发《关于严明纪律加强队伍管理的规定》《拉萨市司法局关于厉行节约反对铺张浪费的通知》，强化干部职工自律意识。强基惠民驻村工作中，集中开展中共十八大宣讲活动、感党恩新旧对比现身说法、观看爱国主义影片等活动30余次，累计发放中共十八大宣讲资料、感党恩教育宣传册等700余份。为所驻村发展正式党员2名，预备党员7名，入党积极分子12名。以干部职工捐款等方式，筹集资金15万余元，先后开展驻村贫困户、空巢老人、五保户、残疾人、"儿童节""妇女节"等慰问活动14次；筹集资金78.1万元，为团结新村社区购买吸污排污车和社区办公用车，并为团结新村社区安装太阳能路灯。

（伍玉梅）

档案·党史·地方志

档　　案

【概　况】　年内,开展档案资源建设、业务培训、新馆搬迁等各项工作,得到各级领导的肯定。

(刘淑娟)

【市档案馆新馆搬迁】　年内,市政府统筹资金683.68万元,为市档案馆新馆配置办公桌椅、数字化工程前期布线等硬件设施建设。同时,拉萨市档案局按照全宗对搬迁封存的3万多卷的档案进行清理,归档,做到馆藏档案全宗清晰,齐全完整。

(刘淑娟)

【市领导考察档案工作】　4月16日,区党委常委、市委书记齐扎拉在市委副书记、市长张延清,市委副书记、宣传部部长马新明,市委常委、秘书长袁训旺,市委常委、常务副市长王晖等相关领导的陪同下到市档案局(馆)实地视察指导档案工作,齐扎拉对市档案局(馆)在人员少、任务重的情况下所做的大量工作和取得的成效给予充分肯定,并就整合档案资源和加强数字化档案馆建设提出工作要求。

(刘淑娟)

【接受区档案检查】　10月18—21日,自治区档案局以索南加副局长为组长的全区档案行政执法检查组一行3人到拉萨市检查指导全市档案工作。全区档案行政执法检查组一行采取听、看、问、评相结合的方式,从组织领导与制度建设、重点建设项目档案工作的组织管理、项目档案的完整性、档案信息安全管理、新馆建设等方面对市档案局(馆)、市中级人民法院、市国税局、市交通局、市农开办、市农牧局、堆龙德庆县、尼木县档案工作进行实地检查。区档案行政执法检查组区档案行政执法检查组对全市档案工作及市档案局(馆)档案工作及取得的成绩给予肯定。

(刘淑娟)

【档案业务监督检查】　年内,为促进全市档案工作规范化,拉萨市档案局(馆)专门组织人员深入八县(区)、市检察院、市科技局等30多家单位分别从领导重视、档案基础设施建设、档案制度建设、档案规范化整理、档案安全等方面对全市档案工作开展情况进行专项抽查,并实地查看档案库房与档案整理情况,并就检查中对存在问题及安全隐患,提出整改要求。

(刘淑娟)

【档案法制宣传工作】　年内,在6月9日第一个全国性"国际档案日"时,围绕"档案在你身边"这一主题,科学策划活动方案,联合区档案局(馆)、城建档案馆在宇拓路开展首个"国际档案日"的宣传活动,档案工作人员为过往行人发放档案宣传资料、宣传画册、《西藏历史档案荟萃》900余本,详细讲解档案"存凭、留史、资政、育人"的特殊价值,提高社会对档案工作的理解和认知,力争把档案声音传进千家万户。

(刘淑娟)

【做好新农村建设档案工作】　年内,结合县级国家综合档案馆建设和乡村档案室的建设工作,督促各县(区)档案馆抓好农村档案信息资源共享工作,加大档案征集力度,特别是加大对重点建设项目、教育、医疗、就业、社保、防抗灾、草原生态保护补助奖励机制工作等领域档案的收集工作,为发展农村经济,增加农民增收,保护农民合法权益提供服务。

(刘淑娟)

【培训档案业务人员103人(次)】 年内,为不断提升全市档案工作人员的思想观念和档案业务水平,市档案局(馆)采取以岗代训、现场指导、以会代训、学习考察等多种培训方式,分批次培训档案工作人员103人(次)。根据林周县档案工作需求,选派业务骨干前往林周县采取以会代训为各乡镇、县直部门43名兼职档案工作人员从档案文件材料收集范围和归档标准进行专题知识讲座,并现场示范讲解档案整理程序。培训结束后43名参训人员还前往区档案局进行参观学习。

(刘淑娟)

【开展群众路线教育实践活动档案收集归档工作】 年内,按照市委党的群众路线教育实践活动办的总体部署,市档案局(馆)加强和市委党的群众路线教育实践活动领导小组的联系与沟通,联合行文转发区党委党的群众路线教育实践活动领导小组《关于做好党的群众路线教育实践活动文件材料收集归档工作的通知》,并对做好拉萨市党的群众路线教育实践活动档案文件材料(包括纸质文件材料、活动照片、音像材料、电子文件等)的收集归档提出具体要求,确保党的群众路线教育实践活动期间所形成的原始文字资料、录音、录像、影片等档案资料齐全完整。

(刘淑娟)

【创先争优强基础惠民生活动】 年内,市档案局(馆)第二批驻村工作队按照《全区深入开展创先争优强基惠民生活动第二年度工作要求》,结合堆龙德庆县乃琼镇岗德林村实际,围绕"五项任务",在完成规定动作的同时创造性地开展"自选动作",有效地开展创先争优强基惠民活动。通过召开群众大会及党员大会、入户调查、走访慰问、更换陈旧红旗、现身说法、开展道德讲堂、组织参观爱国主义教育基地等形式,用通俗易懂的语言,向村组干部、农民党员、群众广泛宣讲中共十八大、全国两会精神、区市党委八届三次全委会等会议精神,深化"八看""一算账""一揭批""四增强"感党恩主题教育,受教育2000多人(次)。立足群众要求,先后争取和协调落实项目资金852.4万元,落实修路、新建自来水、低压改造、农机维修房建设等9个惠民项目;为岗德林村民办实事好事36件,涉及资金49.8万元,着力改善群众生产生活条件,拓宽群众增收渠道。

(刘淑娟)

党史研究

【《中共拉萨市历次代表大会文献选编》出版】 年内,由市委党史研究室负责编纂的《中国共产党拉萨市历次代表大会文献选编》出版发行,全书35万字20余幅图片,收录拉萨市第一次党代会至拉萨市召开第八次党代会形成的文献资料。

(桑荣瑞)

【《拉萨党史》出版两期】 年内,分别按期出版发行2012年第1期和第2期《拉萨党史》,分送市(中)直各位、各县(区)和各学校,通过邮寄向曾在拉萨市工作过的离退休老同志赠阅书刊。部分老同志以来信来电方式对刊物发行予以肯定,畅谈在拉萨工作的历程,表示愿为拉萨发展稳定再贡献力量。

(桑荣瑞)

【完成《中共拉萨党史大事记》初稿编纂工作】 6月,启动《中共拉萨党史大事记》(2001—2012)初稿编纂工作。12月形成初稿,印制清样送拉萨市党史编纂委员会征求意见。全书65万字79幅图片。

(桑荣瑞)

地 方 志

【概 况】 截至年底,拉萨市地方志办公室编纂《达孜县志》1部;编纂出版综合年鉴9部,其中市级综合年鉴1部、县(区)综合年鉴8部。年内,召开全市“第二轮续志推进会”,邀请北京修志专家举办地方志编纂人员培训班,对二轮续志、做好年鉴编纂工作起到推动作用。8月,《拉萨年鉴(2012)》在全国“第七届年鉴编校质量检查”评比中获省级综合年鉴一等奖。

(张玉虎 索朗央金)

【召开第二轮续志推进会】 3月12日,拉萨市政府副秘书长曹志明主持召开“第二轮续志推进会”,八县(区)主管地方志工作领导和地方志办公室负责人及市直主要部门负责人共46人参加。会上,对二轮修志提出质量要求和制定时间进度;明确将年鉴工作纳入到各区县年底考核项目中,督促把好年鉴质量关和出版进度。

(张玉虎 索朗央金)

【《拉萨年鉴(2012)》获全国年鉴评比一等奖】 8月,中国出版协会年鉴工作委员会主办“第七届全国年鉴编校质量检查”评比结果揭晓。此次评比全国有305部年鉴参评,《拉萨年鉴(2012)》荣获省级综合年鉴一等奖。

(张玉虎 索朗央金)

【出版各类综合年鉴9部】 年内,拉萨市地方办公室编纂出版综合年鉴9部。其中市级综合年鉴1部,为《拉萨年鉴(2013)》;县(区)综合年鉴8部,分别是《拉萨城关年鉴(2013)》《堆龙德庆年鉴(2013)》《墨竹工卡年鉴(2013)》《曲水年鉴(2013)》《当雄年鉴(2013)》《达孜年鉴(2013)》《林周年鉴(2013)》《尼木年鉴(2013)》。

(张玉虎 索朗央金)

【利用志书资源服务社会】 年内,市地方志办公室利用志书资源服务社会各界。协助市政府参加老城区基础设施建设,利用地情资料为城市规划展厅布置提供沿革和人物资料。协助市委组织部组织史的编纂工作。全年共接待社会各界查阅地情资料的学生、学者、旅游咨询、城市规划单位20多人次。

(张玉虎 索朗央金)

【《拉萨年鉴(2013)》出版】 年内,《拉萨年鉴(2013)出版》。本部年鉴涉及到政治、军事、文化、医药卫生等27个栏目,共计646千字,并首次增加各省市支援拉萨市建设的内容。年鉴初稿由北京市地方志办组织相关业务人员和专家对体例、结构、内容进行审读修改;拉萨市地方志办根据修改意见召开《拉萨年鉴(2013)》评审会,邀请自治区党史(地方志)办公室,市档案馆、市公安局,武警拉萨支队、市统计局等部门参与稿件评议和研讨,并在细节上进行补充修改。主要新增反映拉萨市2012年度重大工程、重要活动图片8张,2012年拉萨重大工程、重要会议、重要活动等重点大事记198条,补充创先争优强基惠民活动、“四业工程”拉萨河(城区段)综合整治工程相关资料等,从而进一步提升年鉴的出版质量。

(张玉虎 索朗央金)

【志书出版】 年内,共出版《达孜县志》1本,《当雄县志》通过终审,《曲水县志》终审稿已提交给“中国藏学出版社”进行校对。

(张玉虎 索朗央金)

北京援助

【举办年鉴基础知识培训班】 5月22日,聘请北京市地方志编纂委员会办公室市志指导处处长运子微、宣传部培训处处长王国英、区县志指导处处长尹树国3位专家对全市八县(区)和驻市各中直单位负责年鉴编纂工作的120多人,进行为期2天的年鉴和修志基础知识培训。

(张玉虎 索朗央金)

【北京市无偿支援拉萨市地方志10万元】 12月12日,北京市地方志办公室无偿支援拉萨市地方志办公室现金10万元。

(张玉虎 索朗央金)

队伍建设

【队伍概况】 2013年,除拉萨市地方志编纂委员会办公室为正科级常设机构(编制5名,实有4名),其他八县区为临时机构。

(张玉虎 索朗央金)

【专业培训】 9月22日,全国地方志机构新任负责人培训班在秦皇岛召开,拉萨市地方志派1人参加培训学习，培训班以提高各地各级地方志工作机构新任负责人管理能力和业务水平，加强队伍建设，培养地方志骨干干部为主要内容，培训为期7天。

（张玉虎　索朗央金）

拉萨市、县（区）地方志工作机构情况一览表

市、县（区）	机构情况	挂靠单位	工作人员数
拉萨市	常设	市政府办公厅	4
城关区	临时机构	县政府办	3
堆龙德庆县	临时机构	县委宣传部	4
达孜县	临时机构	县政府办	3
墨竹工卡县	临时机构	县政府办	2
林周县	临时机构	县委宣传部	临时
曲水县	临时机构	县政府办	1
当雄县	临时机构	县编译局	3
尼木县	临时机构	县政府办	1

民族·宗教

综 述

年内,拉萨市各级民宗部门把握新时期民族工作主题和党的宗教工作基本方针,依法管理民族宗教事务,团结引导全市各族干部群众全力以赴保稳定、齐心协力促和谐。

(次旺旺久)

【获全国宗教先进集体称号】 2月11日,全国宗教工作会议暨全国宗教工作系统表彰大会在北京市民宗局召开,人力资源和社会保障部、国家宗教事务管理局联合表彰31各全国先进集体好10个个人先进工作者,拉萨市民宗局被授予"全国宗教系统先进集体"荣誉称号,成为西藏自治区唯一获得该殊荣的单位。

(次旺旺久)

【与驻村妇女庆三八节】 3月8日 市民宗局干部职工妇女赴驻村点尼木县卡如乡赤朗村,与驻村点妇女一同开展"共联欢、共学习、共提高"为主题的共庆"三八"国际劳动妇女节。

(次旺旺久)

【承担新吸收僧尼培训工作】 年内,市佛协积极投身于新吸收学经僧尼工作中,并主要承担新吸收僧尼文化考试、集中培训、区佛学院学习期间的协调等工作。

(次旺旺久)

【开展社会治理综合宣传月活动】 3月25日,市民宗局开展"社会治理综合宣传月"活动,在此次宣传活动中,发放《民族宗教事务管理条例》汉藏两种版本560册,《中华人民共和国民族区域自治法》470册,高僧大德访谈录光盘380盒。

(次旺旺久)

【组织僧尼参加布达拉宫广场活动】 3月28日,拉萨市民宗局组织100名僧尼参加在布达拉宫广场举行的"'3·28'升国旗、唱国歌"百万翻身农奴解放54周年庆祝活动,其中哲蚌寺29人,色拉寺28人,大昭寺13人,仓姑寺10人,小昭寺10人,曲桑寺10人,共100名僧尼。

(次旺旺久)

【打造学习型机关】 年内,组织开展各类学习活动100余场次,派出干部参加各类培训80余人次,在全市民宗系统形成重学习、求发展的氛围。

(次旺旺久)

【开展党的群众路线教育实践活动】 年内,开展党的群众路线教育实践活动,做了"抓调研、重学习、解民忧、照镜子"四个方面工作。围绕民族宗教工作,深入村居、寺庙,广泛开展调研工作,形成调研报告5篇。同时围绕"四风","两问题",向市直单位、下级单位发函征求干部群众对拉萨市民族宗教事务局在"四风","两问题"方面存在的意见建议,征求到意见建议4条。

(次旺旺久)

【开展"三进四同三一"活动】 年内,学习中央、区市党委关于践行党的群众路线的指示精神,在巩固"三进四同三一"活动取得效果的基础上,进一步加强干部联寺、联僧工作,广交僧人朋友、广做实事好事,全力解决僧人的实际困难。对照中央“八项规定”、自治区“约法十章”，进行自查自纠。

（次旺旺久）

【强基础惠民生工作】 年内，把解决群众的实际困难作为惠民生的出发点，累计投入资金20余万元，为群众办一批看得见、摸得着的实事、好事。工作队围绕“五大任务”，结合赤朗村实际，进一步完善村规民约、村务公开、党务公开等制度，明确村“两委”班子分工。在尊重民意的基础上，利用赤朗村石料资源丰富的优势，组建赤朗村采石合作社，拓宽群众增收致富渠道。

（次旺旺久）

【落实区民宗会议精神】 4月24日，拉萨市民族宗教事务局贯彻落实全区民族宗教工作会议精神，推进“环境立市、文化兴市、产业强市、民生安市、法制稳市”五大战略；突出推进民族团结进步事业、突出依法加强对宗教事务的管理、突出夯实民族宗教领域维稳基础、突出提升民宗干部综合业务素质的四个突出重点工作；强化落实执行能力、强化落实作风转变、强化落实督促检查的三个落实措施的强化工作。

（次旺旺久）

【开展民族团结进步宣传教育活动】 年内，以“六个一”“四深化”为工作主线，在全市范围内开展拉萨市“第二个民族团结进步节”暨第23个“民族团结进步月”宣传教育活动。与拉萨市电视台联合，制作《拉萨市民族团结进步纪实》专题片，于9月17日晚由拉萨市电视台播出；举办专题晚会，全市各族各界干部群众450余人观看晚会。

（次旺旺久）

【表彰全市民族团结进步模范集体、模范个人】 年内，对2013年度全市民族团结进步65个模范集体、73名模范个人进行表彰，将社会流动人员纳入表彰范围，启动民族团结进步示范试点单位创建工作。

（次旺旺久）

【《拉萨市城市民族工作实施办法》】 年内，结合拉萨市实际，在充分调研和反复征求意见的基层上，起草《拉萨市城市民族工作实施办法》，该办法的实施，将对流动人口劳动就业、子女入学、权益保障、法律援助等方面提供法律保障。

（次旺旺久）

【深化《拉萨市民族团结进步条例》“七进”活动】 年内，深化共产党员民族团结先锋活动、共青团员民族团结闪光活动、少先队员民族团结牵手活动、《拉萨市民族团结进步条例》“七进”活动。

（次旺旺久）

【开展“一宣讲”“两结对”“三连心”“四恳谈”“五解难”活动】 认真开展“一宣讲”“两结对”“三连心”“四恳谈”“五解难”活动，截至年底，全市共开展各类宣讲活动1500余场次，受教育群众达20余万人，全市两万名党员与群众结成对子18394个，各级党组织共为群众办实事好事4895件，投入资金1400余万元；组织全市团员青年开展“民族团结青年奖章”推荐表彰活动、民族团结闪光先锋岗位创建活动和各类征文、摄影、绘画活动；编撰完成《拉萨市小学生民族团结教育读本》和《拉萨市初高中学生民族团结教育读本》，并举行发放仪式。

（次旺旺久）

【申办全国民族团结进步示范市试点单位】 年内，拉萨市被确定为首批13个“全国民族团结示范州（地、市、盟）”试点单位之一，按照申报要求，结合拉萨市实际，起草完成《拉萨市全国民族团结进步示范市三年规划》（2013—2015）、《拉萨市创建民族团结进步示范市工作方案》《拉萨市创建民族团结进步示范测评指标体系》，并经市民族团结进步创评领导小组相关领导审核后上报。

（次旺旺久）

【开展少数民族村寨建设项目和项目验收】 年内，为检验少数民族村寨建设项目和少数民族发展资金项目实施效果，根据自治区民宗委要求，组织验收小组，采取听取汇报、查阅资料、实地检查、走访农户等方式对拉萨市3个少数民族特色村寨建设项目和2012年第二批、2013年第一批部分财政扶贫少数民族发展资金项目实施情况进行检查验收，针对项目的后续管理、资料归档及项目结算等工作，验收组提出具体的要求。

（次旺旺久）

【做好民贸民品定点生产企业扶持工作】 年内，按照自治区民宗委的统一安排，拉萨市组织22家民贸民品定点生产企业开展2013年项目申报工作，经过严格的审核、筛选，截至年底，已完成11家企业的特需商品生产补助资金项目3家企业的贷款中央财政贴息资金项目的申报工作。

（次旺旺久）

【巩固民族团结进步示范点建设成果】 年内，为进一步推进民族团结进步示范点建设，为城关区扎细社区居委会和河坝林社区居委会民族团结进步示范点再下拨经费各20万元,用于两个示范点开展各项创建工作,两个示范点在社区开展增进民族团结活动,宣传党的民族政策和国家法律法规,为群众办实事、好事。

(次旺旺久)

【做好穆斯林群众思想动态】 年内,圆满完成2013年穆斯林群众朝觐工作,做到文明朝觐、有序朝觐、平安朝觐。在穆斯林群众传统节日“古尔邦节”“开斋节”“抓饭节”期间,深入穆斯林群众开展走访慰问活动,同时对拉萨市伊斯兰教临时礼拜点进行巡查,确保礼拜活动有序开展。

(次旺旺久)

【不断巩固六建工作】 年内,把在寺庙“建管理机构、建党组织、建班子、建队伍、建职能、建机制”作为加强和创新寺庙管理的核心内容和重要任务加以落实,明确寺庙管理主体,打牢寺庙管理组织基础,确保管理有效。

(次旺旺久)

【开展“六个一”活动】 年内不,在巩固“六建”工作的基础上,按照科学化、制度化、规范化、常态化的工作要求,在各寺庙管委会开展“六个一”活动,完善管理、服务、教育工作机制,畅通僧尼诉求表达渠道。

(次旺旺久)

【推进“9+5”工程】 年内,全市寺庙中水、电、路基本实现保通目标,寺管会综合业务用房建设项目工程量完成100%以上;“9+5”工程中的4个硬项目已基本完成。

(次旺旺久)

【落实各项社会保障】 年内,完善全市持证僧尼社会保障落实措施,实现养老保险、医疗保险、最低生活保障、人身意外伤害团体险全覆盖。组织全市在编持证僧尼完成免费健康体检工作,僧尼体检率达99.15%。同时,进一步完善全市在编持证僧尼健康档案。

(次旺旺久)

【开展在编僧尼自然减员补充学经新僧尼工作】 年内,按照“定员定编、先进优先、总量控制、留有余额”的工作原则,结合教派分布、寺庙减员情况、信教群众的宗教需求、寺庙宗教活动特点、寺庙供养能力、寺庙“六建”工作成效等情况,从全市藏传佛教寺庙(拉康、日追)中选择具有藏传佛教代表性、影响大和减员较为严重的62座寺庙,经推荐、政审、考核、培训,共招收学经新僧尼200名。

(次旺旺久)

【发放爱国守法僧尼卡1654张】 年内,为广大僧尼提供出行便利快捷的条件,以“管理为要、服务为先、利民便民、重在激励”为主的工作原则,制定拉萨市爱国守法僧尼卡,出台《拉萨市爱国守法僧尼便民服务卡管理使用实施意见(试行)》,截至年底,已发放爱国守法僧尼卡1654张。

(次旺旺久)

【对1731个宗教活动审核登记】 年内,加强大型宗教活动的审批监督管理工作,从严掌握、控制规模、规范管理,确保宗教活动合法有序,对全市1731个各类大、中、小宗教活动进行严格的审核登记,做到组织到位、领导到位、措施到位、责任到位,形成“一个宗教活动一个工作方案、一个问题一名领导、一套班子一抓到底”的工作机制。

(次旺旺久)

【开展寺庙法制宣传教育活动1587场次】 年内,全市共开展各类面向寺庙僧尼的教育活动1587场次、巡回宣讲684场次,发放宣传资料13400余册、宣传光碟2140余张,召开座谈会655场次,播放爱国影片294场次,张贴宣讲图片1300余张,僧尼参学率和宣讲覆盖率达98%。

(次旺旺久)

【建立“联创平安、结对帮教”工作模式】 年内,拉萨市民族宗教事务局在宣传教育中建立“联创平安、结对帮教”的工作模式,形成维稳工作联抓联管、矛盾纠纷联排联调、安全隐患联防联控、平安创建联创联享、学习教育共帮共助、交心谈心、共信共行、排忧解困共衷共济的工作机制。

(次旺旺久)

【对社会流动人员从事宗教活动年审】 年内,邀请哲蚌寺、色拉寺、大昭寺、热堆寺等寺庙的7名高僧,对2012年颁发《拉萨市民间宗教活动服务证》的人员进行宗教造诣方面考核,对他们近一年来各方面表现进行审查,并对其持有的服务证210名社会流动从事民间宗教活动人员进行年审。对通过县、乡(办事处)、村(居委会)、派出所层层政审合格的20人进行宗教造诣方面的考试,通过宗教造诣方面的考试和政审,截至年底,持拉萨市民间宗教活动服务证人员共230人。同时,向新颁证人员进行组织纪律、行为准则等方面的培训。

(次旺旺久)

【开展送温暖、献爱心活动】 年内,市佛协定期不定期向政府认定的活佛和老弱多病、生活困难的僧尼进行慰问，了解、帮助和解决他们生活中的实际困难，送去党和政府对他们的关心和爱护。

（次旺旺久）

【依法管理宗教事务】 年内，积极协助寺庙管委会对各寺庙开展各项大型的宗教活动，确保活动正常有序进行，对诵经、祈祷书内容进行审查，制止违法宗教活动的发生，规范各类宗教活动的相关程序。

（次旺旺久）

【开展主题教育活动】 年内，市佛协组织会长、副会长、常理和理事投身到主题教育活动中，协助寺庙管委会，带领广大僧尼参与主题教育活动，在活动中佛协会长、副会长、常理和理事结合各自寺庙实际情况，通过集中宣讲和个别谈话等各类形式向僧尼开展“爱国爱教、遵规守法、弃恶扬善、崇尚和谐、祈求和平”为主题的教育。

（次旺旺久）

【进行寺庙维稳督导】 年内，为确保拉萨市宗教领域和谐稳定，用三个月时间开展维稳督察工作。督导期间宣传藏传佛教的寺规戒律及党和国家出台的各项惠寺惠僧政策。

（次旺旺久）

外　事

综　　述

2013 年,全市外事工作以中共十八大精神为指导,紧紧围绕市委、市政府中心工作,贯彻落实中央、区、市关于外事工作的方针、政策,特别是中央周边外交工作会议精神,为服务拉萨经济发展大局、服务拉萨社会局势稳定大局做出努力。截至年底,拉萨市外事办协助和独立接待的外国党宾、国宾、外交官及内宾共 24 批 245 人次,其中外国党宾、国宾、外交官 19 批 190 人次。参观、访问内容涉及宗教、商务、旅游、安居工程建设、民生、企业、教育、文化等领域。

(次仁旦珍)

外事接待

【土耳其国家驻华大使公务访问】　5 月 2 日至 5 日,土耳其国家驻华大使穆拉特・萨梨姆・埃森特夫妇到自治区进行公务访问,其间参观拉萨大清真寺并做礼拜,参观大昭寺、色拉寺。

(次仁旦珍)

【尼泊尔驻拉萨总领事参观经济技术开发区】　5 月 9 日,为增进尼泊尔驻拉萨总领事馆官员对自治区经济社会发展的了解,尼泊尔驻拉萨总领事馆总领事里・普拉萨德・巴道及随从一行 3 人参观拉萨市经济技术开发区。

(次仁旦珍)

【中日友好企业家访藏】　5 月 27 日至 29 日,经自治区外事工作领导小组同意,中日友好企业家一行 8 人到藏访问,期间,参观大昭寺、色拉寺,并前往堆龙德庆县柳梧乡柳梧村农牧民家中进行家访。

(次仁旦珍)

【尼泊尔动物饲养技术培训学员到本市参观】　6 月 1 日至 8 日,在西藏大学参加培训的尼泊尔学员一行 22 人,参观拉萨市达孜工业园区、堆龙德庆县蔬菜花卉基地、堆龙德庆县柳梧乡柳梧村农牧民安居工程建设、大昭寺、甘丹寺等。

(次仁旦珍)

【美国驻华大使骆家辉一行到访】　6 月 25 日至 28 日,经国家相关部委批准,美国驻华大使骆家辉及夫人一行 10 人,以私人旅游方式进藏,骆家辉一行在拉萨市期间,区党委常委、市委书记齐扎拉会见、宴请,并全程陪同参观考察,市委副书记、市长张延清参加会见、宴请。拉萨市委、市政府安排参观拉鲁湿地、色拉寺、大昭寺、八廓街、仓姑寺、纳木错、甘丹寺,达孜县金叶敬老院、达孜县幼儿园,并前往城关区拉鲁社区居民家中进行家访,前往容中尔甲西藏风剧场观看传统朗玛民俗歌舞表演。

(次仁旦珍)

【新西兰驻华大使伍开文到访】 7月9日至12日，受自治区党委、政府邀请，新西兰驻华大使伍开文及其夫人一行4人到自治区参观访问，其间参观大昭寺、色拉寺，对自治区民族宗教信仰自由政策、宗教场所保护等情况进行了解。

（次仁旦珍）

【联合国驻华协调员到访】 7月24日至29日，经自治区外事工作领导小组同意，联合国驻华协调员兼联合国开发计划署驻华代表罗黛琳一行5人访问自治区，在拉萨市参观老城项目点、大昭寺、八廓街等。

（次仁旦珍）

【哈萨克斯坦总统办公厅主任到访】 7月25日至29日，哈萨克斯坦总统办公厅主任、前总理马西莫夫一行8人来自治区访问，其间参观拉鲁湿地和大昭寺。

（次仁旦珍）

【摩尔多瓦民主党代表团一行到访自治区】 8月15日至16日摩尔多瓦民主党副主席、副议长安德里安·坎杜一行10人到自治区访问参观，其间在拉萨市参观大昭寺、游览八廓街。

（次仁旦珍）

【澳大利亚驻华大使孙芳安访藏】 8月20日至24日，澳大利亚驻华大使孙芳安一行9人访藏，其间在拉萨市参观大昭寺、色拉寺、拉萨市第一小学等。

（次仁旦珍）

【尼泊尔妇女友好代表团访藏】 8月26日至27日，尼泊尔妇女友好代表团一行10人访藏，其间参观大昭寺、色拉寺、达孜工业园区。

（次仁旦珍）

【尼泊尔政府代表团到访】 8月28日至30日，中国西藏—尼泊尔经贸洽谈会尼泊尔政府代表团一行6人参加贸易洽谈会，期间参观大昭寺、色拉寺。

（次仁旦珍）

【欧盟人权事务特别代表兰普里尼季斯一行访藏】 9月11日至15日，欧盟人权事务特别代表兰普里尼季斯一行5人访藏，其间参观大昭寺、色拉寺、清政府驻藏大臣衙门旧址陈列馆、纳木错、当雄县敬老院、农牧民安居点，游览八廓街，观看文成公主大型实景剧，自治区党委常委、市委书记齐扎拉，市长张延清会见宴请欧盟人权事务特别代表兰普里尼吉斯一行。

（次仁旦珍）

【加拿大驻华大使赵朴一行访藏】 9月24日至28日，经外交部批准，自治区外事工作领导小组同意，加拿大驻华大使赵朴一行6人到自治区参观访问。参观大昭寺、游览八廓街、参观色拉寺。

（次仁旦珍）

涉外管理与服务

【处理美国游客天葬台偷拍与当地群众纠纷事件】 7月11日，由于两名来自美国月光出版社的野生动物及鸟类摄影家，在未经允许情况下，由中国青年旅行社西藏分社导游带领，前往位于城关区娘热乡的帕崩岗天葬台，对正在进行天葬仪式过程进行偷拍，致使仪式受到干扰，按照边请示，边处理的原则，拉萨外事办领导及工作人员在第一时间赶到现场，依法妥善进行解决此事。

（次仁旦珍）

【与德国尼玛协会开展项目合作】 年内，根据西藏自治区红十字会《西藏自治区红十字会关于与德国尼玛协会续签合作项目的函》，经请示拉萨市涉外项目协调工作领导小组批准，西藏自治区红十字会与德国尼玛协会继续在拉萨市林周县开展新一轮免费医疗服务。对项目区群众提供卫生保健培训，应用藏医藏药防治大骨节病，常见病、多发病免费巡诊，乡村医生培训项目等。

（次仁旦珍）

【与比利时大骨节病基金会开展项目合作】 年内，根据西藏自治区卫生厅《关于自治区疾病预防控制中心与比利时大骨节病基金会续签〈西藏大骨节病防治项目〉的请示》，经请示拉萨市涉外项目协调工作领导小组批准，同意西藏自治区疾病控制中心与比利时大骨节病基金会继续在拉萨市林周县、尼木县开展新一轮项目合作，项目内容为儿童营养补给，食物多样促营养，防治真菌污染谷物项目。

（次仁旦珍）

因公出国(境)管理与服务

【概　况】 年内,按照中央八项规定及自治区党委约法十章,在坚持“外事为民”原则基础上,严格按照中央、区、市《加强因公出国境管理工作》精神统筹做好全市因公出国(境)工作。

(次仁旦珍)

【拉萨市歌舞团赴瑞士和列支敦士登慰问演出】 1月15日至22日,经中国驻苏黎世总领馆邀请,市歌舞团歌舞演员和著名声器乐演员等15人赴瑞士和列支敦士登进行慰问演出。

(次仁旦珍)

【市领导赴德国执行专题研修班任务】 5月11日至26日,中组部组织地市委组织部部长前往德国执行高级管理人员选任与管理赴欧专题研修班任务,时任拉萨市委常委、组织部部长龙志刚随团出访。

(次仁旦珍)

【拉萨师专代表团出访丹麦】 11月2日至7日,应丹麦哥本哈根大学学院邀请,拉萨师专代表团一行6人赴丹麦考察,并开展英语组课题项目研究方面的合作。

(次仁旦珍)

【拉萨市友好代表团出访尼泊尔】 12月20日至24日,应尼泊尔加德满都市邀请,自治区党委常委、拉萨市委书记齐扎拉率拉萨市友好代表团一行6人对尼泊尔进行为期5天的友好访问,出访期间,代表团拜会尼泊尔副总统贾阿、尼泊尔议会秘书长巴特拉伊、尼泊尔文化旅游部部长博加迪以及加德满都市市长阿亚尔;会见西藏自治区驻尼企业代表及留学生代表;考察尼泊尔教育、旅游、基础设施建设情况;视察2012年拉萨市援助尼泊尔项目落实情况;与加德满都市初步拟定两市交流与合作备忘录;向尼捐赠100台笔记本电脑、100套太阳能设备,资助一所中学现金100万卢比(合人民币6万元)。

(次仁旦珍)

【制订责任及备案】 年内,制定《出国人员团长责任制》《出国人员备案制度》。

(次仁旦珍)

【取消因公出访团组8批】 年内,共取消出访团组8批29人次。取消市公交公司赴香港考察,2人;市长张延清出访俄罗斯卡尔梅克共和国埃里斯塔市,6人;人社局彭丽华赴港考察;旅游局王平;市旅游局扎西平措;市文化局扎西顿珠;师校加永桑丁;东欧三国6人。

友城友协工作

【贝特谢梅什市友好代表团到访】 5月27日至30日,拉萨市友城以色列贝特谢梅什市市长莫西·阿布特布率领由该市财政部、国际关系部负责人及议员组成的代表团一行4人到拉萨市开展友好访问。代表团一行在拉萨市期间参观布达拉宫、博物馆、色拉寺、大昭寺、堆龙德庆县柳梧新区农牧民安居点、堆龙德庆县岗德林蔬菜花卉基地、拉萨实验幼儿园、拉萨市外语学校,市长张延清会见并宴请阿布特布市长一行。

(次仁旦珍)

【俄罗斯卡尔梅克共和国埃里斯塔市人士到访】 6月18日至22日,俄罗斯卡尔梅克共和国埃里斯塔市教师卡菲波访问拉萨市,其间安排参观大昭寺、色拉寺、罗布林卡等,实地了解自治区实施的民族宗教信仰自由政策及人民安居乐业的幸福生活。

(次仁旦珍)

【美国科罗拉多州博尔德市友城项目负责人到访】 8月18日,拉萨市博尔德—拉萨友好城市项目负责人比尔·沃纳克一行访问拉萨,其间市外办、市教育局等部门负责人会见比尔一行,并就两市相关领域合作交流交换意见。

(次仁旦珍)

侨务工作

【概 况】 年内，根据全区外事侨务工作会议精神，深入开展好全市外事工作服务国家整体外交大局，服务拉萨市社会局势稳定大局、服务拉萨市经济社会发展大局的“三个服务”工作。

（次仁旦珍）

【开展侨情调研】 年内，拉萨外事办用3个月时间，在全市范围内开展一次侨情调研，了解拉萨市近几年海外华侨到藏情况、海外华侨的数量、海外华侨在拉萨投资意向、捐赠情况等。

（次仁旦珍）

【开展侨资企业西部行活动】 7月7日至13日，由国侨办组织，自治区外侨办牵头，侨资企业西部行—海外华商藏区行活动的华商代表团赴自治区进行为期7天的参观考察活动，代表团共17人，成员来自美国、加拿大、意大利、荷兰、缅甸、中国台湾、香港等7个国家和地区。到访侨商通过实地考察，目睹拉萨市的发展成就，了解拉萨市教育发展成果。

（次仁旦珍）

【处理老城区改造尼侨安置事宜】 1月22日，由于拉萨市老城区改造，需对八廓街部分住户进行搬迁安置，其中涉及9户尼侨，为妥善解决有关尼侨搬迁安置事宜，根据自治区外侨办及拉萨市委、市政府工作要求，拉萨外事办牵头，联合城关区政府、市公安、安全等部门，通过实地走访，从解决搬迁尼侨住房、给予奖励、补偿、解决困难等方面开展相关工作。

（次仁旦珍）

2013年度到访外国党宾、国宾团统计表

表1

序号	来访团组名称	人数	来自国家地区	来访内容	接待人员	负责人	接待时间
1	土耳其驻华大使夫妇一行	2	土耳其	公务访问	次仁旦珍	朗杰卓玛	5月2—5日
2	尼泊尔驻拉萨总领事一行	3	尼泊尔	参观	张成	张文生	5月9日
3	中日友好企业家代表团	8	日本	友好访问	张成	张文生	5月27—29日
4	以色列贝特谢梅什市市长一行	4	以色列	友好访问	全办干部职工	张文生	5月27—29日
5	尼泊尔动物饲养技术培训班一行	22	尼泊尔	参观、考察	张成 次仁旦珍	张文生	6月1—8日
6	尼泊尔青年体育代表团	16	尼泊尔	参观、访问	次仁旦珍	朗杰卓玛	6月16—22日
7	美国驻华大使骆家辉一行	10	美国	参观	全办职工	张文生	6月25—28日
8	俄罗斯卡尔梅克埃里斯塔市	1	俄罗斯	参观	张成 次仁旦珍	张文生	6月18—22日
9	侨资企业西部行—海外华商藏区行	20	8个国家和地区	考察、参观	张成	张文生	7月7—8日
10	新西兰驻华大使伍开文	4	新西兰	参观	次仁旦珍	张文生	7月9—10日
11	联合国驻华协调员兼联合国开发计划署驻华代表团	5	联合国	访问、考察	张成	张文生	7月24—29日
12	摩尔多瓦民主党代表团	10	摩尔多瓦	参观访问	次仁旦珍	张文生	8月15—16日

13	澳大利亚驻华大使孙芳安及家人	11	澳大利亚	参观访问	次仁旦珍	张文生	8月20—24日
14	尼泊尔宪法基金会代表团	8	尼泊尔	参观访问	次仁旦珍	张文生	8月24—25日
15	尼泊尔妇女代表团	17	尼泊尔	参观访问	晋美扎巴	张文生	
16	中国西藏—尼泊尔贸易洽谈尼泊尔代表团	6	尼泊尔	参观访问		张文生	
17	欧盟人权事务特别代表兰普里尼季斯	5	欧盟	参观访问	张成	张文生	9月11日至5日
18	加拿大驻华大使赵朴一行	6	加拿大	参观访问	张成	张文生	9月23—30日
19	尼泊尔驻拉萨总领事一行	2	尼泊尔	参观	张成	朗杰卓玛	10月31日

说明:共19批160人次,来自20个国家和地区

2013年度到访内宾统计表

表2

序号	来访团组名称	人数	组织单位	来访内容	接待人员	负责人	接待时间
1	外交部干部司司长一行	4	外交部	参观、考察	次仁旦珍	朗杰卓玛	4月23—25日
2	台湾知名企业家青藏经贸文化参访交流	22	台湾	参观、考察	张成	张文生	6月13日
3	港澳青年英才团一行	25	香港、澳门	参观、考察	张成	张文生	6月24—29日
4	中国驻日本大使	2	自治区外侨办	参观、考察	张成	张文生	7月26—31日
5	中国驻尼泊尔大使吴春太一行	2	自治区外侨办	参观、考察	张成、次仁旦珍	张文生	10月21—28日

说明:5批55人次

2013年度拉萨市地厅级领导干部因公出国(境)情况统计表

表3

序号	姓名	民族	工作单位	职务	出访国家、地区	出访时间	出访任务	在外停留时间
1	计明南加	藏族	市政府	副市长	丹麦	1月12—17日	教育交流合作	6天
2	龙志刚	汉族	市委	市委常委、组织部部长	德国	5月11—26日	专题研修	16天
3	洛桑旦巴	藏族	市委	市委副书记、市人大常委会主任	美国、加拿大	6月6—13日	访问	8天
4	达娃	藏族	市委	市委统战部部长	瑞士、英国	9月22—29日	境外藏胞情况考察	8天

说明:总计4人次,其中藏族3名、汉族1名

2013年拉萨市县级领导干部因公出国(境)情况统计表

表4

序号	姓名	民族	单位名称及职务	出访国家、地区	出访时间	出访任务	在外停留时间
1	江白	藏族	拉萨师专副校长	丹麦	1月12—17日	教育交流合作	6天
2	扎西顿珠	藏族	市旅游局副局长	意大利米兰	2月12—19日	2013年意大利米兰国际旅游展	8天
3	罗桂芳	藏族	拉萨市人社局副调研员	法国	6月9—29日	社会保险经办管理学习培训	21天
4	杨洪荣	汉族	拉萨市委党校副校长	美国	9月22日至10月12日	培训	21天
5	康娜美朵	藏族	市教体局党委书记	比利时、法国	9月22—29日	访问	8天
6	王忠	汉族	拉萨特警支队副队长	美国	9月8—28日	培训	21天

7	强巴江才	藏族	市国土局党组书记	澳大利亚	11月9—29日	培训	21天
8	次 达	藏族	市住建局副局长	澳大利亚	11月9—29日	培训	21天
9	洛桑多吉	藏族	市林业绿化局副调研员	澳大利亚	11月9—29日	培训	21天
10	张 文 生	汉族	市外事办党组书记	丹麦	11月2—6日	访问	5天
11	黄 晓 曦	汉族	拉萨师专副校长	丹麦	11月2—6日	访问	5天

说明:总计11人次,其中汉族4人次、藏族7人次

2013年拉萨市科级及以下干部因公出国(境)情况统计表

表5

序号	姓名	民族	单位名称及职务	出访国家地区	出访时间	出访任务	在外停留时间
1	拉 珍	藏族	城关区农牧局局长	韩国、日本	5月29日至6月7日	新农村建设考察	10天
2	格桑卓嘎	藏族	城关区纳金乡塔玛村党支部书记	西班牙、法国	12月11—18日	访问	8天

说明:总计2人次,其中藏族2人次

2013年拉萨市专业技术人员因公出国(境)情况统计表

表6

序号	姓名	民族	单位名称及职务	出访国家地区	出访时间	出访任务	在外停留时间
1	王 瑛	汉族	拉萨师专处长	丹麦	1月12—17日	教育交流合作	6天
2	廖 治 华	汉族	拉萨师专处长	丹麦	1月12—17日	教育交流合作	6天
3	曾 志 强	汉族	拉萨市广播电视台记者	日本	3月10—17日	新闻交流访问	8天
4	次旦卓嘎	藏族	城关区夺底乡小学团支部书记	尼泊尔	4月21—27日	友好访问	7天
5	拉 顿	藏族	拉萨市外语学校教师	韩国	5月20—27日	友好访问	8天
6	年 扎	藏族	城关区教师培训中心主任	加拿大	5月4—12日	培训	9天
7	次仁云旦	藏族	城关区教师培训中心教研员	加拿大	5月4—12日	培训	9天
8	德庆卓玛	藏族	拉萨师专教师	丹麦	11月2—6日	交流	5天
9	次 央	藏族	拉萨师专教师	丹麦	11月2—6日	交流	5天
10	陈 光 霓	汉族	拉萨师专教师	丹麦	11月2—6日	交流	5天
11	王 毅	汉族	拉萨师专教师	丹麦	11月2—6日	交流	5天

说明:总计11人次,其中汉族5人次、藏族6人次

军　事

拉萨警备区

【概　况】　2013年,拉萨警备区围绕党在新形势下的强军目标,按照两级军区、警备区党委全会工作部署,注重经常打基础,改进作风抓落实,在确保部队自身安全稳定的基础上,维护拉萨地区的社会稳定,警备区部队全面建设和拉萨市国防后备力量建设稳步推进。

(权开庆)

【开展思想政治建设】　年内,坚持党委机关抓深化、基层官兵抓普及,采取宣讲辅导、座谈答疑、知识竞赛、藏族官兵"双语"学理论等形式,分层次按步骤组织十八大精神学习宣传。营造军营政治文化环境,投入15万元建设机关和基层文化走廊,积极宣传部队建设和人民武装工作好的做法及先进典型,对拉萨市委、市政府关心支持国防后备力量建设先进事迹,通过新华社内参和解放军报等军地主流媒体进行一系列宣传报道,在军内外引起较大反响,被军区评为"新闻报道先进单位"。深入开展驻地群众工作,慰问困难群众130余人次,义务巡诊600余人次,组织民兵参加"四业工程"(以业育人、以业安人、以业管人、以业富人),积极参与地方经济建设,开展法律咨询服务12场,科技下乡8次,为解放军"青年林"建设交纳特殊团费11万余元,向芦山地震灾区捐款75万余元。

(权开庆)

【组织民兵参加"3·29"抢险救灾】　3月29日,墨竹工卡县甲玛矿区发生大面积山体滑坡自然灾害。拉萨警备区共转运物资20余吨,平整场地3000多平方米,搭建帐篷50余顶,为18000多人次提供生活保障,完成墨竹工卡"3·29"抢险救灾任务。

(陈文凯)

【建设拉萨市民兵综合训练基地】　7月,拉萨市民兵综合训练基地破土动工,建设用地13.33公顷,投入1.2亿元,按照"一平台、二网络、四系统"的标准实施军地融合,建设集"民兵训练基地、人才培训基地、兵力预置基地、国防教育基地、物资储备基地和灾害救助基地"六大功能于一体的民兵综合训练基地。该训练基地能同时容纳300人学习、工作和生活,并具备组织训练、举办盛会、实施兵力预置的能力,有效提高拉萨市国防后备力量快速反应和完成多样化军事任务的能力。

(王智旭)

【完成学生军训工作】　7月23日至9月10日,委派教官62人,完成西藏大学、藏医学院和拉萨市职业技术学校共2968名学生军训任务。

(叶会发)

【夏秋季征兵工作】　8月1日至9月30日,完成新兵征集入伍。大专以上学历新兵48人、应届生占87%。首次为海军部队输送10名女兵,其中4名到辽宁舰服役、2名到南海舰队服役、2名到北海舰队服役、2名到东海舰队服役。

(陆青松)

【组织召开拉萨市国防动员第五次全体会议】　8月5日,拉萨警备区组织召开拉萨市国防动员委员会第五次全体会议,警备区副司令员陈皓传达成都军区国防动员委员会第七次全体会议精神；司令员张才刚宣读《表彰拉萨市国防动员建设先进单位和个人的通报》。拉萨市委副书记、市长张延清就“聚焦信息化、锤炼打赢功，强势推动国防动员建设跨越式发展”，从坚持以“强国梦、强军梦”战略思想凝聚军地共识，切实增强抓好国防动员建设的责任感和紧迫感；坚持以“能打仗、打胜仗”核心要求引领建设方向，大力提升国防动员建设的质量和效益；坚持以“幸福家园、美丽拉萨”建设目标汇聚全市力量，强势推动国防动员建设创新发展；坚持以“平时服务、急时应急、战时应战”的战略要求狠抓力量建设，在实现拉萨跨越式发展中发挥更大作用四个方面作详细报告。拉萨警备区政委刘旭讲评各县（区）人武部第一书记履职尽责情况。自治区党委、拉萨市委书记齐扎拉从深刻领会习近平主席“强国梦、强军梦”战略思想，切实认清支持国防和部队建设在拉萨具有的特殊重要意义；坚持党管武装制度，把准发展方向，不断巩固和提高国防和部队建设质量；加强军政军民团结，凝聚军地合力，大力提升军民融合发展的层次和水平三个方面作讲话。

（陆青松）

【完成重大任务】　年内，完成“两节”“两会”、萨嘎达瓦节、雪顿节等重要日期间的安保任务；完成拉萨市民兵民警展演示训练任务；组织出动民兵××余人次，担负青藏铁路堆龙德庆和当雄县辖区内护路任务，加强对党政机关、油库、青藏输油管道、交通要道等重要目标警戒。“3·29”墨竹工卡地质灾害发生后，第一时间启动应急方案，出动官兵、民兵携带救灾物资第一时间赶赴现场，连续奋战8天7夜，完成前期救灾和后期保障任务。

（权开庆）

【发展国防后备力量建设】　年内，落实党管武装原则制度，组织召开议军会、人武部党委第一书记述职会议、国防动员第五次全体会议及民兵训练情况汇报演示活动，梳理总结国防后备力量建设经验在全区推广。依托民兵训练基地，抽组官兵和民兵进行刺杀操、“三战”“对抗射击”等7个演示课目训练。开展“四业工程”和“联户平安、联户增收”活动，按照“军队化建制、军事化管理”的基本思路，将民兵编成营、连、排、班四个层级，成建制参加重大建设、工程施工、虫草采集等项目的服务与管理工作。

（权开庆）

【增强综合保障能力】　年内，贯彻全面建设现代后勤战略思想，做好军事斗争后勤准备，修订完善后勤保障方案，完成维稳执勤等重大任务中后勤保障工作。加强后勤首长机关和干部骨干后勤专业训练，先后培训后勤专业人员人。制定下发《警备区财务管理实施细则》，严格经费使用管理，从严控制行政消耗性开支，推行公务卡强制结算改革，落实物资集中采购规定，经费物资管理更加科学有效。搞好屯垦生产试点，培育香椿树苗3000余株、雪松幼苗800余株、植树3000余株、培植草坪2万余平方米、自产蔬菜4.5万余公斤，存栏各类畜禽400余头（只）。

（权开庆）

【开展民兵民警建设成果展演活动】　年内，拉萨警备区组织开展拉萨市民兵民警建设成果展演示活动，成立领导小组召开专题部署会议，先后召开军地协调会18次，领导小组会7次，组织现地合练13次，7月2日，成都军区杨金山副司令员和区党委常委、市委书记齐扎拉等检查指导，并给予高度评价。8月5日，展演示活动得到成都军区司令员李作成、自治区副书记邓小刚等军地领导肯定和赞扬，跨度6个月，历时146天的民兵民警建设成果展演示活动结束。

（杨学功）

【扎实抓好民兵组织建设】　年内，坚持把提高民兵队伍科学文化素质作为抓民兵组织建设的一项重要任务。对民兵布局和专业进行调整，将原来远离公路的民兵组织调整到公路沿线，按照“稳数量、增质量、固基础、求发展”的要求，进一步落实民兵编制，基本实现由数量规模型向质量效能型的转变、由人力密集型向科技密集型的转变；结合地方实际，优化民兵结构。尽可能将民兵组织向企事业单位拓展，尽可能将那些身体素质好、文化程度高、有固定职业和参军历史的人员吸收到民兵队伍中来；严把入队民兵政审关。针对当前适龄青年流动性大，人员难以固定的现实情况，按照民兵编制的规定和要求，调整健全民兵组织，保证民兵组织的落实；对照征集新兵政治条件和征兵目测体格要求，确定基干民兵出、入、转队名单，从严把好入队关，认真坚持“四级”联审制度，做到个人历史情况见底，现实表现见底，政治态度见底，防止民族分裂分子、非法宗教组织成员和表现不好、思想不纯、行为不端的人混入民兵组织，保证民兵队伍的纯洁可靠。对民兵干部按照规定配齐配强，对民兵连长配专职，严格任免手续，把政治思想好，年龄较轻具有一定文化水平和军政素质好，热爱民兵工作，特别是退伍军人的优先选入民兵干部队伍中来。

（格桑次旦）

【开展“双拥”活动】　年内,开展军地联创共建地方党支部活动,拉萨警备区与驻地9个村党支部结成对子,坚持每季度上一次党课、过一次党日,完善组织生活制度、传授先进发展理念等,提高村支部的决策能力、教育宣传能力和带领群众发家致富能力。

(吕长春)

【开展“保护拉鲁湿地”活动】　年内,响应西藏自治区环保厅“建设美丽西藏,永葆碧水蓝天”的号召,拉萨警备区组织环卫宣讲、环卫巡逻、环卫维护等活动小分队,义务为湿地周边居民宣讲环保知识、对违规倾倒垃圾的行为进行制止、定期组织人员对湿地进行清理。

(王英杰)

【开展“四进入”活动】　截至3月,拉萨警备区组织藏族官兵开展中共十八大精神学习贯彻“四进入”(进社区、进学校、进乡村、进寺庙)活动,先后走访柳梧乡德阳村、吉崩岗小学、仙足岛社区等20多个单位,开展爱民助民活动,面对面宣讲中共十八大精神。

(叶会发)

【开展征兵宣传工作】　6月17日至7月18日,分别在西藏大学、藏医学院、师范学院、职业技术学院、体育学校设置宣传点进行入校宣传,每个校区宣传时间为5天,主要讲解今年征集政策和相关优抚待遇等问题,共发放宣传资料8300余份,现场报名登记的大学生共有476名,其中应届毕业生44人,在校生168人,新生264人。7月30日至8月2日,在全市各高校、人流量大的街道、广场等,共设立21个征兵宣传咨询点,摆放国防教育展板167块、悬挂宣传横幅188条,出动征兵宣传车260余台次在北京东路、北京中路、朵森格路、江苏路、林聚路、金珠路、火车站和中和国际城等范围内进行流动宣传,发放征兵宣传资料27000余份,在拉萨电视台和拉萨晚报连续7天播放刊登征兵通告。

(陆青松)

【参加拉萨市“四业工程”建设】　年内,参加拉萨市“以业育人、以业安人、以业管人、以业富人”工程(简称“四业工程”)。城关、堆龙、达孜、林周4个县(区)各组建2个营,分别集中5000人,曲水、墨竹、尼木、当雄4个县各组建1个营,分别集中2500人,共计30000人。警备区负责对集中就业人员进行“按级编配、实行军事化管理”,主要利用人员集中后待工阶段开展军事训练和思想政治教育。警备区进入市委常委的主官担任专门领导小组副组长,并派遣1名军事干部常驻市“四业”办,具体负责集中就业人员的军事化管理。警备区及所属人武部先后3次派人参加“四业工程”有关会议,提出建议,受领任务,做到积极参与、密切配合、主动作为。

(武志刚)

【推动营区配套设施建设】　年内,协调地方政府投入1000余万元,完成拉萨市民兵综合训练基地基础设施配套建设。投入经费70余万元,种植树木3000余棵、草坪2.5万余平方米,引种牡丹和芍药花苗2000余棵。

(邓祥学　陈海平)

武警拉萨市支队

【概　况】　中国人民武装警察部队西藏自治区总队拉萨市支队(旅级)(简称拉萨市支队),2005年5月24日,由原第一支队和原拉萨市支队合编而成。支队下设司令部、政治部、后勤部,下辖一、二、三、四、五、六大队和卫生队、警通中队、勤务汽车中队、运输排,机关驻拉萨市夺底南路46号。

(唐　龙)

【举行2013年度新兵授衔仪式】　2月1日,武警拉萨市支队举行2013年度新兵授衔仪式,支队领导、新兵营全体官兵参加。授衔仪式由副参谋长兼新兵营营长姚建斌主持并宣读授予××名新兵列兵警衔的命令,支队领导为新兵代表佩戴帽徽、警衔和领花,全体新兵进行庄严的宣誓。

(唐　龙)

【召开维稳执勤任务动员部署会】　2月27日,支队组织全体官兵,利用电视会议系统召开完成全国“两会”暨“三月敏感期”维稳执勤任务动员部署会。副支队长王芳智主持会议。会上,副参谋长胡建清明确支队担负全国“两会”暨“三月敏感期”维稳执勤的具体任务、兵力编成、指挥程序、组织领导分工、友邻协同等内容;副支队长罗昭苏就当前区内外敌社情形势、支队执勤维稳形势、如何做好维稳执勤工作进行动员部署。支队长孙明华就全国“两会”暨“三月敏感期”维稳工作作强调,明确相关要求。

(唐 龙)

【参加柳梧大桥守护中队新建项目施工图会审】 4月18日,支队组织营房、通信、宣传、军需、军械等相关科室人员在拉萨市建设局参加柳梧大桥守护中队新建营房项目施工图会审。通过会审,进一步向建设方明确总队营房建设标准,重点解决施工图设计上存在的营房功能布局不合理、无供暖保障、热水供应不到位、监控设施不完善等缺陷和不足,为下一步工程顺利施工打下良好基础。

(唐 龙)

【参与山体滑坡抢险救援总结表彰大会】 4月12日,拉萨市支队通过电视会议系统隆重召开参与墨竹工卡县扎西岗乡山体滑坡抢险救援总结表彰大会。大会由政委罗德礼主持,支队全体官兵参加。会上,副支队长王芳智宣读支队党委《关于开展向墨竹工卡县中队参与该县扎西岗乡山体滑坡抢险救援行动官兵学习活动的决定》,支队领导为受到表彰奖励的官兵颁奖。罗德礼在总结讲话中指出:墨竹工卡县中队参与该县扎西岗乡山体滑坡抢险救援行动官兵是此次任务中涌现出的英雄群体,是高原武警官兵的杰出代表,是忠实履行职责使命的忠诚卫士。

(唐 龙)

【举办“团结奋进在复兴路上”演讲活动】 6月25日,支队与西藏大学在西藏大学图书馆共同举办“团结奋进在复兴路上”演讲活动。支队官兵及西藏大学师生代表共300余人参加。此次演讲活动,是支队2013年主题教育活动的内容之一,是支队与西藏大学继2011年举办“共育时代青年、共护平安拉萨、共建和谐西藏”论坛后的又一创新活动。

(唐 龙)

【召开联系联防工作会议】 8月22日,拉萨市支队与自治区监狱组织召开联系联防工作会议。会上,自治区监狱驻警中队汇报中队当前执勤和建设情况;监狱相关科室领导介绍当前监狱建设情况和犯人动态;支队领导通报执勤中存在的安全隐患和面临的实际困难,并就解决措施和办法提出建议。自治区监狱监狱长对中队长期以来作出的贡献给予肯定,简要介绍监狱下步发展规划,并当场解决中队提出的部分困难。

(唐 龙)

【召开雪顿节安保执勤任务部署会】 8月3日,拉萨市支队结合当前敌社情形势和担负任务实际,召开“雪顿节”活动期间安保执勤任务部署会。会议由副政委洛桑主持,支队在家常委、全体机关干部和各大(中)队主官参加会议。会上,副支队长罗昭苏传达学习总队雪顿节战备执勤任务部署会议精神和上级文件精神;司、政、后部门领导安排部署雪顿节战备执勤相关工作。各任务分队就完成此次安保执勤任务提出意见建议。支队长孙明华从统一好思想、明确好任务责任、落实好保障、密切好协同、管控好部队、统筹好工作六个方面作指示。

(唐 龙)

【检查调研拉萨市支队《武警法》贯彻执行情况】 9月6日,军委法制局局长王黎红、全国人大法工委国家法室正局级巡视员郭林茂、武警部队法制办主任杜树云一行工作组到拉萨市支队检查调研《武警法》贯彻执行情况。总队参谋长曾友成陪同。工作组观看支队基本情况录像片,听取支队长以贯彻执行武警法所做的主要工作、部队在执行武警法中遇到的现实问题及思考为主要内容的情况汇报,并与支队科室以上领导进行座谈。

(唐 龙)

【召开国庆节期间战备执勤暨管理工作部署会】 9月29日,拉萨市支队组织召开国庆节期间战备执勤暨管理工作部署会,并对节日期间战备执勤暨管理工作提出具体要求。

(唐 龙)

【中央领导看望慰问维稳执勤分队】 10月15日,国务委员、公安部长郭声琨一行看望慰问布达拉宫广场维稳执勤分队。总队司令员宋宝善、支队长孙明华陪同。郭声琨对支队官兵长期以来忠实履行职责使命,维护拉萨社会大局稳定所取得的成绩给予充分肯定,并勉励官兵要牢记职能使命,为西藏的全面建设和稳定发展作出更大的贡献。

(唐 龙)

【完成“国际人权日”执勤维稳任务】 12月10日,拉萨市支队出动XX名兵力,XX台车辆,完成“国际人权日”拉萨西城区社会面及重要场所警戒防控任务。

(唐 龙)

【召开宗教活动期间维稳执勤任务部署会】 12月25日,拉萨市支队结合当前敌社情形势和担负任务实际,及时召开“色拉协曲”“甘登昂曲”宗教活动期间维稳执勤任务部署会。

(唐 龙)

拉萨市公安消防支队

【概　况】　年内,拉萨市公安消防支队执行二级以上战备290余天,完成公务执勤2605项,投入执勤车辆3216辆次,出动警力1.44万余人次。

(李　旭)

【处置“4·9”汽油油罐车泄漏】　4月9日13时30分许,拉萨市堆龙德庆县东噶东路与团结路十字路口,一辆满载12吨93号汽油油罐车与一辆混凝土搅拌车相撞,油罐车仰翻,大量汽油泄漏,罐体液位仪损坏,无法查明罐体内剩余油量,搅拌车驾驶室内1人重伤被困。13时37分,“119”指挥中心接到报警后,一次性调集88名消防官兵和专职消防队员、3辆水罐消防车、8辆泡沫车、2辆抢险救援车、1辆18米高喷消防车赶赴现场参与救援,现场指挥部命令以泄漏油罐车为核心,划定向东800米、向西南北各300米的警戒范围实施火源电源管制;参战力量出2支泡沫枪对油罐车罐体实施泡沫覆盖,出4支泡沫枪对汽油泄露区实施泡沫全覆盖,调集4辆拖车、2辆吊车、1辆推土机协助转移事故车辆至空旷河滩进行倒罐和注水排空处理。经过16个多小时左右的奋战,10日凌晨事故现场街区及转移后事故车辆处置完毕,未造成人员伤亡。

(李　旭)

【发生火灾35起】　年内,拉萨市共发生火灾35起,死亡4人,受伤0人,直接财产损失104.7万元。同比上年,火灾起数下降67.29%,受伤人数下降100%,直接财产损失下降73.04%。

(李　旭)

【消防部队接警2780起】　年内,拉萨市消防部队接警2780起(其中,扑救火灾35起,抢险救援72起,公务执勤2605次,社会救助68次),出动2781次,出动车辆3595辆次,出动警力16583人次,抢救被困人员121人,疏散被困或受灾人员1057人,打捞和取出尸体共79具(含“3·29”墨竹工卡县山体滑坡自然灾害抢险救援时搜救出的66具遇难者遗体)。

(李　旭)

【推动政府消防工作责任】　年内,推动政府消防工作责任制落实,消防部门各级提请政府召开全市消防工作会议和联席会议30余次,逐级签订《消防工作责任书》3000余份,推动市直部门将消防工作纳入年终考评,协助政府出台《关于进一步加强派出所、便民警务站消防工作的通知》,政府主要领导带队开展消防安全检查达80余次,向有关部门提出修改意见和建议500余条,促进消防工作“五个主体”责任的落实。

(李　旭)

【开展“清剿火患”活动】　年内,共检查社会单位1.12万家次,发现火灾隐患或消防安全违法行为4004处,督促整改3909处,下发《责令改正通知书》2073份、《行政处罚决定书》95份,临时查封单位26家,责令“三停”单位26家,罚款37.96万元,拘留11人。

(李　旭)

【重大火灾隐患政府挂牌督办】　年内,提请拉萨市政府分别召开市长办公会议和专题协调会,对太阳岛小商品市场重大火灾隐患实行挂牌督办,并完成整体搬迁。以古城区安全保护工程建设为契机,将消防安全隐患改造和消防基础设施建设工程统一纳入规划,有效破解古城区消防安全治理难题。提请拉萨市政府分别召开市长办公会议和木材交易市场及旧货交易市场搬迁专题协调会,逐步完成拉萨市区两个市场的整体搬迁及搬迁后新市场的消防安全工作。

(李　旭)

【加强消防基础设施建设】　年内,共争取车辆装备购置经费695.88万元,新增各类消防车辆10辆,其中消防摩托车8辆,51米登高平台消防车1辆,水罐泡沫消防车1辆;投入经费335.898万元,购置消防员防护装备、抢险救援器材等2328件(套)。由中央预算投资,地方建设的拉日铁路站前配套消防站区域已经确定,城关区消防大队三中队和特勤三中队正式成立进驻,白淀、东嘎、战勤保障中队营房建设所有前期工作已经完成。

(李　旭)

【完成“3·29”山体滑坡地质灾害抢险救援】　3月29日6时左右,西藏拉萨市墨竹工卡县扎西岗乡斯布村普朗沟泽日山突发山体滑坡地质灾害,塌方量约200余万立方米,中国黄金集团华泰龙公司83名工友被埋于崩土。11时40分,驻拉萨消防部队接到市一线指挥部命令后,迅速调集270名消防官兵、25辆救援车辆,携10条搜救犬和15台生命探测仪,持续保障近600万元的装备物资，历时9天8夜，在约3千米塌方长度和最大约40米堆积高度的塌方区域内，搜救出66具遇难者遗体。

（李 旭）

武警拉萨市森林大队

【概 况】 2013年，大队坚持以《军队基层建设纲要》为依据，健全各类组织，军事训练、政治教育、文化宣传和后勤建设协调发展，战备制度落实，圆满完成以防火灭火为中心各项任务。支出5万余元对营区设施设备进行修缮；配合拉萨市林业绿化局开展防火宣传和执勤活动。

（崔 鹏）

【春季义务植树】 3月12日，大队长陈增宏、教导员王楠带16名官兵到拉萨大桥西南侧，参加2013年拉萨市春季义务植树活动暨拉萨河谷造林绿化工程启动仪式。

（崔 鹏）

【参加团委组织植树造林】 4月6日，大队"生态文明建设志愿者服务队"官兵15人，参加市团委组织的"保护母亲河—高原绿色希望工程"植树造林活动。

（崔 鹏）

【参加"安全生产月"咨询宣传】 6月7日，副大队长李飞龙带一中队4名战士参加"安全生产月"咨询宣传活动，发放宣传册1000余份，现场解答安全咨询100余人次。

（崔 鹏）

【军事训练】 6月27日，总队副总队长徐雄光率建制中队比武考核组一行5人，采取普考与抽考相结合的方法，对单兵队列动作、班队列、3000米跑、水泵架设与撤收、帐篷搭设、教学法、GPS操作与使用、军事理论、器械、班（组）灭火战术、分队灭火战斗等课目进行检查考核。

（崔 鹏）

【开展保护黑熊勤务】 7月30日，大队4名战士王红清、袁成富、刘通、崔鹏协助野生动物保护局到拉萨市北郊开展保护黑熊勤务。

（崔 鹏）

【野外训练】 8月15日至23日，大队集中利用9天时间，在远离营区62千米的曲水县曲水镇茶巴朗村北侧3000米处，采取"基础课目集中训、重点难点协同练、单兵训练打基础、分队训练抓提高、综合演练重实效"的方法，开展野外宿营、帐篷架设、灭火机具操作与使用及故障排除、识图用图、灭火综合演练、负重登山等20多个课目训练。

（崔 鹏）

【防火检查】 11月27日至29日，大队长陈增宏带领4名官兵，配合拉萨市林业绿化局深入墨竹工卡、曲水、林周等有林县进行防火检查。

（崔 鹏）

【林政检查】 12月13日，大队长陈增宏带领4名战士配合林业局前往达孜县和墨竹工卡县进行林政检查。

（崔 鹏）

【思想政治教育】 年内，开展"坚定信念、铸牢军魂，永远做党和人民的忠诚卫士"主题教育活动、"红色军旅"歌咏比赛活动，走访慰问纳金小学、特殊学校等共建单位；利用"助残日"组织官兵到拉萨市特殊教育学校帮助师生开展义务劳动。开展"三热爱一维护"为主题的"五会"活动，每周利用两个半天时间，组织官兵学藏语、跳舞蹈、唱藏歌、知藏族风俗、交藏族朋友。

（崔 鹏）

【文化宣传】 年内，大队先后在武警政工网上稿3篇，人民武警报刊稿2篇，《中国绿色时报》刊稿2篇；指挥部局域网上稿25篇，总队局域网上稿166篇；《西藏日报》刊稿3篇；《西藏法制报》刊稿16篇，《西藏商报》刊稿6篇，《拉萨晚报》刊稿2篇；在西藏人民广播电台发布消息1条，在拉萨电视台播出新闻3条。

（崔 鹏）

人民防空

【概　况】 2013年,市人防办贯彻第六次全国人民防空会议精神,区、市两级第八次党代会及经济工作会议精神,围绕全面贯彻党中央关于新时期西藏工作指导思想,坚持走有中国特色、西藏特点的发展路子,逐步推进拉萨人防工作。

(蘧智超)

【开展国防宣传教育】 9月21日,市人防办按照区人防办要求,在拉萨市主要街道及人口密集的场所进行国防宣传教育和防空警报试鸣活动。此次宣传向过往群众发放《西藏自治区实施〈中华人民共和国人民防空法〉办法》手册100余份。

(蘧智超)

【参加全国人防培训】 年内,组织人员参加在北京、南京、昆明、天津举办的人防空情预警系统应用培训班、人防信息化座谈会、人防工程“四化”试点工作研讨班、全国重要经济目标防护建设成果交流会,主要学习和掌握人防空情预警系统设备及软件操作使用,熟悉系统建设管理程序方法、信息化战争空袭与防空袭、重要经济目标地位作用及防护对策等内容。

(蘧智超)

【参加全国人防主任会议】 年内,拉萨市人防办参加国家人防办组织的全国人防办主任会议。此次会议,国家人防办组织安排研讨交流重大项目建设情况,总结2013年人防建设成果经验,以及部署2014年全国人防建设任务和研究人防改革创新对策措施。

(蘧智超)

【开展人防警报器采购安装工作】 年内,市人防办在全市范围内新安装24台警报器,及更换2台警报器。市人防办与浙江星际控股集团有限公司、郑州欧丽信大电子信息股份有限责任公司进行议标,最终确定设备采购和安装款共计95.04万元,并同两家公司签订采购合同。8月30日前市人防办完成26台警报器的安装和更换工作。

(蘧智超)

【开展拉萨人防基本指挥所项目前期工作】 年内,继续实施拉萨市基础指挥所工程建设项目前期工作。截至年底,市政府已将东城区西一路、学府路以南地段划拨用于行政办公用地,建设用地面积17650平方米。多次协调重庆市人防设计院,对该项目的可研报告进行修改完善,并通过国家人防办进行审批。

(蘧智超)

【人防地下室审批】 年内,根据西藏雅喜有限责任公司《关于西藏雅喜综合楼项目修建地下防空室的请示》的内容,对投资6464万元的西藏雅喜综合楼建设项目修建人防地下室进行审批,对该项目防空地下室的战时功能和防护等级,及防空地下室建筑面积提出具体要求,并批准开展人防地下室初步设计。

(蘧智超)

【开展行政审批事项减半工作】 年内,市人防办多次召开会议研究,协调市审改办,采用取消和合并的方式,将现有的7项行政审批项目缩减为3项事项,完成市政府要求的行政审批项目减半任务。

(蘧智超)

【开展强基惠民工作】 年内,拉萨市人防办驻次角林工作队开展感党恩主题教育、中共十八大宣讲等活动。共投入约15万元,帮助次角林的贫困百姓改善生活,配备文化设施。

(蘧智超)

经济综合管理

发展和改革事务

【概　况】 2013年,全市地区生产总值达到304.87亿元,同比增长12.4%(可比价),占全区经济总量的37.7%;实现全社会固定资产投资376.16亿元,占全区投资量的41.3%;实现公共财政预算收入50.16亿元,同比增长46%,占全区的45.4%;社会消费品零售总额达到144.11亿元,同比增长15.7%,占全区社会消费品零售总额的50.3%;城镇居民人均可支配收入达到21427元,同比增长9.6%,高出全区平均水平的1404元;农牧民人均纯收入达到8565元,同比增长16.7%,高出全区人均收入的1687元。

(吕文治)

【抓好宏观经济管理】 年内,《拉萨市2013年国民经济和社会发展计划执行情况与2014年国民经济和社会发展计划的报告》,通过市十届人大第四次会议审议,《拉萨市"十二五"时期国民经济和社会发展规划纲要实施中期评估报告》经市长办公会议研究审定,呈报市人大审议。谋划提出2014年经济发展指标以及工作任务,细化分解2014年固定资产投资目标任务,掌握全市固定资产投资及项目建设情况。委托区内外有经验、有实力的单位,开展发挥首府城市首位度作用、推进新型城镇化发展等重大课题研究。起草完成《今年以来拉萨市固定资产投资情况调研报告》《全市乡村医生待遇的调研报告》等10余篇调研文章。

(吕文治)

【抓好项目建设和管理】 年内,全社会固定资产投资实现32%的增速,创下2005年以来新高,达到376.16亿元,占全区投资总量的41.3%。拉萨市城市供暖、老城区保护、清朝驻藏大臣衙门遗址、市公安局特警支队三期、拉鲁湿地三期等列入自治区"十二五"规划调整,落实国家、自治区资金近40亿元。30个重点项目完成投资185亿元。开复工水利基础设施项目21项,改善灌溉面积8.66万亩;实施交通基础设施项目68项,改扩建公路243.7千米;纳金大桥建成通车,建成区供暖实现全覆盖,新增市政道路17条32千米。起草并报请市政府印发《拉萨市2013年重点项目推进及责任落实情况》,安排前期项目143项总投资97.6亿元。整合资金3127万元,保证柳梧水厂等项目前期工作完成并得到审批。协荣站、曲水站、尼木站3个站房项目招投标全部完成,推进拉林铁路前期工作。编制完成"十二五"规划项目调整建议,涉及项目15项总投资909.6亿元;落实关于禁止新建楼堂馆所相关规定,制定出台"两个办法",建立政府性投资项目委托咨询评估机制,推进项目后评价以及在建项目稽察工作。

(吕文治)

【结构调整和转型发展】 年内,三次产业比例由2012年的4.1∶34.9∶61优化为3.8∶35.3∶61.9。推进曲水县国家农村农业改革实验区和林周县现代农业示范区建设,实施优质青稞、优质奶牛等新产品试种获得阶段性成果。第一产业实现增加值11.72亿元,同比增长41%。争取国家自主创新和高技术产业化以及重点产业振兴和技术改造项目13项、资金3366万元,安排援藏资金2000万元。推进园区基础设施建设,第二产业增加值107.56亿元,同比增17.5%。拉萨游客服务中心投入使用,纳木错国家公园景区加快建设,大昭寺AAAAA景区通过国家评定。开展第二批国家电子商务示范城市申报前期,落实物流业调整和振兴专项资金500万元,第三产业增加值185.59亿元,同比增长10%。推进拉萨新能源汽车推广应用,起草完成《拉萨市新能源汽车2013—2015年推广应用实施方案》。研究起草《拉萨市"十二五"节能减排工作方案》和《拉萨低碳城市工作方案》,完成公共机构能源消耗统计,万元GDP能耗实现下降12%的目标任务。推广新型能源产品,审批节能评估项目190项,发放节能灯6万支。

(吕文治)

【助推体制改革】 年内,加大减政放权力度,先后2次下放项目审批权限。加强企业投资管理,办理备案项目111个,总投资105亿元。落实《自治区深化医药卫生体制改革2013年主要工作安排》和《自治区巩固完善基本药物制度和基层运行机制实施方案》,组织编印"拉萨市医改宣传手册"以及"拉萨市医改政策汇编"。建立旅游业综合配套改革考核机制,加强旅游业发展方面调研,推进服务业综合改革试点工作。

(吕文治)

【保民生工作】 年内,推进中小学校舍、职业教育以及学前教育基础能力建设,实施教育项目123个。提升医疗保障能力,实施东城区医院、县级地方病医院、卫生监督所、急救站以及乡镇卫生院等工程。西藏文化旅游创意园建设顺利,蔡公堂艺术观赏村、吞弥岭藏艺文博园、尼木三绝技艺展示区以及48个乡镇文化站加快实施。老城区保护工程如期竣工,清政府驻藏大臣衙门对外开放,数字文保一期工程完工,藏民族传统文化得到进一步保护与传承。市人力资源市场、县级就业和社会保障服务中心加快建设。社会保障工作推进,城乡低保标准分别提高到440元和1750元,五保供养标准年人均达到4320元。有序保障性住房建设,新建廉租房964套、公共租赁房4324套、周转房维修改造400套。

(吕文治)

【稳控物价】 年内,加大粮食、食用油、肉禽蛋、蔬菜等生活必需品的价格监测,引导社会预期,居民消费价格指数控制在3.5%以内,研究起草《拉萨市基本生活副食品(牛羊肉、酥油)价格临时补贴实施意见》,及时发放临时价格补贴,适时向市场投放鲜冻牦牛肉,建立蔬菜直销店。开展"放心粮油工程",加强粮食流通领域管理,粮食市场基本稳定。国有粮食库存145.18万公斤,同比增长122%。

(吕文治)

财　　政

【概　况】 年内,全市总财力突破130亿元,达到131.99亿元,比上年增加24.9亿元,同比增长23.26%;公共财政收入突破50亿元,达到50.16亿元,比上年增加15.8亿元,同比增长46%;公共财政支出突破130亿元,达到131.92亿元,比上年增加25.02亿元,同比增长23.41%。

(肖伟利)

【保障和改善民生】 年内,全市用于民生方面支出达到45.83亿元,占新增财力50%以上。

(肖伟利)

【保障教育优先】 年内,全市教育支出达到19.36亿元,全力支持教育城和市职业技术学校建设,全市教育基础设施条件得到改善;推进全纳教育、职业教育、特殊教育;全面落实农牧区老师交通补贴、工伤保险、非义务教育阶段贫困生补助等资金;教育"三包"经费再次调标,人均增加200元,年人均达到2700元;推进农村义务教育学校学生营养改善计划。按照人年均100元标准,落实义务教育阶段寄宿生交通补助。

(肖伟利)

【支持科技事业】 年内,科技支出达到2818万元,促进科技研发、技术引进、成果转化,新品种引进,特色产品开发等工作。

(肖伟利)

【促进文化发展】 年内,文化体育与传媒支出达到1.32亿元。将《文成公主》实景剧打造成拉萨市标志性特色文化品牌;调剂资金5580万元,确保市电视台新增频道设备购置和正常运转;非物质文化遗产保护工作有成效;文明城市创建成果得到巩固,创模工作通过国家和自治区预评估；公共文化设施实现免费开放；2013 年赠送《拉萨晚报》达到 63571 份。文化科技卫生"三下乡"、科技文体法律卫生"四进社区"、远方的家、拉萨河纪行、全市新闻发言人培训、援藏干部摄影作品展、拉萨发布上线仪式、全区舞蹈大赛等各项文化活动均得到财政资金支持；发展县级民间艺术团体；完善城乡体育设施，丰富群众性体育健身活动。

（肖伟利）

【发展医疗卫生事业】　年内，医疗卫生支出达到 3.8 亿元，村卫生室和社区卫生服务中心全面建成并投入使用；全市 99.3% 的城乡居民和寺庙在编僧尼完成免费体检；医疗救助覆盖拉萨市所有户籍人口，救助标准达到 10 万元；农牧区医疗制度财政补助标准提高到 340 元，受益群众达到 29.60 万人、城镇居民医疗财政补助提高到 300 元，57942 名城镇居民受益、城镇职工基本医疗保险基金支出 12974 万元，受益职工达到 41000 人。

（肖伟利）

【提高社会保障水平】　1 月 1 日起，城镇居民最低生活保障标准由月人均 400 元调整为 440 元，农村居民最低生活保障由原来的年人均 1600 元的基础上提高为年人均 1750 元。社会保障和就业支出达到 5.77 亿元，同比增加 17618 万元，同比增长 43.98%。整合资金 6000 万元，支持稳步推进；落实资金 3035.2 万元，政府购买 3319 个公益性岗位，为 3319 人提供就业机会；新型农村养老保险财政补助标准由 90 元提高到 105 元，60 岁以上老人基础养老金 3562 万元，全市年满 60 周岁的城镇居民基础性养老金 563 万元；建立低收入人群价格联动机制，下拨低收入人群节日购物券及补助资金 1355.24 万元；兑现孤儿基本生活补助资金 811.44 万元，孤儿补助标准达到散养孤儿每人每月 600 元、集中供养每人每月 1000 元；五保户供养标准年人均达到 4320 元，高于全区标准 1720 元；落实"三老人员"生活补助调标资金 126 万元；落实寺庙僧尼养老保险政策；配套全市干部职工住房公积金 6800 万元，完成保障性住房建设投资 52519.8 万元，新建廉租住房 964 套，公共租赁住房 3624 套，周转房维修改造 400 套；拨付城镇低收入家庭租赁住房补贴资金 609.25 万元，干部职工以及低收入人群的安居问题得到妥善解决；政府出资为全市 35.87 万名农牧民和 1567 名城市环卫工人购买意外伤害保险；公交公司运营补贴达到 6000 万元，全市 60 岁以上老人均享受免费乘坐公交车补贴政策；提高村（居）干部误工补贴标准和优秀村（社区）"两委"班子奖励资金，村（居）干部误工补贴达到全区最高标准；按照每人每月 300 元的标准，落实城关区 992 名居民小组长补助资金 297.6 万元；兑现 2013 年度全市 0 至 16 岁残疾儿童康复补贴、残疾人特殊生活补贴等资金 469.26 万元。投入资金 1048.75 万元专项用于残疾人康复事业发展，支持残疾儿童乐队建立。"3·29"墨竹工卡山体滑坡自然灾害、林周洪涝等自然灾害得到及时妥善处置，拉萨市救灾物资储备仓库建成并投入运营，并安排救灾物资采购及设备购置资金 581 万元。

（肖伟利）

【强农惠农】　年内，全市农林水事务支出达到 9.49 亿元。推进农村公路通达、通畅工程，行政村通公路率达 100%；落实重点生态公益林建设资金 1 亿元，造林 609.73 公顷；筹集资金 2.9 亿元，并首次争取自治区债券资金 5000 万元，支持农牧民集中居住点建设，推进城镇化进程；投入资金 8318 万元，完成 40 个行政村人居环境建设和综合整治工程；实施 14 个农村公益事业"一事一议"财政奖补项目；不断加大农田水利、高标准农田、中小河流域治理、病险水库除险加固等农牧业基础设施建设力度；农业政策性补贴资金得到有效落实；投入资金 2000 万元，支持曲水县现代农业试验区和林周县现代示范园区建设；加大农牧业科技项目扶持力度，推广"藏青 2000"333.33 公顷，建成日光温室 1500 栋；落实农牧业产业化经营项目资金 2450 万元；落实财政扶贫资金 1.1 亿元，落实强农惠农资金。

（肖伟利）

【支持重点建设】　年内，集中财力支持全市重点建设，全市用于基本建设方面支出达到 44.44 亿元。争取上级资金支持，与国家财政部、自治区财政厅对接，以基础设施、创新社会管理、新农村建设、产业发展等领域为重点，改善拉萨市基础设施条件；财政部门筹集资金，对城市供暖供气、社会管理网络数据中心、拉萨河堤防二期工程，拉萨河城区段综合治理、老城区改造、老城区特色风貌保护、八廓商城、驻藏大臣衙门、民兵训练基地、重点项目前期工作等全市重点项目建设给予大力支持和保障；促进城乡建设快速发展，纳金大桥、次角林大桥建成通车。东嘎新区、柳梧新区、东城新区加快建设，城镇公共服务基础设施不断健全。

（肖伟利）

【培育特色优势产业】 年内,全市用于扶持企业发展方面的支出达到30.59亿元。完善达孜、曲水、堆龙德庆工业园区和西藏文化旅游创意园区基础设施;加大招商引资力度;落实资金10286万元,支持91个中小企业发展项目,支持全市中小企业结构调整,支持地方特色产业,促进全市中小企业技术进步、产业升级和发展环境改善。

(肖伟利)

【提升财政科学管理水平】 年内,财政部门带头执行中央、区、市党委政府关于厉行勤俭节约反对铺张浪费精神,切实压缩市直各单位人、车、会、文等一般性支出。拟定《关于进一步加强拉萨市行政事业单位国有资产出租出借管理的通知》《拉萨市行政事业单位公务用车配备使用管理办法》《关于进一步规范参加区外各类会议考察学习等活动经费的规定》,由市委、市政府批转执行。全市三公经费同比下降18.7%;共组织实施政府采购477批次,采购金额31840万元,资金节约率7.2%;对31个大型项目、112个维修、改扩建项目进行评审,评审资金达到13.45亿元,审减8350万元,审减率6.18%;国有资产信息系统正式运行,规范化行政事业单位国有资产收入管理;"乡财县管"网络化管理,各乡镇财政所(室)全面建成并发挥作用;国库集中支付制度进一步完善,推进财政票据电子化改革,发挥财政票据"以票控费,以票促收"的作用,构建规范、高效、科学的政府非税收入管理体系。

(肖伟利)

工业和信息化局（国资委）

工　业

【概　况】 年内,全市规模以上企业完成工业增加值32亿元,同比增长20%;完成工业税收5.9亿元,同比增长30%;完成工业投入147.64亿元,同比增长78.01%。全市新增规模以上企业11家,规模以上企业从45家发展为56家。产值超1亿元的工业企业16家,新增产值超5000万元的工业企业16家。

(孟凡涛)

【工业园区发展情况】 年内,"两区三园"累计注册企业1917户,比上年同期净增858户,其中工业企业168户,商贸流通企业704户,总部经济企业227户。实现工业销售产值22亿元,同比增长40%;实现工业增加值8亿元,同比增长40%;完成税收总额54亿元,同比增长80%,其中工业税收1.53亿元,同比增长47.1%;完成固定资产投资74.54亿元,同比增长47.7%。园区内规模以上企业达到22家,新增远大建材、航鑫金属、望果商混3户产值过亿元企业,产值过亿元企业达到6户。

(孟凡涛)

【召开全市工业和信息化工作会议】 10月21日,全市工业发展会议在市政府会议中心召开,市委副书记陈勇、自治区工信厅副厅长周虎、市政府副市长杨安文、史本林等领导出席,市直相关部门、各园区管委会、各县(区)政府和工信部门、全市规模以上工业企业、国有及国有改制企业负责人参加。会议总结2012年及2013年前三季度全市工业和信息化工作,2013年第四季度工作,并对各县(区)进行表彰。

(孟凡涛)

【工业园区基础设施建设】 年内,拉萨市被列入自治区"十二五"时期重点工业和信息化项目的4个重点工业园区基础设施项目总投资13.3亿元,已完成园区道路、变电站、污水处理厂等基础设施建设投资13.7亿元,经开区B区已具备企业入驻条件。

(孟凡涛)

【市担保公司融资担保额达1.14亿元】 年内,拉萨市信用担保有限责任公司担保业务合作银行增至5家,担保费率自2013年6月1日下调至同期银行贷款利率的15%。市工信局申报2013年国家中小企业信用担保业务补助资金项目,共申请资助资金326.51万元。市担保公司共为全市31个中小企业融资担保31个项目,融资担保金额达1.14亿元。

(孟凡涛)

【落实各项企业扶持资金】 年内,为71家企业争取并拨付2012年自治区中小企业发展专项资金10400万元;为25家企业争取2013年国家中小企业发展专项资金5562.83万元;为2家藏药企业申请2013年度国家中药材生产扶持项目通过工信部、财政部组织的专家评审,扶持资金将根据项目实施的阶段性绩效结果拨付。

(孟凡涛)

【推进“十二五”重点项目建设】　年内,全市“十二五”期间重点工业和信息化项目共44个,累计完成投资73.9亿元,完工项目19个。净土健康产业项目22个,总投资8.2亿元,完成投资6.3亿元,雪山矿泉水、奇正青稞深加工、珠穆拉瑞糌粑饼干、芝芝药业GMP改造等12个项目竣工投产。民族传统产业项目9个项目,总投资3.5亿元,完成投资3.2亿元,藏医学院藏香生产车间改建项目、拉萨市岗地藏香生产基地项目等7个项目建成投产。高新技术产业项目2个,总投资3.2亿元,企业正处于研发阶段。资源型产业项目6个,总投资191.8亿元,完成投资50.2亿元。新型建材产业项目1个,总投资7亿元,完成投资0.56亿元,企业正在进行前期工作。园区基础建设的4个项目,总投资13.3亿元,完成园区道路、变电站、污水处理厂等基础设施建设投资13.6亿元。

(孟凡涛)

【巩固“全国民营企业家西藏行”活动成果】　年内,市工业和信息化局加大对“全国民营企业家西藏行活动”签约项目的指导、协调、督促、服务、支持力度,确保项目投资资金及时到位。截至年底,由拉萨市工业和信息化局负责跟踪的4个项目,建成项目2个,正在建设项目1个,或将迁址项目1个。其中江苏柯菲平医药有限公司的藏医药研发基地项目建成并投入运营;中国隆鑫集团保健品等生物制剂研发项目建成,待国家药监局批文下发后可正式生产;西藏兰泽商贸有限公司石膏深加工项目土建基本完成,正在安装设备;重庆凌豪日化有限公司化妆品项目因位于拉萨河上游,环评无法通过,该公司撤出达孜工业园区。

(孟凡涛)

【搭建江苏—拉萨产业合作平台】　年内,《江苏—拉萨产业合作平台项目》协议签订。

(孟凡涛)

【15人获得工艺美术大师称号】　年内,拉萨市21名传统工艺美术工作者参加首届西藏自治区工艺美术大师评选,其中15名传统工艺美术工作者获得西藏自治区工艺美术大师称号。

(孟凡涛)

【开展创先争优强基础惠民生活动】　年内,市工信局(国资委)分批派驻16名干部职工到尼木县帕古乡帕古村和城关区扎基居委会两个驻村(居)工作点开展工作,为帕古村向自治区财政厅争取到2013年第三批强基惠民财政专项补助资金项目2个,即投资30万元的帕古乡帕古村江热组强当水渠建设项目和投资32万元的帕古乡帕古村脖巴组亚康水渠建设项目。帮助帕古村做好春耕春播工作,与自治区农科院协调联系,争取到推广实验农作物优良品种早熟春藏青稞690号7500千克,艾玛岗土豆5000千克。从局机关办公经费中抽出15000元,帮助帕古村购置党员活动室设备。走访慰问贫困户次数累计达100多次,共为101户贫困户和“三老”人员、30户结对困难党员发放57300元的慰问金和价值2000元的清油、砖茶、大米、面粉等物资。与社会爱心人士联系,解决帕古村4名贫困学生从小学到大学的学习费用。

(孟凡涛)

信息化建设

【概　况】　年内,以推进工业企业实现工业化和信息化(简称“两化”)融合为着力点,坚持把“两化”融合作为推动主导产业优化升级的重要抓手,探索符合本市发展实际的“两化”融合道路,采用信息技术提升传统产业,提升全市产业创新能力、发展水平和综合竞争力,推进信息化工作实现新突破。

(孟凡涛)

【两化深度融合课题研究初步完成】　年内,市工信局组织49家工业企业开展区域“两化”融合发展水平评估工作,并按要求填报“区域两化融合发展水平评估企业数据填报系统”有关数据,完成拉萨市“两化”融合发展水平评估工作。向国家工信部争取推进两化深度融合专项课题经费,并在江苏省经信委的支持下,拉萨市两化深度融合课题研究初步完成。

(孟凡涛)

【推进拉萨市农村综合信息工作】　年内,加强对拉萨市农村综合信息服务站(一、二期)90个站点的管理,确保农村综合信息服务站的正常运转。传达信息服务数量达1万多条。确定90个行政村开展农村综合信息服务站建设(三期)工程,并对100名信息员开展培训工作,同时将90套相关设备发放到各县(区)。

(孟凡涛)

【推进信息化项目】　年内,市工信局组织7家企业申报2013年信息化和工业化深度融合专项资金项目,申请项目资金3090万元,所申报项目均通过区工信厅专家组评审并上报国家工信部;组织5家企业申报拉萨市2013年电子信息产业振兴和技术改造专项项目,申报项目资金12400万元。

（孟凡涛）

【开展信息安全工作】 年内,市工信局对拉萨市通信、交通、社会保障、广播电视、医疗卫生、教育、水利、环境保护等重点行业以及供水供气供热等市政领域58家单位的网络与信息系统进行督查,并针对各单位检查中暴露出的问题,提出整改要求,要求各单位组织人员和技术力量及时整改落实,完成拉萨市2013年重点领域信息安全检查工作。

（孟凡涛）

国有资产监管

【概　况】 年内,依法履行政府出资人职责,实现国有资本保值增值,处理企业改制遗留问题,做好国有企业维护稳定和党的建设等各项工作。

（孟凡涛）

【中共拉萨市企业工作委员会挂牌成立】 5月10日,中共拉萨市企业工作委员会在拉萨市工业和信息化局(委)正式挂牌,全市国有企业党建工作统一归口至企工委。企工委按照“立基点、抓新点、增亮点、培植示范点”的工作思路,以切实抓好创建“五好”党组织的建点扩面工作为抓手,调动企业59个党组织开展创建活动的积极性和创造性。指导未成立党组织的企业抓好党组织的筹建工作,抓好任期届满的企业党组织的换届选举工作。

（孟凡涛）

【国有资产监管】 年内,市国资委做好每月全市国有企业报表收集、汇总、上报工作,对拉萨市新组建的4户国有企业的经济运行情况进行收集、监测、分析;完成对全市21家国有企业的国有资产产权登记和网上审核工作;完成对八一农场土地清查等相关工作;指导西藏圣康医药股份有限公司开展股份转让工作;按期足额收缴国有资本收益,实现国有资本保值增值,全年实现国有资本收益1225.1万元。

（孟凡涛）

【开展企业经营业绩考核】 年内,市国资委按照监管权限和目标责任要求,对年初签订年度目标管理责任书的拉萨八一农场和西藏圣城建设集团两家监管企业开展以经营业绩为主的综合考核。经考核确认,两家企业全部完成各项经营业绩指标。同时,在2012年度考核的基础上,根据各个企业的实际情况,拉萨市工业和信息化局对2013年的考核指标进行合理调整,科学制定经营责任目标。

（孟凡涛）

【企业队伍建设】 年内,市国资委逐步理顺全市国有及国有改制企业(国有控股、参股企业)的党建管理关系,由拉萨市企业党工委统一指导协调全市国有及国有改制企业党建工作。配合市委组织部,调整充实部分国有及国有改制企业领导班子成员,指导部分国有及国有改制企业做好换届选举工作。指导企业党员领导人员开好作风建设和年度民主生活会。举办企业党组织书记培训班,邀请市委党校老师作学习十八届三中全会精神专题辅导讲座,组织到西藏博物馆等参观活动。举办入党积极分子培训班,40名人员参加培训。组织企业管理人员50余名到北京、江苏、深圳等地参加现代企业经营管理培训。

（孟凡涛）

【审核新组建国有企业组建方案】 年内,对新组建的净土公司、公共安全服务公司等国有独资公司的组建方案和企业章程进行审核,指导企业严格按照《中华人民共和国公司法》中有关国有独资公司的规定,规范设置公司董事会、监事会人员。

（孟凡涛）

【帮助企业职工解决困难】 年内,为11家监管企业97户、148名困难职工申报2013年度租赁住房补贴,补贴总额达45.3万元;向西藏圣城建设集团91名困难职工集中发放慰问金72800元。

（孟凡涛）

工商行政管理

【概　况】 截至年底,全市市场主体已达44483户,占全区市场主体的33%,注册资金突破百亿大关,达112.58亿元。非公有制经济蓬勃发展,已占全市市场主体的97%。其中个体工商户39586户,注册资金19.36亿元,同比分别增长6%、12%;私营企业3349户,注册资金65.18亿元,同比分别增长14%、37%;农牧民专业合作社294户,注册资金3.48亿元,同比分别增长78%、39%。

（其美央金）

【申请注册商标】 年内，共申请注册商标78件，注册商标210件，申报推荐全区第八批著名商标6件。截至年底，拉萨地区获得中国驰名商标10件，全区著名商标47件，地理标志商标1件。累计申请注册商标2210件，注册商标1796件。

（其美央金）

【整顿市场秩序】 年内，共查处各类案件1784件，案值894万元，罚没款530万元，分别占全区的31%、45%和68%。办理食品流通许可证5460户，开展食品快速检测3486批次，评选食品安全示范店41户，查处食品案件60件，罚没款45万元。检查各类户外广告1372条（块），责令整改户外广告42条，查处广告案件77件，罚没款58万元。查处商标案件57件，罚没款61万元。积极开展红盾护农工作，建立农资市场"两账两票""一卡一书"制度，收缴过期变质农资12个品种，价值2.5万元。

（其美央金）

【落实上级决策】 年内，完成拉萨市老城区摊位搬迁工作。成立木材市场清理整顿工作组，开展木材经营户调查摸底和宣传教育工作，实现一户一档、逐户编号。调查处理"药王山市场经销放生鱼商户缺斤少两行为"和新浪微博网民发帖所述问题饮料一事，消除消费恐慌。拆除拉萨阳光泌尿生殖医院在朵森格路全部户外灯杆医疗广告。选派专人对拉萨市政府牵头组建的布达拉宫文化集团、出租汽车、"净土"产业等公司进行指导。

（其美央金）

【服务保障民生】 年内，建立投诉站12个，维权联络点112个。在全市加油（汽）站张贴维权告示牌75块。选派干部进驻大型商场、超市和农贸市场，指导消费，维护权益，化解矛盾。受理申诉、举报、咨询1487件，为消费者挽回经济损失156万元。办理消费者权益保护案件871件，罚没款46万元。

（其美央金）

【打击各类违法活动】 年内，查处无照经营案597件，罚没款227万元。参与"扫黄打非"工作，开展查缴非法出版物专项行动13次。打击传销规范直销，配合拉萨市公安局对400余名外出涉嫌参与传销人员进行摸排。

（其美央金）

【基层党建工作】 年内，推进非公党建工作，设立非公党建联系点48个，选派党建指导员40名、联络员28名。培养积极分子84名，发展预备党员65名，转正式党员27名。截至年底，共登记党员1422名、党组织92个，发展党员65名，指导组建党组织28个。开展"强基惠民"活动，驻村工作队为民办实事好事31件，投入资金23.17万元。

（其美央金）

税　　务

【概　况】 2013年，全市国税系统税收收入突破30亿元，全年累计实现37.76亿元，同比增收10.99亿元，增长41.04%，完成全年奋斗目标125.85%，占全区税收1/4。

（郝巧莲　谢东萨）

【提高依法行政能力】 8月1日，稳步推进税制改革，与全国同步实现交通运输业和部分现代服务业营改增试点。9月，成功受理1700多户试点纳税人申报业务。落实扶持小微企业发展等税收优惠政策，全年减免税4946万元，其中营改增政策效应显现，减税规模达24万元。整顿和规范税收秩序，全市国税系统全年查补收入8327万元。

（郝巧莲　谢东萨）

【创新税务管理服务】 年内，加大税控收款机推广应用，加强票表比对和疑点数据清理，对核定征收户现场补税，对查账征收户开展税务约谈，严格红字发票审核，开展为期三个月的普通发票使用情况专项检查。实行重点行业风险管控，赴内地学习取经，形成农产品经营业务增值税征收管理试行意见，规范再生资源回收企业经营业务税收管理，梳理管理流程，堵塞税收漏洞，加强"两头在外"企业实地核查。在直属分局探索"哑铃式"管理模式，自主研发应用第一个工具性软件——纳税评估一户式评定软件。从区局接管三级办税大厅纳税服务业务，理顺管理机制与业务流程，实现无缝对接。加强办税服务厅建设，增设服务窗口，安装排队叫号机、LED显示屏等配套设施，建立健全涵盖岗位职责、服务承诺等9项内容在内的纳税服务系列制度。首推纳税服务之星评选,开展大厅人员业务技能大比拼,理论与操作、培训与考试相结合,提高办税人员服务水平。实现全职能窗口办税、税控异常数据比对前台一次性补税、前台导税、分局局长值班日、预约服务、双屏办税、无纸化办证服务,简化代开发票流程,实现一般纳税人属地办税,车购分局与市车管所合作搭建起协税护税平台,下放车船税减免审批及车购税征收等权限。围绕纳税服务举措、发票市场秩序整治等开展“快乐购物 好运相伴”普通发票现场抽奖、商报“税收便民在线”等宣传。

(郝巧莲　谢东萨)

【队伍建设】　年内,选拔任用科级干部24名,科级非领导职务转任实职12名,调整科级干部21名、一般干部18名,遴选5名干部到那曲、阿里工作,选派2名干部到昌都任村(居)第一书记。改革奖金发放办法,打破平均主义。确立“朗朗其业 聚泽高原 惟公惟诚 民和至善”拉萨国税精神。依托内地高校办班、派出脱产培训,开展每季一测、每年一考,货劳税业务技能大赛、专题讲座、推荐《责任胜于能力》一书,创办《拉萨税务》刊物。落实党风廉政建设责任制,加强税务“两权”监督。

(郝巧莲　谢东萨)

统　　计

【概　况】　年内,贯彻落实中共十八大会议精神、全区统计工作会议和全市经济工作会议精神,以科学发展观为统领,坚持服务全市经济社会发展为己任,以建设统计四大工程为统领,把创新体制机制作为推动拉萨市统计调查事业发展的动力源泉,履行统计工作职能,各项工作取得明显进展。

(仓　琼　王莉荣)

【目标考核】　年内,制定出台《拉萨市统计局 国家统计局拉萨调查队2013年机关作风与行政效能建设工作思路及目标任务》。修改完善《局队各科室目标考核办法》,与各科室负责人签订《目标责任书》,从基础工作、统计服务、临时性工作、工作作风、机关党建、群团工作、党风廉政建设、创新工作、保密工作、督办事项办理工作、民主评议、综合治理等12个方面实行量化计分考核。

(仓　琼　王莉荣)

【能力建设】　年内,认真起草《关于进一步加强全市统计工作的决定》,并以市政府红头(拉政发〔2013〕124号)于8月印发至全市各县区及市直各部门。《决定》从健全基层统计机构、加强统计队伍建设、加强部门统计管理、实行“在地统计”制度、推进统计工作信息化、提升统计服务能力、规范基层统计工作、提高统计法制化等方面对拉萨市统计调查工作提出要求。每个季度末组织各县(区)、经济技术开发区、柳梧新区管委会发改委主任、统计局局长召开座谈会,加强基层数据联审制度,多关口、多层次强化数据的审核评估,把好统计数据质量关。

(仓　琼　王莉荣)

【队伍建设】　年内,制定《局队理论中心组学习计划》《局队机关党支部学习计划》等,组织干部职工学习中共十八大精神、十八届三中全会精神、中央领导一系列重要讲话精神及区市两级的各类文件、会议精神。并要求根据学习情况撰写心得体会、记好学习笔记,每人每年不少于5000字,将其纳入到年终科室考核当中。推行统计人员继续教育,搞好统计知识培训。培训尽量向基层倾斜,确保基层统计人员每年都能参加一次培训;扩大覆盖范围,增强全市领导干部的统计基础知识。通过利用统计年报会及其它专业培训会议,以会代训的方式、“走出去”学习、“请进来”传帮带的形式等开展培训会20多场,参加人数1000多人次。分层次有重点地对年轻干部进行培养教育。依托全区开展的创先争优强基础惠民生活动、下派干部任村党支部第一书记、老城区改造工程项目等,今年共下派20余名科级领导干部和年轻后备干部分批进入驻点开展工作,在基层一线多岗锻炼。

(仓　琼　王莉荣)

【强基惠民工作】　年内,推进创先争优强基础惠民生活动。派驻16名干部作为局队第三批、第四批工作队入驻驻村点。驻村工作队共为村民办实事好事30余件。其中驻城关区娘热乡加尔西村工作队利用自治区强基惠民送科技行动资金15万元为加尔西村引进“温室蔬菜新品种引种及示范推广项目;10月向城关区扶贫办为加尔西村申请一台价值37万元的小型挖掘机，解决村民修路、修水渠的设备租赁困难问题。

（仓 琼 王莉荣）

【开展各项常规统计和专项调查工作】 年内，进一步规范地区生产总值和人均纯收入的下算工作。加强对基层统计报表的审核工作，多关口、多层次对基层统计报表进行审核，按时完成各专业的年报和月报、季报工作及流通消费价格手机采价工作。加强与相关单位的沟通和联合清查，确保数据的真实可信。地区生产总值、工业增加值、全社会固定资产投资额、社会消费品零售总额、城镇居民人均可支配收入、农牧民期内现金收入等数据及时向相关部门、各县区进行反馈。各县区、相关部门根据反馈的数据，及时跟踪本县区、部门的主要经济指标完成进度和情况。

（仓 琼 王莉荣）

【开展第三次全国经济普查前期工作】 年内，成立拉萨市、七县三区第三次全国经济普查领导小组及办公室；制定《拉萨市第三次全国经济普查经费预算方案》，截至年底，市财政已拨付到位129万元，各县区解决普查经费共273万元。制定《拉萨市第三次全国经济普查方案》《拉萨市第三次全国经济普查宣传方案》《拉萨市第三次全国经济普查培训方案》；从市直单位抽调全脱产人员4人、半脱产人员10人、局队21人，各县区共抽调400多名普查员，参与拉萨市经济普查工作。分别在拉萨市电视台、拉萨晚报等新闻媒体上进行宣传；在市区主干街道悬挂关于第三次全国经济普查宣传口号等横幅。组织400多名普查员在市政府参加单位核查及纸质普查培训；自治区经普办分专业普查培训。10月至12月，完成拉萨市法人单位核查登记工作。

（仓 琼 王莉荣）

【推进企业一套表改革工作】 年内，根据企业一套表联网直报并轨后的业务特点，将工作重点转移到查找、核实基本单位名录库企业信息上，转移到指导企业夯实基础、建立统计台账和原始记录上，转移到对企业已报数据的核实上。及时维护更新调查单位名录库，依据“先进库、再有数，不在库、不出数”的原则，收集整理新设立企业的各种申报材料，及时添加到基本单位名录库，全面反映各行业的发展情况。继续完善受季节性生产因素影响较大的专业网上直报方式研究，结合拉萨市实际，采取相应的措施，确保所有企业都能按照规定时间完成网上直报任务。。

（仓 琼 王莉荣）

【提升统计服务能力】 年内，组织开展专项调查，及时为领导科学决策提供针对性强、参考价值高的分析研究报告和政策咨询建议。共编印《2012年度领导干部手册》和《统计研究与分析》两本书；汇总印刷11期《月度小册子》、撰写《统计分析》59篇、《统计工作动态》92期、《统计专报》8篇、《统计研究与报告》12篇；编写并印刷《2013年拉萨市统计年鉴》；新编印发《统计常识汇编》，以问题解答的形式介绍与经济社会管理工作相关的统计知识；完成《拉萨市小康指标体系监测》和《拉萨市首位度如何凸显》两个课题的申报工作。

（仓 琼 王莉荣）

质量技术监督

【概　况】 年内，拉萨市质监局围绕市委、市政府确定的发展思路和工作目标，紧扣《2013年度全区质监工作任务分解》工作目标，坚持“抓质量、保安全、促发展、强质监”工作方针，加快质量振兴步伐，全面落实打假责任制，在服务拉萨经济建设和推动社会和谐发展方面发挥积极作用。

（贯伟萍）

【食品质量安全监督】 年内，日常监督巡查食品企业、小作坊、现做现卖店400次；节日期间开展食品安全、打击私屠滥宰等专项整治检查17次；帮助10家企业续证、5家企业新领证；对在产44家食品企业开展监督风险抽样工作，共抽查402批次产品，合格389批次，合格率为96.1%，与去年同期相比增长1.8个百分点；组织7家百人以上的企业开展以“诚实守信”为主题的“道德讲堂”活动23课堂（次）。

（贯伟萍）

【特种设备安全监察】 年内，全市新增在用特种设备909台。按照“全覆盖、严执法”要求，对特种设备使用单位进行全面排查治理，现场监察特种设备使用单位350家，涉及特种设备1846台，排查治理一般安全问题241起，严重安全隐患6起，下发安全监察指令书190份；组织开展电梯地毯式隐患排查和特种设备“打非治违”专项行动，整治172台问题电梯，依法查处5起非法使用特种设备行为,拆除销毁锅炉1台、压力容器2台和3台起重机械;全年共检验气瓶4.3万只,回收处理超过气瓶使用年限的报废气瓶3296只,保证全市特种设备安全生产持续实现“零事故”目标。

(贾伟萍)

【执法监督】　年内,共出动执法人员1840人次,“12365”投诉平台共办理25起投诉案件,全部处理完毕,咨询30起。

(贾伟萍)

【质量监督管理】　年内,拉萨市质监局组织对45家企业生产销售的汽油、页岩砖、灰砂砖等14种66批次产品进行监督抽查,合格59批次,综合合格率89.39%;组织召开全市重点产品生产企业AAA表彰暨质量经验交流大会,并在全市评选AAA级企业9家;积极培育西藏高争建材股份有限公司申报首届“中国质量奖”,协同配合市旅游局组织申报全国旅游知名品牌创建示范区;对辖区内2家机动车安检机构的7条安全检测线进行多次现场监督检查。

(贾伟萍)

【标准计量工作】　年内,共接待标准查询45人次,开展尼木藏香地理标志保护产品申报工作,新申报两个农业标准化示范园;对全市集贸市场在用1148台计量器具进行免费检定,并签订计量诚信示范承诺书;组织开展“校园爱眼、远离近视”活动,对在校2300名学生免费进行眼镜检测。全市代码办证窗口共办理代码证14270件。

(贾伟萍)

【质量兴市工作】　年内,根据《拉萨市质量兴市创建活动五年发展规划》,制定全年工作任务及分解目标;筹备开展2012年度创建活动先进单位表彰和奖励工作;根据国家质检总局2013年开展创建全国质量强市示范城市活动的决定和区质监局的建议,请示市政府开展全市创建全国质量强市示范城市活动。

(贾伟萍)

审　计

【概　况】　年内,市审计局共完成审计项目21个,审计单位112个,审计总金额1512978.32万元,查出违纪违规、管理不规范资金201917.45万元,提出审计建议65条,被审计单位采纳65条。

(沈士虹)

【全市城镇保障性安居工程跟踪审计】　年内,拉萨市审计局打破科室界限,从各科处室抽调10名审计人员成立拉萨市城镇保障性安居工程跟踪审计工作组,对全市城镇保障性安居工程进行跟踪审计。查出违规违纪资金10531万元(均为加强管理自行纠正资金),罚款266.29万元,提出审计建议12条,被审计单位采纳12条。

(沈士虹)

【预算执行情况及其他财政收支情况审计】　年内,市审计局开展拉萨市本级2012年度预算执行和其他财政收支情况的审计,堆龙德庆县2009至2012年财政预算执行情况和其他财政收支审计,并延伸审计堆龙德庆县乃琼镇、县民政局、卫生局等7个单位。查出违纪违规、管理不规范资金107836.52万元,提出审计建议8条,被相关单位采纳8条。

(沈士虹)

【全市地方政府性债务审计】　年内,市审计局组织20多名审计业务骨干,对市直73个部门(单位)、8家国有企业和8个县(区)及所属的57个乡镇进行摸底调查,并对全市所涉及地方政府性债务的7个政府部门和机构、2个县(区)的85个项目和156笔债务进行审计。

(沈士虹)

【行政事业和专项资金审计】　年内,市审计局认真开展市国土资源规划局、市林业绿化局2011至2012年度财政财务收支情况审计、全市6家民办孤儿院资产核实审计调查。查出违纪违规资金12841.31万元。提出审计建议8条,采用8条。

(沈士虹)

【企业审计】　年内,对拉萨市运输管理分局地方海事局2011至2012年度财务收支情况审计、全区2010至2013年中小型企业发展专项资金审计调查、市八一农场2009至2012年财务收支情况审计。查出违纪违规资金694.63万元,提出审计建议7条,被审计单位采纳7条。

(沈士虹)

【经济责任审计】 年内,对市水利局局长欧阳莉萍、市农牧局局长刘俊博进行任中经济责任审计,拉萨市公安局和四大区公安局固定资产交接情况审计、市城投公司格桑平措、市妇联达娃进行离任审计。查处违纪违规、管理不规范资金66337.83万元,提出审计建议12条,被审计单位采纳12条。

(沈士虹)

【固定资产投资审计】 年内,市审计局组织实施拉萨市环境监测站环境应急指挥中心竣工决算审计、中共拉萨市党校公寓楼建设项目竣工决算审计、拉萨市重点市政道路工程(东二路、当热东路)项目竣工决算审计。查出违纪违规资金299.81万元,提出审计建议9条,被相关单位采纳9条。

(沈士虹)

【农发项目专项资金审计】 年内,对市水利局2012年流沙河整治防洪项目资金收支情况的审计、拉萨市“十一五”整乡推进扶贫项目资金专项审计(涉及71个项目)、曲水县2012年农业综合开发土地治理项目资金使用情况审计。查出违纪违规、管理不规范资金3376.35万元,提出审计建议9条,被相关单位采纳9条。

(沈士虹)

【建立完善审计档案数据库】 年内,完成21个项目的审理,共审理审计报告27份,审计决定17份,台账17份,并对审计程序、实施方案、工作底稿、审计结果类文书等进行审查或修改,出具书面审理意见书11份。

(沈士虹)

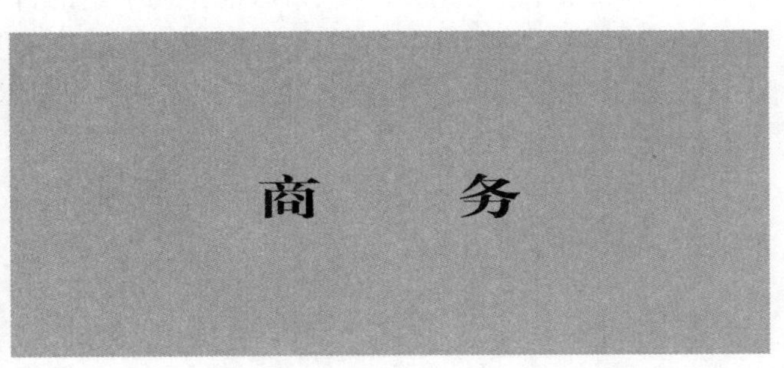

商　务

【概　况】 2013年,全市商务工作围绕年初市委、市政府下达的目标任务,突出在扩消费、促增长、活流通、强招商、惠民生、保稳定上下功夫,商务各主要经济指标总体向好,商务经济继续保持平稳较快发展。

(张文清)

【家电家具下乡政策到期】 1月31日,家具家电下乡政策到期。自2009年全市实施家电家具下乡政策以来,截至1月31日,全市累计销售家电家具下乡产品55099(件/套),共计8755.86万元。其中销售家电类下乡产品36502台(件),共计6897.95万元。销售家具类下乡产品18597件(套),共计1857.91万元。全市共收到上级财政拨来家电家具下乡补贴资金1650万元。拉萨市家电下乡实现销售金额6958.71万元,兑付补贴金额1350.22万元;销售家具金额2745.09万元,兑付金额686.27万元,合计兑付补贴金额2036.49万元。全市共设立家电家具经营网点93个。其中家电经营网点65个(市区31个,县34个),家具经营网点28个(市区17个,县11个)。县(区)级销售网点覆盖率达到100%。

(张文清)

【招商引资局整建制划转】 4月,市发改委承担的招商引资职能划入商务局,其内设机构招商引资局和其使用的6名事业编制整体转到市商务局,并完成人员、资产以及文件档案等的接收工作。

(张文清)

【举行“扶贫面食店”等示范项目结业仪式】 6月5日,由中央财政支持社会团体参与的社会服务试点项目“扶贫面食店”及拉萨市“四业办”委托举办的“理发创业”示范项目结业仪式在西藏天骄职业技术学校举行。此次受益人员创业店分布在拉萨市七县区,其中扶贫面食店12个,创业理发店8个。

(张文清)

【拉萨市各类市场主体达42416户】 截至6月,拉萨市各类市场主体达42416户;新增非公经济组织2921户,新增注册资金4.66亿元。发展农牧民专业合作社39户,截至年底已达到203户,成员总数9292人,出资总额2.7亿元,同比分别增长40%、16%和23%。引导申请注册商标43件,申报推荐全区第八批著名商标5件。

(张文清)

【举办“光彩事业西藏行活动”】 8月,拉萨举办“中国光彩事业西藏行”活动,共谋划推介项目255个,总投资2065亿元,项目涉及高原绿色食饮品、文化旅游、民族手工业、新能源、建筑建材业、藏医药业、矿产业等支柱产业;共签约项目150个,总投资1089亿元,其中正式签约项目88个,总投资324亿元;已开工项目53个,总投资181亿元,实际到位资金52.83亿元。

(张文清)

【拉萨海关税收实际入库9084.97万元】 截至9月,

拉萨海关税收实际入库9084.97万元,与上年同期相比增长1.05倍,提前3个月完成全年税收计划,并超出全年税收计划的21.14。其中,征收进口关税2031.82万元,增长0.79倍;征收进口环节税7053.14万元,增长1.14倍。

(张文清)

【搭建消费平台】 10月1—15日,全市组织开展首届消费节活动,百货零售业、超市、餐饮业、美容美发业、家电业等六大行业在内的25家规模较大的精品企业参与此次促销。各参与企业制定促销方案,推出降价惠民商品等,截至活动结束,共计实现销售总额5787万元。

(张文清)

【市行政综合执法联动支队履职】 10月9日,刚成立的拉萨市行政综合执法联动支队开始履行职责,对八一路流动商贩乱摆摊设点、乱停乱放等违规行为进行集中整治,共查处乱摆摊设点6起。市行政综合执法联动支队承担着全市所有行政领域的执法工作,包括市政市容、国土规划及资源、劳动监察等20多项行政执法职能。

(张文清)

【获得中国驰名商标10件】 截至11月底,拉萨市已获得全区著名商标34件,中国驰名商标10件,以布达拉宫、玛吉阿米、拉萨啤酒、5100矿泉水等为代表的中国驰名商标已成为拉萨城市名片。目前,第七批全区著名商标8件、第八批全区著名商标6件已由拉萨市工商局局推荐申报。

(张文清)

【招商引资7.84亿元】 自《拉萨市关于鼓励农牧业产业化发展、促进招商引资的若干规定》实施以来,截至11月,共有6个项目落地拉萨,招商引资额度达7.84亿元。其中,5个项目已开始实施,均为种植业、养殖业和种养加工业项目。2个项目落地堆龙德庆县,2个落地达孜县,1个落地经济开发区。

(张文清)

【边境小额贸易进出口总值5.74亿美元】 拉萨关区上半年监管进出口贸易总值6.18亿美元,同比增长11.12%,其中进口1090.7万美元,出口6.08亿美元,分别同比增长30.01%和10.83%;一般贸易进出口总值为3129.6万美元,减少7.64%,边境小额贸易进出口总值为5.74亿美元,同比增长11.22%。

(张文清)

【社会消费品零售总额达到144.11亿元】 年内,全市累计实现社会消费品零售总额144.11亿元,同比增长15.7%。

(张文清)

【进出口贸易总额32.05亿美元】 年内,全市完成进出口贸易总额32.05亿美元,与去年同期相比下降3.74%。其中出口31.64亿美元,与去年同期相比下降2.98 %;进口0.41亿美元,与去年同期相比下降39.75%。贸易顺差为31.23亿美元,同比下降2.19%。

(张文清)

【招商引资项目312个】 年内,实际落实招商引资项目312个,同比增长41.8%,项目总投资562.2亿元,实际到位资金153.8亿元,同比增长59.57%,完成年任务的118.2%,超额完成市委、市政府年初下达的目标任务。招商引资项目上缴税金3.59亿元,解决就业总人数6396人,其中解决农牧民就业人数2286人;支付就业人员工资2.79亿元,其中支付农牧民就业人员工资7180万元;招商企业投入公益事业4610万元。

(张文清)

【推进"万村千乡市场"工程】 年内,共规划建设2个配送中心、8个乡镇商贸中心。截至年底,全市累计建成16个配送中心、14个乡镇商贸中心以及626个农家店,其中县级店18个、乡级店97个、村级店511个,实现县、乡、村三级全覆盖。

(张文清)

【碘盐配送1677.84吨】 年内,全市完成碘盐配送计划1677.84吨,较2012年增加23.84吨,同比上升1.44%,实现农牧区碘盐覆盖率达到98%以上的目标。

(张文清)

【推进"农超对接""菜篮子"工程】 年内,进一步推动"农超、农餐、农企"对接工作,完成3家超市、1家农贸市场与7个蔬菜基地对接,制定6家"农餐对接"目标任务。

(张文清)

【推进专业市场建设】 年内,完成《拉萨物流业发展规划》和《拉萨物流园区规划》编制评审工作,并经市政府批准实施;柳梧新区、东城新区等新区建设加快、经济开发区功能定位提升。开展主城区部分重点商贸服务业设施的调整优化和规范建设,木材交易市场、旧货交易市场、活禽定点屠宰市场、东嘎农贸市场规划建设、搬迁、改造等工作有序推进。

（张文清）

【推进商贸服务业项目】　年内，民营社会资本投资全市商贸流通服务业实施项目共21个，总投资达51.25亿元。其中续建和年初开工、并在年内完成项目11个，总投资34.25亿元；年内新投入建设项目10个，总投资17亿元。包括八廓商城、西藏会展中心、东嘎农产品批发市场、建材交易中心、雪雁街、江苏拉萨展销中心、西藏博艺苑、柳梧新区岗仁国际项目、拉萨市4万吨冷链物流及生活必需品储备中心（二期）、东城区商业街区、尼木吞巴特色产品展销中心等。全年，商务系统争取中央投资以及商务整合资金、新网工程项目12个，总投资10.76亿元，争取到上级部门补贴资金6193万元。

（张文清）

【健全市场监测】　年内，严格落实市场日常月报制度和节假日以及特殊时期的日报制度，做好重点企业和重要商品监测工作。选择与人民群众生活息息相关的肉类（鲜猪肉）、粮食、食用油、蔬菜、水果、水产品、酥油、边销茶、食糖、碘盐等17个大类53个小类商品品种作为监测，对以上商品的供销、库存、货源组织等进行监测并要求企业特殊情况及时报告。

（张文清）

【加大市场集中整治】　年内，局机关召集全市各主要农贸市场、商场、超市负责人等共计40余人参加会议，传达学习全市迎接全国城市文明程度指数测评会议重要精神，对商务系统迎接全国城市文明程度指数测评中的商贸公共环境、公共秩序、公共关系及以道德建设为主的诚信经营、文明经营各项重点工作任务进行周密部署。组建商场超市、农贸市场、林廓东路主街区、志愿服务、加油站点等5个工作小组。分别深入市区的12家主要农贸市场、8家大型商场超市、林廓东路主街区、全市加油站点开展8轮次的全国城市文明程度指数测评迎检检查，提出整改措施针200余条，对照各行业的测评标准逐项落实工作任务。在12家农贸市场、8家大型商场、超市和林廓东路主街区抽调安排50名志愿者服务创建工作，并向全市商贸系统派发近5000份《致广大市民群众的公开信》公益宣传画。

（张文清）

【加快实施“走出去”战略】　年内，组织参加内地省市大型招商活动7次，举办大型招商活动2次，全市各小分队招商约20余次。分别于4月、7月、9月、10月赴内地相关省市参加“西洽会”“兰洽会”“厦洽会”“京港洽谈会”“东盟博览会”“西博会”。“京港”洽谈会、“西博会”两项活动共签约意向项目25个项目，协议总投资124.75亿元。新洽谈项目7个，回访企业26家。“食博会”期间共展出全市68个特色产品，展出面积1120平方米，现场销售产品14.4万元，签约销售110万元，意向性协议金额近200万元，考察江苏雨润集团等10家企业，新洽谈项目6个，经开区招商小分队回访企业6家。6月，全市在深圳举办大型招商推介会，邀请内地客商60余家，共签约项目31个，协议总投资165.41亿元，拜访6家商会、企业，并进行座谈、对接、洽谈项目。

（张文清）

【政府挂牌投放鲜冻牦牛肉】　年内，开展为期20天的政府挂牌限价投放鲜冻牦牛肉工作，组织相关企业从青海甘肃等地调运50吨鲜冻牦牛肉投放市场；同时做好自治区组织的牛肉投放拉萨试点工作，历时三个月，新设立10个惠民肉品直销店，累计投放牛肉900吨。

（张文清）

【推进商务行业行政审批制度改革】　年内，将商务领域酒类流通企业备案登记（初审）等7项行政、非行政许可审批事项初审权限下放各县（区）。

（张文清）

【强化成品油市场管理】　年内，市商务局加大对全市56家加油站的管理，做好成品油流通监督，严格贯彻落实《拉萨市实名制登记加油和零散成品油销售管理实施办法》，维护成品油市场秩序。

（张文清）

【加强商务领域食品安全和安全生产工作】　年内，先后组织执法人员350余人次，对全市生猪市场、碘盐、成品油市场进行专项整治。开展为期3个月的全市商贸流通领域安全生产大检查，深入全市重点商贸流通企业，检查督促企业落实各项安全措施。

（张文清）

【开展强基惠民工作】　年内，继续深化强基惠民工作。在驻村点进一步建立健全村规民约、村务公开、党务公开、党风廉政建设、民主监督机制等规章制度，实现基层组织的规范化、制度化的同时，不断争取资金，加大为民办实事力度，年度内共整合资金近20万元，为卡优村老百姓办解决实事16件。

（张文清）

【加强商务系统人员专业培训】　年内，市商务局依托对口支援单位江苏省商务厅的支持,采取“请进来”的方式,邀请江苏省商务厅的领导和专家来拉萨为全市商务系统人员“送教上门”。6月6日,全市“促进拉萨商务发展研讨班”在拉萨开班。市商务局全体干部职工、全市各县区、局代管各企业以及百货、拍卖等公司负责人共计50余人参加培训。

(张文清)

国土资源规划

【概　况】 年内,完成拉萨市教育城二期、教育城百淀污水处理厂、市政道路建设用地、公交场站建设等一系列重点公共服务设施项目土地征收;征收近2000亩土地,发放征地补偿金近2亿元;配合置地公司完成储备土地融资工作;完成市区范围内46宗国有土地使用权出让、36宗国有土地使用权划拨,收取土地出让金4.45亿元、土地划拨价款3.52亿元;征收上缴矿产资源补偿费共计2800余万元。

(陈　刚)

【规划方案工作】 年内,完成《2012年度拉萨中心城区新增建设用地实施方案》上报以及向自治区国土资源厅申请报部备案;开展2013年度农用地转用和土地征收实施方案的编制、报批工作;开展拉萨市2013年新增建设用地农用地转用和土地征收方案的上报审核工作,编制中心城区建设用地实施方案;完成自治区国资委监管企业57宗土地的作价出资工作;完成《关于整合国有资产和土地资源提升拉萨市土地融资能力的工作实施方案》以及拉萨市国土资源局与拉萨市置地公司如何更好的融资工作方案上报工作;完成拉萨市城市供暖试点工程附属项目及拉萨市拉萨河城区段综合整治3#闸工程等22项建设项目的用地初(预)审工作;全年形成审查意见、主题汇报等各类文书136件(不包含预审类),受理业务审查报件358件。

(陈　刚)

【促进资源保护】 年内,拉萨市国土资源局协调在曲水县落实近1万亩荒草地的开发整理工作,并抓好项目方案的评审、工程的推进检查及验收;完成对堆龙县10000亩高标准农田和尼木县1000亩土地整治项目的验收;编制《拉萨市2013年度汛期地质灾害防治工作方案》,报市政府审批通过并实施;开展全市矿山安全生产隐患大检查工作;推进羊八井国家地质公园地质遗迹保护项目;组织实施东嘎石灰矿矿山地质环境治理工程。

(陈　刚)

【土地利用总体规划编制】 年内,推动完成拉萨市及各县(区)新一轮土地利用总体规划的编制推进工作。截至年底,拉萨市土地利用总体规划(2006—2020)获得国务院批准,各县(区)土地利用总体规划(2006—2020)编制工作基本完成;办理各类土地登记1700宗,其中初始登记80余宗,变更土地登记1372宗,抵押登记168宗,先后为有关单位和个人提供地籍资料查询约170人次;完成对全市七县一区57个乡(镇)、8个街道办事处、35个社区居民委员会,226个村民委员会的53796宗土地的测图,共完成地籍测图123.095平方千米,完成率100%,为农村宅基地确权登记发证工作奠定坚实基础;对司法部门认定的142本假证,协同法院、检察院等部门集中办理,截至年底,已办结10宗;全年共受理矿产资源勘查开发年检、初始登记、延续报件35件。

(陈　刚)

【开展用地执法检查】 年内,开展2012年度土地矿产卫片执法检查工作,并对疑似违法用地图斑进行核查,并以90.57的良好成绩通过自治区级验收;对加荣村棚户区改造违法买卖土地成立专项工作组进行查处,查处违法买卖土地12户,面积7007.61平方米;对中心城区可供征收储备的土地后备资源情况进行调查,对全市2014年年度用地需求进行摸底,为2014年土地管理,特别是年度土地利用计划、土地征收储备规模、政府财政资金保障预测提供信息数据支撑。

(陈　刚)

【做好强基惠民工作】 年内,拉萨市国土资源局驻村工作队开展谈心、走访等调研活动,查问题、找差距、明目标、定措施、建立家庭台账。组织群众宣讲十八大精神7场次,入户宣讲25次,撰写十八大学习心得体会40余份,开办专题宣传栏2期,发放十八大宣传材料420余份,宣讲覆盖率达100%。先后与乡、村组座谈41次,征求到意见建议30余条,梳理问题23

个。争取45万元用于纳龙村修路筑桥项目。协助村党支部组织召开支部会议16次,党员会议11次,村"两委"班子学习(开会)12次,按程序发展正式党员12名,预备党员6名,入党积极分子6名;帮助建立完善相关制度11条。

(陈　刚)

城乡规划管理

【概　况】　7月,拉萨市城乡规划局与原国土资源规划局分离,根据拉萨市机构编制委员会《关于拉萨市国土资源局和城乡规划局机构编制的通知》,核定5个内设机构,分别为办公室、综合规划科、建设用地规划科、建筑和市政工程规划科、农村规划科;3个派出机构,分别为东城分局、东嘎分局、柳梧分局;1个管理机构为拉萨市城乡规划执法监察支队;3个下属事业单位,分别为拉萨市城市规划设计院、拉萨市规划信息研究中心、拉萨市城乡规划展览馆。2013年,市城乡规划局紧紧围绕充分发挥"首府城市首位度作用"的要求,围绕"五大战略"的实施,科学编制城乡规划,创新城乡规划审批机制,加强建设项目规划监督,努力提高管理水平,为全市经济社会又快又好发展发挥规划的先导作用。

(张刚强)

【规划编制】　年内,已完成《拉萨市城市总体规划(2009—2020)修改初步方案》并向拉萨市城乡规划委员会进行汇报。召开两个专题会,预计明年年底完成。完成《中国西藏文化旅游创意园规划》编制工作。

(张刚强)

【控制性详细规划】　推进《拉萨市东嘎新区控制性详细规划》和《拉萨市柳梧新区中南组团控制性详细规划》编制和修编工作,开展《拉萨市百淀片区控制性详细规划》、夺底沟控制性详细规划编制工作的前期准备工作,完成拉萨市学校布局调整初步方案的制定。

(张刚强)

【城市设计】　年内,为加强城市设计对建设项目的引导作用,启动东嘎核心区5平方公里城市设计,积极与天津房屋鉴定勘测设计院联系,协调编制历史文化街区协调区的城市设计,设计单位已起草完成项目建议书。

(张刚强)

【县城总体规划修编】　年内,已督促各县开展县城总体规划修编工作。同时,已启动各县特色村庄保护规划工作。

(张刚强)

【规划编制扎口管理】　年内,按照《中华人民共和国城乡规划法》的有关规定,已协调经济技术开发区、柳梧新区管理委员会等相关部门,完成对东嘎新区分区规划、柳梧新区中南组团控制性详细规划和拉萨教育城二期控制性详细规划等相关规划编制的统一扎口管理工作。

(张刚强)

【规划审批事项办理】　年内,共受理各类业务报548件;共核发165个重大项目《建设项目选址意见书》、415个项目《建设用地规划许可证》、180个项目《建设工程规划许可证》、5个项目《乡村建设工程规划许可证》、规划条件215宗、城市道路路由15条(总里程约32公里),累计完成640余项地形测量、地籍测量等测绘任务。

(张刚强)

【规划审批】　为真正做到规划审批工作依法、公正、高效、廉洁,城乡规划局从审批流程再造、建立联席会议制度、建立"绿色通道"、开展主动上门服务、成立城市规划建设方案技术审查专家库五个方面入手,努力提高为全市经济社会发展服务水平。年内,共组织召开8次专家评审会,评审12个项目。

(张刚强)

【城乡规划监督】　年内,研究起草上报《拉萨市城乡规划建设委员会议事规则》和《拉萨市城乡规划建设委员会督办制度》。召开2次拉规委会议,审议15个建设项目;积极推进《拉萨市城乡规划条例实施细则》前期工作,研究制定《拉萨市城乡规划局党组议事规则》《拉萨市城乡规划局局长办公会议制度》《拉萨市城乡规划局工作例会制度》和《拉萨市城乡规划局党组理论中心组学习制度》等一系列管理制度,为机关建设正规化、行政行为规范化提供制度保障。

(张刚强)

安全生产监督管理

【概　况】　截至年底,全市共发生各类安全生产事故273起,死亡93人,伤346人,直接经济损失1328.77万元(其中生产经营性事故96起,死亡39人)。与去年同期(发生事故360起,死亡79人,伤268人,直接经济损失819.39万元。)相比,事故总起数下降24.17%,死亡人数上升17.72%,受伤人数上升29.10%,直接经济损失上升62.17%。

(冯　浩)

【危险化学品安全监管】　6月,在全市60个加油站各派驻4名安全监管员,共248人,负责加油站的现场安全监管工作。对危险化学品企业建立健全安全生产各项制度和应急预案情况、企业防火、防爆、防雷击、防静电、防泄漏工作情况,人员持证上岗情况等开展拉网式大检查,对违规充装超期未检气瓶行为、特种作业人员无有效资格证、卸油(卸气)环节未严格按照操作规程作业、从业人员三级教育培训落实不到位等问题,责令企业立即进行整改。截至年底,拉萨市共开展危险化学品安全检查142次,发现隐患211处,发现的隐患全部整改完毕。

(冯　浩)

【道路交通事故】　年内,全市共发生道路交通事故230起、死亡76人,伤346人,车物直接经济损失271.56万元(含生产经营性事故74起,死亡26人)。其中 城区:发生事故122起,死亡37人,伤202人;堆龙德庆县:发生事故20起,死亡9人,伤28人;林周县:发生事故16起,死亡2人,伤18人;当雄县:发生事故24起,死亡15人,伤24人;达孜县:发生事故18起,死亡3人,伤23人;曲水县:发生事故12起,死亡8人,伤28人;尼木县:发生事故10起,死亡1人,伤13人;墨竹工卡县:发生事故8起,死亡1人,伤10人。与上年同期(发生事故276起、死亡74人,伤265人,车物直接经济损失250.58万元)相比,事故总起数下降16.67%;死亡人数上升2.7%,受伤人数上升30.57%,车物直接经济损失上升8.37%。

(冯　浩)

【火灾事故】　年内,全市共发生火灾事故35起,死亡4人,无受伤人员,直接财产损失104.70万元(含生产经营性火灾事故15起,无死亡人员)。其中 市辖区:发生事故13起,无人员伤亡;城关区:发生事故17起,死亡1人,无受伤人员;曲水县:发生事故1起,无人员伤亡;墨竹工卡县:发生事故1起,无人员伤亡;尼木县:发生事故1起,无人员伤亡;当雄县:发生事故2起,死亡3人,无受伤人员。与上年同期(发生事故80起,无死亡人员,伤3人,直接财产损失387.81万元)相比,事故总起数下降56.25%,死亡人数增加4人,受伤人员3人,直接财产损失下降73%。

(冯　浩)

【工矿商贸事故】　年内,全市共发生工矿商贸事故8起,死亡13人(其中1起1人为非生产经营性事故),无人员受伤,直接经济损失952.5万元。与上年同期(发生工矿商贸事故2起,死亡3人,无受伤人员,直接经济损失181万元)相比,事故起数上升300%,死亡人数上升333.33%,均无受伤人员。其中,建筑施工事故5起,矿山事故2起,其他事故1起。

(冯　浩)

【铁路交通事故】　年内,全市无铁路交通事故发生,与上年同期(事故2起,死亡2人,无受伤人员)相比,事故起数和死亡人数均下降100%。

(冯　浩)

【较大及重、特大安全事故】　年内,全市共发生5起较大事故(其中:道路交通安全事故3起),死亡22人,伤30人。无重、特大生产安全事故发生。

(冯　浩)

【非煤矿山安全监管】　年内,共缴存安全生产风险抵押金988万。共开展矿山安全检查149次,排查出事故隐患238处,整改完毕235处,另外3处由自治区挂牌督办,在整改之中,整改率达98.74%。

(冯　浩)

【烟花爆竹安全监管】　年内,举办拉萨市烟花爆竹零售经营从业人员安全培训班,拉萨市烟花爆竹经营负责人和安全管理人员共120人参加。组织各县(区)、市直相关部门对辖区内所有批发企业、零售商进行全面检查。督促各县(区)安全监管局严格安全准入,审查申请办证商户的安全生产经营条件,合格后才予以许可发证,并对节后退出经营的烟花爆竹零售商剩余鞭炮退回批发商情况、经营点及储存仓库清理情况进行督促检查,完成烟花爆竹零售经营点的颁证和收尾工作。截至年底,拉萨市共开展烟花爆竹安全检查86次,发现安全隐患156处,发现的隐患全部整改完毕。

（冯　浩）

【工贸企业安全监管】 年内，通过向工商部门查询资料和实地走访等方式，对拉萨市商贸、建材、轻工、纺织、冶金等行业（领域）企业调查摸底检查是否依法生产、经营、建设，是否成立安全管理机构及配备安全管理人员，是否建立健全安全生产制度并落实，对发现的问题和隐患，要求企业立即整改。全年共检查工商贸企业200余家（次），排查治理安全隐患230余处，全部整改完毕。

（冯　浩）

【职业健康安全监管】 年内，组织拉萨市重点企事业单位负责人参加自治区职业健康专题知识培训，组织职业危害申报专业培训。截至年底，共组织4期专题培训，培训相关企业负责人及工作人员近500人次，市、县（区）安监局职业健康负责人16人次。开展作业场所职业病危害项目申报工作，市、县（区）完成申报和备案企业249家。

（冯　浩）

【安全生产综合监管】 年内，市安监局发挥监督协调指导作用，督促各县（区）人民政府、市直各部门、各单位强化安全生产意识，促进安全生产工作在行业和基层的有效落实；要求各分管领导、各行业负责人明确工作重点、细化工作措施，抓落实求实效。开展节日安全生产检查、安全生产月、打非治违、安全生产大检查、工矿商贸领域安全隐患排查、金属非金属地下矿山防中毒窒息等多项专项行动，强化广大干部群众特别是从业人员的安全意识，规范拉萨市安全生产秩序，提升生产经营单位安全生产水平。

（冯　浩）

【安全生产大检查】 年内，开展安全生产大检查活动，集中排查和治理一批安全隐患。排查出超速、超载、疲劳驾驶、农用车违法载人、准驾不符等各类交通违法行为13775起，其它各级行业主管部门共排查安全隐患2706处，完成整改2669处，整改率达98.63%。下发各类整改指令书（通知书）987份，没收采矿许可证（采石采砂）1份，下达行政处罚告知书3份，停产整顿27家，关闭存在消防安全隐患的人员密集场所1家，拆除违规违章建筑78处。

（冯　浩）

【隐患排查治理】 年内，通过开展隐患排查治理常态化机制建设，全面落实企业安全生产主体责任，实现安全隐患排查治理常态化、规范化、制度化。截至年底，此项工作做好前期准备工作，制定2013年至2015年工作机制方案、目标和任务。相关人员参加培训。此项工作正在进行摸底调查。

（冯　浩）

【强基惠民工作】 年内，驻村工作队结合南巴村实际，制作涉及农田灌溉水渠、道路硬化、幼儿园建设、村容村貌、农家书屋、植树造林等660多万元项目建议书（申请）。带领村民修建水闸，整理修缮水渠，完成第一批驻村工作队遗留的35万元水利项目工作。争取农田灌溉水渠建设项目，多方努力到位资金达48万元，占总投资的68.5%。完成56万元的村4个组的文化书屋建设项目，结束村小组干部召集村民开会在露天开会的历史，方便群众集中学习和开会。配合村“两委”全面开展服务业技能培训，做好“四业工程”工作，申报35名驾驶员培训。做好整村推进、培训转移和产业化扶贫等工作，完成驻在村扶贫开发阶段性任务。截至年底，财政拨入为民办实事经费中共计投入14万元。全年干部职工为“结对帮扶”家庭中的3名学生，各类捐款捐物2万元；5名县级领导全部下基层，与老百姓同吃同住一个星期，帮助解决9项群众反映的困难，个人捐款上万元；慰问困难群众和贫困党员、驻村干部等资金3万余元。

（冯　浩）

【加强教育宣传】 年内，利用法制宣传月、环境保护日等契机，重点对国家安全生产法律、法规和安全生产知识进行宣传讲解。在开展各种安全生产检查时，结合被检查对象的实际情况，向从业人员有针对性地宣传安全生产法律法规。利用新闻媒体及通信工具，刊发、播放安全生产新闻，向广大群众发送安全知识短信，鼓励群众参与安全生产工作。利用出租车顶灯、警务站显示屏、报亭显示屏等工具，滚动播放安全生产信息。联合安委会各成员单位，利用安全生产宣传咨询日进行定点宣传、动员群众集中观看安全生产专家访谈、参加知识竞赛等群众喜闻乐见的形式，推进“安全生产月”活动。年内共开展宣传教育活动208次，悬挂宣传横幅110条，摆放各类展板145个，发放宣传资料、宣传单3万余份、受教育人员达10万余人（次）。

（冯　浩）

粮　　食

【概　况】　年内,全市各类经营企业收购粮食2305.96万千克,同比下降5%(其中,国有粮食企业收购粮食85.26万千克)。粮食采购情况:全年采购粮食11326.19万千克,同比下降9%(其中,国有粮食企业采购粮食555.19万千克)。粮食销售情况:全年销售粮食12441.25万千克,同比增长10%(其中,国有粮食企业销售636.25万千克)。截至2013年底,全市粮食库存2013.9万千克(其中,国有粮食企业粮食库存186万千克,同比下降3%。

(索朗卓嘎)

【发放牛羊肉、酥油补贴709.7万元】　根据《关于建立拉萨市基本生活副食品(牛羊肉、酥油)价格临时补贴实施意见的通知》,从7至9月为全市低收入人群发放牛羊肉、酥油补贴709.7万元,其中市级财政配套479.15万元,县级配套230.55万元。

(索朗卓嘎)

【粮油监督检查】　年内,加强全市粮食市场监管,关注国内和拉萨粮油市场价格信息监测,在全市建立5个粮油信息监测点,每周对粮油价格进行监测,并按照直报信息工作要求及时向国家粮油信息监测中心报送粮油价格动态;开展"节日"粮食市场专项检查,联合工商、质监、卫生、物价等部门组成联合执法检查组对全市部分国有、非国有粮油批发、零售网点、超市和加工企业开展节前粮食大检查。加强《粮食流通管理条例》的宣传,规范粮食经营者经营行为,维护消费者合法权益。

(普　珍)

【粮油统计调查】　组织开展各县(区)粮食行政管理部门、国有粮食企业的粮食流通统计人员业务知识培训,提升粮食流通统计工作水平,保证全市粮食流通统计工作步入制度化、规范化和标准化。

(普　珍)

【确保储备粮安全】　年内,在全市粮食流通工作会上,拉萨市粮食局与3个自治区储备粮代储库签订《自治区储备粮管理责任书》《自治区储备粮代储合同》,明确职责任务,定期检查粮油库存。

(普　珍)

【放心粮油工程】　年内,制定"拉萨市粮食局放心粮油工程试点工作实施方案",成立拉萨市粮食局"放心粮油工程工作领导小组";借助5月12日"防灾减灾日"、5月25日中国粮食科技活动周、6月17日全国食品安全宣传周对"放心粮油工程"进行宣传。截至年底,拉萨市共有1家粮油配送中心和5家放心粮油示范店,8月中旬和11月中旬,5家放心粮油示范店正式开始运营。

(普　珍)

【争取援藏项目】　年内,拉萨市粮食局与援藏省市衔接,主要从人才援藏、项目援藏两方面争取援藏工作支持。向北京、江苏两省市粮食局争取学习培训;争取项目资金支持,召开专题会,整理制定项目可行性报告,分别向北京市、江苏省粮食局上报所需的援藏项目;拟定《2013年拉萨市粮食局对口援藏工作实施方案》,争取资金加强基础设施建设,加强产销合作机制的建立,借鉴北京、江苏两省(市)粮食流通管理工作中的先进经验。

(普　珍)

【创先争优强基惠民活动】　年内,制定《学习宣传党的"十八大"精神实施方案》,培训"两委"班子和各组组长15名,发放宣传资料120余份,宣讲覆盖率达100%,按照"五个好"标准,召开党员代表会议、群众代表会议、全面了解村"两委"班子建设情况,实施村务、党务上墙公开;调研全村人畜饮水工程,乡村道路交通情况,争取"短、平、快"项目资金44万元,更换龙仁村五组、二组、三组变压器投资2.55万元。为龙仁村牧民群众办实事好事15件,投入资金0.697万元,慰问五保户、贫困户、困难群众、僧尼296人次,共用4.147万元,慰问"三老"人员54人次,共用1.58万元,其中派出单位出资1.277万元。为龙仁村5个村民小组建设垃圾收集处理场,改善村民生产生活环境。

(索朗卓嘎)

电力供应

【概　况】　年内，拉萨供电公司完成售电量15.82亿千瓦时，同比增长4.85%；综合线损率13.38%，同比上升2.03%；未发生六级以上电网事件，发生六级设备事件1起。

（蒋　族）

【系统建设】　年内，完成调控一体化D5000系统建设，优化整合电网调度和变电监控资源，推进变电设备运行集中监控业务，实现变电站"调控一体化"体系，研究配网调控模式；完成调控场所的装修和改造。开展调度队伍、流程、标准、技术装备建设，加强调度专业管理，转变调度业务模式，规范业务流程，推进调度标准化建设。

（蒋　族）

【业务移交】　年内，中心接收配网抢修指挥业务和信息通信管理业务，同时配备相应的技术管理人员，全面规范管理规定和职责，确保各项业务的有效衔接和业务流转。

（蒋　族）

【电网规划建设】　年内，完善配电网规划建设方案，梳理优化规划项目，编制完成拉萨市2013～2020年配电网滚动规划。成立"十三五"电网规划编制领导小组及其工作小组，梳理基础数据，分析拉萨市110千伏及以下电网现状，科学编制"十三五"电网规划和通信网络规划，同时加强与西藏公司沟通汇报，做好地区电网和主网架衔接。

（蒋　族）

【经营管理】　年内，拉萨供电公司全面贯彻国家电网公司、西藏公司"三集五大"体系建设财务集约化工作各项方案部署，以"六统一、五集中、三加强、三保障"为主线，开展财力集约化工作，公司财务管理水平持续提升。

（蒋　族）

【会计集中核算】　年内，公司财务管理基本实现标准化，会计科目、标准流程、信息标准和管理流程等基础平台实现统一；"一键式"报表功能常态化应用，集团对账率达到100%；实现电费资金归集比率达到100%。

（蒋　族）

【加强预算集约化调控】　年内，建立预算闭环管理体系，推进财务预算与综合计划的融合。公司月度预算平均偏差率为1.4%，预算实现均衡调控。

（蒋　族）

【电价电费管理成效显著】　年内，加大应收电费的催收工作力度，实现当年电费的双结零，推进电费预收工作，加大售电预算和电价分析管理，售电预算偏差率为0.38%。

（蒋　族）

【加强资产管理】　年内，开展固定资产清查工作，摸清固定资产现时状况，完善固定资产管理信息，规范固定资产管理，落实土地权属清查、办证工作，完成27宗土地和17宗房产的权证办理工作。

（蒋　族）

【建立风险在线监控机制】　年内，落实"三重一大"事项决策机制，决策程序更加规范；新增、修订财务管理规章制度制度7项，重点对资金审批、成本费用控制等方面加强管控，并通过财务管控信息系统平台，对企业经济业务事项的真实性、合规性、准确性开展在线稽核；开展"主多分开回头看"工作，规范地完成主多分开任务；对国网公司依法治企专项检查和区公司审计部的内部审计提出的整改意见认真进行整改。

（蒋　族）

【开展城市电网安全性评价工作】　6月15日至7月15日，拉萨供电公司开展为期一个月的城市电网安全性评价工作。拉萨城市电网安全性评价最终参与查评项目451小项（1197分），应得分5093分，实得分3626.25分，得分率为71.2%。查评共发现问题247项，最终扣分项243项，其中重点项133个。电网部分共查评共9个大项、64个小项，应得标准分1100分。不参与查评为47项（800分），实得标准分300分。查评结果共发现问题17项，重点问题10项，一般问题7项，实得分202分，得分率为67.33%。调度及二次系统实际查评共7个大项、198个小项，应得标准分1560分。不参与查评为24项（187分），实得标准分1373分。查评结果共发现问题105项，重点问题65项，一般问题40项，实得分947.25分，得分率为68.99%。电气一次设备查评共2个大项、186个小项，应得标准分2680分。不参与查评为8项（125分），实得标准分2555分。查评结果共发现问题99项，重点问题45项，一般问题54项，实得分1771分，得分率为69.31%。安全供电组实际查评共4个大项、29个小项，应得标准分300分。不参与查评为8

项(85分),实得标准分215分。查评结果共发现问题8项,重点问题3项,一般问题5项,实得分183分,得分率为85.11%。应急管理组实际查评共4个大项、61个小项,应得标准分650分。查评结果共发现问题18项,重点问题10项,一般问题8项,实得分491分,得分率为75.53%。

(蒋　族)

【营销管理】 年内,售电量完成158207.52万千瓦时,同比增长4.85%。线损率为13.38%,同比上升2.03个百分点。应收电费总额98768.27万元,截至年底,电费回收率100%。售电均价624.30元/千千瓦时,同比上升8.28元/千千瓦时。新装申请17785户,容量938687千伏安,其中10千伏及以上536户,容量863550千伏安。

(蒋　族)

【推进供电服务提升工程】 年内,开展用户设备隐患排查,提高供电设备健康水平;规范催费停电、业扩报装等服务问题。首次开展用户电工培训工作,使150名重要用户电工取得电工资格证书。

(蒋　族)

【开展"大营销"体系建设】 年内,经过方案制定、动员准备、新模式导入、磨合改进、总结验收前五个阶段的工作,通过完善营销管理机制,规范营销管理标准,推进营销业务集约化,提高营销管理效率,提升营销管理水平。"一型五化"的"大营销"体系初步建成。

(蒋　族)

【负控采集终端建设】 年内,组织人员对采集用户的上线率、采集成功率进行专项的调试工作,将采集上线率由之前的93%左右提升到97%左右,采集成功率由88%提升到93%左右。

(蒋　族)

【农电代管启动仪式举行】 12月25日,西藏自治区国家电网电网覆盖区域农电代管启动仪式在墨竹工卡县举行,标志着西藏自治区人民政府与国家电网公司签订的《西藏自治区国家电网覆盖区域农电代管框架协议》的全面落实。自治区政府、发改委、监察厅、财政厅、人社厅、水利厅、审计厅、拉萨市有关负责人,国网西藏电力有限公司董事长、党组书记刘晓明出席仪式。墨竹工卡县供电有限公司注册资本金为300万元,现有员工29人,其中事业编制1人,5个公益性岗位人员,23个社会化用工人员。

(蒋　族)

【堆龙德庆县供电有限公司揭牌】 12月30日,堆龙德庆县供电有限公司揭牌及代管仪式在堆龙德庆县隆重举行,堆龙县政府领导与国网拉萨供电公司领导共同为堆龙德庆县供电有限公司揭牌并签订代管协议。拉萨市相关部门领导、国网西藏电力有限公司农电部、堆龙德庆县政府领导出席仪式。堆龙德庆县供电公司注册资本金为60万元,现有员工11人,其中事业编制人员3人,公益性岗位2人,社会化用工6人。

(蒋　族)

【科技信息化】 年内,拉萨供电公司"三集五大"体系建设工作步入验收阶段,科技信息化工作全面支撑和保障国网拉萨供电公司"三集五大"体系建设,通过国家电网公司的验收。

(蒋　族)

【重要活动电力保障】 年内,拉萨供电公司共完成保电任务354起,其中特重保电111件、重要保电196件、一般保电47件,共派出保电车辆111台次。保电人员227人次。保电人员423人次。

(蒋　族)

【强基惠民工作】 年内,先后选派四批次13人分别前往山南浪卡子打隆镇、日喀则仲巴县、墨竹工卡县驻村工作,第二批驻村人员多吉获得全区强基惠民、创先争优先进个人。

(蒋　族)

自来水

【概　况】 截至年底,四个水厂及五个泵站日供水能力超过30万吨,使用自来水人口数约45万人,供水普及率90%,城市供水面积达55平方千米,给水管网长度达733.15千米,2012年供水突破1.16亿吨。水厂水源主要含水层岩性为砂卵石,地下水资源丰富、采用地下集中式开采方式,生产工艺采用取水—排沙—沉淀—蓄水—消毒—配入城市供水管网。

(高　兰)

【一户一表工程】 年内,继续在全市推行"一户一表”制度。截至年底,“一户一表”工程已完成整个城市自来水用户的78%,剩下的用户将逐步完成。

(高 兰)

【地表水厂前期工作】 年内,推进拉萨市地表水厂前期规划设计工作。初步确定上海市政设计总院、中国华北市政设计总院两家具有甲级资质的设计单位参与项目的前期总体方案的设计,总体方案于4月底完成。初定的地表水厂的设计供水量为50万吨/日,满足100万人使用自来水,并作为今后拉萨市的主供水厂。

(高 兰)

【加强水质化验工作】 年内,按照国家GB5749—2006卫生标准对厂各水厂的源水、出厂水、末梢水以及泵站源水进行微生物指标、毒理指标、一般化学指标23个项目分析检测。卫生监督部门对各水厂的水质每季度进行监测。截至年底,公司正按照国家106项检测标准要求,开展筹建拉萨市自来水公司水质检测中心工作。

(高 兰)

【确保安全供水】 年内,加强各水厂、泵站设施设备的维护保养工作,确保供水设施设备的正常运行。加大市政供水管网及消防设施的巡查检修力度。提供24小时供水管网抢修热线“6388711”,随时受理市民反映的各种问题。实行分管领导负责制,不定时带领水厂负责人检查施工现场、水源地、供水设施设备等,发现问题及时提出整改措施。

(高 兰)

【建设加压泵站】 年内,解决当前群众反映最强烈的供水水压不足的问题。经技术人员多次现场勘察选址,分别确定在夺底北路区机电公司住宅苑大门南侧建设机电小区加压泵站,在贡布塘路建设老城区加压泵站,弥补机电小区、老城区及周边供水水压不足的现状,投入资金约400余万元。

(高 兰)

【节水宣传】 5月11至17日,为“节约用水宣传周”,组织开展以“节水全民行动,共建生态家园”为主题的形式多样的宣传活动。采用广播车在全市范围内循环播放介绍《拉萨市城镇供水用水管理条例》(藏汉双语)内容;组织人员随宣传车辆以游街形式和定点形式向过往人群分发自来水用户报装流程图、自来水用户服务征求意见表、拉萨市自来水公司致市民的一封信、及节水宣传图片、节水知识、手册等,并进行节水知识讲解;宣传期间由市政市容管委会选址,悬挂贴切今年节水主题的过街藏汉文宣传横幅30条;组织媒体记者(市电视台、拉萨晚报、西藏商报)在市内主要报刊上,介绍和宣传本次活动内容。

(高 兰)

【应急演练】 年内,完善《拉萨市自来水公司供水应急预案》,并组织人员开展供水应急演练活动。演练主要包括在紧急情况下的责任人在岗、领导指挥、车间部分停机、区域范围内关闭总阀、水质分析、应急储备物资仓储及调运、水电工的实际操作等。

(高 兰)

【保障市政给水改造工程】 年内,配合拉萨市城市供暖试点工程中的管网应急抢修、维护工作和老城区保护工程的给水改造、“一户一表”、消防栓的安装工作,实施增压供水保障工程,实现老城区供水全天候、全覆盖,保证居民的正常用水。

(高 兰)

【管网地理信息和测压系统】 年内,投入资金340余万元分两期建成拉萨市供水管网地理信息和测压系统,为拉萨市供水管网规划设计、输配管理、图档管理、抢修辅助决策、管网运行与维护管理及综合查询、统计等工作的科学化、数字化提供有力的管理工具,为拉萨市“数字供水”的建设目标提供一个载体和基础平台。

(高 兰)

国有企业

拉萨市城市建设投资经营有限公司

【概　况】　截至年底,拉萨市城市建设投资经营有限公司(简称拉萨城投,资产总额287580万元,负债109554万元,所有者权益178026万元。公司资产比上年增加206234万元,资产增长率254%,负债比上年增加60654万元,负债增长率55.36%。

(德　央)

【资产移交】　12月19日,完成江苏生态园大酒店、四川岷山拉萨大酒店资产清查及评估移交拉萨城投工作,并按照中介机构出具的资产评估报告进行财务处理。

(德　央)

【中期投资】　年内,拉萨城投对拉萨青达建设集团有限公司投资3224.9万元;对拉萨市地下管网经营管理有限公司投资51万元;对拉萨城投出租车有限公司投资100万元;对拉萨诚投资置业有限公司投资255万元;对拉萨城投资产运营管理有限公司投资50万元;对拉萨城投农副产品经营管理有限公司50万元;对拉萨运高国际酒店有限公司3900万元。截至年底,拉萨城投共计对外投资7630.9万元。

(德　央)

【融资情况】　截至年底,拉萨城投完成融资49805万元。其中拉萨市八廓商场项目贷款4亿元,拉萨市东嘎农产品批发市场工程项目6700万元,拉萨市城市路灯节能改造项目贷款3105万元。

(德　央)

【项目进展】　年内,拉萨八廓商城建设项目二期工程总建筑规模为5.62万平方米(地下1.47万平方米、地上4.15万平方米)开工假设。老城区内低保户、残疾人及低保边缘户3033个摊主的利益,同时先期配套建设的500个地下停车位。东嘎农副产品批发市场的媒体宣传于4月3日开始投放。公司与租户一次性签订五年的合同,第一年免受租金,第二年收取50%,即7.5元/平方米/月的租金,第三年收取15元/平方米/月的租金,第四年增加10元,即25元/平方米/月,第五年再增加10元,为35元/平方米/月。五年合同期满之后,商户有优先续租权,租金价格按照拉萨市批发市场的平均价格制定。会展中心项目规划占地面积318175平方米,建筑规模33543平方米,总投资4.93亿元。公交站台项目共计156座金珠西路19座公交站台属新建站台,9月完工。十四条道路项目总投资2.1亿元,完成70%。拉萨城投与拉萨神力公司合作开发,拉萨城投控股51%,合作公司占49%。拉萨城投与拉萨神力公司合作开发太阳岛项目,拉萨城投控股51%,合作公司占49%。

(德　央)

西藏圣城建设集团有限公司

【概 况】 年内，西藏圣城集团完成国资委下达的各项目标责任，集团（含下属企业）实现营业收入2.7亿元，上缴税费共计891万元。

（陈 燕）

【工程质量管理】 年内，西藏圣城集团坚持“以质量求生存，以信誉争市场”的战略，狠抓工程质量管理，工期管理，成本控制管理，主动协调各方关系。继续执行项目经理承包责任制，狠抓落实，使集团承建的工程质量工期服务都得到保证。

（陈 燕）

【房地产业务】 截至年底，“圣城·丽都苑”“圣城·牡丹苑”房屋销售完成100%。“圣城·百安苑”全面竣工。

（陈 燕）

【签订目标责任书】 年内，完善公司以经理负责制为主要内容的经营管理机制，调动下属公司经营管理人员积极性，挖掘人力资源潜力；建立集团公司对下属公司的经营目标责任考核体系；推动下属公司乃至整个集团公司经营管理工作逐步向理性、科学、精细和规范的方向发展，用科学的指标评价体系替代粗线条的考评；推动下属公司管理手段和经营观念的转变，增强下属公司管理层的责任意识和经营管理能力，集团与各公司签订2013年度经营目标责任书。

（陈 燕）

【安全生产】 年内，西藏圣城集团有限公司按照“属地管理”和“谁主管，谁负责；谁经营，谁负责；谁受益，谁管理”的原则，层层落实领导责任制、部门责任制和单位责任制，把涉及本单位、本部门的安全生产防范工作落实到基层，落实到部门、落实到责任人，要求各公司切实做到“看好自己的门、管好自己的人，办好自己的事”。

（陈 燕）

【完善集团法人治理结构】 年内，西藏圣城集团有限公司按照建立现代企业制度的要求，集团建立健全并不断完善法人治理结构，修订董事会议事规则并对董事会人员进行调整和完善，按照《公司法》要求，明确公司决策机构、执行机构、监督机构职责范围，完善党委会、董事会、监事会和经理层之间的分工，协作机制和议事规则，规范法人治理机构，按照《公司章程》的规定，对集团及下属公司的班子成员进行调整。

（陈 燕）

石油天然气销售

【概 况】 年内，中国石油西藏拉萨销售分公司主要在拉萨地区从事成品油批发和零售经营业务，辖区内现营业加油站30座。

（夏 涛）

【实名卡推广】 年内，为广大顾客推行中国石油IC实名制加油卡，减少顾客加油登记流程，只需现场核实身份证、车牌号是否与IC实名制加油卡上信息一致。截至年底，所有加油站均具备实名制IC加油卡的办理、充值、消费等业务，为顾客消费真正体现方便、快捷等功能。

（夏 涛）

【履行责任】 年内，招录30余名内地西藏中职班学生；多次组织公司油罐车前往唐古乡、拉萨市周边7县农牧民田间耕地送油下乡；前往西藏盲文无国界学校慰问看望；保障“3·29”墨竹工卡甲玛矿难救援救灾油品供应；驻村干部开展困难农牧民慰问。

（夏 涛）

拉萨布达拉旅游文化集团有限公司

【概　况】　年内,拉萨布达拉旅游文化集团有限公司(以下简称布达拉公司)着力打造纳木错国家公园景区、慈觉林中国西藏文化旅游创意园区《文成公主》实景剧等重点项目。公司拥有纳木错景区保护开发有限公司、雪域明珠国际旅行社有限公司(以下简称雪域明珠公司)、和美布达拉文化创意产业发展有限公司、布达拉文化传媒有限公司等子公司。纳木错景区综合服务区项目建设进展顺利,《文成公主》大型实景剧成效显著,雪域明珠公司完成预定目标。

(扎西江村)

【推进纳木错景区工作】　年内,拉萨纳木错景区保护开发有限公司推进景区游客服务中心的选址和建设,完善纳木错国家公园的基础设施;推进景区商业项目的发展;加强对景区新增景点二号桥湿地观景长廊的管理工作;继续做好景区的道路畅通保障工作。

(扎西江村)

【《文成公主》大型实景剧实现票房收入2900多万元】　年内,《文成公主》实景剧接待观众21万人次,实现票房收入2900多万元。

(扎西江村)

【雪域明珠国际旅行社共接待游客1136人】　年内,共接待游客1136人,完成利润45万元,超额完成全年40万元的目标任务。

(扎西江村)

拉萨置地投资开发有限公司

【概　况】　截至年底,主要完成拉萨教育城一期工程和中国西藏文化旅游创意园区项目的土地一级开发建设。完成投资总额约4.17亿元,其中固定资产投资额度约29308万元,项目前期费及征地拆迁补偿费约12440万元。置地公司成立至今累计融资总额为7.1亿元,实到资金7亿元。通过抵押方式分别向中国银行贷款8000万元和向农业银行贷款1.8亿元土地一级开发资金,其资金全部到位。

(段媛媛)

【拉萨教育城开发建设融资情况】　年内,拉萨教育城建设顺利。一期土地一级开发项目投资总额为9.07亿元,截至年底,累计投资总额为7.09亿元,占总投资的78.2%。其中本年度兑付拆迁补偿费4497万元;基础设施建设工程投资总额约21099元(BT项目)。

(段媛媛)

【其他项目】　年内,清朝驻藏大臣衙门修缮工程完成投资总额为3000万元,占总投资的10.1%。城市规划展览馆展示工程完成投资总额为4472万元,占总投资的89.4%。公司承担其它项目有:南山山体绿化工程、文成公主实景剧周边山体绿化工程、次角林水厂建设和百荣村征地拆迁补偿等,累计投资总额为5164万元。

(段媛媛)

【中国西藏文化旅游创意园区融资情况】　截至年底,中国西藏文化旅游创意园区累计投资总额为18020万元。其中本年度兑付完成前期费及征地拆迁补偿费完成7943万元,基础设施建设工程总投资额约8209万元(BT项目)。

(段媛媛)

燃气热力

【概　况】 年内,完成主城区(东城片区、西城片区、北城片区)、教育城、东嘎片区内27232户居民私房户内燃气壁挂炉供暖系统,燃气入户系统(含远程抄表网络弱电系统)建设工作。2012年至2013年,完成664个居民小区及公建单位、10.7万户供暖工程建设工作,供暖面积达到1986万平方米,其中覆盖居民小区317个,区中直单位152个,市直单位161个,驻地机构及寺庙34个,实现拉萨市规划建成区供暖全覆盖。

(孙敏娜、岳蕊丽)

【智能燃气信息化系统】 年内,建设智能燃气信息化系统。智能燃气信息化系统项目主要建设内容为综合信息集成平台、计算机数据中心系统、SCADA自控系统、客户服务中心系统、GIS地理信息系统、数据中心机房及综合布线设计、燃气主干管网同沟敷设通信光缆,总体投资4957.25万元。截至年底,完成燃气主干管网同沟敷设光缆60千米,完成示踪球敷设230千米,4600个。

(孙敏娜、岳蕊丽)

【东、西城区输配监控中心建设】 年内,建设东、西城区输配监控中心。东、西城区输配、应急抢险和调度指挥中心属于拉萨城市供暖项目子项之一,主要服务于拉萨市城市供暖工程后期运营监控、指挥调度和东、西城片区应急抢险任务,建设内容包括应急抢险办公服务用房、应急抢险物资仓库、备勤房、值班室、车库、柴油发电机房、锅炉房等,其中东城区建设面积1.2万平方米,西城区建筑面积1.02万平方米,项目总计投资7209.1万元。截至年底,项目前期工作已完成。

(孙敏娜、岳蕊丽)

【生产运营】 年内,继续对已通气的290千米燃气管网、1000千米低压管线、500个调压箱、1809个阀井进行巡检;已建供暖供气项目安全平稳运营,实现全年零事故的既定目标;做好客户服务工作,据"96188"服务热线调查,热线回访率为100%,回访满意率为96%;10月26日,暖心公司启动天然气收费工作。

(孙敏娜、岳蕊丽)

【灶具配送】 年内,公司为拉萨市民发放燃气灶具9733台,其中为低保户送灶4000台。

(孙敏娜、岳蕊丽)

公共交通

【概　况】 2013年,公交车日均客运量超过21万人次,客运总量为7589万人次,老年人免费乘坐公交总人数为753万人次。

(徐春林)

【出租车运价调整】 4月30日召开拉萨市出租汽车运价调整听证会,经上报市政府,最终确定新的出租汽车运价,于5月10日正式执行。新的出租汽车运价标准:3千米/10元,超过3千米后每千米加收2元;等候费:等候6分钟后每累计4分钟折算1千米基本单价的50%;返空费为单次旅程8千米以上加收1千米基本单价50%。

(徐春林)

【1200余名聘用工续签劳动合同】 12月16日,1200余名中巴退市时签订三年劳动合同的聘用工全部续签劳动合同。

(徐春林)

【公交运营工作】 年内,老年人免费乘坐公交总人数为7537126人次。公交运营中交通安全事故控制在每25万千米1起,每周不超过3起,且多数为轻微事故。交通违章每月不超过7起。服务投诉每周不足1起,且投诉内容呈现由起初的服务态度差、运营秩序乱等管理工作到目前候车时间长、乘车拥挤、线路覆盖不全等基础条件的变化趋势。

(徐春林)

【推进城市公共交通发展】 2013年年底,八届市委第63次、66次、71次常委专门研究安排拉萨市优先发展公交工作。市政府印发《拉萨市人民政府关于优先发展城市公共交通的意见》。《意见》对公交场站基础设施建设、运力增加、财税扶持政策进行安排。八届市委第71次常委会研究批准组建拉萨市公交集团总公司的方案,通过拉萨市公交集团公司人事任命决定。

(徐春林)

【出租汽车经营管理工作】 年内,拉萨市人民政府印发关于《出租汽车行业治理工作的方案》,按照出租汽车行业治理工作的总体安排,通过平等协商和兑现合理的补偿,利用两个月的时间,完成对7家违规挂靠公司、1160辆车辆以及个人持有的经营权的回购。截至年底,已经制定《拉萨市出租汽车经营服务管理规定》《出租汽车安全行车管理制度》《出租汽车驾驶员拒载管理规定》《出租汽车车辆服务设施管理规定》《出租汽车乘客投诉及报失受理制度流程》《出租汽车运营车辆管理规定》《出租汽车驾驶员请销假制度》《拉萨市公交集团出租汽车服务质量信誉考核实施细则》《出租汽车重特大事故(件)应急预案》等一系列制度流程。向每一名驾驶员印发4月1日实施的国家质检总局、国家标准委下发的《出租汽车运营服务规范》及《驾驶员服务用语》。

(徐春林)

八一农场

【概　况】 2013年,农场实现总收入9154.27万元(含土地收入);利润总额2030.44万元;国有资本税后利润1725.87万元;实际上缴税金1622.86万元;国有资产保值增值率108.29%;职均收入5.29万元。截至2013年12月31日,资产总额为29485万元。

(伍　娜)

【产业发展】 年内,开展项目设计和招投标工作。投入资金152万元开展农产品市场升级改造工作。开展与西藏宏绩集团有限公司合作开发藏游坛城项目的前期准备工作。

(伍　娜)

【民生工作】 年内,农场投入85.72余万元为职工办实事。“三大节日”期间为离退休职工及困难职工等共计送去慰问金27.54万元。配合人社部门做好离退休职工的增资申报工作。累计慰问生病住院及去世职工家属28人次,送去慰问金2.1万元。做好最低生活保障和廉租房申报工作,2013年新增4户低保户;批准入住廉租房12户,年内新申报3户。为考上大学的10名职工子女发放共计2万元的奖学金。发挥农场扶贫基金作用,资助1名重度贫困户家庭子女学费每年0.3万元,直至其大学毕业;为1名职工子女发放特病救助资金2万元。为2名患重大疾病的职工申请医疗救助1万元。通过申请公益性岗位和联营单位工作岗位,共计实现就业28人。投入0.6万元对“十二五”期间定点扶贫地曲水县南木乡的贫困户开展慰问帮扶工作。投入33万余元对环水新村西区退休基地进行道路硬化和下水道改造。为31名在公益性岗位工作的职工缴纳7.6万元的三项保险个人应缴部分。出资9.58万元对创先争优强基础惠民生驻村工作队所在点的村民开展帮扶慰问等工作。

(伍　娜)

开发区·工业园区

拉萨经济技术开发区

【概　况】　年内，拉萨开发区完成地区生产总值44.11亿元，同比增长20.5%；固定资产投资31.01亿元，同比增长61%；实现工业总产值8.1亿元，同比增长40%；工业增加值2.4亿元，同比增长19%；工业销售产值6.89亿元，同比增长55%；实现一般财政预算收入16.55亿元，同比增长65.99%。

（支立娟）

【基础设施建设】　3月29日，启动开发区B区建设项目，总规划面积2.95平方千米，涉及柳东路、乃岗路、拉青路和园区南路等市政道路13条，总长18.76千米，总投资11.3亿元。截至年底，各条道路基本完成基础性工程，正在完善各项配套工程，已具备企业入驻的条件。

（支立娟）

【开发区新增注册资金63.9亿元】　截至8月底，国家级拉萨经济技术开发区注册企业达1110家，注册资金213.3亿元，实现税收19.74亿元，实现财政收入7.61亿元，实现工业总产值3.97亿元，实现工业增加值1.04亿元，其中规模以上企业工业增加值达9500万元，占到92%，龙头企业在开发区经济发展中的作用已经显现。新增注册企业314家，新增注册资金63.9亿元。8月，有9个企业在开发区落户，总投资达37.5亿元。

（支立娟）

【中国光彩事业西藏行活动】　年内，中国光彩事业西藏行活动期间有9个项目落户开发区，总投资37.5亿元，涉及农畜产品深加工、西藏特色资源开发、电子科技及包装材料等多个领域。

（支立娟）

【创先争优强基惠民】　年内，开发区两个驻村工作队结合"五项任务"积极开展感党恩活动，全年共投资16万元，为墨竹工卡县莫冲村农牧民购买榨油机、磨粉机、糍粑机等，并慰问两村五保、低保、特困户。

（支立娟）

【解决拖欠民工工资】　年内，经积极协调化解，解决拖欠民工工资600余万元。

（支立娟）

【B区搬迁情况】　年内，完成B区804户农民安居房搬迁工作。

（支立娟）

【招商引资】　截至年底，开发区注册企业1433家，注册资金3110.05亿元。其中，2013年新增注册企业637家，同比增长78%；新增注册资金143.66亿元，同比增长44%；招商引资到位资金23.13亿元，同比增长71%。

（支立娟）

【园区企业建设】　截至年底，开发区落地建设企业103家，总投资293.9亿元。其中工业企业66家，已投产运营项目30个，总投资22.7亿元；主体完工待投产项目13个，总投资23.6亿元；续建项目11个，总投资21.2亿元；新开工项目23个，总投资75.1亿元；已选址项目6个，总投资9.2亿元；意向项目20个，总投资142.3亿元。

（支立娟）

【解决民生问题】 截至年底,在B区开发建设和企业建设过程中,为乃琼镇乃琼村车队、岗德林车队200运输车辆创收1000余万元。

(支立娟)

达孜工业园区

【概　况】 2013年,园区完成工业总产值6.03亿元,同比增长35.9%;完成园区销售产值29.3亿元,同比增长96.9%,完成任务的115.2%;完成税收2.2亿元,同比增长56.9%,完成任务的144.2%。截至年底,园区已入驻非公企业207家,协议资金50.4亿元,实际到位资金27亿元。

(覃雨菲)

【西藏祖传达培利民有限公司挂牌】 1月18日,位于达孜工业园区农牧民创业园祖传工艺达培利民有限公司举行开业挂牌仪式。

(洛　桑)

【市领导调研木材交易市场】 3月11日,拉萨市市委副书记、常务副市长孙晓南一行到西藏杰仓木材交易市场进行调研指导,达孜县县长阿努次仁、副县长卜兴荣、县工信局局长郝晓娟、达孜工业园区管委会常务副主任拉巴次仁等相关部门负责人陪同。管委会表示将持续帮助木材交易市场协调各项事务,督促其加快搬迁进度,早日实现其社会价值。

(骆　斌)

【云南大学文化产业研究院专家考察达孜工业园区】 3月13日,云南大学文化产业研究院院长林艺一行5位专家到园区考察调研达孜县县委常委、宣传部部长德吉卓嘎,副部长胡朝辉及县文广局局长米玛次仁的陪同。管委会召开专题会议,会上,双方讨论文化多样性与包容性,为两地架起文化共荣的桥梁。

(付亚男)

【自治区科协领导调研企业科技发展情况】 3月25日,自治区科协主席仓珍、副主席普布、学会部部长巴琼在拉萨市科技局局长黄前敏的陪同下到园区考察调研企业科技发展情况。

(覃雨菲)

【市区直单位调研“光彩事业”可发展项目】 4月9日,自治区发改委、拉萨市工商局、拉萨市国土局、拉萨市税务局等单位一行领导在达孜县人民政府副县长卜兴荣及管委会副主任拉巴次仁等领导陪同下,赴园区企业调研“拉萨光彩事业”可发展项目及“五放政策”的具体落实情况。此次调研活动旨在推进非公有制经济跨越发展,将企业提出的问题向上级有关部门反映,并作出解决方案。

(骆　斌)

【拉萨市“四业工程”达孜县人力资源招聘会】 4月18日,由拉萨市“四业工程”办公室、市人社局,县“四业工程”办公室、人社局承办的人力资源招聘会在园区企业西藏天威·英利新能源有限公司举行。县人大常委、纪检委书记肖朝训,人大常委会副主任巴桑及县人社局等相关部门负责人参加。共计50多家用人单位向求职者提供300个用工岗位,200余名求职者参加招聘会。

(覃雨菲)

【尼泊尔国家农业部代表团考察园区】 6月1日,尼泊尔国家农业部代表团一行莅临达孜工业园区对园区农牧业企业进行考察调研自治区外事办主任和县工信局局长郝晓娟及工业园区管委会相关工作人员陪同。此次尼泊尔国家农业部代表团一行对于促进园区对外开放、加强两地合作交流等方面提供坚实的平台,为下一步开展对外合作、利用国际资源、加快自身发展探明道路,积累经验。

(付亚男)

【西藏昊泰气体设备科技有限公司项目竣工】 7月4日,被誉为“高原制氧航母”的西藏昊泰气体设备科技有限公司项目在达孜工业园区举行竣工庆典,这标志着昊泰公司完成区、市、县“一年见成效”的建设任务,正式开始“全力改善高原缺氧环境,大力促进高原经济建设、国防建设,着力改善人民健康水平”。

(骆　斌)

【江苏镇江第七批援藏干部到园区调研】 7月22日,中共达孜县委书记徐申峰,副书记、常务副县长孙健,副县长蒋勇及园区管委会副主任李军4位江苏镇江第七批援藏干部到达孜工业园区调研达孜县常务副书记郝静,副县长、工业园区党工委书记、管委会主任王旭光及相关部门领导的陪同。

(覃雨菲)

【市领导调研园区建设发展情况】 9月14日，拉萨市人民政府副市长杨安文到园区调研企业科技项目情况。县委书记徐申锋，县长阿努次仁，县委副书记、常务副县长孙健，县政府办主任孙浩及园区管委会副主任李军、王斌忠陪同调研。

（付亚男）

【基础设施建设】 年内，完善园区四纵四横道路体系，做好"四通一平"和"五化工程"，推进总投资10.4亿元的丹阳路、扬中路、江苏·拉萨展销中心等28个基建项目，金山南路、110KV变电站、污水处理厂等15个重点工程项目的设计工作基本完成。截至年底，园区基础设施建设完成投入1.54亿元，其中总投资5682.64万元的镇江路、南山嘴路、金山大道北段、句容路、句容路北段全面建成；总投资1.5亿元的江苏·拉萨展销中心及附属工程、中小企业创业孵化中心一期、焦山北路、扬中路、丹阳路全面竣工。

（覃雨菲）

【平台支撑】 年内，创建中小企业孵化基地；帮助企业申报高新企业、研发中心、专利示范企业等；帮助企业申报各类科技计划项目，向上争取产业发展、技术改造等专项资金；帮助企业开展产学研合作、组织各类鉴定和认证；定期举办技术交流，整合上下游企业资源，完善产业链；帮助企业申请专利、著作权和商标，建立知识产权发展战略，协调各类知识产权纠纷；建立由县主要领导牵头的联席办公会议制度，县四个班子领导分包重点企业，定期进企业考察，帮助企业解决运行中的困难和问题。对落地的重点项目，协调相关职能部门一线办公，集中解决项目备案、环评、规划、征地、用电等问题。

（覃雨菲）

【配套体系建设】 年内，突出产业集聚相关配套体系建设，衔接联户产业上下游配套。发展现代物流园、医药医疗产业园等园中园，建设展销中心、商贸中心、公共会议中心等园区核心区域，鼓励联户产业内企业联合采购、集中管理、统一配送。设立企业办理"一站式"代办服务系统，代办入驻企业的工商、税务、金融、通讯等综合业务。

（覃雨菲）

【品牌建设】 年内，以民族手工业为导向，培育罗占、祖传、卓玛、优格仓、吞柏古等企业成为产业领头雁；以新能源及科技型新兴产业为依托，注力天威·英利、昊泰制氧等企业成为产业引导者；集合华草堂、以净土健康产业为支柱，集合天圣医药、宁瑞医疗、君联医疗为产业先锋军；以现代服务业为后劲，扶持南京延长医疗器械第三方物流有限公司等企业成为产业排头兵。

（覃雨菲）

【推进项目建设】 年内，园区坚持"项目至上、实干兴园"，不断提高项目的履约率、落地率和投产达产率，培植一批支撑跨越发展的新亮点。截至年底，园区重点推进30个工业项目建设进度，其中总投资3.07亿元的西藏昊泰制氧设备科技有限公司、西藏珠峰实业有限公司、西藏圣信工贸有限公司、西藏普德医药有限公司、西藏福康安制氧科技有限公司、拉萨杰仓木材交易市场等项目已全面竣工；总投资5.6亿元的北草地、屋脊之宝、罗占公司二期、吞柏古藏香二期等5个工业项目正陆续投入建设；总投资7.6亿元的正和吉玛、南京延长、金泰阳、君联医疗、厚德生物、吞米岭·藏艺文博园、木材交易市场(二期)7个重点项目即将开工建设。

（覃雨菲）

【农牧民就业得以保障】 年内，园区投产企业、在建项目职工总人数3500人，其中西藏籍农牧民总人数2262人，占职工总人数66.3%；达孜籍农牧民总人数1765人，占西藏籍农牧民总人数78%。园区现有区级龙头企业1家，市级以上龙头企业6家，间接带动达孜县1500户种养殖户、2200余名农牧民增收致富。

（覃雨菲）

堆龙德庆县工业园区

【概　况】 截至年底，堆龙德庆县工业园区共有企业78家，其中仓储物流2家、绿色食(饮)品加工3家、建筑建材10家、民族手工艺15家、其他行业12家，注册型企业36家。

（杨　恒）

【各项经济指标】 2013年，园区共引进项目20个，占全县招商引资项目的70%以上，项目总投资109684万元，实际到位资金40957.5万元。截至年底，堆龙德庆县工业园区共完成工业总产值15.27亿元,同比增长143.64%;完成工业销售产值14.97亿元,同比增长145.72%,完成全年目标任务(8.51亿元)的175.97%;完成工业增加值4.75亿元,同比增长120.95%,完成全年目标任务(2.94亿元)的161.8%;实现工业税收2.65亿元,同比增长158.31%,完成全年目标任务(2.04亿元)的130.3%;完成固定资产投资3.92亿元,同比增长94%,完成全年目标任务(2.93亿元)的134%;新增规模以上企业1家(西藏藏泉酒业有限公司)。

(杨　恒)

【实施重大项目建设】　年内,园区10个企业投资重点项目都已陆续开工建设。主要包括:总投资3000万元的西藏沙龙科技有限公司纸面石膏板生产线项目及车间、职工宿舍、办公楼建设项目,2013年累计完成投资2600万元;总投资3080万元的西藏正源生物科技有限公司生态藏药材砂生槐深加工项目,全年累计完成投资2400万元;总投资1000万元的堆龙浦氏化工有限公司厂房加工、物资仓库、办公用房建设项目,全年累计完成投资355万元;总投资1290万元的西藏鑫旺生物科技有限公司藏鸡深加工基地建设项目,全年累计完成投资1290万元;总投资3800万元的西藏圣宝农牧科技有限公司办公楼及厂房建设项目,全年累计完成投资2600万元;总投资4100万元的西藏藏泉酒业续建万吨超低度青稞饮料酒示范生产线建设项目,全年累计完成投资3000万元;总投资6000万元的西藏珠穆拉瑞有限公司青稞糌粑系列饼干研发项目,全年累计完成投资4800万元;总投资2820万元的西藏彤云工贸木制品深加工项目,全年累计完成投资1600万元;总投资3000万元的园区民族手工艺品加工项目,全年累计完成投资2000万元;总投资800万元的园区续建特种玻璃加工生产线建设项目,全年已累计完成投资800万元。

(杨　恒)

【完善园区设施配套】　年内,园区总投资959.64万元的自来水厂建设项目于6月正式开工建设,12月底已基本完工;总投资155.4万元的园区管委会周转房建设项目年底也已基本完工;总投资364.52万元的园区鹤翔路市政工程项目于2013年10月底正式完工,正等待市发改委等相关部门进一步评审验收;总投资5400万元的园区110千伏变电站建设项目于2013年7月正式开工建设,截至年底,项目主体工程已基本完成;园区安康路、规划一号路和园区污水处理厂等建设项目也正在等待进一步审批之中。

(杨　恒)

【开展闲置土地清理工作】　年内,对闲置土地适当进行项目嫁接,全年共成功盘活土地3宗,共计103亩。其中,西藏圆满家私有限公司与西藏银峰工贸有限公司成功嫁接;西藏兰泽贸易有限公司总投资3000万元的新建年产3200万平方米纸面石膏板生产线建设项目与西藏沙龙建材科技有限公司成功嫁接;西藏尼瓦那民族工艺品有限公司与西藏雄巴拉曲神水藏药厂"神水藏药"藏成药营销中心建设项目成功嫁接。

(杨　恒)

【强化企业服务措施】　年内,开展政策进园区活动。在对企业遇到的共性问题集中研究的同时,由分管工业经济的县主要领导专门组织协调企业及县直相关部门召开园区经济专题研讨会,帮助企业解决生产经营过程中遇到的困难和问题,坚持一企一策,及时准确帮助企业解决个性问题。梳理涉及企业的优惠政策,会同相关职能部门深入企业开展现场政策宣传,帮助企业了解政策、用好政策;优化园区投资环境,破解中小企业资金难题。加强诚信社会建设,通过政银企三方共同努力,营造"守信光荣,失信可耻"的信用环境。金融机构加大对园区企业的支持力度,逐步规范完善财务制度,不断增强诚信意识;严格按照自治区、市、县各项财税优惠政策,鼓励园区企业扩大投资和信贷规模,从而创造良性的增税体系。优化企业服务,帮助园区企业做大做强。引导园区中小企业通过技改、强强联手等形式不断做大做强。

(杨　恒)

【实施融资新模式】　年内,召开银企对接会,争取金融机构对企业产业项目的支持等方式,围绕园区重点项目建设,与各金融机构加强对接合作,保持园区贷款规模继续保持较快增长。同时,通过与拉萨市发改委受援办及北京市援藏指挥部协调沟通,为堆龙德庆县工业园区及物流园区争取产业发展专项资金500万元,并争取到每年1000万元的产业专项发展资金。

(杨　恒)

【加强信息报送工作】　年内,加强信息报送工作。全年累积共向县委、县政府以及市"一区三园"办公室上报各类工作信息动态40余条。

(杨　恒)

曲水县雅江工业园区

【概　况】　截至年底，雅江工业园区已入驻企业79家（聂当工业集中区69家，县城工业集中区10家），占全县企业总数的85%以上。2013年，雅江工业园区销售产值完成72820万元，同比增长48.42%；增加值完成31150万元，同比增长46.93%；上缴税金7360万元，同比增长110.43%；固定资产投资完成71300万元，同比增长44.33%。截至年底，园区企业吸纳800余名当地农牧区剩余劳动力就业，同时带动约500名本地群众致富，每年直接为当地群众增收创收达2000万元以上。

（杨朋涛）

农业·水利

种植业

【概　况】 年内,全市总播种面积3.935万公顷,其中粮食作物种植面积2.657万公顷、经济作物种植面积0.927万公顷(其中油料作物面积0.454万公顷,蔬菜生产面积0.473万公顷)、饲草作物种植面积0.35万公顷。以曲水县、堆龙德庆县、林周县等县为主青稞生产基地面积1.743万公顷,青稞产量11.037万吨;堆龙德庆县岗德林蔬菜生产基地、林周县边角林当杰村基地、城关蔡公堂科技示范园等集中连片设施农业生产面积0.123万公顷,产量为12.03万吨;示范种植以玛咖、烟叶为主的特色种植业,玛咖、烟叶示范面积分别为10.667公顷、13.333公顷,示范推广食用玉米及饲草玉米66.667公顷。

(方华丽)

【农牧业产业化招商会暨项目签约仪式举行】 8月6日,拉萨市结合“光彩事业西藏行”活动,在拉萨泽当饭店举办举行拉萨市农牧业产业化招商会暨项目签约仪式,来自北京、江苏、宁夏等省市46个嘉宾、拉萨市相关龙头企业负责人以及各县(区)农牧局相关人员等80余人参加会议。洽谈会采取现场参观、直接对话的形式进行,签约仪式共正式签约6个项目,签约金额达7.84亿元。

(方华丽)

【基本实现农户使用沼气全覆盖】 截至9月,年拉萨市实施农村沼气项目建设,已有29113家农户使用上沼气。剩余的1533户农村户已完成1079户,完成全年任务的70%;安排支农金60万元,在曲水、堆龙德庆、林周、尼木四县启动市县共建沼气示范村建设。

(方华丽)

【粮食作物生产】 年内,拉萨市粮食作物以青稞为主,次为小麦、豌豆、蚕豆,粮食作物主导品种主要有“藏青320”“山冬6号”“藏青148”、喜马拉雅22,年内示范推广“藏青2000”,全市粮食作物种植面积2.657万公顷,比上年增加0.367万公顷。实施“提高粮食单产”五个行动计划:在曲水、堆龙德庆、林周、达孜、墨竹工卡、尼木6个商品粮基地县,按照“九个统一”的技术规程,落实标准化生产和高产创建示范田1.2万公顷;按照“125”种子繁供体系要求,落实麦类作物良种繁育田0.145万公顷;开展测土配方示范田0.4万公顷;针对病虫害的发生发展情况,采取理论授课、实地查看操作、图片展示等方式,对农牧民进行病虫害防治技术培训,提高农牧民对病虫害的认知及防治水平;在农业生产关键时节、重要节点,组织市农技人员深入到农业生产一线,开展技术服务工作,将标准化种植、测土配方施肥、科学防治病虫害等重要技术落实到田间,农田科技承包面积占粮油播种面积的90%以上。2013年,粮食产量17.751万吨(包含豆类),比上年增产0.321万吨,其中青稞产量11.037万吨,单产6332.12千克/公顷,比上年提高88.74千克/公顷;小麦产量6.558万吨,单产为7567.24千克/公顷,比上年提高209.51千克/公顷。

(方华丽)

【经济作物生产】 年内,经济作物种植面积0.927万公顷,比上年增加0.112万公顷,主要种植作物为油菜、蔬菜等。油菜作物种植面积0.454万公顷，主要以藏油5号为主，年内建立藏油5号种子田0.0013公顷，全市油菜产量为1.221万吨，比上年减产0.139万吨。全市新建1500栋日光温室，蔬菜生产面积0.473万公顷，比上年增加0.003万公顷，上市蔬菜品种100余种，包括白菜、萝卜、西红柿、花菜、黄瓜、草莓、南瓜、茄子等；各类蔬菜产量26.1万吨，比上年增加2万吨。其中设施蔬菜面积为0.123万公顷，比上年增加0.003万公顷；产量为12.03万吨，比上年增产1.25万吨。

（方华丽）

【农田土壤培肥】 年内，全市订购化肥10300吨，包括二铵、尿素、过磷酸钙等，农牧民在购买化肥时给予一定的差价补贴。发动农牧民利用冬闲时节开展农家肥积造，积造农家肥95.77万吨。落实测土配方施肥示范面积0.4万公顷，在6个商品粮基地县树立样板，展示测土配方施肥技术效果，引导农民科学施肥。

（方华丽）

【农业机械化】 年内，全市落实农机具购置补贴2750万元，农机总动力50.5万千瓦，比上年增加2.67万千瓦，农机配套率1：2.5，耕种收综合机械化水平提高到77%，比上年提高1个百分点。

（方华丽）

【农牧业项目建设】 年内，申请农牧业项目15个，落实资金11751.6万元，主要包括西藏专项农牧业项目6个、特色产业财政扶持资金项目2个、基层农牧业综合服务站4个、中央财政支持现代农业生产发展项目2个、游牧民定居配套工程项目2个、退牧还草工程项目2个。协助推进曲水县才纳乡国家现代农业示范区、曲水县农村改革试验区和林周县农业现代化示范区建设。

（方华丽）

【农业自然灾害】 年内，拉萨市发生不同强度的雪灾、涝灾、雹灾、泥石流等灾害13起，导致设施农业、大田、草场、牲畜、棚圈遭受不同程度损失，其中大棚温室受灾518栋，大田受灾5.6万亩（重受灾199.11亩），因灾死亡牲畜97头（只）。农作物有害生物灾害损失控制在2.5%之内。

（方华丽）

【农牧业产业化经营】 年内，在23家龙头企业及14家培育对象中，4家市级龙头企业升级为自治区级龙头企业，即拉萨市仁鑫贸易有限公司、西藏藏缘青稞酒业有限公司、西藏邦锦美朵工贸有限公司和西藏藏泉酒业有限公司。全市级涉农企业生产肉类产品37种，青稞产品26种，毛绒制品5种，产品在满足西藏市场的同时，销往区外相关城市、国家产品63种，实现产值5.9亿元，实现销售收入4.4亿元。推广“基地+协会+农牧户”“能人+协会+农牧户”等发展模式，发展农牧民专业合作社，依法登记注册的合作社有233家，在联市场、促增收上发挥重要作用，社员中最高年收入达到5万元以上。达孜工业园区被农业部认定为全国第二批“农业产业化示范基地”；曲水县才纳乡才纳村（朗杰岗青稞）被农业部认定为第三批全国一村一品示范村。

（方华丽）

【农牧民培训】 年内，按照“四业工程办”要求，市牧局负责农牧业实用技术培训工作。拉萨市各级农牧部门采取集中培训、以会代训、科技三下乡等多种形式，重点开展沼气技能、农牧业实用技术等方面的宣传普及和培训工作，开展农牧民实用技术培训8280人。利用基层农技推广体系改革与建设示范县项目，组织聘请240名农业专家、农牧业专业技术人员分成48个技术服务小组开展科技服务。培育和继续整改提升农牧业科技试验示范基地（场、园区）48处。培育和继续整改提升农牧业科技示范户4680户。投资建设15个乡镇农牧业综合服务站。

（方华丽）

牧　业

【概　况】 年内，全市有天然可利用草原201.134万公顷，饲草种植面积为0.787万公顷（含荒地种草），主要种植的品种是紫花苜蓿，箭舌豌豆、披碱草和燕麦草等。畜牧业生产以发展净土健康产业为契机，大力发展奶牛、藏鸡、生猪等特色养殖业，良种奶牛养殖达到2.4万头；彭波半细毛羊存栏稳定在7万只左右；藏鸡养殖规模达到90万羽；生猪出栏8万头。年内，肉、奶、蛋产量分别为3.95万吨、4.52万吨、806.4

吨,比上年增产0.16万吨、0.47万吨、35.84吨。

(方华丽)

【发展净土健康产业】 9月10日,自治区党委常委、拉萨市委书记齐扎拉首次提出发展净土健康产业。根据市委、市政府总体部署,拉萨市相继成立奶牛、生猪、藏鸡、高原特色设施园艺净土健康产业发展领导小组,并在市农牧局设办公室调查摸清全市各县区各乡镇产业发展基础,参与编制《拉萨净土健康生物农业产业发展规划》(2014—2020)养殖业篇和种植业篇,巩固提升现有生产基地,研究确定奶牛、生猪、藏鸡养殖等特色项目。

(方华丽)

【畜牧业生产】 年内,拉萨市提前进行维护暖圈和羔宫,切实加强春季接羔育幼工作,加强对母畜和仔畜的饲养管理。落实林周县、当雄县退牧还草工程。开展草原生态保护补助奖励机制工作,兑现补助资金7480.72万元,2012年草原生态保护补助奖励机制工作通过自治区验收。结合草补工作,促进牲畜出栏,牲畜出栏率达到41.92%。加大黄牛改良、绵羊改良工作力度,改良黄牛2万头、推广种绵羊2500只,推广种牦牛560头。投资建设当雄县、林周县草原监理站。

(方华丽)

【动物疫病防控】 年内,按照"应免尽免、不留空档"和"六不漏"的要求,开展动物疫病防控工作。春季重大动物疫病防疫3月初至4月底结束。秋季重大动物疫病防疫9月中旬至10月底结束。春秋两季动物防疫工作发放猪牛羊疫苗及驱虫剂,做到除待产畜、病畜外,牲畜口蹄疫、猪蓝耳病免疫率达100%,禽类高致病性禽流感免疫率达100%。坚持24小时值班制度和日报告制度,密切关注动物疫情动态。

(方华丽)

【动植物及其产品检疫监督】 年内,建成曲水县、林周县、堆龙德庆县、墨竹工卡县四县的农产品质量安全检测站,拉萨市质检中心正在建设中。加大对违法生产、经营、使用违禁药品行为的打击力度。推进农畜产品标准化工作;新认证无公害蔬菜生产基地面积0.008万公顷;新认证无公害农畜产品5个,截至年底,达到73个。组织农牧业执法人员围绕生产基地、销售市场、屠宰场所,开展农产品质量安全联合大检查9次;实行市场准入制,对农贸零售市场扩大检测范围和频率,每天开展质量监督抽检工作,2013年全市农产品抽检合格率达到98.39%。

(方华丽)

【强农惠农富农政策】 年内,落实农作物良种繁育补贴70.914万元、农作物良种推广补贴570.669万元、农药政策性补贴(区市县三级补贴85%,其中市级补贴125.4万元)、农业机械购置补贴2750万元、牲畜良种补贴559.5万元、能繁母猪保险补贴(中央及地方财政补贴80%,即补贴48元/头)、农村户用沼气维护维修费用60万元、农民专业合作社扶持政策680万元、产业化经营龙头企业贷款贴息406.26万元、草原生态保护补助奖励机制兑现7480.72万元,落实能繁母猪补贴、牲畜疫病防治政策性补贴、政策性农用化肥差价补贴、农牧民意外伤害保险补贴、政策性农用机动车保险补贴等。

(方华丽)

【创先争优强基惠民活动】 年内,委派9名干部职工入驻墨竹工卡县扎雪乡格老窝村、尼玛江热乡邦达村、芒热村,3个驻村工作队与农牧民群众同吃、同住、同劳动、同学习。深入群众,摸透村情民意,挨家挨户走访群众,开展调查统计工作,走访率100%;强化学习,宣传党的优惠政策及相关文件,打牢维稳基础;建强基层组织,创新组织形式充实维稳力量,严格值班制度,维护一方平安;开展文体活动,安排并与群众共同开展唱红歌、拔河、搬石头、猜谜语等娱乐节目,丰富农牧民群众娱乐生活;开展群教活动,体察民情,了解民意,争取项目,切实解决农牧民实际困难。

(方华丽)

【"资金资产资源"清理统计工作】 年内,成立全市农牧区(社区)集体"资金资产资源"(以下简称"三资")清理统计工作领导小组,领导小组办公室设在市农牧局。全市清理统计工作从2013年5月下旬开始,2013年11月底结束,历时6个月,完成七县一区65个乡(镇、街道)的267个村(居)三资清理核实、全面登记、价值评估、公示确认、数据审核和汇总工作。清理统计时间以2013年8月31日为基准日,经统计汇总,全市共清理核实农牧区(社区)集体银行存款4.95亿元、库存现金0.12亿元;集体库存物资总价值0.03亿元、固定资产总价值7.26亿元、经营性资产年收益0.43亿元;集体耕地7946.23亩、林地4348.70公顷、草地1699.88公顷、滩涂湿地239.53公顷、水面145.04公顷;集体已开发经营资源1.52万亩(年收益0.16亿元);集体债权总额0.52亿元、债务总额0.09亿元。

(方华丽)

【全市农牧业工作会议召开】 3月15日,全市农牧业工作会议召开。会议总结回顾2012年农牧业工作,安排部署2013年农牧业工作重点;表彰2012年度农牧业工作先进集体,设立2012年度农牧民增收工作先进集体奖、2012年度粮食生产先进集体奖、2012年度重大动物疫病防控工作先进集体奖、2012年度农牧业基本建设项目工作先进集体奖、2012年度建立草原生态保护补助奖励机制工作先进集体奖、2012年度推进设施农业发展工作先进集体奖、2012年度促进农牧业产业化和专业作社合组织发展工作先进集体奖等七个奖项,以资奖励农牧业工作先进集体。会上,副市长次仁央宗作讲话,并分别与各县(区)人民政府分管农牧业副县长签订《2013年重大动物疫病防控责任书》,农牧局局长刘俊博分别与各县(区)农牧局负责人签订《2013年度农牧业经济发展责任书》。

(方华丽)

林　业

【概　况】　2013年,拉萨市林地保有量53.985万公顷,森林蓄积量51.3536万立方米,森林覆盖率18.9%;物种资源共有938种,其中植物741种,鸟类175种。全市公园、街头游园、街旁绿地58个,城市建成区绿化覆盖面积2054.43公顷,公园绿地面积218.7公顷,建成区绿化覆盖率33.79%、绿地率32.76%,人均公共绿地面积10.99平方米。截至年底,全市已建有四个保护区、两个森林公园(雅江中游黑颈鹤国家级自然保护区、拉鲁湿地国家级自然保护区、纳木湖自治区级自然保护区、林周阿朗—司布白唇鹿市级自然保护区;林周热振大果圆柏国家级森林公园、尼木国家级森林公园)。

(海兰英)

【完成造林绿化16.6862万亩】　年内,全市共完成造林绿化16.6862万亩。其中:造林4.6602万亩、封育12.026万亩;涉及拉萨河流域造林绿化工程、拉萨市南山山体绿化项目、县(区)造林项目、拉萨至贡嘎机场专用公路绿化项目及义务植树;完成率达到103.2%。

(海兰英)

【开展义务植树活动】　年内,组织开展全民性义务植树活动。4月1至12日,共有145家驻拉萨区直市直单位4000余人参加义务植树活动,共完成义务植树200余亩。3月26日、3月20日,组织部队、森警部队、市公安局"110"指挥中心等各界人士栽植军民共建林、三八林等纪念林。

(海兰英)

【推进"树上山"工程】　年内,推进"树上山"工程。截至年底,共完成南山造林约1000亩,栽植各类苗木122.11万株,栽植近百个乔灌木品种119.66万株,主要品种为沙棘、侧柏、云杉等。引进以色列先进滴灌技术,完成滴灌面积622亩;引进90余种乔灌木品种,开展生物多样性驯化试验;栽植中药材4种,19.8亩。修建100毫米上水管1800米,新建2座200立方米的钢板永久蓄水池,安装主管11条,铺设16万余米滴灌毛管。

(海兰英)

【城市园林绿化建设】　年内,城市绿化共补植补栽国槐、杨树、金丝柳等各类苗木153万余株。对罗布林卡路和罗堆路进行行道树改造,将原有的红叶李(298株)更换为具有景观效果的雪松(214株)、红梅(87株)、北美海棠(125株)交替种植,截至年底,成活率达到90%。元旦、春节等重大节日和重要活动期间对城市美化亮化装扮工作,其中摆放鲜植15万余盆、立体花雕4组、仿真花15000余盆、绢花9万余朵,悬挂灯笼和饰品3万余个。对全市主要路段进行4次全面修剪。对主要路段枯枝、杂草进行清理、保洁和高密度补植工作,完成创文明城市、创卫生城市、创园林城市的绿化环境方面的综合测评工作。

(海兰英)

【推进创建国家园林城市工作】　年内,推进国家生态园林城市的创建工作。截至年底,城市绿化覆盖率已从2007年的31.46%提高到37.6%;建成区绿地率从30.56%提高到32.8%;人均公共绿地面积从3.91平方米提高到9.6平方米。9月1至3日,国家住建部对拉萨市创建国家园林城市工作进行实地考查验收。拉萨市被住建部正式评定为国家园林城市。

(海兰英)

【加强宗角禄康公园管理】　年内,公园在各种节日活动中在重点部位悬挂红灯笼15000个,LED彩灯1000余米,摆放鲜花12000余盆,彩旗20余面。做好公园内流动人口登记排查工作;加强公共设施维修力度,加大喷灌设施、健身器材、休闲座椅,园内音响系统的检查维修力度,确保公共设施运行正常。截至年底,维修更换喷头150个,闸阀30余处,维修健身器材30件次,维修更换草坪音响40余个,更换电缆1000余米,对全园80个休闲座椅粉刷、喷漆,在草坪践踏严重区域增设爱绿护绿宣传牌。

(海兰英)

【林政执法工作】 年内,各级林业部门对征占用林地问题,严格审核严格把关,查处区佛学院超面积占用林地问题、审核报批6起征占用林地事项。市区内树木的砍伐、移植问题依据法律及程序处理,严查违法毁绿事件,共查处违法违章案件420多起。完成拉萨市县级林地保护利用规划评审和上报工作。对拉萨市从事木材加工和木材交易经营户进行全面清查和登记。对拉鲁湿地周边侵占林地行为进行调查了解。

(海兰英)

【野生动植物保护】 年内,完成雅江中游河谷黑颈鹤国家级自然保护区综合管理系统项目建设。做好野生动物疫源疫病监测日报告制度和野生动物救护工作,共救护野生动物8只(包括黑颈鹤、斑头雁、黑熊、秃鹫、岩羊)。开展H7N9禽流感防控监测和样品采集送检工作。森林公安局共受理破坏森林和野生动植物资源违法犯罪案件4起。其中刑事案件1起,林政案件3起,共收缴野生动物盗猎工具60套、藏羚羊绒27.5千克、藏羚羊皮31张(九成新)、藏羚羊毛1袋、已提取绒的皮张49张,为国家挽回经济损失160余万元。

(海兰英)

【生态效益补偿基金2232.23万元】 年内,国家拨付生态效益补偿基金2232.23万元。截至年底,拉萨市纳入公益林管护的面积已扩大到742.8万亩。督促各县(区)对管护合同已到期的全市3280名管护人员续签管护经营合同书。

(海兰英)

【森林防火工作】 年内,与各县(区)均签订森林防火责任状,散发防火宣传单2000余份,张贴临时性防火宣传标语5条,出动宣传车辆100台次,在林区路口和重要地段设立醒目的警示牌。加强入山人员管理,强化村民联防制度;强化值班制度,拉萨市各级防火办坚持24小时值班和领导带班制度。截至年底,拉萨市未发生森林火灾。

(海兰英)

【森林病虫害防治】 年内,投入大量资金,启动曲水除治工作,采取封锁、扑灭和清除虫源木等措施,青杨天牛大发生趋势得到控制。

(海兰英)

水利管理

【概　况】 2013年,水利项目总投资为123215.97万元,已完成投资83615.96万元(包括拉萨河城区段综合整治完成投资2.3亿元,旁多水利枢纽完成投资5亿元)。年内,续建、新开工和计划开工项目共27个,总投资113638.97万元。截至年底,已完成投资72079.32万元。

(龙　波)

【实施山洪灾害县级非工程措施】 3月,拉萨市八县(区)山洪灾害非工程措施项目全面实施建设,第一批六个县,国家投资2690万元,第二批林周和城关区,国家投资850万元。截至年底,第一批已投入运行。

(龙　波)

【组织开展汛前大检查】 5月,按照“建重于防、防重于抢”的方针,拉萨市水利局对八县(区)、拉萨河城区段等重点防控区域开展全面的汛前大检查。

(龙　波)

【应急防汛值班制度】 6月1日,建立以领导带班、防汛人员24小时值班制度。并安排2辆防汛值班车。

(龙　波)

【结对帮扶】 7月1日,拉萨市水利局主要领导到局党员“一对一”扶贫点林周县卡孜乡和城关区仁钦蔡村开展结对帮扶活动,为39户困难群众送去慰问金19500元。

(龙　波)

【全区第一个水务局在尼木县成立】 12月20日,全区第一个水务局成立——尼木县水务局,自治区水利厅党组书记李文汉、副市长次仁央宗出席。

(龙　波)

【续建项目9个】 年内,续建项目有当雄县拉曲河藏布曲防洪工程等9个项目,总投资8785.4万元,完成投资59996.54万元。当雄县拉曲河藏布曲防洪工程。新建堤防长1.829千米,总投资270.06万元,截至年底,完成总工程量的100%;拉萨河拉萨市上游左岸香嘎村防洪堤工程。新建堤防长2.183千米,防洪标准为50年一遇,总投资2316.01万元。截至年底,完成总工程量的100%;林周县澎波河强噶乡切顶段防洪工程。新建堤防长9.287千米,总投资1193.82万元。截至年底,完成总工程量的100%;曲水县聂当乡德吉干渠工程。改善灌溉面积9363.7亩,新建取水枢纽1座,新建干渠2.384千米,总投资2729.23万元。截至年底,完成总工程量的98%;达孜县洛普水库除险加固工程。维修水库大坝防渗、溢洪道、输水洞等。总投资566.77万元。截至年底,完成总工程量的100%;尼木县聂别汤水土保持示范工程。治理水土流失面积36公顷。总投资733.29万元,截至年底,完成总工程量的100%;城关区夺底沟水土流失综合治理工程。总投资976.22万元。截至年底,完成总工程量的100%;拉萨河城区段综合整治工程3#闸完成投资2.3亿元,完成投资的57%。

(龙　波)

【新开工项目12个】 年内,新开工项目有林周县澎波河白克河段乡镇防洪工程等12个项目,总投资25690.93万元,完成投资12082.78万元。澎波河白克河段乡镇防洪工程。新建堤防长10.968千米,总投资1155.62万元。截至年底,完成总工程量的95%;林周县卡孜河段防洪工程。总投资496.47万元。截至年底,完成总工程量的95%;当雄县拉曲河龙仁段防洪工程。新建堤防长2.924千米,总投资410.42万元。截至年底,完成总工程量的80%;拉萨河拉萨市上游左岸洛康萨村防洪堤工程。新建防洪堤2.09千米,涵洞一座,新建上堤道路2条,设计防洪标准50年一遇,总投资2585.18万元,截至年底,完成总工程量的70%;拉萨河拉萨市上游左岸林村防洪堤工程。新建防洪堤2.06千米,新建上堤道路2条,设计防洪标准50年一遇,总投资2714.94万元,截至年底,完成总工程量的45%;拉萨河拉萨市上游左岸蔡公堂村防洪堤工程。新建防洪堤2.1千米,导流丁坝6座,新建上堤道路2条,设计防洪标准50年一遇,总投资2668.18万元。截至年底,完成总工程量的65%;拉萨市曲水县色达灌区其奴子灌区工程。设计灌溉面积8244亩(其中改善6641亩,新增1603亩),新建取水口1座,新建干渠8.63千米,支渠5条9.66千米,新建旁侧式渠库2座,新建各类配套建筑物59座。总投资2712.54万元。截至年底,完成总工程量的55%;拉萨河拉萨市下游右岸乃琼村防洪堤工程。新建防洪堤2.04千米,新建上堤道路2条,设计防洪标准50年一遇,总投资2708.27万元,截至年底,完成总工程量的60%;拉萨河拉萨市下游右岸岗德林村防洪堤工程。新建防洪堤2.09千米,新建上堤道路2条,设计防洪标准50年一遇,总投资2639.72万元,截至年底,完成总工程量的30%;拉萨市林周县澎波河牛连加河段防洪工程。总投资1553.7万元,截至年底,完成工程量的10%;拉萨市澎波灌区松盘北干渠及配套工程。总投资4489.89万元,截至年底,完成工程量的5%;文成公主演艺场排洪渠工程。总投资1559万元,截至年底,完成工程量的65%。

(龙　波)

【农村饮水安全】 年内,农村饮水安全主要涉及5个县,解决4904人的农村居民和师生的饮水安全问题。国家投资563万元,建设25个供水点;寺庙供水方面,年内主要解决规划内20人以下的寺庙通水问题,投资为3890万元。

(龙　波)

【农田水利建设】 年内,市财政计划安排790万元用于小型农田水利建设。截至年底,项目计划安排已拟定,待市财政下达资金通知;曲水县实施的为2012年的续建项目,总投资为1200万元,建设进度为40%;达孜县总投资为1154万元,建设进度为40%。堆龙德庆县和墨竹工卡县投资均为1000万元,截至年底,前期准备工作已完成。

(龙　波)

【河道环境治理】 年内,重点对纳金乡嘎巴段至铁路大桥全长28余千米河堤,共投入人员102人次,投入机械7台次,发放470条垃圾袋,清洁工具30个、对拉萨河河道进行全面卫生整治。

(龙　波)

【安全生产】 年内,重点对山洪灾害治理工程、城镇防洪堤堤坝、拉萨河综合整治工程等检查,对建设业主、施工队伍和工地管理进行监督检查。对在建水利工程项目施工现场进行全时段、全过程和全员安全监管,以重点水利工程、中小河流治理等水利建筑项目为重点,加大隐患排查治理,落实工程专项施工方案和安全技术措施。加强对高处坠落、坍塌、滑坡、岩爆等生产安全事故的防范，强化施工交通运输安全管理。加强汛期施工安全管理，严格按照施工组织设计和度汛方案的要求，安排施工，防范溃坝、围堰溃决事故发生。

（龙　波）

【落实防汛防旱工作责任制】　年内，拉萨市防汛抗旱指挥部指挥长次仁央宗副市长与八县(区)防汛抗旱指挥部指挥长签订2013年防汛抗旱责任书，进一步明确责任，落实工作任务。市防办和市监察局在媒体上对防汛行政责任人和防汛管理责任人名单进行发布，接受社会和群众的监督。

（龙　波）

【完善各种预案】　年内，重新修订拉萨市防汛应急预案和拉萨市抗旱应急预案，上报市政府。督促各县(区)完成防汛和抗旱应急预案和水库防洪应急预案，市防办备案。

（龙　波）

【抓好物资储备】　年内，市财政落实防汛经费58万元。购买编织袋16万条，铅丝笼10000平方米。同时对去年的防汛物资进行清理、检查、登记造册、调配和补充。

（龙　波）

【建立报汛联动通信机制】　年内，市防办建立报汛制度，与上游电站防汛办联系，当接到上游直孔电站下泄流量的通知时，在第一时间内市防办将会通知相关的墨竹工卡县、达孜县、堆龙德庆县、曲水县防汛值班人员，要求各县(区)迅速通知其所在县、乡、镇及时做好防范措施，同时通知主城区段河道内的施工单位纳金大桥项目部、次角林大桥项目部、3 #闸项目部、拉萨河二期防洪工程项目部做好安全防范措施，市防汛办公室做好泄洪流量和当日上传下达的情况，并记录存档。

（龙　波）

【抢险救灾】　年内，参加防汛抢险工作，在“7·27”林周县灾情时，市水利局紧急调拨防汛物资编织袋4.5万条，彩条布15条，铁丝网片100条，铁丝网110圈，有效控制灾情，把损失降到最低程度。组织当地群众进行抗洪救灾，并安抚受灾群众，组织受灾群众开展自救，发放防汛抢险物资；加强河道管理工作，规范河道采砂管理，合理开发河道资源，杜绝乱挖滥采现象，做好河道疏浚工作；在“综合宣传月”活动中，在加强预防和治理水土流失，保护和合理利用水土资源，减轻水、旱、风少灾害，改善生态环境，加强防治洪水、防御和减轻洪涝灾害，维护人命和财产安全，加强本县河道管理，合理采挖河道砂石，保障河道行洪安全等方面进行宣传。

（龙　波）

【推动水利改革】　年内，进一步完善《拉萨市基层水利服务体系建设实施方案》，提交编办、人社部门批准同意。着力深化水资源管理体制改革，力争在建立责权清晰、分工明确、运转协调的水资源管理机制上取得新突破，在尼木县稳步推进水务一体化改革试点工作。推进拉萨市水利工程管理体制改革、深化农田水利基本建设新机制、探索水利投融资平台建设新路子。

（龙　波）

【水资源管理】　年内，拉萨市城市水资源实时监控与管理系统项目启动，分三年完成总投资1199万元，项目建设规模包括：建设地下水城市饮用水水源地27个水位监测点、15个生活取用水大户水量自动监测点、7个工业取水大户水量自动监测点等；组织人员对拉萨市经济开发区、堆龙德庆县工业园、达孜县工业园的30个工业取水用户进行检查，检查发现有些企业擅自取用地下水进行工业生产，部分取水用户未办理取水许可、个别企业取水许可证过期。对发现的城市公共供水管网能够满足用水需要却通过自备取水设施取用地下水的单位要求停止取用地下水，并封填自备井，责令工业取水单位办理取水许可证；在《拉萨晚报》、拉萨电视台上刊登(播放)有关水资源保护的通告；开展清理整顿拉萨市违法开采水资源执法专项活动，截至年底，此项活动正在有序推进中；对在建的施工降排水单位进行跟踪执法检查；根据《西藏自治区取水许可和水资源费征收管理办法》取用水资源单位和个人必须办理取水许可证，并交纳水资源费。向社会公布举报监督电话。

（龙　波）

【改进调查研究】　年内，拉萨市水利局明确要求所有领导干部要切实改进调查研究，全面深入地了解基层一线的实情、检查决策政策落实的实效、探讨推动水利事业发展的实招。着力解决民生难题，局领导每季度安排不少于3天到基层联系点调研，多办顺民意、解民忧、惠民生的实事。

（龙　波）

【为农牧民增收】　年内，在保证质量的前提下，将部分小型水利工程建设直接交给当地政府组织农牧民施工。农牧民通过参加水利工程建设获得劳务收入

960多万元。

（龙 波）

【拉萨市水利工程质量检测中心封顶】 年内，江苏省水利厅援助资金300万元，水利部淮委援助资金150万元，援建拉萨市水利工程质量检测中心。截至年底，该工程已封顶。

（龙 波）

扶贫开发和农业综合开发

【概 况】 2013年，拉萨市扶贫（农发）办共实施扶贫、农发和培训项目共218项，总投资31039.34万元，其中国家投资24751.3万元，比上年增长12.5%。包括：实施扶贫开发项目198项，总投资18608.04万元，其中国家投资14751万元；实施农业综合开发项目19项，总投资12145万元，其中国家投资9714万元；实施培训项目1项，对11128人（次）农民进行种子包衣、农家肥积造、病虫害防治等一系列培训，对1123人（次）农民进行汽车驾驶、民族手工艺、机械使用与维修、家庭旅馆服务等培训。

（伏显强）

【召开业务工作学习会】 年内，市扶贫（农发）办多次对中央领导和自治区领导对扶贫农发工作的指示精神进行传达学习，对中央扶贫开发会议、区市农村工作会议、全区扶贫农发工作会议和《中共中央办公厅 国务院办公厅印发〈关于创新机制扎实推进农村扶贫开发工作的意见〉的通知》等文件进行学习，并进行交流探讨，对相关工作进行安排部署。

（伏显强）

【为贫困群众建档立卡】 年内，开展贫困群众建档立卡工作。按照新时期2300元的扶贫标准，“十二五”时期拉萨市建档立卡有贫困群众20710户、8.6万人。通过“十二五”前三年扶贫开发的不断深入，13062户、56888人实现脱贫。根据2013年度“两项制度”有效衔接数据更新结果，截至年底，贫困群众剩下5841户、23955人。

（伏显强）

【互助资金利民惠民】 年内，开展互助资金利民惠民工作。截至年底，通过财政扶贫资金扶持、入会农户缴纳互助资金等措施，共建立起378个“民有、民管、民用、民受益”的扶贫资金互助小组。22个互助资金项目总规模达到427.9万元，共吸收农户2961户，其中贫困户994户，累计发放互助资金1008万元，用于发展种植业、养殖业和运输业等。

（伏显强）

【扶贫开发项目198项】 年内，共实施扶贫开发项目198项，总投资18608.04万元，其中国家投资14751万元。包括：面上扶贫项目128项，总投资10526万元，其中国家投资8116万元；整乡推进扶贫项目24项，总投资1855万元，其中国家投资1442万元；劳动力转移扶贫项目4项，总投资780万元，其中国家投资390万元；贫困户安居工程建设项目1项，投入国家资金3000万元；市级财政专项资金扶贫项目41项，总投资2447.04万元，其中国家投资1803万元。

（伏显强）

【定点扶贫落实帮扶资金过亿】 年内，区市（中）直党政机关、企事业单位共投入定点帮扶资金10934.25万元，落实帮扶项目353项，举办培训班404期，培训24021人次，组织劳务输出18656人次，资助贫困学生1364人。

（伏显强）

【开展各类扶贫项目】 年内，贫困人口大幅度减少，贫困人口从2012年的14554户58141人减少到7648户29112人，实现6906户29029人脱贫；到户扶持3456户养殖牛、羊等9790头（只），户均增收2450元；扶持71户饲养生猪980头，户均增收3500元；扶持400户饲养藏鸡3.8万羽，户均增收3000元；扶持423户购置农机具423台，户均增收3550元。8个整乡推进共实施24项扶贫项目，使1631户7339人受益，实现项目乡年人均收入增加300元的目标。基础设施项目共改扩建水渠27千米，建设水塘3座，扩大灌溉面积1万余亩，单产平均提高50千克以上。建设桥梁6座，改善706户3177人的出行条件。特色产业实施粮油加工、便民商店、度假村等项目112项，使5050户群众受益，户均增收2200元以上。贫困户安居完成1200户的建设任务。

（伏显强）

【实施土地治理项目6项】 年内，共建设高标准农田2万亩，改造中低产田0.45万亩，生态综合治理3万亩,人工种草0.95万亩,改良土壤2.4万亩。通过开发,新增灌溉面积0.65万亩,改善灌溉面积2.31万亩,增加农田林网保护面积0.05万亩,新增机耕面积0.3万亩。

(伏显强)

【实施产业化经营项目13项】 年内,围绕特色优势产业开发,重点扶持西藏珠穆拉瑞商贸发展有限公司、岗德林蔬菜种植农民专业合作社等13家农业产业化龙头企业和农民专业合作社,通过产业化经营项目的实施,带动农民2871户,新增农村劳动力282人的就业岗位。年新增总产值26149万元,农民直接年增收1993万元。

(伏显强)

【推广农业科学技术】 年内,推广"藏青2000""喜马拉22号"等品种共2.45万亩,实现粮食增产299.3万公斤,油料增产20.5万公斤,干草增加279.9万公斤,新增种植业总产值1713.8万元,农民收入增加总额1172.14万元。

(伏显强)

【推进扶贫农发培训】 年内,扶贫农发培训共投入国家资金465.45万元,其中农发投入培训资金179.15万元,扶贫投入培训资金286.3万元。共对11128人次农民进行种子包衣、农家肥积造、病虫害防治等一系列培训。开展汽车驾驶、民族手工艺、机械使用与维修、家庭旅馆服务等1123人次的培训,实现90%以上转移就业。

(伏显强)

【强基础惠民生活动】 年内,派驻的创先争优强基惠民活动驻林周县连布村工作队开展宣讲中共十八大精神、新旧西藏对比教育、参观学习拓展眼界、向雅安地震灾区捐款献爱心、看望慰问寿星老人和贫困群众、将两位孤寡老人送进林周县社会福利院、发展壮大村基层组织等各项工作;实施木制家具加工房、连布村水渠、农机具购置、连布村种草养畜等项目,共落实各类资金200余万元;为村委会建设4座垃圾池改变脏乱差陋习,为贫困群众购买三轮摩托引导做蔬菜生意,为贫困群众建设护院围墙解决生活难题,为喜加组建设一间糌粑加工房,引资为3个村小组各建设一处群众活动场所。工作队被评为"自治区创先争优强基惠民活动先进工作队",单位荣获"拉萨市创先争优强基惠民活动优秀组织单位"称号。

(伏显强)

气　　象

【概　况】 2013年,拉萨市各地年平均气温在0.6℃~8.9℃之间,与历年平均值相比墨竹工卡偏低5.6℃,其余各地正常;年降水量总量在369.2~588.9毫米之间,与历年同期相比各地正常;年日照时数在2765~3028小时之间,与历年同期相比墨竹工卡、当雄、拉萨分别偏少313小时、160小时、44小时,尼木偏多53小时。冬季(2012年12月—2013年2月)各地平均气温在—6.6℃~1.8℃之间,其中墨竹工卡偏高,其余各地正常略偏高;降水量当雄正常,其余各地偏少;日照时数各地均偏少。春季(3—5月)各地平均气温在2.6℃~9.5℃之间,墨竹工卡偏低,其余各地气温均正常;降水量当雄偏多,其余各地基本正常;日照时数尼木正常,其余各地偏少。夏季(6—8月)各地平均气温在11.5℃~16.6℃之间,各地均正常;降水量在225.2~430.9毫米之间,各地均正常;日照时数当雄和墨竹工卡偏少,拉萨和尼木偏多。秋季(9—11月)各地平均气温在1.8℃~8.7℃之间,各地均正常。降水量墨竹工卡和尼木偏多,其余各地均正常。日照时数墨竹工卡偏少,其余各地正常。

(多典洛珠　巴　桑)

【强降水】 8月6日夜间,拉萨市区及周边出现强降水天气,其中,拉萨市区、堆龙德庆、日多和墨竹工卡降水量在29毫米以上,尼木、曲水、羊八井、林周降水量在10~20毫米之间,其余各地在10毫米以内。

(多典洛珠　巴　桑)

【浮尘天气】 12月19—20日,拉萨出现明显的浮尘天气,能见度不足10千米。监测表明,影响范围主要在贡嘎、曲水、堆龙德庆到柳梧区一带,且对西郊柳梧区影响较严重,东城区影响较小。

(多典洛珠　巴　桑)

【主要气象灾害】 暴雨、强降水、洪涝和泥石流:7月2日晚19时41分,尼木县续麦乡普降暴雨,致使续迈乡至尼木县城两处公路段被泥石流掩埋。此次泥石流造成续麦乡河东村索嘎组53只牲畜死亡,其中山羊36头,绵羊17头。7月6日晚20时14分,尼木县吞巴乡拥组发生强降雨，一间羊圈倒塌，村内道路被冲毁，共71只羊、1头牛犊死亡；20时44分，尼木县帕古乡彭刚村出现短时强降水，出现泥石流灾害，造成部分农田被淹没；21时左右，在羊八井镇桑巴萨社区三组吉隆普境内出现强降水造成严重的山洪地质灾害，被冲走或被埋的天然草场约1000亩，人工种植草场5亩，大约5千米的乡村道路被山洪冲毁，2户家庭的院墙、畜圈及过冬燃料（干柴）被洪水冲走，基隆砖厂合作社的约11万块青砖被埋，砖厂直接经济损失达到25.3万元。7月12日晚22时40分，尼木县续迈乡续迈村嘎啦塘公路段80米处发生泥石流，致使6辆汽车和7辆摩托车被困。

雷电:7月16日晚21时左右，墨竹工卡县工卡镇格桑村色苏组发生雷击事故。一对山上放牧的藏族夫妇遭遇雷击，男性头部受伤当场昏迷，女性伤势较轻。二人均无生命危险，及时就医后回家观察。

（多典洛珠　巴　桑）

【开展人工影响天气作业】　年内，加强人影培训和装备的管理、维护，人影安全督促检查工作。6月至9月，在曲水、达孜、林周、尼木、墨竹工卡县等地共实施防雹作业278余次，使用防雹弹2331余发、增雨弹150余发，最大限度地保护粮食安全。墨竹工卡县尼玛江热乡、达孜县雪乡雪普村、曲水县才纳乡、林周县卡边林乡、尼木县帕古乡、续迈乡、堆龙德庆县古荣乡等7个人工影响天气标准化作业点建设项目全部竣工并投入使用。6月18日，城关区闲置的两门“双37高炮”移交给达孜县农牧局，并安全落户雪乡雪普村和唐嘎乡落普村。

（多典洛珠　巴　桑）

【气象防灾减灾】　年内，联合市安监局对华钰、巨龙、华泰龙等10家矿业公司和大峰国际大酒店、阳光生殖医院等相关单位、场所、建筑物进行防雷安全大检查，对发现的问题限期整改。墨竹工卡县政府将乡镇气象工作纳入年度考核。全市“双联户”户长纳入信息员队伍，乡镇、村级气象信息员覆盖率100%。8月29日，市人大常委会对气象部门贯彻实施“一法一条例”进行执法检查。年内，建设全区首个道路交通自动站——才纳乡机场高速公路交通旅游气象自动观测站；完成气象行政审批制度改革，确定保留5个审批项目。市民服务中心窗口受理防雷图纸审批109件、办结106件，办结率97.2%，办理施放系留气球作业许可21件。

（巴　桑）

【气象为农服务】　年内，做好趋势预测特别是灾害性天气的跟踪预报，7月中旬针对在拉萨林周县由于出现连续强降水天气，对当地农业生产造成较大危害的情况，主管业务负责人带领一名预报员赶往林周，将服务材料陆续送到正在组织和参加抗灾工作的市委、市政府领导以及市和县农牧局负责人手中。市气象局与市、县农牧局联合深入到农田、水渠、温室等受灾区域，进行实地走访和调查。除做好针对冬小麦、青稞的监测和服务外，继续开展对大棚温室作物的发育期观测和情报服务工作。完善《拉萨市气象局为农服务周年服务方案》，实地大田调查近40人次，在农事关键期发布《农田增墒简报》《作物长势调查报告》《作物生长后期大田调查报告》《春青稞收割预报》和《拉萨市2013年冬小麦适宜收获期预报》《温室大棚农业气象条件评述》等非定期农气情报23期，发布《拉萨市主要农区粮食趋势预报》《春耕春播农业气象情报》《秋收秋播农业气象情报》等64期定期气象为农服务信息，提出生产建议，为各级政府提供决策依据。

（拉　巴　巴　桑）

【科研人员和研发项目】　年内，《高原自动雨量传感仪特殊故障及对策》和《利用地面测报软件完成气象业务管理部门的质量统计》2篇技术论文在全国气象观测技术经验交流会上进行交流；《当雄近50年气候特征分析》《西藏气温短期预报思路和技巧》《西藏大风短期预报思路和技巧》《拉萨气象服务信息管理及发布平台》等5篇技术论文在全区科技论文交流会上进行交流。市气象局拉巴当选为新一届科协常务委员。

（次仁白玛　巴　桑）

交通·邮电

交通运输

【概　况】 2013年,全市交通运输工作突出抓好农村公路建设、养护、管理和道路运输发展等工作,实现拉萨市交通运输行业的全面发展。

(张彦凯)

【现代有轨电车规划设计方案通过初审】 4月3日,市交通运输局组织相关单位的专家对拉萨市现代有轨电车的规划设计方案进行初审。

(张彦凯)

【伤残军人和现役军人免费乘坐公交车】 5月1日,凡持有残疾军人证、士兵证及军官证的人员,今后在拉萨市均可免费乘坐公交车。

(张彦凯)

【开展公路养护专业人才培训】 5月26日,从局机关、各县区交通运输局抽调11名从事公路养护工作的人员赴江苏省公路养护系统进行为期一个月的学习和培训。

(张彦凯)

【山体滑坡灾害】 9月22日,尼木县卡如乡赤朗村一组、二组交界处C120泽南线(G318、K4779妥峡大桥至赤朗村)K5处发生山体滑坡灾害,造成农村公路被毁,公路阻断,人员出行严重受阻。市交通运输局配合当地有关部门,开展道路抢险保通工作。

(张彦凯)

【出租车行业改革】 11月,拉萨市开展出租车行业改革工作,原有的5家私营出租车公司和2家国营出租车公司通过改革合并为2家国营出租车公司,由拉萨市公共交通集团总公司统一管理。

(张彦凯)

【龙仁乡龙仁村公路工程验收】 11月13日,由拉萨市交通运输局项目管理中心组织西藏拉萨市当雄县龙仁乡龙仁村公路工程交工验收工作。公路全线采用四级公路标准,设计速度20千米/小时,路基宽度5.5米,路面宽度4.5米,路肩宽度为0.5米,路面采用20厘米水泥混凝土面层,20厘米厚天然砂砾垫层。施工单位分别为:一标香格里拉县康东利民建筑安装有限公司;二标湖南湘达路桥建设有限公司,监理单位:西藏天鹏工程技术咨询有限责任公司,设计单位:重庆交达工程勘察设计有限公司。该项目于2013年7月20日开工,2013年11月1日完工。

(张彦凯　陈晶华)

【城市公共自行车正式投放】 11月27日,拉萨市城市公共自行车租赁卡开始对外出售,城市公共自行车正式投放使用。共建成4处办卡点、15处租赁服务点、投放500辆公共自行车。

(张彦凯)

【扎雪乡齐朗大桥工程验收】 11月28日,由拉萨市交通运输局项目管理中心组织拉萨市墨竹工卡县扎雪乡齐朗大桥工程交工验收工作。该项目位于拉萨市北部、墨竹工卡县扎雪乡境内,距墨竹工卡县约45千米,距拉萨市约115千米。齐朗大桥起点桩号为K0+011.35,终点桩号为K0+142.35,桥梁中心线与拉萨河中心线正交。上部结构为5孔25米装配式简支转连续箱梁,5孔1联,全桥为1联。桥梁全长131米,桥面宽度

7.5米(0.5米防撞护栏+6.5米车行道+0.5米防撞护栏),行车道横坡为双向2%,纵断面位于R=6000米的竖曲线上。设计荷载Ⅱ级;设计行车速度20千米/小时。设计单位:四川恒盛路桥勘察设计有限公司;质监单位:拉萨市公路基本建设质量监督站;监理单位:许昌华通路桥监理检测有限公司西藏分公司;施工单位:四川省科茂建筑工程有限公司。项目2013年3月13日开工,2013年9月30日完工。

(张彦凯、陈晶华)

【林周阿朗乡拉岗大桥项目验收】 12月5日,由拉萨市交通运输局项目管理中心组织西藏拉萨市林周阿朗乡拉岗大桥项目交工验收工作。该项目位于西藏拉萨市林周阿朗乡以东约7千米的布岗村,顺接原有老路,路线总长0.7千米,其中K0+100桥梁5—30T梁桥全长160米;K0+410桥梁1—13T空心板桥全长23米;K0+530桥梁1—30T梁桥全长40米;T梁桥采用3片预应力砼组合T梁/每跨;空心板梁桥采用4片预应力砼组合空心板梁/每跨;桥梁宽度5.5米;路基宽度4.5米,路面宽度3.5米,路肩宽度(土路肩)2×0.5米;设计速度20千米/小时。施工中标单位:江西广泓工程集团有限公司,监理单位:西藏天鹏工程技术咨询有限责任公司,设计单位:四川恒盛路桥勘察设计有限公司。该项目2012年7月15日开工,2013年7月10日完工。

(张彦凯　陈晶华)

【聂当乡热堆村公路工程验收】 12月20日,由拉萨市交通运输局项目管理中心组织拉萨市曲水县聂当乡热堆村公路工程竣工验收。该项目位于拉萨市曲水县聂当乡境内,路线全长11.78千米。全线采用四级公路技术标准,设计速度20千米/小时。施工中标单位:西藏天润工程建筑有限公司,监理单位:许昌华通路桥监理检测有限公司西藏分公司,设计单位:西藏自治区建筑勘察设计院。该项目2011年5月1日开工,2011年11月15日完工,2011年11月29日组织交工验收。

(张彦凯　陈晶华)

【林周县拉林公路至江热夏乡连巴村公路工程验收】 12月25日,由拉萨市交通运输局项目管理中心组织拉萨市林周县拉林公路至江热夏乡连巴村公路工程交工验收工作。该项目位于拉萨市林周县境内,全线按现有四级公路标准建设,全长3.527941千米,设计速度20千米/小时,路基宽度5.5米,路面宽度4.5米,全线铺筑混凝土路面。施工中标单位:江西威乐建设集团有限公司,监理单位:西藏圣通路桥监理咨询有限公司,设计单位:拉萨海峰咨询有限公司。该项目2013年7月22日开工,2013年10月20日完工。

(张彦凯　陈晶华)

【林周县拉林公路至卡日村公路工程验收】 12月25日,由拉萨市交通运输局项目管理中心组织拉萨市林周县拉林公路至卡日村公路工程交工验收工作。该项目位于拉萨市林周县境内,全线按现有四级公路标准建设,全长3.011千米,设计速度20千米/小时,路基宽度5.5米,路面宽度4.5米,全线铺筑混凝土路面。施工中标单位:香格里拉县康东利民建筑安装工程有限公司,监理单位:西藏圣通路桥监理咨询有限公司,设计单位:拉萨海峰咨询有限公司。该项目2013年7月11日开工,2013年12月13日完工。

(张彦凯　陈晶华)

【墨竹工卡县扎雪乡齐朗村2组、4组公路工程验收】 12月27日,由拉萨市交通运输局项目管理中心组织拉萨市墨竹工卡县扎雪乡齐朗村2组、4组公路工程交工验收。该项目位于拉萨市墨竹工卡县扎雪乡境内,路线全长5.38千米。全线采用四级公路技术标准,设计速度20千米/小时。施工中标单位:香格里拉县康东利民建筑安装工程有限公司,监理单位:四川跃通公路工程监理有限公司,设计单位:西藏广禄建筑设计有限公司。该项目2013年7月15日开工,2013年11月15日完工,2013年11月30日完成工程交工前检测工作。

(张彦凯　陈晶华)

【曲水县曲水镇曲甫村乡村公路工程验收】 12月30日,由拉萨市交通运输局项目管理中心组织拉萨市曲水县曲水镇曲甫村乡村公路工程交工验收工作。该项目位于曲水县内,项目起点曲水县城西北处粮食储备库,起点桩号K0+748,终点曲水镇曲甫村11组,终点桩号为K14+078,路线全长13.330千米。工程按四级公路设计标准,一般路段路基宽度采用4.5米,路面宽度为3.5米,桥涵设计荷载采用公路Ⅱ级。设计单位:拉萨市通达岩土工程勘察设计有限公司;监理单位:拉萨市高建工程监理有限公司;施工单位:四川盛源建筑安装工程公司。项目2012年8月15日开工,2013年9月29日完工。

(张彦凯　陈晶华)

【农村公路建设】 年内,拉萨市交通投资85637.24万元,实施包括19个重点项目、51个一般项目在内的共计70个农村公路建设项目,建设里程622.437千米。拉萨市七县一区的65个乡镇(含8个街道办事处)全部通畅,通畅率达100%;261个建制村,其中223个建制村(含35个居委会)通畅,38个建制村通达,通畅率达85.4%。拉萨市农村公路总里程达到2962.1千米(不含国、省道),通达通畅率均居全区第一位。

(张彦凯)

【农村公路养护】　年内,对全市范围内的自然灾害多发路段隐患进行全面排查,对S202、S302及X105等重点线路沿线的地质状况及道路基本情况进行摸底调查,投入30余万元对翻浆路段和路面坑槽进行修补。

(张彦凯)

【运输市场】　年内,做好春运统筹协调;完成达孜至拉萨客运线路上13辆班线车的退市工作;对旅游运输企业进行考核;开展打击黑车和出租车行业治理工作。

(张彦凯)

【公共交通】　年内,修改完善公交车辆调度管理制度、运营安全管理制度、运营秩序稽查制度、服务质量投诉处理制度,建立健全公交现代企业制度;成立公交集团总公司;新开《文成公主》实景剧演出地专用线路及工程五队至中和国际城(26路)、达孜至东顺客运公司线路(27路);大力发行公交老年卡。

(张彦凯)

邮　　政

【概　况】　2013年,西藏自治区邮政公司拉萨市分公司完成邮政业务总收入4770.52万元(含机场支局),完成年度预算104.8%,比增17.33%,实现有效收入3285.12万元,比增17.9%,人均有效收入14.93万元,比增16.28%,2013年实现利润629.61万元,超利润预算31.44%。服务质量综合满意度达到92.35%,员工收入稳定增长。

(管麟猛)

【邮务类业务】　年内,实现收入3430.49万元,完成年度预算的103.99%,比增18.25%。

(管麟猛)

【函件业务】　年内,签订布达拉宫门票第二期制作合同260万枚门票加印,分三年印制,全年印制第一批门票120万枚,实现收入210万元;开发日常封片卡业务,实现收入160万元;函件业务累计完成收入949.62万元,完成预算的113.73%,比增27.00%。

(管麟猛)

【报刊发行】　年内,实现报刊流转额15.56万元;开发教辅类图书7364册,销售文化礼包600余套;完成2014年度报刊大收订工作目标,实现报刊流转额1822万元,同比增长5.37%,完成计划的101.22%。报刊发行业务累计实现业务收入822.94万元,完成预算的101.85%,同比增长15.63%。

(管麟猛)

【集邮业务】　年内,制作邮折6000册,实现收入56万元;开发企业形象册5200册,实现收入148.44万元。集邮业务累计实现业务收入940.22万元,完成预算的104.12%,同比增长18.69%。

(管麟猛)

【包裹业务】　年内,继续开展“爱心包裹”“母亲邮包”“军营包裹”等传统包裹业务的寄递。包裹业务累计实现收入352.64万元,完成预算的89.96%,同比下降7.48%。

(管麟猛)

【电子商务】　年内,签订航空机票协议客户4户,共出机票23873张,实现业务收入144.57万元;“自邮一族”开发205笔。电子商务累计实现业务收入364.73万元。

(管麟猛)

【代理速递业务】　年内,以“揽投合一”的经营模式扩大业务规模;调整业务结构,发展高资费业务,以快包代替普包。代理速递业务实现收入519.21万元,完成年度预算的103.84%,同比增长7.79%。

(管麟猛)

【代理金融业务】　年内,开展“抓余额、促发展”劳动竞赛活动,以及“产品叠加”和“三提高”等活动,邮储余额达10195.88万元,实现业务收入155.01万元;在四个代理储蓄网点开展代理金融从业人员轮岗交流;做好汇兑大客户的营销工作,与大客户建立长期稳定的业务合作关系,实现收入81.46万元,完成预算的125.32%。代理金融业务累计实现收入241.88万元,完成年度预算的

100.37%,同比增长39.43%。

(管麟猛)

【其他业务收入】 年内,其他业务累计实现收入507.2万元,完成年度预算的119.62%,同比增长18.6%。

(管麟猛)

【人力资源管理】 年内,制定《拉萨市邮政局投递人员计件报酬办法》《非全日制用工管理办法》《拉萨市邮政局乡邮招聘管理办法》等,完善拉萨邮政用工管理制度;全年新招录大学生4名,从优秀劳务派遣人员中招录合同制正式员工3人,2名乡邮驾驶员成为劳务派遣人员;对企业新进大学应届毕生实行多岗位锻炼,缩短新进员工与企业的磨合期,优化职工队伍结构;在全局范围内开展干部岗位轮岗交流、岗位公开竞聘工作。截至年底,有6名中层干部实现轮岗交流,4名员工通过竞聘走上管理工作岗位;邀请北大、清华大学总裁班教授开展"领导干部十项技能"和"销售技巧与客户关系管理"培训活动;以自办课堂学习的方式组织中层干部观看"中层危机"和"团队协作"管理光盘;开展远程教育培训及岗位练兵活动;探索提高员工教育的针对性、实用性和实效性,年内拉萨邮政培训工作以人均学分96.55分的成绩列全区之首。

(管麟猛)

【信息宣传工作】 年内,各类新闻媒体采用信息14篇,区邮政公司OA采用49篇,信息报送数量和质量列全区之首。

(管麟猛)

【统一办理加油卡】 年内,统一为全局车辆办理中石油IC卡,此卡严格执行一车一卡制度,使用加油卡时无需登记、无需往返报销,节约车辆运行成本,规范油料管理。

(管麟猛)

【强化安全责任】 年内,签订《拉萨市邮政局2013年综合治理安全生产目标管理责任书》。

(管麟猛)

【加强服务监督】 年内,修改完善《拉萨邮政通信服务质量管理实施办法》加快邮件赔偿速度,强化服务管理。坚持"先赔付、后断责"的原则,明晰责任段落,加快赔偿速度。严格落实查询、投诉首问负责制和查询赔偿各项规章制度,规范服务管理工作,妥善解决用户投诉和申诉的问题;加强邮件验视制度的管理,对揽投人员和窗口人员进行安全防范和职业道德教育培训,杜绝禁限寄物品流入邮政渠道;强化两岗履职基础管理及质量检查工作。全年共出查90天,检查各类邮件凭单36600张,用户投诉处理满意度达100%。

(管麟猛)

【农牧区邮政服务工作】 年内,对全市乡邮投递工作进行摸底调查,提出乡邮投递网优化方案,重点解决乡邮投递网规划建设和运载能力不足等问题,按照试点先行,稳步推进的原则,全面推进乡邮投递网优化工作;按照空白乡镇邮政局所补建工作的总体部署,全市补建空白乡镇网点43所。

(管麟猛)

【探索网点商企经营模式】 年内,将低效益的娘热北路、当热路、大北郊、当巴等6家邮政所,外包给商家,成立邮政便民便利服务合作店。全年,6家外包网点共实现收入73.17万元,同比增长84%。

(管麟猛)

【优化投递流程】 年内,制定投递人员收入分配改革制度,实行投递人员按月计件报酬分配,投递员日投递量大幅增加,最高达到200件以上;优化投递流程,优化人力资源配置,将电商小包、快递包裹和国内普通包裹实行专段投递。

(管麟猛)

【服务水平提升】 年内,成立西藏邮政航空票务中心,为四个代理储蓄网点安装ATM机,完成市区内9座邮政报刊亭更新,新增仙足岛便民便利服务合作店。

(管麟猛)

【深化经营改革】 年内,设立重点业务发展奖励基金,全年共兑现重点业务发展奖励191.8万元。

(管麟猛)

【强基惠民驻村工作】 年内,向社区文化活动中心捐赠十八大报告、十八大辅导百问以及娱乐、卫生、教育等书籍、杂志;建立健全村(居)"两委"相关制度,推进社区"双联户"活动;组织开展"送温暖、献亲情"活动,有两名队员荣获拉萨市以及城关区强基惠民驻村工作先进个人。

(管麟猛)

【企业精神文明建设】 年内,拉萨邮政荣获2013年度中华全国总工会颁发全国"安康杯优胜企业",集邮函件广告局在2012年度"营销创优"劳动竞赛活动中,荣获集团公司"十佳营销团队",另荣获区邮政公司先进集体3个,拉萨市级先进集体1个,先进个人3个,县级先进集体3个。

(管麟猛)

电 信

中国电信拉萨分公司

【概 况】 2013年,中国电信拉萨分公司通过光进铜退项目的实施,光网络市区覆盖率达到90%,退网设备81台,铜缆100万线对千米,迁转光进铜退用户5.8万户,迁转用户到达数3.4万户,全市乡镇具备4兆的宽带接入能力。在网固定电话用户12万户,移动电话用户30.8万户 。

(吴海燕)

【老城区光网改造】 6月30日,拉萨市老城区保护工程全面竣工,中国电信拉萨分公司完成老城区光网络改造,实现FTTH网络全覆盖。老城区共新建光缆348皮长千米,新增FTTH端口9000余线,完成3000多个宽带用户割接,退出铜缆34皮长千米,线缆下地100%。

(吴海燕)

【双联双促工作】 7月2日,举行拉萨市城关区环卫局"双联双促"工作启动仪式,中国电信拉萨分公司向全体环卫员工赠送天翼手机,为环卫局创新工作模式、建立健全"双联双促"机制提供综合信息服务。

(吴海燕)

【西藏首家县级天翼手机城开业】 11月22日,西藏首家县级天翼手机城在拉萨市当雄县开业,标志着中国电信西藏公司县级天翼手机终端运营卖场化管理实现新的突破。

(吴海燕)

【农村市场承包责任制试点】 年内,启动承包责任制试点工作,承包商签订业绩合同,确保年内达嘎乡、茶巴拉乡移动用户市场份额占比达到50%,移动用户市场份额提升5个百分点;指导承包商建立健全日常管理、财务制度和考核激励机制,组织从业人员集中培训。成功受理移动业务311部。

(吴海燕)

中国移动拉萨分公司

【概 况】 年内,中国移动拉萨分公司自办厅14个,专营店110个,代理点1200个,直销员130人。全年开展精细化RF调整105个基站;发现问题小区1035次,解决高掉话、高拥塞小区1016次,处理用户投诉1250件。根据用户投诉分析,通过工程建站和成本建站共48个,有效解决区域弱覆盖。

(叶 倩)

【开展"悦读之旅,移动与您相伴"赠书活动】 3月20日,中国移动拉萨分公司集团客户部联手上海天翼图书有限公司开展为期四期的"悦读之旅,移动与您相伴"赠书活动。全年总共为客户赠送2672本书籍。

(叶 倩)

【自然灾害应急保障】 3月29日凌晨6时,墨竹工卡县野生动物保护区突发山体滑坡。该区域原来用户稀少,站点较少,同时小区配置较低,使通信受到严重影响。中国移动拉萨分公司网络部派遣2辆应急通讯车赶往该区域参与应急保障,同时安排后台维护人员实时监控该区域设备的告警和拥塞情况,在应急车未赶到前尽可能地保障事发区域的语音通话。下午6时,应急车赶到现场,在前后台人员的相互配合下,调配传输资源,调测微波传输,凌晨3点开通应急车。其中有一台应急车由于传输误码较高,一直频繁出现误码告警,直到30日中午3时才调测好传输。另一队保障人员对斯布沟野生动物保护区基站实施小区扩容。通过实践话务指标监控,应急通信车开通后,该区域的话务拥塞率从31%降低为0%,现场用户通信无障碍。

(叶 倩)

【开展"渠道共享共盈"战略合作】 6月1日,拉萨市邮政局北郊便民服务点揭牌仪式举行。北郊便民服务点承载邮政局自有业务、中国移动拉萨分公司合作商红鼎通讯终端销售业务,并有意向与中国移动拉萨分公司开展"渠道共享共盈"战略合作,承载中国移动拉萨分公司更多业务。该服务点作为全区首个邮政便民服务点,后期将作为示范服务点,在全区进行规模推广。

(叶 倩)

【"我爱我的音乐·无线音乐巡演"举办】 8月17日,由中国移动拉萨分公司主办的"我爱我的音乐·无线音乐巡演”在拉萨容中尔甲演艺宫举办。本次演唱会约400多名观众到场。截至年底,移动的彩铃业务本土音乐类产品的销量名列前茅。此次邀请的VAJARA乐队、羚羊角乐队都是彩铃下载量在拉萨地区长期稳居榜首的本土乐队。

（叶　倩）

中国联通拉萨分公司

【概况】 中国联通拉萨分公司始终把为用户提供优质通信服务作为己任。年内,积极响应政府号召,踊跃参与“八角街－老城区改造”工程,在全区范围内实现改造和更换旧城区通讯网络线路,共计花费近400万工程改造经费。为提升用户感知,降低宽带成本,提高传统宽带速率,中国联通拉萨分公司在2013年底完成“光进铜退”项目,其一稳步实施“铜退”,根据有网络资源,城市“铜退”以高带宽用户集中区域为重点,优先考虑老旧机型退网、劣化电缆退网、管道紧张地段等重点区域,农牧区“铜退”以电缆被盗严重的区域为重点。其二全面推进“光进”,加快宽带竞争、宽带提速区域的光纤覆盖,区域按照业务需求和竞争情况进行改造,光纤网络建设统筹考虑全业务承载的需求,此项目费用共计花费2800多万元。

（赵莹莹）

【荣获全区党的十八届三中全会精神电视知识竞赛三等奖】 1月,拉萨联通北城区经营部党员阳莉作为西藏联通的代表,通过层层选拔与其他单位两名员工一同代表通信系统进入决赛,取得自治区学习贯彻党的十八届三中全会精神电视知识竞赛全区三等奖的好成绩。

（赵莹莹）

【办理4G/3G一体化套餐】 3月,正式开放办理,套餐共设八档,最低76元,最高596元。其中最高档596元套餐包含3000分钟的通话时间以及11GB流量。

（赵莹莹）

【提供优质网络服务,有序推进网络演进】 FDD—LTE是全球4G的主流标准,网络下行速率最高可达150Mbps,堪称4G“速度之王”。4G时代的来临,更低的资费,享受更快的网络,更多的通话,可以让用户以更低成本畅享4G生活。同时,iPhone、New iPad、三星Galaxy S、Nokia Lumia等一大批支持FDD—LTE的明星终端已经上市,用户可以不换号、不换卡,只需手机支持FDD—LTE,就可以轻松享受4G带来的生活便捷。拉萨联通目前已根据总部网络建设的布局,积极开展谈点建设工作,为下一步4G产品市场的拓展奠定基础。

（赵莹莹）

【加强业务整合】 年内,拉萨分公司着力发展中小企业市场,进一步加大营销力度;挖掘企业内部管理需求,及时向上级部门提出需求,完善各种移动信息化应用,提升客户对集客产品的感知;深化行业应用成功案例的推广,完善数据收集流程,提高市场拓展和资源整合能力。

（赵莹莹）

【构建适应企业经营管理需要的新机制】 年内,拉萨分公司按照“简捷、高效、适用”的原则,对机构设置进行优化,完善逐级责任管理建制及各部门职责,强化部门的职责功能;根据对全年目标任务的分解、细化,按照“多劳多得、按劳取酬”的原则,制定合理的绩效分配方案,提升一线员工收入水平,推广按量计酬的分配方式,激励高价值、高贡献、高水平的员工群体,激发企业内在活力。

（赵莹莹）

金融·保险

银　　行

中国人民银行拉萨中心支行

【概　况】 截至年底,拉萨市金融机构本外币各项存款余额1558亿元,比年初增长19.1%;本外币各项贷款余额612亿元,比年初增长34.7%,增速居全国各省会城市前列。

(周　颖)

【贯彻落实特殊优惠货币政策】 年内,人民银行拉萨中支落实特殊的区域性信贷政策。探索建立中小微企业融资信息沟通机制和重点项目融资推介机制,促进拉萨市重点项目融资和建设。联合相关部门开展金融政策宣传活动。合理调控信贷投放。按月监测规划执行情况,并通过季度金融运行分析会、金融联席会、信贷工作专题会以及现场检查、主管人员约谈等多种方式持续督促和引导各金融机构做好本行政策措施与西藏区域性信贷政策的衔接工作。加大对重点建设项目的信贷支持力度。确保项目贷款足额发放。加大对"三农"和中小微企业支持力度。出台支持中小企业发展的优惠政策措施,为中小微企业节约资金成本;督促各金融机构建立中小微企业专营服务机构、信用评价体系和信贷奖励考核制度。加大对薄弱环节的信贷支持力度。丰富和完善扶贫贴息贷款政策,西藏扶贫贴息贷款政策范围最广,支持力度最大。截至年底,拉萨市扶贫贴息贷款余额7.11亿元,同比增长25.3%。

(周　颖)

【推进跨境贸易人民币结算工作】 年内,国家外汇管理局西藏自治区分局正式加入"西藏自治区对尼泊尔交流与合作联席会议机制"。银联西藏分公司已与尼泊尔有关商业银行成功接洽,实现首笔资本项下跨境人民币结算业务。全年全区累计办理跨境人民币结算业务89亿元,同比增长17.9%。出台支持西藏涉外经济发展的指导意见,深化贸易领域外汇管理制度改革,推进简政放权。全年全区跨境收付总额达18.1亿美元,同比增长2.8%,跨境收付顺差15.3亿美元,同比增长18.6%。

(周　颖)

【加强金融风险监测】 年内,拉萨市金融运行平稳,不良贷款率0.73%。拓宽风险监测评估领域,提高金融风险监测评估预警能力。加强常规风险监测工作,开展对辖区金融机构风险监测评估。建立拉萨金融稳定监测分析系统,定期评估拉萨经济金融运行稳定状况。加强与金融监管部门合作,与西藏证监局签订《关于加强证券期货监管合作、共同维护金融稳定的备忘录》。探索金融消费权益保护工作机制,金融消费权益保护工作稳步推进。制定金融消费权益保护群体性投诉事件应急预案。加强投诉平台建设,受理和处理金融消费者投诉,实现办结率、满意率100%。加强与金融系统、自治区政府相关职能部门的沟通协调,金融消费维权警示、信息共享、宣传教育等工作有新成效。开展金融消费权益保护知识"四进"宣传活动。

(周　颖)

【推进外汇重点领域改革】　年内，西藏外汇管理局全面贯彻外管总局提出的加快外汇管理理念和方式“五个转变”要求，做好各项便利化改革政策实施，不断增强外汇监管针对性、有效性，构建贸易便利化与加强风险管理相结合的新型外汇管理方式。2013年，全市跨境收付总额达3.49亿美元，跨境收付顺差额0.75亿美元。

（周　颖）

【加强征信管理】　年内，企业征信系统累计查询6669次，个人征信系统累计查询约13万余次。信息主体合法权益保护工作得到强化，异议解决率达100%。研究制定社会信用体系建设工作规划，拉萨社会信用体系建设工作稳步推进。

（周　颖）

【改善支付环境】　年内，人行拉萨中支加强银行卡推广和市场建设，制定西藏自治区改善银行卡受理环境实施意见，在拉萨开展创建银行卡刷卡无障碍示范街活动。全年全区新增布放POS机2287台，ATM机267台，同比分别增长61.82 %、89.79%。大力改善农牧区支付服务环境，出台实施《辖区改善农牧区支付服务环境三年规划》。拉萨市全年共建立助农取款服务点54个，填补空白乡镇17个，实现金融基础服务在县域的全覆盖。

（周　颖）

【提高反洗钱监管水平】　年内，人行拉萨中支建立重点区域恐怖融资资金监测机制，开展相关资金监测工作。与公安部门签署《西藏自治区资金查控协作机制》，推进反恐融资合作工作深层次、全方位开展。

（周　颖）

【提高国库管理与服务水平】　年内，人行拉萨中支切实履行经理国库职责，加强柜面监督和对各类凭证的审核力度，保障国库资金安全。扩大国库业务系统覆盖面，财税库银横向联网系统全面实现所有地市及地市所在县覆盖。全市通过横向联网办理税收16667笔。入库金额达312239万元。创新推广银行卡刷卡缴税业务，全市银行卡缴税业务达2435笔，入库资金2685万元，业务笔数与入库金额分别占全市横向联网业务14.61%和8.6%。

（周　颖）

【强化货币发行管理】　年内，人行拉萨中支合理调配发行基金，科学调整券别结构，保证拉萨合理现金供应。建立小面额现金兑换长效机制，设立反假货币宣传网络站残零钞兑换点，向社会公众提供残损人民币、小面额零钞兑换、反假货币宣传服务。

（周　颖）

农行西藏分行营业部

【概　况】　截至年底，全辖本外币总资产418.74亿元，负债余额412.04亿元。年内，区分行营业部累计投放贷款（含贴现）179.69亿元，占拉萨市各家金融机构贷款总量的29.34%。

（韩梅润）

【中间业务收入】　年内，区分行营业部实现中间业务收入6868.58万元。服务功能和服务手段日趋多样化，代理保险、基金、银行卡、电子银行等业务全面发展，黄金业务进一步巩固，投行业务不断加强。

（韩梅润）

【三农业务】　截至年底，累计投放涉农贷款17.78亿元，累计收回10.91亿元，期末贷款余额达24.83亿元，同比增加6.86亿元，同比增长38.2%，涉农贷款总额占全行贷款总额的13.82%。有信用县1个，信用乡（镇）48个，信用村223个，累计发放贷款证4023张，发证面99.18%，使用率96.81%。深入推进金穗“惠农通”工程，全年共发放惠农卡9061张，设立助农取款服务点302个，县域共布放电子机具349台。累计培育涉农小企业132家，年内新培育涉农小企业35家。

（韩梅润）

【公司业务】　截至年底，新开立各类对公账户949户，资金余额达7.63亿元。开设第三方存管账户2321户。发展国际业务，推进本外币一体化经营进程，开办西联汇款业务及八家对公外币结算账户，截至年底，国际业务结算量达3078万美元，结售汇量3025万美元。

（韩梅润）

【零售业务】　截至年底，个人网银新增6105户，企业网银新增196户，手机银行新增3680户，电话银行新增15597户，消息服务新增34258户，转账电话新增512户。全年投放存取款一体机34台、取款机22台。年内，新建立理财中心1家，迁址网点1家，网点升格为支行（或以上）级4家。

（韩梅润）

中国银行西藏自治区分行

【概　况】　年内，中国银行西藏自治区分行本外币资产余额561.91亿元,年增加166.48亿元;负债余额553.2亿元,年增加162.04亿元。人民币核心存款余额突破500亿大关,达521.54亿元,年增加163.15亿元,增幅45.52%,四大行市场份额24.03%,年提升3.71个百分点;人民币贷款余额为224.60亿元,年增加106.12亿元,增幅89.57%,四大行市场份额24.31%,年提升4.08个百分点。信贷不良余额1438万元,不良率0.06%,较年初下降0.08个百分点,资产质量领先系统及当地同业,其中,公司贷款继续保持零不良,零售贷款不良率0.51%。国际结算和跨境人民币业务四大行市场份额保持在90%以上。

(杨　轩)

【机制变革】 年内,中国银行总行实施内生动力机制改革,西藏区分行制定费用配置办法、重点业务人事费用配置方案等11项重点政策措施,强化收支预算管理,促进核心业务增长;简化指标考核设置,增加各机构自我运用政策的空间;不断完善资源配置模式,提升费用使用效率。

(杨　轩)

【产品创新】 年内,落地投产招标通、票据回购、卡贷通、手机移动支付等42个产品;支持招标通、代收水费系统等上线运行;电子银行业务快速发展,企业网银交易客户数、手机银行交易客户数、企业网银交易金额、B2B类客户数、B2C支付用户支付交易数均发展迅速。

(杨　轩)

【风险内控】 年内,强化全程风险管控和主动风险管理,持续保持公司类零不良,个金类低不良的良好态势;加强反洗钱工作,注重反洗钱人才建设和制度建设,反洗钱工作连续四年获全区第一名;履行稽核职能,服务战略实施和业务转型,网点现场检查率达80%以上。

(杨　轩)

中国建设银行股份有限公司西藏自治区分行

【概　况】 截至年底,中国建设银行股份有限公司西藏自治区分行(以下简称建行西藏区分行)一般性存款余额593.98亿元,比上年新增108.06亿元,完成计划的131.62%;各项贷款余额243.38亿元,比年初新增81.94亿元,增幅50.75%。实现中间业务净收入8900万元,比上年同期增长1262.7万元,增幅16.53%,完成全年计划的99.3%。实现税前利润10.43亿元,同比增长2.39亿元,增幅29.73%,完成全年计划的118.6%;实现经济增加值5.76亿元,完成全年计划的113%。不良贷款额为1.23亿元,较年初减少0.56亿元,贷款不良率0.51%,较年初下降0.6个百分点。

(雷　勇)

【批发业务】 年内,对公存款时点余额474.6亿元,比年初增长87.8亿元,完成分行计划60亿元的146%。公司类贷款(含票据贴现):时点余额211.7亿元,比年初增长76.4亿元,超额完成总行新增任务。其中非贴贷款205亿元,比年初新增95.3亿元,完成分行新增计划100亿元的95.3%。实现中间业务收入(含单位人民币结算业务收入和电子银行业务收入)2386万元,完成分行计划2995万元的80%。截至年底,四行对公存款市场占比为27.48%,对公贷款市场占比为30.11%。对公条线产品覆盖度为2.50。

(雷　勇)

【战略业务】 7月17日,中国建设银行总行行长张建国赴藏与西藏自治区政府主席洛桑江村签订战略合作协议,双方围绕西藏自治区未来五至十年经济社会发展战略目标,以互利互惠为基础,在探索多样化合作模式以建立紧密稳定的银政合作关系,加强规划领域合作以实现互利共赢、共同发展方面达成基本共识。成功与西藏自治区政府签订战略合作协议。

(雷　勇)

【完成“新一代”一期上线】 10月26日,全行29个网点全部实现新一代一期上线功能,提前完成要求,业务测试、排队叫号机升级完成率等指标排在全国前列。

(雷　勇)

【机构改革】 年内,实施对公授信流程调整优化工作,梳理相关流程、职责,新授信流程运行平稳。调整机构设置,新设集团客户部,将信贷审批部更名为授信审批部,撤销资产保全部,其职责划入风险管理部。调整对公条线各部门工作职责,并将信用卡、POS收单业务从电子银行部调整至个人金融部。

(雷　勇)

【网点综合化建设】 年内,采取分批分步骤上线推广方式,先后对拉萨城区4个单点支行、拉萨城区网点型支行、各二级分行逐一推广上线。截至年底,完成29个网点推广上线工作。

（雷　勇）

【客户产品渠道】　年内，客户产品渠道全面拓展。截至年底，全行对公有效客户3886户，新增428户，完成全年计划89.7％；个人有效客户119146户，新增24,487户，完成全年计划238.19%；高端客户新增远超总行计划，私人银行客户37户，比年初净增17户，完成总行计划的425%。

（雷　勇）

【产品方面】　年内，借记卡新增发卡13.29万张，实现中收3023万元，是全行中收最高的产品；实物黄金销售249.5公斤、账户贵金属销售40.93吨，增幅分别为41.97%、56.35%；信用卡全年新增9842张，活动率72.70%，系统内排名第二，累计发卡量、当年发卡量、消费交易额、贷款 余额均居同业第一；个人结算通卡实现区内首发，全年发放共376张；对公资金结算产品单位人民币结算卡、对公通兑、电子回单柜、对公一户通均超额完成计划200%以上。

（雷　勇）

【渠道方面】　年内，设阿里分行、拉萨东城区支行，新设娘热路、团结新村、冲吉路、原林芝广场分理处等4个自助银行；自助设备柜面业务替代率66.22%，本年实现收益1107万元，首次突破千万元大关，单台收入系统排名第七；电子银行账务性交易量占比为23.15%，完成全年计划115.74%。

（雷　勇）

【零售业务】　截至年底，全行个人储蓄存款时点余额达到119.37亿元，比年初新增20.26亿元，完成年度计划的101.30%，日均余额106.88亿元，比上年末新增21.27亿元；个人贷款余额18.49亿元，比年初新增2.7亿元。个人存款及投资理财类金融资产全行总计达到38.87亿元，其中存款为20.26亿元、基金0.29亿元、理财12.21亿元、贵金属投资5.63亿元、国债0.48亿元。

（雷　勇）

中国工商银行西藏分行

【概　况】　截至年底，各项贷款余额131.07亿元，较年初增加47.97亿元，同比增长57.73%，；全部存款余额95.38亿元，较年初增加39.59亿元，同比增长70.96%，存贷比137.4%。

（张　芸）

【色拉路支行成立】　12月，在拉萨成立色拉路支行。

（张　芸）

【差异化管理】　年内，总行下发《西藏自治区信贷政策》，在优先安排信贷规模、保障信贷资金供给、优先安排审查审批、调整信贷准入标准、创新信贷服务模式、适当扩大授信审批权限等方面给予支持。

（张　芸）

【创新金融服务】　年内，形成“实施一个战略、发挥两大优势、锁定三赢目标、突出四大板块、落实五项举措”的特色借势营销发展战略；形成行内分层营销、兄弟行间联动服务网络、总行“一站式”审批的特色营销模式；形成寻找切入点、满足差异化需求、制定国库现金管理组合存款服务方案的特色财政金融服务；形成围绕重点客户、重点项目，提供综合解决方案，拓展融资领域的特色施工金融服务；形成着力为央企援建火电、央企水电建设、央企太阳能开发和国家投资电网提供全方位立体服务的特色电力金融服务；形成跟进有序开发优势矿产资源，支持大型中央矿产企业并购、重组、组合融资的特色矿产金融服务。

（张　芸）

【支持重点项目】　贷款投放领域涉列铁路及公路施工、火电及水电建设、青藏电力“天路”建设、矿产资源开发、旅游项目、城市建设、商贸流通等领域，为经济发展作出努力。

（张　芸）

中国邮政储蓄银行拉萨市支行

【概　况】　2013年，中国邮政储蓄银行拉萨市支行以“创新、效益、能力、质量、和谐”五个强行思想为战略目标，依托覆盖城乡的网络优势，打造“高、精、尖”商业化、特色化金融服务机构。市行所辖营业部获得区级“青年文明号”称号、大楼支行连续两届获得“千佳示范网点”，堆龙支行被评为区级“金融工作先进集体”，大楼支行被评为总行级“明星支行”。

（李晓瑞）

【拓展业务领域】　年内，借力惠农绿卡、金融IC卡、华西健康卡、信用卡等卡类业务，网上银行、手机银行、电话银行、电视银行等自助渠道，代理基金、保险、理财等中间业务，现金管理、银企直连、联网支付等政企个性化服务，实现存款余额比上年同期增长11.28%；通过开办小额信用贷款、综合消费贷款、商务贷款、小企业贷款、公司信贷、票据贴现、供应链融资、信托、银团贷款等多样化贷款品种,突破放贷比上年同期增长222.44%;加强电子银行基础设施建设,提升电子银行服务水平,电子产品替代率呈增长态势。

(李晓瑞)

【加快能力建设】　年内,树立“以市场为导向,以客户为中心,以效益为目标”的经营理念,推进存款业务创新,根据不同客户需求制定产品包;完善 VIP 客户服务体系,并组织开展中高端客户理财沙龙;通过网银“手拉手”活动,推动电子银行业务发展;引入信贷新要素,开办信用消费贷款、汽车消费贷款、小企业贷款、商务贷款、公司信贷等贷款品种和“公司 + 商户”“消费信贷 + 信用卡”贷款模式。

(李晓瑞)

【机制创新】　年内,完成机构改革。调整后,有行领导3人,其中:正职1人,副职2人;共设内设机构3个,包括:综合管理部、个人金融部、公司业务部;所辖支行14个。提升人员素质,引进人才,优化人力资源配置,通过行内教育培训、外部机构培训、学历教育等多种方式开展员工培训工作,组织开展各类职业技能比赛。截至年底,共计改造支行12个,占比85%。建立消费者投诉建议渠道,设立农村信贷营业点,提高农村市场的覆盖面和渗透能力。

(李晓瑞)

【风控管理】　年内,完善风险管理和反洗钱等相关制度,定期召开风险防控联席会议,组织开展反洗钱自律评估。开展金融机构不规范经营行为专项整治活动。以“合规文化”为主题,组织合规征文竞赛、银行合规宣传活动,提升全行风险合规和反洗钱团队能力。

(李晓瑞)

西藏银行

【概　述】　截至年底,全行资产总额达164.62亿元,比年初增加82.42亿元;各项存款余额145.02亿元,比年初增加79.08亿元;各项贷款余额88.18亿元,比年初增加44.92亿元。

(郑人川)

【机构建设】　6月28日,西藏银行山南地区贡嘎县支行隆重开业,标志着西藏银行第一家分支机构正式营业。推进日喀则分行、林芝分行、墨竹工卡县支行各项筹备筹建工作。截至年底,西藏银行共有机构2个。其中总行1个,位于拉萨市民族北路7—1号;县级支行1个,位于山南地区贡嘎县甲竹林镇机场综合服务楼1~2层。

(郑人川)

【内控管理】　年内,全行加强内控管理。截至年底,全行风险和内控管理继续保持“零不良、零案件、零事故”。

(郑人川)

【驻村工作】　年内,西藏银行派出驻村工作队批进驻那曲地区香茂乡宗热格村,结合该村实际开展强基惠民一系列工作,并实现轮换。考察论证村公路、酸奶门市和人畜饮水工程改造等项目;邀请医疗队进村开展送药、看病、为村民体检活动;举办帮助维护稳定平安和谐的社会环境宣讲会;对守护铁路值班进行巡查;帮助解决子女就业,提高困难家庭经济收入;帮助贫困家庭,发放物资和现金。

(郑人川)

国家开发银行西藏分行

【概　况】　截至年底,各项贷款余额42.55亿元,较年初增加17.6亿元,同比增长70.54%;新增规划储备347.49亿元,贷款承诺88.52亿元,贷款发放25.81亿元;本息回收率连续9个季度保持100%;不良贷款率由年初的0.06%下降为0.04%,连续9个季度控制在1%以内。

(陈占巍)

【推进西藏交通发展】　年内,总分行联动创新融资模式,加大对国道318线林芝至拉萨段公路改造工程项目开发力度,与自治区发改委、财政厅、交通厅、人民银行和银监局等部门运用开发性金融理论破解西藏公路交通超常规发展困境,创新工作模式和融资模式,支持西藏公路交通超常规发展,评审承诺45亿元,发放5亿元,推进西藏自治区城镇化建设。

(陈占巍)

【扶持特色优势产业】　年内,加大对水电、矿业、旅游、航空等重点项目的推进力度,共发放贷款13.19亿元推进自治区特色优势产业壮大。

(陈占巍)

【发放贷款】　年内,发放水利贷款2.5亿元,推进拉萨河综合治理;发放小微企业贷款0.42亿元;发放助学贷款315万元,助力728名学子实现大学梦;发放1.1亿元支持文化产业发展。

(陈占巍)

【制定规划】 年内,编制区域规划、行业规划、战略客户规划、业务发展规划等规划十余项,发挥西藏分行对成长性企业"融资+融智"的扶持作用。

(陈占巍)

【搭建风险文化建设机制】 年内,深化全面风险文化建设,强化内控制度建设,多渠道推进风险文化建设;优化业务流程,加强重点行业、重点客户风险监控,提高风险防范水平;加大反洗钱工作力度,通过组织开展"反洗钱宣传月"活动增强全员反洗钱工作意识,开展洗钱风险排查工作。

(陈占巍)

【履行社会责任】 年内,先后与总行规划局、专家委,宁波分行,西藏银监局党支部,西藏国资公司党支部,阿里地区革吉县雄巴乡党委开展结对共建活动,捐赠电脑、书籍、衣物等。

(陈占巍)

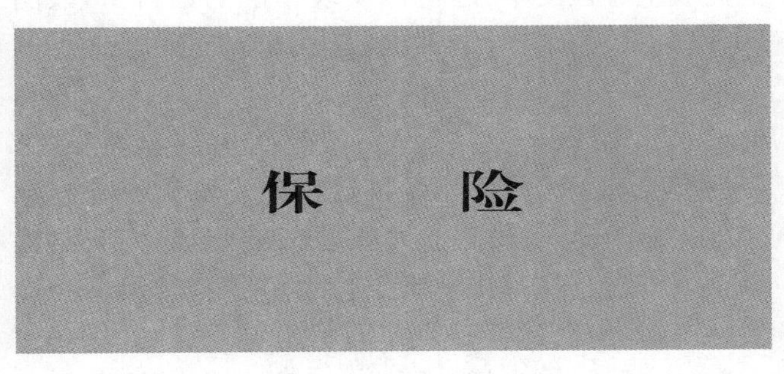

保 险

中国人保财险西藏分公司

【概 况】 截至年底,实现保费收入8.84亿元,承担风险金额7155.57亿元(同比减少8.23个百分点),市场份额86.94%。已结赔付案件4.54万件,未结赔付案件5719件,件数结案率为90.60%。

(商彦妮)

【理赔服务】 年内,出台管理制度,强化理赔管控。万元以下案件理赔周期为18.12天,提速22.21%。截至年底,对全区未决案件共进行8次集中处理,未决案件滞案量为历史最低。

(商彦妮)

【拓宽增值服务体系】 年内,扩大客户服务范畴,落实4S店与协议店合作事项后续服务相关工作,推广VIP免费洗车增值活动;配置"95518"短信平台功能,成型短信节日问候和知识类短信增值服务;客户俱乐部正式上线运营。

(商彦妮)

【"三农"保险】 年内,全区74个县(区)均签订涉农保险合同,首次实现全覆盖,取得历史性突破。对涉及农业、森林、地方特色产品相关领域进行摸底调查,为挖掘新的业务增长点做好准备。

(商彦妮)

【健康险宣传】 年内,在全区各级医院加大对大额补充医疗保险与大病医疗保险的宣传力度,明确保险范围、报销额度,并对各定点医院相关人员进行保险业务宣传培训。

(商彦妮)

【"创先争优、强基惠民"活动】 年内,安排部署第二批"创先争优、强基惠民"驻村工作队,派驻8支队伍26名人保员工,宣传党的惠民政策和保险知识,共投入200多万元资金帮助当地群众修筑农田灌溉水渠、防洪堤坝、草场围栏、砖厂等设施,以实际行动支持新农村建设。有2名队员获得"自治区先进驻村工作队员"称号。

(商彦妮)

中国人寿保险股份有限公司西藏自治区分公司

【概 况】 截至年底,中国人寿保险股份有限公司西藏自治区分公司拉萨营业部实现保费收入8770.42万元,其中个险渠道保费收入5859.79万元,团险渠道保费收入1724.48万元,银保渠道保费收入1188.81万元。

(左 佳)

【创新服务】 年内,推出国寿高原特定疾病紧急救援医疗保险,在保险的服务深度、服务广度、服务方式有更加深入的探索。

(左 佳)

中国平安财产保险股份有限公司西藏分公司

【概 况】 2013年,保费达成10487.86万元,首次实现年度保费规模突破1亿元大关,同比2012年增长34.9%。分公司理赔立案8859件,赔款支出5477.01万元。赔案数量同比增长32.8%,赔款支出同比增长22.1%,有效发挥保险的社会稳定职能和经济补偿作用。2013年分公司共缴纳各项税款655.87万,代扣代缴税款913.43万,同比分别增长39.5%、32.2%。

(王 浩)

【机构建设】　年内,完成山南和昌都中心支公司的建设,实现机构覆盖到林芝、日喀则、那曲、山南和昌都5个地区,在阿里建立服务合作点。

(王　浩)

【服务提升】　年内,推出微信服务、VIP服务、免费道路救援、客户体检等多项增值服务。

(王　浩)

【社会责任】　年内,在日喀则的孜村和德庆村驻村工作中,为驻村点申请项目修建蓄水池,解决农田灌溉问题,铺设自来水管道,解决村民饮水难问题。获得日喀则地区优秀驻村工作队称号。平安在西藏的第二所希望小学"昌都察雅县烟多镇若普村平安希望小学"已修建完成并挂牌,第三所希望小学"日喀则地区江孜县龙马乡平安希望小学"已正式立项。

(王　浩)

安邦财产保险股份有限公司西藏分公司

【概　况】　年内,拉萨市累计保费收入完成2154.78万元,赔款支出268.72万元。

(赵伟芳)

【理赔服务】　年内,安邦保险推出理赔管家APP、微信理赔、移动营销等一系列科技创新的特色服务。安邦车险客户安装"安邦理赔管家"APP手机软件后,遇到小额简易案件(责任明确,预估损失金额5000元以内)时,通过软件中的"自助理赔",最快10分钟能完成定损赔付流程赔款到账。"微信理赔"系统是只要用微信扫一扫安邦保险的二维码或在微信里搜索经过认证"安邦保险"添加关注即可通过该系统实现小额简易案件的快速理赔。安邦移动营销系统不但能完成全流程出单,还可以实现精准的销售管理、团队管理、日常办公等全部内容,摆脱对时间和地点的约束。

(赵伟芳)

【公益活动】　年内,开展自治区创先争优强基础惠民生驻村活动,安排工作人员在日喀则地区定日县尼辖乡宗措村、亚白村两个驻村点长期驻村,帮助当地农牧民解决日常生产、生活等问题,并举行"驻村心连心"送温暖活动,为两个驻村点的群众送上价值14万余元的物资。其中包括价值4万余元的粮油、保险总金额为3883万元的350多份团体人身意外伤害保险以及5万元的藏鸡养殖扶持资金等。

(赵伟芳)

旅 游

【概况】 年内,拉萨累计接待国内外旅游者798.94万人次,同比增长22.74%,实现旅游收入82.16亿元,同比增长25.47%。旅游业带动就业,带动农牧民致富人数逐年增加,旅游业正在成为拉动拉萨经济发展和促进就业的龙头产业。

(德 吉)

旅游推介

【参加北京国际旅游博览会】 6月21日至23日,参加北京国际旅游博览会,联合林芝地区旅游局在博览会现场进行拉萨、林芝两地专题推介会,向国内外宣传拉萨旅游,提升拉萨旅游品牌形象,有效宣传两地旅游资源。

(德 吉)

【参加2013年中国国际旅游产业博览会】 年内,参加在广州举办的国际旅游产业博览会。期间,还举办专题推介会、播放"美丽家园、幸福拉萨"宣传片,在博览会现场发放宣传资料3500余份,接受旅游咨询234次。

(德 吉)

【举办拉萨冬季旅游宣传促销活动】 10月24日至11月7日组织拉萨市重点旅游企业和相关部门,依次在昆明、北京、南京、苏州、成都等重点客源市场开展"冬游拉萨"专题旅游宣传推广活动,全方位、立体式推介拉萨市丰富而独特的冬季旅游资源和产品,产生轰动效应,达到预期目的。根据行业监管科数据统计,2013年拉萨冬季旅游市场游客同比全年增长28%。除重点宣传推广拉萨市冬游特色产品线路及各项优惠政策措施外,还将推动本地旅游企业与内地主要旅行社的业务合作,争取签署战略合作协议书。

(德 吉)

【参加"珠三角"和"长三角"旅游推介促销活动】 年内,参加国内各大旅交会及商品博览会,联合七地市成功举办"珠三角"和"长三角"旅游推介促销活动。

(德 吉)

【拍摄播出拉萨旅游系列专题片】 年内,与CCTV-4《快乐汉语》栏目共同拍摄播出6集拉萨旅游系列专题片,有效地宣传拉萨丰富放入自然资源和独特的民族风俗,拉萨的开放度、知名度、美誉度大幅提升。

(德 吉)

【《文成公主》实景剧宣传】 年内,组织拉萨市各旅行社进行集中推介自治区首部大型实景剧《文成公主》的宣传促销活动,进一步推动文化与旅游的融合,扩大实景剧的社会知名度和影响力。

(德 吉)

【荣获国内最佳旅游城市称号】 年内,拉萨被携程网300万网友投票评选为"2013年度国内最佳旅游城市"称号。

(德 吉)

大型活动

【举办第十一届西藏登山大会暨首届拉萨秋季旅游登山大会】 9月26日至10月7日,与自治区体育局联合,成功举办第十一届西藏登山大会暨首届拉萨秋季旅游登山大会,为推动旅游与体育的融合、旅游带体育、体育促旅游,在发展登山文化、打造登山品牌的同时,进一步加强旅游与体育的融合。

(德 吉)

【第八届纳木错国际徒步大会举行】　8月5日至10日,由拉萨市人民政府、自治区旅游局、自治区体育局主办的主题为"行走天之巅峰、写意纳木错"此项徒步大会参赛名额共150名,其中自治区20名,区外100名,工作人员30名,大会吸引美国、新加坡、韩国等地徒步爱好者慕名参加。第八届纳木错国际徒步大会在拉萨举行。

(德　吉)

旅游管理

【出台旅游业奖励办法和优惠政策】　年内,共出台《加快拉萨旅游产业发展的决定》《拉萨市加快旅游产业发展的奖励办法和优惠政策》《拉萨市发展乡村旅游的实施意见》等行政文件,实现行政管理法制化。

(德　吉)

【颁布拉萨市旅游管理办法】　年内,颁布《拉萨市旅游管理办法》,加强旅游工作人员及旅游企业对《旅游法》《拉萨市旅游管理办法》的学习和培训,促进旅游市场从业人员真正做到学法、懂法、知法。

(德　吉)

【建立诚信旅游服务机制 】　年内,在全行业开展"诚信光荣、失信可耻、诚信经营、守法经营"评选活动。

(德　吉)

【开设游客绿色通道】　年内,"游客绿色通道"有效维护社会稳定和维护旅游市场秩序。截至年底,共登记备案旅游团队22765个,游客506858名。

(德　吉)

【开展旅游联合执法检查】　年内,组织公安、税务、工商等部门开展旅游联合执法活动,重点打击"倒卖门票、欺客宰客、强迫购物"等恶劣经营行为。共开展联合执法检查500多次,出动执法人员1600多人次。严厉打击"黑社"等违法违规行为。

(德　吉)

【设立旅游义务督导员】　年内,聘请38名"拉萨市古城社区旅游义务监督员",进一步完善拉萨旅游市场的监管体系,加大对拉萨市区旅游市场的监管。

(德　吉)

【受理旅游投诉】　年内,共受理旅游咨询投诉146起,受理并妥善处理146起,办结率达到100%,挽回游客经济损失20.64万元。

(德　吉)

【酒店星级评定】　年内,全市新增星级宾馆饭店15家,其中四星级7家、三星级4家、二星级2家,星级家庭旅馆2家。

(德　吉)

【景区等级评定】　年内,新增由国家旅游局评定AAAAA级景区2处、自治区旅游局评定AA级景区1处,分别是布达拉宫、大昭寺、奇圣土特产体验中心。

(德　吉)

【法规宣传】　年内,开展旅游安全生产政策及法律法规宣传,发放宣传资料1000余册,提高旅游从业者和游客的安全生产意识和自我保护能力,制定印发《拉萨市各旅游企业开展安全生产自查活动工作的方案》和《拉萨市旅游系统关于切实做好安全生产隐患排查工作的通知》。

(德　吉)

【建立旅游培训合作机制】　借助北京、江苏旅游培训资源,积极开展农牧民、旅游管理人员培训工作,以岗位就业促增收。截至年底,共培训农牧民1000余人,旅游管理人员40人。按照市委、市政府的安排部署和强基惠民办安排,与职业技术学校合作,开展农牧民旅游服务培训班。与北京旅游委协调,利用援藏资金,举办乡村旅游管理人员培训班,宾馆(酒店)管理人员培训班和旅行社管理人员培训班,同时定向委培农牧民群众300人,顺利完成全年的培训任务。

(德　吉)

旅游基础设施建设

【争取国家旅游基础设施建设资金3700余万元】　年内,共争取国家旅游基础设施建设资金3700余万元(德仲温泉2100万、达普天文台740万、曲水才纳60万)其中,德仲温泉已完成招投标工作,直贡梯寺已开工建设,并已完成80%工程建设,有效推动全市旅游硬件服务设施的整体上档升级。

(德　吉)

【《特色乡村旅游点修建性详细规划》通过终审】　年内,完成对夺底乡、娘热乡、桑木村、塔杰乡、曲水江村5个特色乡村旅游点修建性进行规划,并通过终审。

(德　吉)

科技·教育·体育

科　　技

【概　况】 年内,争取落实应用技术研究与开发资金3656.5万元,其中市级财政投入1000万元,科技对全市经济和农牧业发展贡献率分别达到39.6%和45.6%。

（王东红）

【学术交流】 11月22日,市科技局举办主题为"促进科技创新·建设美丽家园"的学术交流会,与会专家学者围绕如何为拉萨市实施"五大战略",建设"美丽拉萨·幸福家园"提供科技支撑开展学术交流。

（王东红）

【科技兴农】 年内,市科技局争取实施科技部、区科技厅、科技援藏和市级农业科技项目28项,主要支持西藏微胶囊速溶酥油粉生产技术科技成果转化、斑头雁的孵化和生态养殖技术成果转化与推广、高原地区外来猪种高效繁育技术示范与推广、西藏低氧液态发酵技术生产青稞醋成果转化、食用百合和人参果新品种引进与示范推广、科技特派员团队服务建设项目、高原保护地蓝莓无公害栽培技术标准化研究与示范、藏红花规模化高效种植技术研究与示范、玛咖种植试验与示范、西藏野生双孢菇人工栽培工艺优化、曲水县才纳乡蔬菜工厂化种苗繁殖基地建设等项目。加大对达孜和林周两个现代农业示范园区的培育支持力度,在基地中大搞农业科技成果示范与推广、农牧民种植技术培训、科学研究。投入科技资金201万元,推进曲水县农村改革试验区的建设。

（王东红）

【科技特派员工作】 年内,新增农牧民科技特派员50名,全市科技特派员达到617人,其中自治区级农牧民科技特派员587名,专家科技特派员30名。争取到自治区科技厅70万元专项资金,组建曲水、堆龙、达孜3支科技特派员服务团队。举办两期科技特派员技术培训,培训人员200名。对农牧民科技特派员进行年度考核,调整不合格科技特派员。编印30名专家科技特派员通讯信息发给全市农牧民科技特派员,方便技术咨询,开展科技服务。投入创业资金24万元,支持8户科技特派员开展科技创业。

（王东红）

【强基础惠民生送科技行动】 年内,市科技局争取自治区科技厅和本级科技专项经费共171万元,支持达孜县邦堆乡邦堆村实施17个项目。

（王东红）

【开展食用菌调研工作】 12月,市科技局组织人员赴北京、江苏考察学习食用菌生产技术,开展食用菌调研工作,邀请内地专家赴藏考察,为制定食用菌产业实施方案奠定基础。

（王东红）

【推进科技服务进园区】 年内,市科技局围绕园区企业发展对科技的需求,开展"科技服务进园区、进企业活动",对全市科技型中小企业进行调研,了解科技需求,引导创新要素积极向园区集聚。开展科技咨询服务,建立起企业与高等院校和科研院所联系渠道,引进内地科技资源和先进适用技术,加快科技成果转化。

（王东红）

【知识产权保护】 年内,市科技局开展形式多样的知识产权保护宣传活动，举办有20多家企业负责人参加的知识产权知识讲座。邀请援藏专利人帮助企业挖掘可申请的专利点，无偿帮助部分企业撰写专利申请书。免费为西藏牦牛王生态食品开发有限公司、圣香海螺民族产品开发有限公司、罗占民族手工艺发展公司和现代农业有限公司申请专利48项，帮助西藏坎巴嘎布卫生用品有限公司和和西藏圣天源农畜产品有限公司等企业建立知识产权管理制度。

(王东红)

【增强企业创新能力】 年内，市科技局支持企业开展微胶囊化速溶酥油粉、农牧科技信息移动智能服务系统、膜分离技术提取砂生槐生物碱、黄精规范化种植及氆氇等生产技术提升、制陶等方面的技术创新工作，助推企业依靠创新实现良性转型和优化发展。

(王东红)

【创建国家创新型试点城市申报工作】 年内，组织专家完成总体规划和实施方案的编制工作，并通过自治区人民政府审批。12月，自治区人民政府向国家科技部上报《推荐拉萨市为国家创新型城市的函》，并报送相关文本。

(王东红)

【“十城万盏”示范城市申报工作】 年内，开展“十城万盏”示范城市申报工作，并取得积极进展。

(王东红)

【科学技术奖励工作】 年内，对《拉萨市科学技术奖励办法》进行两次修订和调整，增设科学技术突出贡献奖和产学研两个新奖项。特等奖奖金从5万元提高到200万元，一等奖奖金从2万元提高到50万元，二等奖奖金从1万元提高到30万元，三等奖奖金从0.5万元提高到10万元。新增设的科学技术突出贡献奖奖金为50万元，产学研合作奖奖金为5万元。

(王东红)

【召开拉萨市科协第四次代表大会】 11月21日，召开拉萨市科协第四次代表大会，全面总结市科协第三次代表大会以来取得的成就和先进经验，安排部署今后一个时期科协工作，选举产生新一届科协领导班子。会后，区党委常委、市委书记齐扎拉接见新选举产生的拉萨市科协第四届常务委员会委员并做重要讲话。

(王东红)

【科普宣传工作】 年内，市科技局开展以“科技进基层、科技惠民生”为主题科普宣传活动15次，展出展板近200余块，免费发放科普图书、资料、光盘20多种5万余册(份/张)，通过科普讲座、设立专家咨询点、开展义诊服务、免费赠送药品、健康知识宣传和疾病预防咨询、精彩文艺演出、科普有奖问答多种形式，吸引3.4万名群众参与科普活动。通过中国科协“基层科普行动计划”专项的支持，争取到一个基地、一个社区和两个科普带头人的以奖代补资金50万元；投入本级科普专项经费20万元，在城关区桑伊社区、阿坝林卡社区及拉萨市一中、拉萨市三高新建4个科普活动室，新建科普基地10个，从中国科协为达孜县科技局争取到一辆科普大篷车。举办拉萨市首届小发明家竞赛活动，涌现出悬空钢笔、简易抓球网、二合一电动小船、电动小汽车等一大批优秀作品，18名同学获得个人奖、4个班级获得集体奖、55名同学获得鼓励奖。开展科普统计工作，为科学素养率测算奠定基础。

(王东红)

【科技进步考核工作】 年内，市科技局制定考核工作实施方案，成立考核工作领导小组和专家组，八县(区)通过全国县(市)科技进步考核，其中城关区、曲水县、堆龙德庆县、达孜、当雄5个县(区)被科技部评为全国科技进步考核先进县。

(王东红)

【科技援藏】 年内，市科技局采用“请进来、走出去”办法，争取到对口援助项目资金120万元，同比增长20%。加强与对口援助省市的交流与合作。江苏省农科院蔬菜研究所和堆龙德庆岗德林园区达成合作引进蔬菜新品种示范研究项目；邀请江苏专家帮拉萨市完成创新型城市规划编制工作(初稿)。派人前往北京市生产力促进中心跟班学习，了解市场化运行模式。

(王东红)

【强基惠民工作】 年内，市科技局为达孜县邦堆村争取项目资金109万元，实施“低产田改造”“光明工程”“科技示范养鸡”和“邦堆村科技生态果园度假村”4个项目；带领群众发展彩色土豆种植500余亩，人均增收2500元以上；组织技能培训班2期，培训155人次；帮助8名群众实现转移就业；组织劳务输出600多人(次)；修建3座机耕桥、500米水渠；为村里寺庙改造电线，修建1个厕所；为村里购置价值5.5万元的青稞沙炒机；帮助106名贫困人员办理低保手续；资助贫困学生17名。开展“双联户”创建工作，建立包含971人的邦堆村人口信息库；制定村务公开、党务公开、村“两委”基本职责等7项规章制度；开展“五个好”村党支部和“五带头”优秀共产党员创建活动。市科技局驻邦堆村工作队获得县级先进工作队称号。

(王东红)

教　育

【概　况】 2013年,全年实施教育改革项目123个,总投资约11.8亿元。教育城一期进驻项目17个,已完成投资19.76亿元;实施教育基建项目117个(包括2013年前的续建项目),总投资34105万;完成达孜、墨竹工卡、当雄、曲水4县创建国家级农村职业教育和成人教育示范县项目建设申报工作,合计申报资金3367.5308万元;成立拉萨市第一、第二中等职业技术学校,填补我市没有中等职业技术学校的空白。全市有各级各类学校225所,在校生共108201人。其中教育部门办学:中职学校2所,在校生1634人;普通高中6所,完全中学1所,在校生13359人;初中14所,在校生20787人;完全小学80所,在校学生49007人;幼儿园80所,在校生10108人;特殊教育学校1所,在校生199人。其他部门和社会力量办学:军区八一校在校生2057人;彩泉福利小学在校生65人;民办幼儿园39所,在园幼儿10985人。全市高中阶段入学率达到88%。初中毛入学率达到101.60%、巩固率达到97.85%。小学适龄儿童毛入学率达到99.81%、巩固率达到99.04%。全市城镇学前三年幼儿毛入学率达到95%,农牧区学前两年幼儿毛入学率达到85%。青壮年文盲率控制在1%以内。全市中小学、幼儿园共有教职工9197人,专任教师共计7025人。其中,教育部门办学校教职工8301人,专任教师6574人;民办学校教职工共896人,专任教师451人。全市高中、初中、小学专任教师学历合格率分别为98.93%、99.94%、99.81%。

(宋晓婧)

【开展普通高中办学水平评估】 5月15日至17日,召开普通高中办学水平评估现场经验交流会,各学校通过介绍基本情况、实地查看、翻阅资料、召开座谈会、推门听课等方式,重点对各学校的队伍建设、办学条件、学校管理、教育质量等4个方面进行交流。10月30日至11月6日,拉萨市第三高级中学、拉萨市外语学校、拉萨市第四高级中学和拉萨市柳梧高级中学通过普通高中办学水平评估。

(宋晓婧)

【发放《民族团结教育读本》】 9月17日,市委、市政府在拉萨市第一小学举行《拉萨市小学生民族团结教育读本(试用本)》《拉萨市初高中民族团结教育读本(试用本)》发放仪式。

(宋晓婧)

【《拉萨教育》获"全国优秀教育内刊"】 10月8日至15日,第二十四次全国教育内部报刊协作交流会在兰州召开。来自全国各省、市60余家内部报刊媒体和80余名编辑人员参会。《拉萨教育》(汉文版)被评为"全国优秀教育内刊"。

(宋晓婧)

【职业教育发展】 年内,对全市职业教育资源进行整合。加强实训基地建设,做好中央财政、自治区财政支持县级职教中心实训基地项目建设。完成达孜、墨竹工卡、当雄、曲水4个县创建国家级农村职业教育和成人教育示范县项目建设申报工作,合计申报资金3367.5308万元。成立拉萨市第一、第二中等职业技术学校,填补拉萨市没有中等职业技术学校的空白,学校开设有民族美术、民间传统工艺、酒店服务与管理、物业管理、导游服务等18个专业,招生人数1417人。

(宋晓婧)

【改善办学条件】 年内,共实施教育基建项目117个(包括2013年前的续建项目),总建筑面积138507平方米,总投资34105万元。推进信息化设施设备环境建设。落实国家级"三通两平台"试点学校项目2个,微软白板教室项目6个,自治区多媒体计算机教室项目5个,市级电子白板教室项目8个,宽带入学校新增14所。整合国家级和省级资源1G,发放光盘成套资源包90套。建设拉萨教育网和市级资源平台,收集、分类整理基层学校校本资源200兆。开展堆龙德庆县丰台小学、拉萨市第三中学、拉萨市第四中学3所学校的自治区级"三通两平台"项目测试工作,启动曲水县义务教育均衡发展信息化试点和拉萨市第四高级中学高中学校数字化校园试点建设项目,实施自治区、拉萨市和学校三级同步试点建设。

(宋晓婧)

【落实惠民政策】 年内,"三包"政策从幼儿园到高中全面覆盖。学前补助、九年义务教育至高中教育阶段农牧民子女"三包"及城镇困难家庭子女助学金标准均在原基础上提高200元,达到年生均标准2700元。全年共资助师生900余人,共计150余万元。对全市教育系统干部职工162人、旁多乡36户贫困户进行慰问,发放慰问金19.612万元。完成《关于加快推进城镇化建设进程中解决农牧民工随迁子女接受平等教育的可行性方案》《关于加强孤、残、弃儿童实施各级各类教育的工作方案》。

(宋晓婧)

【各类招生考试工作】 年内,完成研究生、全国高等教育自学考试、计算机等级考试、英语等级考试、普通高考、中考、小考,累计服务考生24855人次。其中,参加普通高考的考生6204人,录取4086人,录取率72.9%,高出全区水平2.5个百分点。参加内地西藏初中班考试的考生2928人,录取337人。参加普通中考(高中、中专)的考生7368人,录取7368人,录取率100%。参加自学考试3277人,研究生考试950人,成人高考3495人,非学历证书考试440人。

(宋晓婧)

【继续巩固"两基"成果】 年内,继续与各县(区)政府、教育部门签订教育目标责任书,实施"双线"目标责任制、严格落实"四书"制、推行"整班移交"等一系列制度措施。全市小学适龄儿童入学率、初中入学率均保持在国检时水平并逐年提高,学前幼儿在园人数达到历史新水平。6月,曲水县义务教育均衡发展通过自治区验收,10月通过国家教育督导团验收。

(宋晓婧)

【加强师资队伍建设】 年内,累计完成3096人次教师培训,其中自治区级以上培训681人次、市级培训915人次;区外参训730人次;赴国外参训4人;区内培训866人次;教育管理人员参训110人,一线教师参训1486人,远程培训1500人次,完成"115"工程培养对象75人。推荐拉萨市教育局教研所桑珠同志为"国家特支计划"百千万工程领军人才和"百千万人才工程"国家级候选人。完成全市教职工基本信息采集、审核、上报工作。召开第29个教师节表彰大会,表彰100位市级先进个人。推选39名自治区级优秀个人候选人和2名自治区级特级教师。完成新分大学生安置工作,累计分配教师491人。

(宋晓婧)

【开展教研工作】 年内,先后开展蹲点听课、交流指导、教学竞赛、项目培训、质量监测、资料编纂工作。教研员深入到堆龙、达孜、当雄、尼木和城关区中小学及拉萨市市直各高中学校听课和开展调研,每位教研员听课不少于100节,根据听课情况撰写相关论文和调研报告,小学教研组继续开展"优化学科教学,提高农牧区小学教育教学质量"项目,对学校的管理、教学、教研方面进行督导。

(宋晓婧)

拉萨师范高等专科学校

【概　况】 2013年,拉萨师范高等专科学校占地205亩,预备用地300亩,建筑面积58255.25平方米,固定资产总值11607.57万元。有教职工243人,其中专任教师186人。教授5人,副教授36人,讲师71人。专任教师中博士5人,硕士98人。有全日制在校生2746人。师生员工中,共有藏、汉、蒙、回等11个民族。学校下设15个二级机构,有23个专业,其中师范专业13个,非师范专业10个。

(郭掌印)

【校园文化建设】 年内,严肃校规、校纪,加强班级管理,强化晚自习纪律、上课纪律、周日班会纪律、课间操纪律,培养学生讲卫生、爱读书和以礼待人、文明用语等习惯。学生在校园浴室洗澡一律免费。继续抓学生图书馆看书率,指定必读篇目,并撰写读书笔记。在全体学生中开展我的"中国梦"活动、"爱国、团结、和谐、发展、文明"核心价值观教育活动、反分裂斗争主题教育活动、道德讲堂活动、"五下乡"活动和远离毒品法制宣传教育活动。

(郭掌印)

【教育教学科研成果】 年内,申请到2项国家社科基金、5项自治区高校人文社科研究项目;获得教育部高校科研成果二等奖1项;思想政治教育科研团队被教育厅批准为自治区高校科研创新团队。全校教师本年度发表权威期刊论文2篇(美国SCI收录论文1篇,A&HCI收录论文1篇),核心期刊论文12篇,省级期刊论文55篇;出版著作1部;完成校级课题10项,立项校级课题12项。

(张越友)

【师资队伍建设】 年内,拓宽人才引进渠道和形式,通过培养、引进、双聘(不求所有、但求所用)等途径,加快高层次人才队伍建设。共签约引进研究生13人,选派10人到对口支援高校学习锻炼,请进20名内地高校教师到校援教。

(郭掌印)

【"外力助校"战略】 年内,实施《新一轮高校对口支援拉萨师专协议》,采取"请进来、走出去"的方式,加强同东北师范大学、苏州大学、首都师范大学、南京师范大学4所对口支援高校联系。5月下旬在东北师范大学举行2013年受援工作年度例会,洽谈对口支援事宜。落实逐年帮助拉萨师专开展实验室建设、教材研发、图书资料添置、课题研究、硕博研究生培养、援藏教师选派等协议内容。推进与丹麦哥本哈根大学的交流合作。6月,邀请丹麦英语顾问、项目官员到校访问,总结第三期项目合作工作,洽谈第四期合作事宜。同美国英语协会协商,聘请外教2名。

（郭掌印）

拉萨市第一中等职业技术学校

【概　况】 9月,拉萨市第一中等职业技术学校成立,面向全区招生。学校办公地暂借在柳梧新区红军小学内,暂设5个部门:办公室、教务科、学工科、总务科、招生就业科。暂设酒店服务与管理、导游服务、计算机平面设计、计算机网络技术、物业管理、家政服务、景区服务与管理以及中餐烹饪八个专业。学校共有报到注册学生620人。文化课教师56名(其中男教师28名,女教师28名,中学高级教师2名,中级教师24名,初级教师30名,具有研究生学历3人,本科学历35人,大专学历18人)。教育城校区占地面积378亩,总建筑面积119948平方米,拥有教学综合楼、图书办公楼、行政办公楼、实训实验楼、学生餐厅、学生公寓、教工公寓、400米标准塑胶运动场和室内运动场等基础设施。学校成立旅游服务、建筑、财经商贸、信息技术、医药卫生、文化艺术、生活服务等12类(系),开设旅游工艺品设计与制作、企业财会、通信系统工程安装与维修、市场营销等26个专业,设68个教学班,招录2850名学生。

（张青峰）

【师资队伍建设】 年内,成立教研组,选定教研组长,组织各教研组制定学科教学计划,对教师的教案进行定期检查。抓好教师的学习和培训,选送4位教师参加2013年中等职业学校计算机、汽车维修、护理、旅游管理专业培训。

（张青峰）

【校园文化】 年内,在校园主干道制作宣传栏12块,在各教学楼、宿舍楼楼道内张贴名言警句和安全指示牌,在班级内张贴党旗、国旗及伟人像。在开学初组织新生军训、参观西藏军史馆活动;邀请柳梧新区派出所干警开展法制讲座。开展戒烟宣传周活动,举行“创建无烟学校”戒烟签字仪式。开展交通安全讲座,培养学生文明行为。组建学生合唱团,开展“唱响青春 圆梦中国”为主题的首届校园十佳歌手大赛,举办以“立志成才,畅想中国梦”为主题的首届学生书画展,开展校园广播体操比赛,成立学校足球队。

（张青峰）

【“校企合作”战略】 年内,寻求跟企业、行业等多方面的合作机制,提升学生的综合素质和就业竞争能力,利用学校和企业两种不同的教育环境和教育资源,采用课堂教学与学生参加实际工作有机结合的方式,培养适合不同岗位需要的应用型技术人才。

（张青峰）

拉萨市第二中等职业技术学校

【概　况】 2013年,拉萨市第二中等职业技术学校成立,是一所全日制公办中等职业技术学校,为拉萨市人民政府直属正县级事业单位,在校生规模为1500人。承担拉萨市“四业工程”农牧民短期培训1000人次。学校位于堆龙德庆县羊达乡境内109国道旁,距离市中心20千米。占地面积120亩,总建筑面积3万平方米。全校教职工125人,其中教师92人(含3名校领导、29名外聘教师),临时工33人。现有14个教学班,学生1014人(在校生903人,企业培训111人)。

（李宝鹏）

【揭牌仪式】 7月7日,学校揭牌仪式举行。区党委常委、拉萨市委书记齐扎拉,拉萨市市长张延清,58名区、市领导出席。区市共28家相关单位负责人,8个县(区)书记、县(区)长,分管教育副县(区)长、教育局局长参加。副市长计明南加主持揭牌仪式。

（李宝鹏）

【秋季开学典礼】 8月27日,召开秋季入学典礼,全校教职工参加。

（李宝鹏）

【军训工作】 9月,学校联系拉萨市警备区开展为期10天的军训工作,1014名学生全部参加。市教育局副局长龚晓堂出席动员大会并讲话。

（李宝鹏）

【校园文化建设】 年内,对校园进行整体绿化,栽种桃树、苹果树、樱花等花卉树木,在教学楼大厅和各办公室布置绿色植物。6月,开展“学生养成教育月”活动;7月,开展“师德教育月”活动;9月,开展“爱国主义教育月”活动;10月,开展校园及周边安全大排查大整改活动;11月,开展防震、防火疏散演练。

（李宝鹏）

【师资队伍建设】 年内,选派4人参加国家级、14人参加省级骨干教师职业技能培训;5名教师获得中教高级教师评聘资格;2名教师获得拉萨市优秀教师荣誉称号;1名教师获得国家级职业教育先进个人荣誉称号。

(李宝鹏)

【专业建设】 年内,学校主要开设唐卡、民族绘画、民族工艺美术设计、导游英语、服装设计与生产管理、家具设计与制作、卡垫编织、石雕、锻铜、木雕、民族音乐与舞蹈、旅游服务与管理等12个专业。其中唐卡、石雕、木雕、锻铜、卡垫编织等专业相对成熟。普通教育有高考,职业教育有大赛。学生优秀作品在全国职业技能大赛中共荣获9个金奖、12个银奖、13个铜奖及多个优秀奖,个别教师荣获“优秀指导教师奖”。

(李宝鹏)

【招生工作】 年内,学校通过报纸、电视、手机短信等平台加强招生宣传,圆满完成2013年秋季招生工作。

(李宝鹏)

【帮助学生就业】 通过建立市场对接服务机制,加强就业指导、推荐,组织学生参加招聘会、到用工单位应聘,鼓励学生自主择业、自主创业。截至年底,学校毕业生共有351人,其中82名考上高职院校,其余269人当年基本实现就业,其中少数学生实现自主创业。

(李宝鹏)

【职业技能培训】 年内,与拉萨市“四业工程办”合作,承办各种“短、平、快”农牧民技能培训。共开展民乐、民族舞蹈、工艺美术、民族传统绘画、《文成公主》演艺、计算机、导游英语、幼儿教育、保育员岗前培训等各类培训1000余人次,其中参加幼儿教育、保育员培训的162人实现全就业。

(李宝鹏)

【校企合作办学】 年内,与西藏蓝雪工贸有限公司及西藏罗占民族手工艺品有限公司进行校企合作,采用“工学结合、半工半读”的办学模式。从中职三年级导游英语班中选派不少于20名优秀学生参加北京外国语大学奥尼英语中短期培训。

(李宝鹏)

体　　育

【概　况】 年内,拉萨市体育局加强学校体育和群众体育工作,举办和组队参加体育比赛。开展阳光体育运动、体育传统项目学校创建活动,发展拉萨市重点少年业余体校,举办拉萨市校园足球赛事活动。围绕“阳光健身”主题,开展系列群众体育活动,举办2013年拉萨市首届职工篮球锦标赛。

(德　庆)

【参加2013年全国青少年校园足球冠军杯赛】 4月3日至8日,组队参加由中国足协、全国校足办在广州清远举办的2013年全国青少年校园足球冠军杯赛。拉萨市作为全国青少年校园足球活动的布点城市参加。拉萨市代表队获得小学组第三名的成绩。

(德　庆)

【举办2013年拉萨市校园足球联赛】 4月30日至5月6日,分别在拉萨市第四中学和拉萨市广西友谊小学举办2013年拉萨市校园足球联赛(初中组)暨拉萨市U—13少年足球通讯赛。本次赛事共有17所小学、8所初中组队参加。江苏中学、第一中学和第四中学分获初中联赛的团体一、二、三名,广西友谊小学、师范附小和海淀小学分获U—13通讯赛的团体一、二、三名。

(德　庆)

【举办校园足球活动校长管理培训班】 6月18日至23日,在拉萨北京中学举办2013年拉萨市校园足球活动校长管理暨初级指导员培训班。来自拉萨市41所校园足球活动布点学校(小学20所,初中15所,高中6所)的校长和指导员教师参加培训。参训人员主要学习足球技能的理论与实践,由全国青少年校园足球活动培训主讲师高富林进行授课。

(德　庆)

【参加国家级社会体育指导员培训班】 6月20日至30日,拉萨市体育局组织相关人员参加2013年全区国家级社会体育指导员培训班。

(德　庆)

【举办第二套全国中小学校园集体舞培训班】 6月25日至27日,在神湖酒店举办拉萨市第二套全国中小学校园集体舞培训班。来自拉萨市各县(区)和市直中小学共74名教师参加培训。

（德　庆）

【参加全国青少年校园足球夏令营活动】 7月28日至8月3日，8月6日至12日组队参加由中国足协、全国校足办在青海省西宁市多巴训练基地举行的2013年全国青少年校园足球夏令营活动。拉萨市作为全国青少年校园足球活动的布局城市，分别参加男子组活动和女子组活动。拉萨市男子组获得“优秀组织管理奖”“精神文明奖”，初中组一等奖，小学组一等奖，3名学生分别获得“中学男子铜靴奖”“小学男子金手套奖”和“中学男子铜手套奖”，2名学生获得“优秀表演奖”，5名学生获得“希望之星”称号；拉萨市女子组获得小学组三等奖、“优秀组织管理奖”和“才艺表演三等奖”，1名学生获得“小学女子铜手套奖”。

（德　庆）

【举办首届职工篮球锦标赛】 8月26日至9月2日，在拉萨市第二高级中学篮球馆举办2013年拉萨市首届职工篮球锦标赛（男子组）。此次锦标赛共有来自拉萨市各县（区）及市直各系统的9支参赛队近160名运动员参加。城关区代表队、公安系统代表队、市直教育系统代表队及尼木县代表队分获团体一、二、三、四名，税务系统代表队和农林系统代表队获得“集体道德风尚奖”，曲水县代表队、堆龙德庆县代表队和林周县代表队获得“优秀组织管理奖”。

（德　庆）

【组织参加培训】 10月14日至24日，组织拉萨市重点少年业余体校相关专业教练员及拉萨市中小学篮球专业相关教师、足球专业相关教师赴山南地区参加西藏自治区体育局举办的2013年全区业余训练员岗位培训班、2013年全区篮球裁判员培训班及2013年全区足球裁判员培训班。

（德　庆）

【举办拉萨市校园足球联赛】 11月1日至6日，在拉萨外语学校举办2013年拉萨市校园足球联赛（高中组）。此次联赛共有8所高中的200余名运动员参加。拉萨北京中学、柳梧高级中学和拉萨中学分获团体一、二、三名。拉萨外语学校和第四高级中学获得“校园足球道德风尚奖”，第二高级中学和第三高级中学获得“校园足球优秀组织管理奖”，北京中学的索朗次仁、仁青及第二高级中学的加央分获“最佳射手”“最佳球员”和“最佳守门员”称号。

（德　庆）

文化·新闻

文化新闻出版文物

【概　况】　年内,市文化新闻出版文物工作按照“充分发挥首府城市首位度作用”总要求,以满足人民群众日益增长的精神文化需求为根本出发点和落脚点,突出根本任务,提升社会主义核心价值体系的引领力;巩固文化阵地,提升意识形态领域的战斗力;推进文化惠民,提升公共文化服务的辐射力;繁荣创作生产,提升社会主义精神文化产品的供给力;抓传承发展,提升特色文化产业的竞争力,推动文化领域各项工作上台阶上水平,取得成绩。

(侯鹏举)

【76项非物质文化遗产项目】　截至6月,拉萨市共有非物质文化遗产项目76项。其中以拉萨雪顿节、觉木隆藏戏、拉萨朗玛、藏族矿物质颜料制作等为代表的国家级非物质文化遗产代表作20项;以拉萨堆谐、打阿嘎工序、直贡藏医等为代表的自治区级非物质文化遗产代表作31项;非物质文化遗产项目代表性传承人66人,其中国家级传承人12人、自治区级传承人21人、拉萨市级传承人33人。

(侯鹏举)

【开展软件正版化工作】　6月,按照《西藏自治区人民政府关于全区地(市)县级机关软件正版化推进工作的情况通报》,完成县(区)机关正版软件采购和安装,率先在全区完成“市县整体推进”目标。

(侯鹏举)

【举办雪顿节系列活动】　8月,雪顿节期间,第五届“雪顿之星”青年歌手大奖赛举行,共有2000余名选手参与;举办音乐高峰论坛,邀请区内外熟悉西藏音乐的知名专家,对当代西藏音乐的发展等相关问题进行研讨;开展“藏戏汇演、比赛暨论坛”活动,全区七地(市)8支藏戏队、215名民间藏戏艺人演出6个剧目、18场传统藏戏,观看演出观众近13万人次;首次围绕酸奶及乳制品发展主题,邀请中国乳制品行业协会及20家区内外乳制品企业,就高端乳制品的未来发展进行研讨;举办藏式特色美食展暨阿妈啦厨房擂台赛,参展企业30余家,约有2万余人参与活动;举办唐卡、书画、摄影作品展,展出书画作品167件、摄影作品700余幅、唐卡作品230余幅,参观人数达15万余人次;首次举办户外活动发展论坛,并举办纳木错徒步大会、天堂草原杯”雪顿节自行车短程速度赛,其中纳木错徒步大会参与总人数200人,天堂草原杯”雪顿节自行车短程速度赛参赛选手116名。

(侯鹏举)

【《西藏百科全书·拉萨卷》发布】　9月18日,《西藏百科全书·拉萨卷》发布。该书是中国第一部介绍民族区域自治地方首府的百科全书,全面介绍拉萨地理、历史、人文、社会、经济及城市建设状况。

(侯鹏举)

【健全公共文化服务体系】　年内,基本建成以市群艺馆、歌舞团为主力,县(区)综合文化活动中心、乡镇综合文化站为支撑,村居社区书屋为基础的四级公共文化服务体系。基本建成中国西藏文化旅游创意园区,拉萨市文体中心等标志性公共文化服务场所和阵地。完成拉萨市群艺馆、拉萨文化产业大厦、歌舞团等项目可研报告。对建成的8个县级综合文化活动中心、14个乡镇综合文化站、228个村级文化室(农家书屋)、231座寺庙书屋、144个文化资源共享工程服务点、8个民间艺术团进行功能设施完善提升。建成当雄县、墨竹工卡县民间艺术团排练场。申报批准曲水县、达孜县民间艺术团,实现县县有民间艺术团。建成达孜县、墨竹县、林周县新华书店。

(侯鹏举)

【文化设施免费向公众开放】 年内,市群艺馆和各县(区)文化馆等文化设施以及展览、培训、辅导、借阅、电子信息查询全部向群众提供免费服务,全年共举办各类艺术培训班20期,辅导2000人次。各县(区)文化活动中心、乡镇文化站、农家书屋也有效利用阵地,积极开展各类免费服务活动。

(侯鹏举)

【群众文化活动丰富多彩】 年内,以重大节庆日、文化科技卫生等"五下乡""百万农奴解放纪念日"等活动为契机,深入开展送文化大餐进学校、村居、社区、寺庙、驻村工作队等演出活动700余场次,观众达25万余人次。完成拉萨市民间艺术团首届文艺调演暨庆祝西藏和平解放62周年文艺演出,举办全区第二届藏戏大赛及展演和西藏"甘露杯"曲艺大赛。全年共开展"幸福拉萨规范舞"学跳活动3000余场次,参与人数350万人次。组建拉萨老年艺术团和文艺惠民演出小分队,全市现有县(区)演出队8支,各类艺术人才近千人。基本实现90%的城乡群众有一项健康向上、经常参与的文化爱好。

(侯鹏举)

【文艺精品创作硕果累累】 年内,完成《幸福路上60年》二度创作、中央电视台曲艺节目《折噶》录制、音乐歌舞表演剧《青稞飘香》前期剧本修改工作;传统藏戏《卓瓦桑姆》、舞蹈《酥油情》获得第十届中国艺术节"群星奖";舞蹈《阿谐》获得第七届全国电视舞蹈大赛最佳作品奖、编导奖金奖和最佳演员奖、《阿嘎舞》获得全国技能大赛艺术表演金奖;《和谐墨竹》获拉萨市民间艺术团文艺调演一等奖、《金色骏马》和《年轻的月亮》获得全区民歌大赛银奖等、双人舞《梦归绿洲》获得全区首届"单双三"舞蹈比赛三等奖;"直贡嘎举金锦宝串唐卡"通过吉尼斯世界纪录认证并获得"世界最大唐卡"称号。

(侯鹏举)

【第四批非物质文化遗产保护】 年内,完成第四批自治区级、拉萨市级非物质文化遗产名录项目及项目传承人申报、评审和拉萨市第五批国家级珍贵古籍名录申报;编制完成《拉萨舞蹈艺术》《拉萨非物质文化遗产小学教材》等非遗书籍。新申报国家级非物质文化遗产项目6个(拉萨堆谐、雄色觉鲁、堆龙望果节、热振曲鲁、阿谐、直贡米拉日巴古尔鲁),10个项目入围第四批自治区级非物质文化遗产名录;开展并完成古籍普查工作,新发现藏文古籍261部。

(侯鹏举)

【制定《拉萨文化产业发展规划(2013—2020)》】 年内,制定《关于推进"文化兴市"战略的实施意见》,编制《拉萨文化产业发展规划(2013—2020)》,设立拉萨市文化产业发展专项资金,推进中国西藏文化旅游创意园区建设,推出《文成公主》大型史诗音乐剧和实景剧。蔡公堂艺术观赏村、吞弥岭藏艺文博园、尼木三绝技艺展示区等重点文化产业项目快速推进;文化娱乐业、音像制品业、工艺美术、书刊印刷业规模化发展。逐步建立政府投入与社会投资相结合、内资与外资相结合、多渠道多元化文化产业投融资机制,带动文化休闲、旅游、餐饮、交通等行业发展。文化体制改革有序推进。

(侯鹏举)

【净化文化市场】 年内,开展打击网络淫秽色情专项治理"净网"专项行动,依法严厉打击制售盗版音像、计算机软件、盗版教材教辅读物等各类侵权盗版行为;查堵"藏独"反动出版物、宣传品和政治性非法出版物,全力封堵删除鼓吹"自焚"、煽动暴力对抗等"藏独"反动出版物、宣传品。全年共检查文化经营场所780家,出动执法人员726人次,查缴各类非法音像制品13万余张,影射性光盘622张,淫秽光盘280张,取缔非法游商23个,通过专项整治,有效净化拉萨市的社会文化环境。

(侯鹏举)

【开展"拒绝盗版、拥抱梦想"主题活动】 "4·26"世界知识产权日,组织开展"拒绝盗版、拥抱梦想"为主题的"绿书签行动2013年进校园活动",发放各类宣传册(本)4000余册。组织开展"小手拉大手""好书大家读""流动图书进校园"等形式多样的"全面读书月活动"。

(侯鹏举)

【文化遗产保护成果显著】 年内,完成千盏灯殿、"唐蕃会盟碑"、关帝格萨尔拉康、清政府驻藏大臣衙门、根敦群培纪念馆等爱国主义、民族团结教育基地保护维修展陈和老城区保护提升工程;完成大昭寺安消防、小昭寺壁画重塑、聂塘卓玛拉康保护维修、乃琼寺抢救性维修、热振寺保护维修、甘丹寺保护维修和西藏工委礼堂保护维修等工程;向自治区上报列入“十三五”时期重点文物保护工程项目36个;完成西藏牦牛博物馆开馆准备工作和拉萨市“数字文保”一期工程;开工建设“琼觉古代兵器博物馆”。

(侯鹏举)

【廉政文化建设】　年内,开展一系列的廉政文化“六进”活动,把节庆活动与廉政教育有机结合,组织市歌舞团、市群艺馆、各县(区)文广局创编廉政内容的小品、诗歌、书画、歌曲等文艺作品20件以上。利用文化信息资源共享工程、农村书屋、寺庙书屋、书画摄影展览等文化活动和载体,面向基层、面向农村、面向社会,大力开展廉政文化宣传教育,增强全社会反腐倡廉意识。

(侯鹏举)

【创新社会管理工作】　年内,调整充实加强和创新社会管理工作领导小组,健全完善“1+2+Y”的《拉萨市文化市场监管工作机制》;落实《文化系统流动人口服务管理和房屋租赁管理办法》,积极协助辖区派出所、便民警务站加强辖区社会面管控和流动人口服务管理;修定完善文化系统应急处突方案,局机关、局属各单位都建立横向到边、纵向到底的治安防控体系,突出重点,落实“三防”,加强对办公区、生活区的管理和防范。

(侯鹏举)

【获奖情况】　获全国“扫黄打非”先进集体、全国服务农民服务基层文化建设先进集体、全区文物工作先进集体、中国拉萨雪顿节先进集体、拉萨市推进文艺创作先进集体、色拉寺文物保护工程获得全国十佳文物工程项目荣誉称号、拉萨市民间艺术团首届文艺调演优秀奖、西藏“甘露杯”曲艺大赛组织奖、全市文化建设(文化产业)工作先进单位、拉萨市机关效能建设进位奖等荣誉。

广播·影视

【概　况】　2013年,拉萨市有广播电视台1座(含3个电视频道和1个调频广播)、县级广播电视转播台5座、县级调频广播转播台6座、县级模拟有线电视网6个。拉萨人民广播电台91.4频率信号,通过无线发射方式覆盖拉萨市区及堆龙德庆、达孜两县县城,通过拉萨市广播电视台新闻上下传系统覆盖拉萨市林周、当雄、尼木、墨竹、曲水五县县城。

(白玛康珠　刘　毅)

【录制藏历新年电视文艺晚会】　1月28日晚,拉萨市2013年春节藏历水蛇新年电视联欢晚会《美丽家园 幸福拉萨》在拉萨市会议中心录制完成,并于藏历新年期间在拉萨电视台综合频道、西藏卫视、康巴卫视同步播出。

(白玛康珠　刘　毅)

【拉萨市蝉联“全国百姓幸福感最强城市”称号】　3月1日,市委常委、常务副市长陈文应中央电视台《经济生活大调查》栏目邀请,以获奖城市代表身份到北京出席《CCTV2012—2013经济生活大调查》发布晚会,领取“幸福城市奖杯”。

(白玛康珠　刘　毅)

【人才引进】　3月,由拉萨市委组织部、宣传部、人社局、广电局、编译局等部门人员共组成两支人才引进工作组,历时38天,先后奔赴北京、江苏、浙江、陕西、四川、云南等省市,为拉萨市电视台引进藏汉翻译、电视编辑、后期制作、广电工程、播音主持、节目包装、灯光、造型、录音等专业技术人才44名,7月陆续到位。并为拉萨市广播电视台引进人员在城关花园解决80套公租房。

(白玛康珠　刘　毅)

【广播影视工作会议召开】　3月6日,拉萨市广播影视工作会议召开。会议总结2012年全市广播影视工作,全面安排部署2013年全市广播影视工作。

(白玛康珠　刘　毅)

【新增频道】　3月26日,新增藏语综合频道和文化旅游频道正式开播,结束拉萨作为省会城市只有一个电视频道的历史,4月19日起,两新增频道由开播时日播出时长14小时延长至18小时;5月1日起,汉语综合频道实现24小时播出;拉萨人民广播电台日播出节目时长14小时20分钟。拉萨有线电视网络传输有线电视节目49套,有线电视用户8000余户。全市拥有三星级城市数字电影院1座,县电影管理站8

个,流动电影放映队43个,农牧区电影放映点961个(其中室内放映点93个、室外放映点868个),年均放映场次1万场以上。全年开展违规卫星广播地面接收设施清查整治工作9次,组织广电法规宣传7次。已安装完成农牧区广播电视"户户通"和寺庙广播电视"舍舍通"直播卫星设备近8万套。截至年底,拉萨市广播和电视综合人口覆盖率分别达到97.97%和98.01%。

(白玛康珠　刘　毅)

【绩效考核】 4月,成立市广电局绩效考核试点工作领导小组,制定《拉萨市广播电视台绩效考核试点工作实施方案》,拉萨市广播电视台整合广播电视新闻资源,成立新闻中心,并从10月1日开始在该中心开展绩效考核试点工作。

(白玛康珠　刘　毅)

【广播电视大巡查】 5月,拉萨市广电局开展全市广播电视"村村通""户户通""舍舍通"大巡查,深入全市八县(区)的36个乡镇、103个自然村(组)、345户农牧民家庭和5座寺庙,进行日常巡查、维护,共计为基层群众维修广播电视直播卫星机顶盒1230余台、高频头740余只,升级广播电视直播卫星机顶盒3500余台。11月,巡查组再次深入到拉萨市七县一区较偏远的18个乡镇,44个村组、270户农牧民户和13座寺庙、240间僧舍,125个电影放映点、6个县级广播电视转播台,开展大巡查工作,更换"户户通"设备高频头17个、接收机3台、卡子7只、信号线5圈、遥控器37个、调试接收机32台,维修县广播电视台中7电视发射机1台、摄像机1台。

(白玛康珠　刘　毅)

【电影进驻村点巡回放映】 5月24日至7月4日,由市、县各级强基办及广电部门组织43支电影放映队深入到全市267个驻村工作队巡回放映电影。历时40余天,为广大基层群众和驻村干部放映1255场电影,受教育群众达近10万人次。

(白玛康珠　刘　毅)

【北京4名援藏干部到市台工作】 7月,北京市选派4名位援藏干部到拉萨市广播电视台,正式开展对口援藏工作。

(白玛康珠　刘　毅)

【林周县农牧民表演队参加中央电视台舞蹈大赛并获奖】 10月15日,在第七届CCTV电视舞蹈大赛决赛中,林周县农牧民"阿谐"队表演作品《阿谐》获群文·群舞组最佳作品奖/编导奖金奖,演员尼玛顿珠获最佳演员奖。

(白玛康珠　刘　毅)

【录制播出"2014 你好 拉萨"跨年演唱会】 12月31日,在拉萨广播电视台综合频道和文化旅游频道同步播出《2014　你好　拉萨》,此次演唱会时长2小时30分钟。

(白玛康珠　刘　毅)

【汉语综合频道自办节目】 年内,拉萨广播电视台汉语自办《拉萨新闻》(汉语版)、《新闻现场》《零距离》(访谈类)、《格桑梅朵》(少儿类)、《警方热线》(法制类)、《天气预报》《生活第一线》(经济类)7档自办栏目,年播出自办节目152小时,占年播出节目时长的1.74%。

(白玛康珠　刘　毅)

【藏语综合频道自办节目】 年内,拉萨广播电视台藏语频道自办《拉萨新闻》(藏语版)、《国际时讯》《幸福拉萨》《吉曲的祝福》《文化拉萨》5档自办栏目,年播出自办节目176小时,占年播出节目时长的2.68%。

(白玛康珠　刘　毅)

【拉萨电视台文化旅游频道自办节目】 年内,拉萨广播电视台文化旅游频道自办《玩转拉萨》《食刻准备着之美食拉萨》《文化拉萨》《文化旅游资讯》4档自办栏目,占年播出节目时长的1.4%。

(白玛康珠　刘　毅)

【拉萨人民广播电台自办节目】 年内,拉萨人民广播电台自办《拉萨新闻》(藏汉语版)、《相约西藏》《雪域印象》《宝贝计划》《新闻快报》《音乐地带》《午间共享》7档自办栏目,年播出自办栏目859小时,占年播出节目时长的16.4%,其中《拉萨新闻》(藏语版)、《相约西藏》《雪域印象》为译制类节目,年播出223.8小时,占年播出节目时长的4.3%。

(白玛康珠　刘　毅)

【农村电影放映12000余场】 年内,完成农牧区公益放映任务12000余场次,观众近90余万人次。

(白玛康珠　刘　毅)

【西藏百万农奴解放54周年影片展】 年内,为纪念西藏百万农奴解放54周年暨百万农奴解放纪念日设立4周年,组织放映西藏题材的爱国主义教育影片240场,观众达11500余人(次)。

(白玛康珠　刘　毅)

【大型系列报道《拉萨河纪行》推出】 年内,拉萨市广播电视台会同西藏日报、西藏商报、中国西藏网、拉萨晚报4家新闻单位组成联合采访组,对拉萨河源头及其支流沿线村庄进行采访,推出大型系列报道《拉萨河纪行》。

(白玛康珠　刘　毅)

【第五届"雪顿之星"全国青年歌手大奖赛】 年内,通过四川康巴卫视、青海卫视等推荐及网络选拔等方式,设立民族、通俗、原生态三种唱法,共计2000余名选手参赛。本次"雪顿之星"青年歌手大奖赛三种唱法分别决出一等奖、二等奖、三等奖各1名,同时还选出优秀奖3名,最佳上镜奖、最佳台风奖、最佳人气奖各1名。

(白玛康珠　刘　毅)

【连续剧《延安锄奸》译制工作完成】 年内,拉萨市广播电视台在无专业人员、无专业录音棚、无工作经验的情况下,完成首部27集连续剧《延安锄奸》的藏语译制工作。

(白玛康珠　刘　毅)

【广播电视"户户通"设备维护】 年内,为对广播电视"村村通""户户通"设备维护升级,拉萨市广电局购置并分两次发放价值20万元的广播电视"户户通"接收设备零配件。第一批价值近12.7万元的广播电视"户户通"接收设备零配件于7月25日前全部发放至拉萨市七县一区文广局;第二批价值7.3万余元的"户户通"维修材料,于12月发放到位。

(白玛康珠　刘　毅)

【改善电力设施】 市广播电视台通过自筹资金的方式投入7000余元,更换拉萨市广播电视中心大楼的6个配电箱所有的控制开关,并根据用电负荷的增加,更换部分电线。

(白玛康珠　刘　毅)

【与中国传媒大学签署战略合作协议】 年内,中国传媒大学依托教学科研和人才优势,为拉萨市广播电视台健康发展提供智力支持;拉萨市广播电视台为中国传媒大学在校生在西部地区实践锻炼提供平台,双方拟在人才培养、科学研究、节目制作、新媒体学科创新平台建设以及文化产业开发和产学研结合方面实行全面合作。

(白玛康珠　刘　毅)

拉萨晚报

【概　况】 年内,拉萨晚报社在市委宣传部的直接领导下,报社各业务部门围绕服务市委、市政府中心工作,坚持以正确舆论导向和正面宣传为主的方针,本着贴近实际、贴近生活、贴近群众"三贴近"原则,全面正确地报道全市各族干部群众坚持改革开放,努力学习贯彻实践党的路线方针政策,聚精会神搞建设,一心一意谋发展的生动事迹,展示近年来拉萨市全力实施环境立市、文化兴市、产业强市、民生安市、法治稳市"五大战略",充分发挥首府城市作用,经济和社会各项事业所取得的巨大成就,展示各族各界群众开拓创新奔小康的良好精神风貌,保质保量完成各项宣传报道任务。

(色　珍)

【文化旅游宣传】 7月,拉萨晚报文旅部成立。7月3日,第一期文旅周刊正式出刊,各业务部门结合本地实际,围绕体育、娱乐、生活热点,做好相关报道,为读者提供更多的生活服务类信息,丰富市民群众精神文化生活;加强时政报道、做好深度解读和读者关心的新闻报道,关注民生,围绕社会稳定、经济发展、招商引资、优化环境、教育医疗、农牧民生活改善等内容,做好新闻报道,增加报纸的观赏性和信息量、可读性,取得很好的宣传效果。

(色　珍)

【广告经营管理水平提高】 2013年,报社的广告经营在继续做好自营广告的同时,进一步扩大广告代理范围,寻求更多合作伙伴。同时,充分结合拉萨地区的特殊消费习惯,调整原有经营思路,积极探索新的经营模式,不断拓宽广告经营渠道,寻找新的经济增长点。

(色　珍)

【文明城市创建成果宣传】 年内,拉萨晚报社设立"学雷锋在行动""与雷锋同行""志愿者在行动"等专栏,先后推出相关宣传报道100余篇。围绕社会公德、职业道德、家庭美德和个人品德等主要内容,开设"我身边的好人"等栏目,先后推出相关报道90余篇,在全社会营造"崇德尚善"的浓厚氛围。围绕拉萨市在治理道德领域突出问题和治理不文明交通行为等方面，拉萨晚报社设立“道德之光——深入开展道德领域突出问题整治”和“道德之光——深入开展做谦恭有礼的中国人——文明交通行动活动”“学雷锋志愿者在行动”、“美丽西藏·文明交通 做谦恭有礼的中国人—拉萨在行动”等栏目进行深入宣传，采写稿件60余篇。此外，拉萨报社利用整版、二分之一版面，先后推出以“讲文明、树新风”“反对铺张浪费，厉行勤俭节约”“学雷锋在行动”“讲文明，树新风”等为主题的公益广告及“争当雷锋精神传人，弘扬社会文明新风”等宣传口号，全年刊登相关的公益广告300余个。

（色　珍）

【老城区保护工程宣传报道】 年内，在拉萨老城区保护工程报道中，拉萨晚报社用图文并茂的形式，宣传报道这一利民惠民的工程，共刊发稿件近80余篇，图片近70幅。该工程圆满结束后，又设立“八廓商城便民、利民、惠民”系列报道栏目连续报道商户入驻以后的喜悦心情，对党和政府的感激之情。

（色　珍）

【报道“创模”工作】 年内，拉萨晚报社及时设立“创建国家环保模范城市我们在行动；创建国家环保模范城市共享生态宜居美好生活”栏目，刊发市直各单位围绕“创模”开展的各项工作，刊登相关稿件及图片近40篇幅。同时，刊登“拉萨市创建国家环境保护模范城市宣传标语”20条及公告等，为深入开展“创模”工作营造舆论氛围。

（色　珍）

【城市基本公共服务满意度宣传】 2013年，拉萨市在城市基本服务满意度测评中获得总成绩第一，为全面报道拉萨市在公共交通、公共安全、社保就业、城市环境、文化体育、GDP杠杆指数等公共服务方面取得的成就，拉萨晚报社开辟“深入贯彻十八届三中全会精神，不断提升城市公共服务满意度”专栏进行全面报道，得到上级部门肯定，推出相关稿件30余篇及图片版。

（色　珍）

【加强县区新闻报道】 年内，围绕各县（区）各项工作所取得的新业绩、新成就以及为建设小康拉萨、平安拉萨、和谐拉萨、生态拉萨、幸福拉萨所做出的成绩进行深入报道。

（色　珍）

【提高藏文版办报质量】 年内，藏编部重点推出认真学习贯彻落实中共十八大精神的专板；继续加大县（区）专版栏目的报道。藏编部每期的宣传报道都能以汉文版的宣传重点为主，尽量与汉文版同步进行编、译报道。做到会议精神、重大新闻及时报道，准确无误。拉萨晚报藏文版始终面向广大基层农牧民读者，积极向基层群众宣传党的路线、方针、政策、科技知识，以及国内外的重大时事新闻，对拓宽基层群众视野等方面都起到效果。

（色　珍）

【发行工作】 年内，晚报发行工作在顺利完成日常征订、发行及赠送报纸工作任务的基础上，完成每期63000余份报纸覆盖工程的运送工作。另外，发行部在2013年上半年，完成市内40多家零售点的设置和协调工作，有效扩大《拉萨晚报》的覆盖面和影响力。

（色　珍）

医药·卫生

综 述

年内,拉萨卫生以深化医药卫生体制改革为中心,认真贯彻“民生安市”战略要求,积极创新和探索卫生工作新模式,全面落实自治区政府“十件实事”,率先在全区开展农牧区医疗制度住院治疗“先诊疗、后结算”等七项特色卫生民生工作,各项卫生工作居全区前列,充分体现拉萨卫生首府城市首位度作用。

(格桑卓玛)

医药卫生体制改革

【概 况】 按照国务院《关于深化医药卫生体制改革的意见》及医改工作“保基本、强基层、建机制”总体要求,突出重点,统筹兼顾,因地制宜,积极协调卫生项目建设、医改资金补偿和医保报销等环节的工作,使医改工作深入推进。

(格桑卓玛)

【农牧区医疗制度财政补贴标准为340元】 年内,拉萨市农牧区基本医疗保障制度继续保持100%覆盖率,农牧区医疗制度财政补助标准由上年的人均300元提高到340元,农牧民群众年累计报销封顶线不低于6万元,人均筹资额达21.25元,筹资率达99.69%。20种重特大疾病纳入保险范围,可实现年最高赔付7万元,农牧民群众参保率达到100%,农牧区医疗制度保障水平进一步提高,农牧民群众基本医疗得到有效保障。

(格桑卓玛)

【三级基层医疗机构实行“零差率”药品销售政策】 年内,全市所有政府办基层医疗卫生机构全面实施国家基本药物制度的基础上,乡镇卫生院、社区卫生服务中心、村卫生室全年“零差率”销售政策,基本药物品种得到进一步完善和补充,有效减轻农牧民群众医药负担。

(格桑卓玛)

【推进公共卫生服务均等化】 年内,继续实施在编僧尼和城乡居民免费健康体检和建立健康档案工作,体检率分别达到100%和99.9%。开展包括“两癌”筛查在内的妇女疾病普查普治工作,筛查率达100%,为农牧区育龄妇女补服叶酸5035盒。开展“贫困白内障患者复明工程”工作,完成1003例复明手术,其中864例为免费。全市八县(区)卡介、脊灰、百白破、麻风(麻疹)、麻风腮(麻腮)、乙肝首针、A群流脑、A+C群流脑、甲肝等九类疫苗接种率均达到99.5%以上。公共卫生服务的可及性和覆盖面正在逐步提高和拓宽。

(格桑卓玛)

【医疗卫生基础建设项目投资27019万元】 年内,争取和确定实施卫生基础建设项目71个,计划投资27019万元,年内投资到位项目29个,到位投资12023万元,全市医疗卫生基础条件得到显著改善,服务功能不断健全,已基本实现县有卫生服务中心、乡有卫生院、社区有卫生服务中心、行政村有卫生室的要求,一个覆盖城乡的医疗卫生服务体系基本建立。

(格桑卓玛)

【市人民医院晋升为三级乙等医院】 年内,拉萨市人民医院顺利通过三乙医院评审并挂牌,市妇幼保健院及各县医院全面投入等级医院评审工作。

(格桑卓玛)

强基惠民活动和民生工程

【概　况】 年内,通过强基惠民活动为驻村点和结对户办实事争取资金63万元;完成城乡居民和在编僧尼免费健康体检,0～18岁先心病患儿免费筛查和救治;率先在全区开展七项卫生特色民生工作。

(格桑卓玛)

【继续开展先心病医疗救助活动】 年内,在2012年完成113名先心病患儿救治工作的基础上,继续通过援藏途径和中华慈善总会开展患儿救治工作,2012年至2013年底,累计筛查222325人,累计确诊391人,已全部安排免费救治手术,实现发现1例救治1例的目标要求。

(格桑卓玛)

【强基惠民活动取得成效】 年内,局系统各级党组织和驻村工作组结合卫生系统强基惠民活动,为驻村点和结对户办好事、实事,争取资金63万元,先后4次组织卫生系统人员为基层群众免费送医送药义诊、宣传、慰问等活动,送慰问金3.3万元,发放各类药品、计生药具、宣传画册价值4.4万元,购买节日慰问品价值6.4万元。

(格桑卓玛)

【继续实施城乡居民僧尼免费体检工作】 年内,继续实施城乡居民和寺庙僧尼免费健康体检工作,4月全面启动,9月在全区率先完成,僧尼体检率达到100%,城乡居民体检率达到99.9%。

(格桑卓玛)

【七项特色卫生民生工作】 1月起在拉萨市市、县医院全面推行"先诊疗、后结算"服务模式,共有2624名患者享受到"先诊疗、后结算"服务,涉及资金1224.01万元。率先在全区开展孕产妇和婴儿死亡评审工作,组织专家组对每例死亡的孕产妇和婴儿进行严格的死亡评审,全市孕产妇和婴疑幼儿死亡率逐年下降。率先在全区开展包括"两癌"(乳腺癌、宫颈癌)筛查在内的妇女疾病普查普治工作,检查率达100%。邀请专家率先在全区编制《拉萨市农牧民健康状况分析汇编》。在江苏省卫生厅和江苏省疾控中心的支持下,投入20万元资金,率先在全区建立首个规范化预防接种门诊,项目在城关区扎细社区卫生服务中心建立。在全区率先提出开展农牧民家庭账户"一卡通"试点工作。搞活卫生人才培训机制,全力提高基层医疗服务能力,组织50名全科医生和94名村医一年制培训班,落实培训资金238万元,七项特色卫生民生工作的开展充分体现拉萨卫生的首府城市首位度作用。

(格桑卓玛)

疾病预防控制与卫生监督

【概　况】 年内,坚持预防为主的方针,加强疾病预防控制机构绩效考核,建立健全岗位责任制,认真落实各项防控措施,重大传染病得到有效控制,公共卫生监督覆盖率达100%。

(格桑卓玛)

【规划疫苗接种率99.5%】 年内,全市继续保持无脊髓灰质炎状态,八县(区)卡介、脊灰、百白破、麻风(麻疹)、麻风腮(麻腮)、乙肝首针、A群流脑、A+C群流脑、甲肝等九类疫苗接种率均达到99.5%以上。

在城关区扎细社区卫生服务中心建立全区首个预防接种规范门诊。

(格桑卓玛)

【传染病防治】 年内,八县(区)坚持每日疫情“零”报告制度,共编发传染病和突发公共卫生事件监测周报43期,监测月报10期。截至年底,全市共报告法定传染病16种,无甲类传染病报告。

(格桑卓玛)

【健康教育】 年内,共开展各级各类培训工作30余次,共培训3715人次;开展各类宣传活动16次,发放宣传册(画)4069种31000余份,展出展板90块、播放卫生知识音像磁带17次,健康教育受益人数达6万余人。

(格桑卓玛)

【饮用水、空气质量监测】 年内,监测385份水样,合格率为84.4%。公共场所空气监测78样,公共服务用具监测105样,合格率70%。

(格桑卓玛)

【食品安全风险监测】 年内,完成食品风险监测244个样,24个品种样,完成全年检测任务100%。

(格桑卓玛)

【公共场所卫生监督】 年内,全市公共卫生场所2447户(包括自治区监督局管辖户),共出动卫生监督员2462人次,监督检查6954户(包括五小行业);公共场所量化分级评审和挂牌419户。办理公共场所卫生许可证952份,健康证13819份,无五病调离人员,从业人员培训13080人。

(格桑卓玛)

妇幼卫生和社区卫生

【概　况】 年内,成立全区全市首个妇幼死亡评审专家组,孕产妇住院分娩和农牧区适龄应检妇女常见病检查率大幅度提升。继续贯彻落实农牧区医疗制度和农牧民大病补充医疗保险制度。城关区7个社区卫生服务中心全部投入使用。

(格桑卓玛)

【妇幼卫生】 年内,继续完善孕产妇住院分娩和婴儿住院“绿色通道”,继续实行孕产妇住院分娩和婴儿住院救治费用100%报销;执行农牧民孕产妇住院分娩补助政策,对4806个孕产妇兑现68.72万元生活补助经费;率先在全区开展包括“两癌”(乳腺癌、宫颈癌)筛查在内的妇女疾病普查普治工作,筛查率达100%。孕产妇住院分娩率达96.58%,孕产妇和婴儿死亡率显著下降,并获得西藏自治区“两降一升”工作先进集体。落实林周、尼木两县“贫困地区儿童营养改善试点项目县”营养包发放工作,发放率达95.4%。农牧民妇女免费增补叶酸预防新生儿神经管缺陷,共发放叶酸5035盒,服用人数达4079人。

(格桑卓玛)

卫生基础建设

【概　况】 年内,争取和确定实施卫生基础建设项目71个,计划投资27019万元,年内投资到位项目29个,到位投资12023万元。项目包括:拉萨市地方病能力建设项目、拉萨市疾病预防控制中心值班楼建设项目、墨竹工卡县卫生服务中心改扩建项目、县卫生监督所项目、县地方病能力建设项目、县急救站项目、乡镇卫生院改扩建项目、城关区两岛社区和金珠西路社区卫生服务中心建设项目,以及江苏省援建的东城区人民医院建设项目等,一个覆盖城乡医疗卫生服务体系已基本建立。

(格桑卓玛)

爱国卫生和创建国家卫生城市

【概　况】　年内，通过全国爱国卫生运动委员会办公室专家组的技术评估，拉萨市创建国家卫生城市取得阶段性成果。

（格桑卓玛）

【爱国卫生月活动】　4月18日，是全国第25个爱国卫生月，也是拉萨城市卫生清洁日。驻市各单位开展以“爱国卫生人人参与，健康生活人人享有”为主题的全市性爱国卫生月活动。

（格桑卓玛）

【病媒生物防制】　年内，投入165万元，按照《2013年病媒生物防制专项工作方案》，与内地消杀公司合作开展病媒生物防制工作，通过自治区爱卫办专家组的考核验收并达到国家规定标准。

（格桑卓玛）

【创建国家卫生城市专家技术评估】　年内，按照市委、市政府创卫既定目标，协同驻市各单位再接再厉开展创建国家卫生城市攻坚工作，于8月顺利通过全国爱卫办专家组创建国家卫生城市技术评估。

（格桑卓玛）

【甜茶馆卫生整治】　年内，继续开展拉萨市甜茶馆专项整治工作，完成145家甜茶馆考核验收，兑现政府补贴55.1万元。

（格桑卓玛）

人口和优生优育

【概　况】　年内，继续落实“一孩、双女”户困难家庭扶助制度和西藏特殊子女家庭特别扶助制度，抓好国家免费孕前优生健康检查项目，加强对流动人口计划生育服务与管理工作。

（格桑卓玛）

【人口和优生优育惠民政策惠及4719人】　年内，继续做好西藏自治区农牧区“一孩、双女”户困难家庭扶助制度和西藏特殊子女家庭特别扶助制度工作，严格把握政策，扎实细致的做好资格确认、申报、审核、公示信息录入、资金测算和发放工作。全年4719人受益于“两项制度”，受益资金达494万元。

（格桑卓玛）

【国家免费孕前优生健康检查全覆盖】　年内，拉萨市实现“国家免费孕前优生健康检查项目”全覆盖。年度目标人群1825对、3650人，完成1930对、3860人，完成率达105.8%。

（格桑卓玛）

【出生缺陷一级干预项目】　年内，城关区作为拉萨市试点单位，完成出生缺陷一级干预项目区800对1600人怀孕夫妇检查，完成率达100%。

（格桑卓玛）

【流动人口服务和管理】　年内，根据流动人口“均等化”“市民化”要求，免费为2635名育龄及已婚育龄流动人口妇女提供妇科、孕检等服务，PADIS系统向原籍反馈率达100%。

（格桑卓玛）

【贫困母亲幸福工程】　12月19日，拉萨市计生协在尼木县续迈乡尼续村举行“幸福工程——救助贫困母亲行动”项目启动仪式，项目资金共9万元，实施周期为3年，主要帮助9位贫困母亲脱贫致富。争取和落实资金12万元为城关区夺底乡贫困母亲新建住房。

（格桑卓玛）

【全员人口信息采集】　年内，城关区为西藏自治区全员人口信息采集机制创新试点区，项目为51名信息员配发51部移动智能手机，通过移动智能手机上传信息8982条。

（格桑卓玛）

食品、药品安全

【概　况】 年内,努力提升食品、药品监管和服务水平,食品、药品市场秩序进一步规范,公众饮食用药安全得到有效保障,截至年底,未发生重、特大食品、药品安全事故。

(格桑卓玛)

【食品安全监管】 年内,全市有食品生产获证企业58家,流通环节食品许可证5460户,餐饮服务单位2700余家,学校食堂106个,上规模的畜禽养殖基地17个,蔬菜生产面积达7.07万亩。全年组织监管部门开展食品市场联合执法15余次,印发食品安全问题督查督办意见函12余份,受理各类食品安全举报事件33起,全部协调处理完成。全年共受理餐饮服务许可证换发证申报材料1192件;受理保健食品经营企业换(发)证申报材料71件;受理群众电话举报的餐饮服务环节食品安全问题20件,行政处罚2起,责令限期改正18起。完成拉萨市2518家餐饮服务单位和学校食堂(含托幼机构)的餐饮服务许可量化评分和日常监督量化评分工作,等级评审率95%。截至年底,未出现重、特大食品安全事件。

(格桑卓玛)

【药品安全监管】 年内,共受理药品、医疗器械行政许可和变更事项150件。组织开展以"严厉打击药品违法生产、打击药品违法经营、加强药品生产经营规范建设和药品监管机制建设"为主要内容的专项行动,检查药品、医疗器械280余户次,责令整改15家,立案4件。开展药品电子监管零售药店终端试点工作,完成100家零售药店的入网及培训工作。组织执法人员对不符合标准规定的药品、保健品、化妆品进行地毯式清查,共检查市区内药品经营单位120家,检查覆盖面达97%。对近30家药械经营企业进行小型医用氧气罐的监督检查。年内共查处食品药品违法案件11起,结案8起。接内地省市协查函184件,均已协查复函。受理食品药品投诉举报67起,全部在规定时限内调查并回复投诉举报人。

(格桑卓玛)

藏医药事业

【概　况】 年内,坚持"藏西医并重"的方针,各县医院继续加大藏医专科能力建设,藏医藏药诊疗技术广泛应用于治疗高原性慢性疾病等并取得积极成效。

(格桑卓玛)

【藏医机构建设】 年内,为墨竹、林周、当雄三县医院各配置50万元的全国中医药适宜技术推广视频网络平台会议系统设备。完成城关区八廓社区、林周县藏医院、当雄县人民医院国家级成员单位和重点专科建设项目县的推荐和审核工作。完成当雄、林周、墨竹三县拟建(改扩建)藏医院《项目建议书》。

(格桑卓玛)

【藏医培训教育】 年内,加大藏医队伍培训教育工作,120名藏医参加藏医师承考试,确定2013—2015年藏医拟培养人数为130人。

(格桑卓玛)

医疗机构

【概　况】 年内,共有驻市医疗卫生机构441所,包括:7家自治区级公立医院、1家自治区级疾病预防控制中心、2家部队医院、1家市级疾病预防控制中心(卫生监督所)、7家县级卫生服务中心、8家县级疾病预防控制中心、50家乡镇卫生院、7家社区卫生服务中心、173家新建行政村卫生室、15家民营医院、168家社会医疗机构。

(格桑卓玛)

【拉萨市人民医院】 截至年底,拉萨市人民医院是拉萨市属唯一一所集医疗、教学、科研、急救、保健、康复、健康体检为一体的综合性医院,医院法定床位240

张，实际开放257张，年门诊量12万余人次，年住院病人7000余人次。2013年，顺利通过三级乙等医院评审并挂牌。

（格桑卓玛）

【拉萨市妇幼保健院】 年内，拉萨市妇幼保健医院是拉萨市属唯一集妇女儿童保健、临床、管理、培训、科研、信息统计、健康教育于一体的妇幼专科医院。医院建筑面积8589平方米，人员编制86人，床位编制60张。2013年，收治住院病人1791人，病床使用率达90%。

（格桑卓玛）

【社会医疗机构】 截至年底，全市有社会医疗机构156所，其中民营医院13家，分别是西藏卓玛医院、西藏神猴藏医院、拉萨康松藏医骨病专科医院、阜康医院、阜康妇产儿童医院、阜康心脑血管医院、西藏现代妇产医院、拉萨阳光泌尿生殖医院、拉萨阳光妇产医院、恒大生殖健康医院、广升医院、厚北医院、厚兰医院。

（格桑卓玛）

城市建设·管理

住房和城乡建设

【概　况】 年内,拉萨市住房和城乡建设系统按照“五大战略”的要求,城乡基础设施建设加快推进,行业服务、管理、保障与和谐安全工作全面提升,围绕重点项目实施、保障性住房建设与管理、小城镇建设、行业服务与监管、机关作风效能建设和干部队伍建设及党的建设各项工作等重点开展工作。

(刘　娟)

【城乡基础设施建设进一步加快】 年内,拉萨市住房和城乡建设局负责实施的重点项目有29个,总投资达83.96亿元,完成投资67.91亿元。先后实施拉萨市城市供暖供气、老城区保护、十条便民路、纳金大桥、次角林大桥、会展中心、综合展馆、东嘎水厂工程等重点项目。小城镇建设工作成效明显。全市各县(区)共投入资金27.43亿元,实施73个基础设施建设项目,主要包括各县(区)县城及重点村镇的道路、给排水、景观绿化等项目。全市住建系统紧紧围绕全市“六城同创”工作的总体要求,重点开展垃圾填埋场、污水处理厂等基础设施申报及建设工作,同时加大建筑工地文明施工管理力度,确保创建指标不断巩固和提高。

(刘　娟)

【保障性住房及公积金监督管理工作稳步推进】 年内,拉萨市住房和城乡建设局早安排、早部署,及时落实资金,层层明确责任,确保2013年7527套(户)保障房项目全面开工,大部分新建项目完成主体工程,续建项目全面竣工,完成保障房投资2.36亿元。审核兑现租赁住房补贴资金653.31万元。基本完成自治区下达拉萨市的保障性住房建设任务。同时,推进市级公租房的分配和违规占用周转房专项整治工作,共清理违规占用周转房112套。通过提高住房公积金贷款额度、延长贷款年限等措施,进一步提升公积金服务质量,扩大惠及范围。全年完成公积金归集额5.26亿元,提取公积金1.16亿元,发放公积金贷款1.94亿元,实现公积金增值收益450万元,顺利完成年初确定的住房资金缴存、支取、借贷和保值增值的目标任务。

(刘　娟)

【加强行业服务与监管工作】 年内,通过加强基本建设程序管理,加大对建筑行业违法违规行为的查处力度,进一步规范建筑市场。全年共办理各种资质证件258份。通过与各县(区)住房和城乡建设局签订《拉萨市建筑行业安全生产目标管理责任书》,加大检查和执法力度,全年共组织开展安全生产大检查专项行动3次,共检查建筑施工工地386次,全年事故起数和死亡人数均控制在指标范围内。以质量兴市活动为切入点,全方位开展工程质量监管。全年监督工程项目293项,开展质量监督抽查、巡查共600余次,报监工程监督覆盖率达100%。加大工程交易平台建设,拉萨市在全区率先建立建设工程交易信息平台,确保拉萨市招投标工作的阳光运作。全年在工程交易中心招标备案共347项,中标金额达51.31亿元,中标金额比上年同期增长40%。房地产开发与管理取得实效。全市注册房地产企业51家，房地产从业队伍不断壮大，完成房地产开发投资7.53亿元，同比增长34%，完成销售额8.08亿元，同比增长37%，实现房地产投资和销售“双增长”。房屋产权登记方面，拉萨市在全区率先实现房产信息化登记，全年共完成房屋初始登记、转移登记、他项权登记等1.33万件。进一步强化行业稳定工作。发挥“清欠办”这一平台作用。市清欠办共接待农民工上访案件310件，涉及人数8692人，涉案金额14951.35万元，兑现民工工资14941.05万元，清欠率达到99%。

（刘　娟）

城乡规划管理

【概　况】　年内，根据拉萨市机构编制委员会《关于拉萨市国土资源局和城乡规划局机构编制的通知》（拉机编〔2013〕63号），核定5个内设机构，分别为办公室、综合规划科、建设用地规划科、建筑和市政工程规划科、农村规划科；3个派出机构，分别为东城分局、东嘎分局、柳梧分局；1个管理机构为拉萨市城乡规划执法监察支队；3个下属事业单位，分别为拉萨市城市规划设计院、拉萨市规划信息研究中心、拉萨市城乡规划展览馆。单位自成立以来，紧紧围绕充分发挥“首府城市首位度作用”的要求，围绕“五大战略”的实施，科学编制城乡规划，创新城乡规划审批机制，加强建设项目规划监督，努力提高管理水平。

（赵　欣）

【规划编制】　年内，完成拉萨市城市总体规划（2009—2020）修编初步方案并向拉规委进行汇报。同时完成《中国西藏文化旅游创意园规划》编制工作。

（赵　欣）

【完成多项控制性详细规划】　年内，推进《拉萨市东嘎新区控制性详细规划》和《拉萨市柳梧新区中南组团控制性详细规划》编制和修编工作，开展《拉萨市百淀片区控制性详细规划》、夺底沟控制性详细规划编制工作的前期准备工作，完成拉萨市学校布局调整初步方案的制定。

（赵　欣）

【县城总体规划修编】　年内，督促各县开展县城总体规划修编工作。同时，已启动各县生态村庄保护规划工作。

（赵　欣）

【规划编制扎口管理】　年内，按照《中华人民共和国城乡规划法》的有关规定，协调经济技术开发区、柳梧新区管理委员会等相关部门，完成对东嘎新区分区规划、柳梧新区中南组团控制性详细规划和拉萨教育城二期控制性详细规划等相关规划编制的统一扎口管理工作。

（赵　欣）

【规划审批事项办理】　年内，共受理各类业务报共548件；共核发165个重大项目《建设项目选址意见书》、415个项目的建设用地规划许可证、180个项目的建设工程规划许可证、5个项目的乡村建设工程规划许可证、规划条件215宗、城市道路路由15条（总里程约32千米），累计完成640余项地形测量、地籍测量等测绘任务。

（赵　欣）

【加强城乡规划监督】　年内，研究起草上报《拉萨市城乡规划建设委员会议事规则》和《拉萨市城乡规划建设委员会督办制度》。召开2次拉规委会议，审议15个建设项目；推进《拉萨市城乡规划条例实施细则》前期工作，研究制定《拉萨市城乡规划局党组议事规则》《拉萨市城乡规划局局长办公会议制度》《拉萨市城乡规划局工作例会制度》和《拉萨市城乡规划局党组理论中心组学习制度》等一系列管理制度，为机关建设的正规化、行政行为的规范化提供制度保障。

（赵　欣）

市容环境

【概　况】 年内,拉萨市市政市容管理委员会(拉萨市城市管理综合执法局)紧紧围绕“六城同创”工作目标,紧扣“五大战略”的实施,以治理城市“六乱”工作为契机,以构建“美丽家园、幸福拉萨”,充分发挥首府城市首位度作用为目标,积极发扬“团结拼搏、乐于奉献”的管委会精神,扎实有效全面开展各项工作。

(张欢欢)

队伍建设

【健全制度化建设】 年内,健全《拉萨市城市管理执法人员仪容风纪管理规定》等10项规章制度,起草《拉萨市照明设施管理办法》《拉萨市停车场管理规定》《拉萨市流浪犬收容管理规定》《天然气燃烧器具管理暂行规定》等法规,研究制定《拉萨市城市排水管理办法》《拉萨市机动车洗车场管理办法》等城市管理规章制度,使城市管理工作迈入制度化、法制化和长效化的轨道。

(张欢欢)

【强基惠民工作深入开展】 年内,根据区、市两级强基惠民办工作要求,成立两个工作队,在达孜县白纳村和桑珠林村开展第二批驻村工作。帮助村“两委”干部提高工作能力,协助培养村“两委”班子成员;抓好维稳工作,按照区、市、县三级党委政府对维稳工作的要求,同村“两委”班子扎实开展维稳工作,切实保证“三无”“三不出”;切实为民办实事、办好事。驻白纳村工作队慰问困难群众、老党员、村委委员达230人次,投入12万元(自筹资金11.3万元,从惠民办实事经费支出1.7万元);申报12个惠民项目(资金总额297.8万元),“白纳村5.5千米土路改扩建工程”等5个项目资金已落实(70.5万元);为民办事14件,自筹资金9.5万元。驻桑珠林村工作队慰问困难群众、老党员投入2.59万元;为村完小购买办公设备投入4000元、维修村委会办公楼投入11.4万元、安装3盏路灯投入1.65万元、制作宣传栏投入0.82万元。

(张欢欢)

市政公用管理

【安全供水工作成效显著】 年内,加强水质检测工作,检测合格率100%;加强全市供水管网和消防设施的巡查维护,保证管线的畅通和消防设施的常用常新,抢修管网1469次,维修水表、闸门、消防设施1684次,各类免费维修累计金额达75万元;积极参与老城区保护改造,实施增压供水保障工程,实现老城区供水全天候、全覆盖,得到市民的肯定;参与编制次角林“文成公主文化创意产业园”供水工程建设的可研报告,开展拉萨市水质检测中心项目的前期调研,积极推进“教育城”供水、“地理信息”系统建设、市自来水综合办公大楼等项目建设;积极开展“一户一表”改造,已完成3000余户的改造工作;加强精神文明建设工作,慰问驻守水厂官兵,开展结对帮扶工作投入资金8.2万元。全年供水9110万吨(水途损失1760万吨),绿化供水3040万吨,免费供水310万吨,实现收入4670万元(亏损72万元),上缴税金320万元。

(张欢欢)

【污水处理中心管理运营】 年内,建立各项规章制度和内部管理机制,完成各生产岗位建章立制工作,购置工作服120套、防毒面具和口罩100套;加大人员技术培训,组织开展考察学习2次,提高一线人员的业务素质和操作技能,保证设备运行良好。共处理污水2160万吨,清理污泥322立方米,耗能(电能)折合人民币836万元。

(张欢欢)

【市政公用设施维护管理】 年内,按照“常用常新”的要求全力做好主次干道的人行道、护栏、路灯、排水等市政公用设施的维护管理。维修路面12000平方米,维修人行道11500平方米,维修刷新人行道护栏、绿化带护栏46000米,清理乱石渣土200吨,冬季除冰300平方米,维修路灯6000余盏,刷新道路箱体2000余座、清理小广告4万余条,更换检查井、雨水井650余套,清掏下水道垃圾500余吨,新增排水管200米;维修刷新桥梁栏杆2.55万米,维修刷新隔离带3320米,铺设草坪1660平方米,维修刷新路灯灯杆104柱,维修桥面石板140平方米;维修宇拓路栏杆200米、更换树围条石80个,维修路灯500次;做好颁发排水许可证的准备工作,结合拉萨市实际制定工作方案,根据国标制作排水许可证正副本。建立节庆装饰品回收更新利用机制,制定洪涝、冰雪等公共事件应急预案,建立路灯管理巡查维修机制和环卫工人路灯巡查奖励机制,城市亮灯率达95%以上;积极开展节能路灯改造工作,完成东一路、西一路、雪新村路、巴尔库路等13条主要路段的路灯节能改造安装工作,共更换节能灯头3600余盏;做好节前装饰和节后清理工作,悬挂灯笼1.5万个、中国结5000个、彩旗350面、彩条7万米、横幅500条。

(张欢欢)

【燃气行业和油气站规范化管理】 年内,研究拟定《拉萨市城市燃气管理办法(试行)》《拉萨市城市供热管理办法(试行)》等立法稿。对供暖供气项目施工的做好日常监管,成立施工监管工作组,对道路开挖、供排水损坏情况现场监督;加大对燃气企业、油气站的行业监管,审核发放第二批燃气经营许可证,对全市103辆燃气配送车核发瓶装液化气服务车车证,确保燃气行业健康发展。

(张欢欢)

市容环境卫生

【户外广告和街景管理】 年内,推进《拉萨市户外广告设置专项规划》编制工作,起草《拉萨市停车场管理办法》《城市道路附属设施清洁维护管理规定》《拉萨市洗车场设置技术规范》;以治理城市"六乱"工作为契机,大力开展市容整治工作,对各类户外广告、牌匾进行专项整治,查处破损墙体广告60幅、灯杆广告1600幅、公交站台广告303幅、路牌广告252幅、电子显示屏170块,规范车身广告206辆,刷新各类箱变1500余座,规范门店招牌295块。开展公益宣传工作,协调9处大型LED彩屏、6座跨街龙门架10余次开展"110宣传日""学雷锋""百万农奴解放54周年""雪顿节""六城同创"等公益宣传。

(张欢欢)

【办结行政审批1979件】 年内,加强对行政审批窗口的人员和业务管理,进一步提高工作效率。市民服务窗口共受理各类行政审批1979件,办结率达98%(未办结案件正在期限内办理),其中城市道路挖掘和临时占道117件,临街喇叭口开设31件,户外广告设置873件,渣土准运520件;车身广告227件,排水许可32件,临时摊点设置179件。

(张欢欢)

【环境卫生管理】 截至年底,拉萨市共设置果皮箱1993个,公厕157座,年均转运生活垃圾7万余吨、建筑垃圾1万多吨,垃圾无害化处理率达98%以上。按照"常用常新"的保洁要求,开展环卫设施的管理,对市区主要街道果皮箱通过自行保养刷新,进行轮换更新,保证环卫设施功能的发挥。全年累计拆除人为损坏和老化果皮箱253个、安装果皮箱325个、维修72个,检查主次干道4800余次,出动车辆5092车次、转运生活垃圾76380吨,累计填埋垃圾20.075万吨,查处违章运输垃圾车辆538台次,收取生活垃圾处置费59.3万元、建筑渣土处置费41.9万元,办理渣土准运证453张、为单位办理生活垃圾准运证74张,先后对新藏大路、学府路、城关花园、仁和汽贸城以及彩虹湾等38处路段和区域进行集中清理整治,清理垃圾87392吨,协调市直有关单位清理各类乱堆乱倒垃圾300余吨,清理和平路、东尊路淤泥300余吨。积极推进生活垃圾填埋场综合整治工作,共拆除拾荒人员私搭乱建的工棚和住所35间,清理整治乱堆乱放的回收物品635车共计9525吨,平整因拾荒人员乱搭建和乱堆放回收物品临时占用的土地近10000平方米,清理废旧物品1000余吨,沼气打孔153个,覆土6.4万平方米。

(张欢欢)

城管综合执法

【数字化城管平台投入运营】 年内,数字化城管指挥中心自建探头26路,共享公安"天网"工程视频资源1256路,已实现重点部位的全覆盖。5月17日,拉萨市数字化城管系统化建设(一期)工程项目完成验收;组织执法队员和指挥中心坐席人员开展"城管E通"培训工作;统一制定汇编《城市网格管理部件、事件手册》;全市划分11个网格,派驻网格监督员,初步实现网格化管理;积极开展数字城管二期可研报告的调研工作,推进数字化城管二期项目建设工作;拉萨市创城指挥部设在数字化城管指挥中心大厅,通过网络视频直接监控测评路段,实施呼叫联络和指挥调度,保障创城工作顺利推进。年内共受理各类案件5351件,处理率99%,其中部件832起(公共设施类735起、道路交通类9起、市容环境类4起、园林绿化类82起、房屋土地类2起),事件4519起(街面秩序类3815起、突发事件类156起、宣传广告类114起、市容环境类353起、施工管理类46起、扩充类别35起)。

(张欢欢)

【开展城管执法工作】 年内,将城市管理执法与"六城同创"、治理城市"六乱"工作相结合,紧紧围绕户外广告、市政、供水和燃气四大类执法管理工作,强化监管、文明执法,先后对八一菜市场环境脏乱差、北京西路甜茶馆店外店经营、巴尔库路和区直工委路、金珠中路快修市场占道、铁器加工市场占道经营等问题进行集中整治。共处理各类案件2013件,一般程序处理72件,下发《限期责令整改通知书》234份。清理"牛皮癣"13283余处,收缴非法小广告6万多份,规范非机动车5万余台次,清理流动商贩1500余次、乱摆摊设点800余起、规范店外店1万余家,清理劝导尾随兜售750人次,协助清理流浪乞讨人员1000人次。

(张欢欢)

民生工程建设

【生活垃圾焚烧发电项目】 8月2日,根据市政府安排部署,与安徽盛运机械股份有限公司签订拉萨市《生活垃圾焚烧发电厂BOT项目特许经营权协议》;8月21日,安徽盛运机械股份有限公司成立拉萨盛运环保电力有限公司。市国土资源规划局已向市政府报送《项目选址意见书》。

(张欢欢)

【流浪狗收容站建设项目】 年内,流浪狗收容站项目占地面积为20亩,包括主体工程和附属工程两部分。主体工程于7月12日完成招标,附属工程于9月10完成招标,12月31日正式投入使用。

(张欢欢)

【餐厨废弃物处理项目】 年内,餐厨废弃物处理项目选址已基本确定在在柳梧新区污水处理厂西侧、拉贡快速路以北、拉萨河以南(正式批复未下发)。

(张欢欢)

环境保护

【概　况】 年内,市环保局围绕市委、市政府中心工作要求,推进"创模"工作,提高环境行政执法能力,加强生态环境保护,深化污染防治,各项工作取得新进展。

(德　央　张建新)

【继续推进"创模"工作】 年内,召开全市创模预评估动员大会,做好预评估各项准备工作,与创模各责任单位签订《2013年拉萨市创建国家环境保护模范城市目标责任书》;顺利通过创模预评估,在4月11日通报会上,专家组一致通过拉萨市创建国家环境保护模范城市预评估;完成技术评估调研工作,10月20日至23日,国家环保部组织专家对拉萨市创模工作进行技术评估调研。各成员单位正在按照《2013拉萨市创建国家环保模范城市整改任务分解表》进行整改。

(德　央　张建新)

【严格环境执法】 年内,紧紧围绕全市经济和社会发展大局,做好项目的环评审批和服务。截年至底,受理建设项目402个,其中报告书5个、报告表147个、登记表250个。规范排污收费工作。按照《排污收费制度》,正式按照排污收费程序开展排污收费工作,共征收337家排污单位,征收排污费412万元。拉萨市环保局积极开展涉矿企业环境风险排查、高中小考期间噪声排查等多个环保执法活动,执法检查500余人次,出动执法车辆170余台次,检查相关企业500余家次,检查涉矿企业35家(100余次)。开展专项整治,着力解决突出的环境问题。全市被列为自治区人民政府关闭的企业(项目)3家,2家已完成关闭任务,1家因生态恢复未做完未全面完成;被列为挂牌督办限期整改的企业(项目)28家中,完成整改工作的25家,未完成整改的3家。共接到2起白色污染举报,共没收并销毁127袋塑料袋,约2吨,处理率达到100%。发宣传单100余张、悬挂横幅10条、环保袋近800袋、出动20人次,出动车辆10台次。共对7家养殖场进行专项检查。重点对城关区12家(即将取缔)采石场进行检查执法。完成拉萨市七县一区103家重点园区、企业和各类建设项目现场检查。完成拉林公路(拉萨段)拉日铁路沿线取弃料场进行检查,共检查31个点位。共检查企业(单位)71个,其中工业企业4家、施工场地8个、各类小作坊15家、餐饮服务业44个。出动执法人员73人次。其中,对1家存在超标排放的企业提出停产并限期整改,关闭1家小作坊,责成6家餐饮店安装油烟净化设施。共出动执法人员40人次,车辆10次,重点对学校周边的34家工地、餐饮、娱乐等场所进行噪音专项检查工作。共计排查24家,其中21家采石场、3家采矿场。重点对取缔城关区12家采石场进行执法检查。截至年底,城关区的采石场基本已关闭取缔。配合区环保厅、区药监局和部分县(区)环保局、卫生局加大检查执法力度,有效监管过期药品和“3·29”墨竹工卡山体滑坡自然灾害点医疗垃圾的销毁工作。共监督销毁过期药品及医疗垃圾600多袋,约900多千克。

(德　央　张建新)

【加强生态建设】　年内,为实现2025年创建国家级生态城市目标,正在按照《关于西藏自治区生态创建的工作思路》开展各项前期工作;加快开展《拉萨河源头重要生态功能保护区保护规划一期建设项目》重点环保项目前期工作,截至年底,完成《拉萨河源头重要生态功能保护区保护规划一期建设项目初步设计(概算书)》评审工作,并复核可研报告;加快开展《拉萨周边湿地保护区建设项目》;配合开展《西藏纳木错生态环境保护规划(2011—2015年)》项目、区环保厅考察湿地处理生活污水研究和示范项目及拉萨生态调研项目;监督落实生态恢复保证金制度。转发《关于严格落实征收采矿、探矿及采石(砂)等行业生态恢复保证金的通知》,要求各县(区)环保局严格监督落实生态恢复工作;截至年底,对拉鲁湿地保护区进行综合清理7次,对中干渠、南干渠、北干渠、流沙河集中清理9次,共投入人员700余人次(其中社区、商户200余人),车辆60余辆,共计清理垃圾、淤泥1000余吨。完成《拉萨拉鲁湿地自然保护区总体规划2013—2025年》初稿,待环保部评审。拉鲁湿地三期保护项目共计15项,资金量达75528.6989万元。其中北干渠综合整治项目已落实资金2210万元。

(德　央　张建新)

【污染物总量减排】　年内,按照《拉萨市2012年度重点企业推进清洁生产工作方案》,要求开展清洁生产审核的20个企业中,已经完成3个,其他正在进行中。开展主要污染物总量控制工作。根据《拉萨市“十二五”主要污染物减排重点项目》安排,及时检查和督促各县(区)环保局及相关企业认真落实减排项目和任务。核发4家企业主要污染物允许排放量,已检查15家企业减排项目及任务落实情况。开展固废申报登记工作。根据环保部及自治区环保厅要求,对全市主要排污企业进行2013年固废排放申报登记。开展排污许可证审核工作。组织实施排污申报登记与排污许可证制度,重点更换、核发自治区重点监控企业、自治区重点监督企业排污许可证,特别是重点监督“双超”“双有”企业排污许可证。组织各县(区)环保局,对自治区重点监控24家和重点监督企业44家以及垃圾填埋场、污水处理厂以及各行政区域城镇人口、规模化畜禽养殖行业进行填报统计。全市共检测机动车32528辆,其中发放绿色合格标志21320张、黄色合格标志11208张。继续完善路检抽检工作,加强机动车尾气遥感监测人员培训。共培训人员12人次,不定期路检抽检20余次,检测车辆300余台次,抽检合格率约68%。

(德　央　张建新)

【项目建设落实到位】　年内,西藏自治区危险废物处置中心项目建设完成,部分车间设备已运抵拉萨安装调试完成;安全填埋场及护坡、污水处理车间及附属设施已于10月中旬进场施工,年内完成主体建设。拉萨市重点工业企业污染源在线监控项目完成监控中心部分的终验。6家饮用水源地、8家重点工业企业已完成联网调试。截至年底,完成献多自来水厂水源地等保护区的警示牌、围栏等保护措施,已完成水质在线监控设备安装并实现与环保局在线监控联网工作。贡嘎机场—拉萨—林芝区域生态修复项目、拉萨—林芝区域城镇周边环境综合整治项目已完成建设;机动车尾气检测实验室项目现已开工建设。

(德　央　张建新)

【环境保护服务】　年内,按照《关于做好2013年春节、藏历新年及全国“两会”期间环境安全隐患排查的紧急通知》,市县两级环保部门共对11个集中式饮用水水源地进行环境安全隐患排查。4个水源地保护区按规定设立保护区标志和建立应急预案,备用水源地正在申报,对在一级保护区内的违规建筑已进行摸底,但因历史等原因整改难度较大,清拆工作无法实施;做好环境监测服务。积极配合自治区中心站完成拉萨市集中式饮用水水源地水质监测、地表水国控省控断面水质监测和安全隐患大排查环境监测任务。配合完成墨竹工卡县“3·29”山体滑坡自然灾害应急监测。同时,配合环保厅做好市环保局空气自动监测子站的保障维护工作;做好环境信访工作。严格执行环保热线12369的24小时值班制度,狠抓环境投诉案件查处工作,及时处理各种群众举报。截至年底,共接到环境信访举报131起,其中水污染11起、大气污染57起、噪音污染48起、固废污染8起、生态破坏5起,其他污染2起,处理率达到100%,办结率100%。

(德　央　张建新)

【加大环保宣传】　年内,开展“6·5”世界环境日、“4·18”城市卫生清洁日、禁止白色污染、科技活动周等相关宣传活动。共发放书籍和宣传资料5000余份,发放环保袋2000条。开展创模宣传,现场采访140余次,并在西藏电视台、西藏日报等新闻媒体对“创模”工作进行大力宣传,同时实现在拉萨市政府网等10余家网络平台上与公众共享。督促规范使用藏语文社会用字,对局机关的标志牌、电子屏幕、公文、印章、信签等藏文进行监督检查。完成自治区人大组织的中华环保世纪行——西藏行检查工作。

(德　央　张建新)

【提升环境监管与执法技能】　年内,采取“走出去,请进来”的方式,强化环境监测业务培训。1月,拉萨市新招考技术人员赴陕西省进行为期1个月的集中培训。4月,监测站与四川省地质勘查研究院签署战略合作协议,5月迎来新一批技术援藏专家;八县区监测执法业务用房项目上报工作已经完成。

(德　央　张建新)

防震减灾

【概　况】　2013年,全市防震减灾工作紧紧围绕“识别灾害风险,掌握灾害技能”,弘扬防震减灾文化,提高防震减灾意识,不断加强科普知识宣传教育,以“教育一个孩子、影响一个家庭、带动整个社会、确保一方平安”的工作目标扎实开展工作。

(陈国明)

【加强地震监测工作】　年内,市地震局加强与自治区地震局监测预报中心和自治区地震局拉萨地震台、地磁台对全市震情的宏观监测,建立通信保障机制,确保一旦发生震情,在第一时间内掌握情况,及时向市委市政府等相关部门汇报,同时注重做好重大节日、敏感日期间的震情跟踪,为市委和市政府决策和拉萨市经济社会发展提供服务。

(陈国明)

【地震发生情况】　年内,拉萨市行政区域内共发生有感地震4次,分别是:1月16日08时17分,拉萨市墨竹工卡县发生3.0级地震(北纬29.6度,东经91.9度);1月22日12时32分,拉萨市尼木县与日喀则南木林县交界处发生3.1级地震(北纬29.7度,东经89.9度);7月16日20时06分,拉萨市墨竹工卡县发生2.4级地震(北纬30.1度,东经92.0度);12月9日01时15分,拉萨市市辖区发生1.5级地震(北纬29.6度,东经91.3度)。以上4次地震均未造成人员伤亡和财产损失。

(陈国明)

【调整充实地震灾情速报员】　年内,为确保地震发生后第一时间获取震区的受灾情况,拉萨市地震局及时对拉萨市七县一区的灾情速报员进行充实调整,调整充实后共有地震灾情速报员147名。

(陈国明)

【防震减灾科普宣传】　“5·12”防灾减灾日,市地震局联合市教育局等相关单位,在拉萨市纳金乡小学开展防震减灾科普宣传活动,为该校1000余名师生讲解防震减灾逃生技能。

(陈国明)

【扶贫工作】　年内,市地震局赴墨竹工卡县工卡镇,为塔巴村次旦等两户困难群众赠送大米、面粉、砖茶、清油等生活物品,价值2000余元。

(陈国明)

【开展群众路线教育实践调研活动】　年内,市地震局在无驻村工作队的情况下,对对口扶贫点墨竹工卡县工卡镇塔巴村进行调研,其中调研活动分2组,每组3人次,一般干部开展调研2次,召开座谈会1次,个别走访活动4次达13人次。收集群众具有共性的意见4条,完善措施6条。

(陈国明)

人力资源与社会保障

综　　述

2013年，全市新增就业再就业人员10560人，完成全年目标任务的105.6%，开发就业岗位15192个，完成全年目标任务的310%。实现农牧区劳动力转移就业12.3万人次，转移收入41144万元。动态消除零就业家庭2户2人，继续保持城镇零就业家庭动态清零，城镇登记失业率控制在2%以内。拉萨籍应届高校毕业生就业率达98%以上，有就业愿望困难家庭高校毕业生就业率达100%。社会保险参保人数达到39.49万人，养老、医疗、生育、工伤、失业五大保险分别为22.08万人、10.2万人、3.27万人、2.6万人、1.34万人。人才服务体系进一步健全，干部队伍配置日趋合理。劳动关系调处达到3个100%：督促检查的企业职工劳动合同签订率达到100%，劳动人事争议案件结案率达到100%，劳动监察举报案件结案率达100%。

（党培治）

人力资源

人事人才

【市电视台选调9名事业人员】 3月，通过公开招考市电视台藏语频道选调9名事业单位工作人员，为推进拉萨市文化建设进程提供人才支撑。

（党培治）

【引进急需紧缺人才】 4月，市人力社保局联合四部门组成人才引进小组，赴北京、江苏等六省市各高校引进急需紧缺专业人才100人，人才引进从以前的重点偏向西南延伸为覆盖全国，高校在包含所有“211”高校的基础上扩展到其他综合类高校。

（党培治）

【《拉萨市“园区”企业人才集聚管理暂行办法（试行）》出台】 年内，为满足全市中心工作和重点项目对人才的需求，促进经济社会又好又快发展，结合“一区四园”实际，出台《拉萨市“园区”企业人才集聚管理暂行办法（试行）》，对园区入驻企业在人才引进、优惠政策、待遇等方面给予政策性倾斜，借此吸引一批优秀人才集聚拉萨创业和发挥才智。

（党培治）

【《拉萨人才》正式创刊】 7月，经西藏自治区新闻出版局批准，《拉萨人才》正式创刊，刊物栏目包括工作指南、人才论坛、政策解读、区域合作、人才援藏、人才快讯、拉萨英才、时代先锋等。

（党培治）

【参加西南人才联盟会议】 8月，前往昆明参加西南人才联盟第十三次中心主任会议，并与各成员单位共同签署《西南人才联盟高校毕业生跨区域就业合作协议》,推动西南地区高校毕业生人才服务合作的专业化、区域化、一体化发展。

(党培治)

【人才队伍建设】 年内,全市人才总量达到26861人,其中公务员13200人,参照公务员577人,专技人员9375人,事业管理人员556人,三支一扶42人,引进人才100人,自主择业军转干部3011人。

(党培治)

【公务员考录笔试】 年内,圆满完成4次大型考录笔试的考务工作,其中自治区高校毕业生公开考录笔试2次,事业单位参照公务员法过渡考试1次,从退役士兵中招录乡镇公务员和基层人民警察1次。

(党培治)

【开展公务员派遣】 年内,针对基层和偏远县人才缺乏实际,结合高校毕业生所学专业和农牧区基层需求,侧重面向艰苦边远地区派遣,共派遣高校毕业生和部队生源974人。

(党培治)

【开展军转干部慰问活动】 年内,在"三大节日""八一"建军节期间,投入4万余元,慰问企业军转干部和自主择业军转干部约3000余人次。

(党培治)

【开展事业单位岗位设置改革】 年内,在组织全市3家事业单位实施岗位设置试点工作的基础上,对教育、卫生、农牧204名事业单位工作人员进行岗位认定。

(党培治)

【专业技术人才队伍建设】 年内,通过初审、考察顺利完成职称评聘工作,共委托、推荐参加专业技术资格评审人员658人,其中推荐高级人员113人,中级人员396人,初级人员149人。按照相关程序共确认357人中级专业技术任职资格,共聘任31人中级专业技术职务,报请市政府聘任29人高级专业技术职务,共考察122名拟晋升高级职务人员。选派9名特殊培养学员赴内地学习培训,推荐1名"百千万工程"国家级人选,2人获批自治区学术和技术带头人。

(党培治)

【专技人员培训】 年内,组织实施拉萨高校人员短期专题培训1期,培训80余人。

(党培治)

劳动关系

【劳动争议案件调处率100%】 截至10月,拉萨市成立企业劳动争议调解组织34个,兼职调解员34人,处理劳动争议案件7件,调处成功率100%。

(党培治)

【工资试调查】 7月至8月,对全市110家企业开展企业人工成本、企业在岗职工工资情况调查和企业薪酬调研工作。保质保量完成11494名公务员工资试调查工作。

(党培治)

【劳动监察案件处理】 年内,共处理劳动监察案件201起,涉及3230人,为劳动者追回工资3108.86万元,对1026家用工单位办理用工年审登记备案手续。督促用工双方签订劳动合同16416份。

(党培治)

【处理劳动人事纠纷】 年内,共受理劳动争议案件154起327人,涉及金额737.37万元,法定期限内结案率达到100%,共为劳动者追回工资、误工费、生活费、工伤赔偿、补缴社会保险等合计422.62万元。

(党培治)

【实施建筑施工企业缴纳民工工资保证金制度】 年内,对全市351家建筑施工企业民工工资保证金缴纳情况、员工人数、签订劳动合同情况、履行劳动合同情况、建立规章制度情况、社会保险缴纳情况、工资支付情况、工时休息情况、非法使用童工情况、最低工资标准执行情况及劳动用工登记备案进行专项检查。督促45家建筑施工企业缴纳民工工资保证金4208.77万元,督促缴纳工伤保险193.42万元。

(党培治)

【开展"春暖行动"专项检查】 年内,在全市范围内对中介机构、建筑施工企业开展"春暖行动"等日常监察和专项检查,涉及16279人,督促签订劳动合同32558份,下达限期整改令128份。

(党培治)

【工伤案件处理】 年内,认定工伤250起,提出行政复议和行政诉讼的案件3起,劳动能力鉴定180起,其中对非因工受伤鉴定23起。

(党培治)

【工资审批】 年内,在部分工资审批权限下放的情况下,完成全市机关公务员、事业单位管理人员、专业技术人员1.7万余人次的工资正常晋升、(职称)变动、级别变动、各种固定、浮动等工资审批。

(党培治)

社会保障

就　业

【发挥就业服务平台作用】　1月,拉萨市扎细社区、八朗学社区、河坝林社区、热木其社区分别被授予国家级充分就业示范社区和自治区充分就业星级社区,以此为基础,拉萨市力争打造出2个国家级、5个自治区级、10个市级充分就业示范社区。

（党培治）

【高校毕业生就业】　年内,全市应届毕业生3014人,通过第一批、第二批公务员(事业单位工作人员)招录和推荐企业就业等形式,2953名高校毕业生实现就业,就业率达98%以上,有就业愿望困难家庭高校毕业生就业率达100%。

（党培治）

【高校毕业生创业】　年内,举行自主创业高校毕业生创业奖励资金发放仪式,落实创业奖励资金7.12万元,为5名区外就业大学生发放生活补贴3.68万元。举办拉萨市首期创业师资培训班,培训学员30名,举办1期高校毕业生和中职生创业培训班,培训学员60名,提升自主创业高校毕业生的创业能力。同时,积极推动高校毕业生创业协会的筹建工作,协调小额担保贷款事宜,举办拉萨市大学生自主创业座谈会,为下一步全面开展高校毕业生自主创业工作奠定基础。

（党培治）

【高校毕业生就业服务】　年内,通过公务员招录、开展引导性培训、高校毕业生专场招聘会、就业见习、推荐到北京和江苏就业等方式,积极促进高校毕业生就业。为提高离校未就业高校毕业生的就业能力,帮助企业吸纳高素质专业人才,累计推荐就业见习168人,发放见习生活补助180.4万元,为62名公益性岗位高校毕业生发放生活补助29.7万元;举办2期拉萨市高校毕业生就业引导性培训班,培训学员650名,其中483名通过公务员考试实现稳定就业;通过联系江苏省人社厅指派专业指导老师对100名未就业高校毕业生进行为期5天的就业指导培训,开拓学生的视野,转变学生的就业观念;组织2013年民营企业人力资源洽谈会暨高校毕业生专场招聘会、西藏民族学院高校毕业生专场招聘会、就业援藏——北京、江苏面向西藏籍高校毕业生专场招聘会、高校毕业生供需见面会等5场次,收集岗位5648个,组织4800名高校毕业生双向选择,与用工单位达成就业意向230人。

（党培治）

【推进就业困难群体就业】　年内,加大对全市就业困难群体的就业援助力度,建立就业困难群体"一对一"帮扶机制,动态消除零就业家庭,真正做到零就业家庭"产生一户、援助一户、消除一户、稳定一户"。通过职介大厅免费为54人办理就业失业登记证,为公益性岗位人员兑现岗位补贴1800多万元,发放社会保险补贴600多万元,保证公益性岗位人员的基本生活。

（党培治）

【积极开发就业岗位】　年内,借助"春风行动""民营企业招聘周"、小型人力资源洽谈会及各类大型专场招聘会,共组织中国电信、苏宁电器等企业634家次,提供就业岗位15192个,达成就业意向4948人。职业介绍11652人,职业介绍成功7836人。开发公益性岗位597个。通过网络监测企业27家,实现监测岗位达5062个。

（党培治）

【农牧民职业技能培训】　年内,加强农牧民职业技能培训,共计开班112期,投入培训资金2100多万元,培训农牧民、城镇失业人员7019名,培训合格6738人,实现就业5054人。开展创业培训165人,创业成功18人,实现创业带动就业57人。开展农牧民引导性培训8期,培训农牧民6300人。

（党培治）

【配合"四业办"开展人力资源洽谈会】　年内,为全面推进拉萨市"以业育人、以业安人、以业管人、以业富人"工程,配合"四业办"深入各县(区)开展"四业工程"人力资源洽谈会活动,共组织小型人力资源洽谈会7场次,组织市属企业53家,县属企业40家,提供岗位1777个,4000余名农牧民参加洽谈会,达成就业意向3022人,现场签订劳动用工合同365份,发放劳动监察、就业优惠政策等宣传资料11200余份。

（党培治）

【职业技能鉴定】　年内,开展工人职业资格鉴定

1284 人,职业技能资格鉴定 700 人,鉴定合格率 85%。

(党培治)

社会保险

【社会保障体系建设】 年内,社会保险工作重点从制度全覆盖转向人员全覆盖,全市城镇职工基本养老保险参保人数达到 2.47 万人,征缴养老保险费 2.5 亿元,发放养老金 1.05 亿元,城镇居民养老保险参保人数为 1.91 万人,征缴养老保险费 825 万元,发放养老金 595 万元,参保率达到 99.2%(其中寺庙僧尼参保 4456 人,参保率为 100%)。新型农村养老保险参保人数为 17.7 万人,征缴养老保险费 1675 万元,发放养老金 3790 万元(四级财政配套),参保率达到 98.6%;全市职工医疗保险、居民医疗保险(含寺庙僧尼)、职工生育保险参保人数分别达到 4.41 万人、5.79 万人、3.27 万人,征缴基金分别为 17000 万元、2086 万元、640 万元,基金支付分别为 13084 万元、5257 万元、372 万元;全市工伤保险从国有企业范围扩展到非参公事业单位职工、矿山、建筑等高危行业以及个体工商户,参保 26000 人,征缴工伤保险费 1421 万元,待遇支付 767 万元;失业保险参保 13410 人,征缴失业保险金 1801 万元。

(党培治)

【社会保险政策实现全覆盖】 年内,新型农村和城镇居民养老保险政策进一步完善。寺庙僧尼参保工作全面推进,全市 182 个寺庙全部纳入自治区现行城镇居民社会养老保险覆盖范围,参保率达到 100%。铁路专职护路人员、失地农牧民、半脱产兽医和半脱产教师等群体逐步纳入养老保险范围。全市工伤保险从国有企业范围扩展到非参公事业单位职工,矿山、建筑等高危行业人员以及个体工商户。医疗、生育保险待遇逐步提高,便民惠民政策落到实处,参保人员在政策范围内的报销比例提高,职工、居民医保支付率分别达到 92%、71%。

(党培治)

社会生活

综　述

年内，拉萨市民政局总编制107名（行政编制24名、机关事业编制5名、参工事业编制19名、事业编制59名），现实有人员91人。局机关内设8个科室，分别为政工人事科、办公室、优抚安置科、老龄办、基层政权和社区建设科、社会救助科、救灾科、规划财务科；直属单位下设中国拉萨SOS儿童村（副县级）、市救助管理站、市社会福利院、市儿童福利院、市烈士陵园管理中心、市军休服务管理中心、市救灾物资储备中心、市居民家庭经济状况核对中心等8个局属单位。承担拉萨市困难群众救助、自然灾害救助、优抚安置、基层政权建设、老龄事业发展、社会团体管理等涵盖民生、公共服务等多方面的职责。

全市民政工作紧紧围绕“以民为本、为民解困、为民服务”民政工作宗旨，扎实推进民生工程建设，不断完善社会救助和社会福利体系，强化基层政治民主，深化双拥优抚安置工作，加强民政公共服务和管理。全年累计投入各类保障和服务资金28788.5万元，城乡低保、五保供养保障标准比上年增长10%。双拥优抚安置政策全面落实，驻村工作扎实有力，社会综合治理工作稳步推进，民政人才队伍规范建设。各项工作取得较好的成绩。

市民政局先后荣获全区民政工作先进单位、全区民政工作统计先进单位、全区强基础惠民生活动先进集体和全市国防动员建设先进单位、党建工作先进单位、驻村工作先进单位、文明城市创建先进单位、维稳综治工作先进集体、信访工作先进集体、消防工作先进集体等称号。

（吴洪军　德庆曲珍）

社会救助

【19名残疾儿童康复救助补贴4.56万元】　9月5日，曲水县兑现残疾儿童康复对象康复救助补贴。按照每人每年2400元的标准，为该县19名需要长期康复的0至16岁残疾少儿兑现康复救助补贴共计4.56万元。

（吴洪军　德庆曲珍）

【全市有城乡低保对象16660户】　10月23日，全市共有城乡低保对象16660户40347人，城镇保障线达到月人均440元，农村年保障线达到1750元；全市农村五保户供养对象1403人，其中集中供养1051人，分散供养352人，高出全区水平52个百分点，供养标准达到年人均4320元。

（吴洪军　德庆曲珍）

【城乡低保】　年内，起草《拉萨市关于进一步加强城乡低保工作规范化管理的意见》《拉萨市社会救助档案管理实施办法》等相关规范性文件;低保政策得到有效落实,低保金实现社会化发放。城乡低保实现动态管理下的应保尽保,按标施保。城乡低保保障标准分别由2012年的月人均400元、年人均1600元提高到440元、1750元,比上年增长10%和9.4%。共为16886户40970名城乡低保对象发放低保金7818.43万元;同时启动临时物价联动机制、牛羊肉(酥油)价格补贴机制,为42342名困难群众落实价格补贴资金累计866.97万元,确保困难群众不因物价上涨因素而导致生活质量下降。

(吴洪军　德庆曲珍)

【城乡医疗救助】 年内,医疗救助"一站式"即时结算工作在全区率先实施,实现医疗救助与城镇医疗保险、农村合作医疗制度有效衔接,全年共救助困难群众4127名,落实医疗救助资金2163.87万元。全市共有农村五保对象1403人,其中集中供养1051人,分散供养352人,集中供养率达到76%,县级福利院集中供养率达50%,供养标准达到4320元,高出全区平均水平1720元,处于全区领先地位,全年落实农村五保供养资金606.1万元;各县(区)根据各自财力,不同程度提高供养标准,城关区农村五保供养标准年人均达到10000元,墨竹工卡县达到9720元,堆龙德庆县达到8000元,当雄县达到7320元;加大福利机构管理服务人员培训力度,40余人通过培训获得上岗资格,管理服务能力和水平得到大幅提升。

(吴洪军　德庆曲珍)

【其他救助】 年内,共救助流浪乞讨人员3556人,落实救助经费204万元;为2141名临时生活困难群众兑现临时救助资金138.2万元;为就读于区内外的217名特困学生兑现上年一次性教育资助金58.5万元;完成345名2013年度考入区内外高校特困学生的资格审核认定工作。流浪乞讨人员救助、临时救助、教育资助等救助制度全面落实。

(吴洪军　次仁朗杰)

救灾救济

【防灾减灾】 年内,市民政局建立市、县两级"防灾减灾委员会",建立健全全市、县、乡镇、村组四级应急响应机制,做到有组织机构、有应急预案、有应急队伍,建立健全工作责任制。同时建立涉灾部门的沟通合作机制,加强气象、地震、水利、农牧等部门密切配合,做好灾害信息通报工作,为防灾减灾工作提供决策参考。开展"5·12"防灾减灾一条街宣传活动,发放宣传资料6万余册。逐步推动"坚持自力更生为主、国家补助为辅、分级负责"救灾工作原则的执行力度和通过政府补助、部门支持、社会捐赠等多种渠道解决救灾工作方法。

(巴桑卓嘎　次拉姆)

【救灾救济】 年内,成功应对"3·29"墨竹工卡山体滑坡地质灾害、"7·27"林周县强降雨、山洪等自然灾害。调运救灾物资折款340.17万元,转移安置灾民46户359人,落实抚慰金6102.1万元。市级救灾基金中下拨200万元,衣被救助94套,折款2.87万元。同时,为四川庐山地震灾区接受社会捐助209.46万元,有力保障受灾群众的基本生活和灾后重建。全年,安排2013年冬春自然灾害救助补贴资金1140万元,为8650户31976人发放救济口粮119.5万公斤,折款618万元。

(巴桑卓嘎　次拉姆)

【救灾物资储备】 年内,全面启动市级救灾仓库,筹备各类救灾物资(设备)折款938.5万元,11月,达孜、当雄、尼木等7个县的救灾仓库建设全面启用,筹备各类救灾物资(设备)折款1534.8万元,应对大灾大害的能力普遍提升。

(巴桑卓嘎　次拉姆)

双拥优抚安置

【双拥创建】 年内,解决伤残军人、现役军人凭证免费乘坐市内公共汽车的问题。组织县(区)民政局、驻市部队及市直单位开展纪念延安双拥运动70周年征文活动,开设拉萨晚报征文专栏,市直单位、驻市部队共刊登征文30余篇。协调驻市部队完成爱国卫生月清洁活动及迎接创卫技术评估和雪顿节开展爱国卫生活动。6月22日,召开首届创建新一轮全国双拥模范城(县)工作新闻发布会。7月,顺利通过全国双拥工作考察调研组对拉萨市对开展新一轮全国双拥模范城(县)中期考评。8月1日市民政局被拉萨市国防动员委员会评为“国防动员建设先进单位”。完成清明节期间区市领导凭吊烈士活动及烈士陵园陵墓信息的统计工作。申请国家投资1641万元的拉萨烈士陵园改扩建工程2013年4月开工建设,截至年底,完成工程的70%,成立拉萨烈士陵园抢救保护领导小组办公室。

(仓 决 陈会利)

【拥军优属】 年内,“三大节日”“八一”建军节期间,走访慰问驻市部队、执勤点部队、基层部队23个、优抚对象44人、退伍老兵200人、军休人员468人,各项慰问活动经费计271.2万元。召开两次军休人员座谈会,为军休人员发放慰问金及粮油等物品价值74.88万元。由市委、市政府投资近1.4亿元新建的拉萨市民兵综合训练基地和国防教育指挥中心7月1日竣工。

(仓 决 陈会利)

【拥政爱民】 年内,驻市部队积极参加地方经济建设,为市民修理各种电器和农机600余台(件),打扫卫生出动500余人(次),清运垃圾100余吨,为群众6000余人(次)免费医疗,收治地方病人1万余人(次),医疗免费体检上千万元,参加各种抢险救灾近60余次,抢运各种物资100多吨。尤其是3月29日墨竹工卡县境内发生的特大山体滑坡自然灾害,驻市部队投入大量人力、物力,抢修公路、抢救受困人员,始终奋战在抢险救灾第一线,为抢险救灾做出贡献。

(仓 决 陈会利)

【优抚安置】 年内,兑现无军籍退休职工工龄补贴及西藏特殊津贴143万元。为64名符合条件的军队退休干部兑现独生子女父母退休奖励费19.2万元。全年落实军休人员各项经费近5000余万元。完成上年度23名退役士兵安置工作,为2名自谋职业退役士兵发放一次性自谋职业金14.8万元、为16名退役士兵发放待安置期间生活补助优待金8.32万元。落实优抚对象伤残抚恤金405万元。完成区市两级116名退役士兵职业技能培训工作及2013年夏秋季征兵工作。

(仓 决 陈会利)

【优抚信访】 年内,完善《关于处置无军籍退休职工群体性上访事件应急预案》,督促县(区)制定完成并上报2013年《关于处置优抚对象集体性上访应急预案》,形成全市优抚对象信访工作长效机制,确保优抚对象信访工作的常态化;兑现无军籍退休职工住房补贴资金70%。

(仓 决 陈会利)

【烈士陵园抢救保护】 年初,局及时成立烈士陵园抢救保护领导小组办公室,并积极争取1400万元资金用于烈士陵园改扩建。目前,已初步完成烈士纪念碑修缮、陵园广场改扩建以及园区道路、排水系统、照明等相关硬件配套设施建设。充分利用《西藏日报》《拉萨晚报》《西藏商报》、西藏新闻网等多家新闻媒体,对烈士陵园前期工作进展情况进行宣传报道。并通过自治区通信管理局向移动、电信、联通等手机用户发布对烈士陵园陈列布展的意见建议、烈士遗物和人物线索的征集短信。截至年底,共收到社会各界人士热线电话46次、意见建议11条、征集到烈士遗物5件,人物线索3条。

(仓 决 陈会利)

福利事业

【老龄事业】 年内,启动老年健康补贴提标工作,标准由上年的年人均300元、500元、800元提高到450元、750元、1200元,高出全区标准。全年共为236名80岁以上高龄老人发放健康补贴10.62万元。同时,举办新修订老年人权益保障法知识讲座,开展"九九"重阳节、"三大节日"等慰问活动。组建老年健身队、合唱队、舞蹈队,发挥老年人余热,开展文艺活动和社会活动。不定期举办老年人法律法规、健康知识讲座和全市性的老年运动会等活动,并举办拉萨市首届"金龙杯"十佳敬老爱老之星评选表彰活动。

(达尔瓦)

【儿童福利事业】 年内,先后出台《福利机构建设标准》《福利机构管理服务标准》《福利机构从业人员行为规范》等规范性文件,提升社会福利机构从业人员的服务水平和服务质量,促进拉萨市社会福利机构平稳运行和健康发展。年初,开展民办孤儿院清理整顿工作,依法取缔卡堆、扎西、德吉、曲珍、群增5所民办孤儿院,注销曲水南木保育院。同时全面启动拉萨市儿童福利院工作,集中收养孤儿155名,全市孤儿集中供养率55.9%。全年共为895名孤儿落实孤儿保障金811.44万元,为356名散居孤儿发放2012年捐资助9个月生活费共计135.54万元。

(高小丽)

基层政权和社区建设

【政权和社区建设】 年内,新建、改扩建8个街道公共服务办公楼,落实社区幼儿园5个,社区农村党员远程教育站点26个、社区卫生服务中心3个、"星光计划"6个、社区书屋13个、社区服务站40个以及"爱心互助超市"2家。社区公共服务大厅及"一站式"服务模式在全市逐步推开,集中供养和老年公寓相结合的养老模式逐步推行。逐步搭建起以社区党组织为核心、以居委会为主体、以群团组织为依托、以各类社会组织为纽带的党政群协商议事、协调推进的社区组织体系和联动建设格局。逐步建立起以最低生活保障制度为核心,以实物、医疗、就业、助学、养老、廉租房救助等配套措施为补充的社区救助制度,开展面向困难群体的多渠道服务。

(高小丽　次仁旺堆)

【区划地名】 年内,印发《保护拉萨地名文化实施意见》,并依照实施,最大限度地体现文化内涵、增加文化元素、传承文化特色、彰显文化底蕴。完成拉日铁路拉萨段7个站名和17个隧道的调查和命名工作及10438块门牌的安装工作;完成尼木县与仁布县、达孜县与林周县、墨竹工卡县与乃东县的行政区域界线联检工作。

(高小丽　次仁旺堆)

行政事务管理

【婚姻登记】 年初,市民政局根据全市婚姻登记情况进行预判,建立结婚登记高峰应急机制,加大婚姻登记预约比例,延长上下班时间,很好地应对2013年1月14日和5月1日、10月1日等重要节庆日的婚姻登记高峰。全年,全市各级民政部门婚姻登记机关依法办理婚姻登记6198对(结婚登记5746对、离婚登记452对)。

(高小丽　仓木啦)

【慈善事业】 9月,成立拉萨市慈善总会,为全市慈善事业发展奠定坚实基础,并继续深入推进"一张纸.献爱心"公益主题活动,得到全市广大市民的认可。收受废弃报纸、杂志等4.6吨,所得4800元,提高慈善事业的公信力。

(高小丽　仓木啦)

【社会组织管理】 年内,对社会团体和民办非企业单位工作开展、人员变动、资金收支等情况进行年检，并将社会组织的年检报告书单独建立档案。截至年底，全市社会团体共有31家，民办非企业单位6家。社会组织中有专职工作人员97名，兼职工作人员132名，所辖会员单位（个人会员）8531名。社会组织中有8家单独成立党组织，挂靠党组织20家（与业务主管单位一起），共有党员86名，所辖会员单位（个人会员）中党员约2700人，社会组织党组织覆盖率达72%。

（高小丽　仓木啦）

【收养登记】 年内，办理收养登记共有25例，其中送养18例、弃婴7例。

（高小丽　仓木啦）

【天葬台管理】 年初，印发《关于进一步加强天葬台管理的紧急通知》，上报《拉萨市天葬管理办法》立法文件。进一步加大天葬台的管理力度，确保西藏千百年来形成的丧葬习俗得以传承和延续。

（高小丽　仓木啦）

【福利彩票工作】 年内，共计收缴20台福利彩票销售机管理费36.8万元。

（高小丽　仓木啦）

项目建设

【民政项目建设】 年内，共落实民政项目84个，总投资约3.69亿元。已完工项目13个，投资2943.64万元；开工建设项目10个，投资11234.4万元；开展前期工作项目61个，投资22710.08万元；“双集中”供养项目稳步推进，除墨竹工卡县社会福利院和林周县社会福利院未完成前期工作外，其余“双集中”供养项目进展顺利；市老年护理院建设项目已开工建设。

（肖卫荣　王美泉）

【援藏项目建设】 年内，北京市民政局援助拉萨市项目2个，投资700万元；江苏省民政厅援助项目2个，投资800万元；江苏省苏州市民政局援助林周县项目4个，投资604万元；镇江市民政局援助达孜县项目1个，投资650万元；泰州市民政局援助曲水县项目1个，投资150万元。

（肖卫荣　王美泉）

残疾人事业

【概　况】 年内，拉萨市残联于2003年机构单设，建设为副县级机构，机关编制为10人。所属全额拨款事业单位分别为拉萨市残疾人康复服务中心和拉萨市残疾人就业服务中心，建制为正科级，编制分别为各3人。年内，拉萨市残疾人联合会把残疾人事业作为保障和改善民生的重要内容，纳入全市经济社会发展总体规划，积极实施推进残疾人事业发展、优惠扶持残疾人的一系列政策措施，使残疾人社会保障体系和服务体系建设扎实推进。制定出台《拉萨市残疾人事业发展“十二五”规划纲要》。按照“十二五”规划纲要规定的目标任务，努力进取、真抓实干、开拓创新，积极推进拉萨市残疾人事业又好又快发展，并取得显著成绩。

（格　桑）

【开展党员干部结对帮扶活动】 7月26日，拉萨市残联理事会组织全体党员干部深入夏萨苏社区结对帮扶困难残疾人家庭中，开展“宣讲党的惠民政策，奉献一片爱心”活动。

（格　桑）

【残疾人家庭无障碍改造项目挂牌仪式】 8月23日，拉萨市残联举办残疾人家庭无障碍改造项目挂牌仪式。仪式上，为残疾人家庭无障碍改造户代表发放“拉萨市残疾人家庭无障碍改造户”铜牌；为夏萨苏社区等8个村（居）发放“拉萨市残疾人家庭无障碍改造示范村”铜牌；为8个县（区）残联发放残疾人家庭无障碍改造项目资金。

（格　桑）

【开展惠及残疾人工作】 年内，落实农村贫困残疾人危房改造资金360000元，受益户数为60户；落实阳光家园计划资金600000元，受益1000人；落实残疾人全纳教育工作专项经费400000元，受益400人；

落实机动车燃油补贴163400元,受益430人;落实彩票公益金助学项目资金90000元,受益15人;落实无障碍改造资金105000元,受益30人;落实0~16岁残疾儿童康复补贴1944000元,受益810人。对拉萨市4350名特困残疾人按照每人每年600元的生活补助,共计落实资金261万元。

(格　桑)

【拉萨市残疾人联合会第六次代表大会】 年内,市残疾人联合会第六次代表大会召开。此次大会选举产生拉萨市残疾人联合会第六届主席团委员;推选第六届主席团名誉主席、副主席;选举产生第六届主席团主席、副主席;推选第六届主席团执行理事会理事长、副理事长、理事;推选拉萨市参加西藏自治区残疾人联合会第六次代表大会的代表。

(格　桑)

【残疾人维权工作】 年内,为保障残疾人的合法权益,设立拉萨市残疾人维权服务热线电话,做到残疾人来信来访件件有回复,事事有回音,年内,共计接待来访110次,累计办理残疾人证10751本。

(格　桑)

【开展创先争优强基础惠民活动】 年内,市残联驻夏萨苏社区第二批工作队为社区98户困难群众发放每人650元的慰问金,共计发放65800元,驻村工作队协调解决社区低保户曲旦的女儿巴桑助学经费3000元,为社区2013年考入大专院校的学子落实助学奖励资金9756元。驻村工作队落实6000元,解决社区居民群众实际困难,完成社区"曲巴岗"大院、"拉日康琼"大院的电气线路改造项目。为社区特困残疾人落实慰问金800元,为社区落实改善办公设施经费1万元;协调市民政局、市残联为社区解决办公设施经费2.46万元。协调自治区残联,组织夏萨苏社区6户重度特困残疾人家庭,参加自治区的集中慰问活动,发放慰问资金共计6000元;为社区特困肢体残疾人落实轮椅10辆,价值1.6万余元。开展"3·28"西藏百万农奴解放纪念日活动。开展社区纪念"3·28"大型宣传、展览、送医送药、感党恩文艺演出活动,落实活动经费5000余元。

(格　桑)

【职业技能培训】 年内,印发《2013年培训需求调查通知》,在以往唐卡绘画、唐卡缝制、哈达编制、卡垫编制、电脑操作、裁剪缝纫、盲人按摩、藏式房屋和家具彩绘、理发、烹饪、木工、雕刻13项培训项目、共培训166名残疾人的基础上,各县(区)上报16名有培训意愿的残疾人,根据其不同需求和能力提供培训。参加盲人按摩审批远程培训。根据西藏自治区残疾人联合会下发的《关于组织参加全国盲人按摩机构行政审批相关培训的通知》要求,组织中心和七县一区民政(残联)工作人员参加由中残联举办的"盲人按摩机构行政审批相关的远程培训"。组织城关、曲水和墨竹工卡3个试点县(区)的残疾人就业指导员、残疾人互助组成员和拉萨市残联残疾人就业服务中心的工作人员,开展5期"基层残疾人就业指导员业务培训";加强企业培训带就业工作。全年共推荐19名残疾人,其中6名实现稳定就业。加强盲人按摩技能培训工作。年内,推荐4名前往北京接受由中国残联提供的盲人医疗按摩培训。

(格　桑)

【残疾人教育工作】 年内,对康复服务中心转介的35名有教育和培训需求残疾人,根据其不同需求进行推荐。其中协助11名聋哑学生到拉萨市特校,有8名符合条件的已入学;2名转入县小学随班就读;有5名因自身原因无法入学;继续推动残疾人全纳教育工作。全市随班就读的残疾学生共有539名,8所示范学校中有128名,占全市随班就读残疾学生总数的23.7%。完成2013年随班就读残疾学生统计。全市在校生总数为102732人,其中随班就读的残疾学生539名,占全市学生总数的0.53%。已协调市教育(体育)局,近期将从全市教育经费中落实"2013年度残疾人全纳教育专项工作经费"53.9万元。招收残疾少儿乐队学员。组建"拉萨市残疾少儿乐队",通过政府采购配置钢琴、电子琴、手风琴、扎姆捏、扬琴、二胡等乐器。通过晚报、市电视台等媒介发布招生简章,并从藏大艺术系招募乐器培训志愿教师,免费为户籍在拉萨市、年龄6~10周岁、热爱音乐的重度肢体和视力残障少儿进行钢琴、电子琴、手风琴、扎姆捏、扬琴、二胡等乐器的培训。市区内共有22名6~10岁的残疾少儿报名开班。

(格　桑)

【开展残疾人康复服务】 截至年底,全市共有康复员26名,社区康复协调员(村书记、村妇女主任)168名,乡村医生康复指导员198名,家长志愿互助组26个,成员202名。加大社区康复服务站基础建设力度。年内,在原有的9个社区康复服务站的基础上,新建7个服务点。为全市17个康复服务站配备价值12万元的康复训练设备,配备康复训练器材近70余件,合人民币6万元。全年康复训练及家访服务达到

3024人次，其中肢体康复训练101人，智力康复训练35人，人工耳蜗植入3人，助听器验配7人，聋儿语训3人，唇腭裂手术18人，低视力验配440人，配镜484幅，配备轮椅24辆，拐杖38幅。

5月康复中心组织调研组深入拉萨市七县一区，走村串户，开展实施16岁以下残疾少儿康复需求调查、评估、分析，并提出切合残疾状况和康复需求实际，个性化的康复服务方案。此次筛选共计833人，分别占全市登记造册残疾人总数的7.6%，占16岁以下残疾少儿总数的70.3%。其中，可实施康复训练服务185人，需进行复筛的肢体矫治手术及辅助器具适配复筛146人、人工耳蜗植入复筛7人、助听器适配复筛40人、聋儿语训复筛6人、助视器适配复筛57人、唇腭裂手术复筛30人、白内障手术复筛6人，癫痫治疗转介68人，特校入学及职业培训转介34人。需进一步诊断36人。辅助器具筛查登记313人，其中轮椅223辆，拐杖66幅，助听器24幅。协调培训经费近12万元，开展各类培训约10期，培训人次数达到120人次。先后委派康复中心3名工作人员赴山西、重庆、河南等地参加智力康复、社区康复协调、社区康复研讨班等业务培训。组织康复服务中心3名统计员参加自治区残联举办的统计信息人员培训。

（格　桑）

【残疾人就业工作】　截至年底，全市112家党政机关、事业单位中在职职工总数为10981人，其中残疾职工86人，占在职职工总数的0.78%。112家单位中有19家达到残疾人就业安置比例，其余未达到安置比例的单位均缴纳就业保障金。全市61家企业单位中，在职职工总数为4884人，其中残疾职工49人，占在职职工总数的1.00%。这61家单位中有27家达到残疾人就业安置比例，25家已完成审核和征缴，6家已审核并下发收缴通知书，4家未报送资料。上年度各单位按比例安置残疾人就业新增45名，已完成其中42人的登记和认定。建立残疾人职业能力评估工作室。建立拉萨市残疾人职业能力评估工作室；切实做好扶持残疾人创业项目申请工作。年内通过可行性分析和实地查看，从县（区）报送的扶持创业项目中筛选6项进行帮扶。截至年底，有4项已获审批，到位资金41万元。有效地解决残疾人创业资金紧缺、创业成功率低的现实问题，年内，完成职业介绍209人/次，实名制求职登记43人，实现就业34名。

（格　桑）

区情县情

城　关　区

概　况

城关区位于西藏自治区中部偏东南的雅鲁藏布江支流拉萨河下游段南北两岸,东与达孜县接壤,南与山南地区贡嘎县和扎囊县毗邻,西与堆龙德庆县紧靠,北与林周县相依。城区面积58万平方千米,行政区域东西跨距28千米,南北跨距31千米。下辖4个乡、8个办事处、51个村(居)委会。辖区总人口44.2362万人,其中常住人口19.5283万人,流动人口24.7079万人,区属总人口5.5443万人。

2013年国民经济和社会发展

2013年,实现区属地区生产总值(GDP)65亿元,同比增长21.3%;一般公共财政收入6.1亿元,同比增长32.61%;区属社会固定资产投资54.65亿元,同比增长42.4%;社会消费品零售总额50.27亿元,同比增长45.3%;规模以上工业增加值755.6万元,同比增长31.4%;城镇居民可支配收入达到21363元,同比增长9.3%;农牧民人均纯收入11021元,同比增长16.3%;城镇登记失业率控制在2%以内,圆满完成十一届人大三次会议确定的各项目标任务。

第一产业完成0.9亿元,第二产业完成19亿元,第三产业完成45.1亿元,分别同比增长12.3%、20.5%、21.7%,三次产业比重从1.4：12：86.6调整为1.4：29.2：69.4。

经济建设

农村经济总收入6.3亿元,同比增长9.8%。整合资源和资金,制定城关区净土产业总体规划和具体实施方案,注资1亿元在全市率先成功注册城关区净土农业发展有限责任公司;扶持涉农合作社25家,涉农企业3家;扶持奶牛养殖户222户,养殖优质改良牛1110头,户均年增收15000~18000元;建设55栋高标准温室及高寒两用温棚,经营群众73户,户均年增收6000~7000元;争取农发扶贫项目30个,总投资4896万元,项目惠及8个乡(街道)、13个村(社区)、432户、1385人,年收入2300元以下的农牧民群众全部实现脱贫;新建农村人畜饮水点3处,解决2328人的饮水安全问题,实现农村人畜饮水覆盖率100%的目标。工业销售产值2.3亿元,同比增长23%;工业税收完成379万元,同比增长23%;工业固定资产中间投入完成1.1亿元,同比增长16%。

城乡建设和管理

开工建设涉及教育、文化、卫生、住房、清政府驻藏大臣衙门旧址和根敦群培纪念馆修缮工程、净土健康产业发展等民生领域项目119个,总投资19.6亿元。其中新建项目94个,投资17亿元,占87%;续建项目25个,投资2.6亿元,占13%;竣工交付使用的项目16个,占13.5%;未完工项目103个,占86.5%。特别是拉萨教育城、中国西藏文化旅游创意园区等全市性重大项目服务工作扎实推进。积极开展老城区保护工程协调服务工作,出资564万元对老城区内名胜古迹、危房大院和基础设施进行维修;完成21万平方米的45家公建单位的供暖供气工作;“安居保障工程”和“失地保业工程”稳步实施，稳慎推进棚户区改造前期工作；顺利完成老城区3031个摊位搬迁至八廓商城，进一步提升老城区城市品位。制定出台城关区招商引资奖励制度和促进企业发展扶持办法，采取“请进来、走出去”相结合的方式，洽谈项目39个，落实项目36个，协议资金29.9亿元，实际到位资金13.8亿元，同比增长49.2%。

旅游产业发展

年内，旅游业收入14.2亿元，同比增长14.2%，接待总人数550万人次，同比增长10.3%；服务业收入1.5亿元，同比增长19.4%；贸易业收入492万元，同比增长4.5%；民族手工业产值达到7549.7万元，同比增长3.4%。

科教文卫事业发展

本级财政向教育投入1.2亿元，占财政收入的25%；积极争取1.8亿元实施教育基础设施建设项目21个，完工7个，学校基础设施条件进一步改善；教育“三包”、城镇幼儿园定额补助、农村义务教育阶段学校营养改善计划等政策全面落实；发放城关区在校大学生奖励资助资金2156万元，惠及大学生4338人次；学校爱国主义教育和民族团结教育扎实开展，学前教育、义务教育、职业教育稳步发展；教育改革稳步推进，教师队伍综合素质不断提升，流动人口子女入学全部保障；校园内外安全措施不断完善。八廓街道等5个街道的综合文化活动站项目全部开工建设，公共文化设施免费开放，群众文化需求基本满足；开展“五下乡、四进社区”活动达40余场次，受益群众7万余人次；大力扶持业余文艺团体，娘热民间艺术团表演的传统藏戏片段荣获第十届中国艺术节戏剧类“群星奖”，城关区政府荣获“拉萨市文艺创作工作先进集体”；文物保护工作扎实开展，投入246.4万元修缮文物场所7处；文化市场和互联网宣传管理不断加强，文化产业蓬勃发展。报销721人住院费用310.3万元；兑现孕产妇住院分娩奖励资金36.2万元；为902名城镇居民办理医疗保险报销711万元；村医待遇提高到2300元/月；坚持经常开展健康教育和疾病预防工作，人口发展健康有序；建立和完善巡诊服务体系，启动实施7个社区医疗卫生服务中心，推行农牧民大病住院及住院分娩绿色通道制度和“先诊疗后结算”试点工作；认真开展居民药费审核、结算及门诊特殊病认定等；农牧区医疗管理个人筹资率100%；圆满完成47134名城关户籍群众免费健康体检和建立健康档案工作；全年无重大疫情、传染病和食品药品安全事故发生。

民生事业发展

新增城镇就业1036人，农牧民劳动力转移就业6138人次；“四业工程”实现群众现金增收1.8亿元；全面提高社会救助标准，发放城镇和农村低保金分别为4131.8万元、263.7万元；按500元/月落实失地群众生活保障金共计557万元；发放城镇低保户肉食补贴和寿星老人、五保供养、残疾人、分散寄养孤儿生活补贴766万元，五保、孤儿按意愿集中供养率达到100%；本级财政为60岁以上新农保和城镇居民养老保险在原有的基础上养老金每年增发480元和960元；寺庙僧尼养老、医保参保率达100%；医疗、生育、失业、工伤和新型农村、城镇居民、企业职工养老保险参保74039人，征缴基金5605万元；新型农村养老保险和城镇居民养老保险系统上线录入工作有序进行；超额、提前完成本年度116.3吨碘盐配送工作。

民主法治建设

严格履行“一岗双责”的工作责任，细化36个维稳责任片区工作任务，按照维稳工作奖惩机制落实维稳补贴，全面推进“双联户”工作，组建8225个联保单位、8225名联户代表、1085个居民小组、174个网格、36个维稳责任片区，发放“双联户”代表、居民小组长补助和新增公益性岗位等人员工资6135.4万元。联户代表坚持每天入户走访一次，形成户长日志10万余份，解决各类矛盾纠纷3120余次，帮助群众解决困难1200余次，建立经济联合、集体组织33个，受益群众7000余人，人均增收3243元，“双联户”工作模式成为反对分裂、促进发展、维护稳定的有力举措，荣获自治区“双联户创建工作先进区”称号。本级财政共投入资金2221.4万元用于寺庙建设，其中投入782.1万元用于寺庙基础设施建设；投入154.9万元用于配套寺庙办公设施；投入636.2万元用于寺庙维修；投入448.2万元用于寺庙温室、供水项目建设；投入200万元用于寺庙合署办公项目建设。全力为寺庙“六建”“六个一”“9+5”“创建平安寺庙”“两保一低”“联创联帮”和法制宣传主题教育活动提供坚强保障，全面提升广大僧尼爱国爱教、遵规守法的意识，夯实寺庙管理基石。妥善处置完成“7·27”“8·27”夺底乡泥石流抢险任务。社会管理综合治理成效显著，受理治安案件794起，查处717起，查处率90.3%；普法宣传300次，参与群众60000人次；建立健全民兵应急处突工作机制，国防力量进一步加强，出动民兵参与抢险救灾、治安巡逻等活动2400人次，发展保障能力不断提高;排查治理各类安全隐患700余处,对蔡公堂乡、纳金乡、夺底乡涉及的27处58个采石、采砂点全部禁采关停;完成辖区内13家企业职业病危害申报工作;落实县级领导信访包案制度,接待群众来访85批、446人,办结77批、436人,化解率90%。

自觉接受区人大、政协监督,密切联系工会、共青团、妇联、工商联等群团组织,广泛听取社会各界意见、建议。办理人大代表议案、建议、意见79件,政协提案27件;清理村(居)集体资金31.1亿元;清理资产10.5亿元;清理未开发经营性资源耕地459亩,林地327.2公顷,草地308.6公顷,荒山荒坡52.3公顷,水面2.5公顷;收到来信、来电、来访9件,已办结8件,正在办理1件。全面推行经济运行调度机制和并联审批制度,大力开展招商引资项目合同履约等"三项清查"活动。主动公开政务信息,制定出台优化《建设项目审批流程暂行办法》、推行投资项目审批代办制等制度,政府行政效能不断提高。认真落实"中央八项规定""自治区约法十章"、市委"八项要求"和区委五个方面的"十项规定",认真学习执行《党政机关厉行勤俭节约反对铺张浪费条例》,严格控制"三公"经费,全年公务接待费同比减少21.1%。

(张光明)

堆龙德庆县

概　况

全年实现地区生产总值21.96亿元,同比增长13.1%,公共财政预算收入3.86亿元,同比增长72.87%,完成全社会固定资产投资46.84亿元,同比增长35.1%,实现社会消费品零售总额4.58亿元,同比增长12.3%,农牧民人均纯收入8850元,同比增长17.1%。大力实施"产业强县"战略,着力在增强一产、二产、三产之间的互动性、协调性上下功夫。一产实现增加值1.45亿元,同比增长8.2%,二产实现增加值12.8亿元,同比增长29%,三产实现增加值5.81亿元,同比增长12%,产业比重从8:60:32调整为7:64:29,经济结构更加优化。

2013年国民经济和社会发展

全年落实中央、区、市各项强农惠农政策补贴2317.23万元,安排本级财政支农和设施农业配套资金900万元。全县粮、经、饲比例稳定在58:28:14。粮油总产2736.86万公斤,蔬菜产量0.71亿公斤。全县牲畜年末存栏总数10.36万头(只、匹),出栏率达到37.2%。春、秋季牲畜疫病防治免疫密度均达100%,全年未发生重大疫情。病虫害防治、测土配方等工作得以全面落实。

全年实施农牧、科技项目11个,总投资5838.49万元。实施岗德林设施农业、羊达设施农业、标准化生产与高产创建、青稞高标准农田建设、藏红花规模高效种植技术研究与示范等一批辐射作用强、带动作用明显的项目。注重发挥古荣朗孜糌粑等龙头企业在调整产业结构、延伸产业链条、提高经济效益等方面的引领促进作用。大力推广"支部+合作社+农户""能人+合作社+农户"的农牧民专业合作组织模式,全县农牧民专业合作社达到38家。全年农牧民劳务输出7166人次,总收入6416.4万元,其中通过"四业工程"向全市重点建设项目推荐就业5347人,实现收入4700余万元。组织开展实施标准化栽培技术、设施农业生产技术、农机维修等农牧民实用技术培训班11期,培训人数达6188人。县委县政府高度重视"三农"工作,成立净土健康产业发展领导小组,注册3000万元成立堆龙净土生态农业发展有限公司,为发展净土健康产业奠定基础。

工业

工业体系不断完善,全年完成工业总产值21.8亿元,同比增长62.9%,完成工业销售产值21.63亿元,同比增长62.02%,完成规模以上工业增加值5.2亿元,同比增长35.6%,实现工业税收3.1亿元,同比增长79.19%,完成工业总投入7.59亿元,同比增长41.67%。园区设施不断完善,承载能力进一步增强。投资6879.56万元,完成自来水厂、管委会周转房、鹤翔路市政工程、110千伏变电站等一批基础设施建设项目,落实援藏产业发展专项资金500万元。招商引资成效显著,全年引进项目28个,总投资20.9亿元,实际到位资金9.6亿元,同比增长48.5%。以"中国光彩事业西藏行活动"为依托,上报、推荐项目15个,涉及资金115.8亿元,签约项目9个,涉及资金19.6亿元,经济发展后劲进一步增强。品牌效应进一步显现,西藏藏泉酒业有限公司被中华全国总工会授予“全国模范职工之家”、自治区AAA级质量信用单位等荣誉称号,并获得国家知识产权总局认证的11项产品外包装专利。拉萨山泉饮料有限公司、拉萨吉祥啤酒有限公司等5家企业通过国家质量管理体系、食品安全管理体系认证。“珠穆拉瑞”“神水藏药”荣获西藏自治区第七批著名商标,青达陶瓷有限公司、拉萨山泉饮料有限公司被市委、市政府评为全市工业经济发展先进企业,产生良好的品牌效应。

旅游服务业

全年接待国内外游客56.65万人次,同比增长23%,实现旅游收入1800万元,同比增长24%。进一步加大旅游宣传推介力度,桑木民俗村被评为“全国休闲农业与乡村旅游示范点”,进一步推进民族特色浓郁、文化主题鲜明的旅游景区开发,“世界首家青稞文化苑”和“藏医始祖宇妥·云丹贡布纪念馆”项目规划设计方案有序推进,为进一步发展堆龙德庆县旅游业奠定基础。依托青藏铁路拉萨货运站,紧紧抓住拉萨市物流园区落户堆龙德庆县的机遇,成立龙达物流建设管理有限公司,全力抓好仓储、物流集散、商贸信息发展。扎实推进“万村千乡”市场工程,全年完成112家农超对接,农家店覆盖率达100%,切实做到将农家店从交通便利、人口相对集中的中心区域向交通困难、人口稀少的偏远地区延伸。

项目建设

抓住交通、水利、市政设施等薄弱环节,以完善城镇功能、改善人居环境为重点,大力推进城乡一体化进程,城镇化率达45.28%,同比增长2.18%。

项目建设扎实推进。完成全社会固定资产投资47.25亿元,国家投资、招商引资、民间投资比重为53:35:12。实施基本建设项目176个,完成投资41.1亿元。本级财政为11个重点项目配套建设资金5660.81万元,建成经开区B区乃琼村824户群众搬迁安置工程,实现建成全区一流农牧民安居小区的目标。完成8座寺庙管委会综合业务用房及楚布寺管委会基础设施等项目。109国道县城段二期工程全面完工,县城“三横三纵”道路框架进一步完善,市政道路实现绿化、美化、亮化,城区品味和形象大幅提升。乡村道路硬化、旅游景点公厕等一批公共服务设施落实到位,县域公共服务功能进一步完善。

新农村建设

投资5490万元完成德庆乡邱桑村、马乡朗巴村、羊达乡邦古村等11个行政村通油工程,实现农村公路的通达通畅。落实资金100余万元,开通农村客运班线。不断加大人居环境整治建设和环境综合治理力度,投入1132.8万元实施203户安居工程建设,投入2389.08万元完成8个自然村人居环境整治、古荣乡楚布沟321户民房统一整治、围墙美化、院墙改造等工作。投入1957.05万元,较2012年增加500余万元,完成涉及水利、道路、桥梁等群众生产生活急需的为民办实事项目51个,有效解决群众生产生活中的难题。项目扶贫工作扎实开展,全年落实扶贫项目12个,总投资1036万元,扶持贫困户786户,户均增收3200元。本级财政为驻村工作投入230万元工作经费,保障强基础惠民生工作的顺利开展。

社会事业

县委县政府出台《关于进一步加强民生工作的决定》,从教育、医疗、就业、失地农民等8个方面完善保障体系。本级财政投入民生领域资金达2.78亿元,占全年公共财政收入的72%。

教育事业健康发展。坚持教育优先发展,全面推动教育改革,有效整合各类资源,投资1.17亿元实施25个教改项目,新建各类教学及辅助用房总面积4.35万平方米。新增体育运动场馆面积1.4万平方米,办学条件得到有效改善。教育教学质量不断提高,生均教学仪器设备:小学达到1485元,初中达到928元;每百名学生拥有计算机:小学达到13台,初中达到12台;生均图书数:小学达到16册,初中达到27册。全年选派教师103人赴区、市和内地培训,师资队伍建设和师德师风建设进一步加强。扎实做好“三包”和“营养改善计划”工作,落实义务教育“三包”经费1200余万元。“两基”成果得到进一步巩固,全县幼儿园在园人数1573人,学前一年入园率90.04%,学前两年入园率83.77%,学前三年入园率97.36%。小学在校生4008人,毛入学率112.02%,巩固率99.76%。初中在校生1563人,毛入学率109.5%,巩固率96.73%。2013年,全县小学毕业生录入内地西藏初中班39人,初中毕业生录入内地西藏高中班45人、录入区内重点高中72人,录取人数和录取比例位居七县之首。

文化事业繁荣进步。投资388万元的4个乡镇综合文化站已全部开工建设,建成3个卫星数字农家书屋。投资484.37万元的县新华书店、县民间艺术团综合楼工程已完成招投标。落实“村村通”广播电视单收站18座,收转站25座,有线电视网4座,电视村锅站8座,有线闭路用户700余户,2013年新增落实“户户通”广播电视工程建设项目650户,完成全县53座宗教活动场所494间僧舍和53间集体活动场所的广播电视“舍舍通”安装、调试工作,全县电视覆盖率达99%,广播覆盖率达98%。以“三下乡”活动为契机,组织全县藏戏队、民间艺术团及非物质文化遗产项目传承人参加全国、区、市文艺汇演等,充分展现具有堆龙特色的优秀民族文化独特魅力。尤其是县民间艺术团演员参加大型实景历史剧《文成公主》的演出,为宣传西藏,推动拉萨文化旅游产业发展做出积极贡献。

公共卫生服务持续改善。扎实推进卫生事业发展,继续完善医疗救助体系。全年投入资金2289.94万元,建成县卫生服务中心和县急救中心并投入使用。组织培训47名基层医务工作者,进一步提高我县医护人员专业技能。农牧区“新农村合作医疗”参保率达到100 %。孕产妇和婴儿、特殊人群绿色通道、“先诊疗、后结算”工作有序开展,进一步改善农牧民群众就医条件。投入180万元完成46212人和410名僧尼体检工作,体检率分别为98.83%和99%。开展育龄妇女“两癌”筛查及救助工作,发放救助金35万元。投入40余万元,支持藏医事业发展,推进藏医药特色专科建设。

社会保障

年内,堆龙德庆县在拉萨市城镇低保户补贴标准的基础上每人每月再补贴120元,并将低保家庭子女纳入教育救助范围,在校期间每人每年救助5000元。将五保户集中供养标准从4320元提高到8000元。再次提高老年人健康补贴及残疾人生活补贴标准,全年兑现老年人健康补贴70.57万元,残疾人生活补贴170.76万元。发放城镇低保金235.12万元,发放农村低保金216.68万元,兑现城乡低保一次性价格联动补贴228.40万元,兑现临时救助资金和城乡低保户补贴220.69万元。全县五保意愿集中供养率达到100%,实施100%的医疗救助。兑现孤儿生活补贴73.58万元。落实救灾资金65.49万元。积极推广医疗救助“一站式”即时结算工作,为城乡低保户、五保户、特殊人群、孕产妇、新生婴儿及时入院治疗提供医疗保障,有效保障弱势群体的权益。完成62套廉租房、92套公租房建设,城镇低收入人群居住条件不断改善。

生态环境保护

全年受理审批权限内建设项目132个。开展违法排污企业专项检查30余次,从源头上遏制污染。加强涉矿企业环境监管,对县域内存在环境问题的6家企业实施挂牌督办限期整改。研究出台《堆龙德庆县创建国家环保模范城市实施方案》,积极配合拉萨市开展“创模”各项工作。草原生态保护有序推进,草畜矛盾进一步缓解。全年完成造林绿化3.48万亩,成活率达到90%。投入108.1万元,加强雅鲁藏布江流域和拉萨河流域36万亩重点公益林区的管护工作。

公共安全

做好常态下和非常态下维护社会稳定的各项工作,先后制定《堆龙德庆县公安局突发事件处置工作预案》《堆龙德庆县宗教领域突发事件应急处置预案》《堆龙德庆县维稳力量重心下移进一步夯实维稳根基工作实施方案》等80多项工作预案、方案。政法系统干警、派出所、便民警务站24小时采取车巡和步巡、流动巡逻和定点驻守方式,并在各乡(镇)、各村设立“社情民意联络员”等群防群治组织,在机关、学校、医院、驻县各企事业单位成立“四护队”,进行24小时巡逻。充分发挥“县、乡、村、组”四级人民调处机制作用,全年调处各类民间纠纷119件,调解成功119件,调解成功率达100%,涉及资金1.95亿元,未发生民转刑案件,有效地化解各类纠纷。开展出租房屋和实有人口服务管理工作,登记常住流动人口13738人,办理暂住证13738人,办证率100%,登记出租房屋1024间,与出租房屋业主签订责任书1024份,实现社会面持续稳定,荣获“拉萨市2013年度维护社会稳定争先进位先进县”荣誉称号。

全年开展安全生产专项检查300余次,排除安全生产隐患150余处,全县安全生产形势持续向好。大力支持消防工作,强化易燃易爆物品排查,消除火患,专项治理行动效果明显,荣获“自治区油气领域消防安全专项整治行动先进集体”荣誉称号。食品药品监管工作力度进一步加大,全年未发生任何食品药品安全事故,荣获“全国食品安全示范县”荣誉称号。全年铁路护路工作投入人力3万余人次,车辆1814台次,巡线里程16.73万千米,排除安全隐患25次,排查可疑人员32人,排查可疑车辆160辆,发现防护栏安全隐患58处,制止牲畜上道18次,保障青藏铁路堆龙段运营安全。

在积极完善寺庙“六建”“六个一”“9+5”活动的基础上,稳步推进“联创联帮”工作,确定“联创联帮”小组84个,进一步加强寺庙管理工作。扎实推进“联户平安、联户增收”工作,在92个网格的基础上,划分1364个联户单位,民主推选1364名联户代表,并与

"1 +6 + X"的网格工作力量进行对接,切实做到全参与、全覆盖。东嘎镇在全区"先进双联户"创建评选活动中荣获"先进集体",两个联户单位荣获"先进双联户"荣誉称号。国防动员工作成效显著,荣获"2013年度自治区国防动员工作先进县",双拥成果进一步巩固。

民主法制建设

县政府在做好经济社会发展的同时,大力加强政府自身建设。自觉接受县人大法律监督和县政协民主监督,全年办理人大代表建议 113 件、政协提案 72 件,答复率 100%。建立健全政府工作规则和政府会议议事规则,推进政务、村务、财务三公开,确保群众真正享有民主自治权利。加强调查研究,注重决策的科学化、民主化、规范化。加大督查力度,强化执行力,确保政令畅通。严格执行中央"八项规定"、区党委"约法十章"和"九项要求","三公"经费支出较 2012 年下降 25%,以实际行动树立人民政府的良好形象。广大干部职工下沉基层、驻村驻寺、服务群众,进一步密切干群关系。

（赵建科）

墨竹工卡县

概　况

墨竹工卡县位于西藏中部、拉萨河中上游,地理坐标为北纬 29°8′、东经 91°77′。东与林芝地区工布江达县相邻,西靠拉萨市达孜、林周两县,北连那曲地区嘉黎县,南接山南地区乃东县,交通区位优势较为明显,川藏公路(318 国道)横穿而过。县域面积 5492 平方千米,人口 5 万余人,平均海拔 4200 米以上,辖 7 乡 1 镇 40 个行政村。墨竹工卡县素有"天边之乡"的美誉,野生动植物资源有黑颈鹤、斑头雁、虫草、雪莲花、红景天等,矿产资源有铜、铅、锌、金、钼、大理石等。境内名胜古迹众多,旅游资源得天德厚,距今 850 多年历史的直孔替寺闻名国内外,具祛病美容效用的日多温泉、德仲温泉和有财神湖之称的思金拉错等自然景观独具魅力,直孔水磨糌粑、斯布牦牛等农畜产品驰名区内外,以松赞拉康、松赞干布纪念馆、霍尔康庄园、甲桑古道徒步为重点的藏王松赞干布出生地甲玛景区已完成松赞干布纪念馆建设并于 2010 年 8 月底对游客开放。

2013 年,墨竹工卡县大力实施"稳定发展农牧业、整合开发矿产业、大力发展旅游业"战略,产业结构进一步优化,经济总量明显提升。全县地区生产总值完成 18.89 亿元,同比增长 14.2%,其中第一产实现增加值 2.13 元,同比增长 4.2%,第二产实现增加值 14.9 亿元,同比增长 17.8%,三产实现增加值 1.86 亿元,同比增长 10%,三次产业结构调整为 11: 79: 10。税收实现 3.85 亿元,同比增长 28%;一般预算收入完成 2.3 亿元,同比增长 58.31%;农牧民人均纯收入达到 8188 元,同比增长 18.5%;社会消费品零售总额达到 1.6 亿元,同比增长 15.9%。人口自然增长率稳控在 12.9‰,城镇登记失业率控制在 2% 以内。

2013 年国民经济和社会发展

经济发展

年内,新建扎西岗乡加尔多村等七处排洪沟,建成唐加乡冲尼村提灌站,完成墨达灌区第四期田间工程,农牧业防抗灾体系更加完善,动植物疫病防治工作扎实开展,农区机械化综合水平达到 88% 以上。全年粮食产量 2.42 万吨,牲畜存栏 21.34 万头(只、匹),出栏率达 30% 以上;蔬菜产量 0.3 万吨,肉、奶、蛋产量 12.16 万吨。虫草采集总量达 595.1 公斤,实现收入 1.01 亿元。成立县净土健康产业领导小组专题研究分析净土健康产业,科学论证、制定规划,并组建净土健康产业发展有限公司。建成 35 栋高效日光温室,科技特派员达到 86 名,专合组织达到 40 个,斑头雁、藏鸡养殖规模分别达到 1 万只、3 万只,藏青杨育苗基地、藏药材种植基地分别达 1900 亩、35 亩。

推进工业持续健康发展。华泰龙二期、巨龙矿区矿山道路、隧道以及天仁矿区矿山道路、排洪沟等项目全面开工,农畜产品深加工企业——天牧庄园基本建成,藏药材研发企业——科菲药业实现利税。全县工业投入完成 48.03 亿元,同比增长 129%;实现工业销售产值 14.37 亿元,同比增长 37%;实现工业增加值 10.62 亿元,同比增长 74.96%;完成工业税收 3.526 亿元,同比增长 60%。涉矿企业吸纳农牧民用工 853 人。

由南京市水晶石科技有限公司帮助制作《墨竹印象》宣传片;投资3700万元建设的甲玛景区霍尔康庄园项目已竣工,投资240万元建设的直孔梯寺配套设施已完成工程的80%,嘎则寺、达普天文历算观测台、雪绒藏布等景点规划设计加快推进。申报甲玛景区AAAA级、斯布班禅牧场AAA级、达普天文历算台AA级取得阶段性进展,待自治区审批。全年接待游客70.14万人次,同比增长23%;实现收入1432.4万元,同比增长27.8%。旅游从业人员达到2785人。

城乡一体化

坚持规划先行,完成县城总体规划修编和七个乡集镇规划编制工作,在西藏各县率先实现规划全覆盖。扎实推进基础设施建设,同时,强化招商引资措施,成功签约久联民爆、凤形耐磨材料、唐加乡光伏电站3个项目。全年实施各类项目197个,完成全社会固定资产投资54.95亿元,同比增长51%;落实援藏资金4650万元,落实招商引资资金47.25亿元,同比增长58.3%。新区综合办公用房完成主体建设,新区自来水厂、县人社大楼投入使用,嘎则大桥建成通车,华泰龙嘎则新区总部基地基本建成,巨龙搬迁新村建设稳步推进,章达村76户群众已搬入安置新村,建成100套公租房和72套县乡级周转房,乡镇业务综合楼投入使用,扎雪乡龙珠岗村等13个人居环境综合整治点面貌焕然一新,门巴乡巴尔卡等11条乡村公路顺利竣工。全县公路里程累计达到653.62千米,乡镇、行政村通油率分别达100%、65%;安全饮水行政村普及率、人口普及率达100%,电力覆盖率达99%,乡镇通邮率达100%;城镇化人口达到23586余人,城镇化率达到40.6%。

教育　卫生　事业

继续保持本级财政25%比例投入教育,2013年共投入5772.75万元,实施10所学校改扩建项目,新建4所乡级、21所村级幼儿园。另划拨经费352.92万元用于资助墨竹籍大学生及购买学校生活用车,援藏投入3890万元用于基建项目、学校设备购置及资助特困大学生。小升初考上内地班29人,增加10人;中考升学率99.02%,提高2.42个百分点。

投入2043万元建成县医院改扩建项目,投入145.5万元为乡卫生院配备B超机等医疗设备,援藏投入150万元建成县医院放射科、投入200万元实施全县医技改造提升工程;投入300万元成立爱心大病救助基金,为开展"先诊疗、后结算"工作提供资金保障,10名大病患者、71名普通患者受益。免费救治先心病儿童14例,全民体检实现全覆盖。

民生建设

兑现城乡低保、一次性生活补贴、优抚金、抚恤金、慰问金及医疗救助、孤儿救助等资金1100余万元,支出救灾资金200余万元,五保供养县级补贴月人均由162元提高至450元并实现全覆盖。五大社会保险扩面581人,除工伤保险外参保率均达到100%。"四业工程"稳步推进,全年组织农牧民培训3015人,劳动力转移4389人,促进增收1.96亿元。投入2579.6万元实施农发扶贫项目24个,帮助3920人脱贫。有效应对"3·29"山体滑坡自然灾害,完成斯布村多嘎组集中搬迁。

民主法治

大力开展发展环境"六个专项"治理活动,建成一站式政务服务中心和文件交换站。不断完善政府门户网,主动公开政务信息。主动接受人大和政协监督,办理人大代表、政协委员建议、提案共145件,办复率达到100%。严格执行政府统一采购制度和招投标制度,政府集中采购37项,总金额1281.1万元、节约资金24.7万元。严格执行反腐倡廉及中央、区市加强作风建设各项要求,"三公经费"支出下降12.6%。强化责任分工和绩效考核,加强工作督导检查,确保各项工作部署落到实处。

完成5个乡级文化活动站和甲玛兵器博物馆主体建设,完成唐加寺尼玛拉康抢修工作,组建县艺术团,建成120个村(小组)广播站,直孔噶举金锦宝串唐卡成功申报吉尼斯世界纪录。推进全民健身运动,成功举办首届全民运动会,参与干群近千人。农村电影放映运行良好,共放映电影1997场,观影人数达17万余人次;广播电视人口综合覆盖率达98.9%。妇女儿童、国防动员、通信、金融、气象、工商等各项工作均取得新成绩。

生态文明建设

大力实施绿化工程,国家生态效益补偿基金项目、退耕还林项目扎实推进,征占用林地审批、森林资源二类调查、森林防火工作全面开展,草原生态补助奖励机制有效建立,城乡环境综合整治有序推进。全年完成植树造林5854亩,造林成活率达到85%以上;兑现退耕还林政策资金、森林生态效益补偿资金2136万元,兑现2012年草原生态补助奖励资金共1083万元;全县森林覆盖率达35%,居拉萨各县(区)之首。年内4家环保专项挂牌督办企业已全部整改完毕,5家矿山企业完成标准化建设。自治区级生态村创建成效显著,日多乡拉龙村生态村创建已通过自治区初验,国家级生态文明县创建工作全面启动。

社会稳定

党政军警民联防联动、领导维稳分包、情报信息分析研判、维稳督查及应急处突机制实现常态化,重点领域部位管控实现无盲区,人员管理服务实现全覆盖,确保全年"三无""三不出"。"双联户"工作成效明显,757 个联户单位、757 名联户代表全部落实,农牧民群众实现全覆盖;同时,实现"双联户"服务管理与"1 +5 + X"的网格工作平台对接,进一步完善县乡村组四级网格体系。建成"人民调解、司法调解、行政调解"三位一体的矛盾纠纷排查调处体系,广大群众合法利益、合理诉求得到有效保障。寺庙"六建""六个一"全面完成,"九有""九 + 五 + 二"实现全覆盖,寺庙和谐创建活动继续推进,区市县全年共表彰和谐模范寺庙 31 座、爱国守法僧尼 1260 人次、优秀驻寺干部 86 名、优秀寺管会 13 个。

自身建设

组织 52 名干部参加上级组织培训,2200 余人次参与"每月一课"培训,选派 5 名干部、3 名技术人员赴南京挂职、2 人赴企业挂职,组织 53 名科级干部赴南京参观学习,提高干部职工的工作能力和水平。全县 26 名县级干部、179 名科级干部参与,帮助群众办实事好事 385 件,协调项目 6 个、涉及资金 114 万元,落实帮扶资金 97 万元。

提高基层工作人员待遇,乡村医生县级补贴提高至 800 元、达到 1200 元,乡村兽医月人均提高 450 元/400 元、达到 850 元/800 元,村两委正职补贴每人每年 20150 元、副职年人均 16100 元、委员年人均 12060 元,并为全县符合条件的乡村医生、财政供养临时工、聘用干部和村两委班子(正职)购买养老保险,解决他们的后顾之忧。深入开展创先争优强基惠民活动,为每乡(镇)增加 200 余万元办实事专项经费;各驻村工作队争取交通、水利、能源等项目 141 个、涉及资金 8455.5 万元,其中县各相关行业部门解决各类项目 56 个、涉及资金 2411.9 万元,进一步密切党群干群关系,深受群众赞誉。

(王小芬)

当　雄　县

概　况

当雄县属西藏拉萨市纯牧业县,位于西藏自治区中部,藏南与藏北的交界地带,拉萨市北部,距拉萨市 170 千米。地理坐标为北纬 29°31′~31°04′,东经 90°45′~91°31′。北部与班戈县、那曲县接壤,南与林周县、堆龙德庆县交界,东部一隅与嘉黎相连,西南与尼木县毗邻,青藏公路(国道 109 线)由东向西横贯全境。东北至西南长 185 千米,西北至东南狭窄,宽约 65 千米,其中最窄处约 34 千米。2013 年,全县下辖 6 个乡 2 个镇,28 个行政村。县中学 1 所,在校生 2083 人,小学 9 所,在校生 4929 人,县中心幼儿园 1 所,乡级文化站 7 所、村级文化室 28 所,文艺演出团体 1 所。县医院 1 所,防疫站 1 所,乡(镇)卫生院 7 所。2012 年,全县总户数 12276 户,总人口 52819 人,其中牧业人口 45612 人,城镇人口 7207 人(在职干部职工 1871 人)。全县天然草场总面积 69.31 万公顷,林地面积 6661.20 公顷,年鲜草可利用量为 6.26 万吨。牲畜年末存栏 35.09 万头(只、匹),比上年下降 15.13%;仔畜成活数 11.72 万头(只、匹),比上年增长 1.34%;成畜死亡数 973 头(只、匹),比上年下降 59%;出栏数 20.91 万头(只、匹),比上年下降 13.64%;肉产量 8456.21 吨,比上年增长 2.36%;奶产量 1773.12 吨,比上年下降 60.17%。

2013 年国民经济和社会发展

主要经济指标

2013 年全县实现地区生产总值 9.1 亿元,同比增长 12.1%。公共财政预算收入 1.92 亿元,同比增长 57.96%。全社会固定资产投资完成 15.05 亿元,同比增长 44.6%。社会消费品零售总额达 0.68 亿元,同比增长 17.2%。城镇居民人均可支配收入 14918 元,同比增长 11%。农牧民人均纯收入达到 9078 元,同比增长 17.6%。城镇登记失业率控制在 1.75% 以内。

畜牧业

总投资 1885.7 万元,建成高寒两用温棚 153 栋、为全县 264 户牧民发放农机具 275 台(套)、建设纳木湖乡政府防抗灾物资储备库,实施完成当雄县牦牛短期育肥项目、冻精站牦牛选育场、草原监理站业务用房、格达乡格达村种牛引进等项目。兑现2012年草补资金3567.35万元。培育牧民专业合作组织34家,累计注册资金3265.61万元,直接参与人员4210人。投入70万元强化疫情防控工作,有效控制龙仁乡、羊八井镇和公塘乡的牲畜疫情蔓延,确保全县畜牧业健康、可持续发展。

旅游业

成功举办第八届纳木错国际旅游徒步大会和国际登山大会。加快实施纳木错景区生态保护升级项目。投入50.15万元,成立旅游沿线环卫队5个,配备专职清洁工20名,购买清洁车5辆,有效解决旅游沿线和旅游景区"脏、乱、差"的问题。成立纳木错景区整治非法旅游客运车辆领导小组,查处非法旅游客运车154辆。完成扎西岛107户个体商户房屋的测量、统计、造册工作,拆除违规建筑24个,落实拆迁补贴12万元。全年接待国内外游客50万人次,实现门票收入5437万元。

招商引资工作

"5100"矿泉水在第十届世界瓶装水大会上,荣获世界最佳矿泉水奖,标志着"5100"西藏冰川矿泉水得到国际行业的认可,在拉动县域经济增长中发挥着主导作用。总投资5.5亿元的羊八井蓝天温泉度假村前期已投入2.8亿元,项目建设取得实质性进展。全年共招商合同项目17个(新建7个、续建10个),协议资金达33.93亿元,实际到位资金8.79亿元,同比增长49.37%。

民生事业

为8个乡(镇)投入资金800万元,办理一批关系群众切身利益的民生实事。投入1506.39万元,新建大口井171处、管引9处、机井21处,维修机井16处、管引26处,解决3579户、2.34万人的安全饮水问题。建立"先治疗、后结算"住院绿色通道,对转院至上一级医院的患者无偿给予2000元的住院押金。对55名赴内地治疗先心病儿童给予5.5万元的生活补助。投入资金182.48万元,资助全县601名区内外就读大学生。为全县24名老支部书记解决32.3万元,改善他们的生产生活及居住条件。开展基层调研,梳理群众意见建议360条,已落实解决280条。干群结对1372对,慰问帮扶贫困群众5600余人次,县级干部深入基层695次,办实事147件,新分配的67名事业编制人员全部派遣到边远乡(镇),为全面开展党的群众路线教育实践活动奠定基础。

和谐当雄

全面落实自治区维稳十项措施。投入维稳资金2300余万元,进一步巩固反分裂斗争前沿阵地。巩固实施寺庙"六建""六个一""9+5"和寺庙人居环境整治工程。投入1254万元用于寺管会业务用房和附属工程等利寺惠僧实事。县域189名在编僧尼全部享受养老保险、医疗保险、最低生活保障和免费健康体检。加快推动"护城河"公安检查站、便民警务站、乡(镇)司法所的基础设施建设。投入75万元,完成县乡村三级"先进双联户"评选表彰活动,当雄县先后被评选为区市级"先进双联户"县。受理化解来访案件23件94人次,成功率100%。化解草场纠纷8件,成功率100%。在宁中乡开展"四同"工作以来,配套各类帮扶解困项目资金219.49万元,为409户困难群众发放25.63万元的慰问金。投入270.73万元用于解决护路队员生产生活用品、提高护路队员工资待遇及老队员一次性困难补助等,全年共出动护路联防队员24.3万人次,累计巡线里程达39万千米,确保青藏铁路当雄段的安全畅通。投入201.76万元购买应急民兵战备物资、组建民兵双拥施工队、建设人武部新营房等。军政军民团结,投入57万元补偿格达乡部分群众的草场损失,安抚群众情绪,军演期间未出现任何军地纠纷,为更加维护国家安全提供强有力的保障。工矿、商贸领域继续保持"无事故、零死亡"的良性发展态势。

(央金卓嘎)

达　孜　县

概　况

年内，全县完成地区生产总值9.04亿元，同比增长12.8%；完成公共财政预算收入1.015亿元，同比增长84.14%；完成全社会固定资产投资13.42亿元，同比增长48.3%；完成税收收入2.2亿元，同比增长56.9%；实现社会消费品零售总额0.88亿元，同比增长14.3%；实现工业销售收入29.31亿元，同比增长96.9%；实现工业增加值9.66亿元，同比增长96.8%；实现农牧民人均纯收入7798元，同比增长15.5%。在拉萨市2013年县域经济发展争先进位考核中，获得进位突出县(区)荣誉称号。

2013年国民经济和社会发展

农牧业

全县扎实推进“三农”工作，农牧民增收基础不断夯实。全年并落实涉农资金3989万元，实施各类涉农项目9个。全面发展现代农业，不断加快农牧业产业化进程。着力推进农业科技示范园建设，建成园区温室1108栋，投资274.5万元，完善园区基础设施；全面提高农业科技含量，不断加大农业技术推广力度，实施藏青320二级种子田建设4000亩，良种覆盖率达到75%以上，开展高产创建标准化种植4万亩，测土配方1.6万吨，落实农作物播种面积6.9万亩，实现粮食作物产量2401.53万公斤，经济作物产量0.17万公斤，饲草作物产量0.07万公斤；全面开展农发扶贫工作，全年争取农发扶贫项目30个，项目总投资达3343万元，编制完成《达孜县产业扶贫规划(2013—2020年)》，不断规范农牧民专业合作组织，新发展各类农牧民专业合作组织35家，全县农牧民专业合作组织累计注册资金4791.24万元，吸纳社员1541人，辐射带动农户3445户，增收969.5万元；加快推进净土健康产业发展，完成《2014—2020年达孜县净土健康产业发展规划》《2014年达孜县现代化奶牛养殖基地项目设计方案》《达孜县净土健康产业发展项目进度、负责人任务分解表》的编制工作，成立达孜县净土产业投资开发有限公司，注册资金1.5亿元。

生态环境建设

年内，全县积极响应拉萨市“创模”工作，结合达孜县实际，重点加强对318国道、主要街道以及乡村道路的环境整治工作。在主要交通干线、河道、旅游重点路线设立环境保护警示牌11块。重点建设生态工程，完成重点区域生态公益林建设、防沙治沙工程造林、防护林工程造林45430亩，项目总投资1199.36万元，落实森林生态效益补偿基金147万元。德庆镇德庆村、白纳村和塔杰乡巴嘎雪村成功创建为自治区级生态村。严格执行“环境影响评价制度”和“三同时”制度，对县城生活污水净化、重点工业企业污染物排放、危险废物依法安全处置、环境保护能力建设等四项达标指标进行建档，筑牢生态安全屏障。

招商引资

全县围绕园区产业布局，加大招商引资力度，吸引省内外大型企业项目入园，同时围绕“中国光彩事业西藏行”活动、“京港洽谈会”及“西博会”，深入开展“走出去”招商引资活动。先后赴北京、江苏、上海、深圳、兰州、成都等地进行实地招商，共接洽项目60余家。在“中国光彩事业活动”中，可签约项目共8家，总投资53亿元。截至10月31日，全县共掌握招商项目信息227个，其中已落户项目87个，拟投资总额205480万元，实际到位资金87600万元，同比增长81.6%；全县招商引资到位资金共计99763万元，其中续建项目17个，实际到位资金12163万元。

项目建设

年内，园区重点推进30个工业重点项目建设进度，其中总投资3.07亿元的西藏昊泰制氧设备科技有限公司、西藏珠峰实业有限公司、拉萨杰仓木材交易市场、西藏好面来食品有限公司、西藏圣天源农畜产品有限公司已全面竣工；总投资9.49亿元的西藏普德医药有限公司、西藏北草地生物科技有限公司、西藏升阳农牧资源开发有限公司、西藏屋脊之宝食品有限公司、西藏福康安制氧科技有限公司、西藏天界生物科技有限公司、岗地经贸一期等20个工业项目正陆续投入建设；总投资17.58亿元的西藏藏稞食品有限公司、西藏后藏实业有限公司、拉萨金泰阳环保包装有限公司、西藏宏发实木有限公司、南京延长医疗器械第三方物流有限公司、西藏厚德生物科技有限公司等22个重点项目即将开工建设。

新增规上企业快速发展

年内,全县新增规上企业5家,分别为:西藏昊泰制氧设备科技有限公司(已完成工业总产值6359万元、销售产值8210万元、工业增加值2708.6万元、税收63.59万元);西藏珠峰实业有限公司(已完成工业总产值1874.9万元、销售产值1527.3万元、工业增加值504.1万元、税收7.79万元);西藏卓玛民族手工艺品有限公司(已完成工业总产值2158.2万元、销售产值2147.8万元、工业增加值708.8万元);西藏天威英利新能源有限公司(已完成工业总产值3959.2万元、销售产值3872.4万元、工业增加值1277.9万元);西藏优格仓工贸有限公司(已完成工业总产值2554万元、销售产值2444万元、工业增加值806.5万元、税收5.05万元)。截至10月底,新增规上企业工业总产值16905万元,同比增长149%;销售产值18201万元,同比增长199%;工业增加值5969万元,同比增长198%;税收76.43万元,同比增长229.5%。

城乡建设

达孜县以作美城乡为目标,坚持以城带乡、城乡统筹,进一步加大投入,切实改善城乡面貌和人民群众生产生活条件。邀请镇江市规划设计院修编新一轮县城总体规划,县城规划更加科学合理,“新城区”建设水平将逐步提升。投资842.38万元,对200户棚户区进行改造。投资20余万元,对县城8条和园区4条主干道进行美化亮化。投资13.45万元,对县城市政设施进行维修。江苏·拉萨展销中心主体完工,扬中路、焦山路建成通车。城乡居民生产生活条件进一步改善。27路公交专线正式通车,18条农村客运线路审批手续基本完成,方便群众出行。完成48套廉租房、72套公租房等保障性住房建设。继续实施农村安全饮水工程,惠及345户1519人。有力推进农牧民安居工程,全年安排365户建设任务,兑现补助资金345万元。投资100万元,加大美丽乡村项目建设。

社保民政

全县社会保险覆盖面持续扩大,医疗保险、工伤保险、失业保险、生育保险、养老保险参保人数达5906人,新农保参保人数达15462人,参保率95.17%。新增就业人员636人。发放各类低保资金309万元,落实农牧民免费医疗资金900.15万元,兑现特困群众医疗救助及生活救助资金140万元。五保老人供养率达100%,全年投入供养资金123.8万元,有集中供养意愿全部集中供养。

教育事业

整合扩大优质教育资源,实行集中办学、规模办学,推进教育改革和创新,投资1.4亿多元,开工建设达孜县中心小学。加大乡村学前教育,新建13所乡村幼儿园并开园招生。全面落实“三包”政策和农村义务教育学生营养改善计划,全年累计发放义务教育“三包”经费1110万元。学校德育工作得到切实加强,中小学在校生巩固率均保持在100%。

医药卫生

进一步完善大病统筹补充医疗保险运行机制,全面实现医疗费用即时结报,着力推行“先诊疗、后结算”模式。农牧民医疗政策范围内住院费用报销比例达到85%,个人年内累计报销金额提高到6万元,农牧民个人参加合作医疗筹资率达到100%。卫生惠民工程有序开展,农牧民免费健康体检工作全面完成,体检率达97.1%,免费孕前优生检查工作完成率达105.7%,农牧民基本卫生知识普及率达86%以上。

文化事业

全县开展举办形式新颖多样、内容丰富多彩、群众喜闻乐见的广场文化活动和“五下乡”活动39场。以宣传中共十八大精神、习近平总书记系列重要讲话精神、新旧西藏对比和社会主义核心价值观为主题,将党的惠民政策宣传到千家万户,受益群众达15000余人。继续推进农村电影放映工程,共放映1680场次,活动受益群众达50400余人次。广播电视“村村通”“户户通”覆盖率达到98%。

实施“四业工程”

年内,为转移农牧区剩余劳动力,拓宽农牧民的增收渠道,增加农牧民个人收入,全县投入专项培训经费150万元,培训农牧民5348人,实现劳动力转移1442人,劳务输出9353人,实现劳务收入1.18亿元,同比增长30.92%。

援藏工作

达孜县第六批和第七批援藏工作平稳过渡、有效衔接,为新一轮对口支援工作赢得良好开局。在总体原则上,坚持做到“不翻烧饼,一张蓝图绘到底,一任接着一任干”;在工作目标上,努力建设拉萨“东大门”,争当县(区)发展的排头兵;在发展举措上,坚持把项目建设作为援藏工作的着力点,全面梳理“十二五”援藏项目库,突出“园区”“民生”两大重点,对2014年、2015年援藏项目建设的计划安排作进一步的优化和调整,确定达孜县中心小学、国曲路、民族手工艺创业基地、德庆西路、县城总体规划编制等5大项目,总投资达1.34亿元。同时,对所有援藏项目落实倒逼推进机制,对援藏资金实行严格管理,抓进度、保质量,确保建成示范工程、民心工程、廉洁工程。

社会管控

全县开展“双联户”和网格化服务管理。划分出642个双联单位,推选党员、致富带头人、企业负责人作为联户代表。构建起覆盖县、乡、村、组四级的管理服务网格,建立565人的网格员队伍,切实将社会管理工作纳入标准化、规范化、网格化、精细化和科学化的管理轨道。依法管理宗教事务。不断巩固“六建”工作,广泛开展“六个一”活动,深入推进“9+5”工程建设,僧尼社会保险实现全覆盖。着力创建和谐模范寺庙及爱国守法先进僧尼评选活动,179名爱国守法先进僧尼、8座和谐模范寺庙受到县级表彰,90名爱国守法先进僧尼、4座和谐模范寺庙受到市级表彰,54名爱国守法先进僧尼、2座和谐模范寺庙受到自治区级表彰。

政府建设

达孜县加快推动政府职能转变,政府运行机制体制进一步规范。认真开展政务环境整治,切实加强作风建设,行政效能不断提升。广大干部职工责任意识、廉政意识和拒腐防变能力不断增强。贯彻落实中央“八项规定”、自治区“约法十章”和市委“八项要求”,各类会议压缩28.5%,各类文件减少50%,“三公”经费支出下降30%,各类会员卡零持有,“小金库”零存在。自觉接受人大法律监督、工作监督和政协民主监督,认真执行人大及其常委会各项决议,主动与政协讨论协商重大事项。办理人大代表建议67件、政协委员提案39件。与工会、共青团、妇联等人民团体的联系进一步加强。国防动员和后备力量建设成效明显。双拥共建活动取得新成果,军政军民团结不断巩固。“六五”普法有序推进,“法律七进”深入开展。邮政、电信、税务、工商、金融、老龄等各项事业都取得卓有成效的进展。

（仓姆拉）

曲　水　县

概　况

2013年,曲水县地区生产总值完成8.2亿元,同比增长13.0%(按现价计算);全社会固定资产投资完成16.7亿元,同比增长46.1%;社会消费品零售总额达到1.64亿元,同比增长16.3%。地方本级财政一般预算收入完成8658万元,同比增长59.33%;农牧民人均纯收入达到8000元,同比增长17.0%;城镇居民可支配收入达到16130元,同比增长8.99%;城镇登记失业率控制在1.17%以内。

2013年国民经济和社会发展

农业发展和农村建设

曲水县发放各项农业补贴资金518.7万元,新增农机具919台(套),基本实现农作机械化。农牧业综合生产能力不断增强,全县粮食产量2511.11万公斤;油菜产量202.34万公斤;肉奶产量分别达0.35万吨、0.5万吨。科技对农牧业的贡献率进一步提高,推广“藏青2000”新品种0.19万亩,亩均增产39公斤。制定出台《曲水县示范合作社创建标准和考核评价体系》,成立各类专合社61家,农牧户入社率达到26%。实施扶贫开发项目38个,完成3374人贫困群众的脱贫工作。不断加大农牧民转移就业培训力度,培训农牧民6578人,实现农牧民转移就业1704人,组织劳务输出3079人次,实现增收3000多万元。第二批强基础惠民生活动投入资金4166.44万元,实施项目123个,有力促进农牧区的发展稳定。曲水县成功试种葡萄、猴头菇、玛咖、郁金香、烟叶等新兴经济作物;重点规划建设特色生物药材种植基地、特色生物花卉种植基地、特色生物食用种植基地和特色果蔬种植基地,统筹规划打造机场高速、318国道和拉日铁路沿线经济产业景观带。进一步加强林业工作,全年完成造林面积11500亩,成活率达到85%以上。

工业发展

曲水县实现工业总产值11.5亿元,同比增长42%,完成工业增加值3.5亿元,同比增长42%,实现工业税收1.05亿元,同比增长94.44%。

生态建设

曲水县造林任务为16725.1亩,其中重点区域造林1715.1亩;拉萨周边地区造林绿化工程5500亩(造林2700亩、封育2800亩);高原生态安全屏障建设项目8760亩;义务植树750亩。上半年共造林完成总面积11500亩,其中重点区域造林完成1600亩,周边造林绿化工程5300亩(造林2500亩、封育2800亩),四旁义务植树4600亩,完成率是年初任务的68%(年初造林任务为16725.1亩),造林树种有新疆杨、柳树、细叶红柳、沙棘、榆树等近53万株,新购抽水机30台(套),消防水袋5000米,新修机井4口,调用水车5台。造林投入机械2200台次,投入劳力42000人次,使用网围栏27000米左右,造林成活率达到85%以上。曲水县经济林种植在茶巴拉乡进行集中连片种植核桃150亩,使用经济林幼苗核桃4200株,柳树1000余株作为防护林网。在种植过程中,动用劳力2500余人次,动用水车5台,安排护林员2名。在曲水县中心苗圃院内集中连片种植枸杞、芍药、月季花、水蜜桃、核桃、早酥梨、苹果等品种,其中枸杞10000株、芍药20墩、月季花465株、水蜜桃5000株、苹果5000株。曲水县森林生态效益补偿基金项目面积为59.4817万亩,设有6个林班、554个小班,73个责任区,分别为聂当乡林班、南木乡林班、才纳乡林班、曲水镇林班、达嘎乡林班、茶巴拉乡林班,并为每个林班派有管护人员,管护人员共计252人。其中,聂当乡有20个小班、责任区6个、面积为13286亩、管护人员9人,南木乡有93个小班,责任区10个,面积为87220亩、管护人员28人,才纳乡有36个小班、责任区9个、面积为50193亩、管护人员25人,曲水镇有269个小班、责任区24个、面积为237845亩、管护人员103人,达嘎乡有103个小班、责任区14个、面积为132694亩、管护人员51人,茶巴拉乡有31个小班、责任区10个、面积为73579亩、管护人员36人;年初给各乡镇兑现上年的管护资金178.44万元。针对病虫害发生的情况,曲水县各乡镇林业工作负责人及老百姓进行病虫害防治培训,培训人员达770多人,指派专业技术人员对2012年发生虫害的地点进行监测,及时进行防治。在发生虫害后,曲水县利用水车和机动喷雾器对318国道沿线受灾林木进行药物防治,对各乡镇所发生的病虫害由各乡镇组织农牧民群众我局统一发放防制药物进行防治。2月初在聂当乡八一农场对染有病虫害的树木进行除治,除治树木达163126株。

项目建设

曲水县招商引资工作取得新突破,全年成功签约项目12家,到位资金74875万元,同比增长42%。加强工业园区建设,园区规划面积达到12.4平方千米。入园企业和税收均占到全县总量的80%以上,入驻企业78家。

农村改革试验区建设

10月,农村土地承包经营权确权、登记、建档、公示工作全部完成,农户总户数7271户,土地面积10.59万亩,对无争议的农村土地颁发中华人民共和国农村土地承包经营权证,农户土地确权以后,可以获得产权抵押、流转、入股等更多的财产权。试验区下半年起草并完善《西藏曲水县农村改革试验区土地流转管理实施办法》。

曲水县试验区新增设施温室430栋,总投资2385万元;经济林种植面积由2010年的24亩,扩展到目前的545亩;马铃薯种植面积由2010年的6875亩增加到目前的12000亩;青稞、小麦、饲草玉米基本实现适度规模种植,全县规模种植面积由2011年的0.1万亩增加到目前的1.85万亩,占耕地面积的28%。试验区初步形成“一区两园三基地”(才纳乡国家现代农业示范区,聂当乡生态农业园,南木乡蔬菜瓜果园,曲水镇草莓种植基地,达嘎乡马铃薯种植基地,茶巴拉乡经济林种植基地)的生产布局和发展格局。

建立农村土地承包经营纠纷调解仲裁机构。制定《曲水县农村土地承包经营纠纷调解仲裁委员会工作方案》,工作人员采取兼职办公的方式,受理案件时,由仲裁委员会办公室通知相关委员组成仲裁庭,开展案件办理相关工作。

9月,曲水县合作社规范化建设进程。合作联社开办联社服务中心,设置农机维修店、农资服务店、农特产品展销超市、果蔬店、惠农保险店等5个服务经营点。曲水县引导南木乡扎西达杰合作社向家庭农场发展,该合作社现有温室92栋,苗圃150余亩,养鸡场1个。曲水县还积极探索“公司+合作社+农户”模式,促进产业发展、群众增收。合作社入社率由2012年的19%,提升到目前的26%。

发展壮大农业龙头企业。曲水县利用区位、资源优势,强化政策引领,优化投资环境,不断加强园区基础设施建设,投资9000多万元,从羊湖电站接入110千伏输变电线,改善县城工业集中园区电力紧缺现状,项目正在实施。2013年引进涉农企业7家,曲水县涉农企业发展到16家,主要涉及生物产业、农畜产品加工、民族手工业、藏药材深加工等。

曲水试验区争取乡镇综合服站建设项目,总投资420万元,在每个乡镇各建1个,项目前期各项工作已完成。

试验区在金融服务“三农”方面做积极有益的探索。在县域内安装ATM自助服务终端5台。向农牧民发放金穗惠农卡4000余张。在村委会安装农行营业服务点30个。在公路沿线和旅游景点布放转账电话10部,全县电子机具覆盖率达到70%以上。对自愿承担扶贫工作或自愿带动贫困户致富带头人,在贷款利率上给予倾斜,按照现行西藏扶贫利率(利率为1.08%)发放贷款,全年发放扶贫贷款8136万元。探索推行“联户担保业务”和“农牧民资金互助社”建设工作,试验区联户担保贷款最高提升到60万元。曲水县农业增加值达到1.2亿元,同比增长6.28%;农业综合机械化水平达到70%,同比提高3个百分点;农业科技贡献率达到45%以上;农牧民人均纯收入达到8884元。初步建立才纳乡、聂当乡农业综合服务站,农牧民合作社不断规范提升,农户入社率达到26%;涉农企业引进力度不断加大,2013年新引进涉农企业7家,全县涉农企业达到16家。产业结构不断优化,农牧民人均收入持续增加。试验区农业产业结构不断优化,扩大饲草种植面积,加快发展农区畜牧业,设施农业发展能力不断提升,以玛卡、葡萄、食用菌等为主的特色产业不断壮大,产业结构得到进一步优化。通过项目建设、产业发展、政策扶持、转移就业等措施,不断拓宽农牧民增收渠道,人民生活不断改善。农牧民组织化程度进一步提高。大力实施以业育人、以业安人、以业管人、以业富人的“四业工程”,有针对性地提升农牧民的种养技能和转移就业技能,农村实用人才数量达到5102人,同比增长18.65%;劳动力转移就业1704人,完成年初目标的121.7%;农业产业化组织带动农牧户5440户,是上年的1.03倍。新型经营主体的培育初见成效。加大对农牧民专业合作社、种养大户、专业大户、涉农企业的资金扶持、科技支持、产业扶持力度,培育种植大户11户、养殖户2户,县农牧民合作联社按照创建示范合作社的标准要求,作为全区示范合作社考评体系的主要依据。全县现有农牧民专业合作社61家,涉农合作社45家,建筑类合作社16家。合作社入社率由上年的19%提升到今年的26%,农牧民组织化程度进一步提高。新型农村社区化服务初步建立。2013年,实施2个农村社区化建设项目,其中曲水镇曲水村新农村社区建设项目投资150万元,曲甫村新农村社区建设项目投资50万元,项目建设内容主要包括村“两委”班子办公楼、便民服务大厅,项目建设基本完成。批复实施茶巴朗水土流失综合治理及水土保持项目、曲水县优质蔬菜示范基地建设项目、聂当乡德吉干渠、色达灌区其奴子灌区建设项目、雅江工业园区110千伏输变电项目、净土健康产业项目、援藏项目、乡镇小学、村级幼儿园、城市管网改造等项目58个,涉及建设资金3亿多元,有力地促进试验区基础设施建设。

社会保障

全县各项社会保险参保达到26975人(包括养老保险、医疗保险、新农保、生育保险、失业保险、工伤保险等),参保率达到100%。城乡居民最低生活保障标准分别提高到月人均440元和年人均1750元。投入资金1647.65万元,建设城镇保障房168套。全面启动五保集中供养爱心工程,全县188名农村五保老人实现供养对象,集中供养率达到90%以上,农牧区五保供养标准提高到年人均2600元。

教育卫生

2013年,共投资8775万元,其中县财政投资2032万元,改善中小学的教育教学条件。不断完善15年教育“三包”政策,年生均补助标准提高到2700元,奖学金、助学金政策全面落实。曲水县实现乡乡有卫生院、村村有卫生室的目标。农牧区医疗补助标准从年人均300元提高到340元。完成33687人的全民体检和6616人先天性心脏病的筛查工作。同时,在北京、江苏两省的大力支持下,2名先天性心脏病人完成手术治疗。

文化宣传

实施广播电视“村村通”“户户通”、文化信息资源共享、县乡村文化馆(站)等文化惠民工程,投资526万元的6个乡镇综合文化站全部建成。广播电视综合覆盖率均达到99.98%。非物质文化遗产保护得到加强,曲水县已有全国文物保护单位1处、自治区级文物保护单位10处。

城乡低保工作

1月1日起人均月补助440元,至11月底全县共有城镇低保对象286户、308人,发放城市低保资金131.4万元;农村低保对象814户、2517人,发放低保资金191.4万元。兑现一次性生活补助资金,下发农村低保户“三大节日”一次性生活补贴费75.5万元,城镇低保户三大节日”一次性生活补贴费30.33万元。农村五保供养工作。曲水县共有福利院、敬老院4所,共审批纳入五保供养对象233户、233人,其中集中供养对象188户、188人,分散供养对象45户、45人,集中供养率达到81%,曲水县配套专项资金30万元,集中供养对象每人每年补助标准达到6120元。落实供养金105.3万元。医疗救助工作,共救助433人,发放救助资金131.65万元(其中农村122.65万元,城镇9万元)。临时救助工作,曲水县共救助城镇困难居民52人(其中五保户3人,残疾人5人,农村低保户2人,城镇救助34人,低保边缘户8人)。发放临时救助资金83560元(其中城镇49000元,农村34560元)。2013年曲水县遭遇程度较轻的冰雹、洪灾、雪灾等自然灾害,共发放各类救灾物资折合人民币共83.5万元。对县、乡救灾仓库进行补充,共采购救灾物资折合人民币94万元。曲水县政府向现役(退役)军人及优抚对象困难户21户,每人发放慰问金300元,共计6300元。对349名退伍军人每人发放200元慰问金,共计69800元整。向优抚对象、现役(退役)军人特困家庭、现役军人家属发放各类优抚、抚恤、慰问资金11.6万元。接收城镇退伍安置军人2名,1名安置在拉萨市民政局,1名安置在曲水县福利院,兑现两名退伍军人一年的待安置补助每人5290元,共10560元。儿童福利事业方面,曲水县共有孤儿20人,按照每人每月600的标准,共发放生活补贴14.4万元,发放县级干部捐款7.2万元,发放7—9月肉食补贴7200元。老龄事业方面,曲水县城镇60岁以上的老年人95人,农村60岁以上老人2819人,寺庙僧尼60岁以上老人17人。城乡寿星老人305人(其中80岁的283人、90岁的21人、100岁的1人)。曲水县政府安排老龄活动经费6万元。残疾人帮扶方苗苗,办理38名残疾人第二代残疾证微机录入工作并建立档案;38名残疾儿童进行康复训练,康复128人;学前0~16岁165名儿童进行统计并建档。残疾人危房改造10户,每户发放0.6万元补贴,共计6万元;燃油补贴85户,每户380元,共计3.23万元;无障碍设施需求户4户,每户发放补贴0.35万元,共计1.4万元;扶持茶巴拉乡2户创业补贴2.5万元;扶持残疾人560户,每户600元,共计33.6万元。

法制宣传

2013年,组织法院、检察院、劳动保障局、妇联等相关部门组成宣讲组,深入各乡镇、村委会开展支铁宣传活动。以解答疑问、挂横幅、以案讲法等形式,积极为广大农牧民和村委会干部讲解铁路法、劳动合同法等重要法律法规知识,共计受教育群众达3000余人、发放各种宣传资料4732份。在寺庙,向僧尼宣讲第五次西藏工作座谈会精神以及宪法、刑法等与建设平安寺庙、法治寺庙相关的法律法规知识。在宣传活动中受教育群众、僧尼达1400余人、发放宣传资料4120份。在学校,以“五四”青年节、“六一”儿童节为契机,曲水县公安局交警大队、派出所深入各中小学开展普法宣传,向各中小学青少年讲解宪法、未成年人保护法等法律法规知识。在企业,由县普法办、综治办牵头,从公检法抽调干警深入信通水泥厂、高争民爆厂、远征包装厂等县城内的企业,宣传《企业经营管理人员法律知识读本》、劳动合同法等相关法律法规,向企业职工宣传法律援助制度,提高法律援助制度知晓率,受教育企业经管人员和广大员工达475人次,发放宣传传单1347份。

驻村工作

2013年,下派驻村工作队17个,其中自治区财政厅下派驻村工作队4个、拉萨市委党校下派驻村工作队1个,拉萨市财政局下派驻村工作队1个。工作队入驻后,将党员培养成村组干部12人,将党员培养成致富能手26人,将致富能手培养成村组干部16人,将致富能手培养成党员36人。共发展正式党员214名,预备党员361名,曲水县农牧民党员达到2218名,占农牧民群众总数的6.92%。帮助各村建立完善相关制度231条,协助组织召开村党支部会议333次,组织召开党员(学习)会议205次,组织村“两委”班子学习478次。共组织群众宣讲十八大精神217场,入户宣讲8291次,发放宣传材料20399份,开辟宣传专栏76期,撰写学习心得体会517份。组织召开维稳宣讲大会237场次,参会群众42086人次。组建民兵联防队79个,组织维稳演练20次,帮助建立维稳机制126条,制定应急处突预案88份,签订维稳承诺书3879份,形成维稳专题报告33篇,排查调处矛盾纠纷132次,涉及金额14.9万元。深入寺庙检查调研34次,看望慰问僧尼9次。帮助制定经济社会发展规划28份,组织外出参观学习22次、359人次,组织劳务输出1588人次,预计实现收入156.11万元。开展农牧民培训39次,涉及3122人次、22.65万元。第一批驻村工作队为曲水县争取17个项目,涉及“通水、通路、通电”的“三通”项目8个、村组文化室项目2个、经济建设项目5个及其他项目2个,均于2012年底前竣工,投入使用。第二批驻村工作队为曲水县争取11个“短平快”项目,申请项目资金398.4万元,群众自筹资金18万元。所有项目资金全部到位。11个项目中,除2个项目因自然原因未竣工外,竣工的9个项目中5个已通过验收,其余4个待验收。各驻村工作队在计划外争取解决的交通、水利、能源、农牧业、产业、及基础设施建设等方面的项目有69个,总投资达3480.043万元。召开感恩专题及政策教育大会211场、44135人次,群众受教育面达97.4%,开辟专题宣传栏100期,参观群众30099人次,举办以身说法261场、13031人次,发放宣传材料13512份,组织群众开展新旧对比活动55次、24271人次,先后组织群众参观雪城监狱、西藏博物馆、清政府驻藏衙门旧址等爱国主义教育基地24次,1092余人。排查化解矛盾纠纷方面,结合“六五”普法规划,开展普法教育76次,涉及群众18901人次。结合当地文化节日,共举办相关文体活动83场,参与群众达29498人次。协同村“两委”大力开展“结对子”帮扶活动,从生产生活等各方面帮扶困难群众,其中,党员帮扶群众230人,工作队成员帮扶群众130人。

工作队在“三就”“两保”“六通”“一安居”等方面,解决民生方面的突出问题99件,为群众办实事好事163件,涉及资金111.8058万元;看望慰问困难群众1241人次,涉及金额33.30065万元;慰问“三老”及孤寡老人264人次,送去9.5492万元的慰问品、慰问金;为275名群众解决就医、就业、就学难的问题,涉及金额32.8万元;为5名残疾人送去编织扶持金2万元。开展送科技、送技术、送卫生、送信息、送服务活动45次,涉及资金8.186万元。组织党员干部群众9158人开展城乡环境综合整治活动115场次,涉及金额9.83万元;筹集资金17.25万元,购买树苗,组织群众1200余人到荒滩沙地进行义务劳动植树,共植夕阳红柳、新疆杨、白杨树和榆树57500余珠,种植面积达520亩,这不仅美化绿化群众生活环境,也使群众充分意识到在公共生活领域的公民义务;投入7.66万元为村委会购买办公设施和书籍;联系县广电局,为30户农牧民发放户户通设备,涉及金额1.5万元。

8月20日,曲水县驻村工作队开展党的群众路线教育实践活动,各驻村工作队研讨制定活动实施方案17份。共组织862人次,用时298学时,开展以自学、集中学习、实地参观学习及观看主题影片相结合的活动73次;入户走访率达100%。其中,个别访谈244次,召开座谈会12场,实地考察201次,发放调查问卷351份,收集群众反映较为强烈的困难和问题20余条、意见建议共172条。在曲水县开展驻村工作任务的自治区财政厅厅长带领县处级以上干部106名,分6批到结对群众家中开展“三进四同三一”活动。驻村工作队帮助制定发展规划17个,协调解决群众矛盾纠纷58起,解决突出问题7件,涉及资金5.93万元。

基层党建

全县共有8个党委(含2个寺庙党委、6个乡镇党委),1个党总支,80个党支部(其中非公企业党支部2个)。全县共有党员3060人,其中农牧民党员2209人,党员占全县人口总数的8.76%,农牧民党员占农牧民群众总数的6.81%。2013年,共发展预备党员350名,吸收入党积极分子529名。机构设置情况:党委工作部门6个,人大、政协、法、检部门各1个,群团组织4个(含工商联),政府职能部门20个(含监察局),部门管理机构6个。设置教育、卫生、农、牧、林、水、文化广播及后勤保障等事业机构50个。人员编制情况:全县编制1166名。其中县乡行政编制共344名(含乡级行政编制161名),政法专项编制156名,事业编制666名(含机关事业编制34名)。全县在编干部职工1291人(其中:公务员588人,专业技术人员590人,工勤人员113人)。在编县级以上干部32人(含地级1人),其中,副地级1人,正县级4人(含寺管会1人),副县级27人(含寺庙副县级6人)。正科级干部93人(含主任科员22人)。副科级干部151人(含副主任科员30人)。全县共有三老人员321人,退休干部148人,退休工人75人(其中固定工45人,合同工30人)。村两委班子成员共85人(不含3名已录用为公务员的村党支部书记),两委班子正职误工补贴达到每人每年21278元,副职16640元,委员12640元。村党支部第一书记17人。

平安建设

曲水县共有流动人口5638人。完善刑释解教人员、寺庙清退人员、社会流动从事宗教活动人员等特殊人群社会教育和帮扶体系,积极纳入“四业工程”,促使其尽早回归社会。截至年底,全县共有17名重点人员参与到“四业工程”驾驶技能培训班,占全县重点人员总数的47%;帮助4名刑释解教人员顺利就业。曲水县公安局共立刑事案件9起,破7起,破案率为77.7%;受理治安案件39起,查处39起,查处率100%;处理违法人员40人,其中警告33人,罚款8人,行政拘留1人。紧密结合曲水实际和当前形势,有针对性地开展反自焚专项斗争、单位消防安全整治、实名制加油管理等工作,制定出台《曲水县防自焚专项工作实施方案》《曲水县反自焚专项斗争实施方案》,县委、政府与各乡镇、企事业单位、寺庙之间,各乡镇与村委会、组层层签订《曲水县反自焚专项斗争责任书》,把责任落实到人,形成人人参与防自焚、反自焚斗争的良好氛围。同时,深入机关单位、学校、寺庙、企事业单位、施工现场、人流聚集场所等进行消防安全生产检查工作,查隐患、堵漏洞,及时发现问题,采取措施,限期整改。3月下沉维稳力量167名,其中下沉到乡村组115人、寺庙52人。城镇网格化管理,在曲水县城内建设四个便民警务站,共配备辅警40名、干警20名。基层平安创建活动,加强群防群治队伍建设,平安创建覆盖面进一步扩大。注重增强综治办队伍建设,设立县、乡两级综治办和村级综治工作中心,配有专人负责综治工作。县综治办多次组织各乡镇综治办工作人员赴城关区学习借鉴其好的经验和做法,并通过以会代训的方式,对全县五乡一镇综治工作人员进行信息采集、录入、双联户工作等方面的业务知识培训。青少年教育管理,积极做好预防青少年违法犯罪工作。推进基本公共服务均等化,合理配置公共资源,下大力气统筹解决好与广大群众切身利益相关的就业、就医、就学、住房、社会保障等民生问题,为广大群众提供更加高效、便捷的公共服务。曲水县结合自身特点和实际,将五乡一镇划分为20个大网格119个小网格,根据人、地、事、物、组织等基本情况,将网格划分为住宅、商住、企事业单位、宗教场所、综合等5种类型;根据社会管理秩序、治安环境状况,将网格划分为日常管理、重点关注、综合治理3个等级。围绕社会服务管理具体工作,以网格为单位,逐人、逐地、逐事明确工作任务,责任到人,做到精确定位、精选定人、精准定责,实现网格全覆盖、工作无缝隙。进一步深入开展点对点帮扶救助活动,完善城乡最低生活保障和医疗救助等制度,稳步提高保障标准和救助水平。认真做好“双联户”工作。按照相邻区域10~15户划为一个联保单元,共同推举1名“维稳负责人”“致富带头人”“村组事务明白人”“热心人”作为联户长的原则,全县五乡一镇共推举产生601名联户代表负责居中协调、处置和上报居民事务。截至年底,共开展矛盾纠纷联排联调24次、安全隐患联防联控32次、重点人员联管联教25次、收集民生信息42条、对140名弱势群体进行帮扶、实现小额信贷1430户5023万元。开展先进“双联户”创建评选活动。出台《曲水县“先进双联户”创建评选活动实施方案》,成立党政一把手为主要领导的创建评选活动的考评领导小组和督查领导小组,认真组织开展乡、村级“先进双联户”创建评选活动。曲水县五乡一镇共有联户单位649个、8074户、32418人,各乡(镇)共评选出村级“先进双联户”1614户,乡级“先进双联户”345户。

(张　钰)

林　周　县

概　况

林周,藏语含义为天然形成的沃土,位于拉萨市东北,距离市区65千米。全县辖九乡一镇,45个行政村,12283户60497人;国土面积4512平方千米,耕地18万亩,天然草场505万亩,人工草场8万亩,水域5.4万亩,是拉萨市七县一区中的第一产粮大县、第二牧业大县。全县南北狭长,跨度达180千米。念青唐古拉山支脉—恰拉山横贯全境,将林周县分割为南北两大部分。北部属拉萨河上游及其源流区域,素有“三河一流”的美称(即热振河、达龙河、乌鲁龙河、拉萨河流域),平均海拔4200米,气候干燥,年平均气温2.9℃,以牧业生产为主。南部地区属拉萨河支流澎波河流域,平均海拔3860米,谷地开阔,气候温和,雨水充沛,年平均气温5.8℃,主产小麦、青稞、油菜、土豆等,是拉萨市的主要粮食生产基地。

林周县风光秀美、山川壮丽、人杰地灵,人文历史底蕴深厚,是拉萨的“北花园”。全县分布有黑颈鹤保护区、白唇鹿保护区等国家级、自治区级自然保护区5个;全县有寺庙38座,著名的藏传佛教寺庙热振寺坐落在北部群山之中,距今已有千年历史,周围有风景秀丽的热振国家级森林公园。林周境内山青水碧、草木葱郁、飞鹤成群,是体验青藏高原人文风光的极佳之地。

2013年,实现县级生产总值12.6亿元、同比增长12.2%,全社会固定资产投资13.43亿元、同比增长33.2%,公共财政预算收入8266万元、同比增长41.0%,公共财政支出5.9亿元、同比增长19%,农牧民人均纯收入达到7320元、同比增长15.2%,社会消费品零售总额达到0.66亿元、同比增长13.8%，全年招商引资到位资金3.52亿元、同比增长39.05%。

2013年国民经济和社会发展

农业发展

2013年，全县粮油总播种面积15.91万亩，调运化肥2300吨，粮油总产量6650.09万公斤。牲畜年初存栏数305817头（只、匹），完成免疫注射各类动物256462头（只、羽），防疫免疫率100%。农牧业生产条件进一步改善，完成低产田改造4.65万亩；第一批农机购置补贴资金300万元已到位，购置各类农机具362台；2012年，8755户草畜平衡任务和5.2万个绵羊单位的减畜任务、国家投资2752万元的2012年农业综合开发土地治理项目及产业化项目顺利通过自治区级验收。扶贫农开工作成效显著，治理高标准农田1.1万亩，规划总投资131034万元的《2013—2020年产业扶贫规划》通过区市审查。“7·27”抗灾救灾工作取得显著成效，河道清淤和损毁的道路、桥梁涵洞、水利等设施修复工作进展顺利。现代农业加速推进，现代农业示范区建设项目总投资达到1.2亿元。投资1750万元的350栋高效日光温室已完工，投资1683万元完成澎波半细毛羊、牦牛良种选育及扩繁小区项目建设，启动2000头高产奶牛现代化养殖项目；完成1.1万亩高标准农田建设，示范推广“藏青2000”5000亩，编制净土健康产业发展规划和澎波健康产业园区建设规划；国家投资1300万元的强嘎乡曲嘎强（增量）农业综合开发土地治理项目通过区级审批。全年开展农牧民各类实用技术培训惠及农牧民3200多人次，实现劳务输出17274人，其中政府组织劳务输出、转移就业7791人，增收2453.8万元；农牧民群众自发劳务输出9483人，增收8284.9万元。

工业经济发展

工业经济稳步发展，实现工业增加值1.57亿元、工业税收1765万元，同比分别增长28.82%、21.47%。

旅游业发展

2013年，旅游人数22054人次，同比增长18.8%；实现旅游收入278.02万元，同比增长8.3%；旅游从业人员达到2900余人。

改革开放

开展行政审批制度改革，统计整理行政审批事项123项；医药卫生体制改革稳步推开，农牧区综合改革有序推进。全年招商引资到位资金35179万元，同比增长39.05%；新建援藏项目总投资达到4722.26万元，“光彩事业西藏行”活动正式签约项目、开工项目1项，意向签约5项。全县各类企业达到57家，注册资本达到5.55亿元、同比增长61.33%；金融机构贷款余额3.4亿元，全年累计发放贷款1.83亿元，移动通信业务总量2850万元，邮政业务收入72万元，金融邮电服务网点覆盖率进一步提高。

城乡建设

2013年，林周县开工建设项目154个，总投资22.93亿元，完成固定资产投资13.42亿元，其中续建项目54个、新开工项目100个。县城行政中心区投资达到8751.21万元，投资2300多万元的扩建县城自来水厂，新建垃圾填埋场；完成总投资2780.4万元新续建的176套公租房、80套周转房和48套廉租房；完成县城东扩区第三期征地143.7亩的勘测定界和征地协调工作。完成占地2340亩的林周县净土产业园区项目区用地选址及勘测定界工作，进一步完善城市功能。实施总投资2200万元11个行政村农村人居环境建设及环境综合整治项目和总投资2025.9万元的2013年30个扶贫项目；推进投资4115多万元的乡村寺庙道路建设工程、游牧民定居配套工程建设。总投资1652万元的澎波河卡孜河段和白克河段防洪堤工程已完工，总投资232.6万元完成7个小农水项目改善8915亩农田灌溉用水问题，完成9处农村饮水安全工程建设，解决3015人的饮水安全问题。生态环境建设进一步加强，完成造林6407.2亩，开发占补平衡耕地1032.7亩，投资260多万元甘曲水源地保护工程已开工。

教育事业

全县教育基础设施建设投资达1.07亿元，县级财政和援藏资金投入达3000万元。投资3651万元完成5个续建项目，苏州小学、阿朗乡中心小学、唐古乡中心小学改扩建工程，春堆乡中心小学综合教学楼建设项目，旁多乡中心小学附设幼儿园建设项目；投资7129万元为边交林乡中心小学、江夏乡中心小学、卡孜乡中心小学、春堆乡中心小学、松盘乡中心小学、唐古乡中心小学、苏州小学、林周县幼儿园、林周县中学等9所学校新实施基础设施项目16个。此外，完成立项项目4个，总投资400万元；完成评审项目6个，总投资1390万元，全县学校基础设施建设步伐明显加快，城乡办学条件进一步改善。年内，全县中小学校实施校园网入户工程（每年支付29万元），推进中小学信息化建设。“三包”政策“提标扩面”，从

2013年秋季学期开始，二类区提高到每生每学年2600元、三类区每生每学年2700元。向66名家庭经济困难大学新生发放入学资助金12.05万元；北京华育助学基金1.25万元，惠及中小学生25名；苏州爱心人士为6名应届高中毕业生捐助12万元。开展拉萨市非义务教育阶段学生资助申报工作，共上报210名学生，保障家庭贫困学生受教育权利。2013年，小考、中考内地西藏初中班上线38人、录取34人；内地西藏高中班录取8人，区内重点高中录取29人。对全县中小学德育工作进行不定期量化考评，建立德育工作档案，加强德育工作。

医疗卫生

参加农牧区医疗制度的农牧民人数达56734人，参合率100%，农牧区医疗制度覆盖率100%。1—11月，住院补偿人数2875人、补偿金额1248.8万元，门诊补偿67732人次、补偿金额379.4万元。免费健康体检完成56865人，体检率达98.6%，其中，完成全县757名僧尼的健康体检及建档工作。县级财政投资946.35万元的县医院周转房项目建设完成，总投资620万元的7个乡镇卫生院改扩建项目已完成3个，投资110万元的林周县卫生监督所项目和投资240万元的林周县地方病防治能力项目已开工建设。落实国家贫困地区儿童营养改善工作，下发给各乡镇卫生院6593盒营养包，营养包项目适龄儿童覆盖率达到95.5%。积极推进农牧区药品“两网”建设工作，进一步加强食品卫生监督检查。推进藏医药特色专科建设，发挥藏医在治疗骨关节疾病等疾病方面的优势。

文化建设

年内，举办全县“幸福拉萨规范舞”文艺汇演活动，幸福拉萨规范舞普及率达98%以上；深入开展新旧西藏对比教育、民族团结进步主题教育、“八看、一算账、一揭批、四增强”感党恩主题教育、“中国梦”宣传教育、“升国旗、唱国歌”和各项富民惠民政策等宣传教育活动220余场次，发放宣传资料5200余份。全年组织“文化下乡”活动130余次，播放电影1710场次，观众达18万余人次；广播电视直播接收设备新增830户，覆盖率达到99%以上；投资180万元的新华书店和投资850万元10个乡(镇)综合文化站投入使用。“阿谐”舞荣获全国职业技能才艺大赛金奖，央视第七届电视舞蹈大赛金奖、最佳演员奖和最佳编导奖。全县共有乡级民间业余果谐队10支、村级业余果谐队45支、藏戏队3支、老龄文艺演出队1支、学校文艺演出队2支，业余演职人员达1375人。

社会保障

完善覆盖城乡居民的社会保障体系和社会保险信息化建设，加大社会保险扩面征缴工作力度。新型农村养老保险参保人数达35398人，征缴基金311.65万元；城镇居民(含僧尼)养老保险参保人数1323人，参保率为99.9%，征缴基金6.77万元。城镇职工医疗保险参保人数2321人，征缴基金793.02万元。城镇居民基本医疗保险参保人数为1976人，征缴基金8.28万元。截至年底，发放36721人养老金709.71万元，落实5818户低保金1005万元，救助301名农村特困群众医疗救助资金150万元，落实72名孤儿生活保障金51.84万元、助孤资金25.56万元。总投资2596万元新建林周县五保供养服务中心，扎实做好全县215人五保户集中供养工作，项目元，地勘、设计、环评、三证一书已办理完毕。推进农民工工资保障金制度建设，切实维护劳动者合法权益。进一步完善城乡一体的大病医疗救助机制，推行农村医疗救助一站式报销平台，方便农牧民享受医疗救助。

扶贫开发

2013年，争取到扶贫项目37个，总投资2850.5万元，均已开始实施。完成林周县2013—2020年产业扶贫规划编制，以种植业、养殖业、农畜产品加工业、旅游业为主要建设内容，规划总投资131034万元，其中国家扶贫专项投资25340万元。2013年，争取到农发项目3个，投资达2221万元，林周县强嘎乡曲嘎强(存量)农业综合开发土地治理项目和林周县卡孜乡(设施农业)20栋温室建设项目，强嘎乡800吨糌粑加工项目(塔玉糌粑)。

党建工作

推进学习型党组织建设，组织县委理论学习中心组集中学习11次，基本实现“乡镇党委班子每周学习一次、村党支部每月学习一次”的覆盖。落实村级组织运作经费108.07万元，选派28名县直机关及乡镇机关年轻干部、大学生“村官”到村担任村党支部第一书记，全面开展村党支部第一书记党建“6+1”工程，设立村党支部第一书记爱心基金，组建村党支部第一书记、乡镇党委书记、副书记QQ群，着力加强基层组织建设。加大人才培训计划的实施，选派10名中小学科带头人赴江苏学习进行为期1个月的跟岗学习培训；加大对“乡土实用人才培养”力度，截至年底，全县共有乡土实用人才4011人，同比增长67.125%，增加1611人。加大培养发展党员工作力度，不断扩大党的工作和党的组织覆盖面。全县共有基层党组织175个，其中党委14个、党总支9个、党支部152个；共有党员4849名，其中农牧民党员3539名，占全县农牧民总人数的6.1%；2013年新发展农牧民党员1049名，各级团组织共推优159人。

和谐构建

林周县投入维稳经费1022.2万元，同比增长36.29%。努力做好"扫黄打非"、打击盗窃破坏"三电"、禁毒等工作，深入开展反自焚专项斗争工作，强化重点区域、重要地段的安全监控工作，进一步落实实名制加油制度。做好流动人口服务管理，签订治安责任书852份，出租房屋办证率达到100%。扎实开展"双联户"工作，共划分联户单位1048个，推选产生联户代表1048名。扎实开展寺庙"六建""9+5""一个覆盖""一个创建"活动。县政府垫拨资金1600余万元建成23座寺管会，32座寺庙建立寺庙书屋，37座寺庙通路，35座寺庙通水，38座寺庙全部通电，26座寺庙建立垃圾储放池，17座寺庙培养一名卫生员，县级财政投入17万余元实现38座寺庙信息综合管理系统全覆盖。投入经费10万元为僧尼办实事372件，表彰县级和谐模范寺庙20座、先进僧尼728名，兑现奖金75.9万元；表彰市级和谐模范寺庙3座、先进僧尼125名，兑现奖金25万元。2013年，共办理（接待）群众来信来访52批168人次，化解来信来访50批162人，化解率达到96.2%。县乡两级党政领导共接待群众21批93人，乡镇主要领导接访15起27人次，健全县乡村"三级网络矛盾纠纷调处中心"，全县调解组织共受理各类矛盾纠纷52件，调处率100%。加强安全生产管理，开展矿山安全隐患排查30次，确保矿山"零事故"。

政府职能转变

全县各单位接待费用预算由上年的12%减少到7%；制定出台《林周县县级领导干部联系基层工作制度》，广泛开展结对工作，新增结对708对，与结对对象恳谈3680余次。各驻村工作队投入资金2776万元为群众办实事923件，投入经费289万元开展慰问活动2027次，总投资960万元获得批复"短、平、快"项目28个，举办专题宣讲教育899场次，受教育群众达5万余人次，制定村级经济社会发展规划169份，形成村经济社会调研报告121篇。组织广大党员干部600余人次参加群众路线理论学习5次、观看专题电影4场、实地参观5次。加快转变政府职能和机构改革，统计整理县级行政审批（包括预审和备案等）123项，需请市级部门下放56项，不建议保留的3项。2013年，共梳理出各界代表、委员提出的7个方面的意见建97件，答复率100%，办结率36.7%。

（边　巴）

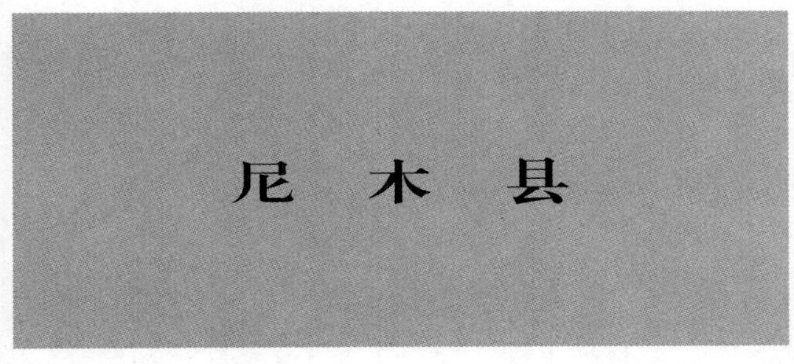

概　况

年内，尼木县地区生产总值达5.15亿元，同比增长12.4%；地方财政一般预算收入3790万元，同比增长54.1%；社会固定资产投资6.98亿元，同比增长41%；农牧民人均纯收入达到7440元，同比增长15.4%；工业增加值4645万元，同比增长38.9%；社会消费品零售总额达到0.27亿元，同比增长12.5%；城镇化率达到19.33%，同比增长3.66%。

2013年国民经济和社会发展

农业和农村发展

年内，全县落实各项强农惠农政策补助319.45万元，粮油播种面积36562.22亩，粮油总产量1403.4万公斤，粮经饲比例调整为73.1∶14.4∶12.5。牲畜存栏127503头（只、匹），仔畜成活率98.2%，成畜死亡率1.2%，出栏率62.4%，猪牛羊肉产量4459.01吨，奶产量3948.44吨，山羊绒产量2.56吨，禽蛋产量95.51吨，牲畜良种覆盖率5.41%。购买良种公牛59头，完成黄牛改良任务3000头。减畜78994.3只绵羊单位，实现草畜平衡4611户，补助资金511.41万元。县财政投入500万元，并整合扶贫水利资金957万元，完成乌米农业综合开发示范区一期2098亩土地坡改堤和机械化作业。实施重点区域造林1947.2亩，周边造林4300亩，退耕还林配套荒山荒地造林7000亩，人工种草4500亩。完成普松灌渠、夏曲河、县城防洪堤等水利项目建设。项目征地244.76亩，县财政兑现补偿资金650.21万元；矿山企业兑现草补资金500万元，土地出让金1425.41万元；中国联通公司兑现土地出让金146.15万元。

产业发展

年内,尼木县产业化发展之路进一步加快。年内,尼木县全面启动净土健康产业发展工作,加大对养殖业、种植业方面的资金投入力度,大力发展藏鸡养殖业。截至年底,全县共有1500户藏鸡养殖户,养殖藏鸡67856只,年收入约730万元;大力扶持有实力的企业参与全县矿产资源的勘探与开发。总投资4.9亿元的厅宫铜矿5000吨电解铜建设项目正在稳步推进;旅游发展基础不断完善,吞巴乡吞达村荣获"2013年中国最美村镇"传承奖,吞巴旅游景区于6月20日正式营业。投资328万元的如巴湖景区已经完成总工程量的80%。全县"一日游"游客达到44690人次,同比增长21%;旅游收入达到1985万元,同比增长22%;民族手工业拓宽市场。年内,全县690户2771名农牧民参与旅游文化产品的制作、销售和家庭旅馆、特色藏餐等旅游服务工作。其中藏香收入达到650万元,经版、经幡收入达到360万元。截至年底,尼木县非公企业共21家,注册资金6104.1万元,就业人员848人,年收入达1289万元。

招商引资

年内,县政府紧紧围绕抓项目就是抓经济、抓发展的工作理念,进一步加大项目争取和实施力度,确保重大项目尽快落地实施。抓好重点项目建设。尼木县新建及续建项目共计130个,完成投资6.98亿元。其中,续建项目22个,新开工项目108个,投资超过1000万元(含)以上项目16个。实施援藏项目12个,项目总投资8087.96万元,项目的实施对尼木县基础设施、经济社会发展和民生改善起到积极的推动作用。年内,新签约项目12个,签约金额达235.67亿元,落地项目8个,招商引资到位资金2.605亿元,同比增长46.35%。城镇化建设不断加快。

社会保障

在大力开展经济建设的同时,尼木县始终把发展各项社会事业放在重要位置,统筹兼顾,综合平衡,确保经济社会协调发展。教育改革稳步推进。进一步加大教育投入力度,年内,县级财政投入教育经费1000万元,占财政收入的26.38%。扎实推进教改工作,顺利完成对县中学、麻江乡完小、续迈乡完小、尼木乡完小标准化建设任务,圆满完成职业教育整合及招生任务,认真开展贫困大学生资助工作,促进义务教育均衡发展,教育质量和学校管理水平稳步提升。

医疗卫生惠及百姓。积极推进基层医疗改革。年内,县财政投入177.9万元,实施11个边远自然村卫生所、县医院藏医文化室、医院局域网、急救中心建设。合作医疗参合率100%,大病补偿金额达654.24万元、1435人次。在全市率先开展"先诊疗,后结算"医疗服务。为全县僧尼及城乡居民体检29148人,体检率达97.48%。免费为8名"先心病"患儿治疗,免费为210对计划怀孕夫妇进行孕前健康体检。

文化事业繁荣发展。年内,开展中共十八大及十八届三中全会精神宣讲活动170场次、受众3.6万人次,文艺汇演17场。县财政投入63.18万元发展文化、广电事业,申报非物质文化遗产10个。扎实开展电影"六进"活动,共放映电影1697场,观众累计达208471人次。县财政投入14万元对县城有线电视线路进行改造,广播、电视覆盖率分别达到99.87%、99.86%。

年内,县财政投入35.57万元供养五保对象161户169人。发放农村低保283.6万元,发放城镇低保168.53万元(含寺庙僧尼),"三大节日"补助32.4万元,发放孤儿基本生活费8.64万元,发放助孤资金4.32万元。县财政投入20.95万元,完成32户残疾人危房改造,5户残疾人无障碍改造。县财政投入30万元对801个残疾人进行生活补助,投入180万元,完成10个民政救灾仓库建设。兑现民生补贴资金30万元,发放救灾粮食15.8万公斤,折合人民币65.61万元。截至年底,救灾救急90户339人次,发放救助金17.28万元,医疗救助408人,发放救助金101.96万元。社会保障工作落实到位。年内,各项社会保险参保人数达到24777人,征缴社会保险基金1598.61万元(县财政配套505万元),待遇支出980万元,社保体系日益完善。农牧民技能技术培训成效显著。年内,共举办各类技能技术培训班17期,共培训4070人。其中,实用技术培训3000人,劳务输出技能培训1010人,创业培训60人。农村富余劳动力转移就业2353人,劳务输出2834人,实现收入6237.27万元。

社会和谐

民族团结是西藏各族人民的生命线,社会稳定是西藏发展进步的根本保障和基本前提。民族团结进一步加强。以推进民族团结进步事业为目标,年内,尼木县开展民族团结宣讲教育195(场)次,受众人数27099人,表彰民族团结模范集体17个,模范个人32名,发放奖金20万元。年内,尼木县紧紧围绕打造"平安尼木",构建和谐社会这一目标,投入384万元,进一步加大防控体系建设,大力开展严打整治工作,开展"双联户"创建活动,狠抓社会管理综合治理措施落实。做好寺庙“六建”工作，认真开展寺庙“六个一”活动，年内，共投入916万元（县财政投入132万元）不断完善“9+5”工程，进一步健全寺庙管理制度，深入开展创建评选活动，寺庙管理工作逐步迈入制度化、规范化轨道。开展信访积案及矛盾纠纷“大排查、大化解”工作，及时排查化解不稳定因素。全面落实安全生产责任制，强化安全生产监督管理，扎实深入开展“安全生产宣传月”宣传活动和重点领域安全工作专项整治活动，狠抓事故隐患整改，全县安全生产形势持续好转。

强基惠民

随着扶贫项目和惠民工程的实施，尼木县群众生产生活条件不断提高。完成26个财政扶贫项目建设，总投资达2944.14万元，利用增量资金和奖励资金新建2个扶贫项目。投入3800余万元（县级财政投入2882.43万元）为群众办理12件民生实事，其中259.61万元用于对104户特困户帮扶。上年，尼木县600户2608人实现脱贫，贫困人口比例由2012年的19.7%下降到10.8%，争取农业综合开发项目资金1000万元和5个行政村互助资金200万元；“创先争优强基础惠民生”驻村工作队投入557万元（含群众自筹21万元），完成15个“短、平、快”项目，投入3386.26万元，完成计划外项目199个，投入1017.12万元，为群众办实事办好事437件，投入32.01万元，开展“五送”（送科技、送技术、送卫生、送信息、送服务）活动181次。新建廉租房48套、公租房72套，续建周转房36套，新规划建设第二批周转房78套（其中新建乡镇周转房34套）；安居工程建设户140户，已完成建设127户，兑现安居工程资金755万元。

（徐家伟）

柳梧新区管委会

概　况

2013年，完成市政府下达任务的105%，同比增长25.65%；财政一般预算收入5.28亿元，完成市政府目标任务的100%，同比增长65%；固定资产投资24.17亿元，完成计划目标的105%，同比增长38.59%；招商引资到位资金19.1亿元，完成计划目标的105%，同比增长41.69%。

2013年国民经济和社会发展

固定资产投资继续增长

全年共开复工项目69个（含设备购置），总投资72.26亿元，年内完成投资24.17亿元。其中续建项目17个，主要有群众文化体育中心、德吉罗布儿童乐园、柳梧汽车站配套工程、君泰国际、香格里拉大街、海湾路、特警支队2期、飞天酒店、生态景观带2期、拉萨国际总部城、拉萨之窗等；新建项目52个，主要有冈仁国际、德天大厦、西藏银行职工周转房、天知·世界城、中国人寿西藏分公司办公楼、圣地财富广场、西藏博艺苑、世臻凤凰国际酒店、自治区公务员公寓、柳梧大桥守桥部队营房、柳梧交警大队办公楼、民航局物流中心、机场高速检查站、1兆瓦太阳能光热电站及普曲路、桃李街、金山路等市政项目。新区三纵五横的交通主干网络和道路框架已形成，并全部实现管线入地、雨污分流。学校、医院、酒店、博物馆等一批商业、卫生、文化配套设施部分建成或在建，城市功能日趋完善。

云中盛景、锦地广场、物流产业园、精品步行街、中南组团隧道、新区自来水厂、柳梧新区医院1期、农贸市场、富达辉商务酒店、晶鑫工贸、南组团生活垃圾转运站、柳梧新区幼儿园等50余个项目正推进前期工作。

招商引资成效显著

成立招商工作领导小组，编制招商引资项目库（涉及项目34个，总投资350亿元），积极参加“中国光彩事业西藏行”、深圳项目推荐会、京港洽谈会、兰洽会、西博会等活动，先后8次组织人员赴厦门、成都、深圳、兰州、广西、福建、山东等地上门招商。年内引进北京智胜投资、香港丰硕、成都万达、万裕实业、中泰投资、兰州大成等一批实力较强的企业。

柳梧城投运行良好

柳梧城投现有资产9.24亿元，由公司投资建设的“拉萨国际总部城”“拉萨之窗”“云中盛景”“1兆瓦分布式聚光太阳能”等4个项目，总投资15.82亿元。“拉萨国际部总城”实现70%的销售率，“拉萨之窗”实现90%的销售率。吸引西藏自治区烟草公司、西藏保监局、西藏同信证券、久恒期货、中瑞矿业、神水藏药、平安保险、太平洋保险、安邦保险等30余家企业入驻。

创先争优强基惠民活动

年内,派驻桑达村、柳梧村两个工作队依托自身优势,结合当地实际,切实为群众办实事解难事。累计投入为群众办实事资金300余万元,实施察古沟简易道路、柳梧群众广场、群众就业、寺庙绿化、购置经济林木、庭院经济、农村饮水改扩建,以及组织看望特困户等一大批项目,为两个村经济发展、群众增收发挥积极作用。

管委会已解决柳梧村群众就业110余人(其中公益性岗位38人)。柳梧村失地农民人均纯收入从2007年年底的3050元提高到2013年年底的12000余元,群众拥有车辆从20余辆增加到700余辆,生产生活条件极大改善,就业门路也随新区城市建设发展不断拓宽。

人　　物

受地厅级以上表彰的先进集体名录

获奖单位	获奖名称	表彰时间	授予单位
市检察院计财装备处	全国检察机关“两房”建设先进集体	2013	最高人民检察院
市中级人民法院	全国法院“两评查”活动先进单位	2013	最高人民法院
市中级人民法院	全国刑事审判工作先进单位	2013	最高人民法院
市文化局	全国服务农民、服务基层文化建设先进集体	2013	中宣部、文化部、新闻出版总署
团市委	全国大学生志愿服务西部计划优秀等次项目办	2013	团中央
团市委	全国大学生志愿服务西部计划优秀等次项目办	2013	团中央
团市委	全国大学生志愿服务西部计划优秀等次项目办	2013	团中央
市检察院计财装备处	全国维护妇女儿童权益先进集体	2013	全国妇联
市妇联	全国维护妇女儿童权益先进集体	2013	全国妇联
市人力资源和社会保障局	全国民营企业招聘周组织工作突出城市	2013	人社部、全国总工会、全国工商联
市邮政局	安康杯优胜企业	2013	全国总工会
市司法局法律援助工作科	全国维护妇女儿童权益先进集体	2013	全国妇联
市民政局	荣获全国“五好家庭”	2013	全国文明办
市公安局刑警支队	全国电力电信广播电视设施安全保护工作成绩突出集体	2013	公安部

续表1

获奖单位	获奖名称	表彰时间	授予单位
市公安局刑警支队	2012年度全国公安机关追逃工作成绩突出单位	2013	公安部
市公安局	全国“两会”安全保卫任务嘉奖	2013	公安部
市公安局经侦支队	全国公安机关“打假行动”成绩突出集体	2014	公安部
市公安局网安支队	全国公安机关集中打击整治网络违法犯罪专项行动成绩突出集体	2014	公安部
市城关区公安局吉日派出所	“打击食品犯罪保卫餐桌安全”专项行动成绩突出集体	2014	公安部
市公安局禁毒支队	全国公安机关“肃毒害、创平安”禁毒百日攻坚会战成绩突出的集体	2013	国家禁毒委员会
市国税局	全国税务系统先进集体	2014	人力资源和社会保障部、国家税务总局
市人力资源和社会保障局	全国人力资源和社会保障系统2011—2013年度优质服务窗口	2013	人社部
市审计局	全国政府性债务审计先进公务员集体三等功	2013	国家审计署
市司法局	全国司法业务用房先进建设单位	2013	国家司法部
市国土资源局	国土资源系统“六五”普法先进单位	2013	国土资源部
市司法局	全国法治城市、法治县(市、区)创建活动先进单位	2013	全国普法办
市城关区	全国法治城市、法治县(市、区)创建活动先进单位	2013	全国普法办
市工商联	先进单位	2013	人力资源和社会保障部、中华全国工商业联合会
市委宣传部	2012年度全国文化市场综合行政执法先进单位	2013	文化部
市环境监察支队	2012年度全国“12369”环保举报热线“优质服务窗口”	2013	环境保护部
市委宣传部	2012年度中国城市网络形象排行榜十佳城市奖	2013	新华社新华网
市旅游局	影响世界的中国文化旅游名城	2013	人民网
市委宣传部	“拉萨发布”获得十大省市级政务微博排行榜	2014	人民网
市文化局	传统藏戏《卓瓦桑姆》获全国群众文化政府最高奖“群星奖”	2013	中国“十艺节”组委会
林周县黑颈鹤民间艺术团	表演的男女群舞《阿嘎舞》获得全国技能大赛艺术表演金奖	2013	全国技能大赛组委会
林周县农民舞蹈队舞蹈《阿谐》	第七届全国电视大赛群舞组最佳作品奖、编导金奖和最佳演员奖	2013	中央电视台

续表 2

获奖单位	获奖名称	表彰时间	授予单位
市文化局	“直贡嘎举金锦宝串唐卡”通过吉尼斯世界纪录认证,获得“世界最大唐卡”称号	2013	世界吉尼斯纪录协会
市文化局	传统藏戏片段舞蹈《酥油情》获喜剧类“群星奖”	2013	中国“十艺节”组委会
市文物局	色拉寺文物保护工程获得全国十佳文物工程项目荣誉称号	2013	全国十佳文物工程项目评比委员会
市“扫黄打非”领导小组办公室	全国“扫黄打非”先进集体	2014	全国“扫黄打非”办公室
市集邮函件广告局	十佳营销团队	2013	邮政集团公司
市委办公厅	自治区 2012—2013 年创先争优活动优秀组织单位	2013	自治区党委、自治区政府
市人大办公厅	自治区创先争优强基础惠民生活动优秀组织单位	2013	自治区党委、自治区政府
拉萨师范高等专科学校	自治区创先争优强基础惠民生活动先进驻村(居)工作队	2013	自治区党委、自治区政府
市妇联	西藏自治区民族团结进步模范集体	2013	自治区党委、自治区政府
市妇联	自治区先进驻村工作队	2013	自治区党委、自治区政府
市农牧局	西藏自治区创先争优强基础惠民生活动优秀组织单位	2013	自治区党委、自治区政府
市人力资源和社会保障局	自治区创先争优强基础惠民生活动先进驻村(居)工作队(驻普松村工作队)	2013	自治区党委、自治区政府
市教育局	自治区创先争优强基惠民生活动 优秀组织奖	2013	自治区党委、自治区政府
市教育局	自治区创先争优强基惠民生活动 先进驻村(居)工作队	2013	自治区党委、自治区政府
市扶贫(农发)办派驻林周县连布村工作队	自治区创先争优强基惠民活动先进工作队	2013	自治区党委、自治区政府
市委宣传部	自治区创先争优强基础惠民生活动优秀组织单位	2013	自治区党委、自治区政府
市委宣传部	西藏自治区民族团结进步模范集体	2013	自治区党委、自治区政府
市工商局企业注册大厅	2013 年西藏自治区民族团结进步模范集体	2013	自治区党委、自治区政府
加尔西驻村工作队	第二批自治区级先进驻村(居)工作队	2013	自治区党委、自治区政府
市委政法委	全区“先进双联户”创建活动先进市	2013	自治区党委、自治区政府
市委政法委	2013 年全区社会管理综合治理工作第二名	2013	自治区党委、自治区政府
市纪委	自治区创先争优强基础惠民生活动优秀组织单位	2013	自治区党委

续表3

获奖单位	获奖名称	表彰时间	授予单位
市财政局	2012—2013年创先争优强基惠民活动自治区级先进驻村(居)工作队	2013	自治区党委
市安全生产监督管理局	2012年度全区安全生产先进单位	2013	自治区政府
中国工商银行拉萨分行	2013年度全区金融工作先进集体	2013	自治区政府
市"扫黄打非"领导小组办公室	2012年全区"扫黄打非"工作先进集体	2013	自治区政府
市民政局	全区规范藏语文社会用字工作先进集体	2013	自治区政府
市民政局	全区强基础惠民生活动先进集体	2013	自治区政府
市工商联	提案办理先进集体	2013	政协第十届拉萨市委员会
市委宣传部	2013年自治区网络舆情报送先进集体	2013	自治区党委宣传部
市检察院侦监一处	第三届全区检察机关侦查监督业务竞赛组织奖	2013	自治区检察院
市检察院预防处	全区检察机关职务犯罪预防部门岗位练兵·案例剖析"一等奖"	2013	自治区检察院
市检察院侦监二处	全区检察机关侦查监督业务竞赛活动优秀组织奖	2013	自治区检察院
市中级人民法院	拉萨市2012年度维护社会稳定和社会管理综合治理工作先进集体	2013	自治区高级人民法院
市中级人民法院	全区法院目标考评第一名	2013	自治区高级人民法院
市中级人民法院	全区法院民族团结先进集体	2013	自治区高级人民法院
市公安局赛康便民警务站	2013年全国工人先锋号	2013	自治区党委办公厅
市委办公厅信息科	2012年度全区党委系统信息报送工作先进集体	2013	自治区党委办公厅
市委统战部	2013年度藏胞管理工作先进单位	2013	自治区党委统战部
市委统战部	2013年全区统战理论调研成果优秀奖	2013	自治区党委统战部
市检察院计财装备处	全区综合治理工作先进集体	2013	自治区政法委
市纪委	全区创先争优强基础惠民生活动优秀组织奖	2013	自治区强基础惠民生活动领导小组办公室
市公安局国保支队	全区公安系统岗位知识技能比武竞赛先进集体	2013	自治区公安厅
市公安局刑警支队情报信息中心	全区公安系统岗位知识技能比武竞赛先进集体	2013	自治区公安厅

续表 4

获奖单位	获奖名称	表彰时间	授予单位
市公安局政治部	公安政工人事工作先进集体第一名	2013	自治区公安厅
市公安局特警支队赴青岛汇报表演小分队	集体三等功	2013	自治区公安厅
市公安局政治部	全区公安政工人事训练工作考核先进集体(第一名)	2014	自治区公安厅
市财政局	2012 年度巩固全国文明城市创建成果工作先进单位	2013	自治区文明委
市人力资源和社会保障局	2012 年度拉萨市巩固全国文明城市创建成果工作先进单位	2013	自治区文明委、市委、市政府
市委办公厅	2012 年度巩固全国文明城市创建成果工作先进单位	2013	自治区文明办
市公安局特警支队	2012 年度拉萨市巩固全国文明城市创建成果工作先进单位和先进个人	2013	自治区文明办
市公安局交警支队	2012 年度拉萨市巩固全国文明城市创建成果工作先进单位和先进个人	2013	自治区文明办
市公安局便民警务支队	2012 年度拉萨市巩固全国文明城市创建成果工作先进单位和先进个人	2013	自治区文明办
市人大办公厅	2012 年度拉萨市巩固全国文明城市创建成果工作先进单位	2013	自治区精神文明建设指导委员会、市委、市政府
市安全生产监督管理局	2012 年度全区安监系统先进集体二等奖	2013	自治区安全生产监督管理局
市八一农场	2012 年度拉萨市巩固全国文明城市创建成果工作先进单位	2013	自治区精神文明建设指导委员会、市委、市政府
布达拉宫广场管理处	2012 年度拉萨市巩固全国文明城市创建成果工作先进单位	2013	自治区精神文明建设指导委员会、市委和市政府
市委党校	自治区创先争优强基础惠民生活动先进驻村(居)工作队	2013	自治区强基办
市人力资源和社会保障局	2013 年度全区就业工作先进集体	2013	自治区人社厅
市人力资源和社会保障局	2013 年度全区企业职工基本养老保险扩面征缴先进集体	2013	自治区人社厅
市人力资源和社会保障局	2013 年度全区城镇职工基本医疗保险扩面征缴先进集体	2013	自治区人社厅
市人力资源和社会保障局	2012 年度全区社会保险基金预决算报表一等奖	2013	自治区人社厅
市人力资源和社会保障局	2012 年度全区社会保险统计报表二等奖	2013	自治区人社厅
市审计局	旁多水利枢纽工程移民搬迁以征地补偿专项资金审计项目被评为 2013 年度全区审计系统表彰审计项目	2014	自治区审计厅
市审计局	2013 年度全区审计信息评比中被评为二等奖	2014	自治区审计厅
市农牧局	2012 年度农牧民增收工作先进单位	2013	自治区农牧厅

续表 5

获奖单位	获奖名称	表彰时间	授予单位
市农牧局	2012 年度粮食生产工作二等奖	2013	自治区农牧厅
市农牧局	2012 年度牲畜出栏工作二等奖	2013	自治区农牧厅
市农牧局	2012 年度农牧业基本建设项目工作三等奖	2013	自治区农牧厅
市农牧局	2012 年度重大动物疫病防控工作一等奖	2013	自治区农牧厅
市农牧局	2012 年度农产品质量安全监管工作一等奖	2013	自治区农牧厅
市农牧局	2012 年度农牧业产业化发展先进单位	2013	自治区农牧厅
市农牧局	2012 年度农村沼气项目建设工作二等奖	2013	自治区农牧厅
市农牧局	2012 年度促进农机化发展工作三等奖	2013	自治区农牧厅
市农牧局	农牧业特色产业发展工作一等奖	2013	自治区农牧厅
市农牧局	2012 年度“西藏农牧信息网”信息发布工作先进单位	2013	自治区农牧厅
团市委	全区“我与驻村工作”主题征文活动优秀组织奖	2013	团区委
团市委	《西藏自治区志·共青团志》编修工作先进集体	2013	团区委
拉萨师范高等专科学校	第三届大学生校园文化艺术节优秀组织单位	2013	共青团西藏自治区委员会 西藏自治区学生联合会
拉萨师范高等专科学校	第三届大学生校园文化艺术节汉语辩论赛季军	2013	共青团西藏自治区委员会 西藏自治区学生联合会
拉萨师范高等专科学校	2012 年度全区高校共青团员工作目标管理二等奖	2013	共青团西藏自治区委员会
拉萨师范高等专科学校	全区教育系统创先争优暨基层组织建设年先进党组织	2013	自治区教育工作委员会
拉萨师范高等专科学校	全区大中小学“中国梦·我的梦”作文大赛组织奖	2013	自治区教育厅
拉萨师范高等专科学校	全区模范职工之家	2013	自治区总工会、自治区人力资源和社会保障厅
市财政局	2012 年度预算执行先进单位 二等奖	2013	自治区财政厅
市财政局	2012 年度部门决算编制先进单位 二等奖	2013	自治区财政厅
市财政局	2012 年度预算管理信息报送工作先进单位 三等奖	2013	自治区财政厅
市财政局	2012 年度财政供养人员信息系统工作先进单位 一等奖	2013	自治区财政厅

续表 6

获奖单位	获奖名称	表彰时间	授予单位
市财政局	2012 年度乡镇财政决算报表先进单位 三等奖	2013	自治区财政厅
市财政局	2012 年度地方政府性债务工作先进单位 二等奖	2013	自治区财政厅
市财政局	2012 年度国有企业月报先进单位 一等奖	2013	自治区财政厅
市财政局	2012 年度集体企业财务决算报表先进单位 一等奖	2013	自治区财政厅
市财政局	2012 年度国有企业财务决算先进单位 一等奖	2013	自治区财政厅
市财政局	2012 年度财政支农专户综合决算、农村经济运行分析及月报先进单位 一等奖	2013	自治区财政厅
市财政局	2012 年度财政发农、扶贫决算先进单位 一等奖	2013	自治区财政厅
市财政局	2012 年度财政固定资产投资决算报表先进单位 一等奖	2013	自治区财政厅
市财政局	2012 年度全区财政系统优秀人事教育统计报表	2013	自治区财政厅
市财政局	2012 年信息报送先进单位	2013	自治区财政厅
市妇联	西藏自治区首届“珠峰杯”女子乒乓球比赛优秀奖	2013	自治区妇联、自治区体育局、自治区直机关工委
市林业绿化局	九届中国(北京)国际园林博览会展园施工优秀奖	2013	园博会组委会
市林业绿化局	第九届中国(北京)国际园林博览会室内展陈荣誉奖	2013	园博会组委会
市林业绿化局	第九届中国(北京)国际园林博览会展园建设鼓励奖	2013	园博会组委会
市林业绿化局	第九届中国(北京)国际园林博览会优秀组织奖	2013	园博会组委会
市林业绿化局	第九届中国(北京)国际园林博览会建筑小品优秀奖	2013	园博会组委会
市林业绿化局	第九届中国(北京)国际园林博览会先进集体奖	2013	园博会组委会
市林业绿化局	第九届中国(北京)国际园林博览会室外展园银奖	2013	园博会组委会
市司法局	全区基层司法行政工作 2013 年综合考评全区第一名	2013	自治区司法厅
市卫生局	全区妇幼卫生工作“两降一升”先进集体	2014	自治区卫生厅
市文化局	西藏“移动杯”全区民歌大赛,我市选手演唱的《金色骏马》和《年轻的月亮》获银奖	2013	自治区文化厅
市文化局	第二届全区藏戏大赛组织奖	2013	自治区文化厅

续表7

获奖单位	获奖名称	表彰时间	授予单位
市文物局	全区文物工作先进集体	2014	自治区文物局
市邮政局	先进集体	2013	区邮政公司
市民政局	全区人口普查先进单位	2013	自治区统计局
市民政局	全区民政工作先进集体	2014	自治区民政厅
市民政局	全区民政统计工作先进集体	2014	自治区民政厅
市教育局	2012—2013学年初教育事业统计评比 一等奖	2013	自治区教育厅
市广播 电视台	拉萨市广播电视台获得西藏自治区冬春消防专项行动暨“油气领域”消防安全专项整治行动先进集体	2013	自治区安全生产委员会
市电影公司	西藏自治区“创先争优强基惠民”电影进驻村点巡回放映活动先进集体	2013	自治区创先争优强基惠民活动领导小组办公室、自治区广播电影电视局
市民服务中心	全区巾帼文明岗	2013	自治区妇联、自治区妇女“双学双比”“巾帼建功”活动领导小组
市民服务中心	2012年度拉萨市巩固全国文明城市创建成果“先进集体”	2013	自治区精神文明建设指导委员会、市委、市政府
市工商局企业注册大厅	自治区学雷锋先进集体	2013	自治区工商局
市工商局驻墨竹工卡县扎西岗乡朗杰林村工作队	全区深入开展创先争优强基惠民活动第一批先进驻村(居)工作队	2013	自治区工商局
市工商局城东分局	2012年度全区工商系统落实党风廉政建设责任制先进单位	2013	自治区工商局
市工商局	2012年度拉萨市巩固全国文明城市创建成果工作先进单位	2013	自治区文明委、市委、市政府
市编办	2012年度全区机构编制统计工作一等奖	2014	自治区机构编制委员会办公室
市水利局	2013年全国第一次水利普查先进集体	2013	自治区水利厅
市编办	2012年度全区机构编制统计工作一等奖	2014	自治区机构编制委员会办公室
中国移动拉萨分公司	模范职工之家	2013	自治区总工会、自治区人力资源和社会保障厅
中国移动拉萨分公司	2012年度拉萨市巩固全国文明城市创建成功工作先进单位	2013	自治区精神文明建设指导委员会、市委、市政府
中国移动拉萨分公司	西藏自治区青年文明号	2013	共青团西藏自治区委员会
市统计局、国家统计局拉萨调查队	2013年度全区统计调查工作先进集体二等奖	2014	自治区统计局、国家统计局西藏调查总队

续表 8

获奖单位	获奖名称	表彰时间	授予单位
拉萨市政协	拉萨市创先争优强基础惠民生活动优秀组织单位	2013	市委、市政府
市委办公厅	2013 年度全市民族团结进步模范集体	2013	市委、市政府
市委办公厅驻达孜县扎西岗村工作队	2012—2013 年创先争优活动先进驻村工作队	2013	市委、市政府
市档案局(馆)	创先争优强基础惠民生活动先进驻村(居)工作队	2013	市委、市政府
市档案局(馆)	2013 年度党内统计工作先进集体	2014	市委、市政府
市公安局	2012 年度机关作风和行政效能建设工作先进集体三等奖	2013	市委、市政府
八廓古城公安局小昭寺派出所	全市民族团结进步模范集体	2013	市委、市政府
市公安局监管支队	全市民族团结进步模范集体	2013	市委、市政府
市公安局出入境管理支队	全市民族团结进步模范集体	2013	市委、市政府
市公安局刑警支队驻林周县唐古乡恰扎村工作队	先进驻村(居)工作队	2013	市委、市政府
市公安局	2013 年度社会管理综合治理工作先进集体	2014	市委、市政府
市公安局交警支队	2013 年全市环境保护工作先进集体	2014	市委、市政府
市质量技术监督局	2013 年度市(中)直机关效能建设争先进位综合考评进位奖	2014	市委、市政府
市人大办公厅	2013 年度拉萨市民族团结进步模范集体	2013	市委、市政府
市人大办公厅	2013 年社会管理综合治理工作先进单位	2014	市委、市政府
市国税局驻当雄县纳木湖乡纳措村工作队	创先争优强基础惠民生活动先进驻村工作队	2013	市委、市政府
市国税局	创先争优强基础惠民生活动优秀组织单位	2013	市委、市政府
墨竹工卡县国税局	全市民族团结进步模范集体	2013	市委、市政府
市总工会	颁发的“2013 年度市(中)直机关效能建设争先进位综合考评进位奖”	2013	市委、市政府
市直属机关工作委员会	2013 年度维护社会稳定和社会管理综合治理工作先进集体	2014	市委、市政府
中国工商银行拉萨分行	平安单位	2013	市委、市政府
市工信局(国资委)	2012 年度拉萨市民族团结进步模范集体	2013	市委、市政府

续表 9

获奖单位	获奖名称	表彰时间	授予单位
市工信局(国资委)	拉萨市创先争优强基惠民活动优秀组织单位	2013	市委、市政府
市工信局(国资委)驻城关区扎细社区工作队	先进驻村(居)工作队先进驻村(居)优秀组织单位	2013	市委、市政府
团市委	创先争优强基础惠民生活动先进驻村(居)工作队	2013	市委、市政府
团市委	民族团结进步模范集体	2013	市委、市政府
团市委	巩固全国文明城市创建成果工作先进单位	2013	市委、市政府
市检察院纪检检察室	2013 年度机关效能建设进位奖	2014	市委、市政府
市科技局	2013 年度市(中)直机关效能建设争先进位工作争先奖一等奖	2014	市委、市政府
市科技局	全市科普工作先进集体	2013	市委、市政府
市科技局	全市造林绿化先进集体	2013	市委、市政府
市气象局	拉萨市 2013 年度科普工作先进集体	2013	市委、市政府
市气象局	2013 年度市(中)直机关效能建设争先进位综合考评进位奖	2014	市委、市政府
拉萨师范高等专科学校	2013 年度拉萨市民族团结进步模范集体	2013	市委、市政府
拉萨师范高等专科学校	拉萨市 2012 年度市(中)直机关作风和行政效能建设综合考评一等奖	2013	市委、市政府
市财政局	2013 年度拉萨市民族团结进步模范集体	2013	市委、市政府
市农牧局	2013 年度科普工作先进集体	2013	市委、市政府
市人民政府法制办公室	拉萨市民族团结进步先进单位	2013	市委、市政府
市人力资源和社会保障局	2012 年度信访工作先进集体	2013	市委、市政府
市人力资源和社会保障局	2012 年度全市环境保护工作先进集体	2013	市委、市政府
市人力资源和社会保障局	全市民政工作先进集体	2013	市委、市政府
市审计局	2013 年度拉萨市民族团结进步模范集体	2013	市委、市政府
市司法局	2013 年度市(中)直机关效能建设争先进位工作争先三等奖	2013	市委、市政府
市司法局	拉萨市 2013 年度社会管理综合治理工作先进集体	2013	市委、市政府

续表 10

获奖单位	获奖名称	表彰时间	授予单位
市司法局	全市驻村工作优秀组织单位	2013	市委、市政府
市卫生局	科普工作先进集体	2013	市委、市政府
市卫生局驻当巴社区工作队	拉萨市创先争优强基础惠民生活动先进驻村(居)工作队	2013	市委、市政府
市卫生局驻尼续村工作队	拉萨市创先争优强基础惠民生活动先进驻村(居)工作队	2013	市委、市政府
市文化局	2013 年拉萨市机关效能建设争先进位综合考评进位奖	2014	市委、市政府
市文化局	2012 年度巩固全国文明城市创建成果工作先进单位	2013	市委、市政府
市文化局驻桑木村工作队	拉萨市先进驻村工作队称号	2013	市委、市政府
市旅游局	拉萨市创先争优强基惠民生活动优秀组织单位	2013	市委、市政府
市中级人民法院	2012 度机关作风和行政效能建设二等奖	2013	市委、市政府
市中级人民法院	2013 年度拉萨市民族团结进步模范集体	2013	市委、市政府
市扶贫(农发)办	拉萨市创先争优强基惠民活动优秀组织单位	2013	市委、市政府
市扶贫(农发)办	2013 年度市(中)直机关效能建设争先进位综合考评进位奖	2014	市委、市政府
市广播电视台	2013 年度拉萨市民族团结进步模范集体	2013	市委、市政府
市民服务中心	2013 年度拉萨市民族团结进步“模范集体”	2013	市委、市政府
市人防办	全市创先争优强基惠民生活动先进驻村工作队	2013	市委、市政府
市委统战部	2012 年度全市综治工作先进单位	2013	市委、市政府
市委统战部	2012 年度拉萨市巩固全国文明城市创建成果工作先进单位	2013	市委、市政府
市委统战部	2013 年度市(中)直机关作风效能综合考评二等奖	2013	市委、市政府
市委统战部	2013 年度民族团结进步模范集体	2013	市委、市政府
市委宣传部	机关效能建设争先进位综合考评一等奖	2014	市委、市政府
市委宣传部	拉萨市民族团结模范集体	2013	市委、市政府
市委宣传部	2012 年度巩固全国文明城市创建成果工作先进单位	2013	市委、市政府

续表 11

获奖单位	获奖名称	表彰时间	授予单位
市工商局	2012 年全市平安单位	2013	市委、市政府
市工商局	拉萨市创先争优强基础惠民生优秀组织单位	2013	市委、市政府
市工商局	西藏工商系统创先争优强基惠民先进工作队	2013	市委、市政府
市工商局	2012 年度全市维稳综治工作先进集体	2013	市委、市政府
市水利局	2013 年度维护社会稳定先进单位	2014	市委、市政府
市水利局	22013 年度拉萨市市直机关效能建设综合考评三等奖	2014	市委、市政府
市信访局	拉萨市民族团结进步模范集体	2013	市委、市政府
市信访局	2013 年社会管理综合治理工作先进单位	2014	市委、市政府
市委政法委	2013 年度市(中)直机关作风效能建设争先进位综合考评三等奖	2014	市委、市政府
市委政法委	拉萨市 2012—2013 年度创先争优强基惠民活动先进驻村(居)工作队	2013	市委、市政府
市统计局、国家统计局拉萨调查队	2013 年度维护社会稳定和社会管理综合治理工作先进集体	2014	市委、市政府
拉萨经济技术开发区管委会	2013 年度维护社会稳定先进单位	2013	市委
市财政局	2012 年度维护社会稳定和社会管理综合治理工作先进集体	2013	市委
市财政局驻城关区八廓街道鲁固社区工作队	创先争优强基惠民活动先进驻村(居)工作队	2013	市委
市审计局驻村工作队	拉萨市 2012—2013 年度创先争优强基础惠民生活动先进驻村工作队	2013	市委
市环境保护局	拉萨市创先争优强基惠民生活动优秀组织单位	2013	市委
市财政局	2012 年全市造林绿化先进集体	2013	市政府
市财政局	全市环境保护工作先进集体	2013	市政府
市财政局	全市民政工作先进集体	2013	市政府
市财政局	质量兴市创建活动先进集体三等奖	2013	市政府
市财政局	2012 年度信访工作先进集体	2013	市政府
市财政局	2012 年度市(中)直机关作风和行政交通建设工作先进集体	2013	市政府

续表 12

获奖单位	获奖名称	表彰时间	授予单位
市财政局	2012 年度全市安全生产	2013	市政府
市委办公厅	2012 年度全市环境保护工作先进集体	2013	市政府
市委办公厅督查室	2012 年度全市环境保护工作先进集体	2013	市政府
市委办公厅督查室	第五次全市民政工作先进集体	2013	市政府
市公安局	全市民政工作先进集体	2013	市政府
市质量技术监督局	2012 年度全市安全生产先进单位	2013	市政府
市质量技术监督局	2013 年度全市安全生产先进单位	2014	市政府
市国税局	关于表彰全市税务系统的决定	2014	市政府
市安全生产监督管理局	2012 年度全市安全生产先进单位	2013	市政府
市安全生产监督管理局	2012 年度消防安全目标管理责任书考评先进集体	2013	市政府
市直属机关工作委员会	第五次全市民政工作先进集体	2013	市政府
市工商联	2013 年度招商引资工作先进集体	2013	市政府
拉萨经济技术开发区管委会	2013 年度县(区)域经济发展争先进位先进单位	2013	市政府
市农牧局	2012 年度拉萨市质量兴市创建活动三等奖	2013	市政府
市卫生局	创建国家环保模范城市先进单位	2014	市政府
市文化局	中国拉萨雪顿节先进集体	2013	市政府
市文化局	拉萨市民间艺术团首届文艺调演优秀奖	2013	市政府
市广电局	2012 年度全市环境保护工作先进集体	2013	市政府
市人力资源和社会保障局	政协第十届拉萨市委员会提案办理先进集体	2013	市政协
市委宣传部	全市环境保护先进集体	2013	市政府
市委宣传部	第五次全市民政工作先进集体	2013	市政府
市工商局	2012 年度全市各项综合整治和工商执法工作中表现突出	2013	市政府

续表 13

获奖单位	获奖名称	表彰时间	授予单位
市工商局	市质量兴市创建活动先进集体	2013	市政府
市环境保护局	2012 年度全市安全生产先进单位	2013	市政府
市残联	第五次全市民政工作先进集体	2013	市政府
市信访局	全市民政工作先进集体	2013	市政府
园区管委会	拉萨市园区发展考核三等奖	2013	市政府
市统计局、国家统计局拉萨调查队	全市环境保护工作先进集体	2013	市政府
西藏分行	创先争优强基础惠民生活动“优秀组织单位”	2013	阿里地区委员会、阿里地区行署
市旅游局	最佳国内旅游城市	2014	携程集团

说明:由于各单位资料提供不全,可能有遗漏

受地厅级以上表彰的先进个人名录

姓名	性别	民族	工作单位	获奖名称	表彰时间	授予单位
樊君	女	汉	市检察院	首届全国检察机关预防素能比武优秀标兵	2013	最高人民检察院
曾蓉	女	汉	市检察院	全国优秀公诉人	2013	最高人民检察院
强巴旦增	男	藏	拉萨市中级人民法院刑一庭	全国优秀裁判文书	2013	最高人民法院
贡嘎	男	藏	拉萨市中级人民法院民一庭	全国优秀法官	2013	最高人民法院
玉珍	女	藏	拉萨市中级人民法院研究室	全国法院司法统计先进个人	2013	最高人民法院
范芸铭	男	汉	拉萨市公安局特警支队	全国公安机关深入开展学雷锋活动成绩突出个人	2013	公安部
达娃次仁	男	藏	拉萨市公安局经侦支队	2012 年度全国知识产权系统和公安机关知识产权执法保护先进个人	2013	公安部、国家知识产权局
牟晓卿	男	汉	拉萨市监管支队	公安监管工作成绩突出个人	2013	公安部
顿珠旺加	男	藏	城关区公安局嘎玛贡桑派出所	全国公安机关成绩突出法制员	2013	公安部
马丽萍	女	汉	拉萨市经侦支队	全国“打传销 反欺诈 促和谐”执法行动成绩突出个人	2013	公安部
周绍宇	男	汉	拉萨市公安局经侦支队	全国公安机关“打假行动”成绩突出个人	2014	公安部
旷虎	男	汉	拉萨市公安局经侦支队	全国公安机关“打假行动”成绩突出个人	2014	公安部
尼玛	男	藏	当雄县气象局	全国优秀测报员	2014	中国气象局
杨培	男	藏	尼木县气象局	全国优秀测报员	2014	中国气象局
邓丽	女	汉	拉萨市审计局	全国政府性债务审计先进公务员个人嘉奖	2013	国家审计署
法地玛	女	藏	拉萨市司法局	全国法律援助“优秀服务标兵”	2013	司法部
次仁白珍	女	藏	市卫生局	全国维护妇女儿童权益先进个人	2013	全国妇联
任玉花	女	汉	市国土资源局办公室	国土资源系统“六五”普法先进个人	2013	国土资源部
白曲	女	藏	市国土资源局地籍科	国土资源系统推进依法行政先进个人	2013	国土资源部
何慧燕	女	汉	市广播电视台	2013 年度全国安全播出先进个人奖项	2013	国家广电总局
平措次仁	男	藏	拉萨市群艺馆	第七届全国电视舞蹈大赛群文·群舞组编导奖金奖	2013	中央电视台

续表1

姓名	性别	民族	工作单位	获奖名称	表彰时间	授予单位
边巴旺堆	男	藏	拉萨市群艺馆	第七届全国电视舞蹈大赛群文·群舞组编导奖金奖	2013	中央电视台
拉巴次仁	男	藏	市广播电视台	全区年度先进个人奖项	2013	全区电视新闻年会
巴桑扎登	男	藏	拉萨市委办公厅	获得全区创先争优强基惠民活动先进驻村工作队员	2013	自治区党委、自治区政府
琼次仁	男	藏	市档案局(馆)	自治区深入开展创先争优强基础惠民生活动第二批先进驻村工作队员	2013	自治区党委、自治区政府
加永斯郎	男	藏	小昭寺派出所	优秀驻寺干部	2013	自治区党委、自治区政府
更顿朗杰	男	藏	小昭寺派出所	优秀驻寺干部	2013	自治区党委、自治区政府
塔清	男	藏	小昭寺派出所	优秀驻寺干部	2013	自治区党委、自治区政府
次成	男	藏	小昭寺派出所	优秀驻寺干部	2013	自治区党委、自治区政府
刘睿萍	女	藏	市人大法制委员会	自治区创先争优强基础惠民生活动第二批优秀驻村(居)工作队员	2013	自治区党委、自治区政府
沈道国	男	藏	拉萨市八一农场	2012—2013年创先争优强基础惠民生活动先进驻村工作队队员	2013	自治区党委、自治区政府
葛同荣	男	汉	中共拉萨市直属机关工作委员会	自治区深入开展创先争优强基础惠民生活动第二批先进驻村(居)工作队员	2013	自治区党委、自治区政府
任映绮	男	汉	团市委	区创先争优强基础惠民生活动先进驻村(居)工作队员	2013	自治区党委、自治区政府
巴桑次仁	男	藏	市科技局	自治区驻村工作先进个人	2013	自治区党委、自治区政府
格列曲扎	男	藏	拉萨市气象局	2012—2013年创先争优强基础惠民生活动自治区级先进工作队员	2013	自治区党委、自治区政府
德央	女	藏	拉萨市人力资源和社会保障局	自治区创先争优强基础惠民生活动先进个人	2013	自治区党委、自治区政府
索朗尼玛	男	藏	拉萨市审计局	自治区2012—2013年度创先争优强基础惠民生活动先进驻村工作队员	2013	自治区党委、自治区政府
次旺	女	藏	市妇幼保健院	全区“五一”劳动先进个人奖章	2014	自治区党委、自治区政府
阿米	女	回	市疾控中心(市卫生监督所)	自治区创先争优强基础惠民生活动先进驻村(居)工作队	2013	自治区党委、自治区政府
格西斯满	女	藏	拉萨市组织部	2013年西藏自治区民族团结进步模范个人	2013	自治区党委、自治区政府
董乾乾	男	汉	西藏分行	自治区创先争优强基础惠民生活动“先进驻村(居)工作队员”	2013	自治区党委、自治区政府
格西斯满	女	藏	拉萨市组织部	2013年西藏自治区民族团结进步模范个人	2013	自治区党委、自治区政府
高原红	男	藏	市统计局、调查队	2013年度自治区级先进工作队员	2013	自治区党委、自治区政府

续表2

姓名	性别	民族	工作单位	获奖名称	表彰时间	授予单位
平措旺堆	男	藏	市统计局、调查队	2013 年度自治区级先进工作队员	2013	自治区党委、自治区政府
朗嘎卓玛	女	藏	市统计局、调查队	2013 年度拉萨市先进工作队员	2013	自治区党委、自治区政府
扎西旺堆	男	藏	市委党校	自治区十八大知识竞赛二等奖	2013	自治区党委
达娃	女	藏	拉萨市财政局	2012—2013 年创先争优强基惠民活动自治区级先进驻村(居)工作队员	2013	自治区党委
姚天才	男	汉	拉萨市财政局	2012—2013 年创先争优强基惠民活动自治区级先进驻村(居)工作队员	2013	自治区党委
仲斌	男	汉	拉萨市工信局(国资委)	2013 年西藏自治区民族团结进步模范个人	2013	自治区政府
次卓嘎	女	藏	拉萨市文化局办公室	中国梦最佳“爱岗敬业”模范	2013	自治区政府、宣传部、文明委
崔晓峰	男	汉	西藏分行	2013 年全区金融工作先进个人	2013	自治区政府
杨佩铭	男	汉	西藏分行	2013 年全区金融工作先进个人	2013	自治区政府
张柯	男	汉	拉萨市委办公厅	获得 2012 年度全区党委系统信息报送工作先进个人	2013	自治区党委办公厅
王黎	女	汉	市委党校	自治区宣传部“学习贯彻中共十八大精神理论研讨会优秀论文”	2013	自治区党委宣传部
黄胜琴	女	汉	拉萨市委统战部	2013 年全区优秀涉宗干部	2013	自治区党委统战部
米玛顿珠	男	藏	拉萨市委统战部	全区优秀信息员	2014	自治区党委统战部
祁伟	男	汉	拉萨市委统战部	全区优秀信息员	2014	自治区党委统战部
旦增益西	男	藏	拉萨市委统战部	全区优秀信息员	2014	自治区党委统战部
徐小珍	女	汉	拉萨市中级人民法院刑一庭	全区优秀法官	2013	自治区高级人民法院
次仁卓嘎	女	汉	拉萨市中级人民法院机关党委	全区法院摄影《春风化雨》三等奖	2013	自治区最高法院
丹珍卓玛	女	藏	拉萨市中级人民法院机关党委	全区法院摄影作品鼓励奖	2013	自治区高级人民法院
魏征	男	汉	拉萨市中级人民法院机关党委	全区法院摄影作品鼓励奖	2013	自治区高级人民法院
马景玲	女	汉	局国保支队	全区公安系统岗位知识技能比武竞赛先进集体	2013	自治区公安厅
祁超武	男	汉	局经侦支队	全区公安系统岗位知识技能比武竞赛先进集体	2013	自治区公安厅
米玛多吉	男	藏	局出入境管理支队	全区公安系统岗位知识技能比武竞赛先进集体	2013	自治区公安厅

续表3

姓名	性别	民族	工作单位	获奖名称	表彰时间	授予单位
米玛基加	男	藏	局刑警支队情报信息中心	全区公安系统岗位知识技能比武竞赛先进集体	2013	自治区公安厅
兰平	男	汉	城关区公安局政工监察科	全区公安系统岗位知识技能比武竞赛先进集体	2013	自治区公安厅
鲍斌	男	汉	局科信支队	全区公安系统岗位知识技能比武竞赛先进集体	2013	自治区公安厅
牛利嘉	女	汉	局技侦支队	全区公安系统岗位知识技能比武竞赛先进集体	2013	自治区公安厅
龚红梅	女	汉	墨竹县局栖霞警务站	全区公安系统岗位知识技能比武竞赛先进集体	2013	自治区公安厅
王良	男	汉	局警卫勤务支队	个人二等功	2013	自治区公安厅
平措	男	藏	交警支队特勤巡逻大队	个人三等功	2013	自治区公安厅
巴桑次仁	男	藏	特警支队排爆安检大队	个人三等功	2013	自治区公安厅
兰平	男	汉	城关区公安局政工科	先进个人	2013	自治区公安厅
佟伟	男	汉	拉萨市公安局局党委委员	个人三等功	2013	自治区公安厅
张明禹	男	汉	拉萨市公安局科信支队	个人三等功	2013	自治区公安厅
牛小芳	女	汉	拉萨市财政局	2012年度巩固全国文明城市创建成果工作先进个人	2013	自治区文明委
杜颖胜	男	汉	拉萨市财政局	2012年度巩固全国文明城市创建成果工作先进个人	2013	自治区文明委
林国权	男	汉	市公安局特警支队政工	先进个人	2013	自治区文明办
次央	女	藏	市公安局特警支队排爆安检大队	先进个人	2013	自治区文明办
马腾	男	汉	市公安局交警支队办公室	先进个人	2013	自治区文明办
王根峰	男	汉	市公安局交警支队城南大队	先进个人	2013	自治区文明办
陆俊	男	汉	市公安局交警支队秩序科	先进个人	2013	自治区文明办
格桑旦增	男	藏	市公安局便民警务支队罗布林卡警务站	先进个人	2013	自治区文明办
洛桑西绕	男	藏	市公安局便民警务支队宗角禄康公园警务站	先进个人	2013	自治区文明办
张香玲	女	汉	市公安局便民警务支队布宫广场警务站	先进个人	2013	自治区文明办
尼玛次仁	男	藏	特警支队特战大队	嘉奖	2013	自治区公安厅

续表4

姓名	性别	民族	工作单位	获奖名称	表彰时间	授予单位
王若怀	男	汉	拉萨市公安局政治部人事科	全区公安政工人事训练工作考核先进个人	2014	自治区公安厅
陈振平	男	汉	拉萨市质量技术监督局	全区质监系统2013年度优秀公务员	2014	自治区质量技术监督局
王步顺	男	汉	拉萨市质量技术监督局	全区质监系统2013年度优秀公务员	2014	自治区质量技术监督局
杨鹤	女	汉	拉萨市质量技术监督局	全区质监系统2013年度优秀公务员	2014	自治区质量技术监督局
次仁白珍	女	藏	拉萨市质量技术监督局	全区质监系统2013年度优秀公务员	2014	自治区质量技术监督局
尼玛玉珍	女	藏	拉萨市质量技术监督局	全区质监系统2013年度先进工作者	2014	自治区质量技术监督局
拉巴次仁	男	藏	拉萨市安全生产监督管理局	2013年度自治区级驻村工作先进个人	2013	自治区强基惠民办
孙亚杰	女	汉	市委党校	区党校行政学院群众路线精品课评选三等奖	2013	自治区党校
郑雁北	男	汉	团市委	《西藏自治区志. 共青团志》编修工作先进个人	2013	团区委
石伟	男	汉	团市委	全区“我与驻村工作”主题征文活动优秀个人奖	2013	团区委
阿根	男	藏	市检察院	全区创建文明先进个人	2013	自治区文明办
嘎旺	男	藏	市检察院	自治区强基惠民活动共筑中国梦演讲比赛二等奖	2013	自治区强基办
嘎旺	男	藏	市检察院	自治区驻村工作队先进个人	2013	自治区强基办
德吉	女	藏	市检察院	西藏自治区三八红旗手	2014	自治区妇联
李文华	女	汉	拉萨市气象局	全区气象行业技术能手	2013	自治区总工会、自治区气象局
丁钢	男	汉	尼木县气象局	全区气象行业技术能手	2013	自治区总工会、自治区气象局
张永国	男	汉	拉萨师范高等专科学校	2013年自治区先进教育工作者	2013	自治区教育厅
旦增	男	藏	拉萨师范高等专科学校	2013年自治区优秀教师	2013	自治区教育厅
宗巴	女	藏	拉萨师范高等专科学校	2013年自治区优秀班主任	2013	自治区教育厅
方华丽	女	汉	拉萨市农牧局	2012年度“西藏农牧信息网”优秀信息员	2013	自治区农牧厅
次卓嘎	女	藏	拉萨市文化局办公室	2013年度全区强基惠民工作先进个人	2013	自治区强基办
米玛顿珠	男	藏	拉萨市委统战部	全区优秀驻村工作队员	2013	自治区强基办

续表5

姓名	性别	民族	工作单位	获奖名称	表彰时间	授予单位
刘诗剑	男	汉	拉萨市水利局	自治区级2013年度强基惠民活动先进个人	2013	自治区强基办
贡桑次珍	女	藏	拉萨市水利局	自治区级2013年度强基惠民活动先进个人	2013	自治区强基办
李粮企	男	汉	拉萨市文物局	2012年度全区文物工作先进个人	2013	自治区文物局
劲永春	男	藏	拉萨市文物局文物科	2012年度全区文物安全工作先进个人	2013	自治区文物局
王文辉	男	汉	拉萨市文物局文物科	2012年度全区文物工程管理工作先进个人	2013	自治区文物局
邓丽	女	汉	拉萨市审计局	全区审计能手	2013	自治区审计厅
高小丽	女	汉	拉萨市民政局基层政权和社区建设科	荣获全区基层建设年先进个人	2014	自治区基础建设年活动办
拉姆卓玛	女	藏	拉萨市民政局	荣获全区驻村工作先进个人	2013	自治区基础建设年活动办
丁秀英	女	藏	拉萨市民政局政工科	荣获全市人口普查工作先进个人	2013	自治区统计局
贺门龙	男	汉	拉萨教育局(体育局)	全区教育系统创先争优暨基层组织建设年先进工作者	2013	自治区教育工作委员会
扎西桑旦	男	藏	拉萨市工商局	全区基层组织建设年先进工作者	2013	自治区工商局
格桑	男	藏	拉萨市工商局	全区深入开展创先争优强基惠民活动第一批先进驻村(居)工作队	2013	自治区工商局
晋美朗杰	男	藏	拉萨市工商局	全区深入开展创先争优强基惠民活动第一批先进驻村(居)工作队	2013	自治区工商局
金凤	女	汉	拉萨市工商局	西藏工商系统基层组织建设年活动先进个人	2013	自治区工商局党委
仁青	女	汉	拉萨市工商局	西藏工商系统基层组织建设年活动先进个人	2013	自治区工商局党委
欧阳莉萍	女	汉族	拉萨市水利局	自治区水利普查先进个人	2013	自治区水利厅
霍晓露	女	汉族	拉萨市水利局	自治区水利普查先进个人	2013	自治区水利厅
次央	女	藏族	拉萨市水利局	自治区水利普查先进个人	2013	自治区水利厅
格桑旺久	男	藏族	拉萨市水利局	自治区水利普查先进个人	2013	自治区水利厅
龚小丽	女	汉	拉萨市市政市容管委会	2012年度拉萨市巩固全国文明城市创建成果工作表现突出、成绩优异	2013	自治区精神文明建设指导委员会、市委、市政府
拉珍	女	藏	拉萨市工商局	2012年度拉萨市巩固全国文明城市创建成果工作先进个人	2013	自治区文明委、市委、市政府
胡娟	女	汉	拉萨市工商局	2012年度拉萨市巩固全国文明城市创建成果工作先进个人	2013	自治区文明委、市委、市政府

续表 6

姓名	性别	民族	工作单位	获奖名称	表彰时间	授予单位
旺杰	男	藏	拉萨市政协	自治区 2012—2013 年创先争优强基础惠民生活动先进个人	2013	市委、市政府
德吉	女	藏	拉萨市政协	自治区 2012—2013 年创先争优强基础惠民生活动先进个人	2013	市委、市政府
旦巴群培	男	藏	拉萨市委办公厅	获得 2013 年度全市民族团结先进个人	2013	市委、市政府
庞景法	男	汉	拉萨市委办公厅	获得 2012 年度全市信访工作先进个人	2013	市委、市政府
胡光华	男	汉	拉萨市委办公厅	获得 2012 年度全市巩固文明城市创建成果工作先进个人	2013	市委、市政府
郝永锋	男	汉	拉萨市委办公厅	获得 2012 年度全市工业发展先进个人	2013	市委、市政府
索朗	男	藏	交警支队城北大队	全市民族团结进步模范个人	2013	市委、市政府
杨庆虎	男	汉	八廓古城公安局吉崩岗派出所热木其警务室	全市民族团结进步模范个人	2013	市委、市政府
向巴曲桑	男	藏	当巴派出所	2013 年下半年优秀驻寺干部	2013	市委、市政府
刘昌富	男	汉	基索派出所	2013 年下半年优秀驻寺干部	2013	市委、市政府
巴桑	男	藏	章多派出所	2013 年下半年优秀驻寺干部	2013	市委、市政府
尼玛	男	藏	章多派出所	2013 年下半年优秀驻寺干部	2013	市委、市政府
米玛次仁	男	藏	章多派出所	2013 年下半年优秀驻寺干部	2013	市委、市政府
尼玛平措	男	藏	刑警支队驻林周唐古乡恰扎村工作队	先进驻村(居)工作队队员	2013	市委、市政府
普布扎西	男	藏	特警支队驻墨竹工卡县扎雪乡塔杰村工作队	先进驻村(居)工作队队员	2013	市委、市政府
永忠	男	汉	交警支队驻当雄县格达乡格达村村工作队	先进驻村(居)工作队队员	2013	市委、市政府
刘菲宇	女	汉	市公安局治安支队办证中心副主任	2013 年度社会管理综合治理工作先进个人	2014	市委、市政府
邓增陈列	男	藏	市公安局治安支队行动大队大队长	2013 年度社会管理综合治理工作先进个人	2014	市委、市政府
达桑	男	藏	市公安局扎细派出所扎细新村社区警务室警长	2013 年度社会管理综合治理工作先进个人	2014	市委、市政府
谯林桃	男	汉	市公安局铁路治安管理支队民警	2013 年度社会管理综合治理工作先进个人	2014	市委、市政府
梁小平	男	汉	市人大办公厅	2013 年度拉萨市民族团结进步先进个人	2013	市委、市政府
边巴扎西	男	藏	市人大法制委员会	拉萨市创先争优强基础惠民生活动第二批优秀驻村(居)工作队员	2013	市委、市政府

续表 7

姓名	性别	民族	工作单位	获奖名称	表彰时间	授予单位
张晓强	男	汉	拉萨市国税局	创先争优强基础惠民生活动先进驻村队员	2013	市委、市政府
王帅	男	藏	拉萨市国税局	创先争优强基础惠民生活动先进驻村队员	2013	市委、市政府
栾铁栓	男	汉	拉萨市国税局	维护稳定工作先进个人	2014	市委、市政府
邱兵	男	藏	拉萨市八一农场	2012—2013 年创先争优强基础惠民生活动先进驻村工作队队员	2013	市委、市政府
曾小周	男	汉	中共拉萨市直属机关工作委员会	2013 年度创建全国文明城市工作先进个人	2013	市委、市政府
曾小周	男	汉	中共拉萨市直属机关工作委员会	2013 年度共产党员民族团结先锋活动个人	2013	市委、市政府
杨洪荣	男	汉	市委党校	拉萨市创建全国文明城市先进个人	2013	市委、市政府
彭波	男	藏	拉萨市工信局(国资委)	2012 年度全市工业经济工作先进个人	2013	市委、市政府
其美卓嘎	女	藏	拉萨市工信局(国资委)	先进驻村(居)工作队员	2013	市委、市政府
洛色	男	藏	团市委	拉萨市创建全国文明城市工作先进个人	2013	市委、市政府
陈冬梅	女	汉	团市委	拉萨市创建全国文明城市工作先进个人	2013	市委、市政府
何蛟	男	汉	团市委	拉萨市创建全国文明城市工作先进个人	2013	市委、市政府
王广洲	男	汉	团市委	2013 年度全市维稳综治工作先进个人	2013	市委、市政府
任映绮	男	汉	团市委	创先争优强基础惠民生活征文比赛三等奖	2013	市委、市政府
张良祎	女	汉	市检察院	2013 年度拉萨市民族团结进步模范个人	2013	市委、市政府
何镛	男	汉	市科技局	拉萨市 2013 年度综合治理工作先进个人	2014	市委、市政府
黄前敏	女	藏	市科技局	拉萨市 2013 年度工业工作先进个人	2014	市委、市政府
李信群	女	汉	市科技局	拉萨市供暖工作先进个人	2013	市委、市政府
李新林	男	汉	市科技局	拉萨市民族团结先进个人	2013	市委、市政府
谭丽华	女	汉	市科技局	拉萨市创建文明城市工作先进个人	2013	市委、市政府
霍勇	男	汉	市科技局	拉萨市驻村工作队优秀队员	2013	市委、市政府
金珠	男	藏	市科技局	拉萨市供暖工作先进个人	2013	市委、市政府

续表 8

姓名	性别	民族	工作单位	获奖名称	表彰时间	授予单位
尼玛次仁	男	藏	墨竹工卡县气象局	拉萨市2013年度科普工作先进个人	2013	市委、市政府
巴桑	男	藏	拉萨市气象局	拉萨市巩固全国文明城市创建成果工作先进个人	2013	市委、市政府
洛桑玉珍	女	藏	拉萨市妇联	创建全国文明城市先进个人	2013	市委、市政府
洛桑玉珍	女	藏	拉萨市妇联	创建全国文明城市先进个人	2013	市委、市政府
刁莉	女	汉	拉萨市妇联	共产党员民族团结“先锋活动”模范个人	2013	市委、市政府
王宝海	男	汉	拉萨市农牧局	江苏省第6批优秀援藏干部	2013	市委、市政府
白琼岩	男	回	拉萨市农牧局	北京市第6批优秀援藏干部	2013	市委、市政府
郑玉宝	男	汉	拉萨市农牧局	北京市第6批优秀援藏干部	2013	市委、市政府
曾令超	男	汉	拉萨市农牧局	北京市第6批优秀援藏干部	2013	市委、市政府
次旦卓玛	女	藏	拉萨市农牧局	2013年度全市民族团结进步模范个人	2013	市委、市政府
宋廷坚	男	汉	拉萨市农牧局	2013年度科普工作先进个人	2013	市委、市政府
赵润彪	男	汉	拉萨市农牧局	拉萨市农牧局驻墨竹工卡县扎雪乡格老窝村工作队队长	2013	市委、市政府
黄昌录	男	藏	拉萨市农牧局	拉萨市农牧局驻墨竹工卡县尼玛江热乡芒热村工作队队长	2013	市委、市政府
罗红梅	女	藏	拉萨市人力资源和社会保障局	2013年度拉萨市民族团结进步模范个人	2013	市委、市政府
朱建	男	汉	拉萨市人力资源和社会保障局	2012—2013年拉萨市创先争优强基础惠民生活动先进驻村工作队员	2013	市委、市政府
彭秀娟	女	汉	拉萨市司法局	全市十大爱民干警	2013	市委、市政府
伍玉梅	女	汉	拉萨市司法局	创建全国文明城市“先进个人”	2013	市委、市政府
王乾攀	男	汉	拉萨市司法局	创建全国环保模范城市“先进个人”	2013	市委、市政府
宋碧玉	女	汉	市卫生局	全市维稳综治工作先进个人	2014	市委、市政府
罗桑强巴	男	藏	市食药监管局	拉萨市创先争优强基础惠民生活动先进驻村(居)工作队	2013	市委、市政府
琼达	男	藏	市卫校	拉萨市创先争优强基础惠民生活动先进驻村(居)工作队	2013	市委、市政府
陈均宇	男	汉	市妇幼保健院	民族团结先锋模范个人	2013	市委、市政府

续表9

姓名	性别	民族	工作单位	获奖名称	表彰时间	授予单位
次多	男	藏	拉萨市歌舞团	2013年度全市强基惠民工作先进个人	2013	市委、市政府
扎西群培	男	藏	拉萨市文化局办公室	2013年度全市强基惠民工作先进个人	2013	市委、市政府
何伟	男	汉	拉萨市民政局办公室	荣获全市信息工作先进个人	2013	市委、政府
谭晓玉	女	汉	拉萨市民政局办公室	荣获全市保密工作先进个人	2013	市委、政府
孙玲	女	汉	拉萨市民政局政工科	荣获创建全国文明城市先进个人	2013	市委、市政府
孙玲	女	汉	拉萨市民政局政工科	荣获全市民族团结先锋活动先进个人	2013	市委、市政府
刘玉源	男	汉	拉萨教育局(体育局)	创建全国文明城市先进个人	2013	市委、市政府
德央	女	藏	市广播电视台	拉萨市2013年度民族团结进步先进个人	2013	市委、市政府
刘斌	男	汉	拉萨市工商局	第六批优秀援藏干部	2013	市委、市政府
李艳红	女	汉	拉萨市委组织部(编办)	全市优秀信访工作者	2013	市委、市政府
德琼	女	藏	拉萨市残联	民族团结进步模范个人	2013	市委、市政府
贡桑卓嘎	女	藏	拉萨市残联	拉萨市巩固全国文明城市创建成果先进个人	2013	市委、市政府
法德玛	女	回族	拉萨市信访局	拉萨市民族团结进步先进个人	2013	市委、市政府
李秀莲	女	汉族	拉萨市信访局	拉萨市创先争优强基础惠民生活动先进驻村(居)工作人员	2013	市委、市政府
米玛潘多	女	藏族	拉萨市信访局	拉萨市创先争优强基础惠民生活动先进驻村(居)工作人员	2013	市委、市政府
张明禹	男	汉	市公安局副调研员	第六批优秀援藏干部	2013	市委
佟伟	男	汉	市公安局党委委员会、副局长	第六批优秀援藏干部	2013	市委
冯京厂	男	汉	市公安局副调研员	第六批优秀援藏干部	2013	市委
蒋敏	女	汉	市检察院	知识爱党、共圆中国梦演讲比赛鼓励奖	2013	市委
拉巴仓决	女	汉	市检察院	驻村工作“先进个人”	2013	市委
卓玛次仁	女	汉	市检察院	驻村工作“先进个人”	2013	市委
旺林	男	藏	拉萨经济技术开发区	全市民族团结先进个人奖项	2013	市委

续表 10

姓名	性别	民族	工作单位	获奖名称	表彰时间	授予单位
谢雪梅	女	汉	拉萨市财政局	2012—2013 年创先争优强基惠民活动自治区级先进驻村(居)工作队员	2013	市委
丁娴	女	汉	拉萨市财政局	全市科普工作先进个人	2013	市委
周波	男	汉	拉萨市财政局	2012 年度消防安全目标管理责任书考核先进个人	2013	市政府
牛小芳	女	汉	拉萨市财政局	2012 年度全市科技工作先进个人	2013	市政府
王朝宇	男	汉	拉萨经济技术开发区	2013 年度全市环境保护工作先进个人奖项	2013	市政府
于秀春	女	汉	拉萨经济技术开发区	消防工作先进个人	2013	市政府
巴桑扎登	男	藏	拉萨市委办公厅	获得第五次全市民政工作先进个人	2013	市政府
王伟	男	汉	拉萨市委办公厅	获得 2012 年度全市环保工作先进个人	2013	市政府
次旦卓玛	女	藏	拉萨市委办公厅	获得 2012 年度全市环保工作先进个人	2013	市政府
杨丽萍	女	藏	拉萨市委办公厅	获得第五次全市民政工作先进个人	2013	市政府
张建国	男	汉	当巴派出所	优秀驻寺干部	2013	市政府
索朗多吉	男	藏	基索派出所	优秀驻寺干部	2013	市政府
郭彦轩	男	汉	八廓古城派出所	优秀驻寺干部	2013	市政府
贡嘎	男	藏	章多派出所	优秀驻寺干部	2013	市政府
梁永亮	男	汉	马乡派出所	优秀驻寺干部	2013	市政府
周波	男	汉	小昭寺管委会	优秀驻寺干部	2013	市政府
白玛曲珍	女	藏	仓古寺管委会	优秀驻寺干部	2013	市政府
米玛平措	男	藏	顶嘎寺管委会	优秀驻寺干部	2013	市政府
王强	男	汉	扎西曲林寺	优秀驻寺干部	2013	市政府
尼玛	男	藏	德仲寺	优秀驻寺干部	2013	市政府
索朗扎西	男	藏	维纳寺	优秀驻寺干部	2013	市政府
罗布	男	藏	根堆拉康	优秀驻寺干部	2013	市政府

续表 11

姓名	性别	民族	工作单位	获奖名称	表彰时间	授予单位
刘洋	男	汉	甘曲寺	优秀驻寺干部	2013	市政府
桑罗	男	藏	桑旦林寺	优秀驻寺干部	2013	市政府
李治兵	男	汉	康玛寺	优秀驻寺干部	2013	市政府
扎西旺姆	女	藏	市公安局治安管理支队民警	2013 年度招商引资工作先进个人	2014	市政府
罗布次仁	男	藏	拉萨市国税局	招商引资工作先进个人	2014	市政府
尼玛次仁	男	藏	拉萨市安全生产监督管理局	2013 年度全市环保工作先进个人	2013	市政府
德庆央吉	女	藏	市委党校	拉萨市民族团结进步模范先个人	2013	市政府
江多	男	藏	市委党校	拉萨市创先争优强基础惠民生活动驻村(居)工作先进个人	2013	市政府
仲斌	男	汉	拉萨市工信局(国资委)	2012 年度招商引资先进个人	2013	市政府
次旦卓嘎	女	藏	拉萨市工信局(国资委)	先进驻村(居)工作队员	2013	市政府
高子茗	女	汉	拉萨市法制办	第五次全市民政工作先进个人	2013	市政府
胡德中	男	汉	拉萨市人力资源和社会保障局	2013 年度全市招商引资工作先进个人	2014	市政府
索朗旺堆	男	藏	拉萨市人力资源和社会保障局	2013 年度全市环境保护工作先进个人	2014	市政府
仓决	女	藏	拉萨市民政局优抚科	荣获全市征兵工作先进个人	2013	市政府
肖卫荣	男	汉	拉萨市民政局救灾科	荣获全市第五次民政会议先进个人表彰	2013	市政府
周永平	女	汉	拉萨市民政局办公室	荣获全市第五次民政会议先进个人表彰	2013	市政府
孙玲	女	汉	拉萨市民政局政工科	荣获全市创建环保模范城市先进个人	2013	市政府
达瓦卓嘎	女	藏	市国土资源局用地科	全市招商引资工作先进个人	2014	市政府
李荣	女	汉	市国土资源局用地科	全市工业经济发展工作先进个人	2014	市政府
强巴格桑	男	藏	市国土资源局矿管科	全市 2013 年度先进环保工作者	2014	市政府
包金灿	男	汉	市统计局、调查队	全市工信先进个人	2014	市政府
李涛	男	汉	西藏分行	阿里地区创先争优强基础惠民生活动“先进驻村(居)工作队员”	2013	阿里地区、阿里地区行署

续表 12

姓名	性别	民族	工作单位	获奖名称	表彰时间	授予单位
普布次仁	男	藏	团市委	樱花杯全国学生美术作品展赛优秀指导奖	2013	樱花杯全国美术作品展赛组委会
次旦央吉	女	藏	市广播电视台	康巴卫视双语大赛一等奖	2013	康巴卫视
米玛次仁	男	藏	市广播电视台	《翻译理论与实践》获业务论文类三等奖	2013	第十四届全国藏语广播电视节目评析会
次珍	女	藏	市广播电视台	获广播播音主持类二等奖	2013	第十四届全国藏语广播电视节目评析会

说明：由于各单位资料提供不全，可能有遗漏

附 录

拉萨市2013年国民经济和社会发展统计公报

拉萨市统计局
国家统计局拉萨调查队

2014年5月22日

2013年,全市上下按照“三提速”的工作要求,认真贯彻落实区市党委政府的一系列决策部署,突出把握“稳中有进、稳中提质”的总基调,审时度势、超前谋划,扎实苦干、提速跨越,全力实施“五大战略”,充分发挥首府城市首位度作用,各项工作取得重大进展,国民经济保持平稳较快发展,社会局势保持和谐稳定。

一、综 合

区划及面积:截至2013年末,全市共有48个乡,9个镇,8个街道办;43个居民委员会,224个村民委员会。全市行政区划面积为2.9518万平方千米。

经济增长:2013年全市实现地区生产总值(GDP)304.87亿元,比上年增长12.4%。其中第一产业增加值11.72亿元,同比增长4.1%;第二产业增加值107.56亿元,同比增长17.5%;第三产业增加值185.59亿元,同比增长10.0%。第三产业中,交通运输、仓储和邮政业增加值6.79亿元,同比增长13.3%;批发零售业增加值18.11亿元,同比增长14.4%;住宿餐饮业增加值10.05亿元,下降8.3%;金融业增加值44.32亿元,同比增长21.3%;非营利性服务业增加值68.34亿元,同比增长3.9%。

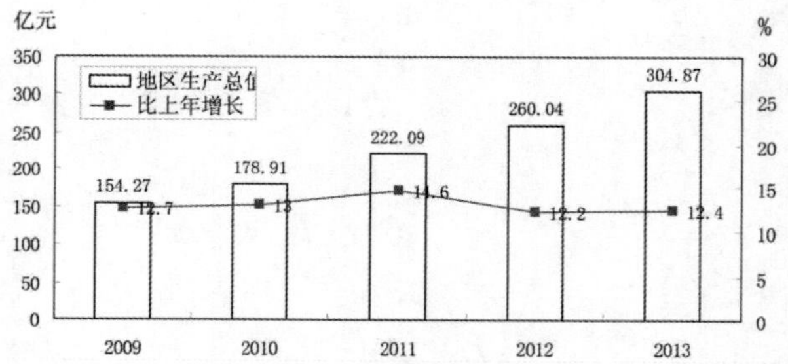

图1 2009—2013年地区生产总值及增长速度

产业结构:2013年三次产业比重依次为3.8%、35.3%、61.9%,分别拉动经济增长0.3、4.6和7.5个百分点。与上年相比,第一产业比重下降0.3个百分点,第二产业比重提高0.4个百分点,第三产业比重下降0.9个百分点。

价格:2013年居民消费价格总指数(CPI)比上年上涨3.4%,其中食品价格上涨9.3%。

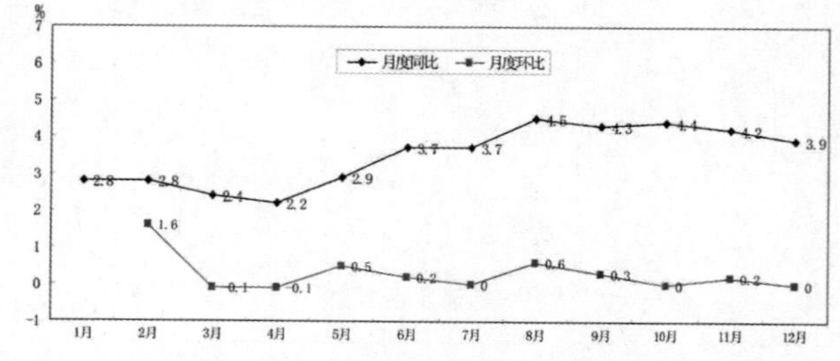

图2 2013年居民消费价格月度涨跌幅度

表 1 2013 年居民消费价格涨幅

指 标	比 2012 年 上涨(+)下降(—)(%)
居民消费价格总指数	+3.4
食 品	+9.3
其中:粮食	+13.1
肉禽及其制品	+13.3
蛋	8.7
水产品	+9.2
菜	+8.1
干鲜瓜果	+9.1
烟酒及用品	-0.7
衣 着	+3.9
家庭设备用品及维修服务	+0.2
医疗保健和个人用品	-0.6
交通和通信	+0.9
娱乐教育文化用品及服务	-0.2
居 住	-1.5

就业:2013 年末全市从业人员 40.39 万人,其中农村从业人员 15.89 万人,年末城镇登记失业率控制在 2.0% 之内。

民营经济:2013 年年末全市工商部门登记的私营企业达 3349 户,从业人员为 70130 人,分别比上年增长 15.0% 和 19.0%,注册资本为 65 亿元,同比增长 38%;工商部门登记的个体户为 39586 户,从业人员为 88436 人,分别比上年增长 6.0% 和 9.0%,注册资本为 19.0 亿元,同比增长 13.0%。

二、农牧业

农牧业:2013 年全市农林牧渔业总产值 19.25 亿元,按可比价计算,比上年增长 4.5%。其中农业产值 8.14 亿元,同比增长 4.1%;林业产值 0.48 亿元,同比增长 18.2%;牧业产值 10.53 亿元,同比增长 7.6%;渔业产值 0.0147 万元,同比增长 9.1%;农林牧渔服务业产值 0.084 亿元,下降 79.3%。

农作物种植面积:全年农作物总播种面积 3.84 万公顷,比上年减少 0.1 万公顷。粮食种植面积 2.65 万公顷,比上年增加 0.04 万公顷。其中青稞种植面积 1.72 万公顷,比上年增加 0.07 万公顷;小麦种植面积 8781.43 公顷,比上年减少 215 公顷;油菜种植面积 4252.4 公顷,比上年增加 312 公顷;蔬菜种植面积 4418.12 公顷,比上年增加 205 公顷。

畜禽及水产品产量:年末牲畜存栏总头数 121.88 万头(只、匹),其中,大牲畜存栏 65.48 万头,猪出栏 4.22 万头;肉类产量 3.15 万吨,同比增长 0.3% ;禽蛋产量 646.9 吨,同比增长 10.8%;奶产量 3.48 万吨,同比增长 6.1%;水产品产量 491.81 吨,同比增长 216.8%。

表 2 2013 年主要农畜产品产量

产品名称	产量(万吨)	比 2012 年增长(%)
粮 食	17.61	1.0
其中:青稞	10.88	6.9
小麦	6.56	-7.1
油 菜 籽	1.15	-12.9
蔬 菜	23.14	1.2
肉 类	3.15	0.3
其中:牛羊肉	2.95	0.7
奶 类	3.48	6.1
其中:牛奶	3.38	10.1

农机及化肥施用量:2013 年末全市拥有农业机械总动力 111.53 万千瓦,比 2012 年增长 6.6%;全年农用化肥施用量 1.83 万吨,比 2012 年增长 7.6%。

三、工业和建筑业

工业:2013 年全部工业增加值 30.96 亿元,比上年增长 1.3%。规模以上工业增加值 24.64 亿元,同比增长 1.3%,其中市属规模以上工业增加值 15.49 亿元,同比增长 3.4%。

2013 年末,全市共有规模以上工业企业 56 家,新增 11 家,比上年增长 24.4%;全年规模以上工业产品销售率为 99.1%,比上年增长 0.6 个百分点。其中国有工业企业产品销售率为 103%,非国有工业企业产品销售率为 97.2%。

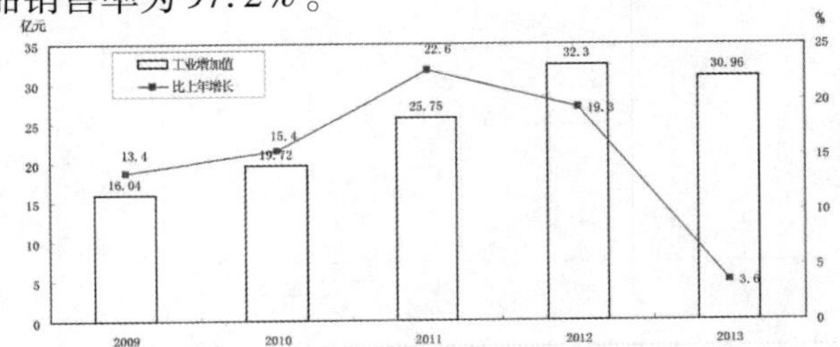

图 3 2009—2013 年工业增加值及增长速度

表 3 2013 年规模以上工业增加值分类情况

指 标	增加值（万元）	比2012年增长(%)
规模以上工业企业	246445.4	1.3
其中:国有企业	75705.5	2.5
集体企业	6562.8	11.7
股份合作企业		
股份制企业	132469.6	3.7
外商及港澳台商投资企业	22905.1	5
其他经济类型企业	8622.5	-35.4
其中:轻工业	95075.8	0.9
重工业	151369.6	1.6
其中:私营企业	22170.3	52.2

表 4 2013 年规模以上工业企业主要产品产量

产 品 名 称	单 位	产 量	比 2012 年增长(%)
水泥	万吨	1485212.6	8.9
中成药	吨	220.9	-1.7
发电量	万千瓦小时	118188.2	20.2
啤酒	千升	140542	-1.7
自来水	千升	11279.1	-2.2
瓶装饮用水	吨	80144.1	-8.6

建筑业:2013 年全市建筑业增加值 76.6 亿元,比上年增长 25.1%。

四、固定资产投资

固定资产投资:2013 年全社会固定资产投资 376.16 亿元,比上年增长 32.0%,提高 3.7 个百分点。其中城镇固定资产投资 330.23 亿元,同比增长 27.1%;农村固定资产投资 45.93 亿元,同比增长 82.0%。市属固定资产投资 355.19 亿元,同比增长 66.5%,占全社会投资的 94.4%。

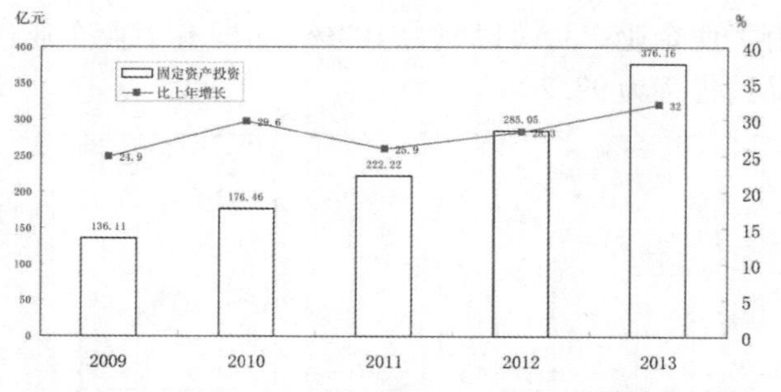

图 4　2009—2013 年固定资产投资及增长速度

城镇固定资产投资中:中央项目固定资产投资 33.56 亿元,下降 65%;地方项目固定资产投资 289.46 亿元,同比增长 82.7%;

第一产业投资 12.62 亿元,同比增长 74.6%;第二产业投资 147.64 亿元,同比增长 51.4%,其中工业投资 147.64 亿元,同比增长 78%;第三产业投资 215.90 亿元,同比增长 19.7%。三次产业投资的比重依次为 3.4%、39.2%和 57.4%。

国有投资 232.76 亿元,同比增长 51.8%,非国有投资 143.4 亿元,同比增长 8.9%。

房地产开发:全年房地产开发投资 7.21 亿元,比上年增长 32.5%。房地产开发施工房屋面积 43.02 万平方米,比上年增长 116.9%;全年房屋竣工面积 17.7 万平方米,商品房销售面积 23.78 万平方米。

表 5 2013 年全社会固定资产投资额

指 标	投资额（万元）	比 2012 年增长(%)
全社会固定资产投资	3761643	32.0
农、林、牧、渔业	117062	63.1
采矿业	524759	93.7
制造业	288147	27.1
电力、燃气及水的生产和供应业	644435	213.4
建筑业		
交通运输、仓储和邮政业	244889	-54.2
信息传输、计算机服务和软件业	12559	-81.5
批发和零售业	164919	100.2
住宿和餐饮业	158239	-16.2
金融业	70803	412.7
房地产业	265798	18.1
租赁和商务服务业	53032	178.6
科学研究、技术服务和地质勘查业	23964	91.2
水利、环境和公共设施管理业	362205	122.4
居民服务和其他服务业	34631	3.6
教育	151409	211.3
卫生、社会保障和社会福利业	12176	-49.3
文化、体育和娱乐业	156746	68.2
公共管理和社会组织	319824	33.5

五、国内贸易

全社会消费品零售:2013年末,全市共有限额以上企业73家,减少3家,同比减少4%;全年完成社会消费品零售总额144.11亿元,比上年增长15.7%。其中限额以上贸易企业零售额为45.8亿元,比上年增长19.3%,占全市社会消费品零售总额的31.0%。分城乡:城镇社会消费品零售总额为129.99亿元,同比增长16.4%,乡村社会消费品零售总额为14.12亿元,同比增长9.3%,分行业:社会消费品批发零售总额为123.54亿元,同比增长16.0%;住宿餐饮总额为20.57亿元,、同比增长14.0%。

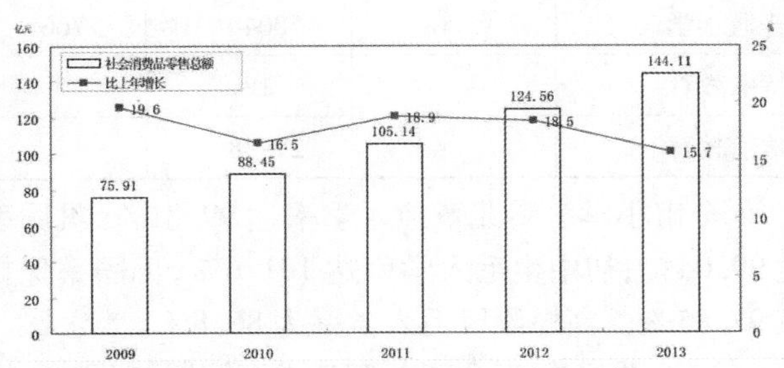

图5 2009—2013年社会消费品零售总额及增长速度

六、对外经济

进出口贸易:2013年全市外贸进出口总额为32.05亿美元,比上年下降3.7%。其中出口31.64亿美元,下降3.0%。完成本地实际进出口0.24亿美元,占出口总额的0.8%。

招商引资:全年新引进项目312个,同比增长41.8%;招商引资金额为562.2亿元,实际到位资金153.8亿元,同比增长59.6%,占总招商引资金额的27.4%。

七、交通、邮电和旅游

交通运输:2013年末全市公路线路里程3991千米,占全区公路总里程的5.6%;建成农村道路243.7千米。公交运营线路网长度563.1千米,年客运量为7631万人次。

邮电:全年完成邮电业务总量192887万元,比上年增长50.2%,其中邮政业务总量5144万元,同比增长20.9%;电信业务总量187743万元,同比增长51.2%。年末固定及移动电话用户总数达到114.54万户,其中移动电话用户93.66万户,新增加0.11万户。

旅游:2013年全市接待海内外游客798.94万人次,比上年增长22.7%。其中国内游客790.7万人次,同比增长22.6%;入境游客8.24万人次,下降37.4%。全年旅游总收入82.16亿元,同比增长25.5%;旅游外汇收入3456万美元,同比增长40.6%。

表7 2013年铁路、公路运输量与周转量

指标	单位	2013年	比2012年增长(%)
货物运输量			
铁　路	万吨	70.26	-17.0
公　路	万吨	617	148.8
货物周转量			
铁　路	万吨千米	1945622	-2.5
公　路	万吨千米	91870	2.3
旅客运输量			
铁　路	万人次	106.14	7.5
公　路	万人次	793	48.5
旅客周转量			
铁　路	万人千米	113352.65	10.6
公　路	万人千米	47879	44.4

说明:铁路运输为西藏地区口径

八、财政、金融和保险

财政:2013年全市完成公共财政预算收入50.16亿元,同比增长46.0%。其中:税收收入40.77亿元,同比增长37.1%,增值税、营业税、资源税、企业所得税、个人所得税五大税种税收收入为36.11亿元。

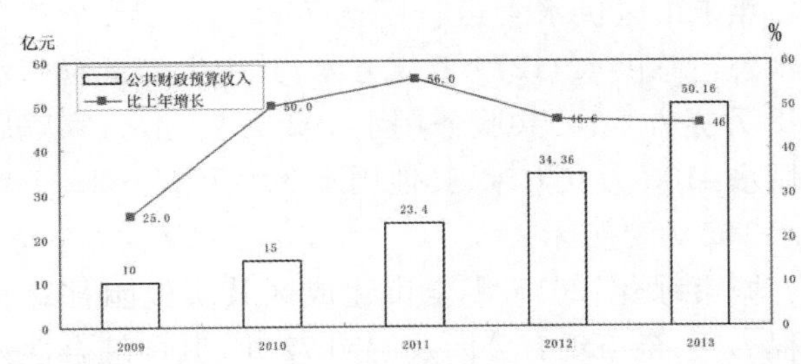

图6 2009—2013年公共财政预算收入及增长速度

全年执行公共财政预算支出131.92亿元,比上年增长23.4%。农业、教育、科技等各项重点支出以

及事关民生的支出得到较好保障,其中农林水事务支出9.38亿元,同比增长17.9%;教育支出18.02亿元,同比增长17.8%;科学技术支出0.3亿元,下降31.9%;社会保障和就业支出6.38亿元,同比增长59.2%;医疗卫生支出3.95亿元,同比增长2.7%;节能环保支出0.59亿元,同比增长38.2%;文化体育与传媒支出1.65亿元,同比增长23.3%;城乡社区事务支出14.2亿元,同比增长165.8%;一般公共服务支出15.72亿元,下降26.6%。

金融和保险:截至年末,全市金融机构本外币各项存款余额1558.22亿元,比年初增长19.1%;本外币各项贷款余额612.85亿元,比年初增长34.7%。人民币各项存款余额1556.38亿元,同比增长16.2%;人民币各项贷款余额615.58亿元,同比增长34.8%。在人民币贷款中,中长期贷款余额416.9亿元,同比增长41.8%;短期贷款余额138.31亿元,同比增长57.2%。人民币个人储蓄存款余额272.12亿元,比年初增长21.4%。保险业全年保费收入为70531.58万元,同比增长8.6%。

九、电力使用

电力供应:2013年全市共使用电力15.82亿千瓦时,其中大工业用电3.13亿千瓦时,商业用电0.46亿千瓦时,居民用电5.7亿千瓦时,其他用电3.57亿千瓦时。

十、城市建设

基础设施建设:2013年,完成全市664个居民小区和共建单位10.7万户居民供暖工程建设;投资7.67亿元;八廓商城、综合展馆、纳金大桥等一批重大项目建设完成并投入使用。

年末市区供水管道长度达733.14千米,全年自来水公司总供水11279万立方米,其中生产运营用水1348万立方米,公共服务用水192万立方米,家庭居民用水4106万立方米,其他用水325万立方米,免费用水162万立方米。

城市绿化:2013年全市建成区共实施园林绿化工程7项,全市现有公园及游园72个,其中综合性公园4个,街头游园32个,街旁绿地26块。

十一、教育、文化、卫生

教育:2013年末,共有高等院校6所(其中高职院校5所),中等职业学校1所,普通中学24所,小学82所,幼儿园120所,特殊学校1所。

表8 2013年各类学校学生数(2013—2014学年)

单位:人

指标	招生	在校生	毕业生
研究生	260	696	155
普通高等教育	9853	28382	9100
中等职业教育	1368	3094	589
普通高中	5532	16534	5007
初中	7455	21336	7293
普通小学	9206	50040	7766
特殊教育		181	
学前教育		21938	

全市小学学龄儿童纯入学率达99.81%,巩固率达99.04%;初中生毛入学率达101.6%,巩固率保持在97.85%。高中阶段毛入学率为86.8%。

文化:2013年末全市共有艺术表演团体52个,博物馆1个。全市广播综合人口覆盖率为97.97%,电视综合人口覆盖率为98.01%。大型实景剧《文成公主》《幸福在路上》等重点文艺作品成功演出。

卫生:年末共有卫生机构472个(含村卫生室),医疗床位2536张。每千人拥有医疗床位4.22张。各类卫生技术人员3627人,其中执业(助理)医师1661人。每千人拥有卫生技术人员6.03人。

十二、环境保护和安全生产

环境质量:2013年拉萨市全年空气优良天数达345天,全年空气优良率达94.5%,全年PM2.5的平均浓度为26.0,空气质量引跑全国。集中式饮用水水源地水质达标率保持在100%。市辖区内水质达到相应水体环境功能要求(100%),全市跨界断面出境水质达到100%的要求。

安全生产:2012年亿元GDP生产安全事故死亡人数为0.3人,下降3.2%。全年各类安全生产事故死亡79人,上升17.7%,其中,道路交通事故死亡63人,下降16%;工矿商贸事故死亡13人。

十三、人口、人民生活和社会保障

人口:2013年末,全市共有常住人口为60.12万人,比2012年增加2.2万人,户籍人口为52万人,比

2012 年增加 1. 64 万人。

人民生活：2013 年城市居民人均可支配收入为 21427 元，比上年增长 9. 6%；农村居民人均纯收入 8265 元，同比增长 16. 7%；城市居民与农村居民收入比为 72. 16∶ 27. 84。

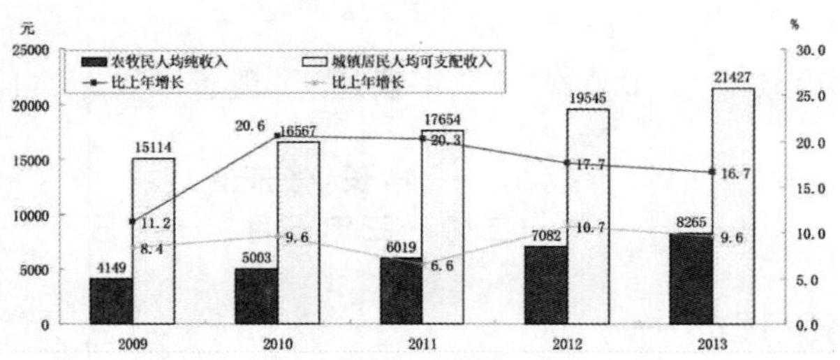

图 7　2009—2013 年城乡居民收入对比图

社会保障：市属城镇职工基本养老保险参保人数为 2. 47 万人，城乡居民社会养老保险参保人数为 19. 62 万人。城镇职工基本医疗保险的参保人数为 4. 4 万人，失业保险的参保人数为 1. 342 万人。工伤保险参保人数为 2. 6 万人。生育保险的参保人数为 3. 26 万人。新型农村养老保险的参保人数为 17. 70 万人。新型农村合作医疗保险的参保人数为 29. 12 万人。城市居民最低生活保障人数为 1. 48 万人，农村居民最低生活保障人数为 2. 61 万人。年末全市农村救济供养人数为 1403 人，其中，集中供养人数为 2. 61 万人。城乡医疗救助人数为 4063 人，其中城镇 1017 人，农村 3046 人。

注：

1. 本公报数据为初步统计数据。

2. 地区生产总值及各产业（行业）增加值指标绝对数按现价计算，增长速度按可比价格计算。

3. 对外贸易、交通、邮电、旅游、财政、金融、保险、文化、卫生、教育、社会保障等方面的数据均由相关职能部门提供。

4. 规模以上工业企业是指年主营业务收入 2000 万元及以上的全部法人工业企业；限额以上批发企业是指年销售额在 2000 万元及以上的企业，零售企业是指年销售额在 500 万元及以上的企业；住宿餐饮企业是指年营业额在 200 万元及以上的企业。

5. 涉及 2013 年常住人口数据，均根据本年度全市 1‰人口抽样调查数据测算得出。

政 府 令

第44号

《拉萨市公共租赁住房管理办法》已经2013年4月26日市政府第10次常务会审议通过,现予以发布,自2013年7月1日起施行。

市长:张延清

二○一三年五月二十五日

拉萨市公共租赁住房管理办法

目 录

第一章 总 则

第一条 为完善本市住房保障体系,规范公共租赁住房管理,保障城镇中等偏下收入住房困难家庭、进城务工人员、新增就业人员的基本住房需求,根据国家、自治区的有关规定,结合本市实际,制定本办法。

第二条 本办法适用于本市公共租赁住房的规划、建设、配租、使用和监督管理。

第三条 本办法所称公共租赁住房,是指政府投资建设或者提供政策支持,限定套型面积和租金标准,面向符合条件的家庭和人员出租的保障性住房。

第四条 公共租赁住房管理应当遵循统筹规划、政府主导、因地制宜、公开公平、社会参与的原则。

第五条 市住房和城乡建设主管部门是本市公共租赁住房的主管部门,负责研究制定公共租赁住房发展规划、年度建设任务目标和相关政策等,对全市公共租赁住房工作进行指导、监督。

县(区)住房和城乡建设主管部门,负责本行政区域内公共租赁住房的建设管理工作并组织实施。

市、县(区)住房和城乡建设主管部门所属的住房保障实施机构,按照分工负责审核申请公共租赁住房家庭的住房情况及住房面积,并出具相关证明材料。

第六条 市、县(区)各部门应当按照下列职责分工,负责公共租赁住房的有关管理与监督工作:

(一)发展和改革部门负责公共租赁住房项目的审查、立项、批概、项目稽查;

(二)国土资源和规划部门负责制定公共租赁住房建设项目的年度土地供应计划及项目选址、规划审批;

(三)财政部门负责安排公共租赁住房项目建设资金及审核拨付;

(四)国税部门负责落实税收相关优惠政策;

(五)民政部门负责确认核实城镇中等偏下收入家庭,并出具申请公共租赁住房家庭(城镇中等偏下收入家庭)收入证明;

(六)人力资源和社会保障部门负责确认核实来本市务工人员的劳动用工合同,并出具申请公共租赁住房家庭(务工人员)收入证明;

(七)公安部门负责出具申请公共租赁住房家庭成员的居住证明,负责公共租赁住房的治安安全、消防安全监管;

(八)环保部门负责公共租赁住房建设项目的环境影响评价;

(九)监察部门、审计部门负责对公共租赁住房建设项目实施及资金使用、配租过程进行监督。

第七条 市、县(区)人民政府应当通过直接投资、资本金注入、投资补助、贷款贴息等方式,加大对公共租赁住房建设和运营的投入。

第二章 房源筹集

第八条 市、县(区)公共租赁住房房源通过新建、改建、收购、在市场上长期租赁住房等方式多渠道筹集。

第九条 公共租赁住房的建设资金来源包括:?

(一)国家、自治区财政专项资金;?

(二)市级财政年度预算安排资金;?

(三)本市土地出让金收益中安排的公共租赁住房保障资金;

(四)社会捐赠、公积金贷款、债券及其他方式筹集的资金。

第十条 公共租赁住房以成套小户型住宅为主,套型建筑面积标准,由市住房和城乡建设主管部门确定并向社会公告。

第十一条 新建公共租赁住房以集中建设为主、以收购和配建为辅,采取大分散、小集中的方式合理布局。

新建公共租赁住房的选址应当在交通便利、公共设施较为齐全的区域。

公共租赁住房建设用地,纳入年度建设用地供应计划。

第十二条 政府投资建设的公共租赁住房所有权归政府,由住房和城乡建设主管部门指定的部门负责租赁管理。企业出资建设的公共租赁住房所有权归投资企业,由政府行业主管部门负责公共租赁住房的管理工作。

第十三条 市、县(区)人民政府通过收购取得的公共租赁住房应当户型适中、价格合理。

收购工作方案由市、县(区)人民政府指定的部门提出,报同级人民政府批准后实施。

第十四条 商品房、棚户区改造项目中配建公共租赁住房的,根据配建面积、配建户数折算出的公共租赁住房用地由政府划拨。

第三章 配租管理

第十五条 申请承租公共租赁住房以家庭为基本申请单位,每个家庭确定1名符合条件的家庭成员为申请人,其他家庭成员为共同申请人,单身人士申请公共租赁住房的本人为申请人。

每个家庭、单身人士限申请承租一套公共租赁住房。?

第十六条 申请公共租赁住房的申请人应当具备以下条件:

(一)具有本市户籍或者持有辖区公安部门发放的居住证明,并在本市居住1年以上;

(二)家庭成员人均年收入低于上年度本市平均工资;

(三)申请人在当地无自有住房或人均住房建筑面积低于15平方米(含15平方米);

(四)申请时未享受当地除廉租住房租赁住房补贴外其他住房保障政策。

第十七条 申请公共租赁住房的,按照以下程序办理:

(一)申请人应当如实向初审单位提供申请书、户籍证明、居民身份证或者公安部门出具的居住证明、劳动合同和收入证明、住房情况证明、婚姻状况证明及其他材料。

(二)初审单位应当在收到申请之日起15个工作日内会同相关部门对申请人资格进行审查,提出初审意见,并将申请材料和初审意见报复审单位。初审未通过的,应当向申请人书面告知理由。

(三)复审单位应当自收到申请材料和初审意见之日起10个工作日内征求相关部门意见,并提出复审意见。

(四)复审单位应当将复审合格的申请人的家庭信息进行公示,内容包括家庭收入、住房情况等,公示时间不得少于15日。公示期间有异议的,由复审单位会同监察部门进行核查。经核查异议成立的,应当书面告知申请人并说明理由。

经公示无异议或者异议不成立的,申请人进入轮候。轮候期间,申请人家庭收入、住房及人数等情况发生变化的,应当主动向复审单位如实提交书面材料,重新审核资格。

(五)经过轮候配租到公共租赁住房的家庭,应当按照住房和城乡建设主管部门的要求办理相关手续。

申请市人民政府投资建设或者市人民政府收购的公共租赁住房的,初审单位为居住地的街道办事处、人力和社会保障主管部门或者申请人的所在单位,复审单位为市住房和城乡建设主管部门。

申请县(区)人民政府投资建设或者县(区)人民政府收购的公共租赁住房的,初审单位为居住地的乡(镇)人民政府、县人力和社会保障主管部门或者申请人的所在单位,复审单位为县(区)住房和城乡建设主管部门。

第十八条 单位集中为职工申请公共租赁住房的,由用工单位按照本办法第十七条的规定统一申请公共租赁住房。

第十九条　公共租赁住房实行公开配租制度。

市、县(区)住房和城乡建设主管部门将配租房源的户型、数量、地点等相关信息在媒体上适时公布,并按照申请的先后顺序、选择的公共租赁住房地点和相对应的户型面积摇号配租。

第二十条　已享受廉租住房实物配租政策的家庭、已纳入城镇和国有工矿棚户区改造的家庭以及已享受机关事业单位周转房政策的在职干部职工家庭,不得承租公共租赁住房。

符合廉租住房保障条件的家庭承租公共租赁住房的,可以按相关规定申请廉租住房租赁补贴。

第四章　租赁管理

第二十一条　本市公共租赁住房的租金标准,由市住房和城乡建设、发展改革、财政等部门统筹制定,并按年度实行动态调整。

公共租赁住房租金不得超过同类地段、同等品质商品房市场租金的60%。

公共租赁住房租金由出租人或者其委托的物业服务企业按月收取,并上缴住房和城乡建设主管部门。

第二十二条　公共租赁住房出租人应当与承租人签订书面租赁合同。

市人民政府投资建设或者市人民政府收购的公共租赁住房,由市住房和城乡建设主管部门所属的住房保障实施机构与承租人签订租赁合同;县(区)人民政府投资建设或者县(区)人民政府收购的公共租赁住房,由县(区)住房和城乡建设主管部门与承租人签订租赁合同。

第二十三条　租赁合同期限一般不得少于1年,但不得超过5年。

租赁合同期满,承租人应当退出公共租赁住房。需要续租的,应当在合同期满3个月前重新申请;经审核符合条件的,重新签订租赁合同。

承租人在租赁合同期满或者终止时,按照租赁合同约定办理腾退手续;拒不腾退的,按租赁合同约定办理,必要时出租人可以申请人民法院强制执行,并在所在单位(街道办事处、用工单位)公告。

第二十四条　房屋出租人可以向承租人收取一定的租房押金,押金应当在租赁合同中注明。

第二十五条　房屋出租人负责公共租赁住房的运营和维修养护,确保房屋建筑安全。

第二十六条　房屋承租人应当合理使用承租房屋及其附属设备、设施,不得擅自对房屋进行装修、改建。

第二十七条　房屋承租人有下列行为之一的,房屋出租人有权与房屋承租人解除租赁合同,收回公共租赁住房:

(一)将承租住房转借、转租的;

(二)擅自改变承租住房居住用途和结构的;

(三)连续六个月以上未在承租住房内居住的;

(四)连续三个月以上未按期缴纳租金的;

(五)利用承租房屋从事违法犯罪活动的;

(六)获得其他形式政策性住房保障;

(七)承租人购买、受赠、继承房屋的;

(八)其他违反租赁合同行为的。

第二十八条　公共租赁住房租金收入,应当专门用于偿还公共租赁住房贷款以及公共租赁住房维修、管理费用和投资补助。

第五章　监督管理

第二十九条　违反本办法规定,不如实申报家庭住房情况,骗租公共租赁住房的,由公共租赁住房产权单位解除租赁合同,承租人应当退出住房并按房屋产权单位规定的标准补交租金;骗租行为记入信用档案,5年内不得申请保障性住房。

第三十条　公共租赁住房出租人在租赁合同存续期间不按照规定的租金标准收缴租金或者擅自向不符合条件的家庭出租公共租赁住房的,市住房和城乡建设主管部门应当责令其限期整改,退回、补差租金或收回住房。

第三十一条　住房和城乡建设主管部门和有关部门及其工作人员利用职务上的便利收受财物或者其他好处的,以及不依法履行监督管理职责的,侵害公共租赁住房申请人、租赁双方当事人合法权益的,由本级人民政府、上级有关部门或者监察部门依据职权责令改正,通报批评;对主管负责人和其他直接责任人依法给予处分;构成犯罪的,依法追究刑事责任。

第六章　附　则

第三十二条　公共租赁住房用作周转房的,按照自治区及本市有关周转房的管理规定进行管理。

第三十三条　本办法自2013年7月1日施行。

第 45 号

《拉萨市城市排水管理办法》已经 2013 年 4 月 26 日市政府第 10 次常务会审议通过，现予以发布，自 2013 年 7 月 1 日起施行。

市长：张延清

二〇一三年五月二十五日

拉萨市城市排水管理办法

目　录

第一章　总　则

第一条　为了加强城市排水管理，保障城市排水设施正常运行，保护和改善环境，防治洪涝灾害，根据有关法律、法规，结合本市实际，制定本办法。

第二条　在本市行政区域内进行城市排水及其相关的管理活动，适用本办法。

第三条　本办法所称城市排水，是指向城市排水设施排放污水、雨水，以及对排入城市排水设施的污水和雨水等进行收集、输送、处理、排放的行为。

本办法所称城市排水设施，包括排水管道、泵站、污水处理厂及其附属设施。城市排水设施分为公共排水设施和专用排水设施。公共排水设施，是指人民政府投资建设，提供公共服务的排水设施；专用排水设施，是指产权人自行投资建设，供本区域使用的排水设施。

第四条　本市城市排水工作遵循统一规划、配套建设、集中处理、综合利用的原则。

第五条　市、县（区）人民政府应当保障公共排水设施建设、运行和维护的资金投入，并将城市排水事业纳入本级人民政府国民经济和社会发展规划、计划。

第六条　市市政市容主管部门是本市排水主管部门，负责本市城市排水管理工作。

县（区）排水主管部门负责本行政区域内的城市排水管理工作，并接受市市政市容主管部门的指导和监督。

发展改革、财政、国土和城乡规划、住房和城乡建设、环境保护、水利、交通、林业绿化、城管综合执法等部门应当按照各自职责，做好城市排水管理的相关工作。

第七条　市、县（区）人民政府应当采取措施，鼓励污水的再生利用和雨水、污水处理厂产生的污泥的资源化利用。

第二章　规划与建设

第八条　市、县（区）排水主管部门应当会同发展改革、国土和城乡规划、住房和城乡建设、环境保护、水利等部门，依据城市总体规划编制城市排水专业规划，报本级人民政府批准后实施。

城市排水专业规划应当包括现状分析、排水量预测、排水模式、排水设施布局与规模、排水设施更新改造、污水与雨水利用、污泥处理处置等内容。

第九条　市、区（县）住房和城乡建设主管部门应当根据城市排水专业规划以及区域发展的需要，制定公共排水设施建设计划并组织实施。

第十条　城市排水设施应当实行雨水、污水分流，雨水管道和污水管道不得混接。

第十一条　新建、改建、扩建项目配套建设的城市排水设施，以及依附于城市道路建设的公共排水设施，应当与主体工程同时设计、同时施工、同时投入使用。

第十二条　国土和城乡规划主管部门在审查建设项目规划设计时，应当就建设项目的排水工程设计征求排水主管部门的意见。

建设单位在公共排水设施建设施工前,应当将设计方案报送排水主管部门审查同意。

第十三条　城市排水设施建设竣工后,市、县(区)排水主管部门应当按照管理权限参加建设单位组织的竣工验收。

城市排水设施验收合格,应当符合下列条件:

(一)符合国家、自治区和本市排水设施建设相关标准和技术规范;

(二)按照批准的文件和设计方案建设;

(三)竣工资料齐全;

(四)排水设施功能完好。

第十四条　拆除、移动城市公共排水设施影响正常排水的,建设单位应当事先征得排水主管部门同意,并承担重建、改建费用。

第十五条　污水处理厂建设完工,经通水调试运行,出水水质达到设计指标和环境影响评价要求后,建设单位应当依法组织竣工验收,并向排水主管部门备案,由排水主管部门对污水处理厂达标情况进行确认。其他公共排水设施的建设单位应当在竣工验收合格后一个月内,将排水设施及相关的图纸资料等向市或者县(区)排水养护机构移交。

专用排水设施的建设单位应当在竣工验收合格后一个月内,将图纸资料等报送市或者县(区)排水养护机构备案。专用排水设施需要接入公共排水设施的,应当经排水主管部门审核并发放城市排水许可证书后,方可接入。

第十六条　城市排水设施未经验收或者验收不合格的,不得投入使用。

未经验收或者未移交的城市排水设施,由建设单位负责维护管理。对验收不合格的城市排水设施,建设单位应当按照要求组织返修或者重建,并负责返修或者重建期间的维护管理。

第三章　设施养护

第十七条　市属公共排水设施由市排水养护机构负责运营和养护维修;县(区)属公共排水设施由所在县(区)的排水养护机构负责运营和养护维修。

专用排水设施由产权人或者其委托的管理单位负责运营和养护维修。

第十八条　城市排水设施的养护维修责任单位应当按照国家、自治区和本市有关污水处理厂、排水管道和泵站等的养护维修技术标准和规范,履行下列养护维修责任,并接受排水主管部门的监督检查:

(一)定期对城市排水设施运行情况进行检查,并建立检查记录;

(二)汛期之前,应当对城市排水设施进行全面检查,及时清疏、维修;

(三)排水管道损坏、堵塞的,应当在发现或者接到报告后立即进行疏通、维修或者采取其他措施,在规定时限内恢复正常运行;

(四)在养护维修作业现场设置明显标志并采取安全防护措施,作业完成后及时清理现场;

(五)其他养护维修职责。

第十九条　在城市排水设施安全防护范围内施工,可能影响城市排水设施安全的,建设单位应当在施工前与城市排水设施的养护维修责任单位确定保护措施。

因施工作业需要临时封堵排水管道或者改变排水流向的,建设单位应当在施工前与城市排水设施的养护维修责任单位确定施工方案。施工期间,应当采取临时排水措施;施工结束后,应当按照要求的时限和技术标准予以恢复。逾期未恢复的,由城市排水设施的养护维修责任单位代履行,由此产生的费用由建设单位承担。

第二十条　任何单位和个人不得有下列损害城市排水设施的行为:

(一)擅自封堵排水管道;

(二)向排水管道及其附属设施内倾倒垃圾、施工泥浆和污水预处理产生的污泥等;

(三)擅自占压、拆卸、移动和穿凿公共排水设施;

(四)向排水管道排放剧毒物质、易燃易爆物质;

(五)在城市排水设施安全防护范围内修建永久性建筑物和从事爆破作业等活动;

(六)其他损害城市排水设施的行为。

第四章　排水管理

第二十一条　因从事制造、建筑、电力和燃气生产、科研、卫生、住宿餐饮、居民服务和其他服务活动产生污水以及施工降水等向城市排水设施排放的,产生污水或者施工降水的单位和个体经营者,应当向排水主管部门申请办理城市排水许可证书,按照城市排水许可证书规定的排水种类、总量、时限、排放口位置和数量、排放的污染物种类和浓度等排放污水。

城市排水许可证书的申请、审查、核发等,按照《城市排水许可管理办法》的有关规定执行。

第二十二条 在公共排水管道覆盖区域内,应当按照城市排水规划等相关要求,将污水排入排水管网及其附属设施。

禁止将污水排入雨水管道或者将雨水排入污水管道。

第二十三条 不在公共排水管道覆盖区域内的建设项目,建设单位应当设置临时性专用排水管道或者建设污水处理设施,排出的污水水质应当符合国家、自治区和本市的要求。

第二十四条 排放的污水属于下列情形之一的,排放污水的单位和个体经营者应当建设相应的污水预处理设施,处理达标后方可排入城市排水设施:

(一)含生物制品或者其他难以生化降解物质的污水;

(二)含放射性物质或者超过规定浓度的有害物质的污水;

(三)含强酸、强碱等腐蚀性物质的污水;

(四)医疗卫生机构产生的污水;

(五)可能危害城市排水设施和公共安全的其他污水。

第二十五条 从事餐饮、汽车修理、洗车、建材冲洗、工程施工等活动的单位和个体经营者,应当按照国家技术规范建设相应的隔油池、沉砂池,并定期清疏,保证正常使用。

第二十六条 排水主管部门应当对排入城市排水设施的污水的水质、水量进行监测和检查。

排放污水的单位和个体经营者应当配合水质、水量的监测和检查。

第二十七条 因发生事故,致使剧毒物质、易燃易爆物质等排入城市排水设施的,责任人应当按照应急预案采取相关措施,消除危害,并及时报告排水主管部门。

第五章 污水处理

第二十八条 公共污水处理设施应当安装符合国家规范要求的进出水计量装置、水质监测装置,加强水质在线监测。各项装置应当定期校核,确保数据真实准确。

污水处理厂应当定期检测进出水水质,检测项目应当符合国家规范、规程要求。

第二十九条 污水处理厂应当定期向排水主管部门报告进出水水质、水量情况以及其他规定的报告项目。出现进出水水质、水量异常以及影响设施正常运行的突发情况,应当及时采取补救措施并向排水主管部门报告。

因设施检修可能造成设施处理能力下降或者设施部分停止运行的,污水处理厂应当提前三十日向排水主管部门报告,经批准后方可实施检修。

第三十条 污水处理厂不得排放未经处理或者未达到规定处理标准的污水。

污水处理厂应当对污水处理过程中产生的污泥进行脱水处理,并按照有关固体废弃物污染防治的法律、法规的规定对污泥进行处置,防止再次污染。

第三十一条 用水单位和个人应当交纳污水处理费。污水处理费包括污水处理、污泥处置等费用。

污水处理费的征收标准由市价格主管部门会同市财政主管部门依照国家、自治区和本市的有关规定制定并公布。

污水处理费应当专门用于污水处理设施的养护维修和运行保障。

第六章 监督管理

第三十二条 排水主管部门应当建立举报投诉制度,设立二十四小时举报投诉电话,及时处理违法排水和破坏排水设施行为的举报,以及污水冒溢和井盖、雨水篦子破碎丢失等情况的投诉。

第三十三条 排水主管部门可以采取下列方式进行监督检查:

(一)进入现场查看;

(二)查阅、复制城市排水许可证书等有关文件材料;

(三)采集、检测水样;

(四)责令停止正在实施的违法排水行为。

被检查的单位和个人应当主动配合检查,如实反映情况,按照检查意见进行整改。

第三十四条 市排水主管部门应当会同市环境保护主管部门确定重点排污单位名录,并建立重点排污单位监测信息共享机制。

重点排污单位应当安装水污染物排放自动监测设备,与环境保护主管部门的监控设备联网,并确保监测设备正常运行。

第三十五条 市排水主管部门应当定期对养护维修责任单位履行养护维修责任的情况和污水处理厂运行情况进行评估考核,并公示评估考核结果。

第三十六条 排水主管部门、排水养护机构、污水处理厂应当制定应急预案,遇到重大汛情、疫情等突发事件,应当及时启动应急预案。

第七章　法律责任

第三十七条　违反本办法第十条、第二十二条规定,将雨水管道和污水管道混接以及将污水排入雨水管道或者将雨水排入污水管道的,由排水主管部门责令限期改正,并处200元以上1000元以下罚款;情节严重的,处1000元以上5000元以下罚款。

第三十八条　违反本办法规定,有下列行为之一的,由市排水主管部门责令限期改正,并处200元以上1000元以下罚款;情节严重的,处1000元以上5000元以下罚款:

(一)新建、改建、扩建项目配套建设的排水设施未与主体工程同时设计、同时施工、同时投入使用的;

(二)拆除、移动城市排水设施影响正常排水,未事先征得排水主管部门同意的;

(三)未按照规定办理城市排水设施移交的;

(四)未经批准将专用排水设施接入公共排水设施的;

(五)未按照规定将图纸资料备案的。

第三十九条　违反本办法规定,有下列行为之一的,由市排水主管部门责令限期改正,并处5000元以上10000元以下罚款;情节严重的,处10000元以上20000元以下罚款;已经取得城市排水许可证书的,市排水主管部门可以吊销其城市排水许可证书:

(一)未按照规定办理城市排水许可证书的;

(二)未按照城市排水许可证书的要求排水的;

(三)未将污水排入城市排水管网及其附属设施的;

(四)未按照规定建设污水预处理设施或者未对污水进行预处理的。

第四十条　违反本办法第二十条规定的,由市排水主管部门责令限期改正,对单位并处10000元以上20000元以下罚款,对个人并处5000元以上10000元以下罚款。

造成排水设施堵塞或者损坏的,应当依法承担疏通、维修责任,并承担相应的赔偿责任。

第四十一条　违反本办法第二十五条规定的,由市排水主管部门责令限期改正;逾期不改正的,处1000元以上5000元以下罚款。

第四十二条　本章规定的行政处罚,按照相对集中行政处罚权的有关规定执行,应当由市城市管理行政执法部门实施的,依照其规定执行。

第八章　附　则

第四十三条　本办法自2013年7月1日起施行。

第46号

《拉萨市机动车洗车场管理办法》已经2013年4月26日市政府第10次常务会审议通过,现予以发布,自2013年7月1日起施行。

市长:张延清

二〇一三年五月二十五日

拉萨市机动车洗车场管理办法

第一条　为了加强城市市容和环境卫生管理,规范车辆清洗保洁服务工作,根据《拉萨市市容环境卫生管理条例》《城市排水许可管理办法》及其他有关规定,结合本市实际,制定本办法。

第二条　在本市行政区域内开办机动车洗车场(以下简称洗车场)从事车辆清洗保洁服务、对洗车场的监督管理,适用本办法。

第三条　本办法所称洗车场,是指为摩托车、小汽车、客车、货车等机动车辆提供清洗保洁服务的洗车站、场、点。

第四条　市市政市容主管部门是本市洗车场管理的主管部门,负责洗车场设置和监督管理工作。

环境保护主管部门负责对洗车场进行环境影响评价,对洗车场污水处理、噪声排放等行为进行监督、检查。

国土和城乡规划主管部门负责对洗车场私搭乱

建、改变场地使用性质等行为进行监督、检查。

公安交通管理部门负责对洗车场出入口及周边的道路交通安全进行监督、检查。

工商行政管理部门负责对洗车场无照经营、超范围经营等行为进行监督、检查。

公安消防管理部门负责对洗车场的消防设施、通道及消防安全进行监督、检查。

城市管理综合执法部门负责对洗车场占道洗车、擦车,损坏路政设施、污水横流、乱堆乱放、乱挂乱晒等影响市容市貌的行为进行监督、检查。

第五条　本市设置洗车场应当遵循统一规划、合理布局、安全规范、文明美观的原则。

市市政市容主管部门应当组织编制本市洗车场设置技术规范,报市人民政府批准后实施。

第六条　禁止在城市繁华商业街区、重点旅游景区周边、交通要道口或者转弯处、城市绿地等区域设置洗车场。

第七条　本市鼓励洗车场使用循环水设施、节水型设备,倡导节约用水。

第八条　在本市开办洗车场,应当具备下列条件:

(一)经营场地符合城市市容环境卫生相关规定;

(二)建设与经营规模相适应的沉砂池、隔油池,洗车区周围设置排水沟或者截水沟,各项设施符合本市洗车场设置专业技术规范;

(三)室内或者庭院经营;

(四)设置洗车用水计量设施;

(五)其他应当具备的条件。

第九条　任何单位或者个人不得擅自设置洗车场。设置洗车场的,应当依法取得城市排水许可和建设项目环境影响评价批准文件,并办理工商营业执照等相关证照。

洗车场经营主体应当自取得工商营业执照之日起一个月内到市市政市容主管部门进行备案登记;洗车场经营主体变更的,应当自变更登记之日起一个月内到市市政市容主管部门进行备案登记。

第十条　洗车场不得有下列行为:

(一)占用城市道路进行洗车作业、停放车辆、堆放物料、搭建建筑物(构筑物)或者其他设施;

(二)晾晒、吊挂有碍市容、影响城市观瞻的物品;

(三)损坏城市道路、排水管道等市政设施;

(四)随意倾倒洗车废水,污染路面;

(五)其他影响市容环境的行为。

第十一条　洗车场收取车辆清洁服务费应当实行明码标价,标明服务项目、服务标准、服务价格等内容。

第十二条　洗车作业应当文明、卫生、有序。洗车场工作人员在清洗车辆过程中造成车辆损坏的,洗车场应当承担赔偿责任。

第十三条　违反本办法第九条规定,未取得城市排水许可证书等相关证照擅自设置洗车场或者设置手续不齐违法经营的,由城市管理综合执法部门责令其限期改正,并处200元以上2000元以下罚款;情节严重的,处以10000元以下罚款。

第十四条　违反本办法第十条规定的,由城市管理综合执法部门责令其限期改正,并处200元以上2000元以下罚款;情节严重的,处2000元以上20000元以下罚款。

第十五条　违反本办法其他规定的,由环境保护、国土和城乡规划、工商、物价、城管综合执法等部门依照有关法律、法规的规定给予行政处罚;构成犯罪的,依法追究刑事责任。

第十六条　本办法实施之日起三个月内,符合条件证照齐全的,予以备案登记;不符合条件的,予以取缔。

第十七条　本办法自2013年7月1日起施行。

第47号

《拉萨市旅游管理办法》已经2013年8月21日市政府第12次常务会审议通过,现予以发布,自2013年11月1日起施行。

市长:张延清

二〇一三年九月四日

拉萨市旅游管理办法

目 录

第一章 总 则

第一条　为了加强本市旅游管理,规范旅游市场秩序,保障旅游消费者、经营者和旅游从业人员的合法权益,保护国家资源,促进本市旅游产业的发展,根据国家、西藏自治区相关政策法规,结合本市实际,制定本办法。

第二条　在本市行政区域内编制旅游产业发展规划、保护与开发旅游资源、实施旅游管理、建设旅游设施、从事旅游经营、开展旅游活动,应该遵守本办法。

第三条　本市发展旅游产业应当遵循旅游资源保护、开发和利用相结合,社会效益、环境效益与经济效益相统一的原则,突出民族特色和地方特点。

第四条　市、县(区)人民政府应当加强对旅游工作的领导,将旅游产业纳入国民经济和社会发展规划,加大资金投入,建立健全旅游产业综合协调机制,推进旅游产业与相关产业协调发展。

第五条　市旅游行政主管部门负责全市旅游管理工作,统筹规划、综合协调和监督指导本市旅游产业的发展。

县(区)旅游行政主管部门负责本行政区域内旅游业的日常管理工作以及授权后的相关业务。

发展和改革、公安、工商、卫生、交通、税务等行政主管部门应当按照各自职责分工,依法做好相关旅游监督管理和服务工作。

第六条　本市各级人民政府及其有关部门应当对促进旅游产业发展作出突出贡献的单位和个人给予表彰和奖励。

第二章 旅游开发与保护

第七条　本市开发旅游资源,应当遵循统一规划、合理开发、严格保护、可持续发展的原则。

第八条　市旅游行政主管部门会同有关部门组织编制市旅游产业发展专项规划,经市人民政府批准后组织实施。

县(区)人民政府根据市旅游产业发展专项规划,制定本行政区域的旅游产业发展专项规划,经市旅游行政主管部门评审后,报请市人民政府批准后实施。

第九条　市人民政府和旅游资源富集县(区)人民政府应当根据旅游发展需要,设立旅游发展专项资金,列入年度财政预算,并逐步增加。

旅游发展专项基金由旅游行政主管部门专款专用,财政、审计部门负责审核监督。

第十条　本市各级人民政府应当加强与周边地区和旅游城市的协作配合,互通信息、客源共享,实现优势互补,形成旅游合作。

市、县(区)人民政府应当加大对旅游培训的投入,拓宽培训渠道,提高旅游从业人员的素质。

第十一条　本市旅游宣传促销工作采取政府牵头、行业组织、企业参与、政府与企业共同出资的方式。

市人民政府统筹领导本市旅游宣传促销工作。市旅游行政主管部门负责制定本市中、长期旅游市场开发战略和年度旅游宣传促销计划,并组织实施。

政府旅游宣传促销所需经费从旅游发展专项资金中列支,旅游行政主管部门应当做好政府旅游宣传促销资金的拨付、使用和监管。

第十二条　市、县(区)人民政府应当采取小额信贷、贷款贴息等优惠措施,鼓励农牧民以多种形式参与旅游产业,扶持农牧民开发具有当地特点的旅游项目,大力发展乡村旅游产业。

第十三条　市、县(区)旅游行政主管部门应当加强旅游信息化建设,建立健全旅游信息网络,完善服务功能。

市、县(区)旅游行政主管部门应当督促和指导旅游经营者开展标准化、规范化服务,并向社会公布达到国家标准、行业标准和地方标准并取得相应服务质量等级的旅游经营者名单。

市、县(区)旅游行政主管部门应当会同有关部门,进行旅游资源的普查和评估,建立旅游资源档案,指导重点旅游区域的资源保护和开发建设。

第十四条　本市道路交通设施建设,应当统筹安排旅游景区(点)交通干线、停车场、旅游交通标示牌、旅游景区(点)指示牌等旅游服务设施的配套建设。

第十五条　开发旅游资源可以采取承包、租赁等形式,实行所有权和经营权适度分离,促进旅游资源的开发和利用。法律法规另有规定的,从其规定。

取得旅游资源经营权的单位和个人,应当按照批准的旅游产业发展专项规划,开发和建设旅游服务设施,并依法进行环境影响评价。

第三章　旅游经营管理

第十六条　在本市从事旅游经营的旅行社、旅游饭店、旅游景区(点)、旅游购物场所、旅游演艺场所、旅游产品经营企业、旅游运输企业、旅游中介企业等向市工商行政管理部门办理工商注册登记时,市工商行政管理部门应当征求市旅游行政主管部门的意见。

上述从事旅游经营者,应当自取得工商营业执照之日起30日内,到市旅游行政主管部门登记备案。

在本市从事导游服务并取得自治区导游上岗证的导游,其所在的旅行社、旅游中介企业应当在其取得自治区导游上岗证之日起30日内,到市旅游行政主管部门登记备案。

本市旅游景区(点)实行专职导游讲解制度。申请从事专职讲解的人员,由市旅游行政主管部门组织考试,合格后发给《拉萨市旅游景区(点)专职导游讲解证》。未取得《拉萨市旅游景区(点)专职导游讲解证》的,本市旅游景区(点)经营管理单位不得安排其在旅游景区(点)内从事导游讲解服务。

第十七条　旅游经营者及其从业人员不得有下列行为:

(一)服务态度恶劣,威胁、谩骂、殴打旅游者;

(二)强行滞留旅游团队,或者擅自终止旅游行程;

(三)假冒其他旅游经营者的注册商标、品牌、质量认证标志,或者擅自使用其他旅游经营者的名称;

(四)以低于成本的价格销售旅游产品;

(五)高于票面价格销售景区(点)门票、旅游车(船)票或者高于合同价格销售客房;

(六)制售假冒伪劣旅游商品;

(七)宣传发布虚假旅游信息,对服务范围、内容、标准等作虚假宣传;

(八)法律、法规禁止的其他行为。

第十八条　旅游经营者在从事旅游经营活动时,应当使用规范的业务往来和结算凭证。

第十九条　申请设立旅行社的,应当按照国务院《旅行社管理条例》的有关规定办理。

旅行社在本市设立分支机构的,应当依法到市旅游行政主管部门办理相关手续。

第二十条　旅行社应当按照国家、自治区和本市的有关规定,与所属分社、服务网点(门市部、营业部)从业人员、导游人员、外联人员、领队人员订立劳动用工合同,办理相关社会保险,支付不低于本市最低工资标准的劳动报酬。

导游管理服务机构应当与所属导游人员订立劳动用工合同,办理相关社会保险,支付不低于本市最低工资标准的劳动报酬。

旅行社向导游管理服务机构聘请导游人员,应当与所聘的导游人员签订合同,并支付合理的劳动报酬。

第二十一条　旅行社的经营活动应当遵守下列规定:

(一)不得通过内设部门、承包挂靠、签订目标责任书等方式从事招揽、组织、接待旅游团队的活动;

(二)使用具有旅游车辆营运许可证的车辆运送旅游者;

(三)在与旅游者签订旅游合同时,应当提示旅游者自愿购买旅游意外保险;

(四)《旅行社条例》《西藏自治区旅游条例》等的相关规定。

第二十二条　市旅游行政主管部门应当建立健全本市旅游服务质量考核体系和旅游信息发布制度,

定期向社会发布旅游管理信息和企业信誉记录。

第二十三条　本市旅游饭店是指依法取得评定星级的宾馆(酒店)和取得评定等级的家庭旅馆。

未取得评定星级的宾馆(酒店)和未取得评定等级的家庭旅馆禁止使用星级、等级标志或者称谓,不得接待旅游团队。

第二十四条　旅游饭店经营者及其从业人员不得有下列行为:

(一)擅自取消预订合同,哄抬物价,牟取暴利;

(二)擅自终止旅游服务;

(三)违规向旅游者收取额外费用。

第二十五条　旅游景区(点)经营管理单位及其从业人员应当按照国家、自治区的有关规定设置旅游服务设施、安全设施及其标识,并不得有下列行为:

(一)未在旅游景区(点)醒目位置公示门票价格;

(二)在旅游厕所、停车场等旅游服务设施收取额外费用;

(三)未按照有关规定对现役军人、残疾人、老年人、全日制在校学生等特定对象减免门票;

(四)出售国家明令禁止销售的商品;

(五)向旅游者强行兜售商品,敲诈旅游者。

第二十六条　导游人员应当按照《导游人员管理条例》和《导游人员管理实施办法》从事旅游服务接待活动。

第二十七条 旅游运输企业及其旅游车辆司机应当按照国家、自治区的有关规定制定收费标准,提升服务质量,加强安全管理。

旅游车辆司机不得有下列行为:

(一)私自招揽旅游者,从事旅游团队接待活动;

(二)服务态度恶劣,威胁、谩骂、殴打旅游者;

(三)违反合同约定,擅自更改旅游路线、减少或者增加旅游项目、向旅游者收取额外费用。

第二十八条　旅游购物场所和旅游演艺场所应当按照国家、自治区的有关规定为旅游者提供合格的商品和优质的服务,并不得有下列行为:

(一)出售国家明令禁止销售的商品;

(二)价格欺诈,以次充好,销售假冒伪劣商品;

(三)与导游、旅游运输车辆司机串通,欺骗旅游者购买高价、假冒伪劣产品;

(四)未使用拉萨市统一的价格标签,未明码标价。

第二十九条　在本市从事旅游经营的旅行社、旅游饭店、旅游景区(点)、旅游购物场所、旅游演艺场所、旅游产品经营企业、旅游运输企业、旅游中介企业等通过开办互联网网站为旅游者提供游览、旅行、住宿、交通、餐饮等旅游服务的,应当在网站设立后15个工作日内到市旅游行政主管部门登记备案。

第三十条　本市成立旅游行业协会,组织旅游市场开发、促销,开展行业交流、行业培训,完善行业自律,规范行业竞争,维护协会会员的合法权益。

第四章　旅游安全

第三十一条　市旅游行政主管部门应当组织拟定本市旅游产业有关安全方面的规章制度,组织具有行业特点的安全宣传教育工作,在职责权限范围内督促、检查旅游产业重点单位落实有关旅游产业安全管理制度和安全防范措施,组织制订旅游安全应急预案,消除事故隐患,依法查处违反旅游安全规定的行为;对相关安全事故及时处理、及时报告,并依法承担相应的管理责任。

公安、工商、卫生、交通、安全生产监督等有关行政主管部门应当按照各自职责,做好旅游安全工作。

第三十二条　旅游经营者应当建立安全管理责任制,设置内部安全管理机构或者专门人员,配备必要的安全设备、设施,切实保障旅游者的人身、财产安全。

发生旅游安全事故,旅游经营者应当及时采取处理措施,并向旅游、公安等有关行政主管部门和所在县(区)人民政府报告。

第三十三条　经营涉及人身安全的特种旅游项目和客运索道、大型游乐项目,其设备、设施应当符合国家、自治区有关安全标准,并定期检测。

旅游经营者应当加强设备、设施的日常维护和保养,保证其安全运转,对存在的安全事故隐患,应当立即组织消除。

第三十四条　旅行社组织旅游应当保证所提供的服务符合保障旅游者人身、财产安全的要求;对可能危及旅游者人身、财产安全的事宜,应当向旅游者做出真实的说明和明确的警示,并采取防止危害发生的措施。

导游在引导旅游者游览过程中,应当就可能发生危及旅游者人身、财产安全的情况,向旅游者做出真实的说明和明确的警示,并按照旅行社的要求采取防止危害发生的措施。

第三十五条　旅游景区(点)应当根据接待需

要，设置地域界限标志和游览导向标志等；对具有一定危险性的区域或者项目，应当设立明显的提示或者警示标志，并采取必要的防护设施。

第三十六条 旅游景区（点）应当根据旅游安全、环境保护、文物保护以及服务质量等要求，确定旅游接待承载能力，实行旅游者流量控制。

旅游景区（点）达到或者接近旅游者流量控制标准时，旅游景区（点）的经营管理者应当及时进行疏导，并采取分时进入或者限制进入等措施。

第三十七条 旅游者应当自觉遵守有关安全规定，增强自我保护意识。提倡旅游者参加人身意外伤害险。

第三十八条 市、县（区）人民政府应当加强领导、整合资源，建立健全旅游执法检查、旅游投诉和安全事故应急处理机制，办事机构设在市、县（区）旅游行政主管部门。

第五章 法律责任

第三十九条 旅游经营者违反本办法第十六条第二款、第三款、第十九条第二款规定，未到旅游行政主管部门登记备案、办理相关手续的，由旅游行政主管部门责令改正，没收违法所得，处5000元以上20000元以下的罚款；情节严重的，责令停业整顿。

旅游景区（点）经营管理单位违反本办法第十六条第四款规定的，由旅游行政主管部门责令改正；情节严重的，处3000元以上10000元以下的罚款。

第四十条 违反本办法第十七条第（一）项、第（二）项规定的，由旅游行政主管部门责令改正；情节严重的，对旅游经营者处5000元以上20000元以下的罚款，对旅游从业人员处500元以上2000元以下的罚款。

违反本办法第十七条第（三）项、第（四）项、第（五）项规定的，由旅游行政主管部门责令改正，没收违法所得；情节严重的，对旅游经营者以5000元以上20000元以下的罚款，对旅游从业人员处500元以上2000元以下的罚款。

违反本办法第十七条第（六）项、第（七）项规定的，由工商行政管理部门依法给予处罚。

第四十一条 违反本办法第二十条规定的，由人力资源和社会保障部门依法给予处罚。

第四十二条 违反本办法第二十一条第（一）项、第（二）项、第（三）项规定的，由旅游行政主管部门责令改正；情节严重的，对旅行社处1000元以上5000元以下的罚款。

第四十三条 违反本办法第二十三条规定，违规使用星级、等级标志或者称谓的，由旅游行政主管部门责令改正，并处10000元以上50000元以下罚款；违规接待旅游团队的，由旅游行政主管部门责令改正，没收违法所得，可并处3000元以上10000元以下的罚款。

第四十四条 违反本办法第二十四条规定的，由旅游行政主管部门责令改正；情节严重的，对旅游饭店经营者处3000元以上10000元以下的罚款。

第四十五条 违反本办法第二十五条第（一）项、第（二）项、第（三）项规定的，由旅游行政主管部门责令改正；情节严重的，对旅游景区（点）经营管理单位处3000元以上10000元以下的罚款。

违反本办法第二十五条第（四）项、第（五）项规定的，由工商行政管理部门依法给予处罚。

第四十六条 违反本办法第二十七条第（一）项、第（二）项、第（三）项规定的，由旅游行政主管部门责令改正；情节严重的，对旅游运输企业处3000元以上10000元以下的罚款。

第四十七条 违反本办法第二十八条第（一）项、第（二）项规定的，由工商行政管理部门依法给予处罚。

违反本办法第二十八条第（三）项规定的，由旅游行政主管部门责令改正，没收违法所得；情节严重的，对旅游购物场所处5000元以上20000元以下的罚款。

违反本办法第二十八条第（四）项规定的，由价格主管部门依法给予处罚。

第四十八条 对发生重大投诉和重大安全事故的旅游经营者，由旅游行政主管部门责令改正；情节严重的，对旅游经营者处5000元以上20000元以下的罚款。

第四十九条 违反本办法规定的其他行为，法律、法规、规章已有相应处分、处罚规定的，从其规定。

违反本办法侵害旅行者人身权利以及国家、集体或者旅行者财产权利的，有关单位或者个人应当依法承担民事责任。

构成违反《中华人民共和国治安管理处罚法》的，从其规定；构成犯罪的，依法追究刑事责任。

第六章 附 则

第五十条 本办法所称旅游产业,是指利用旅游资源和设施,为旅游者代办出入境和签证手续,招徕、接待旅游者,为旅游者提供交通、游览、住宿、餐饮、购物、文化娱乐等有偿服务的经营活动。

本办法所称旅游资源是指可以为发展旅游产业而开发利用,具有经济效益、社会效益和环境效益的自然资源、历史文化资源和其他社会资源。

第五十一条 本办法所称旅游经营者,是指从事旅行社、旅游住宿、旅游餐饮、旅游景区(点)、网络旅游、旅游车、旅游产品、旅游购物等经营活动的单位和个人。所称的旅游消费者,是指按照旅游活动合同约定项目参与旅游活动并接受有偿服务的个人和单位。

第五十二条 本办法所称旅游从业人员,是指与旅游经营者建立劳动关系,为旅游者提供旅游服务的人员。

第五十三条 本办法所称旅游产品是旅游经营者通过开发、利用旅游资源提供给旅游者的旅游吸引物与服务的组合。即旅游目的地向旅游者提供一次旅游活动所需要的各种服务的总和。

第五十四条 本办法自2013年11月1日起施行。

政府规范性文件

拉政发〔2013〕84号

关于印发《拉萨市人民政府经济顾问聘请和管理办法》的通知

各县(区)人民政府,市直各委、办、局,各人民团体:

《拉萨市人民政府经济顾问聘请和管理办法》已经2013年4月26日,市政府第10次常务会议审议通过,现印发给你们,请遵照执行。

拉萨市人民政府

2013年6月6日

拉萨市人民政府经济顾问聘请和管理办法

第一条 为充分整合经济人才资源,促进拉萨市经济社会更好、更快地发展,根据本市实际,制定本办法。

第二条 政府经济顾问是指为市人民政府在做出经济发展重大决策过程中提供参考建议、意见的国内专家、学者、企业家。

第三条 市人民政府成立经济顾问工作领导小组(以下简称领导小组)。领导小组下设办公室,负责政府经济顾问的拟聘、建档、联络、服务、管理等日常工作。

第四条 担任政府经济顾问应当符合下列条件之一:

(一)中央国家机关、综合经济部门、从事经济政策研究的专家;

(二)高等院校、科研机构从事经济研究的专家、教授;

(三)在国内具有重大影响的大型企业或者大型上市公司担任过高层经营管理人员的人士;

(四)能够帮助引进项目、资金,推介项目和提供融资渠道、熟悉经济开发区、高新技术开发区政策且具有丰富实际经验的人士;

(五)关心支持拉萨市经济发展,为推动和促进拉萨市经济跨越式发展建言献策作出突出贡献的人士。

第五条 聘请政府经济顾问,应当遵循下列程序:

(一)领导小组经过研究,提出政府经济顾问初步人选,经组织考察,征得本人同意后,确定人选,报请市长办公会议审定;

(二)市长办公会议对报请的人选,经研究同意后,由领导小组办公室与受聘人员签订聘用协议;

(三)市人民政府举行聘请仪式,由市长向受聘人员颁发聘书。

第六条 政府经济顾问应当履行下列职责:

(一)对本市应对国际、国内经济形势变化、经济社会发展中长期规划提出对策、意见和建议;

(二)为经济社会发展、主导产业培育、重大招商引资项目的提出,提供有重要价值的建议和意见;

(三)积极开展调查研究、专题研讨、决策咨询等活动;

(四)在国内外宣传、推介拉萨经济,协助开展招商引资活动,并帮助引进所需的资金、技术和人才;

(五)遵守协议,积极履行职责。

第七条 政府经济顾问享受下列待遇:

(一)应邀参加庆典或其他重大活动时,享受贵宾礼遇;

(二)享有顾问津贴;

(三)享有拉萨市荣誉市民称号;

(四)应邀开展调查研究、专题研讨、决策咨询等活动,由市政府根据具体情况提供相关经费及服务;

(五)优先获取拉萨经济发展相关信息、资料、数据;

(六)根据工作需要由政府提供办公场所及其他便利。

第八条 政府经济顾问的活动方式：

(一)市人民政府每年召开一次咨询大会，也可根据工作需要不定期召开专题咨询会；

(二)应邀参加市人民政府举办的专题研讨会、报告会及有关咨询活动；

(三)日常以信件、电话、电子邮件、选送研究报告等方式参与政府有关的决策咨询活动。

第九条 政府经济顾问的联络方式：

(一)市长与顾问预约联络；

(二)领导小组办公室将政府经济顾问提供的信息和对本市经济社会发展等方面的意见、建议整理后，呈报市长参阅，负责对政府经济顾问来函、来电进行答复；

(三)定期向政府经济顾问寄送政府相关文件和经济发展有关资料。

第十条 领导小组制定政府经济顾问工作绩效评估办法，每年对政府经济顾问工作总绩效进行评估，评估结果与每年津贴挂钩。

第十一条 政府经济顾问的聘期为2年。需续聘的，由领导小组提出意见报市长办公会议研究后，向续聘人发放聘书；未续聘的，期满后自然解聘。

第十二条 政府经济顾问有下列情形之一的，予以解聘：

(一)违反中华人民共和国法律被追究刑事责任的；

(二)有损害本市利益、形象和声誉行为的；

(三)聘期内与领导小组无任何联系或者未履行政府经济顾问职责的；

(四)未履行保密职责，对本市经济社会发展造成不良影响的。

第十三条 本办法自发布之日起施行。

拉政发〔2013〕85号

关于印发《拉萨市学校食品安全管理办法》的通知

各县(区)人民政府，市直各委、办、局，各人民团体：

《拉萨市学校食品安全管理办法》已经2013年4月26日，市政府第10次常务会议审议通过，现印发给你们，请遵照执行。

拉萨市人民政府

2013年6月6日

拉萨市学校食品安全管理办法

目 录

第一章 总则

第一条 为加强学校食品安全管理，防范师生食物中毒或其他食源性疾患事故的发生，确保学校食品安全，根据《中华人民共和国食品安全法》《中华人民共和国食品安全法实施条例》等相关法律、法规、规章，结合本市实际，制定本办法。

第二条 本市各级各类学校和学前教育机构的食品安全管理适用本办法。

第三条 学校食品安全管理应当坚持“标本兼治、着力治本、预防为主”的工作方针，实行“食品安全监管部门监督指导、教育主管部门管理督查、学校具体实施”的工作原则。

第四条 学校应当建立食品安全工作领导小组，校长是学校食品安全工作的第一责任人。学校应当设专职或者兼职的食品安全管理人员，加强对学校食品安全的管理。学校应当建立健全食堂及学生集体用餐食品安全管理制度、食堂财务管理制度、应急处理机制和报告制度、激励机制和责任追究制度。

第二章　监督管理

第五条　教育主管部门履行学校食品安全管理督查职责，指导学校建立食堂食品安全工作制度，督促并落实食品安全管理机构及人员资质，完善学校校长、分管校长、食品安全管理员及食堂从业人员岗位职责，将学校食堂食品安全工作作为对学校督导评估的重要内容，并纳入学校工作考核体系。

第六条　卫生主管部门履行对学校餐饮服务单位及向学校配送营养餐等的餐饮服务单位的食品安全监督管理职责，负责学校重大食品安全事故的医疗救治，依法开展对重大食物中毒的流行病学原因调查处理和相关技术鉴定等工作。

第七条　工商行政管理部门履行对学校食品销售单位及向学校配送食品的食品销售单位的食品安全监督管理职责。

第八条　质量技术监督主管部门履行对学校校园内及向学校配送食品的生产企业和小作坊食品的安全监督管理职责。

第九条　市市政市容主管部门负责校园周边食品摊贩的管理，引导其进入市场或者划定区域规范经营。

第十条　食品安全监管部门负责学校食品安全的综合监督，组织协调学校重大食品安全事故的查处工作。

第十一条　食品安全监管、教育、卫生、工商行政管理部门应当建立健全学校食品安全监管信息和食品安全事故信息通报制度。

第三章　学校食堂设施与环境

第十二条　学校新建、扩建、改建学校食堂应当按照有关法律、法规规定的技术标准和规范进行建设。

第十三条　学校应当根据就餐人数合理规划、设置食堂。高中学校按照就餐人数生均 2 平方米进行设置；初中、小学按照就餐人数生均 1.8 平方米进行设置；幼儿园应当设置厨房及配餐间，2－4 个班为 30 平方米，5－8 个班为 75 平方米，9 个班以上不得低于 100 平方米。

第十四条　食堂应当取得餐饮服务许可证，并悬挂在醒目位置，亮证经营。食堂应当在醒目位置设置食堂从业人员监督台、健康证明和卫生知识培训合格证明公示栏、食品卫生警示标语、禁烟标语等。

第十五条　食堂应当建立健全食品安全管理、从业人员准入及岗位责任制度，统一设计、制作公示栏并张贴在相应的功能用房内；设置食品安全知识宣传栏，每月更新一次宣传内容，宣传资料齐全、存档记录齐全。

第十六条　学校应当建立食堂食品安全管理组织，定期开展食品安全自查。每半年组织开展一次食堂从业人员食品安全知识学习培训，每学期进行一次测试，学习材料、学习记录、试卷和考核积分表齐全。

第十七条　食堂的设施设备布局合理，名称统一，应当按照餐饮服务许可审查时功能用房的定位进行食品加工操作，不得随意变更，不得交叉使用。食品处理区全部功能间都在室内，要有独立或者相对独立的粗加工间（区）、切配间（区）、烹调间（区）（含蒸煮间）、洗消间（区）（或洗涤间、消毒间）。粗加工间、切配间、烹调间、洗消间的地面、墙裙应当采用不透水材料筑成，地面及排水沟有一定坡度，下水道通畅，便于冲洗排水，并配有密闭干湿垃圾桶，规模较大的食堂应当分设男、女更衣间，内设更衣设施，从业人员洗手设施。

第十八条　食堂粗加工间（区）应当具备以下条件：

（一）占食品处理区面积的 20% 以上；

（二）具有基本的防尘防蝇设施；

（三）配备货架或者放置食物的货橱。

第十九条　食堂切配间（区），应当具备以下条件：

（一）墙裙应当贴有瓷砖，并无污迹和食物残渣；

（二）墙壁、天花板的油漆无脱落、无霉斑；

（三）配有食品冰箱和带盖的废弃物箱（桶）等设备。

第二十条　食堂烹调间（区）应当具备以下条件：

（一）烹调间（区）与切配间（区）累计占食品处理区的面积≥50%，并按照原料进入、加工、成品供应流程合理布局；

（二）内墙壁应当贴有瓷砖或者采用其他浅色、无毒、防水、防潮、可清洗的材料制成，高度至顶棚；

（三）顶棚应当采用无毒、无异味、防霉的材料制成；

（四）灶台采用不锈钢台面。

第二十一条　食堂的洗消间（区）应当具备以下

条件:

(一)用于清洗食材、餐饮具的专用洗刷、消毒池应当选用耐磨损、易清洗的无毒材料或不锈钢材料;

(二)蔬菜、肉类洗、消池不少于4个,有明确功能标识,两者间不得混用,不得与拖把等清洁用品洗涤池混用;

(三)有供用餐者、食堂从业者洗手、洗餐具的自来水装置;

(四)要有独立的清洁工具存放场所;

(五)餐饮具消毒应配备专用的消毒保洁柜。

第二十二条　学校应当为教职工设置相对独立的用餐场所,并配备相应的饭桌、饭具保洁橱和供用餐者洗手、洗餐具的自来水装置。

第二十三条　食堂应当保持内外环境整洁,与有毒、有害场所保持规定距离;采取有效措施,消除老鼠、蟑螂、苍蝇和其他有害昆虫及其孳生条件。

第四章　食品采购与贮存

第二十四条　学校专门负责食品采购验收的人员,应当做好以下工作:

(一)学习并掌握食品原料采购的基本知识,了解相关的食品安全法律、法规;

(二)查验食品供货商的有效食品生产许可证、食品流通许可证、质量报告书、检验报告单、动物检疫合格证、肉品质量合格证、水产品质量合格证等相关证件;

(三)建立学校食品采购确认登记簿,做到每日登记,采购记录项目包括产品名称、规格、数量、生产批号、保质期、供货者名称及联系方式、进货日期等内容,或者保留载有上述信息的进货票据、购进记录保存期不得少于2年;

(四)对肉品及水产品质量合格证和农产品质量安全检测市场准入合格证进行逐日粘贴;

(五)建立食品添加剂使用台账,添加剂专用橱柜存放,标示要明显;

(六)采购米、面、油、肉等大宗食品原料应当到相对固定的食品采购场所定点采购,采购后要台账齐全,逐日登记。

第二十五条　学校食堂禁止采购以下食品及其食品原料:

(一)无品名、产地、厂名、生产日期、保质期及中文标识的定型包装食品和食品添加剂;

(二)未经动物卫生监督机构检疫检验或者检疫检验不合格的肉类及其制品;

(三)超过保质期限或不符合食品标签规定的定型包装食品;

(四)腐败变质、油脂酸败、霉变、生虫、污秽不洁、混有异物或者其他感官性状异常,含有毒有害物质或者被有毒、有害物质污染,可能对人体健康有害的食品;

(五)病死、毒死或者死因不明的禽、畜、兽、水产动物肉类及其制品;

(六)用非食品原料制作加工食品或者添加食品添加剂以外的化学物质和其他可能危害人体健康的物质,或者用回收食品作为原料制作加工食品;

(七)棉籽食用油和转基因食用油及含有棉籽食用油和转基因食用油的调和油;

(八)其他不符合食品安全标准和要求的食品。

第二十六条　食品及其原料的贮存应当遵守下列规范:(一)分类、分架、隔墙、离地15cm以上存放;

(二)按照先进先出的原则,使用食品及其原料;

(三)库房应当保持清洁、无霉斑、鼠迹、苍蝇、蟑螂

等;

(四)应当具备自然通风或机械通风设施;

(五)门口有金属挡板;

(六)禁止存放有毒、有害物品(如灭鼠剂、杀虫剂、

洗涤剂、消毒剂等)及个人生活物;

(七)冷藏、冷冻贮藏应当做到食品及其原料、半成品、

成品分开存放并有明显标志,不得将食品堆积、挤压存放,冷藏、冷冻柜(库)有明显区分标志。用于贮藏食品的冷藏、冷冻柜(库)应当定期除霜。

第二十七条　学校通过供餐单位为学生提供集体供餐的,应当确认供餐单位取得有效食品生产许可证或者餐饮服务许可证,不得向未经许可的供餐单位订餐;学校要按照订餐要求与供餐单位签订协议,并按照协议对提供的食品进行验收、留样。

第五章　食品加工

第二十八条　食堂从业人员应当采用新鲜洁净的原料制作食品,发现有腐烂变质或者其他感官性状异常的食品及其原料,不得加工或者使用。

第二十九条 挑拣好的蔬菜在切配前应当先冲洗,浸泡10分钟以上,再经充分冲洗。肉类、水产品

类与蔬菜类食品原料的清洗应当分别在专用清洗池内进行。

第三十条 食品原料切配加工应当在专用操作台上进行。切配加工后的食品原料应当保持洁净,放在清洁的容器内,并置放于货架上避免污染。荤、素食品原料的盛放容器和加工用具应当严格进行区分,并有明显标志,使用后应当洗净,定位存放。当天切配的食品原料应当当天烹调加工。

第三十一条 烹调加工食品应当做到烧熟煮透。加工后的熟制品应当与食品原料或者半成品分开存放,半成品应当与食品原料分开存放,防止交叉污染。食品在烹饪后至出售前一般不超过2个小时,若超过2个小时存放的,应当在高于60℃或者低于10℃的条件下存放。剩余食品必须冷藏,冷藏时间不得超过24小时,冷藏时间超过24小时,应当及时处理。在确认没有变质的情况下,冷冻食品在常温条件下解冻后加热加工,方可继续出售;食堂不得制售冷荤凉菜。

第三十二条 面点加工间应当配备半成品操作台、烘烤炉(箱)和专用凉冻柜或成品柜。从事面点制作的人员应当认真检查所使用的面粉和馅心的质量,不得使用手感和感观性状异常的面粉和馅心。

第三十三条 备餐间应当配备专用的留样冷藏冰箱、空气消毒装置和洗手设施,并且标志明显。每餐的所有食品应取不少于250克盛放在密闭专用容器内,留置于专用冷藏设备中保存48小时以上,以备查验。

第三十四条 学校应当确保食堂用水安全,储水设施应当定期消毒并由专人管理。

第三十五条 接触或盛装食品原料、半成品、成品的刀、墩、板、等加工工具应当标志明显,并做到分开使用,定位存放,用后洗净,保持清洁。

第三十六条 餐饮具使用前必须洗净、消毒,未经消毒的餐具不得使用。餐饮具严格执行一洗、二清、三消毒、四保洁制度,其消毒程序按相关要求进行。已消毒和未消毒的餐饮具应分开存放,并有明显标记。消毒后的餐饮具应贮存在专用保洁柜内备用。餐具保洁柜应定期清洗、消毒,保持洁净。洗涤、消毒餐具所使用的洗涤剂、消毒剂必须符合食品用洗涤剂、消毒剂的卫生标准和要求,对人体安全、无害。洗涤、消毒剂必须有固定的存放场所或橱柜,并有明显的标记。购置、使用集中消毒企业供应的餐具、饮具、应当查验其经营资质,索取消毒合格凭证。

第六章 学校食堂管理

第三十七条 市、县(区)教育主管部门会同人事保障部门,应当对食堂从业人员进行岗前培训。

第三十八条 学校应当设专职或者兼职食品安全管理员,每年应当参加食品、药品监管部门组织的食品安全知识培训,并考核合格。食堂从业人员应当每半年进行一次食品安全知识培训。

第三十九条 学校应当建立食堂从业人员健康档案,食堂从业人员每年必须进行健康检查,新参加工作和临时参加工作的食品生产经营人员应当进行健康检查,取得健康证明后方可进行工作;

凡患有痢疾、伤寒、病毒性肝炎等消化道疾病(包括病原携带者),活动性肺结核,化脓性或者渗出性皮肤病以及其他有碍食品安全疾病的,不得从事食堂服务工作;

食堂从业人员在出现咳嗽、腹泻、发热、呕吐、手部外伤或感染化脓等有碍于食品安全的病症时,应当立即脱离工作岗位,待查明病因、排除有碍食品安全的病症或治愈后,方可重新上岗。

第四十条 食堂从业人员应当养成良好的个人卫生习惯,应当做到:

(一)在工作前、处理食品原料后、便后用肥皂及流动清水洗手;

(二)接触直接入口食品之前应当洗手消毒;

(三)穿戴清洁的工作衣、帽,并把头发置于帽内(备餐间工作人员还需佩戴口罩),不得留长指甲、涂指甲油、戴戒指加工食品;

(四)个人衣物及私人物品不得带入食堂食品处理区。

第四十一条 从业人员工作服(包括衣、帽、口罩)宜用白色(或浅色)布料制作,也可按其工作的场所从颜色或样式上进行区分,如粗加工、烹调、仓库、清洁等。工作服应当有清洗保洁制度,定期进行更换,保持清洁。接触直接入口食品人员的工作服应当每天更换。待清洗的工作服应当放在远离食堂食品加工区的地方。每名从业人员应当有两套以上工作服。

第四十二条 学校应当建立健全食品安全事故处置工作机制,定期检查措施落实情况,食堂发生食品安全事故的应当及时向有关部门报告。

第四十三条 学校对事故应当妥善处理,包括抢救受害者脱离现场,迅速送病人到医疗机构,协助有关部门妥善救助受害者,保护好现场,防止事故的续发。

第四十四条　学校商店及小卖部不得出售无食品生产许可证和无QS标志的食品、伪劣食品及自制食品。

第七章　法律责任

第四十五条　对违反本办法规定从事食品流通、餐饮服务等食品经营活动的,由相关行政部门依据《中华人民共和国食品安全法》的相关规定进行查处。

第四十六条　对违反本办法规定,玩忽职守、疏于管理,导致本行政区域学校发生重大食品安全事故、造成严重社会影响的,按照《中华人民共和国食品安全法》《学校食物中毒事故行政责任追究暂行规定》等法律、法规,依法追究直接责任的主管人员和其他责任人的责任。学校有关责任人因不履行或不正确履行职责,导致学校发生食品安全事故的,依法追究其行政责任;构成犯罪的,移交司法机关追究刑事责任。

第八章　附则

第四十七条　本办法自2013年6月1日起施行。

拉政发〔2013〕86号

关于印发《拉萨市科学技术奖励办法》的通知

各县(区)人民政府,市直各委、办、局,各人民团体:

《拉萨市科学技术奖励办法》已经2013年4月26日,市政府第10次常务会议审议通过,现印发给你们,请遵照执行。

拉萨市人民政府

2013年6月6日

拉萨市科学技术奖励办法

目录

第一章　总则

第一条　为了奖励在本市科学技术进步活动中做出突出贡献的个人和组织,充分调动广大科学技术工作者的积极性和创造性,促进本市科学技术进步和经济社会发展,依据《国家科学技术奖励条例》《西藏自治区科学技术奖励办法》等有关规定,结合本市实际,制定本办法。

第二条　拉萨市人民政府设立拉萨市科学技术奖(以下简称市科学技术奖)。

第三条　市科学技术主管部门负责市科学技术奖评审的组织和管理工作。

第四条　市科学技术奖坚持"尊重劳动、尊重知识、尊重人才、尊重创造"的方针,鼓励自主创新,促进科学研究、技术开发与经济建设、社会发展密切结合,加速科教兴市和可持续发展战略的实施。

第五条　市科学技术奖的评审、授予,实行公开、公平、公正的原则。

第六条　本市社会力量利用非国家财政性经费设立面向本市的地方性科学技术奖,应当向市科学技术主管部门办理登记手续。具体办法遵照科学技术部《社会力量设立科学技术奖管理办法》的规定执行。

本市社会力量经登记设立面向本市的地方性科学技术奖项,在评审、奖励活动中不得收取任何费用。

第二章　奖项设置和评审标准

第七条　市科学技术奖分为科学技术进步奖和

产学研合作奖两类。

第八条 科学技术进步奖分特等奖、一等奖、二等奖、三等奖四个等级。产学研合作奖不分等级。

第九条 科学技术进步奖授予在技术发明、技术开发、社会公益以及重大工程等方面作出贡献的个人或者组织：

(一)技术发明项目中，产品包括各种仪器、设备、器械、工具、零部件以及生物品种等；工艺包括工业、农业、医疗卫生和安全等领域的各种技术方法；材料包括用各种技术方法获得的新物质等；系统是指产品、工艺和材料的技术综合。

(二)技术开发项目，是指在科学研究和技术开发活动中，完成具有重大市场价值的产品、技术、工艺、材料、设计、系统、资源品种及其应用推广。

(三)社会公益项目，是指在标准、计量、科技信息、科技档案等科学技术基础性工作和环境保护、医疗卫生、计划生育、资源调查和合理利用、自然灾害监测预报和防治等社会公益性科学技术事业中，取得的重大成果及其应用推广。

(四)重大工程项目，是指列入国家、自治区国民经济和社会发展计划的重大综合性基本建设工程、科学技术工程等项目，并产生重大的经济、社会、生态效益。

第十条 科学技术进步奖推荐项目应当符合下列条件：

(一)在技术上有创新，特别是在高新技术领域进行自主创新，形成了产业的主导技术和名牌产品，或者应用高新技术对传统产业进行装备和改造，通过技术创新，提升传统产业，增加行业技术含量，提高产品附加值；技术上有难度，解决了行业发展中的热点、难点和关键问题；总体技术水平和主要技术经济指标达到了省内行业的领先水平。

(二)所开发的项目经过一年以上稳定的实施应用，产生了经济效益和社会效益，实现了技术创新的市场价值或者社会价值，为经济建设、社会发展做出了贡献。

(三)项目转化程度高，具有较强的示范、带动和扩散能力，提高了行业的整体技术水平、竞争能力和系统创新能力，促进了产业结构的调整、优化、升级及产品的更新换代，对行业的发展具有积极作用。

第十一条 对在科学技术创新、科学技术产业化中取得特别重大经济社会效益、作出突出贡献的，或者在科学技术前沿缺的重大突破、产生重大影响的，可以授予科学技术进步奖特等奖。

第十二条 科学技术进步奖一等奖、二等奖及三等奖的授奖等级，按下列标准进行综合评审：

(一)技术发明项目

1、属国内首创，技术思路独特，技术上有很大创新，技术经济指标达到国内同类技术的领先水平，推动了相关领域的技术进步，已产生了很大的经济效益或者社会效益的，可以评为一等奖。

2、属国内首创，或者国内虽已有、但尚未公开的技术发明，技术思路新颖，技术上有较大的创新，技术经济指标达到了国内同类技术的先进水平，对本领域的技术进步有推动作用，并产生了较大的经济效益或者社会效益的，可以评为二等奖。

3、属国内首创，技术经济指标达到了自治区内同类技术的领先水平，技术发明成熟并产生了明显的经济或者社会效益的，可以评为三等奖。

(二)技术开发项目

1、在技术上有很大创新，技术难度大，总体技术水平和主要技术经济指标达到了国内领先水平，成果转化程度高，创造了很大的经济效益，对行业的技术进步和产业结构调整有很大作用的，可以评为一等奖。

2、在技术上有较大创新，技术难度较大，总体技术水平和主要技术经济指标达到了国内先进水平，成果转化程度较高，创造了较大的经济效益，对行业的技术进步和产业结构调整有较大作用的，可以评为二等奖。

3、在技术上有一定创新，技术有一定难度，总体技术水平和主要技术经济指标达到省内领先水平，创造明显的经济效益，对行业的技术进步和产业结构调整有一定作用的，可以评为三等奖。

(三)社会公益项目

1、在技术上有很大创新，技术难度大，总体技术水平、主要技术经济指标达到了国内领先水平，并在行业得到广泛应用，取得了很大的社会效益，对科技发展和社会进步有重要意义的，可以评为一等奖。

2、在技术上有较大创新，技术难度较大，总体技术水平、主要技术经济指标达到了国内先进水平，在行业较大范围应用，取得了显著的社会效益，对科技发展和社会进步有较大意义的，可以评为二等奖。

3、在技术上有一定创新，有一定技术难度，总体技术水平，主要技术经济指标达到了自治区内领先水平，在行业中得到一定的应用，取得了明显的社会效益,对科技发展和社会进步有一定意义的,可以评为三等奖。

(四)重大工程项目

1、团结协作、联合攻关,在技术和系统管理方面有很大创新,技术难度和工程复杂程度较大,总体技术水平、主要技术经济指标达到国内领先水平,取得了很大的经济效益或者社会效益,对推动本领域的科技发展有重要意义的,可以评为一等奖。

2、团结协作、联合攻关,在技术和系统管理方面有较大创新,技术难度和工程复杂程度较大,总体技术水平、主要技术经济指标达到国内先进水平,取得了较大的经济效益或者社会效益,对推动本领域的科技发展有较大意义的,可以评为二等奖。

3、团结协作、联合攻关,在技术和系统管理方面有一定创新,有一定的技术难度及工程复杂程度。总体技术水平,主要技术经济指标达到自治区内领先水平。取得了明显的经济效益或者社会效益,对推动本领域的科技发展有一定的意义的,可以评为三等奖。

第十三条 产学研合作奖授予对本市科学技术事业做出突出贡献的下列个人或者组织:

(一)与本市的个人或者组织合作研究、开发,取得重大科学技术成果的;

(二)向本市的个人或者组织传授先进科学技术、培养人才,成效显著的;

(三)为促进本市与外地的科学技术交流与合作,做出显著贡献的。

第三章 评审机构

第十四条 市人民政府设立市科学技术奖励评审委员会(以下简称评审委员会)。评审委员会由若干委员组成,其中主任委员由市人民政府主管科学技术的副市长担任,副主任委员由市科学技术主管部门负责人担任,秘书长由市科学技术主管部门分管科学技术奖励工作的负责人担任。评审委员会委员由科技、教育、经济等领域的著名专家、学者和有关部门负责人组成,其中行业领域专家比例不低于50%。

评审委员会下设办公室,设在市科学技术主管部门,负责评审委员会的日常工作。

第十五条 根据评审工作需要,评审委员会可以设立若干专业(学科)评审组。

各专业(学科)评审组设组长1人。组成人员由相关专业领域的专家、学者组成,人选由市科学技术主管部门确定。

各专业(学科)评审组负责市科学技术奖的专业(学科)评审工作,并将评审结果报评审委员会。

第十六条 评审委员会的主要职责是:

(一)聘请有关专家、学者,组成专业(学科)评审组;

(二)评定和核准市科学技术奖专业(学科)评审组的初评结果,作出获奖人选、项目和奖励等级的决议;

(三)评审市产学研合作奖项目,作出获奖人选、项目的决议;

(四)对完善市科学技术奖励工作提出意见和建议并研究解决其他重大问题。

第十七条 评审委员会办公室的主要职责是:

(一)组织市科学技术奖的申报及受理工作;

(二)审核各专业(学科)评审组审定的项目,并向评审委员会报告审查意见;

(三)组织召开市科学技术奖评审会议;

(四)处理市科技奖评审工作中出现的有关问题;

(五)承办评审委员会交办的其他事宜。

第十八条 评审委员会及其专业(学科)评审组的组成人员和相关的工作人员,应当对候选人和候选单位所完成项目的技术内容及评审情况严格保守秘密。

第四章 推荐、评审和授予

第十九条 市科学技术奖每两年评选一次。

市科学技术奖奖励项目数量,按照下列规定执行:

(一)科学技术进步奖特等奖1项,可以空缺;

(二)科学技术进步奖一等奖不超过5项;

(三)科学技术进步奖二等奖不超过15项;

(四)科学技术进步奖三等奖不超过20项;

(五)产学研合作奖不超过10项。

第二十条 市科学技术奖实行推荐制度。负责推荐的组织或者个人应当填写统一格式的推荐书,提供真实、可靠的评价材料及必要的证明材料。

第二十一条 市科学技术奖由下列组织或者个人推荐:

(一)各县(区)人民政府;

(二)市人民政府有关部门;

(三)符合市科学技术主管部门规定资格条件的其他组织和个人。

对中央、自治区驻本市单位的市科学技术奖推荐项目,由其所在地的县(区)人民政府推荐。

第二十二条　评审委员会办公室应当在评审前60日,通过报纸、广播、电视等大众传媒向社会公告市科学技术奖评审申报、推荐时间、方式等事项,并设立咨询电话,回答社会各界询问。

第二十三条　市科学技术奖推荐项目的申报程序按照下列规定办理:

(一)项目由两个或者两个以上单位共完成的,应当按贡献大小顺序排列,由第一完成单位牵头填写申报书;

(二)自选项目按行政隶属关系逐级上报;

(三)市外单位、国外藏胞、华侨或者外籍人员,在我市完成的项目符合本办法规定的条件,申报程序可参照本条款办理。

第二十四条　科学技术项目有下列情形之一的,不予推荐:

(一)对知识产权有争议的;

(二)对科学技术成果的完成单位或者完成人有争议的;

(三)已经获得国家部级、自治区级及其他省(市、区)级科学技术奖励的。

涉及国防、国家安全的项目,可以按项目所属专业领域推荐国家有关部委设立的部级科学技术奖。

第二十五条　科学技术进步奖候选人应当具备下列条件之一:

(一)在研究制定总体技术方案中做出重要贡献;

(二)在解决关键技术和疑难问题中做出很大的技术创新;

(三)在成果转化和推广应用过程中做出创造性贡献;

(四)在高新技术产业化过程中做出了重要贡献;

(五)在技术发明中独立完成部分或者全部创造性技术内容。

在科学研究、技术开发中仅从事组织管理和辅助服务的工作人员,不得作为市科学技术进步奖的候选人。

第二十六条　科学技术进步奖候选单位,应当是在项目研制、开发、投产、应用和推广过程中提供技术、资金、设备和人员,对项目的完成起到组织、管理和协调作用的主要完成单位。

各级政府部门一般不得作为市科学技术进步奖的候选单位。

第二十七条　市科学技术奖申报、推荐、评审等工作依照下列程序进行:

(一)申报、推荐单位或者个人填写统一格式的申报、推荐书,并提供客观的评价证明材料;

(二)评审委员会办公室负责对申报、推荐材料进行审查,并将合格的申报、推荐材料提交评审委员会组织评审;

(三)评审委员会依照本办法的规定,负责聘请有关方面专家、学者组成专业(学科)评审组,开展市科学技术奖的评审工作;

(四)专业(学科)评审组作出认定科学技术成果的结论,并向评审委员会提出获奖种类、项目、人员、等级的建议;

(五)评审委员会根据专业(学科)评审组的建议,作出获奖种类、项目、人员、等级的决议。

市科学技术奖的评审规则由市科学技术主管部门制定。

第二十八条　被推荐的市科学技术奖候选人或者项目完成人,不得以任何身份参与推荐当年的评审工作。

第二十九条　评审委员会委员及其专业(学科)评审组的成员有下列情形之一的,经评审委员会决定,应当回避:

(一)与被推荐的市科学技术奖候选人或者项目完成人有近亲属关系的;

(二)与被推荐的市科学技术奖候选人或者项目完成人有直接利害关系的。

第三十条　评审委员会及其专业(学科)评审组应当按照国家相应的科学技术成果评价体系,以记名打分的方式进行评审。

第三十一条　科学技术进步奖单项项目授奖人数和授奖单位实行限额。

特等奖不超过10人,单位不超过6个;一等奖不超过8人,单位不超过5个;二等奖不超过6人,单位不超过4个;三等奖不超过5人,单位不超过3个。其中技术发明类项目,授奖人数一般不超过6人,综合性重大技术发明的候选人数超过规定的,须提出充分理由。

第三十二条　市科学技术奖的评审工作实行异议制度。评审委员会作出的评审结果由评审委员会办公室向社会进行公告,接受社会监督。

公告后30天内为异议期,提出异议的单位或者个人应当表明真实身份,并提供书面异议材料及必要的证明文件,不受理匿名异议。无异议者报市人民政府批准。

第三十三条 市科学技术奖由市人民政府颁发证书和奖金。奖金免征个人所得税。

科学技术进步奖奖金分别为:特等奖200000元,一等奖150000元,二等奖100000元,三等奖50000元。

产学研合作奖奖金为50000元。

奖励经费由市财政专项列支。

第三十四条 市科学技术奖获奖人的获奖情况应记入个人档案,并作为考核、晋升、评审职称和享受有关津贴的依据之一。

第三十五条 市科学技术奖是拉萨市人民政府授予个人或者单位的荣誉,授奖证书不作为确定科学技术成果权属的直接依据。

第五章 监督与管理

第三十六条 剽窃、侵夺他人的发现、发明或者其他科学技术成果的,或者以其他不正当手段骗取市科学技术奖的,由市科学技术主管部门查实后,报请市人民政府批准撤销其奖励,追回奖金和证书,并对负有直接责任的主管人员和其他直接责任人员,由其主管部门依法给予行政处分。

被撤销奖励的个人,不得再申报市科学技术奖。

第三十七条 市科学技术奖的推荐组织或者个人提供虚假数据、材料,协助他人骗取市科学技术奖的,由市人民政府科学技术主管部门通报批评;情节严重的,暂停或者取消其推荐资格;对负有直接责任的主管人员和其他直接责任人员,由其主管部门或者监察机关依法给予行政处分。

第三十八条 本市社会力量未经登记,擅自设立面向本市的地方性科学技术奖,由市人民政府科学技术主管部门予以取缔。

本市社会力量经登记设立面向本市的地方性科学技术奖,在科学技术奖励活动中违规收取费用的,由市人民政府科学技术主管部门没收所收取的费用,可以并处所收取费用1倍以上3倍以下的罚款;情节严重的,撤销登记。

第三十九条 参与市科学技术奖评审活动的专家、学者和有关工作人员,在评审活动中弄虚作假、徇私舞弊的,由其主管部门依法给予行政处分。

第六章 附则

第四十条 本办法自发布之日起施行。2002年7月25日拉萨市人民政府发布的《拉萨市科学技术进步奖奖励办法》(拉政发〔2002〕59号)同时废止。

后　记

根据市委、市政府统一安排，1月28日，市政府办公厅印发了关于编纂《拉萨年鉴(2014)》的通知，根据通知精神，各单位立即行动起来，安排专人负责编写年鉴资料。6月初，各单位编纂稿件基本完成。7月初，经市地方志办公室工作人员编辑修改整理形成初稿。

7月中旬，我们将编纂好的《拉萨年鉴(2014)》初稿，送至北京市地方志办公室。北京市地方志办公室主任王铁鹏非常重视，立即组织侯宏兴、谭烈飞、张恒彬、王国英、运子微、尹树国、崔震、沈红岩、王鹏、王颖超、高潇潇、韩枫等10多位经验丰富的专家从体例结构、文字内容等方面进行认真修改，王铁鹏主任对全书进行最后一次全面审核调整和把关。同时，北京方志出版社也对整部年鉴做了认真审核。

8月8日，应拉萨市地方志办公室邀请，北京市地方志办公室副主任侯宏兴、秘书处处长朱民、市志指导处副处长王鹏、区县志指导处主任科员叶开锋、北京年鉴社编辑王颖超等五位地方志、年鉴专家就《拉萨年鉴(2014)》存在的问题进行指导交流，并从地方志资料的收集整理、地方志书编纂基础知识、年鉴撰稿等方面做了全面生动的讲解，各县(区)地方志工作人员参加了学习交流会。

为了进一步提高年鉴质量，10月28日，何寿孙副秘书长主持召开了《拉萨年鉴(2014)》评审会，重点从保密、数据、反映情况是否全面等方面进行了全面审查，并根据大家提出的意见做了认真修改。

12月12日，又分别将编印好的《拉萨年鉴(2014)》最后一稿呈送给市委、市人大、市政府、市政协等26位领导进行征求意见。各位领导抽出宝贵时间对年鉴提出了许多修改意见，根据领导意见，我们做了认真细致的修改完善。

本年鉴编辑出版工作得到北京市地方志办公室大力支持和鼎力相助，为此表示衷心感谢。

由于编辑人员少，编纂水平有限，粗疏、缺漏或错误在所难免，欢迎各级领导和广大读者批评指正。

市档案局（馆）长马荣清到岗德林村慰问困难群众

拉萨市档案局（馆）

市档案局（馆）干部接受西藏电视台社会主义核心价值观专题采访

市档案局（馆）干部到岗德林村结对户家中欢度藏历新年

市档案局（馆）陪同区档案馆负责人调研市中级人民法院档案工作

市档案局（馆）驻岗德林村工作队与群众同吃同住同劳动

市档案局（馆）邀请国家档案局专家开展全市档案工作培训

拉萨市信访局

市政府副秘书长、信访局局长　尼玛普芝

党组书记　彭朝晖

召开信仿形势分析研判会

2013年，全市信访工作得到了市委、市政府一如既往的高度重视，市委书记齐扎拉、市长张延清经常性听取信访工作汇报。一年来，拉萨市信访局着力在抓源头、抓重点、抓基础、抓创新上下功夫，按照“旧的不积累，新的不搁置”的原则，以“事要解决”为目标，加大初信初访办理力度，全力化解疑难复杂信访案件，全市信访工作呈现“一下降三提高”（即：信访总量下降，初信初访办结率提高、案结事了率提高、群众满意率提高）的良好态势，为社会和谐稳定发挥了重要作用。

市政府副秘书长、信访局局长尼玛普芝陪同市委常委、城关区党委书记果果在拉萨市信访局接访大厅接待上访群众

副市长、公安局局长、市信访局分管领导陈文强在联合接访中心接待上访群众

市政府副秘书长、信访局局长尼玛普芝、党组书记彭朝晖在结对帮扶点墨竹工卡县扎雪乡龙珠岗村“面对面”“心贴心”倾听群众心声

团结奋进的领导班子

拉萨市审计局

党组书记　史 勇

局长　次 旦

组织业务骨干到江苏省审计厅学习交流

开展群众路线教育实践活动——“党员干部进村入户、结对认亲交朋友”活动现场

开展道德讲堂活动

开展审计业务大讨论

拉萨市检察院

党组书记、检察长　田建设

检察长田建设带领新党员举行入党宣誓仪式

【概况】年内，全市检察机关在市委和区检院的正确领导、市人大有力监督、市政府大力支持、市政协民主监督和社会各界的关心帮助下，以邓小平理论、“三个代表”重要思想和科学发展观为指导，深入贯彻落实中共十八大、十八届三中全会精神和总书记习近平系列重要讲话精神，特别是总书记习近平“治国必治边、治边先稳藏”的重要战略思想和主席俞正声“依法治藏、长期建藏”的指示精神，围绕全市“五大战略”和区检院工作部署，扎实履行法律监督职责，为建设美丽家园幸福拉萨提供了有力法治保障。年内，全市检察干警在以书记齐扎拉为班长的市委班子和检察长张培中为班长的区检院党组坚强领导下，忠于使命，扎实履职，取得了优异成绩，获得国家级荣誉9项，受到自治区表彰17项，受到市县表彰48项。

【维护国家安全和社会稳定】年内，共批捕危害国家安全犯罪8人，起诉11人（含积案）。扎实推进平安建设和“先进双联户”创建，建强“案件侦审队、应急处突队、巡逻保卫队”等常备力量，认真开展反自焚、应急处突军事训练，累计投入警力1.3万人次加强值班备勤和社会面巡逻，确保了责任区域“三不出”。抽派干警780余人次，投入经费170余万元，全面参与警力下沉、事故处理、重大专案办理、重点领域治理等工作，并出色完成任务，有力支持了全市维稳工作全局。

【批捕起诉工作】年内，共批捕各类犯罪案件452件598人，起诉453件644人（含积案）。特别是突出打击严重暴力犯罪，起诉75件92人；突出打击多发性侵财犯罪，起诉162件212人；突出打击黄赌毒犯

市检察干警在全区检察机关书记员技能竞赛中取得佳绩

市委常委、市公安局党委书记次仁旺堆（右一），检察院检察长田建设（左一）共同为派驻柳梧新区检察室揭牌

参加全市检察机关业务竞赛干警现场制作法律文书

干警参加“6·24”法制宣传活动

林周县卡孜乡田嘎村两委到市院强基办及第一批驻村工作队送匾

罪，起诉67件153人；突出打击危害公共安全犯罪，起诉21件23人。全面贯彻宽严相济刑事政策，对犯罪情节轻微人员不批准逮捕42件77人，不起诉19件24人。审查批捕虚开增值税专用发票、非法经营、非法转让倒卖土地等破坏市场经济秩序犯罪19件22人，起诉16件26人。

【职务犯罪查办和预防工作】年内，初查职务犯罪案件25件25人，立案侦查8件9人，其中大案2件2人，要案1件1人，追缴赃款赃物价值150余万元。深化反腐败源头治理，到138家机关单位、国有企业上门预防，与37家行政执法单位建立联系机制。围绕重点领域和行业开展预防调查，形成专项调查报告11份，发出检察建议3份，协助堵塞漏洞规范制度。做好国家重点项目专项预防，到自治区自然科学博物馆、林拉公路、纳金大桥等项目单位，开展预防调查和咨询服务30余次。严把建设领域廉洁准入关，为225家施工单位开展行贿犯罪档案查询，核定了廉洁资格。扎实开展党员干部警示教育，检察干警深入公安、工商、重点项目单位，开展专题讲座11场次，2700多名干部职工受到教育。城关区检察院警示教育基地突出廉政文化做好参观服务，全年安排13家单位，933名干部职工参观学习。

【保障和维护群众切身利益】年内，依法打击发生在群众身边、群众反映强烈、危害民生的犯罪案件，深入开展查办农牧区合作医疗、安居工程建设领域职务犯罪专项工作，依法查办案件2件。积极查办危害群众切身利益犯罪案件，批捕涉嫌销售假冒注册商标商品犯罪7人，批捕涉嫌非法行医犯罪2人。维护妇女儿童合法权益，批捕涉嫌拐卖妇女儿童犯罪3人。加强未成年人刑事检察工作，对未成年人、在校学生不批准逮捕5件5人，不起诉3件3人，开展未成年人犯罪社会调查6次，形成调查报告31份。

【夯实基层基础工作】年内，按照“党的群众路线教育实践活动”要求，围绕强基惠民“五项任务”，扎实开展驻村工作。全市检察机关选派29名干警参加驻村工作，4名干警任村党支部第一书记。争取落实惠民项目29个，协调落实建设资金980余万元，为群众办实事140余件。扎实开展“三进四同三一”活动，两级院检察干警深入群众，蹲点入户开展工作170余人次，为困难群众、孤寡老人、孤儿院捐款捐物价值总计15.2万元。

拉萨市中级人民法院

党组书记、院长　边巴拉姆

9月6日，院长边巴拉姆慰问结对帮扶贫困户米玛一家

8月30日，西藏自治区高级人民法院党组书记、院长索达一行到中院检查指导工作

8月28日，全区法院人民陪审员制度宣传日现场

2月28日，召开全市法院工作会议

拉萨市中级人民法院涉黑开庭

5月7日，拉萨市中级人民法院集中执行专项活动案兑现大会现场

6月17日，拉萨市中级人民法院全体党员向驻村贫困结对党员捐款活动仪式

8月15日，拉萨市基层法院车载流动法庭启动五年经验现场交流会

①拉萨市中级人民法院副院长张瑜一行参加第十届全国少数民族自治区首府中院审判工作交流会
②7月2日，为基层农牧民妇女宣传婚姻法
③拉萨市中级人民法院法警进行安检

拉萨市司法局

党组书记　蔡严林

局长　次培

2013年度，在市委、市政府的正确领导下，在市委政法委、自治区司法厅的关心指导下，司法局深入贯彻落实中共十八大精神，紧紧围绕“法治稳市”战略，以维护社会稳定为己任，以创建“美丽家园、幸福拉萨”为抓手，严格按照“一个确保、两个突破、四个加强”工作目标，结合实际，扎实开展法律宣传教育、法律服务、法制保障工作，圆满完成各项目标任务。

2013年度全市司法行政工作推进会

法律援助为民工追讨回工资

获得2013年拉萨市政法系统篮球赛优秀组织奖

到达孜县章多乡章多村慰问贫困儿童

政法队伍素质建设年军训活动

拉萨市公安消防支队

国务委员、公安部部长郭声琨看望慰问拉萨市消防支队布达拉宫大队官兵

自治区党委常委、拉萨市委书记齐扎拉一行到支队看望慰问消防官兵

墨竹工卡县山体滑坡地质灾害抢险救援现场

拉萨市公安消防支队在市委、市政府和消防总队、市公安局及上级业务部门的悉心指导下，紧紧围绕部队“六大勤务”，坚持以十八大精神为统领，以党的群众路线教育为指引，锐意进取，真抓实干，消防工作和部队建设取得了显著成效，全市火灾数量及财产损失大幅下降，社会面整体抗御火灾能力得到全面强

“4·9”汽油油罐车泄漏处置

化。截至年底，拉萨市共发生火灾35起，死亡4人，受伤0人，直接财产损失104.7万元。同比2012年，火灾起数下降了67.29%，伤人数下降了100%，直接财产损失下降了73.04%。全年，支队共接警2781起（其中，扑救火灾35起，抢险救援72起，公务执勤2605次，社会救助68次），出动2781次，出动车辆3595辆次，出动警力16583人次，抢救被困人员121人，疏散被困或受灾人员1057人，圆满完成了“3·29”山体滑坡地质灾害抢险救援和“4·9”汽油油罐车泄漏处置任务，得到了自治区和中央有关部委主要领导的高度评价和人民群众的广泛赞誉。

全年支队共检查社会单位1.12万家次，发现火灾隐患或消防安全违法行为4004处，督促整改3909处，下发《责令改正通知书》2073份、《行政处罚决定书》95份，临时查封单位26家，责令“三停”单位26家，罚款37.96万元，拘留11人。

拉萨市财政局

市政协副主席、局党组书记　刘全保

局长　扎西白珍

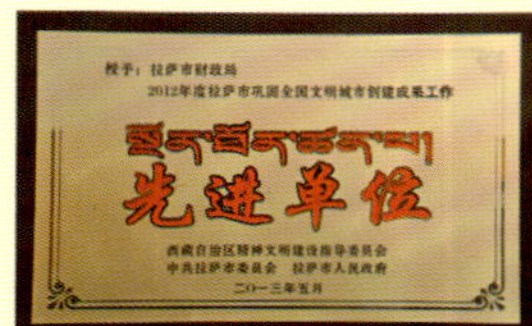

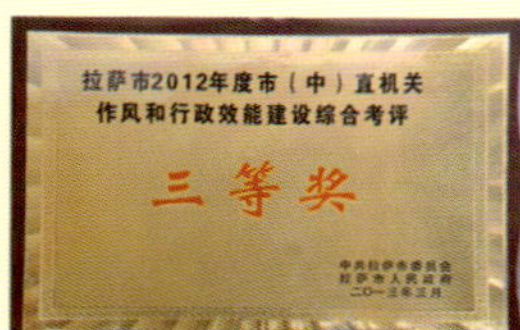

12月15日，召开全市财政财务决算工作布置会

5月3日，国家财政部行政政法司司长到拉萨市财政局视察工作

11月28日，自治区财政厅厅长艾俊涛到基层调研工作

3月18日，市委副书记陈勇到市财政局调研

10月11日，党组书记刘全保到曲水县色达村与农民群众一起劳动

3月22日，局长扎西白珍带领干部职工进行义务植树

6月30日，局机关举行新党员入党宣誓及老党员重温入党誓词活动

局机关开展组织干部职工“道德讲堂”活动

6月28日，局机关庆“七一”暨幸福拉萨规范舞表演

拉萨市总工会

中国梦、劳动美企业农民工慰问活动

职工之家挂牌

送医送药下基层

市总工会开展非公企业农民工慰问活动

新建工会96家，发展会员6385人。

充分发挥工会信访和“12351”职工维权热线的作用，建立健全工会劳动关系矛盾预警机制。2013年先后开展了综治宣传日、综治宣传月、“12·4”全国法制宣传日及重大节日走上街头、深入企业进行宣传咨询活动，共计发放相关宣传资料1540多份。

“三大节日”期间，各级工会共为56户困难职工（农民工）送去慰问金6.44万元。为拉萨市困难职工发放大（重）病救助及生活救助金39.6万元，发放2013年助学金212.6万元。2013年上半年，市总工会推荐优格仓工贸有限公司达瓦为“全国五一劳动奖章获得者”；第三级羊绒制品有限公司羊绒分梳车间为“工人先锋号”。发放全国劳模“四金”、全国五一劳动奖章获得者、全区劳模慰问金27.0714万元。组织拉萨市6名全国劳模进企业开展“中国梦·劳动美”宣讲活动。向区总推荐8名劳模参加疗养。

积极开展“五送”活动。①积极开展“送温暖”活动。先后走访达孜县工业园区、曲水县远丰公司、拉萨市赛康集团公司及城关区3家企业，为80名困难职工送出了6.4万元的慰问金；另解决了19名企业困难职工的生活救助、大病救助申请，共投入资金7.9万元。②认真开展“送法律”活动。先后开展5次法律宣讲活动，向职工群众发放工会法、职工代表大会条例、社会保险法、西藏自治区农民工务工实用手册等法律法规宣传手册共1000余册，累计投入资金3000余元。③认真开展“送政策”活动。④认真开展“送文化”活动。为达孜县总工会举办的“达孜县第八届职工运动会”拨款3万元；为8个县（区）企业新建11家“职工之家”，投入资金22万元。大力丰富职工文化生活。截至年底，市总工会和各县（区）总工会共送出文化演出7场次。⑤认真开展“送医送药”活动。市总工会共开展4次“送医送药”活动，累计发放药品2万元。重大节日期间，积极开展慰问退休老干部和老党员活动。2013年“三八”期间市总女工委看望慰问了28名困难女职工。9月上旬，陪同自治区调研组深入当雄县护路铁路企业进行调研慰问，发放各类帮扶、慰问资金3.2万元。

文明交通劝导

送温暖进企业

拉萨市妇女联合会

党组书记、副主席　王秀梅

党组副书记、主席　赵金花

"三八"妇女节座谈会

拉萨市妇女第九次代表大会

开展"六一"亲子活动

组织巾帼志愿者开展志愿服务活动

组织妇女开展道德讲堂活动

"母亲邮包"发放仪式

"蓝天春蕾女中学生"爱心助学金发放仪式

拉萨市发展和改革委员会

党组书记　赵亚萍

常务副主任　达 娃

干部职工集体做广播体操

拉萨市发改委是主管全市国民经济和社会发展的综合职能部门，担负着研究提出经济社会发展战略目标和重大政策、措施，编制全市经济社会发展中长期规划和年度计划，编制重点项目计划，审批管理权限内固定资产投资项目，协调产业发展、招商引资、经济体制改革和宏观经济运行,负责物价监测、价格认证、市场监管、价格举报调处等。同时兼管市粮食局，工作千头万绪，责任重大。委机关现有干部职工65人，其中副地级1人，县级8人。委机关内设10个职能科室，下设粮食局（二级单位）。

纳金大桥

“七一”党建重温入党誓词

堆龙蔬菜生产基地建设项目

市公安刑事技术鉴定中心

墨竹工卡县甲玛乡幼儿园

西藏月王生物科技有限公司

北京援建的市歌舞团综合排练楼

拉萨市民政局

局长　白玛玉珍

局长白玛玉珍到低收入家庭走访慰问

拉萨市民政局总编制107名（其中：行政编制24名，机关事业编制5名，参工事业编制19名，事业编制59名），现实有人数91人。局机关内设8个科室，分别为政工人事科、办公室、优抚安置科、老龄办、基层政权和社区建设科、社会救助科、救灾科、规划财务科；直属单位下设中国拉萨SOS儿童村（副县级）、市救助管理站、市社会福利院、市儿童福利院、市烈士陵园管理中心、市军休服务管理中心、市救灾物资储备中心、市居民家庭经济状况核对中心等8个局属单位。承担了拉萨市困难群众救助、自然灾害救助、优抚安置、基层政权建设、老龄事业发展、社会团体管理等涵盖民生、公共服务等多方面的职责。

2013年，全市民政工作紧紧围绕“以民为本、为民解困、为民服务”民政工作宗旨，坚持以人民满意为出发点，扎实推进民生工程建设，不断完善社会救助和社会福利体系，强化基层政治民主，深化双拥优抚安置工作，加强民政公共服务和管理。全年累计投入各类保障和服务资金207236.29万元，城乡低保、五保供养保障标准比上一年增10%。双拥优抚安置政策全面落实，驻村工作扎实有力，社会综合治理工作稳步推进，人才队伍规范建设，各项工作取得了较好的成绩，充分发挥了民政部门在构建和谐社会中的重要基础作用。

2013年，市民政局荣获全国五好家庭、全区民政工作先进单位、全区民政工作统计先进单位、全区强基础惠民生活动先进集体、市国防动员委员会国防动员建设先进单位、全市党建工作先进驻村工作队、全市文明城市创建先进单位、全市维稳综治工作先进集体、全市信访工作先进集体、全市消防工作先进集体等称号。

区党委常委、拉萨市委书记齐扎拉春节、藏历新年期间看望慰问武警拉萨支队官兵

防灾减灾日宣传一条街活动

驻村工作座谈

召开2013年度民政工作推进会

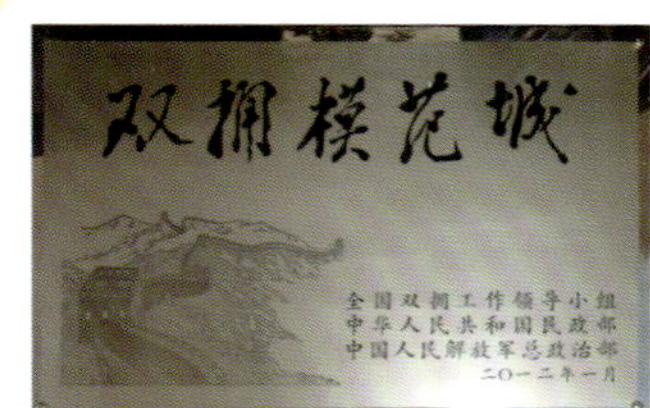

党组书记何春林慰问城乡低保户

召开党的群众路线动员大会

社会组织党工委成立

召开第五次民政工作会议

拉萨市外事办公室

自治区党委常委、拉萨市委书记齐扎拉会见欧盟人权事务特别代表兰普里尼季斯

拉萨市委副书记、市长张延清会见到访拉萨市的友城以色列贝特谢梅什市政府代表团

欧盟人权特别事务代表兰普里尼吉斯一行参观大昭寺

哈萨克斯坦总体办公室主任马西莫夫游览八廓街

副市长陈文强主持召开涉外工作协调会

摩尔多瓦民主党副主席、副议长安德里安·坎杜一行到访

土耳其驻华大使参观拉萨市大清真寺

澳大利亚驻华大使孙芬安一行到访

友城以色列贝特谢梅什市政府代表团参观拉萨实验幼儿园

侨资企业西部行华商参观尼木县吞巴乡中心小学

拉萨市水利局

党组书记　韩云拴

局长　欧阳莉萍

副市长次仁央宗检查寺庙通水工程

投入运行的水渠

尼木县水务局成立挂牌仪式

水利厅验收农村饮水安全工程

寺庙供水房

拉萨市达孜县无塔供水管理房

拉萨市人力资源和社会保障局(拉萨市公务员局)

市人社局（公务员局）党组书记　彭丽华

市委组织部副部长、人社局（公务员局）局长　张义泉

区人社厅厅长马相村、市委副书记贾沫微视察招聘会现场

市委常委、常务副市长洪家志参加全市建筑领域专项检查活动

区人社厅厅长马相村到林周县考察调研

市委组织部副部长、人社局局长张文泉到尼木县驻村点开展调研

党组书记彭丽华在尼木县普松乡驻村点、扶贫点开展慰问活动

召开2013年西藏自治区第一批公开考录公务员拉萨考区笔试考务工作安排部署会议

在成都建立自主择业军转干部党支部

举办2013年业务培训班

拉萨市就业创业成果展厅

拉萨市住房和城乡建设局

局长　格桑平措

1月1日，自治区党委书记陈全国视察老城区保护工程项目建设

1月28日，自治区党委常委、拉萨市委书记齐扎拉，自治区副主席丁业现视察老城区保护工程电力改造项目

2013年2月7日，市委副书记、市长张延清检查老城区保护工程项目建设

2013年，由拉萨市住房和城乡建设局负责实施的重点项目有29个，总投资达83.96亿元，完成投资67.91亿元。先后实施了拉萨市城市供暖供气、老城区保护、十条便民路、纳金大桥、次角林大桥、会展中心、综合展馆、东嘎水厂工程等重点项目。这些项目的实施对进一步提升城市功能，美化、净化、亮化城市环境，改善城市交通现状，起到了积极的促进作用。小城镇建设工作成效明显。2013年，全市各县（区）共投入资金27.43亿元，实施了73个基础设施建设项目，主要包括各县（区）县城及重点村镇的道路、给排水、景观绿化等项目。这些项目的实施对改善县城及重点村镇的基础设施和人居环境，完善综合服务功能发挥了重要作用。积极开展“六城同创”工作。2013年，全市住建系统紧紧围绕全市“六城同创”工作的总体要求，对照指标，采取了有力措施,加大了创建宣传工作力度，重点开展了垃圾填埋场、污水处理厂等基础设施申报及建设工作，同时加大建筑工地文明施工管理力度，确保创建指标不断巩固和提高。

区住建厅厅长陈锦主持召开拉萨八廓街历史文化街区保护规划评审会

会展中心施工现场

迎亲大桥箱梁芯模安装

综合展馆

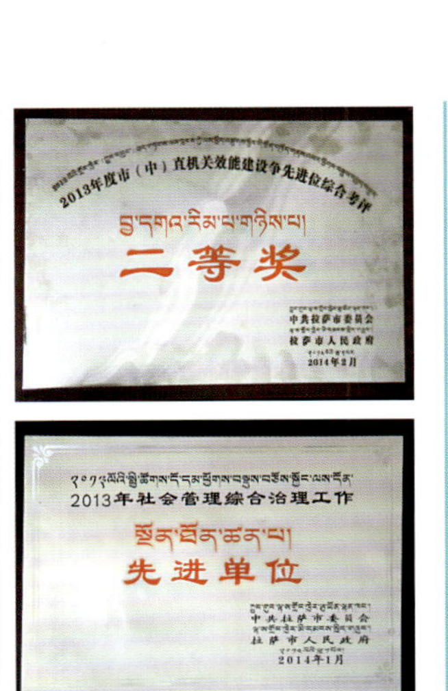

新建的曲水县才纳大桥

拉萨市交通运输局

党组书记杨林安排部署市交通运输局的群众路线教育实践活动

局长贡扎曲旺到林周县查勘地形地貌

市交通运输局欢送第六批援藏干部、欢迎第七批援藏干部

11月27日，拉萨市公共自行车租赁启动

市交通运输局与策门林居委会、军民共建单位开展迎“七一”党建拥军活动

运政执法人员上路检查出租车

拉萨市林业局

党组书记　占 堆

局长　樊锋旭

西藏自治区党委书记陈全国参加义务植树活动

自治区党委常委、拉萨市委书记齐扎拉视察南山造林成果

区、市四大班子领导带领大家开展义务植树活动

罗布林卡广场

八一农场

自治区党委副书记、主席白玛赤林，拉萨市委副书记、市长多吉次珠检查八一农产品市场元旦节市场供应情况

市长张延清、副市长次仁央宗视察八一农产品市场

场党委副书记、场长毛玉军亲切慰问离退休职工

党委书记、副场长达瓦顿珠慰问便民警务站民警

召开领导班子民主生活会

创先争优强基惠民驻村工作队开展普法宣传工作

慰问驻村工作点——堆龙德庆县马乡设兴村“三老”人员

拉萨市农牧局

年内，全市各级农牧部门通过狠抓稳粮扩经、优化养殖业、强化项目建设、加大科技支撑、注重龙头带动、加强农业执法监管等措施，使得了全市农牧业经济保持了良好发展态势。粮油总产达到18.97万吨，其中粮食产量17.75万吨，粮食中青稞产量为11.04万吨；油菜产量为1.22万吨。蔬菜产量为26.1万吨。肉、奶、蛋产量分别为3.95万吨、4.52万吨、806.4吨。

党组书记其美旺姆赴邦达村调研指导驻村工作

西藏自治区副主席坚参到拉萨市指导检查农牧业工作进展情况，副市长次仁央宗和区市两级农牧部门主要领导陪同

党组书记其美旺姆指导检查林周县防抗灾物资储备情况

局长刘俊博在农牧业产业化招商引资暨项目签约仪式上推介项目

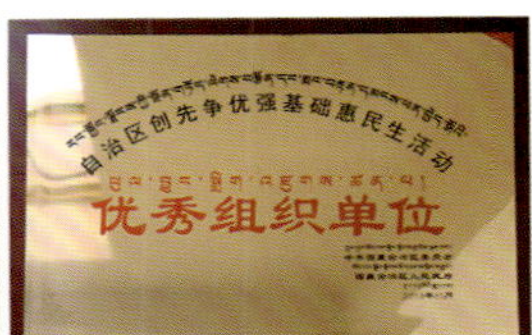

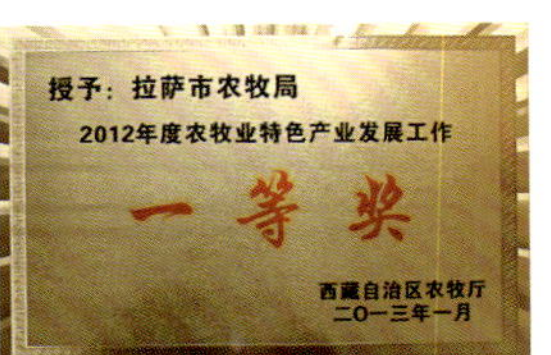

局长刘俊博到曲水县检查烟叶、玛咖等特色种植业

牦牛育肥基地

青稞标准化生产及高产创建生产基地

拉萨市扶贫（农发）办

主任　拉巴顿珠

全年共实施扶贫、农发和培训项目共218项，总投资31039.34万元，其中国家投资24751.3万元，比2012年增长12.5%。包括：实施扶贫开发项目198项，总投资18608.04万元，其中国家投资14751万元；实施农业综合开发项目19项，总投资12145万元，其中国家投资9714万元；实施培训项目1项，对11128人（次）农民进行了种子包衣、农家肥积造、病虫害防治等一系列培训，对1123人（次）农民进行了汽车驾驶、民族手工艺、机械使用与维修、家庭旅馆服务等培训。

召开2013年全市扶贫（农发）工作会议

开展党的群众路线教育实践学习活动

市第四督导组指导党的群众路线教育实践活动

深入贫困群众家中开展“党员干部进村入户，结对认亲交朋友”活动

农业综合开发扶持的蔬菜大棚

扶贫开发菜篮子惠民工程

自治区创先争优强基础惠民生活动
先进驻村(居)工作队

拉萨市粮食局

局长　宗金贤

副局长　边巴卓玛

市粮食局工作人员到林周县检查粮食收购工作

粮食局驻村工作队到龙仁村慰问农牧民

局长宗金贤到乡下指导农牧民粮食生产工作

拉萨市卫生局

党组书记　杨如军

局长　扎西德吉

自治区副主席德吉到拉萨市视察指导卫生工作

拉萨市市长张延清一行视察“四业工程”村医培训工作开展情况

拉萨市“四业工程”村医培训班开学典礼

拉萨市继续开展城乡居民免费体检和建立健康档案工作

拉萨市继续开展僧尼免费健康体检和建立健康档案工作

拉萨市食品药品监督管理局

市食药监管局领导及党员干部职工下乡慰问对口扶贫户

拉萨市人口和计划生育委员会

开展免费孕前和优生优育农牧民引导培训

在尼木县续迈乡尼续村启动“幸福工程—救助贫困母亲项目”

拉萨市疾控中心

12月1日，自治区副主席德吉视察拉萨市艾滋病宣传活动

江苏省疾控中心主任周明浩参加扎西社区规范化门诊揭牌仪式

拉萨市妇幼保健院

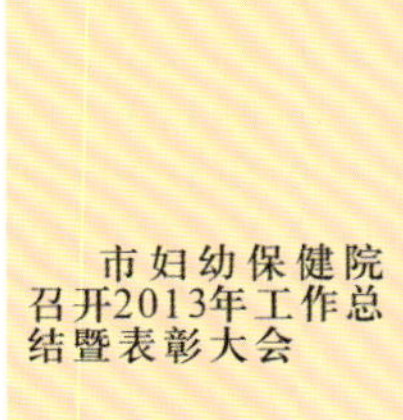

市妇幼保健院召开2013年工作总结暨表彰大会

医务人员正在为病人进行产前B超检查

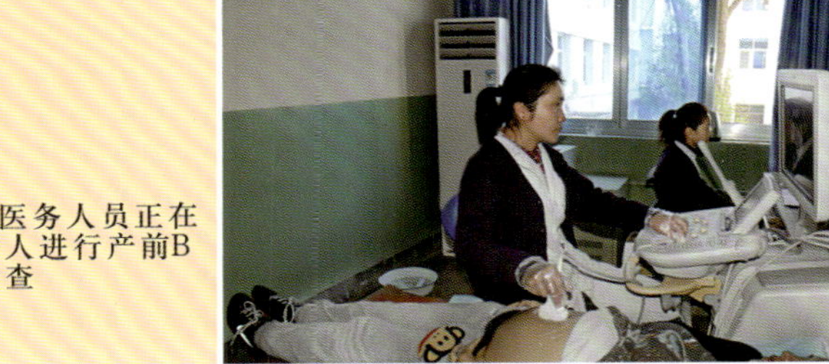

拉萨市教育（体育）局

党委书记　康娜美朵

全市有各级各类学校22所，在校生共108201人。其中，教育部门办学：中职学校2所，在校生1634人；普通高中6所，完全中学1所，在校生13359人；初中14所，在校生20787人；完全小学80所，在校学生49007人；幼儿园80所，在校生10108人；特殊教育学校1所，在校生199人。其他部门和社会力量办学：军区八一校在校生2057人；彩泉福利小学在校生65人；民办幼儿园39所，在园幼儿10985人。全市高中阶段入学率达到88%。初中毛入学率达到101.60%、巩固率达到97.85%。小学适龄儿童毛入学率达到99.81%、巩固率达到99.04%。全市城镇学前三年幼儿毛入学率达到95%，农牧区学前两年幼儿毛入学率达到85%。青壮年文盲率控制在1%以内。全市中小学、幼儿园共有教职工9197人，专任教师共计7025人。其中教育部门办学校教职工8301人，专任教师6574人；民办学校教职工共896人，专任教师451人。全市高中、初中、小学专任教师学历合格率分别为98.93%、99、94%、99.81%。

自治区党委常委、拉萨市委书记齐扎拉视察教育城建设工地

党委书记康娜美朵到农牧民家里慰问

局长张勤走进课堂与学生交流

6月6日，曲水县义务教育均衡评估验收

召开党风廉政暨作风效能建设工作会议

拼搏

局领导慰问驻村工作队队员

教育系统庆“七一”“中国梦”主题演讲比赛

拉萨市教育系统五好小公民“复兴中华 从我做起”演讲比赛

市教研所教研员潘建平到学校指导教研工作

文以载道

拉萨市文化（新闻出版、文物）局

党组书记　王德隆

局长　多吉次仁

自治区党委常委、拉萨市委书记齐扎拉与阿坝林老年文艺队同跳“幸福拉萨”规范舞

局领导深入群众路线教育实践活动驻村点调研慰问

中国电视舞蹈大赛金奖作品—阿谐

拉萨市庆祝西藏和平解放62周年暨全市民间艺术团首届文艺会演

主办单位：拉萨市人民政府
承办单位：拉萨市委宣传部 市文化局 市广电局 市文联

“3·28”全区民间艺术团汇演

以文化人

全市文化新闻出版文物工作会议上表彰先进集体

雪顿节传统藏戏展演

对基层文艺工作者进行民族乐器辅导

大型实景剧《文成公主》

5月18日，国际博物馆日牦牛博物馆藏品捐赠

布达拉宫广场市民学跳“幸福拉萨”规范舞

到当雄高炮二连慰问演出

“4·26”集中销毁非法出版物

拉萨市老年艺术团排练现场

拉萨市环境保护局

党组书记　多布青

局长　李维生

自治区副主席边巴扎西、拉萨市副市长陈文、自治区环保厅厅长江白视察2013年“6·5”世界环境日现场

局长李维生陪同自治区环保厅领导检查拉萨市环境监测站

无车日宣传现场

机动车尾气遥感车检测机动车尾气

拉萨市安全生产监督管理局

党组书记　白玉峰

局长　孙文斌

3月5日，市安监局副局长蔡卫旗检查白荣加油站实名登记情况

8月27日，市安监局副局长何虎啸、蔡卫旗检查金和矿山生产安全

3月12日，自治区副主席格桑次仁在市安监局局长孙文斌的陪同下检查725油库

拉萨市质量技术监督局

自治区副主席多吉次珠带领专家组实地察看钢瓶检测流程

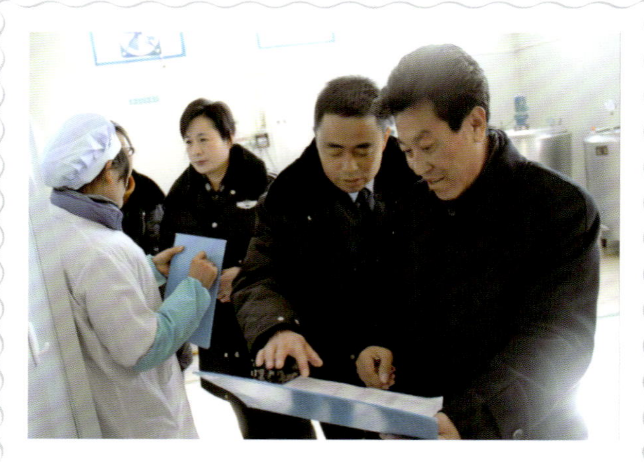

自治区质监局党委书记次仁罗布（右一）查看食品生产企业产品出厂检验记录

自治区质监局局长刘家杰（左二）到拉萨市检查液化气站安全运行情况

干部职工集体参观廉政教育基地

中国梦—质监梦演讲比赛颁奖合影

开展“三月综治宣传月”活动现场

拉萨市广播电影电视局

3月26日，自治区党委常委、拉萨市委书记齐扎拉，自治区党委宣传部副部长、自治区广电局党委书记德吉卓嘎参加拉萨市广播电视台新增频道开播仪式

自治区党委常委、拉萨市委书记齐扎拉到拉萨市广播电视台调研

拉萨市广播电视台台长关健华向市领导介绍播控机房工程进展情况

3月26日，拉萨广播电视台新增藏语综合频道、文化旅游频道开播仪式

拉萨广播电视台新增藏语综合频道、文化旅游频道技术人员岗前培训

拉萨市广播电视台技术人员认真职守做好安全播出工作

拉萨市残疾人联合会

拉萨市委副书记达瓦慰问各全纳教育示范学校残疾人全纳教育指导教师

副市长计明南加慰问各全纳教育示范学校的残疾孩子

市残联理事长央金卓嘎向领导介绍宣传内容

市残联理事长央金卓嘎代表拉萨市残疾人联合会作第五届主席团工作报告

市残联理事长央金卓嘎为市长张延清及副市长陈文讲解托养中心的规划和建设

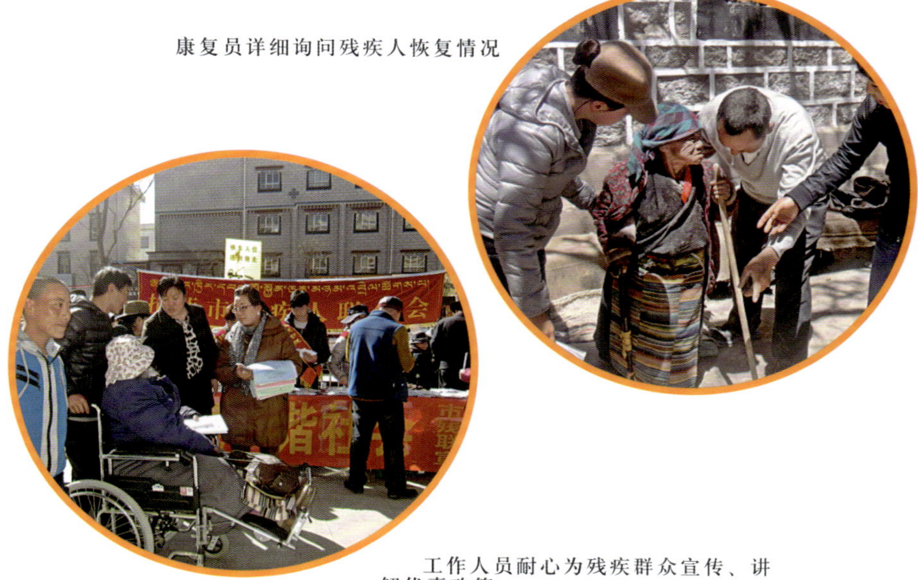
康复员详细询问残疾人恢复情况

工作人员耐心为残疾群众宣传、讲解优惠政策

拉萨市气象局

党组书记、局长　杨政兴

6月7日，开展安全生产宣传咨询日活动。图为市气象局工作人员向市民讲解家庭防雷知识

6月5日，在曲水县举办人工影响天气业务培训

3月29日，墨竹工卡扎西岗乡斯布村山体滑坡自然灾害，气象部门启动重大突发安全事件应急预案Ⅰ级应急响应，气象应急服务队进驻灾害现场提供现场预报服务

新建机场高速公路交通旅游自动气象站

拉萨市工商业联合会

主席 格西哈姆

召开工商联三届四次执（常）委会

年内，全市各类市场经济主体已达到44483户。占全市市场主体的38%，注册资金突破100亿大关，达112.58亿元，非公经济蓬勃发展，占全市市场主体的97%，达43229户。个体工商户39586户，注册资金19.36亿元，同比分别增长6%、12%。私营企业3349户，注册资金65.18亿元，同比分别增长14%、37%，农牧民专业合作社294户，注册资金3.48亿元，同比分别增长78%、39%。截至年底，全市共实现非公有制各项税收35.67亿元，比上年同期增收10.75亿元，增长43.12%，占全市税收总额的94.44%。

慰问驻村点贫苦户

北京市工商联与拉萨市工商联友好对接座谈会

江苏省工商联与拉萨市工商联友好对接座谈会

会员企业举行授牌仪式

上级部门指导“5·12”防震减灾日宣传活动

群众路线结对帮扶

拉萨市地震局

“三进四同三一”结对帮扶

地震局工作人员为师生讲解防震减灾科普知识

拉萨市地震局到城关区纳金小学开展防震减灾宣传

拉萨市城关区

拉萨市委常委、城关区委书记　果 果

城关区委副书记、区长　刘 亮

城关区位于西藏自治区中部偏东南的雅鲁藏布江支流拉萨河下游段南北两岸，东与达孜县接壤，南与山南地区贡嘎县和扎囊县毗邻，西与堆龙德庆县紧靠，北与林周县相依。城区面积58万平方千米，行政区域东西跨距28千米，南北跨距31千米。下辖4个乡、8个街道办事处、51个村（居）委会。区属总人口5.5443万人。

2013年，实现区属地区生产总值（GDP）65亿元，同比增长21.3%；一般公共财政收入6.1亿元，同比增长32.61%；区属社会固定资产投资54.65亿元，同比增长42.4%；社会消费品零售总额50.27亿元，同比增长45.3%；规模以上工业增加值755.6万元，同比增长31.4%；城镇居民可支配收入达到21363元，同比增长9.3%；农牧民人均纯收入11021元，同比增长16.3%；城镇登记失业率控制在2%以内，圆满完成了十一届人大三次会议确定的各项目标任务。

10月23日，公安部部长郭声琨到八廓街道鲁固社区考察网格化和“双联户”

1月30日，自治区政府主席洛桑江村慰问城关区环卫工人

自治区党委常委、拉萨市委书记齐扎拉，市委副书记、市长张延清到八廓商场视察

8月4日，自治区人大常委会副主任新杂·单增曲扎到纳金乡塔玛村调研

2月1日，市长张延清到城关区慰问困难城镇居民

12月28日，市委常委、城关区委书记果果，城关区委副书记、区长刘亮到武装部调研

城关区党的群众路线教育实践活动动员部署大会

8月29日，市委常委、城关区委书记果果到八廓街道办事处调研

8月8日，城关区委副书记、人大常委会主任马永青接受北京西城区向夺底乡赠送洛欧庄园项目援助资金150万元

1月28日，城关区委副书记、区长刘亮慰问公安干警

北京第六批援藏干部郅海杰为第七批援藏干部敬献哈达

10月10日，城关区委副书记、常务副区长其美次仁陪同自治区住建厅住房保障处处长李进忠调研

八廓商城开业庆典仪式

清政府驻藏大臣衙门旧址修缮工程竣工仪式

7月24日，清华大学研究生实习基地揭牌仪式

9月7日，城关区庆祝第29个教师节暨表彰大会在西藏大学隆重召开

3月26日，城关区人民检察院被最高人民检察院评为第五届“全国先进基层检察院”。左二为城关区人民检察院党组书记检察长谢延生代表全院受奖

8月11日，雪顿节文广局文艺演出

纳金乡农民居住房

6月9日，德吉孤儿院交接仪式

县委书记　陈献森

市政协副主席、县委副书记、县长　安央金

拉萨市堆龙德庆县

全县辖区面积2704.25平方公里，其中耕地面积5545.95公顷；辖7个乡镇、34个行政村、389个自然村，年末总人口48696人，其中农业人口42873人；符合政策生育率85.64%，人口自然增长率4.2‰。全县共有9个党委、5个党组、4个党总支、115个党支部、3082名党员；有53个各种活动场所、396个僧尼；平均海拔4500米，平均气温4℃，年平均降水量420毫米，年平均无霜期100天左右，年平均日照2839小时，属高原性季风气候。全县地区生产总值达到21.96亿元，同比增长（下同）13.1%；地方公共财政预算收入3.86亿元，增长72.87%；固定资产投资46.84亿元，增长35.1%；社会消费品零售总额4.58亿元，增长12.3%；城镇居民人均可支配收入21988.46元，增长26%；农牧民人均纯收入8850元，增长17.1%。三次产业结构比调整为8∶60∶32。城市环境质量达标率为98.4%，城市绿化率达31.8%，城区饮用水水源水质达到I类标准。普通中学1所，在校

2013年11月3日，区党委常委、拉萨市委书记齐扎拉到堆龙调研东嘎新区建设和职业教育发展情况

中学生1563人；小学11所，在校生4008人；学龄儿童入学率99.76%。有县城公共图书馆1个、县城文化馆1个、4个乡镇综合文化站正处在建设中、建成3个卫星数字农家书屋。有卫生机构42个，病床位41张，卫生技术人员74人。

工业投资完成79.18亿元，全年完成工业总产值21.8亿元，增长62.9%；完成工业销售产值21.63亿元，增长62.02%，完成规模以上工业增加值5.2亿元，增长35.6%；实现工业税收3.1亿元，增长79.19%。县工业园区设施不断完善，承载能力进一步增强，投资6879.56万元，完成了自来水厂、管委会周转房、鹤翔路市政工程、110千伏变电站等一批基础设施建设项目，落实援藏产业发展专项资金500万元。招商引资全年引进项目28个，总投资20.9亿元，实际到位资金9.6亿元，增长48.5%。品牌效应进一步显现，西藏藏泉酒业有限公司被中华全国总工会授予“全国模范职工之家”、自治区AAA级质量信用单位等荣誉称号，并获得了国家知识产权总局认证的11项产品外包装专利。拉萨山泉饮料有限公司、拉萨吉祥啤酒有限公司等5家企业通过了国家质量管理体系、食品安全管理体系认证。“珠穆拉瑞”“神水藏药”荣获西藏自治区第七批著名商标，青达陶瓷有限公司、拉萨山泉饮料有限公司被市委、市政府评为全市工业经济发展先进企业。已建成落户在东嘎镇的拉萨市经济技术开发区A区和落户在乃琼镇正在建设中的拉萨经济开发区B区，在地区经济总量中发挥着重要作用，为即将撤县（堆龙德庆）设区（东嘎新区）准备着经济因素和环境条件。

①2013年7月23日，清华大学党委书记胡和平一行到堆龙德庆县考察（自治区党委常委、拉萨市委书记齐扎拉，市委副书记、市长张延清，县委书记陈献森、县长安央金陪同）

②2013年3月15日，自治区党委副书记、区政府常务副主席、区政法委书记邓小刚到堆龙德庆县乃琼镇视察指导网格化连户管理工作

③2013年2月4日，自治区党委常委、拉萨市委书记齐扎拉到高天护路大队检查指导铁路护路联防工作并看望慰问专职护路联防队员

④2013年6月4日，拉萨市委副书记、市长张延清到堆龙职业技术学校、圣香海螺公司调研。县长安央金陪同

2013年7月16日，县委书记陈献森到德庆乡调研

“八一”建军节，县委书记陈献森慰问部队官兵

2013年8月6日，县委书记陈献森、县委副书记、县长安央金参加在彩虹湾开展堆龙德庆·东嘎新区·文化创意产业园推介会

县委书记陈献森、县委副书记、县长安央金视察公租房、廉租房小区附属配套设施工地

7月11日，堆龙德庆县四大班子与北京第七批援藏干部合影

2013年9月25日，堆龙德庆县民族团结表彰大会

2013年1月17日，县长安央金看望慰问顶嘎寺、楚布寺活佛及僧尼

2013年2月9日，县长安央金慰问春节期间在岗环卫工人和保安职工

2013年5月10日，县长安央金一行到林周县交流学习

2013年5月29日，在堆龙德庆县举行国家、自治区餐饮服务食品安全示范县揭牌仪式

2013年9月3日，举行梦想超市圆梦结对仪式

2013年11月18日，召开模范寺庙暨爱国守法先进僧尼及先进寺管会、优秀驻寺干部表彰大会

拉萨市墨竹工卡县

县委书记　严应骏

县委副书记、县长　林 生

墨竹工卡县位于西藏中部、拉萨河中上游，地理坐标为北纬29° 8′、东经91° 77′。东与林芝地区工布江达县相邻，西靠拉萨市达孜、林周两县，北连那曲地区嘉黎县，南接山南地区乃东县，交通区位优势较为明显，川藏公路（318国道）横穿而过。县域面积5492平方公里，人口5万余人，平均海拔4200米以上，辖7乡1镇40个行政村。墨竹工卡县素有"天边之乡"的美誉，野生动植物资源有黑颈鹤、斑头雁、虫草、雪莲花、红景天等，矿产资源有铜、铅、锌、金、钼、大理石等。境内名胜古迹众多，旅游资源得天德厚，距今850多年历史的直孔替寺闻名国内外，具祛病美容效用的日多温泉、德仲温泉和有财神湖之称的思金拉错等自然景观独具魅力，直孔水磨糌粑、斯布牦牛等农畜产品驰名区内外，以松赞拉康、松赞干布纪念馆、霍尔康庄园、甲桑古道徒步为重点的藏王松赞干布出生地甲玛景区已完成松赞干布纪念馆建设并于2010年8月底对游客开放。

2013年，墨竹工卡县在西藏自治区、拉萨市党委和政府的坚强领导下，在南京市的无私援助下，高举中国特色社会主义伟大旗帜，深入贯彻落实中央第五次西藏工作座谈会精神和中央、区、市会议精神，按照市委、市政府"五大战略"目标任务和"三提速"要求，大力实施"稳定发展农牧

8月12日，自治区党委副书记、区政府主席洛桑江村到墨竹工卡县检查指导工作

业、整合开发矿产业、大力发展旅游业”战略，产业结构进一步优化，经济总量明显提升。全县地区生产总值完成18.89亿元，同比增长14.2%，其中一产实现增加值2.13亿元，同比增长4.2%，二产实现增加值14.9亿元，同比增长17.8%，三产实现增加值1.86亿元，同比增长10%，三次产业结构调整为11：79：10。税收实现3.85亿元，同比增长28%；一般预算收入完成2.3亿元，同比增长58.31%；农牧民人均纯收入达到8188元，同比增长18.5%；社会消费品零售总额达到1.6亿元，同比增长15.9%。人口自然增长率稳控在12.9‰，城镇登记失业率控制在2%以内。

庆祝墨竹工卡县第29个教师节

8月12日，自治区党委副书记、区政府主席洛桑江村到墨竹工卡县践行党的群众路线

自治区党委常委、组织部部长梁田庚慰问区党委组织部派驻驻村工作队队员

10月23日，自治区党委常委、拉萨市委书记齐扎拉到墨竹工卡县检查扎西岗乡斯布村新农村建设情况

10月4日，拉萨市委副书记、市长张延清到墨竹工卡县扎西岗乡视察斯布村新农村建设情况

县委书记严应骏陪同拉萨市常务副市长王晖到华泰龙矿业检查指导工作

县委副书记、县长林生向南京市代表团徐宁部长一行介绍龙达村村容村貌整治情况

9月29日，县委县政府主要领导到华泰龙公司检查国庆节维稳工作

2月22日，县慰问组慰问县甲玛检查站工作人员

墨竹工卡县思金拉措

9月11日，墨竹工卡县首届全民运动会开幕

南京市江宁区代表团到墨竹工卡县检查指导工作

墨竹工卡县草莓种植基地

6月31日，墨竹工卡县直孔噶举金锦宝串唐卡被申报为世界最大唐卡

墨竹工卡县唐加乡卓村卓舞

县委书记　张　正

县委副书记、县长　旦增尼玛

当雄县属西藏拉萨市纯牧业县，位于西藏自治区中部，藏南与藏北的交界地带，拉萨市北部，距拉萨市170公里。地理坐标为北纬29° 31′ ~31° 04′，东经90° 45′ ~91° 31′。北部与班戈县、那曲县接壤，南与林周县、堆龙德庆县交界，东部一隅与嘉黎相连，西南与尼木县毗邻，青藏公路（国道109线）由东向西横贯全境。东北至西南硕长，长185公里，西北至东南狭窄，宽约65公里，其中最窄处约34公里。2013年，全县下辖6个乡2个镇，28个行政村。县中学1所，在校生2083人，小学9所，在校生4929人，县中心幼儿园1所，乡级文化站7所、村级文化室28所，文艺演出团体1所。县医院1所，防疫站1所，乡（镇）卫生院7所。2013年全县总户数10758户，总人口50596人，其中牧业人口46153人，城镇人口4443人（在职干部职工1871人）。全县天然草场总面积69.31万公顷，林地面积6661.20公顷，年鲜草可利用量为6.26万吨。牲畜年末存栏35.09万头（只、匹），比往年下降15.13%；仔畜成活数11.72万头（只、匹），比往年增长1.34%；成畜死亡数973头（只、匹），比往年下降59%；出栏数20.91万头（只、匹），比往年下降13.64%；肉产量8456.21吨，比往年增长2.36%；奶产量1773.12吨，比往年下降60.17%。

2013年全县实现地区生产总值9.1亿元，同比增长12.1%。公共财政预算收入1.92亿元，同比增长57.96%。全社会固定资产投资完成15.05亿元，同比增长44.6%。社会消费品零售总额达0.68亿元，同比增长17.2%。城镇居民人均可支配收入14918元，同比增长11%。农牧民人均纯收入达到9078元，同比增长17.6%。城镇登记失业率控制在1.75%以内。

9月4日，自治区党委常委、拉萨市委书记齐扎拉到当雄县格达乡检查指导工作

3月6日，拉萨市市长张延清到当雄县敬老院慰问

拉萨市当雄县

9月16日，中央第七督导组在当雄县调研指导党的群众路线教育实践活动

3月7日，拉萨市市长张延清到西藏冰川矿泉水公司调研

10月6日，市委常委、常务副市长洪家志到当雄县考察调研

9月10日，县委书记张正、县长旦增尼玛在县中学检查指导工作

8月12日，县委书记张正查看县公安局干警伙食情况

9月20日，县长旦增尼玛深入基层第一线听取群众意见

10月18日，县长旦增尼玛带队到北京市考察学习

8月14日，北京市怀柔区党政代表团一行到当雄县考察调研

4月26日，组织全县工作人员向芦山地震灾区捐款

4月28日，当雄县举办庆“五一”迎“五四”系列活动

2013年全民免费健康体检

12月6日，纳木措国家公园详细规划汇报会

拉萨市达孜县

县委书记　徐申锋

县委副书记、县长　阿努次仁

达孜县城距拉萨市20公里，素有拉萨“东大门”之称。全县平均海拔4100米，河谷最低海拔3730米，年平均气温7.5℃，年平均日照3065小时，平均降雨量450毫米。全县总面积1373平方公里，耕地面积6.85万亩。县城内珍贵动植物种类繁多，矿藏资源丰富。达孜县优美的山水、田园风光有着很高的旅游观光价值。境内共有寺庙、日追拉康14座，其中始建于公元15世纪初，已有600多年历史的黄教格鲁派六大寺之首的甘丹寺，在宗教、建筑、艺术等方面都占有重要的地位，1961年被列为全国重点文物保护单位；始建于公元7世纪，至今已有1500多年历史的叶巴寺，也是西藏历史上有名的寺庙之一，在信教群众中影响较大。

全县共辖五乡一镇，共20个行政村，131个村民小组，总人口29152人。农牧业为全县国民经济主体，主要农作物有小麦、青稞、油菜、萝卜、土豆等；畜牧业以牦牛、黄牛、绵羊、藏鸡、内鸭等养殖为主，随着黄牛改良、生猪养殖、奶牛养殖、藏鸡养殖、肉鸭养殖等项目的不断实施，优质、高效、特色畜牧业的快速发展，优化产业的区域布局，提高农畜产品质量，增强产品的市场竞争力；工业为县域经济发展的龙头，带动特色产业的集聚、带动农牧业的发展、带动农牧民的增收，形成了高原生物和藏医药产业功能区、藏文化和民族手工业功能区、新能源和机电制造业功能区，并多次受到中央、区市领导的肯定和支持。

经济发展

2013年，完成地区生产总值9.04亿元，同比增长12.8%；完成公共财政预算收入1.015亿元，同比增长84.14%；完成全社会固定资产投资13.42亿元，同比增长48.3%；完成税收收入2.2亿元，同比增长56.9%；实现社会消费品零售总额0.88亿元，同比增长14.3%；实现工业销售收入29.31亿元，同比增长96.9%；实现工业增加值9.66亿元，同比增长96.8%；实现农牧民人均纯收入8100元，同比增长20.2%。在拉萨市2013年县域经济发展争先进位考核中，获得进位突出县（区）荣誉称号。

9月28日，自治区党委常委、拉萨市委书记齐扎拉到达孜县考察藏鸡养殖发展

9月28日，自治区党委常委、拉萨市委书记齐扎拉到达孜县考察农牧业发展情况

11月1日，自治区人社厅副厅长刘莉到达孜县人社局检查工作

2013年5月，市委常委、副市长周普国到达孜县考察产业园区发展情况

5月23日，区、市组织部领导考察达孜县农业产业园建设发展及民族团结先锋活动开展情况

2013年，市教育局领导考察达孜县中小学建设情况

2013年12月，县委书记徐申锋、县长阿努次仁慰问老干部

2013年12月，县委书记徐申锋慰问百岁老人

2013年11月，县委书记徐申锋到唐嘎乡调研

2013年7月，县委书记徐申锋，县委副书记、常务副县长孙健调研农业产业园区建设发展情况

2013年12月，县委副书记、常务副县长孙健，副县长蒋勇考察主西村徒步旅游

2013年7月，第七批援藏干部到农户了解群众生产生活情况

2013年8月，联想控股集团代表到达孜工业园区洽谈项目

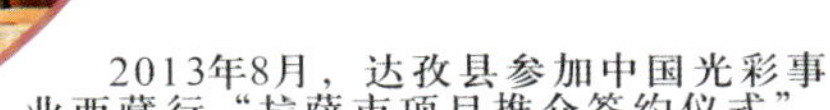

2013年8月，达孜县参加中国光彩事业西藏行“拉萨市项目推介签约仪式”

达孜县2013年度经济工作表彰会

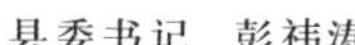
县委书记　彭祎涛

县委副书记、县长　孙宝祥

拉萨市曲水县

曲水县位于自治区首府拉萨市的西南部。居北纬29° 14′ ~29° 36′ ，东径90° 21′ ~90° 04′ 之间，地处拉萨河下游与雅鲁藏布江中游交汇的曲水宽谷上。南临雅鲁藏藉布江，与山南地区的浪卡子县和贡嘎县隔江相望，西面和西北与尼木县、当雄县接壤，北侧和东北侧与曲水县毗邻。全县东西长68公里，南北宽39.75公里。土地总面积1648.5平方公里。境内雅鲁藏布江由西南向东流，经茶巴拉、达嘎等地在县城与拉萨河汇集，然后转向南流。拉萨河由东北向西南。经聂当、才纳、南木在县城南部汇入雅鲁藏布江。

自治区党委副书记、自治区政府主席洛桑江村到聂当乡慰问敬老院老人

境内拥有丰富的动植物和矿业资源。动植物资源：曲水县以树多，植被茂盛而闻名，境内天然植被保护良好，拥有高山柳、爬地松、刺梅、红景天、黄连、黄党参等天然植物物，近些年又加大了人工造林的力度，人工播种了大面积的金丝柳、藏青杨、新疆杨等树木，使得"树沟"更加名副其实；拉萨河流经的河谷地带和两河交汇处拥有大片肥沃平整的耕地，适合种植青稞、小麦等传统作物以及蔬菜大棚等高科技农产品；茂盛的植被、复杂的地形加上丰富的水资源使得茶巴朗的野生动物资源也非常可观，拥有岩羊、野鸡、獐子、棕熊、狐狸、狼、黄鸭、灰鸭、黑颈鹤等多种动物，除此之外，曲水作为一个农、牧、渔结合的典型县，还拥有牦牛、马、羊等牲畜。矿产资源：已发现的矿产包括钼矿、铜矿、金（砂金）矿、铁矿、铅锌矿、刚玉、石榴石、石墨、红柱石、高岭土、石灰岩、花岗石等十余种。由于地质勘查程度皆很低，区内矿产资源尚未得到开采。代表性矿点有：达布铜钼矿、娘归刚玉矿、娘归石榴石矿点。

2013年，曲水县地区生产总值完成8.2亿元，比上年增13%（按现价计算）；全社会固定资产投资完成16.7亿元，比上年增长46.1%；社会消费品零售总额达到1.64亿元，比上年增长16.3%。地方本级财政一般预算收入完成8658万元，比上年增长59.33%；农牧民人均纯收入达到8000元，比上年增长17%；城镇居民可支配收入达到16130元，比上年增长8.99%；城镇登记失业率控制在1.17%以内。

4月15日，自治区人大常委会副主任赵合一行调研非物质文化遗产保护立法调研工作

3月27日，自治区教育厅厅长马升昌到县中学检查指导开学工作

6月1日，副市长计明南加到曲水县小学出席"六一"儿童节

5月28日，县委书记彭祎涛到学校视察工作

县长孙宝祥年底慰问三老人员

江苏省代表团一行到曲水县召开援藏工作座谈会

5月22日，曲水县农牧民宣讲员在茶巴拉乡开展新旧西藏对比两重天宣讲

2013年迎春节、藏历新年“三下乡”文艺演出达嘎乡专场

俊巴渔村牛皮船工艺品

民间特色牛皮船舞

曲水县特色手工艺制品

江村藏戏

拉萨市林周县

县委书记　赵涛

县委副书记、县长　次仁顿珠

林周，藏语含义为天然形成的沃土，位于拉萨市东北，距离市区65公里。全县辖九乡一镇，45个行政村，12283户60497人；国土面积4512平方公里，耕地18万亩，天然草场505万亩，人工草场8万亩，水域5.4万亩，是拉萨市7县1区中的第一产粮大县、第二牧业大县。全县南北狭长，跨度达180公里。念青唐古拉山支脉一恰拉山横贯全境，将林周县分割为南北两大部分。北部属拉萨河上游及其源流区域，素有“三河一流”的美称（即热振河、达龙河、乌鲁龙河、拉萨河流域），平均海拔4200米，气候干燥，年平均气温2.9摄氏度，以牧业生产为主。南部地区属拉萨河支流澎波河流域，平均海拔3860米，谷地开阔，气候温和，雨水充沛，年平均气温5.8摄氏度，主产小麦、青稞、油菜、土豆等，是拉萨市的主要粮食生产基地。

2013年，实现县级生产总值12.6亿元、同比增长12.2%，全社会固定资产投资13.43亿元、同比增长33.2%，公共财政预算收入8266万元、同比增长41.0%，公共财政支出5.9亿元、同比增长19%，农牧民人均纯收入达到7320元、同比增长15.2%，社会消费品零售总额达到0.66亿元、同比增长13.8%，全年招商引资到位资金3.52亿元、同比增长39.05%。

7月16日，农业部等有关部委领导到林周县调研全国人大《关于进一步加大西藏高原重要特色农产品基地建设》

7月4日，自治区人大常委会副主任新杂·单增曲扎到林周县调研文物保护工作

5月11日，自治区人大常委会副主任平措朗杰到林周县调研“四业工程”

3月22日，自治区副主席坚参考察林周县设施农业园区

8月14日，自治区政协副主席阿旺到林周县开展群众路线教育实践活动

9月28日，自治区党委常委、市委书记齐扎拉到边交林乡设施农业园区调研

7月28日，市长张延清到林周县指导“7·27”强降雨洪水灾害救灾工作

6月18日，自治区人力资源和社会保障厅厅长马相村到林周县调研工作

4月19日，市委常委、组织部部长龙志刚到林周县调研党建工作

9月11日，中华环保世纪行—西藏行到林周县检查环保工作

7月2日，长江规划局相关领导到林周县检查指导中小河流治理专项检查

7月28日，边交林乡卡优村抗洪抢险现场

10月15日，林周县举行拉萨市澎波灌溉开工仪式

5月6日，林周县召开全县群众工作动员部署暨深化创先争优强基础惠民生活动推荐大会

5月12日，县长次仁顿珠到深圳招商引资项目签约仪式

5月28日，县委书记赵涛在旁多乡开展调研活动

8月29日，中央电视台主持人杨澜在林周县开展“绿哈达行动”公益活动

拉萨市尼木县

县委书记　范永红

县委副书记、县长　普琼

尼木县地处雅鲁藏布江中游北岸，系前后藏结合部，距拉萨市约140公里，是一个以农业为主的半农半牧县。全县面积3275.8平方公里，平均海拔4000米，塔荣镇为县城驻地，海拔3809米。全县辖七乡一镇（包括塔荣镇、吞巴乡、续迈乡、普松乡、帕古乡、麻江乡、卡如乡、尼木乡），其中农业乡（镇）6个、半农半牧乡1个（帕古乡）、纯牧业乡1个（麻江乡），共有32个行政村，127个自然组，人口36095人。

6月20日，尼木县吞巴旅游景区开幕式

尼木县属高原温带半干旱季风气候区，四季分明，夏季雨水集中，辐射强，年日照时间2947.2小时。年无霜期100天左右。年降水量324.2毫米。自然灾害主要有干旱、山洪，泥石流，虫灾，霜冻和冰雹。

尼木县矿产资源主要有铜、钼、泥炭等，野生动植物资源主要有豹子、狗熊、猞猁、獐子、黑颈鹤、贝母鸡、野鸡及贝母、虫草、黄连、雪莲等。

因尼木位于拉萨和日喀中间节点，民俗、文化兼具两地风格。境内有河流、自然景观和农牧结合的特点。作为藏文字的发源地，文化氛围浓厚，民风淳朴。被誉为“尼木三绝”的吞巴藏香、雪拉藏纸和普松雕刻享誉区内外。藏文创始人吞弥·桑布扎故居位于尼木县吞巴乡吞达村境内，距今有1300多年的历史，2007年被评为自治区级文物保护单位。2013年，总投资1922万元，完成了乌米农业综合开发示范区一期2098亩土地坡改堤和机械化作业。吞巴旅游景气瑜2013年6月20日正式营业，总投资4794万元。“一日游”旅客达到

10月9日，自治区党委常委、拉萨市委书记齐扎拉到尼木县吞巴景区检查指导工作

11月19日，国家水利部绩效评价组到尼木县验收水利建设工程

5月14日，自治区人大常委会副主任嘎玛到尼木县调研乌米农业综合开发区建设情况

3月8日，自治区副主席德吉到尼木县慰问

5月24日，自治区宣传部副部长欧阳方兴考察吞巴旅游项目建设情况

3月20日，市委副书记贾沫微到尼木县检查指导工作

5月29日，市委宣传部部长马新明出席尼木县尚日村文体广场揭牌仪式

7月8日，尼木县军警民齐心协力抗险救灾

44690人次，比2012年同期增长21%；旅游收入达到1985万元，比2012年同期增长22%。

2013年，尼木县地区生产总值达5.15亿元，同比增长12.4%；地方财政一般预算收入3790万元，同比增长54.1%；社会固定资产投资6.98亿元，同比增长41%；农牧民人均纯收入达到7440元，同比增长15.4%；工业增加值4645万元，同比增长38.9%；社会消费品零售总额达到0.27亿元，同比增长12.5%；城镇化率达到19.33%，同比增长3.66%。

3月2日，市人大常委会副主任党根督导检查尼木县维稳工作

4月15日，市人大常委会主任谭树辉到尼木县检查“短平快”项目开展情况

庆祝“3·28”翻身农奴纪念日演讲活动

6月28日，庆祝中国共产党成立92周年文艺汇演

4月26日，举办宣传服务“五下乡”活动

拉萨经济技术开发区管委会

党工委书记　黄羽天

管委会主任　郑丰才

自治区党委书记陈全国视察拉萨经济技术开发区

国家工商联书记全哲洙在拉萨开发区调研

自治区人大常委会主任白玛赤林视察拉萨经济技术开发区

自治区主席洛桑江村在拉萨经济技术开发区视察

腾飞的开发区

西藏藏之梦地毯有限公司

区党委副书记、自治区常务副主席、党委政法委书记邓小刚在开发区调研

区党委常委、常务副主席丁业现在开发区调研

为东嘎村群众送去兴办实体所得利润100万元

拉萨经济技术开发区干部职工游泳比赛

西藏金采科技股份有限公司

西藏高原天然水有限公司

西藏月王生物技术有限公司

西藏高原之宝牦牛乳业股份有限公司

拉萨啤酒厂

拉萨师范高等专科学校

党委书记　范春文

校长　黄晓曦

拉萨师范高等专科学校始终坚持高举中国特色社会主义伟大旗帜，以邓小平理论、“三个代表”重要思想、科学发展观为指导，深入贯彻落实中共十八大精神及区党委、市委八届三次全委会议精神，解放思想、改革创新、与时俱进，围绕“人才培养、科学研究、社会服务和文化传承创新”现代大学的职能，突出科学发展、特色发展、内涵发展一个主题，强化提升人才培养质量、创新教育发展模式一条主线，努力实现师资队伍水平、人才培养质量、科研服务能力、学校管理水平四个方面的明显提升。拉萨师范高等专科学校占地面积17.67公顷，共有正式在编教职工260人，全日制在校学生2746人。

4月19日，自治区党委常委、拉萨市委书记齐扎拉到学校检查工作

6月7日，江苏省委常委、组织部部长杨新力，自治区党委常委、组织部部长梁田庚到学校视察

纪念中国共青团建团91周年暨“五四”表彰大会

校领导看望当雄县完全小学师生

学生军训

城关区职业技术培训中心

城关区属学校公文写作培训

电工工艺实际操作培训课

环卫工人计算机基础知识培训

城关区职业技术培训中心，是一所集中等职业教育与各类短期培训为一体的综合性的中等职业专科学校。创建于1997年8月，其前身是城关区人才培训中心，位于拉萨市江苏东路18号，占地面积4023平方米，建筑面积3469平方米，2008年开始正式更名为城关区职业技术培训中心。现有教职工26人，拥有教学楼、宿舍楼、食堂、综合办楼等基础设施，能容纳300人接受寄宿制教育。

2013年，城关区职教中心共开设12期培训班，培训学员689人，其中引导性培训200人；职业技能培训308人；干部培训103人；就业率91%。为加强师资队伍建设、维护社会稳定、促进经济发展做出了显著贡献。

荣誉称号：2012年度拉萨市“四业工程”先进集体；城关区委、区政府“2013年平安单位”。

做强品牌——烹饪：中心围绕“打造精品，树立品牌”的办学理念，采取订单式、委托式和自主式等培训方式，长期与民政、扶贫、人社、科技、教育行政部门以及企事业单位合作，培训数千余人，科学的课程安排、完善的后勤服务、严格的培训管理深受委托单位、社会、学员和群众的一致好评，满意度达100%。本学年在城关区教体局的大力支持下，面点室、营养学大讲堂、烹饪讲演室已全部竣工并投入使用。

培养师资：根据教体局〔2013〕80号文件精神以及自身发展实际，中心制定了《2013年“十百千”行动暨双师型师资队伍建设实施方案》，采取“3-2”形式培养“双师型”教师，即通过“走出去”“请进来”“自我提高”3种方式培养“靠得住，留得下，用得上”的“双师型”人才；通过“自学成才”“拜师学艺”2种模式围绕“一专”“多能”的目标，培养“以德服人，以才服人”的职业教师，将培训中心的每个人都打造成职教的有用之人。

烹饪实际操作演练课现场

拉萨市特殊教育学校

书记　宁红兵

副校长　达瓦

副校长　贵桑朗珍

拉萨市特殊教育学校于2000年12月1日正式挂牌成立，是西藏第一所以盲、聋哑、轻度智障残疾学生为主要教育对象的综合性特殊教育学校。

建校13年来，学习一直坚持正确的办学方向，遵循党和国家的教育方针和特殊教育规律，并结合西藏实际，积极探索努力实践适合当地学生学习、生活、就业的新方法新途径。目前，学习设有学前部、小学部、初中部和职教部，还将在未来两年内设立高中部，办学体系已基本完善。在校学生188人,设13个年级17个教学班，办学规模逐步扩大，办学成绩日益彰显，先后培育出了世界冠军、全国冠军、西藏第一批聋人大学生和第一批职业中专生，成功输送了25名学生赴上海聋哑青年技术学校就读高中，28名学生走向社会顺利就业。

建校来，学校一直以特教“六心”（即：爱心、信心、恒心、耐心、精心、倾心）为师德标准，创建了一支朝气蓬勃、甘于奉献、勇于开拓、业务精湛的师资队伍。学校现有正式教职工60人，专任教师53人，高级教师3人，中级教师18人，初级教师28人。其中研究生学历3人，学历达标率100%；教师队伍中获国家级奖9人、区级奖8人，市级奖15人。在国内公开刊物上先后发表论文30余篇，其中发表在中文核心刊物2篇、特殊教育专业刊物10余篇；共完成省级课题3项，正在参与课题3项。

学校遵循“以学生发展为本，在课程实践中注重残障学生的潜能开发，增强特教课改的自主性和校本化”的办学宗旨，构建了“学文化、学技术、成材就业”三位一体的教育体系。根据特殊教育教学大纲开足开齐各类课程，并结合我区的实际情况，增设了藏语文课程，自主研发了1~6年级藏语文校本教材。

发挥首府城市首位度作用，先向后为日喀则、山南、那曲、昌都四地培训特殊教育教师达50多人次，承办了“西藏自治区第二届特殊教育骨干教师培训”。有利推动和促进了西藏特殊教育事业的发展。学校也先后被评为“全国特殊教育先进单位”“全国群众体育先进单位”“自治区残疾人康复工作先进集体”“区市教育系统先进基层党组织”“拉萨市平安学校”“拉萨市民族团结模范先进集体”。

师生消防疏散、逃生消防演练

自治区党委常委、拉萨市委书记齐扎拉到学校视察工作

承办“西藏自治区第二届特殊教育骨干教师培训”

多媒体课堂教学

拉萨市禁毒支队到学校宣传禁毒知识

职教实训基地开业典礼

校级公开课——律动课

ལྷ་ས་དགེ་འོས་སློབ་གྲྭའི་ཞར་གཏོགས་སློབ་ཆུང་།

拉萨市师范学校附属小学

团结的领导班子（从左到右）副校长次仁多杰、党总支书记邓万峰、校长叶海缨、副校长尹治军

教育部副部长、国家总督学王湛，西藏自治区副主席孟德利、原教育厅厅长宋和平、拉萨市教育局局长张勤等相关领导到学校检查指导工作

一、基本情况

拉萨市师范附小原名拉萨市第三小学，1975年1月更名为拉萨市师范学校附属小学，是一所藏、汉、回、门巴、布依、土家族等多民族师生在内的学校。学校占地面积21724平方米，由小学部和幼儿园两部分组成，小学部和幼儿园既独立成园又浑然一体，形成了从幼儿教育到小学教育紧密衔接、互为照应的“一体化”办学格局。

二、基础设施

学校有小学教学大楼三栋，幼儿园综合大楼一栋，办公大楼一栋，现代化电教综合楼一栋，幼儿游乐中心一所，200米环形塑胶跑道和环形塑胶操场点缀了校园的生机和活力。学校配备电脑室、语音室、电子阅览室、电子备课室、远程教育室、多媒体教室、舞蹈室、图书室、自然科学实验室、聊天室、校展室、道德讲堂、德育走廊、学术报告厅、红领巾广播室等先进的教育教学设施。

三、办学理念

学校始终以“为教师发展提供最优秀的后勤服务，为学生健康成长提供最好的教育资源”为宗旨，以“充满阳光，溢满书香，写满诗意”为办学理念，以“平安、和谐、求实、创新”为校风；以“自信、合作、健康、快乐”为校训，教师形成了“敬业、爱生、博学、善教”的教风；学生形成了“勤学、乐学、好学、慎思”的优良学风，提出“人人为育德之师、处处为育德之地、时时为育德之机”的德育理念，从增强爱国情感做起，以爱国主义教育为核心，以“做一个有道德人”教育为特色，以文明礼仪教育和养成教育为重点，开展丰富多彩的德育主题活动。

四、师资队伍及学生情况

学校师资队伍不断优化，现有教职工总数111人，专任教师108名（小学部教师95名，幼儿园教师13名）。小学部现有学生人数1756人，班额共计35个教学班级。

五、工作成就

获得“全国红旗大队”“全国语言文字规范化示范学校”“全国教育科学重点研究课题实验基地”“全国学校艺术教育先进单位”“全国百佳少先队中队”“全国红领巾示范学校”“全国青少年足球布点学校”“自治区素质教育试点学校”“自治区英语特色学校”“自治区红领巾示范学校”“自治区无烟学校”“自治区先进党支部”“西藏自治区和平解放60周年先进单位”“自治区语言文字规范化示范学校”“拉萨市文明学校”“拉萨市园林式单位”“拉萨市家长学校”“拉萨市围棋特色学校”“拉萨市星级队室”“拉萨市平安单位”“拉萨市创建国家卫生城市工作先进集体”等诸多殊荣。

勤学、乐学、好学、慎思

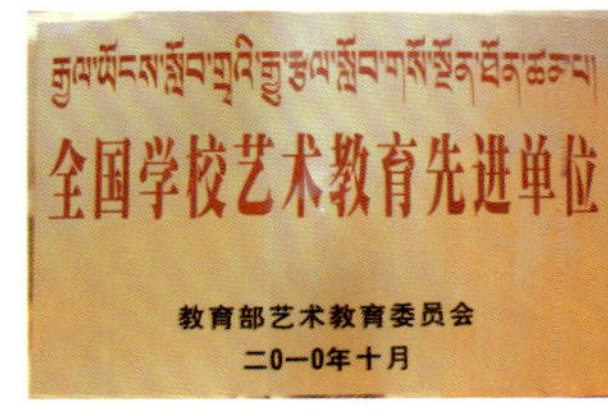

5月4日，拉萨市师范附小推优入团仪式启动

9月10日，拉萨市师范附小教师节表彰大会

10月28日，拉萨市师范附小到当雄友好学校交流指导

雏鹰舞动

朝气蓬勃的学校全体老师

6月10日，拉萨市师范附小绘画展

军校携手狠抓行为习惯

5月7日，拉萨师范附小校足球队载誉而归

拉萨市第一中等职业技术学校

党委书记　吕贵声

党委副书记、校长　耿进利

党委委员、副校长　乡　琼

党委委员、副校长　李　林

拉萨市第一中等职业技术学校是按照市委市政府大力发展职业教育、为拉萨经济发展培养合格人才的指示精神于2013年9月成立的面向全区招生的一所中等职业技术学校。学校的办学目的是为拉萨乃至西藏经济社会的全面、健康、可持续发展培养生产、建设、服务、管理一线的应用型技能人才。

学校目前办公地暂借在柳梧新区红军小学内，现拥有教学楼、综合楼、计算机房、教师公寓、学生公寓、学生餐厅、田径场、篮球场等基础设施。根据拉萨市产业结构发展的特点，目前暂设酒店服务与管理、导游服务、计算机平面设计、计算机网络技术、物业管理、家政服务、景区服务与管理以及中餐烹饪8个专业。截至2014年3月底，学校共有报到注册学生620人。文化课教师70名。（其中男教师35名，女教师35名，中学高级教师5名，中级教师33名，初级教师32名，具有研究生学历3人，本科学历48人，大专学历19人。）

学校拟于2013年8月入驻位于拉萨市东郊蔡公堂乡境内的拉萨教育城。教育城校区占地面积25.8公

拉萨市教育（体育局）党委书记康娜美朵到学校检查指导工作

拉萨市教育（体育局）局长张勤到现场指导招生工作

校训：

修德强能　爱国成才

顷，总建筑面积119948平方米，拥有教学综合楼、图书办公楼、行政办公楼、实训实验楼、学生餐厅、学生公寓、教工公寓、400米标准塑胶运动场和室内运动场等基础设施。8月搬迁后，我校拟成立旅游服务、建筑、财经商贸、信息技术、医药卫生、文化艺术、生活服务等12个大类（系），开设旅游工艺品设计与制作、企业财会、通信系统工程安装与维修、市场营销等26个专业，设68个教学班，招录2850名学生。预计届时报到注册学生将达3500人左右，教职工人数将达300人左右。

学校将按照市委、市政府的定位，立足拉萨经济建设与社会发展的实际，坚持“以服务为宗旨，以市场为导向，以质量求生存，以创新求发展，以特色创品牌”的办学方针，强化内涵，突出特色，努力建设办学规模适度、专业结构合理、教学条件完善、教育质量优良、中职特色鲜明、竞争优势明显的区级示范性中职学校，力争创建国家级示范性中职学校。

2013级新生军训阅兵式暨总结表彰大会

中餐烹饪班学生在自治区团委青少年活动中心食堂实训

拉萨市教育（体育局）党委书记康娜美朵到学校参加党的群众路线教育实践活动部署动员大会

学校管理人员到兄弟学校进行交流参观

校企合作签字仪式

学校开展新旧西藏对比讲座

拉萨市第二中等职业技术学校

党委书记　詹晓圣

党委副书记、校长　穷达

党委委员、副校长　次仁多吉

自治区党委常委、拉萨市委书记齐扎拉，市委副书记、市长张延清参观学校校企合作实训车间

拉萨市第二中等职业技术学校于2013年在对各县区职业教育中心办学资源进行整合和优化的基础上，根据《西藏自治区人民政府办公厅关于同意成立拉萨市第一第二中等职业技术学校和阿里地区中等职业技术学校的批复》（藏政办函〔2013〕84号）文件成立的一所全日制公办中等职业技术学校，为拉萨市人民政府直属正县级事业单位，在校生规模为1500人。每年承担拉萨市“四业工程”农牧民短期培训1000人次。学校位于堆龙德庆县羊达乡境内109国道旁，距离市中心20公里。占地面积8公顷，总建筑面积3万平方米。全校教职工125人，其中教师92人（含3名校领导、29名外聘教师），临时工33人。现有14个教学班，学生1014人（在校生903人，企业培训111人）。

7月7日，市委、市政府相关领导参观学校实训车间

8月，副市长计明南加召开职业技术学校秋季招生专题会议

拉萨市人大常委会副主任、市“四业工程”办主任平措朗杰调研学校农牧民职业技能培训工作

市教育局局长张勤检查学校新生报到情况

7月7日，拉萨市职业技术学校成立揭牌仪式

拉萨市第一第二中等职业技术学校校领导及中层干部交流

9月9日，军训总结暨汇报表演

缝纫专业学生进行成衣制作

举行升国旗仪式

专业教师指导学生练习锻铜技术

还学生美好的童年
奠人生坚实的起步

城关区白定小学

书记、校长　尼玛元丹

副校长　格桑扎西

思想政治理论学习

室外活动场地

城关区白定小学始建于2006年，位于距拉萨市区约13公里处的城关区蔡公堂乡白定村。在城关区区委、政府的高度重视和社会各界人士的关心支持下，先后投资近500万元实施学校改扩建工程，学校的办学规模得到了巨大的改善。2007年，西藏军区后勤部先后投资70多万元为学校新建教师宿舍，解决了教师的住宿问题。城关区蔡公堂乡政府和白定村委多年来在经济上对学校给予很大的支持和帮助，使学生的学习环境得到了改善。

城关区区委政府本着教育优先发展战略目标，相继投入2600多万元，新建了综合教学楼、塑胶场地、建立“校园网”、配有计算机教室、语音室、多媒体室、医务室、开心小窝及各项社团等设备先进的专用教室。为农村孩子多方面发展创设了良好的条件。也为推进农村学校实施素质教育加快了步伐。

学校占地面积为48560平方米，建筑面积为6373平方米，生均校舍面积为25平方米。学校现有8个教学班及4所学前教学点。学生538人（其中小学生336名、学前班学生203名、住校生151名）适龄儿童入学率达到99.8%，巩固率为100%，初中升学率为99.9%。现有教职工42名，教师35名。退休1名。其中本科12名、大专21名、中专1名、高中1名、学历合格率为100%。学校拥有一支团结协作，作风踏实的领导班子。同时有一批业务精干的教师队伍。教师中多次荣获拉萨市级“优秀教师”4人、市级“优秀辅导员”1人、城关区级“优秀教育工作者”3人，城关区级“优秀教师”12人、拉萨市多媒体课件比赛获奖1人、首届城关区技能大赛荣获“二等奖”1人、三等奖1人等。

学校先后获得城关区首届素质教育成果展示周“特色方队二等”奖、城关区青少年学生学唱爱国主义歌曲比赛“三等奖”、西藏第四次“少代会”主题队会“优秀表演奖”、城关区第三届教职工足球联赛“道德风尚奖”、拉萨市“卫生学校”称号、城关区“卫生学校”称号、城关区“家长学校”称号。

宽敞明亮的学校图书室

足球比赛现场

与上海虎林路小学成为“手拉手”友好学校

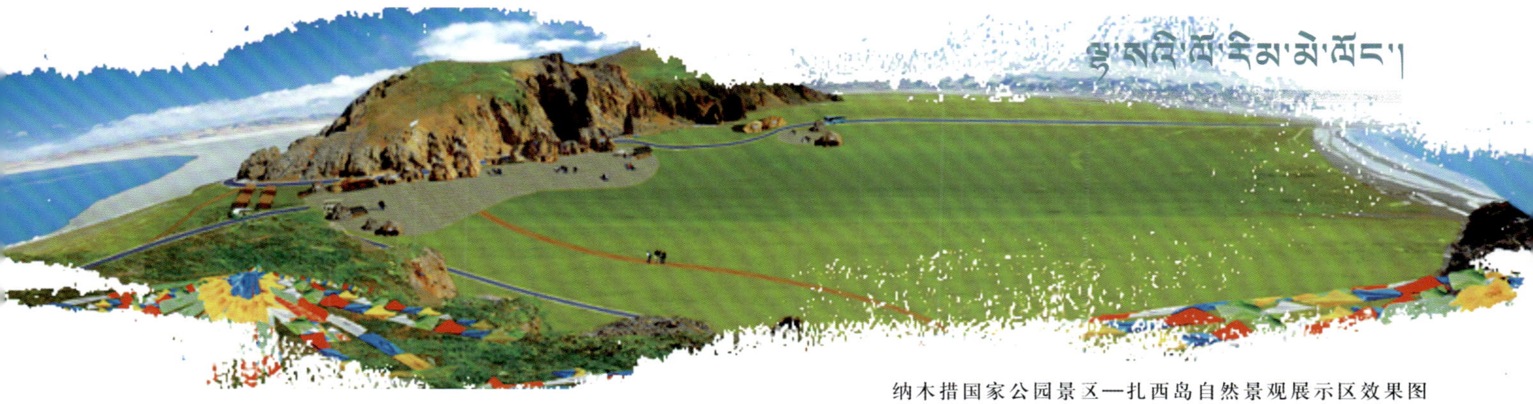

纳木措国家公园景区—扎西岛自然景观展示区效果图

拉萨布达拉旅游文化集团公司

拉萨布达拉旅游文化集团有限公司于2012年2月注册成立，为拉萨市人民政府直属的国有独资公司。公司始终遵循“专业化、特色化、国际化”的发展原则，着力整合开发拉萨七县一区旅游文化资源，将拉萨旅游文化资源优势转化为经济优势是市委市政府赋予公司的职责和任务。着力打造纳木措国家公园景区、慈觉林中国西藏文化旅游创意园区《文成公主》实景剧等重点项目，公司拥有纳木措景区保护开发有限公司、雪域明珠国际旅行社有限公司、和美布达拉文化创意产业发展有限公司、布达拉文化传媒有限公司等子公司，是集旅行社、文化演艺、旅游景区开发、旅游产品开发销售等为一体的集团公司。拉萨布达拉旅游文化集团有限公司以其独特的地域特征和文化内涵在行业中独树一帜，在激烈的市场竞争中迅速崛起、快速发展，已成为西藏旅游文化产业领域具有很强的经济实力和品牌优势的国有大型企业。

总经理　扎西江村

集团公司参加中国西藏文化旅游创意园区奠基仪式

《文成公主》实景剧剧照

西藏华钰矿业股份有限公司

西藏华钰矿业股份有限公司成立于2002年，注册资金4.68亿元，主营铅、锌、铜等有色金属的开采、加工、销售及固体矿产勘察业务，具有固体矿产勘查乙级资质。现有分子公司4个，采矿权2宗、探矿权4宗、风险勘查矿业权9宗，其中已探明储量具有大中型以上规模的矿床4个；生产能力2000吨/日选厂一座，300吨/日选厂2座，年原矿处理能力达60万吨。

2013年，公司总资产增加到17.68亿元，实现销售收入5亿元，实现利润1.34亿元，上缴税金1.06亿元。吸引了来自清华、北大、人大等全国各知名学府人才420余人，其中高级工程师17人，工程师、经济师40人，其他技术人员70余人，并与与中国地质大学、中南大学、湘潭大学、中国地质科学院勘查资源研究所、中国地质调查局成都地质调查中心等科研院所建立了长期人才联合培养机制。

公司在发展的同时，也不忘带动地方经济和社会公益项目的发展。目前，公司已累计向矿区县、乡、村、组拨付公益项目及扶贫资金2000余万元。公司还协助当地村镇成立矿石运输车队，运输公司的矿石和精粉，仅此项措施就使农牧民年收入增加1000余万元，为当地农牧民脱贫致富及地方经济发展做出了积极贡献。

2008年四川“5·12”地震和西藏当雄地震发生后，公司组织捐款百余万元；山南隆子县发生雪灾，公司第一时间送去了20余万元的救灾物资，并无偿提供山南分公司的铲车、货车用于清除积雪和转移灾区群众。2009年“六一”前夕，公司再次向四川地震灾区的小学生捐款10万余元。2011年西藏自治区亚东县地震发生后，公司捐赠了20万元。2011——2012年，公司向乃琼村贫困小学生捐助资金20万元，2013年，公司为河南新县高中捐赠励志奖学金110万元。

董事长　刘建军

在未来的发展中，公司将继续恪守“安全环保、高效进取、金言钰质、和谐共荣”的核心理念，致力于建设可持续发展的新型矿山，做到“开发一矿、惠及一片、造福一方”。

自治区政协原副主席白玛才旺到西藏华钰矿业公司视察

自治区党委统战部副部长、工商联党组书记李瑞富到西藏华钰矿业公司山南分公司考察

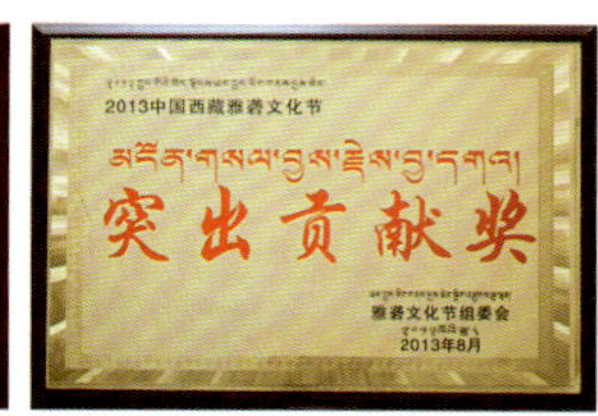

公司协办第十一届中国有色金属高层论坛

日喀则地区国土局局长多吉旺久到公司视察

公司与湘潭大学结成人才培养与技术服务合作单位

西藏证监局对公司进行上市辅导材料验收

华钰矿业公司活动室

2013年元旦联欢会开场舞《走进新时代》

华钰矿业办公大楼

西藏宁玛矿业有限公司

董事长　布桑

总经理　梁剑锋

西藏宁玛矿业有限公司成立于2002年9月，主要从事有色金属矿开采和矿产品销售。公司至成立以来，不断发展壮大，现总资产达3800余万元，拥有墨竹工卡县玛拉沟措嘎、那布定两个矿点，主要开采矿种为铅锌矿，年产值4000万元左右。

公司始终坚持“安全第一，预防为主，综合治理”的方针，以“抓安全促效益”出发，每年积极组织人员参加各项安全技术培训和安全管理培训，并对矿山从业人员进行安全技术、安全知识、安全操作规程培训；经常性对各矿洞进行安全检查、整改，增添安全设施设备等，对采、掘作业要求严格、规范，并逐渐实现机械化，不断改进采掘工程技术，合理开发利用资源，发挥资源优势，提高经济效益。于2009——2011年三年期间，公司利用先进而适用的矿山开采技术加大开采力度，铅锌矿产量14万余吨，实现工业总产值1.1亿元，销售收入8469万元，上缴各项税费1240余万元。

公司一手抓建设发展，一手抓环境保护，彼此促进，同步前行，走绿色矿山建设之路。为了有效的保护生态环境，特聘请了成都科技大学环保科研所对矿山工程作了环境影响评估，对生活垃圾、生活污水进行了有效的无害化处理，利用废渣堆砌挡墙，杜绝扩大危害自然景观的生产活动，有效的保护了高原生态环境，使经济建设和环境保护相辅相承、和谐发展。

公司在注重自身发展的同时，热心各类公益事业：捐赠扶贫款、赠送物资、捐资助学、修路筑桥、修庙等。从公司成立至今，先后在公益事业上投入资金达760余万元，充分体现了企业“以人为本”的经营理念，以实际行动支援地方建设，让农牧民群众尽快富起来，创建和谐安定的社会环境。

公司将始终坚持“科学、高效、规模、环保、安全”的开发原则，不断加强自身建设，广泛的与同行业、企业交流，为社会创造更多的财富，为西藏的经济发展做出更大贡献。

公司成立十周年庆典员工向领导敬献哈达

召开2012年度公司总结大会

矿长卢林虎在公司成立十周年庆典大会上发言

安全动员大会

应急演练指挥现场

朝气蓬勃的办公室工作人员

措嘎7号洞洞口

应急演练车辆

员工在公司成立十周年庆典现场表演节目

铅锌矿

宁玛矿业

改革创新发展

团结求实奋进

党委书记、董事长　张德川

自治区人大常委会主任白玛赤林在类乌齐县宾达乡慰问天海集团驻村工作队

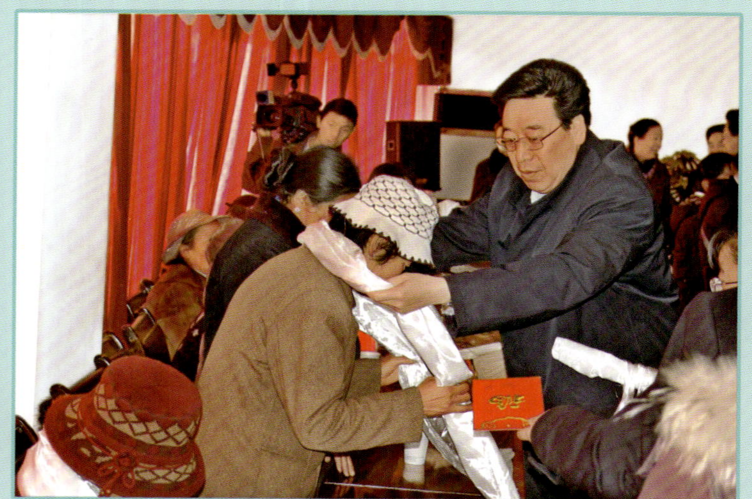

自治区党委副书记、常务副主席吴英杰到天海集团慰问职工

西藏天海集团有限责任公司

西藏天海集团有限责任公司是由成立于上世纪五六十年代的西藏拉萨汽车运输总公司、西藏交通工业总公司、西藏交通客运总公司、西藏天域交通宾馆四家老国有交通企业联合重组，并改制成立，2009年10月正式揭牌，12月完成了注册工作，注册资本2亿元。2010年10月，自治区党委、政府将公司列为12家区管一级国有企业之一。西藏天海集团有限责任公司自成立以来，先后荣获“全国再就业先进企业”“全区再就业先进单位”“自治区文明单位”“诚信推荐单位”“全国百强建材市场”“全国百强家居市场”称号，连续多年被评为“安全生产先进企业”及“综合治理先进单位”。2006年荣获“全国五一劳动奖状”。2011荣获“全国模范劳动关系和谐企业”称号。2012荣获全国交通运输行业“文明单位”称号，2012年、2013年连续两年荣获自治区创先争优强基础惠民生活动“优秀组织单位”称号。

天海宾馆

天海大酒店

天海康桑宾馆

天海家具市场开业八周年庆典

天海建材市场

天海德康名居

截至年底，集团资产总额166112万元。负债总额14917万元。所有者权益151195万元。集团实现总收入18265万元，与同期17998万元相比增长1.48%；实现利润4217万元，与同期2617万元相比增长61.14%；上缴税金2430万元；提取折旧2935万元。集团公司拥有员工2740人。其中，离退休员工1980人，在职员工760人。2013年，员工人均年收入70066元。

集团公司组建后，结合自身的资源和产业特点，投资设立了西藏天海物业管理有限责任公司、西藏天海旅游有限责任公司、西藏天海房地产开发有限责任公司、西藏顺达客运有限责任公司四家全资子公司以及直属集团公司的西藏天海专业市场管理部，各子、分公司等组织机构25个。主要经营业务包括商业地产开发、专业市场管理、物业经营（房屋及场地租赁、管理、服务）、旅游服务（住宿、餐饮、旅行社、运输）。并自主开发了天海德康名居、天海德康鑫居商业地产项目，形成了天海夜市、天海建材市场、天海家具市场、天海商业街、天海商业中心、天海物流配送中心、天海仓储等具有一定规模和较强市场影响力的商业经营项目，拥有四星级酒店天海大酒店，4个三星级的天海宾馆、天海康桑宾馆、天海天域宾馆、林芝天海假日酒店，以及天海康拉旅行社和旅游车队等旅游服务项目。旅游业共有客房654间，会议厅9个。并可承接中高档中餐、西餐、藏餐等。

西藏天海集团将秉承“打造西藏优势企业，服务西藏经济发展”的宗旨，努力打造全区领先的国有骨干企业，致力于造福社会大众，为全面建设小康西藏、平安西藏、和谐西藏贡献更大的力量。

天海集团揭牌

堆龙德庆县蔬菜基地

堆龙德庆县净土产业投资开发有限公司

董事长　旦巴塔杰

总经理　阿旺次仁

公司成立于2014年1月1日，注册资金1亿元，是由堆龙德庆县人民政府投资的国资独有企业，主要经营范围：农林牧产品种养殖销售；农副产品加工销售；农业技术推广与服务；农机、农资销售、仓储；休闲观光农业。

公司下设办公室、人力资源部、财务部、项目开发部、策划宣传、销售部、生产技术部、电子商务部、岗德林无公害蔬菜花卉基地、羊达乡现代农业产业示范园、波玛种植示范基地、乃琼镇蔬菜花卉农民营销协会、堆龙德庆县绿地农产品销售有限公司等14个部门及子（分）公司，现有员工55人，其中硕士以上学历5人，本科以上学历23人。汇集了众多业内资深专业人员，不断研发出符合市场需求的新产品、新技术，开拓出符合现代净土农业发展的新思路、新模式，并与国内多家科研院所保持着良好的合作关系，邀请国内十余名知名农业专家为生产技术、经营管理提供指导，结合西藏具体情况从而开发提供不同发展规划项目运作方案，紧跟市场化运作、企业化管理的思路。

公司在国家对农业大力扶持的背景下，顺应国内外农业发展的新趋势，公司在发展无公害蔬菜、特色农牧产品方面积累了丰富的经验，建成了高档玻璃连栋温室、薄膜连栋温室、高效节能日光温室、智能数控温室、生态园区规划、温室景观参观示范园、果蔬饮品车间、家庭园艺、农业灌溉设备为优势的高科技现代化农业基础设施。业务范围涉及蔬菜育苗、花卉种植、苗木生产、特色观赏、生态餐厅、生态休闲度假酒店、家庭园艺和果蔬饮品科研实验、中藏药材种植及深加工等众多领域。随着各项目的陆续推进，公司在固定

岗德林蔬菜种植农民专业合作社

农业部部长韩长赋视察合作社展示厅

自治区党委书记陈全国到堆龙德庆县岗德林蔬菜合作社调研

自治区党委常委、拉萨市委书记齐扎拉视察堆龙德庆县蔬菜基地

堆龙德庆县县委书记陈献森，县长安央金视察羊达基地

堆龙德庆县净土产业投资开发有限公司直销店

堆龙德庆县净土产业投资开发有限公司农副产品直销车

堆龙德庆县西瓜产业基地

农户移栽栽苗

资产及项目开发配套投入上已超过10亿元。中国西藏网、新华网、西藏电视台、拉萨电视台、西藏商报、西藏日报和拉萨晚报等多家新闻媒体多次对公司发展成果进行了详细报道。

“堆龙净土”是全体堆龙净土人耕耘、爱心、团结、智慧的结晶，代表着堆龙净土人坚持“诚信规范，专业高效”的理念。彰显社会责任，常怀感恩之心。对社会的感恩，对责任的担当，体现在堆龙净土人追求现代净土健康产业之经典完美，将现代、科学、高效、规范的管理融入每一个细节之中。

作为现代净土健康农牧企业，公司致力成为西藏净土产业领先的开发商、生产商、供应商、和流通商，为消费者创造净土生态家园，为广大用户缔造健康、安全、绿色的生活品质。

拉萨市城市建设投资经营有限公司

拉萨城投是由拉萨市人民政府出资成立的国有独资企业，公司是城市基础设施建设的投融资主体，是市政府城建资金运作的平台，是国有资产保值增值的操作实体。公司成立于2006年，注册资本金1.2亿元，经营范围房地产开发、城市建设、开发、环境治污项目的投资；城市基础设施综合开发项目的承包经营和技术咨询等，于2011年7月正式启动运营，公司下设六部三室一工会（计划财务部、投资发展部、资产管理部、工程管理部、经营部、人力资源部、党委办公室、综合办公室、纪检监察室工会委员会），下辖子公司4家，为拉萨城投置业有限公司（控股子公司）、地下管网经营管理有限公司（控股子公司）、拉萨城投资产运营管理有限公司（全资子公司）、拉萨城投农副产品经营管理有限公司（全资子公司，筹备之中），公司现有员工116人（原水泥制品厂分流安置到公司的有15人），其中党员21人。公司已形成了较为完善的法人治理机构。公司不设股东会，由出资人行使股东权利，公司设立了董事会（决策层）、监事会（监督层）、经理层（经营管理层），按照工作规则各司其职、各负其责。公司自正式启动运营以来，在市委、市政府正确领导下，在市有关部门的关心支持下，经过公司系统全体员工共同努力，完成投资、融资、运营、管理和建设等各项任务，公司的规模日益发展壮大，经济和社会效益逐步提高。

【主要经济指标】

截至年底，拉萨城投资产总额287580万元，负债109554万元，所有者权益178026万元。公司资产比上年增加206234万元，资产增长率254%，负债比上年增加60654万元，负债增长率55.36%。

【中期投资】

年内，拉萨城投对拉萨青达建设集团有限公司投资3224.9万元；对拉萨市地下管网经营管理有限公司投资51万元；对拉萨城投出租车有限公司投资100万元；对拉萨诚投资置业有限公司投资255万元；对拉萨城投资产运营管理有限公司投资50万元；对拉萨城投农副产品经营管理有限公司50万元；对拉萨运高国际酒店有限公司3900万元。截至年底，拉萨城投共计对外投资7630.9万元。

【融资情况】

截至年底，拉萨城投完成融资49805万元。其中拉萨市八廓商场项目贷款4亿元，拉萨市东嘎农产品批发市场工程项目6700万元，拉萨市城市路灯节能改造项目贷款3105万元。

【资产移交】

2012年12月19日，完成江苏生态园大酒店、四川岷山拉萨大酒店资产清查及评估移交拉萨城投工作，并按照中介机构出具的资产评估报告进行财务处理。

【项目进展】①拉萨八廓商城。八廓商城建设项目选址位于拉萨市林廓东路以西、北京区东路以北处。总占地面积为6.3公顷，其中：一期工程占地面积为3.6公顷，二期工程占地面积为2.7公顷。项目建设计划投资为7.1亿元（其中：一期工程3.6亿元，二期工程3.5亿元）。一期工程于2013年开工建设，同年10月25日完成并交付使用。完成建筑面积为6.85万平方米（其中A商场建筑面积为4.05万平方米，含地下停车面积1.12万平方米，B商场建筑面积为2.80万平方米含地下停车面积0.88万平方米。二期工程总建筑规模为5.62万平方米（地下1.47万平方米、地上4.15万平方米），该项目于

户3033个摊主的利益，同时先期配套建设的500个地下停车位，缓解了该区域停车难的问题。②东嘎农副产品批发市场。东嘎市场的媒体宣传已于4月3日开始投放，公司决定将市场门面预留100间（娘热路预留62间，各县合作社预留10间，法院调解中的预留10间），其余门面待招商方案审批完成之后立即开始招商。公司与租户一次性签订五年的合同，第一年免受租金，第二年收取50%，即7.5元/平方米·月的租金，第三年收取15元/平方米·月的租金，第四年增加10元，即25元/平方米·月，第五年再增加10元，为35元/平方米·月。五年合同期满之后，商户有优先续租权，租金价格按照拉萨市批发市场的平均价格制定。③会展中心项目。该项目规划占地面积318175平方米，建筑规模33543平方米，总投资4.93亿元。④公交站台项目。共计156座金珠西路19座公交站台属新建站台，2013年9月完工。⑤14条道路项目。总投资2.1亿元.完成情况70%⑥东城民族风情商业街。拉萨城投与拉萨神力公司合作开发，拉萨城投控股51%，合作公司占49%。⑦太阳岛项目。拉萨城投与拉萨神力公司合作开发，拉萨城投控股51%，合作公司占49%。

西藏地勘局第六地质大队

党委书记　普布次仁

队长　张焕彬

领导班子

锑矿石标本

西藏自治区地质矿产勘查开局第六地质大队（以下简称地质六队）隶属西藏自治区地质矿产勘查开局，属国有事业单位，成立于1980年。

地质六队地处西藏自治区堆龙德庆县青藏路11号，交通发达，青藏公路从队部大门前通过。全队现有在册职工253人，其中少数民族占35%，工程技术人员占42.7%（高级职称占8.7%，中级职称占16%，初级职称占18%）。固定资产净值达6800万元。先后被区党委、区政府、国家民委授予“全区民族团结进步先进集体”“民族团结进步模范单位”“全国模范地勘单位”“全区安全生产先进企业”等荣誉称号。

地质六队现具有固体矿产勘查甲级、地质钻探甲级资质、区域地质调查乙级、工程测量乙级、地质灾害危险性评估乙级、地质灾害治理工程乙级、地质灾害治理工程设计丙级等资质。

地质六队始终坚持“安全第一，预防为主，综合治理”的方针，以“抓安全促效益”出发，每年积极组织职工参加各项安全技术培训和安全管理培训。一手抓建设发展，一手抓环境保护，彼此促进，同步前行，走绿色地勘建设之路。坚持以地质找矿为荣，以找矿立功为荣、以艰苦奋斗为荣的“三光荣”传统，发扬“老西藏精神”克服了常人难以想象的艰难困苦，找矿足迹遍布全西藏，涉及矿产资源近百种，完成数项国土资源大调查项目和科研项目，为西藏的地勘事业做出了贡献。

地质六队领导在“三个代表”重要思想的指引下，深入贯彻落实科学发展观，自觉践行社会主义核心价值观，开拓创新，团结进取，愿与有志于西藏地勘事业的人士精诚合作，为西藏社会经济的发展做出应有贡献。

地质六大队科技综合楼

拉萨市暖心燃气热力有限责任公司

公司董事长劳明伟带领技术负责人坐客拉萨人民广播电台直播间参加“政风行风热线”节目录制

自治区副主席格桑次仁到城关花园视察城市供暖工程安全生产情况

区党委常委、拉萨市委书记齐扎拉到公司调研指导工作

拉萨市市长张延清慰问公司一线工作人员

召开公司年度总结表彰大会

应急抢险队工作人员对小区调压柜进行安全巡检和维护

进小区听取群众心声，现场解决问题

拉萨置地投资开发有限公司

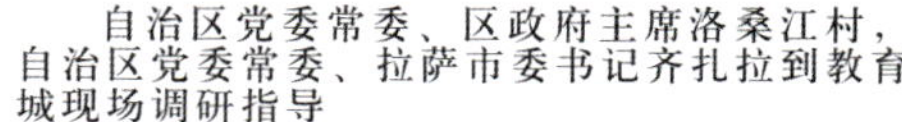

自治区党委常委、区政府主席洛桑江村，自治区党委常委、拉萨市委书记齐扎拉到教育城现场调研指导

市政府副市长史本林到教育城现场调研

教育城市政道路路面铺摊沥青

置地公司本年度主营业务是拉萨教育城一期工程和中国西藏文化旅游创意园区项目的土地一级开发建设，完成投资总额约4.17亿元，其中：固定资产投资额度约29308万元，项目前期费及征地拆迁补偿费约12440万元。

1. 拉萨教育城土地一级开发项目

拉萨教育城一期土地一级开发项目投资总额为9.07亿元，投资总额为7.09亿元，占总投资的78.2%。其中：兑付拆迁补偿费4497万元；基础设施建设工程投资总额约21099元（BT项目）。

2. 中国西藏文化旅游创意园区土地一级开发项目

本项目土地一级开发总投资约为636712万元，投资总额为18020万元。其中：兑付完成前期费及征地拆迁补偿费完成7943万元，基础设施建设工程总投资额约8209万元（BT项目）。

3. 清朝驻藏大臣衙门修缮工程

本工程总投资约为29793.49万元，建设工期为2013年6月至2014年6月，依据规定区、市两级政府各承担50%，根据市委相关会议纪要要求，完成投资总额为3000万元，占总投资的10.1%。

4. 城市规划展览馆展示工程

本工程总投资约5000万元，完成投资总额为4472万元，占总投资的89.4%。

5. 其他项目

公司承担其它项目有：南山山体绿化工程、文成公主实景剧周边山体绿化工程、次角林水厂建设和百荣村征地拆迁补偿等，投资总额为5164万元。

一是置地公司成立融资总额为7.1亿元，实到资金7亿元。通过抵押方式分别向中国银行贷款8000万元和向农业银行贷款1.8亿元土地一级开发资金，其资金已全部到位。

二是公司已向中国银行提请8000万元的存单质押贷款，年内各类融资要件已提交至该行。

三是公司正积极与恒泰证券公司接洽，拟以企业债券方式融资5亿~10亿元，正与该公司商洽。

四是根据市委、市政府的重要指示精神，公司上下全力配合拉萨城投企业债券发行工作，已提供完所有前期基础资料，并根据工作进展情况积极配合完成各项要件的办理工作。

教育城市政道路路面铺摊沥青

创意园区设计评审会现场

中国工商银行股份有限公司西藏自治区分行

2013年10月17日，中国工商银行与西藏自治区人民政府在拉萨签订全面战略合作协议，中国工商银行党委副书记、行长易会满与西藏自治区常务副主席丁业现代表双方签署协议

党委书记、行长　彭正江

2013年12月31日，西藏自治区党委常委、自治区常务副主席丁业现到中国工商银行西藏分行慰问参加年终决算的干部员工

2013年12月16日，中国工商银行西藏分行拉萨色拉路支行开业，图为中国人民银行拉萨中心支行副行长李隆仕和中国工商银行西藏分行行长彭正江共同为支行揭牌

2013年12月12日，分行欢送中国工商银行西藏分行派驻江孜县日星乡吹美村第一书记到村赴任

中国工商银行西藏分行参加2013年“金融知识进万家”银行业金融知识宣传服务活动

中国建设银行股份有限公司西藏自治区分行

建行西藏区分行行长、党委书记　韩文贞

截至2013年年底，中国建设银行股份有限公司西藏自治区分行（以下简称建行西藏区分行）一般性存款余额593.98亿元，比上年新增108.06亿元，完成计划的131.62%；各项贷款余额243.38亿元，比年初新增81.94亿元，增幅50.75%。实现中间业务净收入8900万元，比去年同期增长1262.7万元，增幅16.53%，完成全年计划的99.3%。实现税前利润10.43亿元，同比增长2.39亿元，增幅29.73%，完成全年计划的118.6%；实现经济增加值5.76亿元，完成全年计划的113%。不良贷款额为1.23亿元，较年初减少0.56亿元,贷款不良率0.51%，较年初下降0.6个百分点，资产质量持续优化。

2013年，总行副行长赵欢与西藏自治区人民政府常务副主席丁业现签订战略合作协议，总行行长张建国，自治区人民政府主席洛桑江村出席活动

总行行长张建国、副行长赵欢一行领导看望慰问建行西藏区分行城西支行员工

总行行长张建国，西藏自治区人民政府副主席丁业现看望慰问西藏区分行工作人员

2013年7月，总行巡视工作组到西藏区分行检查指导工作

2013年7月，建行西藏区分行召开党的群众路线教育实践活动动员（视频）大会

建行西藏分行团委与共建部队举办国防教育活动

2013年6月，建行西藏区分行与拉萨市人民政府签订战略合作协议

2013年3月，建行西藏区分行学雷锋树新风活动为市民进行金融知识讲解

2013年3月，建行西藏区分行参加植树造林活动推进建行公益事业

2013年1月，建行西藏区分行迎春晚会

中国银联西藏分公司

中国银联西藏分公司领导探望慰问驻村点村民

中国银联是中国银行卡联合组织，通过银联跨行交易清算系统，实现商业银行系统间的互联互通和资源共享，保证银行卡跨行、跨地区和跨境的使用。中国银联已与境内外超过400家机构展开广泛合作，全球银联卡发卡量超过38亿张，银联网络遍布中国城乡，并已延伸至亚洲、欧洲、美洲、大洋洲、非洲等境外140多个国家和地区。

中国银联大力推进各类基于银行卡的综合支付服务。持卡人不仅可以在ATM自动取款机、商户POS刷卡终端等使用银行卡，还可以通过互联网、手机、固定电话、自助终端、智能电视终端等各类新兴渠道实现公用事业缴费、机票和酒店预订、信用卡还款、自助转账等多种支付。围绕着满足多元化用卡需求，在中国银联和商业银行等相关机构的共同努力下，一个范围更广、领域更多、渠道更丰富的银行卡受理环境正在逐步形成。

中国银联正携手境内外合作伙伴，进一步推动我国银行卡产业又好又快发展，为人民群众提供优质、安全、高效的银行卡综合支付服务，把中国银联建设成为在国内具有权威性和公信力，在国际具有竞争力和影响力的国际性银行卡组织，把银联品牌建设成为具有全球影响力的国际主要银行卡品牌，实现网络全球化、品牌国际化的发展愿景。

召开尼泊尔加德满都喜马拉雅银行边贸业务座谈会

中国银联公司旗于2011年5月登顶珠峰

2013年“银联杯”收银员职业技能大赛顺利召开

西藏分公司组织“爱心传递　有我参与”捐赠孤儿活动

中国银联西藏分公司参加打击银行卡犯罪 营造安全用卡环境宣传活动

中国人保财险西藏自治区分公司

党委书记、总经理　孙国新

2013年8月20日，人保西藏分公司党委书记、总经理孙国新带领员工到山南地区琼结县措当村献爱心

2013年9月18日，人保财险西藏分公司员工在海拔5231米高度开展事故救援

庆祝中国人保成立64周年

截至年底，实现保费收入8.84亿元，承担风险金额7155.57亿元（同比减少8.23个百分点），市场份额86.94%。已结赔付案件4.54万件，未结赔付案件5719件，件数结案率为90.60%。

[理赔服务] 着重建设服务科学化、标准化、规范化；出台管理制度，强化理赔管控。2013年，万元以下案件理赔周期为18.12天，达到了目标，提速22.21%。截至11月底，对全区未决案件共进行了8次集中处理，未决案件滞案量为历史最低，在全国理赔分析点评中多次得到表扬。

[增值服务] 扩大客户服务范畴，拓宽增值服务体系]积极扩大客户服务范畴，落实4S店与协议店合作事项后续服务相关工作，全面推广VIP免费洗车增值活动；配置95518短信平台功能，成型短信节日问候和知识类短信增值服务；客户俱乐部正式上线运营，拓宽了服务体系。

[“三农”保险] 2013年，全区74个县（区）均签订了涉农保险合同，首次实现全覆盖，取得了历史性突破。随着国家对“三农”的投入持续增加，公司以《农业保险条例》的实施为契机，着手对涉及农业、森林、地方特色产品相关领域进行摸底调查，为挖掘新的业务增长点做好准备。

[健康险宣传] 在全区各级医院加大对大额补充医疗保险与大病医疗保险的宣传力度，明确保险范围、报销额度，并对各定点医院相关人员进行保险业务宣传培训。

让PICC旗帜在世界屋脊高高飘扬

中国平安财产保险股份有限公司西藏分公司

平安产险总经理　吴琦

全年保费达到10487.86万元，首次实现了年度保费规模突破1亿元大关，同比2012年增长34.9%，分公司发展迈上新台阶。理赔立案8859件，赔款支出5477.01万元。赔案数量同比增长32.8%，赔款支出同比增长22.1%，有效发挥了保险的社会稳定职能和经济补偿作用。共缴纳各项税款655.87万，代扣代缴税款913.43万，同比分别增长39.5%、32.2%。在拉萨市柳梧新区购置了新办公大楼，进一步支持了地区经济发展。

平安产险第十届客服节盛大开幕

平安产险第2017期新员工NEO培训

平安产险过亿客户答谢会

山南开业揭牌

员工合照

交通知识宣导

中国石油天然气股份有限公司西藏拉萨销售分公司

总经理　李建国

自治区党委常务副书记吴英杰到加油站检查指导工作

新春三大节日慰问基层一线员工

2013年，中国石油西藏拉萨销售公司紧紧围绕“转方式、调结构、抓管理、增效益”工作主题，按照“信息化、规范化、精细化”的工作要求，以市场为指导，效益为中心，科学处理量效关系，团结全体员工，扎实推进高原特色国际水准地市级销售企业战略实施，各项工作取得了新进展。

拉萨公司始终坚持“奉献能源，创造和谐”的企业宗旨，秉承“爱国创业，求实奉献”的企业精神，认真履行国有企业的政治、经济、社会三大责任，为实现拉萨地方经济跨越式发展和社会长治久安发挥了积极作用。在春耕秋收和虫草采挖期间，针对性在曲水、达孜、墨竹、当雄、林周等县域，开展“送油下乡”活动；为唐古乡群众解决了加油难的问题；积极参与“3·29”墨竹工卡甲玛矿难救灾工作，多次得到了自治区人民政府副主席格桑次仁、吴英杰以及救灾指挥部领导的口头表扬与肯定，提升了中国石油的品牌形象，抓住了客户，树立了中石油良好形象。

践行党的群众路线教育实践活动——党委组织清明节扫墓

结合当前，公司正以中共十八届三中全会精神为统领，结合区情、市情和企情，积极适应市场形势的新变化和企业发展的新要求，以市场为导向，以零售为核心，以效益为目标，打造高原特色国际水准地市级销售企业发展的“升级版”。2014年，公司紧紧围绕“六中心、六提升”大力开展各项工作，以提升效益为中心，提量增效，实现营销管理高效化升级；以信息化建设为中心，提效增收，实现加油站管理智能化升级；以夯实基础为中心，固稳增效，实现加油站管理精细化升级；以建章立制为中心，培本固基，实现安全管理本质化升级；以网络开发为中心，攻坚克难，实现网络布局科学化升级；以队伍建设为中心，量才育人，实现队伍管理专业化升级。公司在不断提升市场供应能力和服务地方经济社会发展能力的同时，也为广大石油员工“石油梦”的实现做出积极的贡献。

3月29日，墨竹工卡县甲玛矿难油料保供现场

拉萨自来水公司

总经理 普布次仁

团结奋进的领导班子

2014年2月4日，自治区党委常委、拉萨市委书记齐扎拉到公司西郊水厂慰问

2013年度工作总结大会

区、市领导视察安全供水工作

市政管委党组书记杨革峰到自来水公司督导群众路线工作

2014年5月，公司班子成员进行安全生产大检查

2014年5月，宣传节约用水

群众路线动员部署大会

自来水公司管网地理信息系统

中交一公局第二工程有限公司

西藏自治区政府主席洛桑江村视察次角林大桥工程

西藏自治区副主席邓小刚视察次角林大桥项目

拉萨市委书记齐扎拉莅临次角林大桥视察指导工作

西藏自治区副主席董明俊视察西藏会展中心

2010年12月，中交一公局二公司纳金大桥项目中标进场，公司先后中标“神力时代广场”“次角林大桥”“西藏会展中心”等项目，并于2012年7月成立拉萨项目总经理部，2014年5月成立拉萨分公司。

拉萨分公司现有职工108人，设总经理办公室、书记办公室、常务副经理办公室、总工程师办公室、总经济师办公室，分管工程部、质检部、安全部、试验室、测量组、经营部、财务部、材设部、人事部、党群办公室、综合办公室11个部门，大小项目共30个，已完工项目5个。

援藏队伍在探索发展过程中，通过市场的多元化战略，不断将工程业务从桥梁工程拓展到房建工程和市政工程，市场开发额成倍增加。公司将在未来的施工中发扬一局的铁军精神，更加努力、更加顽强、更加拼搏，巩固和开发好拉萨市场，为企业创造更多的财富！并将以更好的成绩为拉萨经济发展做出贡献！

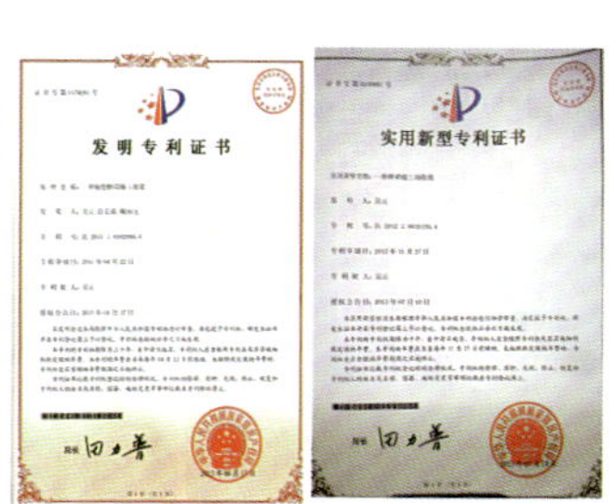

纳金大桥

西藏自治区副主席格桑次仁视察次角林大桥

拉萨市常务副市长斯朗尼玛为老城区保护工程项目建设者献哈达

拉萨市常务副市长王晖到西藏会展中心项目视察指导工作

拉萨纳金大桥施工技术

老城区夜景

神力时代广场

天创源商品混凝土有限责任公司

董事长 杨 军

总经理 周聪荣

经营范围：商品混凝土生产、运输、销售，水泥制品销售、土砂石销售，建筑材料、化工原料及产品（危险品除外）销售，租赁、销售建筑工程机械及建筑机具等业务。

规模和资质：公司总投资4000万元，占地1.7公顷，拥有国内一流的生产线和运输、泵送设备，厂区按国内一流标准建设，生产正规，管理规范，是西藏地区首家规划最大、生产运输能力最强、技术最领先的现代化、环保型、高效节能型的商品混凝土核心产业生产企业。

资质编号：B54010001，本公司具有生产C60以内（含C60）混凝土等级的技术能力，能供应C10–C60内各个强度等级的混凝土。根据客户特殊要求本公司还可生产C70–C80的商品混凝土

公司拥有上海鸿得利120型和180型两条生产线，均采用全电脑数字化控制，确保生产的产品配料精确、性能稳定、品质优良。其搅拌主机MA03000/2000SDYHO双卧轴搅拌机选用意大利明星产品SICO搅拌机，每小时可生产300立方米混凝土，日生产、运输、泵送能力可达4000立方米，年生产能力达100万立方米以上。拥有中联重科60米臂架车1台、中联重科49米臂架车1台、中联重科47米臂架泵车1台、上海鸿得利47米臂架泵车、上海鸿得利37米臂架泵车、上海鸿得利24米臂架泵车（扬程可达101米）各1台，中联重科车载地泵1台、山东临工装载机数台，中联重科混凝土运输车30辆，柳工牌混凝土运输车4辆。

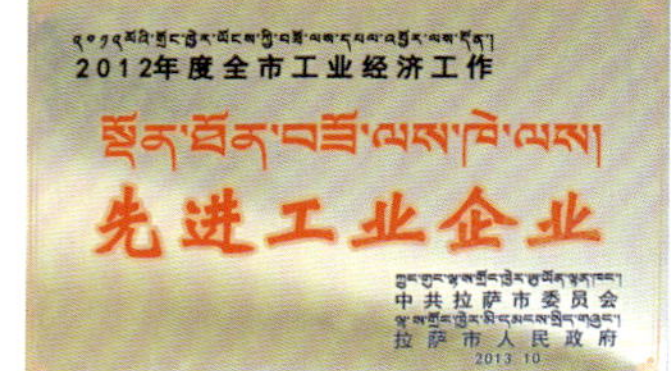

12月22日，公司年终总结大会表彰先进个人

干净整洁的办公区域

公司荣誉榜

公司全景

西藏圣美家超市有限公司

自治区副主席多吉次珠到圣美佳超市调研

西藏圣美家超市有限公司创建于2010年，是西藏圣旺经贸公司独立投资开办的综合性连锁商业零售企业和商品采购管理公司，公司现已发展成为西藏地区以连锁经营、物流配送、电子商务为一体的商业连锁企业，是国家商务部“万村千乡”工程指定连锁商业零售企业，拥有完善的经营管理和物流配送体系；与千余家供货商建立了良好的互利双赢的商业合作关系。

西藏圣美家超市以“诚信经营，服务至上”为服务宗旨，坚持以“方便、实惠、放心”为价值理念，致力于创建企业、员工、供应商和谐共赢的合作伙伴关系，为推动西藏商品流通行业腾飞及地方经济社会发展做出积极贡献，取得了良好的信誉和不凡的业绩，并获得了西藏自治区商务系统先进企业、西藏自治区实施服务业标准化试点项目单位、西藏自治区物资应急储备企业等荣誉。

圣美家桑珠林卡趣味活动

琳琅满目的食品

宽敞明亮的购物环境

中国联通拉萨分公司

西藏分公司总经理杨云林在拉萨分公司视察工作

楚光总经理在营业厅指导工作

13年度工作总结报告奖励合影

提供优质网络服务，有序推进网络演进：FDD-LTE是全球4G的主流标准，网络下行速率最高可达150Mbps，堪称4G“速度之王”。4G时代的来临，更低的资费,享受更快的网络，更多的通话，可以让用户以更低成本畅享4G生活。同时，iPhone、New iPad、三星Galaxy S、Nokia Lumia等一大批支持FDD-LTE的明星终端已经上市，用户可以不换号、不换卡，只需手机支持FDD-LTE，就可以轻松享受4G带来的生活便捷。拉萨联通目前已根据总部网络建设的步局，积极开展谈点建设工作，为下一步4G产品市场的拓展奠定基础。

3G升级套餐先行，国内流量放心用：3G升级套餐资费已经于2014年3月正式开放办理，套餐共设八档，最低76元，最高596元。其中最高档596元套餐则包含3000分钟的通话时间以及11GB流量。与相近资费的3G套餐相比，升级套餐大幅增加了所包含的流量，满足了用户多层次需求。

5.1全城动起来活动现场

机房安全检查

西藏圣央水资源开发有限公司

西藏圣央水资源开发有限公司成立于2011年4月，从事开发西藏天然优质矿泉水的私营企业，企业生产330毫升、5升瓶装饮用水生产线项目。

本公司注册资金5000万元，占地面积24400平方米，是林周县重点培养的招商引资企业。项目的实施，可直接在当地吸收50多名农牧民子女解决就业问题，间接带动就业人数上百人。同时也设立环保基金，每卖出一瓶水即注入一定的资金，用于优质水源的保护。由此唤起人们对优质水源地，高品质水源的保护意识，让藏御圣水成为呼唤人文与自然和谐共处的第一品牌。

企业生产的藏御圣水是高档瓶装矿泉水，源自海拔六千多米零污染之地——西藏拉萨市林周县唐古乡热振国家森林公园的阿拉巴扎神山，与久负盛名的“热振圣水”同源，非常珍贵。至尊宗喀巴大师曾莅临此圣地，念诵文珠菩萨心咒把此水加持为文珠修行水，至今已有六百多年的历史。此圣水的突出特点是能醒脑开窍，润肤养颜、消除疲劳。因此公司开发此神水并将她作为保健礼物献给世人。

本产品有六个品种分别是泡茶水、家庭水、孕婴水、益智水、美容水、修行水。

产品的功效有：

泡茶水——地矿化度泡茶水：水为茶之母，茶圣陆羽在《茶经》中提出“其水、用山水上、江水次、井水下”，宋徽宗《大观茶论》也提到“当取山泉之清洁者”。藏御圣水作为高海拔山泉水是泡茶首选，它能够易于提茶香、泽茶色、引茶味。

家庭水——天然弱碱性泉水：现在水污染，食品安全已经到了局部失控的境地，消费者谈水色变。大多家庭用水口感差、细菌多，人类健康面临潜在危害。藏御圣水富含矿物质和微量元素，呈弱碱性，能有效调解酸碱平衡。因此，家庭装藏御圣水以其健康、营养、实惠、优质等特点，有效改善家庭饮用水的健康消费。

孕婴水——天然孕婴活性水：孕妇和婴幼儿作为自然生存中的特殊珍贵群体，极容易受到环境污染的侵害，婴幼儿人体水的成分占到70%~90%。因此，孕妇体内水环境的好坏直接影响宝宝的健康。藏语圣水是天然地矿化度，天然小分子水，其细胞渗透力强，孕妇吸收后可以更好的将营养物质传送给婴儿，增强孕婴的新陈代谢。

益智水——天然高锂水：锂能改善造血功能，提高人体免疫机能；锂元素有“活化”“解毒”作用；锂对中枢神经活动有调解作用，能镇静、安神、控制神经紊乱；锂可置换替代钠，防治心血管疾病和癌症的发生。人体每天需摄入锂0.1毫克左右，人体对于锂的摄入，主要是通过食物和饮水，但是食物中的锂只有20%左右被吸收，而水中的锂元素以离子的形式存在，吸收率高达90%，一般来讲，饮食中未获得足够的锂元素，需要从饮水中获取。藏御圣水锂元素含量较高具有美容、醒脑开窍功效。

美容水——天然活性水：好水具有小分子团易吸收，矿物质和微量元素丰富，天然零污染更适合为肌肤补充水分，保湿又营养肌肤，无重金属和有害物质，对肌肤和身体零伤害。藏御圣水美容系列能够抵挡有空气污染，紫外线，生活压力等对肌肤的侵害，改善造血功能，令肌肤富有活力，红润美白之功能。

修行水——文殊修行水：历史记载至尊宗喀巴大师曾经慕名来到位于热振山下的文殊泉，饮此泉水后，顿时感到心境怡然。于是念诵文殊菩萨心咒加持此水为文殊修行水，人称文殊圣水，至今已有六百多年的历史。从此以后，更多佛教徒慕名来此修炼，悟道。

科学检验也证明，藏御圣水富含锶、钾、钙、钠、镁等多种有益人体健康的元素，符合国家标准规定的矿物质标准，pH值呈弱碱性，有益人体健康。

董事长、总经理 央金

厂长 罗布仁青

厂房远景

圣水六大功效

协办单位

城关区人民政府
堆龙德庆县人民政府
墨竹工卡县人民政府
当雄县人民政府
达孜县人民政府
曲水县人民政府
林周县人民政府
尼木县人民政府
拉萨经济技术开发区管委会
拉萨市发展和改革委员会
拉萨市城市建设投资经营有限公司
西藏华钰矿业股份有限公司
西藏宁玛矿业有限公司